KB069616

함께 생각하는

지체장애 학생 교육

Education of Students
with Physical Disabilities

박은혜 · 김정연 · 표윤희 공저

학지사

2판 머리말

이 책은 지체장애 학생 교육의 질을 향상하는 데 목표를 두고 예비 특수교사 및 통합교육 환경의 예비교사, 관련 서비스 전문가, 부모를 위해 쓰였다. 1판이 출간된 지 5년의 세월이 흐르면서 지체장애 교육 분야에도 많은 변화가 있었다. 이에 그간 바뀐 정책과 제도, 현장의 실천적 측면을 반영하여 수정, 보완하는 개정 작업을 하게 되었다.

초판이 출간된 이후 시간의 흐름에 따른 학문적 변화도 있었지만, 특수교육 분야에는 특히 많은 변화가 있었다. 가장 큰 변화는 다음과 같다. 첫째, 「장애인 등에 대한 특수교육법」이 개정됨에 따라 개정된 법률의 내용을 반영하여 수정하였다. 개정 법률에서는 특수교육 대상자의 장애 유형에 '두 가지 이상의 장애가 있는 경우'가 신설되었으며, 두 가지 이상의 심한 장애를 지닌 특수교육 대상자 배치 현황을 고려하여 교사 배치 기준을 가감할 수 있도록 근거를 마련하였다. 이러한 변화는 중도 · 중복장애와 시청각장애를 특수교육 대상자의 장애 유형에 명시함으로써 지체장애 분야의 교육지원을 강화하는 큰 변화로 볼 수 있다. 지체장애 학생의 대다수가 중도 · 중복장애이므로 현장에 긍정적인 변화를 가져올 것으로 기대한다.

둘째, 2022 특수교육 교육과정이 개정되면서 중도 · 중복장애 학생 교육을 바라보는 관점과 교육 접근 방법이 변화되었다. 2015 특수교육 교육과정과 비교하여 2022 개정 특수교육 교육과정은 학생의 장애 특성과 교육적 요구 등을 반영한 실생활 중심의 맞춤형 교육과정 기반을 마련하는 데 중점을 두고 있다. 이러한 방향에 따라 지체장애 학생의 생활기능 교육에 관한 내용을 강화하였다.

셋째, 1판이 출간되던 2015년 이후부터 꾸준히 발달해 온 디지털 테크놀로지의 변화에 따라 보완대체의사소통(AAC)에 관한 접근 방법이 다양화되었다. 보완대체의사소통은 2022 개정 특수교육 교육과정에서도 더욱 강조하고 있어서 기존의 로우테크 접근에서부터 최근의 하이테크 접근에 이르기까지 관련 내용을 개정할 필요가 있었다. 이에 최신의 AAC 기기를 반영하는 등 1판의 내용을 최신화하였다.

그 밖에도 최근의 특수교육 통계 변화에 따라 최신 통계 자료에 기초하여 각종 현황을 보완하였고, 개정된 진단평가 도구 등 시대적 흐름에 따라 변화하고 발전된 내용을 담았다.

개정판을 준비하면서 크게 수정하고자 했던 방향은 다음과 같다. 첫째, 지체장애 학생 교육에 관한 이해를 높이고 관련이 있는 장끼리 학습할 수 있도록 차례의 구성을 변경하였다. 외형적으로 수정된 차례의 구성을 구체적으로 살펴보면 다음과 같다. 지체장애 학생 교육의 요구와 우선순위를 고려하여 의사소통교육과 보완대체의 사소통(AAC)의 위치를 각각 제8장과 제9장으로, 운동장애와 지도를 제10장으로, 자세 및 앉기, 보행 및 이동을 제11장으로, 일상생활 기술을 제12장으로, 보조공학을 제13장으로, 교과 지도 I을 제14장으로, 교과 지도 II를 제15장으로 재배치하였다.

둘째, 내용 측면에서는 제도와 행정에서의 변화를 담아 다음과 같이 수정 및 보완하였다. 제1장에서는 「장애인 등에 대한 특수교육법」이 개정됨에 따라 최신 내용을 반영하여 수정 및 보완하였다. 제28조 '특수교육 관련 서비스'의 정의에서 '보조인력'이 '지원인력'으로 용어가 변경됨에 따라 변경된 용어로 내용을 수정하였다. 개정된 법에서 '두 가지 이상의 장애가 있는 경우 등 대통령령으로 정하는 장애'로 중복장애에 대한 정의를 추가한 것을 본문에 반영하였으며, 최신 특수교육 통계 결과를 반영하여 지체장애 학생 교육 현황을 최신화하였다. 또한 2015 특수교육 교육과정에 관한 내용을 2022 개정 특수교육 교육과정의 내용으로 교체하였으며, 개정된 교육과정의 핵심적인 변화와 특징을 추가하였다. 그중 중도·중복장애 학생 교육과정의 자율성 확대 방안으로서 일상생활 활동 영역에 대한 설명을 추가하였다.

셋째, 1판의 전반적인 내용 중 최근에 변화된 내용을 반영하여 수정 및 보완하였다. 제5장에서는 병원학교 운영 현황 및 원격수업 기관 현황을 최신화하였다. 제6장에서는 표준화 검사 중 개정된 검사도구의 내용을 보완하였고, 몇몇 검사를 추가하였다. 제8장에서는 몸짓언어를 손짓기호로, 문제행동을 도전행동으로 수정하여 최근의 용어 사용 경향을 반영하였다. 제13장에서는 국내 보조공학 서비스 센터 운영 현황과 보조공학 관련 사이트를 최신화하였고, AAC 애플리케이션 등 AAC 기기 관련 변경된 사항을 반영하여 수정하였다. 제16장에서는 최근 특수교육 통계 내용을 반영하여 취업률, 경제활동참가율과 고용률 등을 수정하였다. 또한 제6차 특수교육

발전 5개년 계획, 장애 대학생 교육복지지원 실태조사에서 변경된 사항을 반영하여 수정하였다.

넷째, 우리나라 특수교육 현장에 적합한 내용으로 수정, 보완하였다. 제2장에서는 현장에서의 용어 사용을 반영하여 언어치료사를 언어재활사로 수정하였다. 제9장에서는 국내에서 많이 활용하는 AAC 프로그램, 기기, 애플리케이션 중심으로 내용을 수정하였다. 제15장에서는 수세기, 사칙연산 교수 전략을 추가하는 등 '수와 연산' 영역의 효과적인 지도를 위하여 내용을 수정, 보완하였다.

개정 작업을 진행하면서 더 담아야 할 것과 삭제할 것을 구분하면서 많은 시간을 소요하였다. 이론과 현장을 연결선상에 놓고 지체장애 학생 교육의 이론과 현장을 쉽게 설명하는 책이 되도록 고민하였다. 빠르게 변화하는 교육 현장, 지체장애 학생의 다양해지는 요구, 예비교사 및 학부모의 역량 등 고민해야 할 것이 많았다. 한 권의 책이 모든 사람의 궁금증을 해소해 줄 수는 없지만, 이 책이 지체장애 학생 교육에 관한 어려움과 고민을 천천히 짚어 가면서 작더라도 의미 있는 변화를 이끄는 데 도움이 되기를 바란다.

살면서 좋은 사람들과 즐거운 일을 하는 것이 행복이라고 하는데, 이 책을 개정하는 동안 행복을 느끼게 해 준 모든 분께 감사드린다. 특히 좋은 특수교사가 되는 길을 안내하는 지침서가 될 수 있도록 도움을 준 현장의 교사와 학생들에게 감사의 말을 전한다. 또한 이 책으로 공부하며 미래의 특수교사를 준비하는 예비 특수교사들을 지지하며, 그들의 열정을 응원한다.

2023년 9월
박은혜, 김정연, 표윤희

1판 머리말

우리나라의 지체장애 학생 교육은 비교적 오래전부터 특수학교를 중심으로 이루어져 왔으나, 최근에는 일반학교에서 교육받는 지체장애 학생의 수가 증가하면서 특수학교 재학생 중 장애 정도가 심하고 중복장애를 가진 경우가 늘고 있다. 지체장애 학생들의 통합교육 확대와 장애의 중복화는 특수교사들이 이들을 교육하기 위해 필요한 지식과 실제 교수 기술 측면에서 모두 충분한 역량을 갖추도록 촉구하고 있다.

일반적으로 지금까지 특수학급은 비교적 지체장애 학생의 수가 적었기 때문에, 지체장애 특수학교로 진로를 생각하지 않는 다수의 예비 특수교사는 지체장애 학생 교육에 상대적으로 관심을 덜 갖는 경향이 있었다. 그러나 실제로 장애의 정도와 유형이 다양한 지체장애 학생이 특수학급에 오면 특수교사는 일반교사들에게 지체장애 학생의 특성에 대해 정확하게 인식시키고 일반학급에서의 교육이 의미 있는 통합교육이 될 수 있도록 교육 지원을 제공할 수 있어야 하기 때문에, 교사양성 과정에서부터 지체장애 학생 교육에 대한 전문성을 키워야 할 필요성이 커지고 있다.

지체장애 학생들의 교육 효과성을 높이기 위해서는 신체적 장애를 보완할 수 있는 각종 보조공학 서비스, 물리치료나 작업치료와 같은 각종 치료지원 서비스 등 관련 서비스의 제공이 매우 중요하다. 특히 보조공학기기는 수업 현장에서 교사들이 직접 관리하고 다루어야 하는 경우도 많으므로 이에 대한 기본적 지식을 가지고 있는 것이 중요하며, 빠르게 변화하고 발전하는 각종 보조공학기기에 대한 정보를 신속하게 받아들이고 교육에 활용하는 노력이 필요하다. 보완대체의사소통기기나 각종 스마트기기가 그러한 예가 될 수 있다.

이 책은 이러한 여러 가지 필요를 고려하여 예비 특수교사들이 지체장애 학생 교육에 대해 알아야 할 내용을 담고자 하였다. 집필 과정에서 생각한 바를 정리해 보면 다음과 같다.

첫째, 이 책에서 주로 다루는 교육 대상에 대한 것이다. 현재 지체장애 특수학교의 대부분의 학생은 다양한 중복장애나 뇌성마비를 가진 경우가 많다. 이 책에서 교육의 주 대상으로 생각하는 학생들도 이러한 중복장애를 가진 뇌병변장애 학생들이다. 그러나 특수교육 대상자 분류에는 '지체장애'만 있고, 뇌병변장애는「장애인복지법」상의 분류이기 때문에 여기에서는 '지체장애'라는 용어로 통일하여 사용하였다. 독자들이「장애인복지법」에서 말하는 지체장애로 혼동하여 단순지체장애만을 의미하는 것으로 생각하지 않도록 미리 밝혀 둔다. 또한 '건강장애'에 대한 내용도 장애의 성격상 비교적 관련이 높다고 생각되어 기본적인 내용을 중심으로 포함하였다.

둘째, 지체장애 학생들을 위한 진단과 교육과정 운영 및 교수 방법, 구체적 교과별 지도 전략 등을 체계적으로 제시하고자 하였다. 지체장애 학생들의 특성을 고려한 사항들과 각 주제별 기본적인 지식 내용을 함께 균형 있게 설명하였고, 실제 예시나 자료들을 가능한 한 많이 포함하였다.

셋째, 보완대체의사소통에 대한 내용을 강조하되, 전반적인 의사소통 발달과 의사소통 지도 방법도 함께 설명하였다. 구어 사용이 어려운 지체장애 학생들에게 유용한 보완대체의사소통 지도가 일반적인 의사소통교육과 별개의 것이 아니라 학생의 필요에 맞게 제공되는 의사소통 지도의 한 유형임을 설명하고, 지체장애 학생이 국내에서 사용 가능한 다양한 보완대체의사소통의 적용 방법을 소개하여 이해와 활용을 돕고자 하였다.

넷째, 운동 발달에 대한 기초 내용과 함께 지체장애 학생들이 보이는 운동장애에 대해 설명하여 좀 더 쉽게 이해할 수 있도록 하였다. 또한 교사로서 알아야 할 자세 지도의 중요성과 지도 방법에 대해 가능한 한 구체적으로 설명하고자 하였다.

다섯째, 전문가 및 부모와의 협력(제2장 참조)과 지체장애 학생의 전환(제16장 참조)은 지체장애 학생의 교육 현장과 연구 모두에서 아직 초기 단계에 머물러 있는 영역이지만, 향후 반드시 발전되어야 할 중요한 부분이므로 이 책에 포함하였다. 예비교사들이 그 중요성을 인식하고 특수교육 현장에서 의미 있는 시도를 할 수 있도록 지체장애 학생 교육 현장에서의 협력과 전환교육에 대한 기본적인 내용들을 정리하여 제시하였다.

지체장애 학생 교육에 대한 내용은 암기할 것도 많고 의료적인 부분도 있어서 공부하는 과정이 어렵다는 말을 종종 듣는다. 하지만 앞에서 언급한 바와 같이 이는 특수교사로서 반드시 알아야 할 매우 중요한 영역이며, 교육 현장에서 준비된 교사로서 학생들을 만나기 위해 꼭 숙지해야 할 내용이다. 이 책이 예비 특수교사들이 교육 현장에서 지체장애 학생을 만날 준비를 하는 데 좋은 안내서가 되기를 기대한다.

2018년 4월

박은혜, 김정연, 표윤희

차례

제 1 장

지체장애 학생 교육의 개관

1. 지체장애 학생 교육의 역사 및 현황

1) 지체장애 학생 교육의 역사

우리나라 최초의 장애 아동을 위한 근대식 교육은 1894년에 시작되었으나(김영욱 외, 2009), 지체장애 학생의 교육은 그로부터 70년 후인 1960년대에 시작되었으며, 주로 장애인 복지시설에 수용된 아동이나 병원에 장기 입원해 치료받는 아동들에 게 교육의 필요성이 제기되면서 시설이나 병원 내 초등학교 과정에서 출발하였다. 한편, 우리나라의 의료재활은 1950년 한국전쟁 이후 발생한 다수의 장애인에 의해 정형외과적 요구와 재활의학의 필요성이 제기되면서 시작되었다(구본권, 2007).

우리나라의 지체장애 학생 교육은 사립 특수학교를 중심으로 시작되었으며, 1990년대에 들어오면서 국공립 지체장애 특수학교가 설립되기 시작하였다. 2000년 도에 개교한 한국우진학교는 우리나라 유일의 국립 지체장애 특수학교이며, 이 외 에도 전국적으로 21개교의 지체장애 특수학교가 있다(교육부, 2022a). 지체장애 학 생을 위한 특수학교들은 학교 건물과 각 학급의 교수–학습적인 물리적 환경 면에 서 학생들의 신체적 제한을 고려한 시설과 보조공학 기자재를 마련하고 있다. 최근 통합교육의 확대에 따라 지체장애 특수학교에 재학하는 학생들의 장애 정도가 과 거에 비해 중증화 · 중복화되고 있으며, 특수학급이나 일반학급에서 교육받는 지체 장애 학생 수가 증가하고 있다.

2) 지체장애 학생 교육의 현황

2022년도 특수교육 통계에 따르면, 현재 특수교육 대상 학생 103,695명 중 지체 장애 학생들은 9,639명으로 9.3%를 차지하고 있다(〈표 1–1〉, [그림 1–1] 참조). 전체 지체장애 학생의 40.6%(3,913명)는 특수학교에 재학 중이며, 34.3%(3,308명)는 일반 학교의 특수학급에, 27.1%(2,357명)는 일반학교의 일반학급에 재학 중이다. 특수교 육지원센터에 소속된 아동은 61명이다.

표 1-1 **특수교육 대상 학생 현황**

배치별			특수학교	일반학교		특수교육 지원센터	계
				특수학급	일반학급 (전일제 통합학급)		
특수교육대상자 수			27,979	57,948	17,514	254	103,695
학생수	장애영역별	시각장애	1,077	226	450	–	1,753
		청각장애	589	675	1,689	8	2,961
		지적장애	14,420	34,162	5,120	16	53,718
		지체장애	3,913	3,308	2,357	61	9,639
		정서·행동장애	87	1,169	609	–	1,865
		자폐성장애	6,995	8,917	1,110	2	17,024
		의사소통장애	208	1,414	1,000	–	2,622
		학습장애	10	663	405	–	1,078
		건강장애	9	110	1,829	–	1,948
		발달지체	671	7,304	2,945	167	11,087
		계	27,979	57,948	17,514	254	103,695
	학교과정별	장애영아	105	–	–	254	359
		유치원	999	5,291	1,958	–	8,248
		초등학교	9,355	30,964	8,129	–	48,448
		중학교	6,162	11,317	3,983	–	21,462
		고등학교	6,251	10,172	3,444	–	19,867
		전공과	5,107	204	–	–	5,311
		계	27,979	57,948	17,514	254	103,695
학교 및 센터 수			192	11,928		198	12,318
				9,056	8,109		
학급 수			5,255	12,712	16,617	56	34,640
특수학교(급) 교원 수			9,866	13,632	–	1,464	24,962
특수교육 지원인력 수			4,920	9,215	331	–	14,466

출처: 교육부(2022a). 특수교육통계, p. 3.

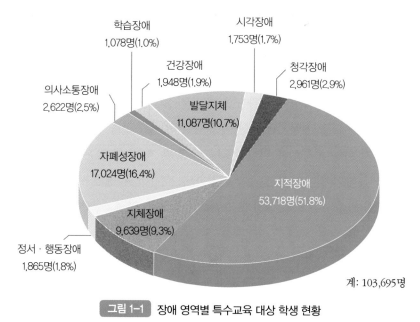

학습장애
1,078명(1.0%)

시각장애
1,753명(1.7%)

건강장애
1,948명(1.9%)

청각장애
2,961명(2.9%)

의사소통장애
2,622명(2.5%)

발달지체
11,087명(10.7%)

자폐성장애
17,024명(16.4%)

지적장애
53,718명(51.8%)

지체장애
9,639명(9.3%)

정서 · 행동장애
1,865명(1.8%)

계: 103,695명

그림 1-1　장애 영역별 특수교육 대상 학생 현황

출처: 교육부(2022a). 특수교육통계, p. 3.

2. 지체장애 학생 교육의 법적 기초

　　지체장애 학생을 위한 교육이 체계적으로 이루어지기 위해서는 다양한 관련법의 제정이 기본적 역할을 한다. 이는 이미 우리나라에 많이 소개된 미국 특수교육 및 관련법에서도 알 수 있으며, 우리나라에서도「장애인 등에 대한 특수교육법」뿐 아니라 다양한 관련법이 제정되었다. 장애의 정도와 유형이 복합적인 지체장애 학생들의 교육이 바람직하게 이루어지기 위해서는 여러 분야의 법률적 지원이 중요하다.

1) 장애인 등에 대한 특수교육법

　　「장애인 등에 대한 특수교육법」[시행 2022. 7. 21.] [법률 제18298호, 2021. 7. 20., 타법개정]은 과거「특수교육진흥법」의 이름을 바꾸고 내용에서도 많은 부분이 보완된 법이며, 개별화교육, 통합교육, 고등교육, 진로 및 직업교육 등 특수교육 전반에 대한 가장 기본적인 틀을 제시하고 있다. 같은 법 시행령[시행 2022. 6. 29.] [대통령령 제32722호, 2022. 6. 28., 일부개정]에서는 지체장애를 가진 특수교육 대상자를 "기능 ·

형태상 장애를 가지고 있거나, 몸통을 지탱하거나, 팔다리의 움직임 등에 어려움을 겪는 신체적 조건이나 상태로 인해 교육적 성취에 어려움이 있는 사람"이라고 정의하고 있다.

이 법에서 지체장애 학생 교육과 관련하여 가장 의미 있는 점은 '관련 서비스' 개념의 도입이다. 제2조의 정의에서 '특수교육'이란 특수교육 대상자의 교육적 요구를 충족시키기 위하여 특성에 적합한 교육과정 및 제2호에 따른 특수교육 관련 서비스 제공을 통하여 이루어지는 교육을 말하며, '특수교육 관련 서비스'란 특수교육 대상자의 교육을 효율적으로 실시하기 위하여 필요한 인적·물적 자원을 제공하는 서비스로서 상담 지원, 가족 지원, 치료 지원, 지원인력 배치, 보조공학기기 지원, 학습보조기기 지원, 통학 지원 및 정보 접근 지원 등을 말한다고 명시하고 있다.

미국의「장애인교육법(Individuals with Disabilities Education Act: IDEA)」에서 규정하고 있는 관련 서비스(related service)의 개념을 처음 도입하고 기존의 치료교육 개념을 삭제한 것이 이 법의 특징 중 하나이다. 가족 지원, 치료 지원, 보조공학기기 지원 등과 같이 새로운 특수교육의 동향과 필요가 반영된 것도 긍정적으로 평가받고 있다. 그러나 교육을 지원하기 위해 관련 서비스를 제공하는 법의 취지가 교육 현장에서 효과적으로 실행되지 못하는 면이 있으므로 지속적인 관심이 필요하다.[1]

제28조에서는 특수교육 관련 서비스와 연관되어 교육감은 특수교육 대상자가 필요로 하는 경우에는 물리치료, 작업치료 등 치료 지원을 제공하여야 한다고 하였다. 각급 학교의 장은 필요한 경우 특수교육 대상자를 위한 지원인력을 제공할 수 있도록 지원하여야 하며, 교육을 위하여 필요한 장애인용 각종 교구, 각종 학습보조기, 보조공학기기 등의 설비들을 마련하여야 하며, 취학 편의를 위하여 통학차량 지원, 통학비 지원, 통학 지원인력 배치 등 통학지원 대책을 세워야 한다고 언급하고 있다. 제15조(특수교육대상자의 선정)의 제1항 제11호에서는 그 밖에 두 가지 이상의 장애가 있는 경우 등 대통령령으로 정하는 장애를 언급하였다. 시행령 제10조(특수교육대상자의 선정)에서는 법 제15조 제1항 제11호에서 "두 가지 이상의 장애가 있는 경우 등 대통령령으로 정하는 장애"란 같은 항 제1호부터 제9호까지의 규정에 따른 장애가 두 가지 이상 중복된 장애를 말한다고 언급하였다. 국내에서 처음으로

---

1) 예를 들어, 외국의 경우 물리치료나 언어치료와 같은 치료지원을 받는다면 특수교사와의 협력을 통해 학교에서의 지체장애 학생 교육에 도움을 줄 수 있는데, 현재 그런 경우는 드문 편이다.

중복장애에 대한 정의가 법 조항에 명시된 것이다. 특수교육대상자를 선정하는 기준을 제시한 별표에 따르면, '두 가지 이상 중복된 장애를 지닌 특수교육대상자'를 다음과 같이 제시하고 있다.

다음 각 목의 구분에 따른 장애를 지닌 사람으로서 제1호부터 제6호까지의 규정에 따른 특수교육대상자에 대한 각각의 교육지원만으로 교육적 성취가 어려워 특별한 교육적 조치가 필요한 사람

가. 중도중복(重度重複)장애: 다음의 구분에 따른 장애를 각각 하나 이상씩 지니면서 각각의 장애의 정도가 심한 경우. 이 경우 장애의 정도는 법 제14조제1항에 따른 선별검사의 결과, 제9조제4항에 따라 제출한 진단서 및 「장애인복지법 시행령」 제2조제2항에 따른 장애의 정도 등을 고려하여 정한다.
  1) 지적장애 또는 자폐성장애
  2) 시각장애, 청각장애, 지체장애 또는 정서·행동장애
나. 시청각장애: 시각장애 및 청각장애를 모두 지니면서 시각과 청각에 의한 학습이 곤란하고 의사소통 및 정보 접근에 심각한 제한이 있는 경우

2) 장애인복지법

「장애인복지법」[시행 2022. 6. 22] [법률 제18625호, 2021. 12. 21., 일부개정]은 장애인의 인간다운 삶과 권리보장을 위해 장애 발생 예방과 장애인의 의료·교육·직업재활·생활환경 개선 등의 장애인 복지 대책을 종합적으로 추진하는 법이다. 장애인의 자립생활 보호 및 장애인의 생활안정에 기여하는 등 장애인의 복지와 사회활동 참여 증진을 통하여 사회통합에 이바지함을 목적으로 한다. 이 법에서는 지체장애를 '신체적 장애'라 칭하며, 신체적 장애란 주요 외부 신체 기능의 장애, 내부기관의 장애 등을 말한다. 같은 법 시행령[시행 2022. 9. 6] [대통령령 제32899호, 2022. 9. 6., 일부개정]에서는 신체장애를 지체장애와 뇌병변장애로 나누어 정의하고 있다(〈표 1-2〉 참조).
이 법에는 특수교육과 관련한 내용이 언급되어 있다. 제20조에서는 국가와 지방자치단체가 사회통합의 이념에 따라 장애인이 연령, 능력, 장애의 종류 및 정도에 따라 충분히 교육받을 수 있도록 교육 내용과 방법을 개선하는 등 필요한 정책을 강

표 1-2 「장애인복지법」에 따른 장애인의 종류 및 기준

1. 지체장애인(肢體障碍人)

가. 한 팔, 한 다리 또는 몸통의 기능에 영속적인 장애가 있는 사람

나. 한 손의 엄지손가락을 지골(指骨: 손가락 뼈) 관절 이상의 부위에서 잃은 사람 또는 한 손의 둘째 손가락을 포함한 두 개 이상의 손가락을 모두 제1지골 관절 이상의 부위에서 잃은 사람

다. 한 다리를 가로발목뼈관절(lisfranc joint) 이상의 부위에서 잃은 사람

라. 두 발의 발가락을 모두 잃은 사람

마. 한 손의 엄지손가락 기능을 잃은 사람 또는 한 손의 둘째 손가락을 포함한 손가락 두 개 이상의 기능을 잃은 사람

바. 왜소증으로 키가 심하게 작거나 척추에 현저한 변형 또는 기형이 있는 사람

사. 지체(肢體)에 위 각 목의 어느 하나에 해당하는 장애 정도 이상의 장애가 있다고 인정되는 사람

2. 뇌병변장애인(腦病變障碍人)

뇌성마비, 외상성 뇌손상, 뇌졸중(腦卒中) 등 뇌의 기질적 병변으로 인하여 발생한 신체적 장애로 보행이나 일상생활의 동작 등에 상당한 제약을 받는 사람

구하도록 명시하고 있다. 또한 장애인의 교육에 관한 조사 연구를 촉진하고 장애인에게 전문 진로교육을 실시하는 제도를 강구하도록 하고 있다. 제20조 제4항에서는 각급 학교의 장이 교육을 필요로 하는 장애인이 그 학교에 입학하려는 경우 장애를 이유로 입학 지원을 거부하거나 입학시험 합격자의 입학을 거부하는 등의 불리한 조치를 하지 못하도록 하고 있다. 제38조에서는 장애를 이유로 특수교육대상자의 입학을 거부하거나 입학전형 합격자의 입학을 거부하는 등의 불이익한 처분을 한 교육기관의 장에게 1년 이하의 징역 또는 1천만 원 이하의 벌금에 처하는 벌칙 조항을 규정하고 있다. 그러므로 이 법에 의해 모든 교육 기관은 교육 대상인 장애인의 입학과 수학 등에 편리하도록 장애의 종류와 정도에 맞추어 시설을 정비하거나 그 밖에 필요한 조치를 강구하여야 한다.

제23조는 편의시설에 대한 조항이다. 국가와 지방자치단체는 장애인이 공공시설과 교통수단 등을 안전하고 편리하게 이용할 수 있도록 편의시설의 설치와 운영에 필요한 정책과 공공시설 등 이용 편의를 위하여 수어 통역, 안내보조 등 인적 서비스 제공에 관하여 필요한 시책을 강구하도록 명시하였다.

제25조는 학생, 공무원, 근로자, 그 밖의 일반 국민 등을 대상으로 교육 및 공익광고 등 홍보사업을 통해 장애인에 대한 사회적 인식 개선을 위해 노력하며, 「초·중등교육법」에 따라 학교에서 사용하는 교과용 도서에 장애인에 대한 인식 개선을 위한 내용을 포함하도록 하고 있다.

제32조는 장애인 등록에 대한 조항이다. 주목할 것은 이전에 장애 등급이라는 용어를 장애 정도로 변경하여 단계적으로 장애 등급제를 폐지하고 장애 등급을 대신해 장애인의 욕구, 환경 등을 고려한 종합적 욕구조사 결과에 따라 서비스를 제공할 수 있는 법적 근거가 마련되었다는 점이다.

3) 장애인·노인·임산부 등의 편의증진 보장에 관한 법률

「장애인·노인·임산부 등의 편의증진 보장에 관한 법률」[시행 2022. 7. 28.] [법률 제18332호, 2021. 7. 27., 일부개정]은 장애인, 노인, 임산부 등이 일상생활에서 안전하고 편리하게 시설과 설비를 이용하고 정보에 접근하도록 보장하여 이들의 사회활동 참여와 복지 증진에 이바지함을 목적으로 한다.

이 중 이동이 불편한 지체장애 학생의 교육이 효과적으로 이루어지기 위해서는 시설 접근권과 정보 접근권을 보장하도록 하고 있다. 시설 접근권 관련 조항에서는 시설 접근에 대한 국가 및 지방자치단체의 의무를 명시하여 편의시설을 설치하도록 하고 있으며, 장애인전용주차구역에 대한 내용을 명시하고 있다. 편의시설 설치의 대상 시설은 법 제7조에 공원, 공공건물 및 공중이용시설, 공동주택, 통신시설로 제시되어 있다. 구체적으로, 공공건물 및 공중이용시설은 지역자치센터, 우체국, 보건소, 공공도서관, 일반 음식점, 문화 및 집회 시설, 교육 및 의료 시설, 운동시설 등을 말한다. 정보 접근권은 장애인 등이 아닌 사람들이 이용하는 시설과 설비를 동등하게 이용하고 정보에 자유롭게 접근할 수 있는 권리를 말한다. 관련 조항에서는 휠체어, 점자안내책자, 보청기기 등을 비치하여 장애인 등이 당해 시설을 편리하게 이용할 수 있도록 정보 접근에 대한 권리를 명시하고 있다. 이 법은 시설 이용상의 편의를 제공하는 것으로 장애인은 대통령령이 정하는 공공건물 및 공중이용시설을 이용하고자 할 때에는 시설주에 대하여 안내 서비스, 수어 통역 등의 편의 제공을 요청할 수 있도록 되어 있다.

4) 장애인차별금지 및 권리구제 등에 관한 법률

「장애인차별금지 및 권리구제 등에 관한 법률」[시행 2021. 6. 30.] [법률 제17792호, 2020. 12. 29., 일부개정]은 모든 생활 영역에서 장애를 이유로 한 차별을 금지하고 장애를 이유로 차별받은 사람의 권익을 효과적으로 구제함으로써 장애인의 완전한 사회참여와 평등권 실현을 통하여 인간으로서의 존엄과 가치를 구현함을 목적으로 한다.

이 중 제14조에서 교육책임자는 당해 교육기관에 재학 중인 장애인의 교육 활동에 불이익이 없도록 다음의 수단을 적극적으로 강구하고 제공하여야 한다고 명시하였다. 장애인의 통학 및 교육기관 내에서의 이동 및 접근에 불이익이 없도록 하기 위한 각종 이동용 보장구의 대여 및 수리, 장애인 및 장애인 관련자가 필요로 하는 경우 교육 지원인력의 배치, 장애로 인한 학습 참여의 불이익을 해소하기 위한 확대 독서기, 보청 기기, 높낮이 조절용 책상, 각종 보완대체의사소통(Augmentative and Alternative Communication: AAC) 기기 등의 대여 및 보조견의 배치나 휠체어 접근을 위한 여유 공간 확보 등에 대한 내용을 포함하고 있다. 즉, 미국의 「재활법(The Rehabilation Act)」과 마찬가지로 「장애인 등에 대한 특수교육법」에 의해 특수교육 대상자로 선정되지 않은 장애 학생이라도 앞과 같은 교육적 필요가 있다면 이 법에 의해 필요한 지원을 받을 수 있어야 한다.

5) 장애인 · 노인 등을 위한 보조기기 지원 및 활용촉진에 관한 법률

「장애인 · 노인 등을 위한 보조기기 지원 및 활용촉진에 관한 법률」[시행 2018. 12. 30.] [법률 제14891호, 2017. 9. 19., 일부개정]은 장애인 · 노인 등을 위한 보조기기의 지원과 활용촉진에 관한 사항을 규정함으로써 보조기기 서비스를 효율적으로 제공하여 장애인 · 노인 등의 활동의 제약을 최소화하고, 삶의 질 향상에 이바지하는 것을 목적으로 한다. '보조기기'란 장애인등의 신체적 · 정신적 기능을 향상하고 보완하며, 일상 활동의 편의를 돕기 위하여 사용하는 각종 기계 · 기구 · 장비를 말한다. '보조기기 서비스'란 장애인 등이 보조기기를 확보하고 효율적으로 활용할 수 있도록 제공되는 일련의 지원을 말한다.

제4조에서는 국가와 지방자치단체는 장애인 등이 보조기기를 활용하는 데 어려

움이 없도록 활용촉진, 서비스 제공 및 효율적 관리를 위하여 노력해야 하고, 이를 위하여 필요한 재원 조달 등 관련 조치를 강구하여야 하며, 장애인 등에게 적합한 보조기기 서비스를 제공하는 데 필요한 전문인력의 양성을 위하여 노력하여야 함을 명시하고 있다.

6) 국외 관련법

국외의 법령 중 지체장애 학생 교육에 시사점이 있는 내용으로 몇 가지만 생각해 보면 다음과 같다. 우선, 특수교육에 대한 전반적인 내용을 규정하고 있는 미국 IDEA에서는 보조공학을 필요로 하는 장애 학생의 교육적 요구를 충족하는 것에 대해 제시하고 있다. 보조공학과 관련 서비스를 정의하며, 실제로 장애 학생의 교육에서 핵심이 되는 개별화교육프로그램(Individualized Education Program: IEP)에서 이를 어떻게 포함해야 할 것인지를 말해 주고 있다. IEP 지원팀이 학생에 대한 교육 서비스를 계획할 때 학생이 보조공학 서비스를 필요로 하는지를 반드시 고려하도록 요구하며, 학생이 무상의 적절한 교육을 받기 위해 이러한 장치들에 대한 접근이 필요하다면 학교에서 마련한 보조공학기기들을 가정이나 다른 장소에서 사용할 수 있도록 규정하고 있다. 학생의 교육적 필요에 따라 보조공학은 IEP 내에 특수교육 혹은 관련 서비스로 포함될 수 있으며, 일반 교육환경에서 장애 학생의 교육을 돕는 보충적 도구 또는 서비스 형태가 될 수도 있다. 이와 같이 특수교육에서의 보조공학의 중요성이 강조된 것은 1988년 처음 제정된 미국의 「장애인을 위한 보조공학법(The Technology-Related Assistancefor Individuals with Disabilities Act of 1988)」의 영향으로 볼 수 있다. 이 법은 앞에서 설명한 「장애인·노인 등을 위한 보조기기 지원 및 활용촉진에 관한 법률」과 유사한 것이다.

2006년 제61회 UN 총회에서 채택된 「UN 장애인권리협약(Convention on the Rights of Persons with Disabilities)」은 장애인의 삶의 전반에 대한 권리에 대해 규정하고 국가에서 이를 지원해야 함을 구체적으로 명시하고 있다. 우리나라는 2007년에 UN 회원국 중 18번째로 이 협약에 서명하였다. 이 중 제24조 교육에 대한 조항에서는 교육과 지역사회 구성원으로서 완전하고 평등한 참여를 촉진하고, 생활 및 사회성 발달 능력 학습을 위한 적절한 조치를 취하도록 하고 있다. 이를 위하여 점자, 대체문자, AAC 방식, 방향정위 및 이동기술의 학습을 촉진하고, 장애인의 교육이 개인의 의사소통에 있어 가장 적절한 언어와 의사소통 방식 및 수단으로 학업과 사회성 발달을 극대화하는 환경에서 이루어지도록 보장해야 한다고 되어 있다. 즉, 구어의 표현 및 수용 능력이 부족한 지체장애 학생들은 AAC가 교육의 기초가 되어야 함을 알 수 있다. 이 협약은 기본적으로 장애인의 사회참여와 통합교육을 강조하고 있으며, 이를 위해 이동성, 정보 접근성 및 의사소통의 권리 등에 대해서도 구체적으로 명시하고 있다.

3. 지체장애 학생 교육의 전달체계

1) 특수학교와 특수학급

특수교육은 아동의 필요에 따라 여러 가지 배치 형태로 제공되며 일반학급에 배치하는 최소한의 제한적인 것에서부터 시설에 수용하는 형태에 이르기까지 연계적인 서비스 체계를 이루고 있다. [그림 1-2]는 이러한 다양한 특수교육 서비스 체계를 최소제한환경(Least Restrictive Environment: LRE)의 관점에서 보여 주고 있다. 즉, 장애 학생이 가능한 한 일반교육환경과 유사한 환경에서 교육받아야 한다는 철학을 나타내며, IDEA에서 밝혔듯이 장애 학생이 기본적으로 일반교육 현장에 소속되어 있으며 타당한 이유가 있을 때에만 분리가 가능하다는 원칙을 의미한다. 일반적으로 제한의 정도가 높은 통학제 및 기숙제 특수학교, 병원학교 등은 분리교육에 해당되며, 전체 특수교육체계에서 차지하는 비율은 낮은 편이다.

다양한 장애 특성과 정도를 보이는 지체장애 학생들은 최소한의 지원만으로 일반학급에서 교육받는 경도의 지체장애 학생들부터 건강상의 이유로 입원하여 병원학교에서 교육받거나 가정에서 순회교사에게 교육을 받아야 하는 중도의 지체장애 학생들에 이르기까지 매우 다양한 교육 전달체계가 필요할 수 있다. 장애의 정도나 유형으로 인해 통합교육 대상에서 무조건 배제되어서는 안 되지만, 동시에 통합교육 이념이 학생이 필요로 하는 다양한 형태의 교육배치를 제공하는 일을 소홀히 하는 평계로 작용해서도 안 될 것이다.

2022년 현재 우리나라에는 21개의 지체장애 특수학교가 전국에 분포되어 있으며, 3,913명의 지체장애 학생이 교육받고 있다(교육부, 2022a). 반면, 특수학급과 일

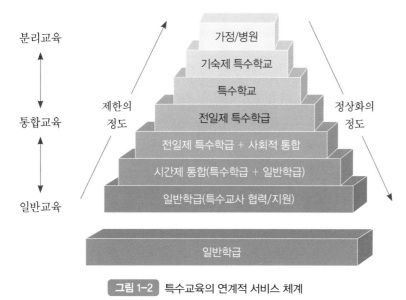

그림 1-2 특수교육의 연계적 서비스 체계
출처: 이소현, 박은혜(2011). 특수아동교육(3판), p. 24 인용.

반학급에서 교육받는 학생들은 각각 3,308명, 2,357명으로서 특수학급 및 일반학급 재학 비율이 높은 편이다.

  지체장애 특수학교에는 지체장애 학생에게 필요한 학교 건물의 편의시설이 갖추어져 있고, 교육 및 재활치료 기자재가 많이 구비되어 있으며, 동료 교사들과 교육 경험을 공유하고 협력할 수 있다는 장점이 있는 반면에, 또래 일반 학생들과 함께 교육받는 통합교육이 어렵다는 단점이 있다. 이를 보완하기 위해 특수학교 내 시설을 지역사회에 개방하여 통합의 기회를 제공하거나, 인근 일반학교와의 통합 프로그램을 진행하는 노력을 기울이기도 한다.

  특수학급에는 지체장애 학생에게 필요한 보조공학기기의 지원이나 치료 지원과 같이 지체장애 학생이 적절한 교육을 받을 수 있도록 기초를 제공하는 관련 서비스가 적절하게 제공되는 것이 중요하다. 2007년도에 제정된「장애인 등에 대한 특수교육법」에 의해 기존의 치료교육이 치료 지원 개념으로 전환되어 관련 서비스의 하나로 변화됨에 따라 이러한 관련 서비스가 어떤 형식으로 특수학급에 지원되는가 하는 것이 지체장애 학생의 통합교육 질에 대한 중요한 문제가 되고 있다. 이상적인 특수학급의 모습은 지체장애 학생이 적절한 교육을 받기 위해 필요로 하는 보조공학 지원, 치료 지원, 통학 지원 등 관련 서비스의 지원이 특수학급 및 통합학급에서의 교육을 효율적으로 제공할 수 있도록 IEP와 연계를 가지고 적절히 제공되는 것이다.

2) 그 외의 교육배치 형태

지체장애 학생은 이러한 특수학급 및 특수학교 체제 이외에도 다른 교육배치 형태가 필요한 경우가 있다. 다음은 그러한 경우에 관한 설명이다.

(1) 순회교육

수술 후 회복 시기이거나 그 외의 다른 건강상의 이유로 학교에 출석하기 어려운 학생들을 위하여 순회교사가 가정을 방문하여 교육하는 것을 말한다. 외국의 경우 대부분 원 소속 학급이 있으며, 일시적으로 순회교사가 가정에서의 교육을 담당하면서 지속적으로 원적학급 교사와 연계하고 다시 학교에 출석할 수 있도록 돕는다.

우리나라에서는 순회교사가 대상 학생들의 담임교사가 되며, 일시적이기보다는 장기적인 순회학급 형태를 가지는 경우가 많다. 하지만 운영지침은 1년 단위로 순회교육 대상자 여부를 재평가하여 재선정·배치하도록 되어 있으므로 기본적으로는 일시적 교육 형태 중 하나이다. 순회교사는 특수학교, 특수학급 또는 특수교육지원센터 소속으로서 가정, 시설, 병원 또는 일반학급으로 나가 순회교육을 실시한다. 이 중 특수교육지원센터에서 일반학급으로 나가는 순회교사는 장애가 심하여 학교에 나올 수 없는 학생들을 위한 순회교육이 아니라 특수학급이 없는 일반학교에 통합된 장애 학생들을 위한 통합교육 지원 순회교사로서 그 성격이 다르다.

(2) 병원학교

만성질환을 갖고 있거나 기타 병원에서의 교육 프로그램이 필요한 경우에는 병원 내에 마련된 병원학교에서 교육을 받을 수 있다. 우리나라에서는 2005년에 건강장애가 특수교육 대상자로 추가된 이후에 소아암 아동을 주 대상으로 하는 병원학교가 증가하였다. 입원 학생들의 병의 정도나 특성에 따라 의학적인 면에 대한 교사의 주의가 필요하며, 학생의 건강 상태에 따라 일정을 융통성 있게 운영해야 한다. 병원학교에 대한 세부 내용은 '제5장 건강장애'에서 자세히 설명하고 있다.

(3) 원격교육

학교에 출석하기 어려운 경우에는 직접 가정을 방문하는 대신 스마트기기를 이용한 원격수업을 받을 수 있다. 인터넷을 이용한 실시간 화상강의, 또는 그 외의 이러닝(e-learning) 방법이 활용될 수 있다(예: 한국교육개발원의 '스쿨포유'; 제5장 참조). 최근의 스마트교육 체제 내에서의 온라인수업은 기존의 e러닝이나 u러닝처럼 학생 혼자서 원격지에서 학습하는 것이 아니라, 정규교사가 참여하여 학생들이 학습을 지속할 수 있도록 지도하고 독려하며 평가하는 정규수업 활동의 일부로 정의된다.

지체장애 학생의 원격수업을 위해서는 학생의 인지 수준을 고려한 디지털 문해 교육과 컴퓨터 및 스마트기기 활용 교육이 전제되어야 하며, 장애에 따른 컴퓨터 접근성을 고려하여 대안적인 입력장치 등이 필요하다. 또한 지체장애 학생이 사용하기 편리하도록 사용자 설계(UI)를 고려한 이러닝 프로그램 개발도 필요하다.

| 표 1-3 | 원격교육 사례: 꿀맛무지개교실 |

건강장애 학생에게 학습기회를 제공하고 출석을 인정하기 위해 2006년 12월 개교한 학교이다. 현재는 서울시교육청에서 운영하며, 초등학교 1학년부터 고등학교 3학년까지 운영된다. 서울시교육청 소속 건강장애 및 요보호학생이 입교 대상이다. 요보호학생이란 화상, 교통사고 등의 심각한 외상적 부상으로 장기결석(3개월 이상)이 예상되는 학생을 말한다. 학생이 건강장애 특수교육 대상자임을 교육청으로부터 확인받아 학교에 입학서류와 함께 제출하면 수시로 입학이 되고 동일 학년에 배치된다. 교사는 교육청 소속의 교사로 구성되어 있고, 주요 과목(국어, 수학, 통합, 영어, 사회, 과학, 미술)에 관한 실시간 화상강의를 운영한다. 각 학년마다 정해진 시간표에 따라 실시간 수업이 진행되지만, 실시간 수업 참여가 어려운 학생은 녹화방송을 수강하여 출석을 인정받는다. 수업 시간은 학생에 따라 다르며, 초등학생은 1일 1시간 이상의 수업을 듣는다.

출처: 꿀맛무지개교실 홈페이지(https://health.kkulmat.com/).

3) 지체장애 학생의 효과적 교육 수행의 문제

Best, Heller와 Bigge(2010)는 지체장애 학생을 위한 교육을 효과적으로 시행하려고 할 때 부딪힐 수 있는 문제점을 물리적 환경, 기자재 및 서비스 협력의 문제, 서로 다른 교육관의 측면에서 설명하였다. 각각에 대해 살펴보면 다음과 같다.

(1) 물리적 환경

엘리베이터나 경사로를 설치하거나 문을 넓히는 등 장애 학생의 학교생활을 위해 필요한 건축물적 편의시설이 갖추어져야 한다. 1997년에 「장애인, 노인, 임산부

등의 편의증진 보장에 관한 법률」이 제정되고, 2004년에는 「교통약자의 이동편의
증진법」, 2008년에는 「장애인차별금지 및 권리구제 등에 관한 법률」이 제정되어, 신
축되는 공공건물에는 이러한 편의시설이 갖추어져야 하며, 기존의 학교 건물도 시
설을 개선하려는 노력이 이루어지고 있다.

(2) 적절한 기자재 및 서비스 협력의 문제

휠체어, 자세교정용 보조기기 또는 지체장애용 책상 등과 같이 지체장애 학생의
효과적인 교육을 위해 신체적 장애를 보완해 줄 다양한 기자재가 필요한 반면, 개별
학생의 필요에 맞는 기자재가 적절한 시점에 제공되지 않아 문제가 될 수 있다. 또
한 통합교육을 위해 일반학급으로 이동하거나 지역사회환경에서의 교육을 위하여
학교 밖으로 나가게 될 때 이러한 기자재들을 가지고 가야 하는 데 따르는 어려움도
있다. 많은 교육용 기자재를 구비하여 필요한 학생에게 사용하도록 할 수 있는 지체
장애 특수학교에 비해 특수학급에 배치된 경우에는 개별 지체장애 학생을 위한 교
육용 기자재를 새로 구비하기 위한 예산이나 적절한 기자재 선정에 대한정보 부족
등으로 어려움을 겪기 쉽다. 특수교육지원센터에서는 이러한 부분에 대해 특수학
급 교사를 적절히 지원해야 한다.

외국의 경우, 지체장애 학생들이 물리치료, 언어치료와 같은 치료 서비스를 받기
위해 수업 시간 중에 교실 밖으로 나가야 하거나 통합된 치료(integrated therapy)를
제공하기 위해 치료사가 교실 수업에 들어오기도 하는데, 이와 같이 전문가들 간에
협력해야 하는 경우가 매우 많아 수업 시간 조정 및 의견 조정 등과 같은 협력과정에
서의 문제가 생기기도 한다. 우리나라에서는 지체장애 학생들이 필요로 하는 물리
치료, 작업치료, 언어치료와 같은 치료 지원이 학교 밖의 치료기관에서 방과 후 시간
에 학교 수업과 상관없이 진행되고 있다. 따라서 협력이 이루어지기 힘들고, 지체장
애 학생의 교육성과를 높이는 데 어려움을 초래하는 요인이 될 수 있다.

(3) 서로 다른 교육관

지체장애 학생의 교육에 관여하는 전문가 및 부모 간에 의견이 모아지지 않아 문
제가 될 수도 있다. 학생을 어디에 얼마 동안 배치해야 하는지, 교육 내용의 우선순
위는 무엇인지, 특정 보조 기자재를 적용하는 것이 바람직한지 등에 대하여 전문영
역 간, 또는 부모와 전문가 간에 이견이 있을 수 있다. 예를 들어, 다양한 음식을 접

하고 질감에 익숙해지도록 하고자 하는 작업치료사에 비해 부모는 당장 음식을 많이 섭취할 수 있도록 음식을 갈아서 주는 것을 선호할 수 있다. 또는 손 사용 능력이나 보행 능력 향상을 위한 치료에 집중해야 한다고 보는 치료사와 달리 특수교사나 일반교사는 교육의 효과를 위해 컴퓨터 대체 자판이나 휠체어의 사용을 원하기도 한다. 여러 전문가의 협력적 접근이 필요한 지체장애 학생 교육에서는 이러한 다양한 의견의 조율이 중요하며, 대부분 IEP를 계획하고 실행하는 책임을 맡은 특수교사가 이러한 코디네이터 역할을 하게 된다.

4. 지체장애 학생 교육을 위한 교사의 능력과 역할

1) 지체장애 학생 교육을 위한 교사의 능력

다양한 신체장애를 가지고 있는 지체장애 학생들을 가르치기 위해 특수교사에게 요구되는 지식과 기술은 매우 다양하다. 우리나라 특수교사의 자격이 장애 영역별로 별도로 나뉘는 것이 아니며, 전체 장애 학생 중 지체장애 학생의 비율이 높지 않기 때문에 상대적으로 특수학급이나 특수학교 재학생의 다수를 이루고 있는 지적장애, 정서장애, 학습장애 학생들의 교육에 필요한 사항들이 보편적으로 특수교사 양성과정에서 다루어지는 경향이 있다. 과거에는 지체장애 학생을 다루고 교육하는 데 필요한 지식은 지체장애 특수학교 교사들에게만 해당되는 것으로 간주되기도 했으나, 점차 통합교육이 활성화됨에 따라 장애가 심한 지체장애 학생들이 특수학급에서 교육받는 경우가 증가하면서 모든 특수교사에게 해당되는 능력으로 받아들여지고 있다.

구체적인 내용을 살펴보면 다음과 같다(Heller & Swinehart-Jones, 2003).

⑴ 신체 및 건강 관리와 안전하고 건강한 환경 구성 및 유지

자세를 잘 가누지 못할 정도로 약하거나 투약과 같은 의학적 건강 관리가 요구되는 경우가 빈번하기 때문에 개별 학생들에게 필요한 신체 및 건강 관리 사항을 파악하고 있는 것이 중요하다.

(2) 진단 평가 방법 및 기존 평가의 수정

대부분의 시험이나 진단 평가가 말이나 쓰기와 같은 방법으로 이루어지기 때문에 구어 및 운동 발달에 문제가 있는 뇌성마비 등의 지체장애 학생은 제대로 자신의 능력을 평가받지 못하는 경우가 생긴다. 따라서 주관식 문제를 객관식으로 수정해 주거나 손가락으로 짚게 하는 등과 같이 진단 평가 방법을 수정해 줄 필요가 있다.

(3) 자료 수정과 보조공학

수업 자료를 잘 잡거나 넘길 수 있도록 두툼하게 만들어 주거나 손잡이를 굵게 해 주는 등 학생의 운동 능력을 고려하여 수업 자료를 수정해 줌으로써 보다 적극적으로 학생이 수업에 참여하도록 도울 수 있다. 장애를 극복하거나 보완하기 위해 고안된 다양한 보조공학 기자재(예: 컴퓨터 대체입력 기기, 휠체어, 의사소통기기)에 대하여 잘 알고 적절히 활용할 수 있는 능력도 지체장애 학생 교육에 있어 매우 중요하다. 학습, 자세, 이동성, 의사소통, 여가 및 레크리에이션과 같이 다양한 영역에서 보조공학이 적용된다.

(4) 특별한 교수 전략

소리 내어 말하는 것이 어려운 학생을 위하여 머릿속으로 따라 읽어 보도록 시범을 보인 후 잠시 시간을 주는 내적 언어(inner language) 교수법이나 그림 상징을 활용한 국어 수업 등과 같이 지체장애 학생의 특성을 고려한 교수 방법에 익숙해야 한다. 물론 좋은 교수법의 기본 원칙은 달라지지 않기 때문에 일반적인 우수한 교수 전략들도 모두 적극 활용하여야 한다.

(5) 특정 장애에 해당되는 교육과정

휠체어 사용 학생을 위한 휠체어 이용 교육, 저시력 학생을 위한 확대독서기 이용 교육과 같이 장애에 따라 특별히 적용되어야 하는 교육 내용이 있다. 지체장애 학생의 경우에도 개별적으로 필요한 보조공학기기 사용 방법, AAC 방법을 사용할 경우 타인에게 자신에 대해 처음 알리는 방법, 개별적인 전환교육 프로그램, 통합교육을 받을 때 또래와 상호작용하는 방법 등이 그러한 예가 될 것이다.

이러한 내용은 특수교사에게 요구되는 기본적인 교육과정에 대한 지식, 진단 및 교수 방법, 통합교육론, 장애 영역별 특성을 이미 습득하고 있다고 가정할 때 지체장애 학생들의 교육을 위해 더 필요한 내용이다.

국내에서도 최근 지체장애 학생의 통합교육 지원을 위한 교사의 전문성을 점검하는 체크리스트가 개발되었다(주수영, 박은혜, 이영선, 2022). 통합교육을 받고 있는 지체장애 학생 교육을 위해 교사가 갖추어야 할 전문성에 대하여, ① 지체장애교육 기초(지체장애학생 교육 관련 법규 및 정책, 장애발생 원인, 진단명, 예후 등), ② 교과지도(평가 조정 방법, 물리적 환경 조성 등), ③ 생활지도(일상생활기술 지도, 건강 관리 및 자기 옹호, AAC 활용, 자세 유지 및 안전한 이동 등), ④ 학급운영(지원 인력 교육, 응급 및 재난 상황 대응 계획 등), ⑤ 통합지원(통합학급에서의 학습 및 생활 정보, 지체장애 관련 내용의 장애이해 교육 실시 등)의 총 5영역으로 구성하여 우리나라의 지체장애 학생 교육 현장을 반영하였다(부록 1 참조). 이 책에서는 지체장애 학생 교육을 위해 교사에게 요구되는 이러한 다양한 지식과 기술에 대해 설명하고 있다.

2) 지체장애 학생 교육을 위한 교사의 역할

지체장애 학생을 가르치는 교사는 여러 가지 역할을 수행하게 된다. 직접 학생에게 학업 및 기능적 기술을 가르치는 역할뿐 아니라 물리치료사, 작업치료사와 같은 다양한 관련 서비스 제공자들과 협력하여야 하며, 이들이 교육 현장에서 관련 서비스를 효과적으로 제공할 수 있도록 자문을 하거나 서비스 코디네이터의 역할을 해야 한다. 또한 일반학급으로 통합되는 학생들을 위하여 일반교사들에게 자문을 하거나 필요한 도움을 주는 일도 특수교사의 역할이다. 특수교육을 지원하는 인력을 관리하는 역할도 특수교사에게 부과되고 있다. 각각에 대하여 간단히 설명하면 다음과 같다.

(1) 직접교수자

특수학급이나 특수학교에서 담임교사나 교과전담교사로서 학생들에게 직접 교과 내용이나 일상생활 기술, 지역사회 기술을 가르치는 역할을 담당한다. 지체장애 학생의 교육적·신체적 특성을 잘 알고 그에 맞는 교수 방법을 활용하는 능력이 필요하며, 학기 초의 진단과 평가를 통해 적절한 교육 목표와 계획을 수립하게 된다.

(2) 협력자/자문자

지체장애 학생에게는 물리치료, 언어치료, 특수체육 등과 같이 다양한 전문가들의 서비스가 필요하다. 최근 밝혀진 바에 따르면, 이러한 관련 서비스 전문가들이 학생들에게 가장 효과적으로 중재를 제공하는 방법은 교실에서 데리고 나가서 치료실에서 일대일로 중재하는 것이 아니라 학생이 가장 많은 시간을 보내는 교실로 들어와서 교사와 협력하여 교육 현장의 기능적 맥락에서 '풀 인 서비스(pull in service)'를 제공하는 것이다. 이에 따라 외국에서는 특수교사가 이러한 전문가들이 학생의 교육과정과 교육적 필요를 이해하고, 학교교육 활동 속에 치료적 목표를 접목하여 중재계획을 세우고 실행할 수 있도록 협력하고 자문하는 역할을 하게 된다.

또한 하루 중 일부를 통합학급에서 보내는 학생의 경우, 통합학급 교사와도 협력하여 통합된 교과 시간에 의미 있는 교육 내용 및 교수 방법의 수정 또는 행동적 지원이 이루어질 수 있도록 도와야 한다. 즉, 통합학급에서 보내는 시간이나 치료사가 오는 시간이 특수교사의 책임에서 벗어난 시간이 아니며 오히려 더 많은 사전 협의와 계획이 필요한 시간인 것이다. 물론 통합학급에서 수업에 참여하는 학생을 위해 특수교사가 일정 시간 함께 들어가 협력교수를 함으로써 직접교수자의 역할을 할 수도 있다.

(3) 인력 관리자

장애 학생을 위한 프로그램이 증가하면서 특수교육 현장에 방과 후 교사나 특수교육 지원인력, 또는 실습 및 자원봉사 학생들이 늘어나고 있다. 이러한 성인 인력들을 관리하는 역할도 사실상 특수교사에게 주어진 일이다. 이들에게 적절한 오리엔테이션을 제공하고 특수학급이나 통합학급에서 올바르게 역할을 수행할 수 있도록 관리 감독할 책임이 있다. 그렇지 않으면 한 명의 장애 학생이 여러 명의 성인으로부터 일관성 없거나 산만한 교육을 받게 될 수 있다.

(4) 부모 상담자 및 지원자

특수교사는 장애 학생의 가족 및 부모의 상담자나 지원자의 역할을 하게 되는 경우가 많다. 학교교육이 가정과 연계되면 교육 효과를 높일 수 있을 뿐 아니라 장애 자녀로 인한 어려움에 대한 심리적·실제적 지원을 제공하여 부모 및 가족을 도울 수 있다. 특히 지체장애 영유아의 특수교사는 자녀의 장애에 대한 부모의 올바른 이해와 수용을 돕고, 이 시기에는 신체장애의 치료에 가장 큰 관심을 가지게 되기 때문에, 영유아기의 균형적인 발달에 대한 안내자 역할을 해야 한다.

(5) 장애 학생을 위한 옹호자

통합학급 교사나 학생들, 또는 학교 내의 다른 교직원들이 장애 학생에 대하여 올바른 이해와 인식을 할 수 있도록 인식 개선을 위해 노력하거나 스스로 자신에 대해 남에게 잘 표현하지 못하는 장애 학생을 위한 옹호자(advocate)의 역할도 특수교사의 몫이 되는 경우가 많다.

5. 지체장애 학생 교육의 최근 동향

지체장애 학생을 위한 교육도 특수교육의 한 부분이므로 최근 특수교육계의 전반적인 변화의 동향과 맥을 같이하고 있다. 통합교육의 확대, 긍정적 행동 지원 적용, 가족 지원 강화, 자기결정력, 전환교육 및 평생교육 강화 등은 이러한 최근 특수교육 동향의 예이다. 반면에 지체장애 학생의 교육에서 독특하게 더욱 강조되고 있는 부분도 있다. 다음은 그러한 동향에 대한 설명이다.

1) 팀 협력

물리치료사, 작업치료사, 언어재활사 등 다양한 관련 서비스 전문가들의 지원이 필요한 지체장애 학생의 교육은 특수교사 혼자가 아니라 이러한 다양한 전문인과의 협력이 매우 중요하다. 물론 교육의 가장 핵심 역할을 담당하면서 전체를 관리하는 역할을 특수교사가 하지만, 동시에 IEP를 중심으로 각종 관련 서비스가 교육과 효과적으로 연계되도록 하기 위해서는 교육팀 구성원 모두의 협력이 필요하다.

이러한 팀 협력에는 관련 서비스 전문가들 외에도 통합학급 교사와 부모도 포함된다. 통합교육을 기본으로 전제하는 미국에서는 통합학급의 일반교사 참여도 당연한 일이다. 팀 구성원을 위한 자문 및 역할 방출을 통한 간접 서비스의 개념도 이러한 팀 협력의 한 요소이다(표윤희, 2010a).

2) 통합교육 확대

「장애인 등에 대한 특수교육법」 제2조에 따르면, 통합교육이란 특수교육 대상자가 일반학교에서 장애 유형, 장애 정도에 따라 차별을 받지 아니하고 또래와 함께 개개인의 교육적 요구에 적합한 교육을 받는 것을 말한다.

신체적 장애로 인해 학교 건물에 접근하기가 어렵고 보행이나 식사, 의사소통, 글씨 쓰기 등 학교에서 필요한 여러 가지 기능에 장애가 있는 지체장애 학생은 최근까지도 다른 장애 학생에 비해 통합교육에서 상대적으로 소외되어 온 경향이 있다. 그러나 통합교육에 대한 인식이 개선되어 감에 따라 지체장애 학생이 특수학급에서 교육받는 경우와 이러한 배치를 원하는 학부모도 증가하고 있다. 즉, 더 이상 장애의 특성을 이유로 통합교육에서 지체장애 학생을 소외시키는 것은 불합리하며, 어떻게 하면 이들의 교육적 · 신체적 요구에 맞는 적합한 교육을 통합교육 상황에서 시행할 수 있을 것인가에 초점을 맞추어야 할 때가 되었다고 볼 수 있다. 국내에서는 2009년에 인천에서 처음으로 중도 · 중복장애 학생을 위한 특수학급을 초등학교에 신설하여 장애가 매우 심한 지체중복장애 학생에게 특수학교가 아닌 일반초등학교 환경에서 교육을 제공하기 시작하였으며, 2022년 현재 초등 7학급, 중등 3학급, 고등 5학급으로 증가하였는데, 이는 지체장애 학생의 통합교육 확대 노력의 좋은 예이다. 2019년부터 경기도에서도 복합 특수학급이라는 이름으로 유사한 노력이 시작되고 있다.

같은 특수교사이면서도 특수학급 교사들은 상대적으로 이러한 지체장애 학생들의 교육에 책임감을 덜 느끼는 경우도 종종 볼 수 있는데, 이는 바람직하지 않다. 특수학급 교사들은 지체장애 학생이 학급에 통합될 경우에 더 적극적으로 일반학급 교사들과 학교 전체를 대상으로 장애 학생의 옹호자가 되어야 하며, 교육과 지원을 솔선수범하여 맡아야 하기 때문이다. 최근에는 유치원과 초등학교에서 지체장애 학생 통합교육을 위해 일반교사와 특수교사가 협력하여 점검해 볼 체크리스트(부록 2 참조)가 개발되는 등 지체장애 학생의 통합교육 지원을 위한 연구도 이루어지고 있다(남보람 외, 2020; 조아라 외, 2021).

3) 중도 · 중복장애 학생에 대한 교육적 관심과 지원 확대

최근 중도 · 중복장애 학생이 그들의 수준과 특성에 적합한 교육을 받을 수 있도록 하는 노력이 확대되고 있으며 여기에는 지체중복장애 학생도 포함된다. 2022 개정 특수교육 교육과정에서는 이러한 현장의 요구를 반영하여 중도 · 중복장애 학생의 교육지원이 더욱 강화되었다. 2022 개정 기본 교육과정은 중등도 및 중도 장애 학생을 대상으로 한 교육과정이므로, 학생의 학습 수준과 생활연령을 고려하여 일상생활 및 직업 활동을 포함한 미래의 삶에 대처하는 데 도움을 줄 수 있는 내용을 강화하였다. 학생의 장애 특성 및 요구 등을 고려한 맞춤형 교육과정으로 운영하기 위해 일상생활 활동 영역을 신설하여 장애 정도가 심한 학생의 교육적 요구를 반영하였다. 일상생활 활동은 장애학생이 우선적으로 필요로 하는 5개의 생활기능 영역[의사소통, 자립생활, 신체활동, 여가활용, 생활적응(시각중복, 청각중복, 지체중복)]으로 편성되었다.

2022 특수교육 교육과정 총론에서는 "기본 교육과정을 운영하는 특수학교는 장애 정도가 심한 학생의 교육적 요구를 반영하여 교과(군)별 50% 범위 내에서 시수를 감축하여 일상생활 활동으로 편성할 수 있도록 하고 있다. 이 경우 시 · 도 교육감이 정하는 지침에 따라 사전에 필요한 절차를 거쳐야 한다."라고 명시하였다. 즉, 일상생활 활동의 내용과 방법은 학교에서 결정하는 데 학생의 교육적 요구와 학부모, 교사의 의견을 수렴하고 학교와 지역사회의 여건 등을 고려하여 편성할 수 있도록 학교와 교사의 교육과정 편성 · 운영의 자율권을 확대하였다. 이러한 일련의 노력은 장애의 정도가 심한 중도 · 중복장애 학생이 수업에서 소외되지 않고, 개별 특성에 맞는 교육을 받을 수 있도록 하기 위한 것이다.

4) 테크놀로지의 발달과 적용

운동 능력에 손상을 입은 지체장애 학생에게는 컴퓨터, 전동 휠체어, 의사소통기기 등 보조공학기기의 활용이 매우 중요하다. 손을 사용하기 어려운 경우에는 스위치나 화상키보드(screen keyboard) 등 대안적인 입력 방법을 사용하여 컴퓨터를 사용할 수 있으며, 이는 장애 학생이 자신의 능력을 드러내고 잠재력을 실현하는 수단이 되기도 한다. 이러한 보조공학기기는 발달 속도가 빠르므로 특수교사들은 관런 정보를 계속 업데이트하여 학생들에게 필요한 교육을 제공할 수 있도록 유의해야 한다. 다양한 스마트 기기나 가상현실 기술 등을 교육에 활용하거나, 운동 능력의 제한이 심한 학생을 위해 다양한 스위치나 눈동자의 움직임으로 컴퓨터를 작동할 수 있는 기술 등도 개발되고 있다. 또한 이러한 기술 발전을 반영할 수 있는 교육용 콘텐츠 개발에도 관심이 높아지고 있다. 보조공학 지원의 역할을 담당하는 지역별 특수교육지원센터에서는 기기를 대여하거나 교육을 제공하기도 한다(나지회 외, 2022). 신체 움직임의 제한에 대해 타인의 보조에만 의존하기보다 이러한 테크놀로지를 적절히 활용하여 지체장애 학생의 독립성과 교육 효과를 높이기 위한 노력이 중요하다.

5) 보완대체의사소통(AAC)

구어를 사용한 의사소통에 어려움을 겪는 지체장애 학생들은 다양한 AAC 방법을 활용할 수 있다. 간단한 의사소통판이나 의사소통 카드와 같은 로우테크 방법에서 스마트기기의 의사소통 앱을 눈 응시로 작동하는 하이테크 방법까지 다양한 AAC 방법이 학생의 특성에 맞게 활용되고 있다. 최근에는 2013년의 한국보완대체의사소통학회 설립(www.ksaac.or.kr), 보건복지부의 2017년 '보완대체의사소통 시범사업' 실시 등 실제로 교육 및 치료 현장에서 AAC가 활용될 수 있도록 하기 위한 노력이 구체화되고 있다. 특수교육 교육과정 총론의 학교 교육과정 설계와 운영방안에서도 특수교육 대상 학생 등 교육적 요구가 다양한 학생들을 위해 필요할 경우 의사소통 지원 방안을 마련하도록 하고 있다(교육부, 2022c). AAC가 이론적인 수준에 머무르는 것이 아니라 실제로 지체장애 학생의 사회적 상호작용, 학교 수업참여를 높일 수 있도록 활용하는 능력이 특수교사에게 요구되는 것이다. 보다 상세한 진단 및 적용 절차는 '제9장 보완대체의사소통(AAC)'을 참고하기 바란다.

📌 정리

　이 책의 주 대상 학생은 지체장애 학생들이다. 중도 뇌성마비와 같이 지체장애와 그 외의 다른 장애(대부분 지적장애)를 함께 가지고 있는 학생들이며, 건강장애 학생의 교육에 대한 부분도 일부 포함하고 있다. 이 장에서는 이러한 학생들이 가지는 일반적인 특성을 알아보고, 이들을 위한 교육 전달체계의 특성과 효과적인 교육을 위해 교사들이 갖추어야 하는 수행 능력에는 어떤 것이 있는지 살펴보았으며, 최근 지체장애 학생의 교육 현장과 연구 분야에서 논의되고 있는 주요 동향에 대해 정리하였다.

　「장애인 등에 대한 특수교육법」에서는 '지체장애를 지닌 특수교육 대상자'는 기능ㆍ형태상 장애를 가지고 있거나 몸통을 지탱하거나 팔다리의 움직임 등에 어려움을 겪는 신체적 조건이나 상태로 인해 교육적 성취에 어려움이 있는 사람이라고 되어 있다. 과거의 「특수교육진흥법」에 비해 크게 달라진 점은 없으나 '체간' '사지'와 같은 한문 용어를 '몸통' '팔다리'와 같이 이해하기 쉽게 바꾸었다. 이러한 교육적 정의는 장애의 원인이나 정도를 굳이 구분하지 않는다.

　그러나 흔히 교육 현장에서도 사용되는 용어인 '뇌병변장애'는 「장애인복지법」의 분류이고, 뇌의 문제가 아닌 사지기형, 또는 교통사고 등으로 인한 신체손상 등을 별도로 '지체장애'로 구분하고 있다. 따라서 교육적으로 지체장애를 가진 특수교육대상자로 구분되는 학생은 「장애인복지법」상의 뇌병변장애와 지체장애의 경우를 모두 포함하고 있다고 보면 된다.

제 2 장

협력

1. 협력적 접근

지체장애 학생은 신체적 · 인지적 · 의사소통적 어려움 등 다양한 어려움을 가지고 있어서 특수교사의 역량만으로 가장 효율적인 교육 프로그램을 제공하기에는 제한이 있는 것이 사실이다. 그러므로 다양한 교육적 요구를 가진 지체장애 학생을 효과적으로 가르치기 위한 교사와 전문가 간의 협력은 필수적이다.

1) 협력의 의미와 협력과정

지체장애 학생 교육에서 협력이란 단순히 함께 일하거나 프로젝트를 함께 수행하거나 서로 동의하는 것이라는 말로 설명하기에는 충분하지 않다. 이보다는 오히려 협력이란 '서로 다른 전문 영역의 사람들이 지체장애 학생의 요구와 문제를 확인한 후 요구를 충족시키고 문제를 해결하기 위한 방안을 찾아내기 위해 함께 일하는 것'이라고 할 수 있다.

지체장애 학생에게 적절한 교육을 제공하기 위한 협력팀의 구성원으로는 교사, 치료사, 지원인력 등이 있다. 지체장애 학생을 위한 개별화교육계획(Individualized Education Plan: 이하 IEP)을 개발할 때에는 특수교사, 일반교사, 사회복지사, 작업치료사, 물리치료사, 언어재활사, 보조공학사 등과 같은 다양한 분야에서의 평가가 이루어져야 하고, 팀 구성원 간 지속적인 협력을 통해 다양한 영역에서 지체장애 학생의 특성이 고려된 통합적이고 조정된 프로그램을 구안해야 한다. 지체장애 학생을 가르치는 교사가 협력팀의 구성원과 협력적으로 일하고 밀접한 협력체계를 잘 유지할 수 있느냐의 여부는 지체장애 학생 교육의 성과에 중요한 열쇠가 된다.

협력팀 전문가들은 직접적으로 지체장애 학생에게 서비스를 제공하지만, 지체장애 학생을 가르치는 교사에게 상담 및 자문을 제공하여 학생에게 간접적인 지원을 제공하기도 한다. 협력팀 구성원의 노력에 따라 지체장애 학생을 위한 프로그램의 질이 좌우될 수 있으므로 지체장애 학생에게 우선적으로 필요한 다양한 목표를 달성하기 위해 팀 구성원은 지속적으로 협력할 필요가 있다.

성공적인 협력적 접근이 이루어지기 위해서는 구성원이 협력하여 학생에게 적절한 목표를 결정하고 목표에 관심을 가져야 한다. 그리고 다양한 전문가의 능력과 지식에 대한 상호 존중과 이해를 바탕으로 각 구성원은 자신의 지식과 기술뿐 아니라 다른 전문가의 전문성에 대해서 인정하고 전문성을 함께 공유하는 자세가 필요하다. 각 구성원 모두는 동등하게 중요하다는 것을 인지하고 합의된 결정을 내리기 위해 협력해야 하며, 모든 구성원이 책임을 갖고 책무성을 다하고자 노력해야 한다.

2) 협력팀 구성원의 역할

지체장애 학생 교육을 위해서는 많은 전문가가 책임 있는 역할을 수행하고 협력 관계를 유지해야 한다. 그러나 단지 많은 서비스를 제공하고, 많은 전문가와의 협력이 중요한 것이 아니고, 협력적 접근을 위해 고려해야 할 점은 전문가가 제공하려는 서비스가 지체장애 학생에게 필요하고 도움이 되는 서비스인지 확인해 보고 제공 여부를 결정해야 한다는 것이다. 팀 구성원은 지체장애 학생의 교육 성취를 위해 필요한 서비스인지 다시 확인해 보고 중복 서비스는 최소화하도록 노력해야 한다.

모든 팀의 구성원은 학생 교육에 중요한 역할을 수행하지만, 프로그램 진행 시 매일의 프로그램에 지속적으로 참여하는 구성원을 중심으로 의사소통하고 의견을 조율하도록 노력해야 한다. 프로그램을 진행하면서 학생의 요구가 바뀐다면 팀 구성원의 참여도도 그에 맞게 변화해야 한다. 즉, 학생이 성장하면서 교육적 요구도 변화하므로 그에 따라 협력팀의 구성원을 변경하는 것이 필요하다.

표 2-1 | 학생의 교육적 요구 변화에 따른 협력팀 구성원 변경 사례

특수교육을 받던 센터에서 초등학교 1학년 일반학교로 동우가 입학할 때 가장 우선적으로 필요한 기술은 의자에 앉을 때 자세 잡기, 음악실과 미술실 등 특별실에서의 자세 잡기, 화장실 이용하기, 학생 식당에서 급식 먹기 등의 일상생활 기술 익히기였다. 학기 시작 후 자세를 잡고 일상생활 기술을 익히기까지 얼마 동안은 작업치료사와 물리치료사가 동우의 선생님과 적극적으로 협력하였고, 그 이후에는 교실 수업활동에서 동우가 의사표현을 잘할 수 있도록 언어재활사와 동우의 선생님이 좀 더 밀접하게 협력관계를 유지했다.

모든 협력팀 구성원이 공유해야 하는 일반적 역할은 〈표 2-2〉와 같다(Rainforth & York-Barr, 1997). 효과적인 협력팀은 〈표 2-3〉에 제시한 구성요소를 실행하려 노력하는 것이 필요하다(Giangreco, Cloninger, & Iverson, 1998; Snell & Janney, 2000;

Thousand & Villa, 2000).

협력팀의 구성원에는 협력팀의 핵심이며 가장 중요한 장애 학생과 가족이 있고, 특수교사, 일반교사, 치료사(물리치료사, 작업치료사, 언어재활사), 지원인력(특수교육 실무원), 보건교사 등이 있다. 미국에서는 「아동낙오방지법(No Child Left Behind Act:

표 2-2   협력팀 구성원의 일반적 역할

- 학생을 위한 교육적 우선순위와 중재 관련 결정을 내리는 데 참여하기
- 학생을 위한 교육 프로그램의 모든 측면에서 문제해결을 위해 노력하기
- 학생이 교육 프로그램에 참여하도록 촉진하고 구성원이 학생의 능력에 관해 이해하는 데 필요한 전문가의 구체적인 지식과 기술을 공유하기
- 팀 구성원의 노력과 희생을 지원하기
- 장애 학생이 가정, 학교, 지역사회에 잘 참여하도록 돕는 실질적 방법에 관해 지속적으로 배우기

표 2-3   효과적인 협력팀의 구성요소

구성요소	내용
팀 구성원이 적절해야 한다.	• 학생에게 영향을 미칠 수 있는 모든 사람보다는 학생에게 가장 직접적으로 영향을 미칠 수 있는 사람이 협력팀에 포함되는 것이 바람직하다. • 학생에게 서비스를 제공할 때 중복되지 않으면서 각 전문가의 전문지식을 최대한 사용할 수 있도록 해야 한다.
신념 및 가치를 공유해야 한다.	• 팀 구성원은 팀의 목표, 지체장애 학생을 교육하기 위한 가장 좋은 방법을 공유하고, 가족과 전문가의 참여에 동의해야 한다. • 팀 구성원은 대화를 통해 관점을 공유하고, 가치 있는 삶의 성과, 협력관계, 관련 서비스와 교육의 통합, 팀의 의사소통 전략과 같은 다양한 교육적 합의를 이끌어 낼 수 있어야 한다.
전문적 기능과 자료를 함께 나누고 공유해야 한다.	• 팀 구성원은 각 구성원의 정보와 전문성을 존중하며, 각자의 전문성, 경험, 자료를 회의와 문서를 통해 공유하고, 진단, 계획, 평가 시에도 함께 공유하는 것이 필요하다.
함께 협력하기 위한 방법을 활용해야 한다.	• 팀 구성원은 면대면 상호작용을 하고, 긍정적 상호 의존관계를 형성하고, 대인관계 기술을 익히고, 책무성을 지니는 것이 필요하다.
팀이 동의한 학생의 목표를 공유해야 한다.	• 학생의 목표를 구성원이 함께 수립하여 특정 학문 영역에 치우치지 않으면서 학생이 목표를 성취할 수 있도록 각자의 전문성과 자원을 협력적으로 제공한다.

표 2-4 협력팀 구성원의 역할과 책임

구성원	역할과 책임
지체장애 학생	• 협력팀의 핵심 구성원으로서 자신의 요구를 표현하고 협력팀에 협조
가족	• 교육팀의 중요한 구성원으로서 팀 회의에 참석하여 학생의 평가, 교육계획 과정에 참여 • 학생에 대한 많은 정보를 가지고 있고, 이들의 역할은 학생의 미래에 매우 중요
특수교사	• 학생의 IEP 개발 및 실행 책임, 직접교수를 통한 장애 학생 지도, 일반교사 및 치료사와 전문성 및 기술 공유 • 부모와 학교 관계자 간 연결 역할, 지원인력의 슈퍼바이저, 팀의 코디네이터, 장애 학생의 옹호자
일반교사	• 일반교육과정 관련 중요 정보를 팀에 전달 • 장애 학생이 학급수업, 활동에 참여하고 비장애 학생과 상호작용하도록 함 • 학생의 진보 평가와 같은 학생 프로그램의 일반교육 요소를 설계하고 전달하는 책임 공유, IEP팀의 구성원으로서 학생의 일반교육과정 참여와 관련한 토의 및 결정에 참여
작업치료사	• 상지 기능, 소근육운동 기술, 감각지각, 가동 범위, 근 긴장도, 시각-운동 기술, 자세, 발성기술(oral motor) 등 학생이 교수-학습, 일상생활 활동에 참여하는 데 필요한 기술을 발달·유지하는 데 초점 • 학습 환경에 필요한 도구 제작 및 제공
물리치료사	• 신체적 기능(대근육운동 기술, 다루기, 자세 잡기, 자세 바꾸기 기술, 움직일 수 있는 범위, 근력과 지구력, 유연성, 이동성, 이완 및 자극, 신체적 조작 및 운동 절차)에 초점
언어재활사	• 모든 의사소통 측면(수용 및 표현 언어, 조음과 유창성, 호흡, AAC 사용) 향상에 초점
지원인력	• 일상적 학급 운영에 중요 역할, 기능적 생활 및 직업 기술 교수 지원, 자료 수집 및 관리, 문제행동을 보이는 학생 지원, 비장애 학생과 상호작용 촉진, 식사하기, 화장실 이용 등 개인적 돌봄 제공, 사무 보조
청능사	• 청각 손실의 유형 및 정도 파악 • 학생이 사용하는 도구 설명
간호사	• 교사에게 학생의 의학적 요구에 대한 정보 제공, 처치 담당 • 도뇨관 삽입과 흡인, 위루관 섭식 등의 처치 책임 • 안전 및 응급 절차 개발, 학생의 건강 관련 문제와 요구에 관심

NCLB)」「장애인교육법(Individual with Disability Education Act: IDEA)」 등에서 특수교사 자질 향상의 필요성을 강조하는 조항을 제시하며 특수교사의 책무성을 강조하고 있다. 특수교사가 효율적인 팀의 구성원이 되기 위해서는 협력팀구성원의 역할을 이해하고 있어야 하고, 각 구성원은 자신의 전문 영역에 대한 지식과 기술을 갖추고, 서로 협력하여 장애 학생을 지원해야 한다. 각 구성원의 역할과 책임은 〈표 2-4〉와 같다.

팀 구성원은 알고 있는 정보를 전달하고 서로 배워야 하며, 학생의 학습과 일반화를 촉진하는 의미 있는 활동을 교육의 구체적 맥락 내에 삽입해야 하며, 조정되고 통합된 서비스를 계획하고 실행하면서 학생의 학습특성을 설명할 수 있어야 한다. 지체장애 학생을 교육하는 최상의 협력팀이 되기 위해서는 협력팀이 기능을 제대로 수행하고 필수적인 구성요소를 실행에 옮길 수 있어야 한다.

3) 협력팀 모델

다양한 전문가가 학생을 위한 지원을 협력적으로 제공하기 위해서는 팀을 구성해야 하고, 팀을 구성하고 운영하는 방법은 학생 교육의 질과 교육성과에 영향을 미친다. 일반적인 팀 모델로 다학문적 팀 모델, 간학문적 팀 모델, 초학문적 팀 모델이 있으며(Cloninger, 2004; Effgen, 2005; Orelove, Sobsey, & Silberman, 2004), 팀 모델은 다학문적-간학문적-초학문적 팀 모델 순으로 점점 더 확고한 협력체계가 구축된 모델로 발전하였다.

(1) 다학문적 팀 모델

다학문적 팀 모델(multidisciplinary team model)에서 다양한 전문가는 각자의 전문 영역에서 각자 학생을 진단 및 평가하고 독립적으로 중재를 계획하고 실행한다. 다학문적 팀 모델에서는 학생을 위해 지원을 제공하는 팀 구성원들 간에 만나고 협의하는 일은 거의 없다.

(2) 간학문적 팀 모델

간학문적 팀 모델(interdisciplinary team model)에서는 학생을 지원하는 팀 전문가 중 일부 전문가가 프로그램을 제공하기 위해 함께 학생을 평가하고 중재를 계획하기도 한다. 그러나 팀 전문가가 각자 학생을 위한 중재를 실행하거나 지원을 제공한다.

(3) 초학문적 팀 모델

초학문적 팀 모델(transdisciplinary team model)의 특징은 팀 구성원 각자의 전문적인 지식을 다른 팀 구성원에게 알려 주는 역할 방출이 진행되고, 학생이 자연스러운 활동에서 전문가에게 필요한 기술을 배우도록 팀 구성원이 협의하여 결정한다는 점이다. 지체장애 학생은 신체적·인지적·의사소통적 다양한 어려움을 보이므로 이들을 가르치는 교사는 학생에게 최상의 교육을 제공하기 위해서 다른 전문 영역의 지식과 정보를 습득하고 학생에게 실행할 수 있어야 한다.

팀의 구성원들이 각자의 전문 영역에서 협력적으로 학생을 진단평가하고 학생의 요구를 파악하여 함께 지식과 정보를 공유하는 원형 진단(arena assessment)[1]과 전문가들이 학생을 교육하고 지원하기 위해 필요한 지식, 정보, 기술을 가르쳐 주는 역할 방출(role release)[2]을 통해 교사는 학생에게 더욱 효과적인 교육을 제공하는 역할을 수행한다. 또한 통합된 치료(integrated therapy)[3]를 통해 기능적인 환경 내에서 협력팀 구성원이 공유한 목표 기술을 가르친다. 그리고 초학문적 팀 모델에서는 삽입 기술 교수(embedded skill instruction)를 통해 자연스러운 활동에서 기술을 교수한다(자세한 사항은 '제10장 운동장애와 지도' 참조).

표 2-5 **역할 방출과 삽입 기술 교수 사례**

> 민수의 목표는 '숟가락을 잡고 식사하기'이다. 선생님은 민수가 목표를 성취할 수 있도록 작업치료사가 역할 방출을 통해 알려 준 '쥐기'와 관련된 내용을 참고하여 식사 시간, 간식 시간에 숟가락을 잡고 식사하는 기술을 익힐 수 있는 기회를 삽입하여 지도하였다. 그 결과 민수는 목표를 성취할 수 있었다.

---

1) 다양한 전문가가 팀을 이루고 함께 학생을 진단하는 방법으로 교사가 촉진자로서 학생의 움직임과 행동을 유도해 내면 팀 구성원은 학생의 행동을 관찰하면서 각 전문 영역에 대한 평가를 실시함
2) 팀 구성원인 다양한 전문가가 자신의 전문 영역에 대한 기술과 정보를 팀의 다른 전문가에게 알려 주어 이를 수행하는 것을 의미함
3) 학생이 의미 있고 기능적인 활동을 수행하는 장소에 치료사가 와서 서비스를 제공하거나 학생에게 의미 있고 기능적인 활동을 가르치는 교사에게 상담을 제공하는 방법임

4) 협력팀 실행을 위한 과제

　　협력이란 '두 사람 이상이 공유된 목표를 성취하기 위해 함께 일하는 것'으로 이는 말처럼 쉽지 않으며, 협력의 과정과 실행은 협력팀 구성원 모두에게 많은 부담이 된다. 협력팀이 제대로 기능하기 위해서는 다음과 같은 과제를 해결하기 위해 노력해야 한다.

　　첫째, 팀의 구성원은 모두 각 영역에서의 전문성을 가지고 있다. 그러다 보면 원인을 찾고 문제를 해결하고자 할 때 각 전문 영역을 기초로 접근한다. 치료사는 의학적 · 치료적 모델에서 원인을 찾고 직접적인 치료를 통해 문제를 해결하려 할 것이다. 교사는 학생을 교육적으로 진단하고 교육적 관점에서 문제를 바라보고 필요한 것을 교육하려 할 것이다. 협력팀이 학생을 위해 효율적으로 협력하기 위해서는 각 전문 영역을 서로 인정하는 과정이 있어야 하고, 학생 교육에 필요한 전문 영역에 대한 지식과 기술을 서로 공유하는 준비가 필요하다.

　　둘째, 팀 구성원은 협력하면서 학생에게 직간접적인 지원을 제공한다. 예를 들어, 물리치료사의 상담 및 자문을 통해 교사가 학생의 걷기 능력을 강화시킬 목적으로 수학 시간에 칠판 앞으로 걸어 나와 문제를 풀게 한다면 물리치료사는 학생이 걸을 수 있도록 지원을 제공한 것이다. 그러나 이러한 교육과 치료 지원이 통합하는 절차가 명확하지 않으면 부모 입장에서 물리치료사에게 치료를 제공받지 못한다고 생각할 수도 있다. 그러므로 부모를 포함한 모든 구성원이 학생에게 가장 효과적인 방법을 이해하고, 각 구성원이 협력적 진단, 교육계획, 실행, 평가의 전 과정에 참여하고, 모든 구성원에게 각자의 전문지식을 적용할 다양한 기회가 주어질 필요가 있다.

　　셋째, 각 전문 영역에 대해 팀 구성원 간 정보와 기술을 공유해야 하므로 팀 구성원 모두는 자기 전문 영역 외 다른 전문 영역에 대하여 배우는 과정이 필요하다. 다른 내용을 배운다는 것은 그 자체가 어려운 과제일 수 있으므로 모델링, 피드백 제공하기 등의 전략을 사용하여 효율적으로 배우도록 한다.

　　넷째, 팀은 협력적으로 중재와 프로그램을 제공하므로 팀 구성원 간 책임감을 명확하게 할 필요가 있다. 각 구성원의 역할과 책임을 분명하게 제시하고 지속적인 대화와 문제해결 전략을 활용하여 어려움을 극복할 수 있도록 지원해야 한다.

　　다섯째, 협력적으로 일하다 보면 개인적으로 프로그램을 진행할 때보다 많은 협의와 논의 과정이 필요하다. 그러므로 협력을 위한 시간을 확보하고 지속적으로 협력을 유지할 수 있도록 다양한 방법(예: 카페, SNS, 이메일 활용 등)을 강구해야 한다.

2. 가족 참여와 가족 지원

1) 가족 참여와 협력

　　협력팀의 구성원으로는 다양한 전문가가 필요하나 장애 학생과 가족이 중심이 되어야 한다. 당사자인 장애 학생은 모든 결정에 가장 중요한 구성원이고, 가족은 장애 학생과 가장 가깝고 밀접한 관계에 있으므로 장애 학생과 가족의 참여 및 협력은 장애 학생 교육에 가장 중요한 영향을 미칠 수밖에 없다. 미국의 IDEA에서는 교육팀과 가족이 의사결정을 함께할 것을 지지하며 가족의 역할을 강조하였다. 국내에서는 0세에서 2세까지는 장애인 무상교육, 3세에서 고등학교까지는 의무교육을 규정하여 장애 아동의 교육 권리와 함께 부모의 교육의무에 대하여 강조한다.

　　부모는 학생의 IEP를 수립할 때 팀 회의에 관심을 갖고 참여해야 하고, 학생의 강점을 고려해야 한다. 그러나 많은 부모는 바쁜 경제생활로 인해 의사결정 과정에 참여하는 것을 부담스러워하고, 교육의 권한을 교사에게 돌리고, IEP 회의에 참여하지 못하고, 가정과의 연계지도를 하지 못하는 경우도 있다. 이때 부모가 장애 학생에게 관심이 없다고 생각할 수 있으나, 한편으로는 부부 관계, 다른 가족 구성원, 본인의 요구에 더 신경을 쓰기 때문일 수도 있다.

　　바람직한 가족은 가족 구성원 한 사람의 요구만을 강조하여 다른 가족 구성원의 희생을 강요하는 것이 아니라 모든 가족 구성원의 요구를 고려해야 한다. 당사자인 장애 학생도 다른 가족의 필요와 선호도를 존중하는 것을 배우고 다른 가족의 필요가 더 우선적으로 중요할 수도 있다는 것을 알아야 한다. 장애 학생이 배워야 할 중요한 자기결정 기술 중 가족에게 양보하는 것을 지도할 필요가 있는 것이다.

　　지체장애 학생 가족은 굉장한 양육 스트레스를 받으므로 교사는 가족의 스트레스 요인을 살펴보고 스트레스를 완화하고 가족을 지원할 다양한 정보를 제공해야 한다. 또한 교사는 부모에게 너무 많은 에너지와 시간 할애를 요구하지 않도록 주의하고, 부모를 협력적 파트너로 여기고 학생과 부모가 선호하는 것을 존중한다. 그리고 부모가 자녀의 교육과 관련한 의사결정을 할 때 옹호자의 역할을 담당하고 워크

숍, 회의, 훈련 등 다양한 정보를 공유할 기회를 부모에게 제공하는 것이 필요하다.

이전까지는 가족과 전문가와의 협력은 어머니와 전문가와의 협력관계에 중심을 두었으나, 장애 학생은 가족 구성원에 의해 영향을 받고 가족 구성원은 학생의 장애에 영향을 받으므로 다양한 가족 구성원과 협력적 관계를 유지하는 것이 필요하다.

2) 가족 지원

가족은 장애 학생을 위한 학교와 가정의 연계, 각종 교육 프로그램 참여, 가정에서의 지도를 위해 많은 시간을 할애하고 에너지를 쏟아야 한다. 이는 부모가 양육자뿐 아니라 교사의 역할까지 수행해야 하는 부담감을 안게 되었고, 자녀와 가정에서의 놀이 시간은 부모에게 공부 시간이 되었고, 여유 시간에 자녀와 운동하지 않으면 부모가 죄책감을 갖게 되는 문제 상황을 초래하였다.

가족에게 효율적인 지원을 제공하고 모든 가족이 각자의 삶의 질 영역에서 행복을 누리기 위해서는 장애 학생의 발달과 성취만을 목표로 하여 장애 학생만을 중심에 둘 것이 아니라, 모든 가족을 지원하는 것에 초점을 두는 관점의 변화가 필요하다. 부모가 서비스를 받고자 찾아다니며 프로그램에 참여하는 것을 강조하는 서비스 중심이 아니라, 가족을 지원할 수 있는 다양한 서비스를 찾아가서 제공하는 가족 중심의 서비스가 되어야 한다.

가족은 자녀의 유치원 생활부터 초등학교, 중학교, 고등학교 진학 등 각 전환 단계에 관심을 갖고 있고, 이후 지체장애 학생이 고용되고 성인기 생활을 영위하기까지 연결되는 포괄적인 지원을 필요로 한다. 포괄적 측면에서의 가족 지원 프로그램을 제공하기 위해서는 학생과 가족의 다양한 특성을 고려하고, 재정, 주거, 이동 및 교통, 의료, 정서·심리 등 다양한 영역에서 지원을 제공해야 한다.

먼저, 지체장애 학생의 특성(장애 발생 시기, 예후), 장비 및 기구 필요 여부, 의료적인 요구 등을 고려해야 한다. 그리고 가족의 특성(가족 형태, 사회경제적 지위, 거주지, 가족의 선호도, 강점, 가족의 요구 등)을 이해하고 고려하여 가족 지원 서비스를 계획할 필요가 있다. 교사는 지체장애 학생을 잘 가르치기 위해 이러한 가족의 다양성을 이해하고 각 가족의 요구에 적절하게 반응하는 것이 필요하다. 교사가 학생의 개별화교육목표를 설정하고 지도하는 것으로도 가족을 지원할 수 있다. 〈표 2-6〉은 그 예시이다.

| 표 2-6 | 가족 지원을 위한 개별화교육목표 지도 사례 |

지체장애 학생인 지호와 또래인 민수의 친구관계 형성 및 우정 발달을 위해 지호가 민수네 집에 놀러 가는 것으로 개별화교육목표를 설정했다. 김 교사는 지호가 목표를 성취할 수 있도록 지도한 결과, 지호는 민수네 집에 놀러 갈 수 있게 되었고, 지호는 집이 아닌 민수네 집에서 시간을 보내게 되었다. 그 결과 지호네 가족은 주간보호센터에 지불하는 비용이 줄었고, 지호가 없는 시간에 집안일(청소, 설거지 등)을 할 수 있게 되었으며, 가족 구성원의 여가 시간도 확보할 수 있었다.

지체장애를 가진 학생의 생애주기 단계와 전환에 따라 가족이 겪게 되는 상황은 변화하므로 교사는 이에 대하여 이해하는 것이 필요하다. 가족 생애주기는 ① 출생에서 유아기, ② 초등학교 시기, ③ 청소년기, ④ 초기 성인기, ⑤ 성인기 중반, ⑥ 노년기의 단계(Turnbull, Turnbull, Erwin, Soodak, & Shogren, 2015)로 구분할 수 있고, 전환은 조기 개입에서 유치원으로, 초등학교에서 중학교로, 중학교에서 고등학교로, 고등학교에서 성인기로 이동하는 것을 의미한다.

가족은 각 생애주기 단계마다 다양한 과제에 직면하게 된다. 장애 유아가 있는 가정과 장애 청소년이 있는 가정이 직면한 문제는 다를 수밖에 없다. 그러므로 지체장애 학생의 연령을 고려하여 가족 지원 계획을 수립해야 하고, 생애주기에 적절한 지체장애 학생을 위한 전환 계획이 필요하다. 유아기에는 아동의 장애에 대하여 정확히 진단하고 자녀를 위한 지원 서비스를 파악해야 하고, 초등학교 시기에는 통합 여부에 대하여 고민하고 교육 서비스에 관한 정보와 지역사회 서비스를 파악해야 하고 전문가와 긍정적인 관계를 형성해야 한다. 청소년기에는 사춘기로 인한 신체적·정서적 변화에 대처해야 하고, 성적인 문제에 대하여 알아 두어야 하고, 진로 및 학교에서 성인기 삶으로의 전환을 계획해야 한다. 성인기에는 선호하는 거주 형태를 알아보고, 직업을 선택하고, 여가활동을 계획해야 한다. 생애주기별로 직면하게 되는 가족의 과제를 가족 구성원이 잘 해결할 수 있도록 교사와 전문가는 적극적으로 필요한 지원을 제공할 필요가 있다. 또한 전환이 잘 이루어질 수 있도록 준비하는 것이 필요한데, 〈표 2-7〉은 그 방법상의 예이다.

| 표 2-7 | 생애주기 단계에 따른 전환 지원 사례 |

　5세인 시은이의 부모가 선배 부모를 만나는 기회를 갖도록 주선하거나 시은이가 학교생활을 시작할 때 부모와의 분리불안을 최소화할 수 있도록 시은이가 부모와 떨어져 있는 시간을 조금씩 가져 보게 한다. 시은이가 8세가 되면 부모는 시은이를 특수학교에 보낼 것인지, 일반학교(특수학급)에 보낼 것인지 고민할 것이므로 교사와 전문가는 각 교육환경에 관한 교육 정보와 차이에 대한 구체적인 정보를 제공한다. 시은이가 더 성숙하여 18세가 되면 전환을 돕기 위해 다양한 직업을 경험할 수 있도록 여러 곳의 직장을 방문하도록 하고, 20세 이후에는 시은이에 대한 책임을 가족이 서비스 제공자와 분담하고 시은이가 직업을 선택할 수 있도록 도움을 주어야 한다.

가족의 성과를 향상시키기 위해 필요한 지원에는 여러 유형이 있는데, 〈표 2-8〉에 이를 제시하였다(Kyzar, Turnbull, Summers, & Gomez, 2012).

| 표 2-8 | 가족의 성과를 향상시키기 위해 필요한 지원 |

지원 유형	정의
정서 지원	스트레스를 줄이고 긍정적 감정을 증진시키는 관점에서의 심리사회적 기능 향상과 관련된 도움
물리적 지원	신체적 건강(건강 확인, 영양), 일상생활 기술(장애 학생의 화장실 이용, 식사하기, 이동하기)을 향상시키는 것과 관련된 도움
자료 또는 교수적 지원	적절한 재정적 자원에의 접근 및 시급한 과제 해결(병원 갈 때의 교통수단 제공, 부모가 직장에 나갈 수 있도록 아동 돌봄, 가족이 함께 시간을 보낼 수 있도록 가사보조)을 촉진하는 것과 관련된 도움
정보 지원	의사결정을 내리는 데 도움이 되는 온라인 자료, 문서 자료, 비디오 자료에서 얻은 지식을 향상시키는 것과 관련된 도움

출처: Kyzar, K. B., Turnbull, A. P., Summers, J. A., & Gomez, V. A. (2012). The relationship of family support to family outcomes: A synthesis of key findings from research on severe disability. *Research and Practice for Persons with Severe Disabilities, 37*, 38. Reprinted by permission of TASH.

가족은 장애를 가진 학생의 교육과 삶의 질에 전 생애기적으로 중요한 역할을 담당하므로 교사와 전문가는 각 생애기에 적절한 지원과 정보를 제공해야 한다.

　장애 학생의 가족을 지원하기 위해 무엇을 원하는지 어머님들께 질문하였을 때, 어머님들은 "내 아이와 잠시 떨어져서 친구들과 차를 마시며 이야기하고 싶어요."라고 말씀

하셨다. 가족을 위한 지원은 작은 것에서 실현 가능한 것이다.

3. 치료사 및 지원인력과의 협력

신체적인 어려움이 주된 어려움인 지체장애 학생은 물리치료사, 작업치료사와의 협력이 필수적이며, 의사소통에 제한이 있는 지체장애 학생의 경우에는 언어재활사와의 협력도 필요하다. 그리고 교육 현장에서 교사와 긴밀한 협력관계를 유지하며 지체장애 학생의 교육을 지원하는 지원인력과의 협력 또한 중요하다. 많은 전문가가 지체장애 학생 교육에 협력적으로 임해야 하지만, 지체장애 학생을 교육할 때 교사와 가장 밀접하게 협력을 실행하는 지원인력과 치료사와의 협력에 대해 중점적으로 살펴보고자 한다.

1) 치료사와의 협력

교사와 치료사는 초학문적 팀 접근을 통해 지식과 기술을 공유하고 서로에게 필요한 사항에 대해 상담 및 자문을 제공한다. 지체장애 학생은 움직임에 제한이 많으므로 반복적인 연습을 통해 기술을 익힐 수 있는데, 통합된 치료는 학생이 배워야 할 기술을 자연스러운 일과에 통합하여 치료적 지원을 제공하는 것이므로 협력적 모델을 통해 통합된 치료 접근을 활용하면 지체장애 학생의 향상을 도모할 수 있다.

교사와 치료사는 협력적으로 진단하여 목표를 수립하고, 서로의 지식과 정보를 알려 주어 역할을 방출하고, 공유한 목표를 학생이 성취할 수 있도록 자연스럽고 기능적인 교육 활동 내에서 학생이 목표 기술을 연습할 수 있게 기회를 제공하고, 치료적 지원을 통해 학생이 반복적으로 기술을 수행할 수 있도록 하여 지체장애 학생의 목표 성취를 촉진할 수 있다.

(1) 물리치료사

물리치료는 지체장애 학생이 바른 움직임을 할 수 있도록 신체를 준비시키기 위한 과정으로 바른 움직임에 대한 경험을 제공하고 이러한 경험의 반복을 통해 독립적인 기능을 신장시킨다. 지체장애 학생을 위한 물리치료의 목적과 방법은 유형별 특성에 따라 다르지만, 공통적인 것은 머리의 조절과 안정성을 확보하는 것이 최우선 과제가 된다는 점이다. 이를 바탕으로 몸의 정중선을 중심으로 대칭적인 움직임을 촉진하고, 몸통의 움직임과 안정성을 확보하며, 이러한 움직임에 대한 인지 발달을 촉진한다. 머리의 조절과 안정성은 움직임의 발달만이 아니라 시각, 청각, 호흡, 구강의 움직임, 먹기, 말하기 그리고 감각과 인지 발달에 중요한 요소가 된다.

물리치료사는 우선 바른 자세와 균형 유지, 변형 방지, 걷기와 같은 대근육 기능에 대한 평가 및 프로그램을 계획할 수 있는 전문 자격을 갖추어야 한다. 물리치료사의 주된 역할은 〈표 2-9〉와 같다(Best, Heller, & Bigge, 2010).

표 2-9 | **물리치료사의 역할**

- 척추, 다리, 발의 정렬, 정돈
- 보조기, 의수 등이 잘 맞는지 점검
- 수술 후의 재활훈련
- 가정에서의 신체적인 관리

그러나 이러한 치료는 치료실에서만 하는 치료로는 한계가 있다. 따라서 이러한 치료적 접근 이외에 운동과 레크리에이션을 통해 근력의 증가와 운동 기능의 향상 및 자신에 대한 긍정적인 평가가 병행되어야 한다. 특히 학생에 맞게 변형시킨 스포츠 활동을 통한 치료 접근이 효과적이다. 또한 교사와 물리치료사의 협력적 팀 접근을 통하여 학생의 운동 기술을 향상시킬 수 있도록 노력해야 한다.

(2) 작업치료사

작업치료사와 물리치료사는 각자의 목표에 차이가 있기는 해도 많은 부분을 함께 활동해야 한다. 그러나 이들은 서로 다른 관점과 학문적인 배경을 가지고 있어서 딜레마에 빠지는 경우가 발생한다. 예를 들어, 물리치료사는 학생이 의자에 앉은 자세를 평가하는 데 있어서 앉기 균형감의 문제가 앞으로의 골격 변형에 미칠 영향을 고려하여 치료하는 데 더 많은 관심을 두게 된다. 그러나 작업치료사는 필기를 좀 더 정밀하고 정확하게 할 수 있는 앉기 자세가 무엇인지에 초점을 두어 앉기 균형감을 평가한다. 그러므로 학생의 연령 및 현재와 미래의 예후, 발전 가능성, 기능성 등을 고려하여 합의점을 도출하는 과정이 요구된다. 작업치료사는 〈표 2-10〉에 제시

표 2-10 작업치료사의 역할

- 눈-손의 협응 기술
- 자조 기술, 식사하기, 쓰기 등을 위한 손이나 팔의 이용 능력 향상
- 팔과 손의 변형 방지
- 전경과 배경의 구분과 같은 지각 기술의 치료와 진단
- 감각 통합의 평가
- 배변훈련, 옷 입기, 식사 준비와 같은 일상생활 활동의 독립성 촉진
- 직업교육 전 평가

한 영역에 대한 전문 자격을 갖추어야 한다(Best, Heller, & Bigge, 2010).

(3) 언어재활사

언어재활사는 지체장애 학생이 언어발달, 조음, 유창성 등 다양한 영역의 의사소통 문제를 보이는 경우 호흡 및 구강운동, 발성 훈련을 통해 지체장애 학생의 의사소통 기술 습득과 언어 능력을 향상을 돕는다. 또한 여러 가지 의사소통을 유도할 수 있는 기기 등을 사용하여 지체장애 학생의 언어를 촉진하는 데 기여한다.

치료 지원의 가장 중요한 기본 개념은 '특수교육을 보다 잘하기 위한 서비스'이다. 그러므로 물리치료사, 작업치료사, 언어재활사가 치료 지원을 제공할 때에는 지체장애 학생의 교육에 도움이 되는 방향으로 치료를 제공하도록 노력해야 한다. 지체장애 학생의 교육에 도움이 되는 치료 지원을 제공하기 위해서는 교육 맥락 내에서 교사와 협력하며 치료를 제공하는 것이 가장 적절한 방법일 수 있다. 미국에서는 1975년 「전장애아교육법(The Education for All Handicapped Children Act, P. L. 94-142)」 제정 이전에는 물리치료, 작업치료 등의 서비스를 치료사의 평가와 진단에 기초하여 분리된 치료실에서 제공하였다. 그 결과, 치료를 받은 많은 학생은 그들이 배운 새로운 기술을 교실환경에서 일반화할 수 없었고, 성과도 최상에 미치지 못하였다(Karnish, Bruder, & Rainforth, 1995). 이에 교사와 함께 학생이 활동을 수행하는 자연스러운 환경인 교실에서 지체장애 학생이 교육 활동에 참여할 때 치료사가 치료를 제공하거나 교사에게 자문을 제공하고 역할을 방출하는 등 협력하여 지원을 제공하게 되었고, 이러한 방법이 지체장애 학생에게 도움이 되었다. 학교에서 치료사는 교실, 운동장, 체육관 같

은 자연적 환경에서 학생들을 진단하거나 평가하고, 교육환경에서 직접 및 간접 서비스를 제공하며, 지체장애 학생이 기능적인 활동을 수행하고 움직임을 촉진할 수 있도록 팀의 구성원들과 협력하여 지체장애 학생이 치료적 요소를 포함한 관련 기술을 배우는 것을 돕고, 프로그램을 계획하고, 교사와 함께 교육하는 역할을 수행한다.

2) 지원인력과의 협력

다양한 전문가가 지체장애 학생 교육을 위해 협력해야 하나, 교육 현장에서 교사와 직접적으로 가장 빈번하게 협력하는 팀 구성원은 지원인력이라고 할 수 있다. 전국적으로 지원인력을 지칭하는 용어는 특수교육실무원, 실무사 등 다양하지만, 지원인력은 지체장애 학생에게 교육을 계획하여 제공하는 교사를 보조하고 지원하는 역할을 담당한다.

업무를 구체적으로 살펴보면, 지원인력은 교사의 IEP 실행을 보조하고, 교육팀의 구성원으로 교사를 보조하고, 지체장애 학생을 관리하고, 지체장애 학생이 화장실을 사용하고 옷을 입고 식사를 할 수 있도록 보조한다. 지원인력은 지체장애 학생이 통합 학급에서 교육을 받을 때에는 또래와 지체장애 학생이 함께 수업을 받을 수 있도록 지원하는 역할도 담당한다.

지원인력이 지체장애 학생 가까이에서 적극적으로 지원을 제공하다 보면 지체장애 학생이 지원인력에게 지나치게 의존할 수 있다. 이로 인해 지체장애 학생이 또래와 가깝게 지낼 수 있는 기회를 놓칠 수 있고, 지체장애 학생 자신이 선택하거나 결정할 기회를 잃을 수도 있다.

지체장애 학생을 교육할 때 최대의 성과를 낼 수 있도록 지원인력은 효과적으로 학생을 지원하는 데 필요한 기본적인 교수-학습에 관한 개념을 익혀야 하고, 일상생활 지도 및 문제행동 지원과 관련한 구체적 방법을 익혀야 한다. 그리고 지원인력은 팀 구성원과 협력하는 방법에 대하여 훈련을 받고, 개인적인 학생의 상황에 대하여 비밀을 유지하고, 학생을 지원할 때 전적으로 모든 것을 해 주지 않고 학생 개개인의 능력을 고려하여 스스로 할 수 있도록 지도할 필요가 있다.

지체장애 학생 교육을 효과적으로 수행하기 위해서 교사는 지원인력의 역할과 업무를 이해하고, 학생에게 제공할 지원을 구체적으로 지원인력에게 알려 준다. 교사는 지원인력이 적절한 지원을 제공할 수 있도록 지원인력의 활동을 지속적으로 감독하고 정기적으로 피드백을 제공하고, 지원인력과 긴밀한 협력관계를 유지하기 위해 노력해야 한다.

4. 협력 실행하기

1) 협력 실행 절차

지체장애 학생을 효과적으로 지도하기 위한 교사와 전문가 간의 협력은 전문가들이 지체장애 학생의 능력을 협력적으로 진단하고, 진단 결과를 기초로 팀 구성원이 협력적으로 교수목표를 개발하고, 학생이 교수목표를 성취할 수 있도록 교육과 치료적 지원을 제공하고, 교육과 지원의 효과가 어느 정도 있었는지 평가하는 절차로 이루어진다. 협력 실행 절차를 구체적으로 살펴보면 다음과 같다.

(1) 협력적 진단

팀 구성원은 지체장애 학생이 기능적 활동을 수행하는 모습을 관찰하며 학생의 능력에 대하여 협력적으로 진단하고, 진단 내용에 대하여 함께 논의하며 학생의 현행 수준에 대한 정보를 공유한다. 진단 방법은 관찰 외에 각 전문 영역별 구체적인 진단이 이루어질 수도 있는데, 학생의 현행 수준에 대하여 정확한 진단이 이루어져야 적절한 목표를 개발할 수 있으므로 다양한 방법을 활용하여 진단하고 팀 구성원 간 협의를 통해 제대로 된 진단이 이루어지도록 한다.

(2) 협력적 교수목표 개발

협력적 진단 결과를 중심으로 팀 구성원은 학생에게 필요한 교수목표의 우선순위를 정하고 가장 먼저 가르쳐야 하는 교수목표를 선정한다. 목표를 선정할 때, 팀 구성원은 학생에게 가장 필요한 목표인지, 학생이 목표를 성취하였을 때 학생의 삶을 가치 있게 만들 수 있는 것인지를 염두에 두고 선정한다. 또한 우선순위를 정할 때에는 학생과 가족의 선호도를 고려하고 목표로 선정한 기술이 학생의 발달과 교육, 직업에 중요한 목표인가를 생각해야 한다. 교사와 작업치료사의 입장에서 우선순위로 생각하는 것이 다를 수 있으나, 팀 구성원들이 함께 의논하면서 학생에게 가장 중요한 우선순위를 합의하여 협력적으로 교수목표를 도출하는 것이 필요하다.

목표를 기술할 때에는 학생의 삶에 영향을 미칠 수 있고, 학생의 삶을 달라지게 할 수 있고, 자연스러운 환경에서 실행할 수 있는 목표로 선정하는 것이 바람직하다. 예를 들어, 물리치료사 입장에서 학생에게 성취시켜야 할 목표가 '안정된 머리와 사지의 지지 능력을 증가시키는 것'이라면 자연스러운 활동 내에서 연습할 수 있고 실행할 수 있는 '책상을 잡고 바른 자세로 서서 발표할 수 있다.'로 교수목표를 선정할 수 있다. 작업치료사 입장에서 '손을 어깨 위까지 올리는 것'이 목표라면 이는 '외투를 입기 위해 손을 올려 팔을 끼울 수 있다.'로 교수목표를 선정할 수 있다.

(3) 교육과 치료 지원 실행

지체장애 학생이 목표를 성취할 수 있도록 어디에서 어떻게 가르쳐야 할지를 팀 구성원이 협의하여 결정한다. 그리고 학교, 가정, 지역사회 등 여러 장소에서 학생이 기술을 연습할 수 있도록 지원하기 위해 팀 구성원이 협력한다.

지체장애 학생의 목표인 '외투를 입기 위해 손을 올려 팔을 끼울 수 있다.'를 지도하기 위해 휠체어 책상을 뺄 때 손을 올리게 하고, 자신의 이름을 부를 때 손을 올리게 하고, 체육 시간에 스트레칭을 할 때 손을 위로 올리게 하는 등 손을 위로 올리는 연습을 할 수 있는 기회를 자연스러운 교육 활동 내에 삽입하여 학생이 목표를 성취할 수 있도록 도울 수 있다.

물리치료사와 작업치료사가 관절의 가동 범위를 넓힐 수 있는 전문지식과 기술을 교사, 지원인력 등 팀 구성원과 서로 공유하고, 교사는 다양한 교수 방법을 적용하여 학생이 목표를 성취할 수 있는 최선의 방법을 결정한다. 교육과 치료적 지원을 함께 제공할 수 있는 최선의 방법을 팀 구성원이 협력하여 정하고, 이 방법을 통해 학생이 목표 기술을 기능적 활동 맥락에서 배우고 실행하도록 하여 목표를 성취하도록 한다.

(4) 효과 평가

지체장애 학생을 위한 교육목표를 학생이 얼마나 성취했는지를 평가하여 협력적 팀 접근이 목표 성취에 긍정적인 영향을 주었는지 확인하는 과정이 필요하다. 팀 구성원이 제공한 다양한 프로그램과 지원이 학생의 교육목표 성취에 적절했는지, 변경되어야 할 필요는 없는지 평가할 필요가 있고, 교육목표를 성취하고자 제공한 교육 내용과 방법에 대해서도 점검해 보는 것이 필요하다. 공동의 목표를 위해 팀은 협력적으로 중재를 실행에 옮겼는지 실행과정에서 팀이 협력관계를 잘 유지했는지를 살펴볼 필요가 있다.

2) 협력 실행 사례

특수교사, 물리치료사, 지원인력 간의 협력적 팀 접근을 실행한 선행연구(표윤희, 박은혜, 2010; 표윤희, 강혜경, 이창렬, 2014)에서는 지체장애 학생에게 초학문적 팀 접근과 통합된 치료의 개념을 결합한 '협력적 팀워크 중재'를 제공하였다. 협력적 팀워크 중재 단계는 ① 연수 단계로 협력팀 구성원을 대상으로 협력적 팀워크 중재에 대한 연수(협력적 팀워크 개관, 협력의 요소 및 내용, 협력을 위한 의사소통 방법, 협력 절차, 협력적 팀워크의 절차 및 내용, 전문적인 훈련 내용)를 실시하고, ② 계획 단계로 팀 구성원이 협력적으로 학생을 진단하여 그 결과를 기초로 학생의 개별화교육목표를 수립

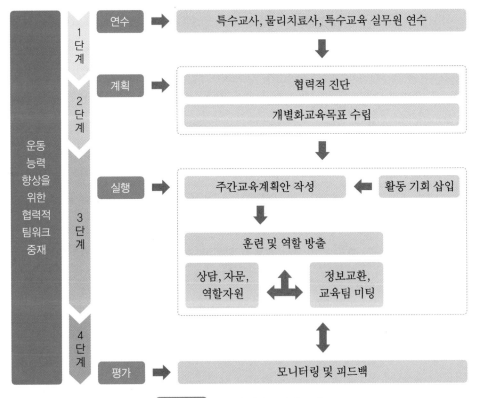

그림 2-1 협력적 팀워크 중재 절차

출처: 표윤희, 박은혜(2010). 운동 능력 향상을 위한 협력적 팀워크 중재가 뇌성마비 학생의 대근육운동 능력 및 운동능력 관련 개별화교육목표 성취에 미치는 영향. 특수교육학연구, 45(1), 323.

하고, ③ 실행 단계로 특수교사가 작성한 주간교육계획안에 각 학생의 개별화교육목표를 성취할 수 있도록 특수교사와 물리치료사가 협력하여 활동 기회를 삽입하고, 물리치료사의 훈련 및 역할 방출을 통하여 특수교사가 활동 기회가 삽입된 교육 활동을 실행하고, 지원인력은 특수교사를 보조하며, 물리치료사는 역할 지원, 상담 및 자문을 통해 특수교사와 지원인력의 교육계획 실행을 지원하고, ④ 평가 단계로 모니터링 및 피드백을 제공하는 과정의 4단계로 [그림 2-1]과 같이 협력적 팀 접근을 실행하였다. 협력적 팀 접근 중재를 제공한 결과 지체장애 학생의 대근육운동 능력이 향상되었고, 운동능력 관련 개별화교육목표가 만족스러운 성취 수준을 보였다.

지체장애 학생의 교육목표 성취를 위해 〈표 2-11〉은 특수교사와 물리치료사가 협력한 사례이고, 〈표 2-12〉는 특수교사와 작업치료사가 협력한 사례이다.

표 2-11 **특수교사와 물리치료사의 협력 사례**

하지 근력 강화와 서기 훈련이 필요한 수호를 위해 김 교사는 물리치료사와 협력적으로 진단하여 수호의 목표를 '국어 시간에 2분 동안 바른 자세로 서서 자신의 생각을 발표할 수 있다.'로 수립하고 기능적인 교육 활동 내에서 수호가 개별화교육목표를 성취할 수 있도록 다양한 활동을 실행하였다. 두 발을 벌리기 어려워하는 수호를 위해 물리치료사는 수호가 두 발을 어깨 넓이로 벌릴 수 있도록 고정 발판을 제공해 주었고, 초기에는 1분 단위로 서기 연습을 해야 함을 교사에게 알렸고, 수호가 바른 서기 자세를 취하는 방법을 교사에게 알려 주었다. 김 교사와 물리치료사는 수학 시간에 1분 동안 서서 수학 문제를 풀게 하였고, 국어 시간에는 한 손으로 책상을 잡고 서서 발표하게 하였고, 미술 시간에는 한 손으로 책상을 잡고 서서 그림을 색칠하게 하였고, 음악 시간에는 볼 위에 앉아서 노래를 부르게 하여 수호의 하지 근력을 강화하고, 서는 연습을 지속적으로 실시하였다. 수호가 반복적으로 기술을 연습할 때 김 교사와 물리치료사는 수호가 적절한 자세로 연습하는지를 함께 점검하였고, 학기 말에 수호의 하지 근력과 서기 능력을 평가하였다.

표 2-12 **특수교사와 작업치료사의 협력 사례**

손기능이 원활하지 않은 수지를 위해 박 교사와 작업치료사는 협력하여 수지가 집게 잡기 기술을 연습할 수 있도록 노력하였다. 작업치료사는 집게 잡기 연습 방법을 박 교사에게 알려 주었고, 박 교사는 쿠키 만들기 시간에 수지에게 처음에는 엄지와 검지, 그다음에는 엄지와 중지, 엄지와 약지로 쿠키를 집도록 하였고, 교과서와 문구류 등을 잡을 때에도 집게 잡기를 활용하도록 하였다. 수업 시간 틈틈이 박 교사와 작업치료사는 수지의 집게 잡기 패턴을 함께 점검하였고, 3개월 후 수지의 손 기능을 평가하였다.

📌 정리

　　이 장에서는 지체장애 학생을 가르치는 데 꼭 필요한 협력의 의미와 협력적 접근, 협력팀에서 가장 중요한 구성원인 학생과 가족의 지원과 관련한 내용, 지체장애 학생 교육에 가장 밀접한 관련이 있는 관련 서비스 전문가 및 지원인력과의 협력, 협력적 접근을 교육에 적용한 사례에 대하여 살펴보았다.

　　지체장애 학생이 가진 다양한 어려움으로 인해 여러 전문가와의 협력이 필수적이지만, 협력은 많은 시간과 노력을 필요로 한다. 당사자와 가족을 포함한 특수교사, 일반교사, 작업치료사, 물리치료사, 언어재활사, 지원인력 등 많은 팀 구성원과 협력관계를 유지해야 한다. 협력적 진단을 실시하고, 협력하여 IEP를 수립하고, 개별화교육목표를 학생이 성취할 수 있도록 함께 노력하고, 협력적으로 문제를 해결하고 책임감을 공유하는 등 다양한 기능을 수행해야 한다. 또한 교육과 치료적 지원을 실행하고 효과성을 평가하는 등 지체장애 학생의 능력 및 기술 증진을 위해 교육 전체 과정에서 협력해야 한다.

　　협력이 제대로 이루어지기 위해서는 각자의 업무로 바쁘지만 협력을 위한 시간을 확보하고, 협력 전체 과정을 공유할 수 있도록 지속적으로 협력을 유지하는 다양한 방법을 강구하여 실천하려는 노력이 필요하다.

제 **3** 장

뇌성마비

1. 정의

뇌성마비(cerebral palsy)는 중추신경계 손상에 의한 근육마비, 협응성 장애, 근육 약화, 기타 운동기능장애로 특징지어지는 신경장애이다. 뇌의 기능장애로 나타나는 신경결함 증상 중에서 신경운동장애가 주로 나타나며, 종종 감각, 지각, 인지, 의사소통, 행동에서의 장애를 수반한다(Rosenbaum et al., 2007). 초기에 소아의 발달을 평가하는 데 있어 가장 먼저 그리고 쉽게 평가할 수 있는 것이 운동 기능이기 때문에 뇌성마비는 가장 먼저 진단할 수 있는 발달장애 중 하나이다.

뇌성마비는 출산 전이나 출산 시, 출산 후 초기 몇 년 이내에 뇌가 발달하는 기간 동안 미성숙한 뇌에 발생한 손상이나 결함으로 정상적인 발달이 저해되는 비진행성질환이다. 일시적인 운동장애나 뇌의 진행성 병변에 의한 경우는 뇌성마비로 진단하지 않는다. 뇌성마비로 인한 뇌손상은 진행되거나 완화되지는 않지만 시간이 지남에 따라 그 영향이 종종 변하기도 한다. 특히 사용하지 않는 근육은 점점 위축되고 약해질 수 있다. 아동의 성장에 따라 뇌성마비가 진행되는 것은 아니지만 시간이 지나면서 구축이 진행되고, 보행 및 이동이 청소년기나 성인기에 이를수록 점점 더 어려워질 수도 있으며, 근육 협응과 통제에서 더 많은 문제를 일으킬 수도 있다.

근육 협응이나 통제의 어려움은 이차적인 문제를 유발한다. 특히, 씹고 삼키는 법을 익히지 못한 어린 아동의 경우 영양실조를 일으킬 수도 있으며, 방광이나 신체의 장기도 근육에 의해 통제되므로 배변과 호흡 기능에 문제를 일으킬 수 있다. 또한 스스로 움직이는 것이 어렵기 때문에 욕창을 방지하고 개선하는 방안에 대해 고려해야 한다.

뇌성마비 아동의 신체 발육은 일반적으로 정상 기준치에 비해 저조하며, 중복장애일 경우에는 신체 발달 면의 지체가 더욱 현저히 나타난다. 손상 정도에 따라 감각, 지각, 청력, 시력, 언어, 인지 능력 및 운동장애 등의 중복장애를 동반하며, 대부분 성장 발육의 지연, 보행 및 운동 장애, 근육의 경직성, 팔다리 변형, 비자율적 근육운동, 경련 및 지각장애 등의 문제를 나타낸다.

2. 원인

뇌성마비는 중추신경계의 손상이 주된 원인이므로 중추신경계의 체계에 대하여 먼저 이해할 필요가 있다.

1) 중추신경계에 대한 이해

신경계는 중추신경계(Central Nervous System: CNS), 말초신경계(Peripheral Nervous System: PNS)로 구분한다. 중추신경계는 두뇌(brain)와 척수(spinal cord)로 구성되어 있고, 신경정보를 통합하고 조절하는 부분이다. 말초신경계는 체성신경계와 자율신경계로 구분하는데, 척수를 신체 각 부분과 연결해 주는 신경으로 구성되어 있으며, 자율신경계는 내부 기관의 기능을 조절한다(대한신경과학회, 2012).

중추신경계는 두뇌피질 상부, 두뇌피질 하부, 척수로 구성되어 있는데, 두뇌피질 상부(대뇌피질)는 정보를 저장하고 사고하는 등의 다양한 기능을 수행하고, 두뇌피질 하부(예: 뇌간, 시상, 소뇌, 대뇌핵)는 호흡하기, 침샘 분비, 체온 유지 등의 무의식적 활동을 조절한다(Heller, Forney, Alberto, Best, & Schwartzman, 2009). 대뇌피질에서 전두엽은 판단하고 사고를 정교화하는 기능과 관련이 있고, 두정엽은 다양한 양식의 감각정보를 통합하고 단순 감각(예: 고통이나 접촉)에 대한 신체의 정보를 수용하는 역할을 한다. 측두엽은 청각자극을 수용하는 영역이고, 언어 이해와 관련된 베

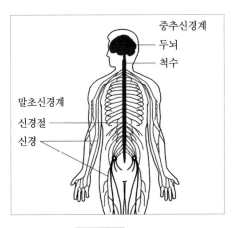

그림 3-1 신경계

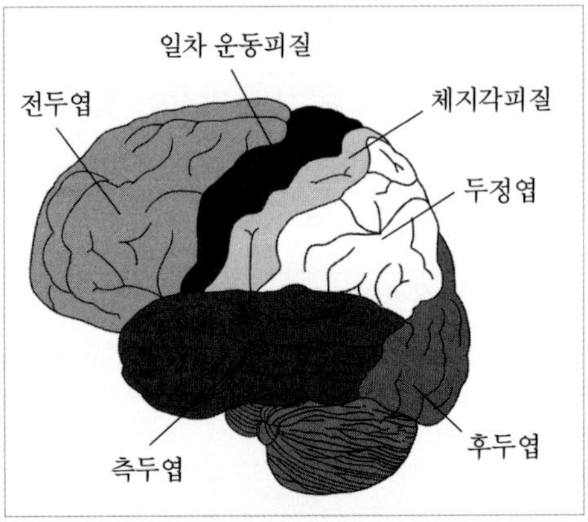

그림 3-2 두뇌

르니케 영역(Wernicke's area)이 위치하고 있다. 후두엽은 대뇌피질의 뒷부분에 위치하며, 시각 기능과 연합되어 있다(Heller, Forney, Alberto, Best, & Schwartzman, 2009).

2) 뇌성마비의 원인

뇌성마비는 출산 전, 출산 시, 출산 직후 뇌에 산소가 결핍되어 발생한다. 이러한 산소 결핍은 난산이나 갑작스러운 출산일 경우, 태아가 출산에 어려운 자세로 있는 경우, 탯줄이 목이나 머리를 감고 있는 경우에 발생할 수 있다. 또한 자궁벽으로부터 태반이 너무 일찍 떨어져 나온 경우도 산소 공급을 방해할 수 있다. 과거에는 이러한 산소 부족이 뇌성마비의 주된 원인이라고 알려져 있었으나, 최근에 이르러 풍진 감염, 산모와 태아의 RH 부적합, 조산 혹은 미성숙아, 임신 중 영양 부족, 불필요한 X-레이 과다 노출, 미생물(박테리아) 등에 의해 뇌성마비가 될 수 있음이 알려졌다. 뇌성마비의 출생 후 원인으로는 두개골 외상, 좌상 등에 의한 뇌출혈과 뇌막염, 뇌염 등에 의한 감염을 들 수 있다. 그러나 전체 뇌성마비의 1/3은 원인이 알려져 있지 않다(Bowe, 2000).

뇌성마비는 중산층보다는 사회경제적으로 낮은 계층에 속하는 가정에서 눈에 띄게 나타나는데, 이것은 주로 그들이 임신 중 충분한 영양 공급을 받지 못하고, 병원에서 충분하고 지속적인 산전관리를 받지 못하기 때문이다. 뇌성마비는 쌍생아에게서 더 많이 나타난다. 1990년대에 이르러 30대 후반, 40대 초반의 여성이 배란촉진제를 이용하여 임신을 하는 경우가 늘어남에 따라 쌍생아 출산이 늘어났다. 쌍둥이들은 대체로 저체중이고, 조산할 가능성이 높으며, 건강상의 문제를 가질 위험이

표 3-1   뇌성마비와 연관이 있는 원인 및 위험요인

	원인	위험요인
출생 전	감염, 뇌기형, 뇌손상으로 인한 유전적인 증상, 산소 부족	※ 여러 요인이 작용 가능 • 독성 요소 • 저체중아 • 다산 • 모체 출혈 및 감염 • 지적장애인 어머니
출생 시	비정상적인 태위, 중추신경 감염, 산소 부족	
출생 후	외상에 의한 뇌손상, 약물, 중추신경계통의 감염(뇌염 등), 뇌의 산소 부족(익사 사고, 질식, 감전 등)	

출처: Best, S. J., Heller, K. W., & Bigge, J. L. (2010). *Teaching individuals with physical, or multiple disabilities* (6th ed.).

높다. 조산 역시 뇌성마비를 유발하는 주된 원인 중 하나이다. 뇌성마비는 정상적으로 출산한 경우에 비해 조산아의 경우 50배나 높은 출현율을 보여 몸무게가 적고 조산한 영아는 뇌성마비가 될 위험이 높은 것으로 나타났다(Bowe, 2000).

3. 분류

뇌성마비를 분류할 때 우리나라에서는 미국 뇌성마비학회와 보바스(Bobath)의 분류방법을 일반적으로 사용하고 있지만, 이러한 임상적인 분류가 뇌성마비 교육에 큰 의미가 있는 것은 아니다. 또한 명확하게 분류하기 어렵고, 여러 특징을 공통으로 갖고 있는 혼합형도 있으며, 연구자마다 분류하는 기준도 다양하므로 뇌성마비를 가르칠 때 교사로서 필요한 기본적인 분류와 특성을 중심으로 알아 두는 것이 중요하다.

뇌성마비의 유형은 운동 유형, 마비 부위, 마비 정도(심각도), 발생 시기에 따라 분류할 수 있다. 뇌성마비는 운동 유형에 따라 경직형, 운동장애형, 운동실조형, 혼합형으로 분류한다. 그러나 뇌성마비의 유형은 아동의 성장에 따라 변화되기도 한다. 이는 뇌손상 부위가 달라져서가 아니라 아동의 성장과 발달에 따라 근 긴장도와 조절 능력이 점차 뚜렷하게 차이를 나타내기 때문이다. 유형별 신체적 특징은 다음과 같다(Best, Heller, & Bigge, 2010).

1) 운동 유형에 따른 분류

뇌성마비는 어느 부분에 손상을 입었는지에 따라 다른 운동 유형을 보이는데, 추체계에 손상을 입은 경직형 뇌성마비, 추체외계인 대뇌핵에 손상을 입은 운동장애형, 소뇌에 손상을 입은 운동실조형, 복합적인 영역에 손상을 입은 혼합형으로 구분한다(Best, Heller, & Bigge, 2010; Heller et al., 2009). 의학적 관점에 따라 운동 유형에 따른 분류는 다소 차이가 있다.

(1) 경직형

경직형(spasticity)은 가장 보편적인 뇌성마비 유형으로 추체계에 손상을 입으면 발생하고 전체 뇌성마비 중 약 75%를 차지한다. 추체계(pyramidal system)는 운동피질과 운동피질에서 척수로 내려오는 경로인 추체로(pyramidal tract)로 구성되어 있다. 추체계에 해당하는 일차 운동피질의 각 영역은 특정 신체 부분의 동작을 조절한다.

일차 운동피질 위에 각 신체를 조절하는 부분을 그려 넣으면 거꾸로 된 이상한 사람의 그림인 '운동 호문쿨루스'(라틴어로 난쟁이라는 의미임)로 나타낼 수 있는데, 보통 '두뇌 안의 작은 사람'으로 불린다. [그림 3-3]에서와 같이 운동피질의 윗부분에는 다리와 고관절의 동작을 조절하는 뉴런이 있고, 바닥 부분에는 입술과 턱을 조절하는 뉴런이 있다(Heller et al., 2009).

경직형은 근육이 뻣뻣하며 움직임이 둔한 특징을 갖는다. 근 긴장도가 높아서 움직이기가 어렵고 움직인다고 해도 속도가 느리다(Bowe, 2000). 쉬고 있는 동안에도 과긴장(hypertonia)이 나타나는 경향이 있다. 척추의 후만, 측만이 많고, 구축의 위험성이 높다. 근육의 구축으로 다리가 서로 겹쳐지는 '가위 모양의 자세(scissorsposition)'를 보이고 이동이나 움직임의 범위에 한계를 보인다.

경직형 사지마비(spastic quadriplegia)는 상지와 하지가 모두 손상을 받은 가장 심한 유형으로, 과도한 동시수축(exaggerated co-contraction)이 나타난다. 과잉긴장으

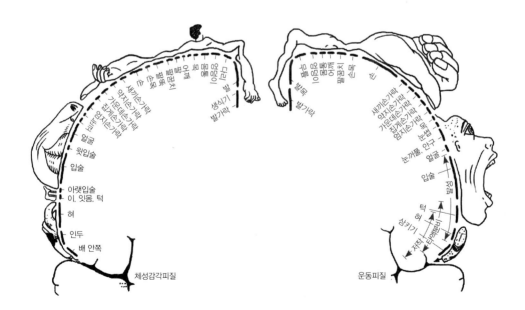

그림 3-3　운동피질과 체성감각피질의 지각과 운동에 대응하는 운동 호문쿨루스와 감각 호문쿨루스

출처: Heller, K. W., Forney, P. E., Alberto, P. A., Best, S. J., & Schwartzman, M. N. (2009). *Understanding physical, Helath, and multiple disabilities* (2nd ed.), p. 77.

로 소리, 위치, 자극에 대해 공포심, 불안감을 느끼기도 하고, 머리조절 능력이 현저히 떨어지고, 침을 흘리며, 의사소통장애가 수반된다.

경직형 양마비(spastic diplegia)는 주로 하지가 손상을 받은 상태를 말하나, 상지의 손상도 존재한다. [그림 3-3]에서 경직형 양마비는 양쪽 일차 운동피질의 윗부분 쪽에 손상이 발생한 것이다. 몸통의 회전 능력이 부족하여 옆으로 앉는 자세(side sitting)[1]를 취하기가 어렵다. 뒤로 넘어가는 체중 이동을 보상하기 위해 등을 구부린 채로 앉거나(rounded back), 양다리를 옆으로 벌려 'W' 형태로 앉는 자세(W sitting) 등 부적절한 자세를 취하여 균형을 유지하려는 보상작용이 뇌성마비 중 가장 많이 나타난다. W자형으로 앉는 자세는 넓은 지지면을 제공하고 체중을 앞뒤로 옮기기 편한 자세여서 뇌성마비 학생이 선호하나, 이러한 자세는 엉덩이와 무릎관절의 긴장을 높이고 회전운동과 측면으로의 체중 이동을 어렵게 한다(Orelove, Sobsey, & Silberman, 2004).

경직형 편마비(spastic hemiplegia)는 몸의 한쪽 편만 마비가 된 경우를 말한다. [그림 3-3]에서 경직형 편마비는 두뇌 한쪽 부분의 운동피질에 손상이 발생한 것이다. 오른쪽 편마비인 경우에는 두뇌의 왼쪽 운동피질이 손상된 것이고, 왼쪽 편마비는 두뇌의 오른쪽 운동피질이 손상된 것이다. 추체로는 일차 운동피질의 축색돌기로 구성되어 있고, 축색돌기는 두뇌에서 내려와서 뇌간 정도의 수준에서 대부분은 반대편으로 교차하고 내려와서 척수의 뉴런과 연결되고, 대부분의 축색돌기는 교차하기 때문에 두뇌의 좌측은 신체의 우측 움직임을 조절하고 우측은 신체의 좌측 움직임을 조절한다(Heller et al., 2009).

경직형 편마비는 대부분 걸을 수 있으나 마비된 쪽의 팔, 다리를 사용하지 않는 경향이 있으며, 모든 기능적인 동작을 손상되지 않은 쪽으로만 해결하려고 한다. 그러나 한쪽만 지나치게 사용하면 발작(seizure)이 나타날 우려가 있으므로 주의가 필요하다. 안정성(stability)과 운동성(mobility)을 동시에 추구하기 때문에 산만하고 분주하며 집중력이 떨어진다.

---

1) 두 다리를 한쪽으로 모으고 앉는 자세(예: 치마 입은 사람의 다리 모양)를 말한다.

가위 모양의 다리 자세

C자형으로 굽은 등

W자형으로 앉는 자세

그림 3-4 경직형의 자세 특성

(2) 운동장애형

운동장애형(dyskinesia)에는 불수의운동형(athetosis), 강직형(rigidity), 진전형(tremor), 근긴장이상형(dystonia)이 포함된다. 불수의운동형은 동작 조절에 기여하는 대뇌핵(basalganglia)이 손상을 입으면 발생한다. 대뇌핵은 두뇌 중앙에 위치하고 있으며, 추체외로계(extrapyramidal system)의 일부분으로 복잡한 움직임 패턴의 강도, 방향, 속도, 순서를 조절하는 역할을 한다(Guyton & Hall, 2006).

불수의운동형은 전체 뇌성마비의 15~20%에 해당하며(Best, Heller, & Bigge, 2010) 무정위운동형이라고도 불린다. 다른 유형에 비해 인지적 손상이 적은 편이며, 근육의 떨림이나 근 긴장도가 수시로 변하여 팔, 손, 얼굴 근육 등에서 비자발적이고 불수의적인 운동이 나타난다. 수면 중에는 불수의 움직임이 덜 나타나기도 하나, 근육의 긴장도가 의식이 깨어 있을 때에 더 강하게 나타나며 정서적으로 긴장하면 심해지는 경향이 있다. 갑작스러운 근 긴장의 변화(fluctuating tone)를 나타내는 것이 특징이다. 특히, 머리 조절이 힘들고 중심선상에서의 운동 조절 능력이 현저히 떨어진다. 불수의적인 움직임을 억제하고 안정성을 확보하기 위해 신체 일부분을 과도하게 사용하게 되어 척추 기형이 나타나며, 연령이 증가할수록 긴장이 높아지는 경향이 있고, 호흡이나 유창성 이상 등의 문제를 가진다. 인지 능력은 다른 유형보다 양호하며, 신체의 비대칭성이 가장 큰 특징이다(Best, Heller, & Bigge, 2010).

강직형은 불수의운동형보다 덜 보편적이고 운동 영역 전체가 뻣뻣한 것이 특징이다. 진전형은 흔들림을 보이고, 불수의운동형이나 운동실조형과 함께 나타나는 것이 일반적이며 드물게 나타난다.

근긴장이상형은 반복되는 움직임 패턴을 가진 강한 근수축이 있으며, 느리고 반복적으로 몸통과 팔, 다리를 일정하게 비트는 움직임을 보인다(김세주, 성인영, 박승희, 정한영, 2005; Miller, 2005).

(3) 운동실조형

운동실조형(ataxia)은 소뇌 손상에 의한 것으로 균형감각이 부족하며 거리감각과 공간에서의 자세조절 능력이 현저히 떨어진다. 특히, 몸통의 회전운동 시 근 긴장이 정상, 또는 정상이하로 떨어지는 저긴장(hypotonia)을 보이며, 정상 이상의 과도한 근 긴장은 나타나지 않는 것이 특징이다. 몸통과 하지의 균형감각과 균형에 필요한 협응력 부족으로 몸통의 안정성과 자세의 긴장이 떨어지나 팔과 손의 기능은 좋은 편이다(Best, Heller, & Bigge, 2010). 보행을 위해 다리를 넓게 벌리고 균형을 잡기 위해 팔을 올리고 걷는 보행 형태를 보인다.

(4) 혼합형

혼합형(mixed)은 뇌의 광범위한 부분의 손상으로 출산 후의 외상이나 장기간의 무산소증이 원인이 되기도 한다. 이 유형의 학생은 양다리는 경직성을 보이고, 양팔은 불수의운동형이 나타날 수도 있고, 사지에 경직성이 나타나고, 몸통과 목 부분의 낮은 긴장을 보이기도 한다. 대개는 경직형이면서 불수의적인 특징을 가지고 있는 학생이 많다. 중증장애일수록 혼합형인 경우가 많으며, 혼합된 형태의 뇌성마비는 분별하기도 쉽지 않고, 운동 접근 방법도 어렵다. 또한 시간이 경과함에 따라 다른 유형과 중복될 수도 있고, 완전히 변화될 수도 있다.

2) 마비 부위에 따른 분류

마비 부위에 따른 분류는 주로 경직형에 적용되는데, 다른 유형은 대체로 전신에 걸쳐 마비를 보이기 때문이다(정진엽 외, 2013). 구체적인 마비 부위에 따른 분류는 〈표 3-2〉와 같다.

표 3-2 　마비 부위에 따른 분류

- 단마비(monoplegia): 사지 중 어느 한쪽의 마비
- 편마비(hemiplegia): 같은 쪽의 팔과 다리가 마비
- 삼지마비(triplegia): 팔다리 중 세 부분의 마비
- 사지마비(quadriplegia): 팔과 다리 모두의 마비
- 하지마비(paraplegia): 양쪽 다리의 마비
- 양마비(diplegia): 양하지마비라고도 불리고, 주된 마비는 하지에 나타나고 상지는 경도 마비
- 이중편마비(double hemiplegia): 중복마비, 양측편마비라고도 불리고, 주된 마비는 상지에 나타나고 하지는 경도마비

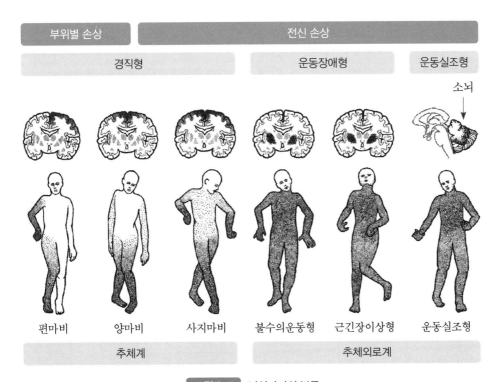

그림 3-5 　뇌성마비의 분류

출처: Batshaw, M. L., Roizen, N. J., & Lotrecchiano, G. R. (2013). *Children with disabilities* (7th ed.), p. 433.

[그림 3-5]는 뇌성마비의 손상 부위(추체계, 추체외로계), 운동 유형(경직형, 운동장애형, 운동실조형), 경직형 뇌성마비의 마비 부위(편마비, 양마비, 사지마비)에 따른 분류를 그림으로 나타낸 것이다.

3) 심각도에 따른 분류

뇌성마비는 심각도(severity)에 따라 경도(mild), 중등도(moderate), 중도(severe)로 나뉜다. 중등도 뇌성마비가 가장 많으며 그다음이 중도의 순이다. 경도 뇌성마비는 무언가를 하는 데 조금의 시간이 더 필요하고 물체를 잡거나 조작하는 데 약간의 도움이 필요하거나 보조공학기기가 필요한 학생으로, 흔하지 않다. 그에 비해 중등도 혹은 중도의 뇌성마비 학생은 운동 능력의 손상이 매우 심하고, 다양한 요구를 가지며, 물리치료사나 작업치료사, 언어재활사, 특수교사와 같은 다양한 범주의 전문가들의 서비스가 필요하다. 중도의 경우 구어나 쓰기 등 일반적인 의사소통 수단을 이용하여 자신의 의사를 표현하기도 힘든 경우가 많다. 중도의 뇌성마비 학생은 보조공학기기를 이용하여 가능한 한 다른 사람에 대한 의존도를 줄일 수 있도록 지도하는 것이 필요하다.

심각도에 따른 분류는 신뢰도와 타당성 부족이 꾸준히 논란이 되면서 표준화된 분류체계에 대한 요구가 있어 왔다. 대근육운동기능분류체계(The Gross MotorFunction Classification System: GMFCS)는 현재 널리 사용되는 체계이며(Palisano et al., 1997), 뇌성마비 학생의 기능수준에 따른 분류체계이다. GMFCS는 자발적으로 시작하는 동작을 평가하고 학생의 최대 능력치가 아닌 일상생활을 관찰하여 평가한다. 일반 아동도 1세 미만에서는 제한 없이 걷지 못하므로 모든 나이에 같은 기준을 적용할 수 없기 때문에 GMFCS는 나이별로 그 기준을 달리하고 있다(정진엽, 왕규창, 방문석, 이제희, 박문석, 2013). GMFCS는 5개의 연령군(2세, 2~4세, 4~6세, 6~12세, 12~18세)으로 나누고, 일상생활에서의 운동 기능을 기준으로 I수준에서부터 독립적인 이동이 심각하게 제한된 V수준에 이르는 5단계 수준으로 구분되어 있다(자세한 사항은 '제6장 진단 및 평가' 참조).

발생 시기에 따라 뇌성마비는 선천적일 수도 있고 후천적일 수도 있는데, 선천적 뇌성마비가 훨씬 더 많다.

뇌성마비의 유형을 분류할 때에는 운동 유형과 마비 부위, 마비 정도, 발생 시기에 따라 분류하지만, 이는 교육과 관련 서비스의 지원 정도와 수준을 결정하기 위해 사용되는 것이다. 그러므로 이러한 분류만으로는 뇌성마비 학생의 인지나 학습 잠 재력의 수준을 알 수 없다는 것에 유의해야 한다.

4. 장애의 영향

1) 감각 기능

뇌성마비 학생은 굴절 이상, 사시, 약시 외에 백내장과 미숙아망막증 등 시각적 어려움이 많다. 뇌의 시각 부분이 손상되면 뇌성/피질시각장애(Cerebral/Cortical Visual Impairment: CVI)가 나타날 수 있다. CVI 학생은 익숙하지 않은 시각적 자극에 반응하기 어려우며, 반응 또한 느리다. 특정 색상에 대한 선호도가 뚜렷하며 특정 시야의 자극에만 반응하는 등 비전형적인 특성을 보인다. 뇌성마비 학생의 50% 이 상이 시각적 결함을 보이며(김종현, 윤치현, 이성현, 이은림, 2010), 약 46%는 사시 등 눈근육의 불균형, 시야 및 시지각 문제, 시각적 예민함 등으로 인해 교육과 의사소 통에 영향을 미친다(Beukelman & Mirenda, 2005). 일부는 청각장애를 보이며, 주로 감각신경성 청력손상을 보인다.

2) 의사소통 기능

뇌성마비로 인한 지적장애, 감각장애, 지각장애 등의 수반 장애는 언어장애를 일 으키는 직간접적 원인이 된다. 또한 이들의 발달 초기의 운동, 사회적 · 인지적 발달 및 놀이 경험의 부족은 언어습득 이전의 비언어적인 몸짓, 제스처 등의 언어 전 행 동을 발전시키지 못하므로 의사소통 기술을 습득하는 데 방해 요소가 된다.

뇌성마비 학생은 인지 능력의 결함이 없어도 과도한 근육긴장과 갑작스러운 경 련, 구강 주변의 근육 조절과 협응의 문제로 인해 표현언어 능력의 결함을 가진다. 즉, 교사나 친구의 말을 듣고 이해하는 능력에는 문제가 없으나 자신의 의견을 말로 표현하지 못하기 때문에 다른 사람과 의사소통을 하는 데 어려움을 보이는 경우가 많다. 이러한 표현언어 능력의 결함으로 사회적 상호작용에 방해를 받으며, 통합된 환경에서의 적응에 어려움을 보일 수 있다(이소현, 박은혜, 2011).

　뇌성마비 학생의 언어특성은 유형에 따라 다르게 나타난다. 경직형 학생의 경우에는 경직성으로 인해 발음기관이 완전히 차단되어 음성기관을 움직이기 어렵다. 호흡이 빠르고 얕으며 들숨 후에 길게 충분히 내쉬는 것이 어렵다. 말을 하더라도 힘들게 말을 하여 성대의 과도한 긴장으로 후두에서 쥐어짜는 듯한 소리가 나며, 소리의 크기나 높이를 조절하기 어렵다. 과대 비음을 보이고 억양 변화가 없거나 단조로우며 느리게 말을 하고 음절을 한 음씩 끊어서 말하는 특성을 보인다. 불수의운동형 학생의 언어는 매우 다양한 형태를 나타낸다. 호흡이 거칠고 불규칙적이며 기식성의 소리가 많고 역호흡을 보인다. 경도장애의 경우에는 가벼운 조음의 장애만을 보이나, 심한 경우에는 말을 전혀 할 수 없다. 목을 가누지 못하고, 침을 흘리고, 삼키는 것이 어려워 말하는 것을 방해한다. 발음이 명료하지 못하고, 조음장애가 많으며, 적절한 호흡조절이 어려워 헐떡거리는 듯한 호흡으로 잡음이 나타난다(한국우진학교, 2007). 지도 방법으로는 입과 코로 부드럽게 숨을 쉬게 하고, 날숨과 발성의 지속 시간을 연장하고, 긴장하지 않고 여유 있게 심호흡을 하여 길게 소리내게 한다. 진전형의 경우에는 말을 할 때 떨림과 말더듬 현상이 심하게 나타난다.

3) 정형외과적 손상

　뇌성마비 학생의 비정상적인 반사와 자세의 문제, 근 긴장도의 이상은 고관절 탈구, 척추측만증, 관절 구축 등의 정형외과적인 문제를 유발한다.

　고관절 탈구(dislocation of the hip joint)는 고관절 주위 근육의 경직으로 대퇴골이 고관절에서 이탈되는 것을 말한다. 관절에서 접촉이 다소 남은 상태를 아탈구(subluxation)라고 하며, 고관절에서 분리된 것을 탈구(dislocation)라 한다. 심한 사지마비가 있는 학생의 경우 고관절 탈구로 진행되기 쉽다(이소현, 박은혜, 2011).

　척추측만증(scoliosis)은 뇌성마비 학생의 15~30% 정도에서 나타난다. 척추 주위 근육의 비대칭적인 긴장으로 인해 잘못된 자세를 방치하게 되어 척추가 S자형이나 C자형으로 만곡되는 것을 말한다. 방치하면 자세의 균형, 보행, 심폐 기능에 영향을 줄 수 있다(김세주, 성인영, 박승희, 정한영, 2005).

　관절 구축은 근 긴장도의 지속적인 증가로 근육, 인대, 관절막의 길이가 단축되어 나타나는 현상이다. 아동이 성장할수록 근육 간 불균형으로 인한 단축이 더 심해

져서 관절의 정렬이 흩어지며, 이로 인해 근육의 움직임이 제한되고 강한 경직으로
구축이 생긴다. 구축으로 발 모양이 변형된 형태를 나타내기도 한다. 발이 바깥쪽
바닥에 닿고 발의 안쪽이 세워져 발바닥이 몸의 중앙을 향해 휘어진 상태인 내반족
(clubfoot)이 나타나기도 하며, 반대로 발의 안쪽이 내려앉고 바깥쪽이 솟아오른 발
의 변형인 외반족(pes valgus)이 나타나기도 한다. 발가락 관절이 밑쪽으로 굽어져
서 고정된 상태에서 발끝으로 걷는 형태를 보이는 첨족(equinus; [그림 3-7] 참조)도
정형외과적 증상 중 하나이다. 단하지 보조기(Ankle Foot Orthoses: AFO) 착용이 도움
이 될 수 있는데, 단하지 보조기는 발과 발목관절의 정렬과 움직임을 조절시키는 것

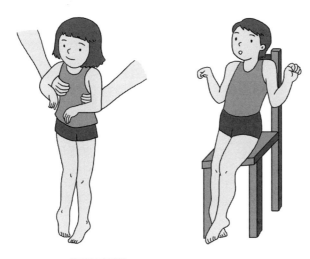

그림 3-6 관절 구축의 예(다리, 발끝)

그림 3-7 발끝으로 걷는 형태

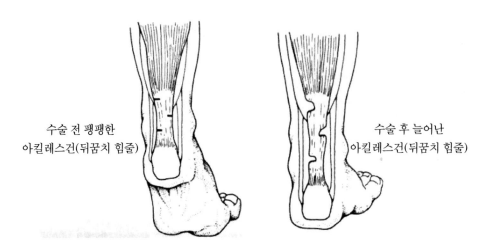

그림 3-8 아킬레스건(뒤꿈치 힘줄)의 길이 연장 수술을 통해 변화한 발의 모양

출처: Batshaw, M. L., Roizen, N. J., & Lotrecchiano, G. R. (2013). *Children with disabilities* (7th ed.), p. 442.

으로, ① 신체의 올바른 정렬을 유지하고, ② 발의 기형을 예방하고 교정하며, ③ 발목관절에서 불수의 운동을 조정하고, ④ 기립 및 보행의 증진 등을 목적으로 착용한다. 이러한 단하지 보조기는 일반적으로 재질에 따라 크게 금속 단하지 보조기와 플라스틱 단하지 보조기로 구별된다(강필, 2007). [그림 3-7]과 같은 특성을 보이는 경우 수술을 통해 발 모양을 교정해 줄 수 있다([그림 3-8] 참조).

4) 생리조절 기능

뇌성마비 학생은 호흡 기능이나 체온조절 등 생리조절 면에서의 문제와 뇌손상으로 인한 발작을 수반하기도 한다. 또한 구강 주변의 근육 조절과 협응에 문제가 있을 때는 호흡과 음식물 섭취의 문제가 나타난다. 뇌성마비 학생은 일반 학생보다 원시반사가 수개월에서 수년 동안 더 오래 지속되며, 이러한 반사가 얼굴과 입 부위에서 지속될 때 씹기, 빨기, 삼키기에 어려움이 있다.

뇌성마비 학생에게 문제를 일으키는 구강반사는 숟가락이 잇몸이나 치아에 닿았을 때 입을 꽉 다물게 하는 물기반사(bite reflex), 물체가 구개나 혀에 닿았을 때 구역질을 유발하는 구역반사(gag reflex), 혀가 자극되었을 때 음식물을 밀어내게 하는 혀 내밀기반사(tongue protrusion reflex) 등으로 나타난다.

많은 뇌성마비 학생이 위장 문제를 갖는다. 위장에 문제가 생기면 식사와 소화,

배설의 문제를 가져오며, 이로 인해 영양의 문제도 유발된다. 위에서 식도로 음식이 역류하는 것을 방지하는 조임근의 문제로 나타나는 위식도 역류는 뇌성마비학생에게서 흔히 볼 수 있다. 위로 들어간 음식물이 역류하여 때로는 입으로 나오고, 음식물로 인해 목이 자주 메고, 구역질, 기침 등이 나타난다. 뇌성마비 학생의위식도 역류를 막기 위해서는 더 자주, 보다 조금씩 음식을 나누어 주는 것이 도움이 되며, 걸쭉한 음식을 주거나 식사 후에 약 1시간 정도는 비스듬히 앉은 자세를 취하여 위에서 음식물이 비워지도록 해 주는 것이 좋다(김세주, 성인영, 박승희, 정한영, 2005).

뇌성마비 학생은 일반 학생에 비해 요로 감염이 3배 정도 많이 나타난다. 요로 감염은 발열, 구토, 설사, 복통, 배뇨통 등을 유발할 수 있다. 요로 감염은 기저귀 사용과 청결 문제로 인해 일어나기도 한다. 항생제를 이용하여 요로 감염을 치료하나, 학생에게는 충분한 수분 섭취, 청결 지도를 통해 요로계통을 깨끗하게 하는 것이 도움이 된다(김세주 외, 2005).

5) 인지 기능

뇌성마비 학생의 인지 분포는 심한 인지적 결함을 나타내는 수준부터 우수한 수준까지 다양한 분포를 나타내기 때문에 인지 능력이나 학업성취도를 일반화시켜 말하기는 곤란하다. 다만 다른 장애와의 중복장애를 수반한 경우에는 정보처리 과정의 어려움을 나타내게 되므로 교수 방법의 변화가 필요하다. 많은 경우가 신경계통의 장애로 인해 언어 발달의 지체를 보이며, 이로 인한 학습 능력 지체와 새로운 학습욕구의 결여, 지각·운동장애로 인한 정보 수용 능력의 부족, 습득한 지식을 일반화하고 통합·조직하는 능력의 결함을 나타낸다.

뇌성마비 학생은 신체적·의료적 문제로 학습활동 및 학업성취에 영향을 받게 된다. 필요한 다양한 진료와 치료를 위한 입원과 퇴원의 반복으로 인한 수업의 결손은 장기적으로 학업성취를 방해한다. 집중 치료와 입원으로 학교 입학 시기가 되어도 적기에 입학하지 못하고 유예하거나 서류상 진급하는 형태의 학적으로 인해 질 좋은 교육을 제공받지 못하는 경우가 많다. 또한 의료적 치료를 위해 시간을 허비하기 때문에 체계적인 조기교육이 이루어지지 못하며, 의료적 치료로 인한 교육 프로그램의 중단이나 결손이 많다. 이로 인해 학습 능력이 떨어지고 부적절한 학습 경험과 의사소통의 문제로 과제를 적절한 방법으로 해결하지 못하게 된다. 특히, 중복장애를 가지고 있는 경우 교육기관의 적절한 배치를 위한 기준과 범위가 모호하며 이를 위한 신뢰할 만한 진단 평가가 이루어지는 것 역시 어렵다(김정연, 2007b).

6) 발작

뇌성마비 학생의 중추신경계 손상은 비정상적인 과도한 전기자극으로 인한 발작을 유발한다. 뇌성마비 학생 중 25~50%의 학생이 발작을 보이며(Best, Heller, & Bigge, 2010) 경직형 뇌성마비 학생은 불수의운동형이나 운동실조형 학생에 비해 발작이 더 많이 나타난다.

발작은 시작하기 전에 전조증상을 보이는데, 가장 일반적인 증상으로는 불안정함, 두통, 불쾌감, 메스꺼움, 집중력 감소, 현기증, 피로 등으로 나타난다(Schulze-Bonhage, Kurth, Carius, Steinhoff, & Mayer, 2006). 발작은 운동증상이 동반되어 경련이 나타나는 경련성 발작과 운동증상이 동반되지 않는 비경련성 발작이 있으며, 발작이 반복적으로 발생하여 만성화된 질환의 경우 뇌전증(epilepsy)이라고 한다.

교사는 발작이 일어났을 때, 학생을 보호하고 응급처치할 수 있는 적합한 행동요령을 미리 알고 준비해야 하며, 학급에서는 발작 시 대처하는 행동요령에 대해 교사와 학생 모두가 숙지해야 한다. 또한 보건교사 및 다른 건강 관련 전문가와의 긴밀한 의사소통이 있어야 하고, 정확한 의학적 관리가 필요하다.

7) 사회정서적 문제

외현적으로 드러나는 신체의 장애는 사회정서적 발달에 매우 큰 영향요인이 된다. 발달 초기의 중요한 시기에 장애로 인한 진단과 치료에 대부분의 시간을 할애하여 적절한 발달과정에서의 긍정적인 경험을 충분히 접하지 못한다는 것은 학생의 정서적인 안정감에 심각한 영향을 줄 수 있는 요인이다. 또한 진단과 치료, 수술 등으로 일관성 있는 조기교육의 기회를 충분히 갖지 못할 경우 교육 경험의 박탈을 초래할 수 있으며, 학령기 동안에도 지속되는 진료와 치료 등의 경험은 지체장애 학생의 성격에 많은 영향을 미친다.

뇌성마비는 다른 장애 영역의 양육 부담과 비교해 볼 때 정신적 · 신체적 · 경제적 부담의 과다로 부모의 스트레스가 크고, 이로 인해 양육에서의 어려움을 초래할 수 있다(김정연, 2005). 또한 부모의 부적절한 양육태도와 시설 등의 생활환경적인 요인에 의해 정서적인 행동 문제를 나타낼 가능성이 있다.

지적장애를 수반하는 지체장애 학생은 짧은 주의집중력, 의존성을 나타내며, 자신감과 자기통제력의 부족, 표현력 결여, 미성숙한 행동 등의 바람직하지 않은 특성들을 나타낸다. 이러한 특성은 신체장애로 인한 또래와의 상호작용 기회 부족과 사회적 행동을 학습할 기회의 제한, 활동의 제한 등이 이유가 될 수 있으며, 결과적으로는 사회적 기술의 습득을 방해하고 사회적 관계를 형성하는 데 부정적 영향을 미치는 요소가 된다.

5. 특수교육 지원

뇌성마비 학생의 주요 장애는 운동기능장애이지만 많은 수가 지적장애, 의사소통장애, 정서 및 행동장애, 감각지각장애 등의 수반 장애를 가진다. 그러므로 뇌성마비 학생의 대다수가 이차적 장애를 가지게 된다. 그러나 이러한 것은 뇌성마비가 다른 장애를 유발하는 것이 아니라 뇌성마비를 유발하는 같은 요인이 다른 이차적 장애를 동시에 유발하기 때문에 수반되는 것이다.

뇌성마비 학생을 위한 교육적 지원을 위해서는 초학문적 팀으로 접근하여 치료적 지원과 의학적 지원을 통한 신체 관리가 필요하다. 뇌성마비가 의심되는 학생의 경우 그 원인에 대한 검사도 물론 필요하겠지만, 그 외에 다른 중추신경 기능의 장애가 있는지 전반적인 조사가 필요하다. 이렇게 함으로써 여러 가지 치료를 통해 뇌성마비 학생이 가진 능력을 극대화하는 데 도움을 줄 수 있다. 또한 뇌성마비의 정의상 비진행성 질환이라 하였지만, 실제로 나타나는 양상은 학생이 성장하면서 조금씩 변할 수 있다. 따라서 기능의 극대화와 이차적으로 나타날 수 있는 합병증 및 장애를 예방하기 위해 이들에 대한 정기적인 검사와 관찰이 필요하다. 뇌성마비는 발달상의 모든 문제점을 나타내므로 그 치료도 다각적으로 접근해야 한다.

교사는 치료사와의 협력도 중요하며, 뇌성마비의 운동능력 외에 다양한 능력을 이해하여 뇌성마비 학생의 교육적 요구를 충족시키기 위해 노력해야 한다.

1) 신체 지원

뇌성마비 학생은 신체적 어려움으로 자세를 유지하거나 활동 참여가 어려우므로 교사는 뇌성마비 학생이 바른 자세를 유지하여 또래와 눈맞춤을 하고 상호작용하며 수업에 참여할 수 있도록 지도한다. 학생이 바른 자세를 잡을 수 있도록 다양한 자세 잡기 및 이동을 위한 보조기기와 보장구를 활용한다. 그러므로 교사는 다양한 자세 잡기 및 이동 보조 장비 사용 방법을 숙지하는 것이 필요하다.

학생의 혈액순환을 촉진하고 욕창을 예방할 수 있도록 자세를 자주 바꿔 주는데, 이는 학생의 피부에 보조기기가 닿으면 마찰로 상처가 생기고, 심한 경우 세포가 괴사하고 피부박리가 일어날 수 있기 때문이다. 학생의 자세를 잡거나 바꿔 줄 때 무릎을 구부리고 가능한 허리를 곧게 펴서 교사의 신체에 무리가 가지 않도록 주의한다.

학생이 성장하면서 보장구가 잘 맞지 않을 수 있으므로 교사는 주의 깊게 점검하고 보장구와 피부가 맞닿은 부분의 피부가 손상되거나 붉어진 부분을 살펴보고 부모에게 이야기하여 의사와 치료사에게 전달하도록 한다. 보장구가 학생에게 효과적이라 하더라도 교사는 어느 정도의 시간 동안 학생이 보장구를 착용하는 것이 적절한지, 언제까지 보장구를 착용해야 하는지 그 사용 기한에 대하여 전문가와 상담하는 것이 필요하다(자세한 사항은 '제10장 운동장애와 지도' 참조).

2) 학습 지원

뇌성마비 학생의 인지 능력은 매우 다양하므로 학생의 특성을 고려하여 중재를 계획한다. 학습활동에 학생이 적극적으로 참여하도록 교사는 학생의 특성에 기초한 교수적 수정(instructional adaptation)을 하고 다양한 보조공학 기구를 활용한다.

학생의 학습 능력에 따라 어떤 학생은 연필을 잘 잡을 수 있도록 잡기 보조도구를 제공하거나 과제수행 시간을 더 주거나 주어진 과제의 양을 줄여 줄 필요도 있다. 어떤 학생은 책상에 종이를 고정해 주거나 책을 넘기는 도구를 제공해 줄 필요가 있다. 학생을 평가할 때에도 주관식 문항을 선택형 문항으로 수정해 주거나 사지마비 학생의 경우는 스캐닝을 활용하여 눈맞춤으로 반응할 수 있게 도와준다. 여러 스위치나 대체 키보드를 활용하고 다양한 보조공학기기와 장치를 이용하여 학생이 학습에 참여하도록 지원한다(자세한 사항은 '제7장 교육과정 및 교수 전략' '제14장 교과 지도 I' '제15장 교과 지도 II' 참조).

3) 의사소통 지원

뇌성마비 학생은 의사소통에 전혀 어려움이 없는 학생부터 발성을 전혀 할 수 없는 학생까지 다양한 수준의 의사소통 능력을 보인다. 교사는 뇌성마비 학생의 의사소통 지도를 위해 언어재활사와의 협력관계를 유지하고, 의사소통에 어려움이 있는 뇌성마비 학생을 위해 언어를 대체하고 보완할 수 있는 AAC 방법(의사소통판, 의사소통책, 음성출력기기 등)을 활용할 수 있도록 지도한다[자세한 사항은 '제8장 의사소통교육'과 '제9장 보완대체의사소통(AAC)' 참조].

4) 건강 지원

(1) 약물요법

뇌성마비 학생의 발작, 경직, 변비, 위식도 역류 등에 대해서는 약물을 사용하여 치료할 수 있다. 약물은 근육을 이완시키기 위해 주로 사용되며, 신경안정제로서 근육 상태를 조절하거나 중추신경기관의 억제, 근육 수축을 억제하기 위해 사용된다. 그러나 이러한 약물은 졸림, 침 흘림 증가, 근육 약화, 위장장애를 유발한다. 교사는 학생이 복용하는 약의 유형과 복용량, 시기, 부작용을 알고 지도한다.

(2) 주사요법

경직을 감소시키기 위하여 페놀/알코올 주사요법과 보톡스 주사요법이 시행되기도 한다. 최근에는 부작용을 줄인 신기술로 뇌척수강내요법(intrathecal baclofen therapy)을 사용하기도 하는데, 이는 뇌척수액 안으로 튜브를 통하여 바클로펜을 투여하는 것이다(김세주 외, 2005).

보톡스 주사요법(botox injection)은 보툴리눔 독소(botulinum toxin)를 주사하는 것으로, 경련성 근육의 근육 긴장을 감소시키는 방법이다. 이 요법은 뇌성마비의 경직에도 효과를 보이는데, 주사 후 약 3일 후부터 효과가 나타나기 시작하여 지속 기간은 3개월에서 길게는 6개월까지이다. 페놀 주사요법에 비하여 통증이 적을 뿐만 아니라 장기간의 근육 약화도 막을 수 있는 장점이 있지만, 짧은 시간 내에 반복 주사할 경우에는 항체가 생겨서 약효가 없어지는 등 부작용이 있을 수 있다. 또한 경련 자체를 감소시키고 경련과 관련된 고통을 감소시키는 유용함이 보고되고 있으나, 주사 비용 문제와 더불어 주사할 때 통증에 대한 부작용이 있다(이계존, 조상현, 1998).

위식도 역류를 동반한 영양장애가 있는 경우 약을 사용하여 역류를 억제하고 위의 산도를 낮추어 그에 따른 합병증을 예방할 수 있다. 또한 식이섬유와 대변완화제 등을 이용하여 변비를 예방할 수 있다.

(3) 수술요법

정형외과적 수술은 뇌성마비 학생의 근육 수축을 예방하거나 풀어 주고 근육의 불균형적인 면을 바로잡고 기능을 향상시키기 위해 시행한다. 선택적 척추 후근 절제술(Selective Posterior Rhizotomy: SPR)은 신체의 감각신경 정보가 척수로 들어가는 최종 단계인 척수 후근을 잘라내서 경직성을 경감시키는 신경외과적 수술로 경직형 편마비 학생에게 활용되는 수술이다. 경직성 뇌성마비 운동장애의 근본 원인인 경직을 감소시켜 운동 능력을 향상시키기 위한 수술이다. SPR의 효과를 극대화하려면 우선 경직성 뇌성마비에 지능이 정상 수준이고, 특히 높은 운동 기능 향상 효과를 보려면 수술 전에 혼자서 앉아 있는 능력과 혼자서 이동하는 능력을 갖춘 어린 연령의 아동이 유리하다(이계존, 조상현, 1998). 이 수술로 발생할 수 있는 합병증으로는 수술 후 일시적 배뇨 곤란과 척추의 불안정성, 경도의 척추측만증 및 경미한 감각 저하가 있다. 수술요법은 수술 후에 물리치료나 작업치료를 얼마나 열심히 받았는지에 따라 수술 후 향상 속도가 달라진다.

정리

　　지체장애 학생은 장애 정도와 유형, 원인이 다양하며, 신체적인 장애뿐 아니라 인지 능력과 감각 영역의 장애를 수반하는 경우가 많기 때문에 교육적인 면과 의료적인 면에서의 다양한 접근과 노력이 필요하다.

　　이 장에서는 지체장애 유형 중 가장 많은 비율을 차지하고 있는 뇌성마비에 대하여 중점적으로 살펴보았다. 뇌성마비의 정의, 원인에 대하여 살펴보고, 뇌성마비 학생에게 적절한 중재를 제공하기 위해 교사로서 알아 두어야 할 뇌성마비의 특성을 운동 유형, 마비 부위, 마비 정도, 발생 시기에 따라 살펴보았다. 이와 함께 뇌성마비로 인한 다양한 장애의 영향에 대하여 살펴보고, 뇌성마비 학생에게 제공해야 할 특수교육 지원에 대하여 제시하였다. 교사는 뇌성마비 학생의 특성을 이해하고 어떠한 교육을 제공해야 할지 구체적인 계획을 수립한 후, 뇌성마비 학생의 장애 영향을 고려하여 적절한 중재를 제공하도록 노력해야 할 것이다.

제 **4** 장

지체장애의 기타 유형

1. 근이영양증

1) 정의

근이영양증(muscular dystrophy)은 유전적으로 결정되는 진행성 질환으로 골격 근의 진행성 위축과 근력 저하를 특징으로 하는 근육질환이다. 근이영양증은 발병 연령, 성별 분포, 근 위축이 심한 부위 등 표현형 징후가 매우 다양하다. 근이영양증은 점차 근육이 힘을 잃어 가는 질병이므로 근디스트로피, 진행성근이영양증 (Progressive Muscular Dystrophy: PMD)이라고도 불린다. 신경계 이상으로 근육세포가 위축되는 소아마비나 뇌성마비와는 달리, 근육세포 자체가 지방질로 바뀌어 감에 따라 기능을 하지 못하게 된다. 시간이 흐름에 따라 증상이 악화되며, 아직까지는 완치할 수 있는 치료 방법이 없는 상태이다.

2) 원인

근이영양증은 디스트로핀(dystrophin)이라 불리는 단백질 부족으로 일어난다. 이 단백질은 근육의 구조와 모양을 유지하는 기능을 한다. 근이영양증은 디스트로핀이 결여되거나 기능을 하지 못하기 때문에 근육이 퇴화된다. 건강한 사람과는 달리 질환이 진행함에 따라 근육세포가 재생되지 않거나 근섬유가 약화 및 퇴화되고 지방세포로 대체되기 때문에 근육의 구조와 기능이 손실된다.

아직 원인이 명확하게 밝혀지지 않았고, 적절한 치료법과 예방법이 개발되어 있지 않다. 다만 원인의 약 2/3는 운반자인 어머니로 추적 가능하고 1/3은 유전적인돌연변이로 추정하고 있다. 이러한 돌연변이는 X염색체의 문제와 관련이 깊으며, 아버지의 유전적 요인으로 발생하는 경우는 없다(이소현, 박은혜, 2011). 그러므로 모계의 보인자 검사를 권장하고 있으며, 유전상담을 하는 것이 근이영양증의 발생을 줄일 수 있다. 이론적으로 남아의 몸 안에 디스트로핀을 삽입하여 장애를 예방하거나 완화시키는 것이 가능하다.

3) 유형

근이영양증은 근육 약화의 정도와 유전적 패턴에 따라 몇 가지 유형으로 분류된다. 유형은 듀센형, 베커형, 안면견갑상완형, 지대형 등이 있다.

(1) 듀센형 근이영양증

듀센(Duchenne)형은 근이영양증의 대표적인 유형이며 가장 흔하고 심각한 증상을 나타낸다. 대체로 근력, 내구력과 기능을 상실하며 신속히 진행된다. 이 유형은 유전자 중 X염색체 결함과 반성 열성 유전이 원인으로 밝혀졌다. 듀센형은 디스트로핀이 심각하게 결핍된 경우에 나타난다. 디스트로핀 단백질의 유전자는 X성염색체에 위치하고 있으며, 주로 2~6세 정도의 남아에게 많이 발생한다(Do, 2002). 그러나 여성 보인자의 약 10% 정도는 경미한 근 위약증을 가지는 것으로 알려지고 있다(정한영, 박병규, 김명옥, 편성범, 남정현 역, 2009).

듀센형 근이영양증의 증상은 약 7세 전에 나타난다. 그러나 3세 무렵까지는 언뜻 보기에 정상으로 보이기도 하며, 6~7세 무렵까지 발견되지 않을 수도 있다. 처음 증상은 예전처럼 쉽게 걷거나 달리지 못하는 것으로 나타난다. 걸을 때 어색한 모양으로 걷고, 자주 넘어지며, 계단을 오르기 힘들어하거나, 허리띠 부위의 근력저하가 나타난다. 5세경에 뚜렷한 근육 약화가 나타나며, 초등학교 입학 초기에는 팔다리 위약증이 진행되고 심한 척추전만(lordosis)이 동반된다(정한영 외 역, 2009). 10세경에는 더 이상 스스로 보행할 수 없게 되고, 13세경에는 휠체어가 필요하다. 10대 후반에는 근육 약화가 심해지고 측만증이 현저해지며, 관절 구축이 심하게 나타난다. 이러한 학생들의 약 25%는 지능지수가 75 미만이고, 평균 지능지수는 일반 학생의 평균값보다 1 표준편차 미만이다. 어떤 경우에는 평활근이 손상되어 위장관 운동저하와 변비가 발생하며, 심장 근육이 손상되는 심근병증도 서서히 발생한다. 척추측만증과 호흡근 약화로 폐활량이 감소하여 최대 들숨압(inspiratory pressure)과 날숨압(expiratory pressure)이 낮아진다.

듀센형 근이영양증 말기는 반복적인 폐 감염과 심장 기능을 상실하게 된다. 사망 연령은 10~30세로 평균 18세이며, 약 5% 정도만이 26세 이상 산다(정한영 외 역, 2009). 대부분 20대에 사망에 이를 수 있으나(Bowe, 2000), 최근에는 척추고정술(spinal fusion surgery), 스테로이드 약물치료, 심장병 약물치료, 호흡기계 합병증을 예방하고 호흡 기능을 향상시킬 수 있는 치료 등 적절한 의료적 치료와 지원이 제공된다면 기대수명을 40대까지도 연장할 수 있으며, 50대까지 생존도 가능하다 (Batshaw, Roizen, & Lotrecchiano, 2013).

　듀센형 근이영양증의 증상은 두 가지 증상, 즉 가우어스 사인(Gower's sign)과 가성비대형(pseudohypertrophic form)으로 나타난다. 듀센형 근이영양증의 학생들은 근력이 약화되기 때문에 앉기와 서기 동작의 독특한 특성을 나타낸다. 하지 근육이

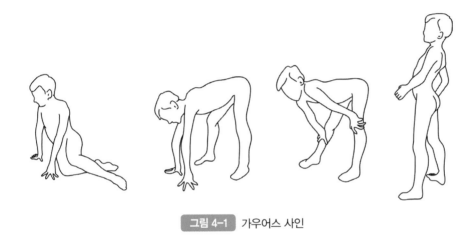

그림 4-1 가우어스 사인

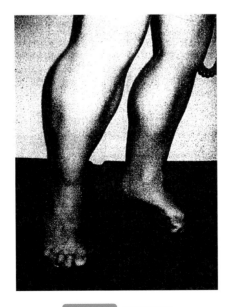

그림 4-2 가성비대형

출처: Batshaw, M. L., Roizen, N. J., & Lotrecchiano, G. R. (2013). *Children with disabilities* (7th ed.), p. 220.

약해지기 시작하는 초기에는 앉은 자세에서 일어서기가 어려워서 손을 사용하는 형태가 나타나는데, 이를 가우어스 사인이라고 한다([그림 4-1] 참조).

　가성비대란 종아리 부분의 약해진 근육을 보상하기 위해, 근육이 지방섬유로 대치되어 마치 건강한 근육 조직처럼 보이는 것을 말하며, 이를 의사성장(false growth)이라고도 한다([그림 4-2] 참조). 실제로 근육이 비대해지는 것이 아니라 근섬유가 괴사된 자리에 지방 및 섬유화가 진행되어 단단해지고 커진 것처럼 보이는 것을 말한다.

　근육의 약화는 다리와 고관절에서 나타나기 시작하여 어깨와 목 부위로 진행되고 팔과 호흡 근육, 심장 근육으로 증상이 진행된다. 듀센형 근이영양증 학생들의 신체 및 보행 특성은 〈표 4-1〉 및 [그림 4-3]과 같다.

표 4-1　듀센형 근이영양증 학생의 신체 및 보행 특성

- 걸을 때 어깨와 팔이 위축되어 뒤쪽으로 젖혀진다.
- 척추만곡이 나타난다.
- 엉덩이 근육이 약해진다.
- 체중을 지지하기 위해 무릎이 뒷쪽으로 빠진다.
- 종아리가 딱딱하게 굳고 허리가 앞으로 굽으면서 배와 가슴을 내밀며 걷는다.
- 발뒤꿈치 근육이 구축되어 발끝으로 걷는다.
- 대퇴근은 가늘고 탄력성이 약하다.
- 불안한 균형감각으로 자주 넘어진다.

그림 4-3　듀센형 근이영양증 학생의 신체 및 보행 특성

(2) 베커형 근이영양증

베커(Becker)형 근이영양증은 듀센형과 마찬가지로 디스트로핀이 결핍되어 나타나는 근이영양증이다. 디스트로핀이 전혀 존재하지 않는 듀센형과는 달리, 베커형은 디스트로핀이 소량 존재하거나 비효과적·비정상적 형태로 존재하는 유형이다. 베커형 근이영양증도 듀센형과 같이 다리와 골반의 약화로부터 질병의 진행이 시작되지만 그 강도가 약하며 훨씬 늦게 시작한다.

발병 시기가 보통 5~20세로 듀센형보다는 늦게 나타나고, 상태도 덜 심한 형태로 나타난다. 근육의 약화는 나타나지만 질병 발생 후 25년 이상 경과된 다음에 보행하지 못하게 될 정도로 진행 속도가 느려서 조기 사망을 일으키지는 않는다. 근육 탈진, 근육 위축, 종아리의 가성비대 등의 증상으로 남성에게 발병되며, 관절 구축이나 변형, 인지 기능 손상은 거의 나타나지 않는다. 보통 10대에 사망하는 듀센형에 비하여 30대나 40대까지도 생존할 수 있으며, 가끔 정상 수명을 사는 경우도 있다. 심장질환과 부정맥은 베커형 근이영양증에서 더 흔하게 발생한다(박은혜 외 역, 2012). 듀센형과 기초적인 원인은 같지만 나타나는 모습은 다르며, 간혹 듀센형과 베커형의 중간 상태를 나타내는 경우도 있다.

(3) 안면견갑상완형 근이영양증

안면견갑상완(facioscapulohumeral)형 근이영양증이란 안면근, 견갑근(어깨근), 상완(어깨와 팔굽 사이 근육)과 허리, 엉덩이 근육 등이 약화되기 시작하며, 어깨뼈가 날개같이 튀어나오는 익상견갑(scapular winging)을 특징으로 하는 질병이다. 다른 유형과는 달리 안면견갑상완형은 대부분은 10대에서 20대 청소년기에 처음 증상이 나타나서 느리게 진행되고, 수명에는 영향을 미치지 않는다. 원인은 유전자와 단백질 이상으로 밝혀졌다.

움직임의 특성으로는 목을 움직이는 근육(목굴근), 대흉근(가슴근), 삼각근(어깨근) 등이 약화되어 일상생활에서 움직임의 제한이 나타난다. 특히 안면근육 약화로 휘파람 불기, 풍선 불기, 빨대로 물 마시기 동작의 어려움이 나타난다. 또한 팔을 들어 올리거나 눈을 완전히 감는 일이 불가능하게 되며, 장애는 골반과 다리 부분으로 진행되어 간다. 이 유형은 진행이 늦고 중년 이후에도 보행이 가능하나, 심각성 정도가 매우 광범위하여 심장의 문제, 지적장애, 시각 및 청각 장애를 일으킬 수 있다(박은혜 외 역, 2012).

(4) 지대형 근이영양증

지대(limb-girdle)형 근이영양증의 발병 연령은 유아기로부터 50세 이후까지 매우 넓다. 증상은 다양하나 근력 저하와 같은 임상적인 증상은 덜 나타난다. 전체적으로 보면 듀센형보다는 증상이 가볍고 진행도 늦다. 듀센형과 마찬가지로 보행의 어려움이 발생하며 잘 넘어지고 달리기나 계단 오르내리기를 힘들어하게 된다. 일어설 때 손으로 무릎을 짚고 몸을 일으키는 움직임의 특성이 나타난다. 관절 구축으로 보행 시 발뒤꿈치를 들고 걸으며, 전신의 관절이 굳으며 보행의 어려움은 있으나 호흡부전과 심부전은 적기 때문에 생명에는 지장이 적다.

4) 장애의 영향

근이영양증의 첫 번째 증상은 같은 나이의 다른 아동보다 더 잘 넘어지는 것이며, 계단 오르는 것이 어려운 것도 조기의 신호이다. 듀센형은 베커형보다 더 빨리 진행되고 근육의 약화가 더 심하므로 증상은 더 심각하다. 그러나 이들에게 과도한 휴식은 오히려 해로우므로 심한 감기에 걸렸더라도 마지막 단계의 근이영양증을 제외하고는 규칙적인 운동을 할 수 있도록 지도한다.

수반 장애로는 신체운동 부족과 과식에 의한 비만이며, 그 밖에 심장근육 약화로 인한 심장의 문제, 언어 발달 지연, 눈근육 약화로 보는 것의 어려움, 눈꺼풀이 가라앉는 것 등 눈에 관련된 문제가 수반된다(Bowe, 2000).

5) 특수교육 지원

근이영양증 학생에게 가장 절박한 문제는 인생은 살 만한 가치가 있다고 여기는 현실적인 인생관(realistic worldview)을 발전시키는 것이다(Bowe, 2000). 부모와 전문가들은 근이영양증 아동, 청소년, 성인이 그들 자신이 의미 있고 동기부여가 되는 단기적·장기적인 목표를 세우도록 격려해야 한다. 그리고 그 목표에 도달할 수 있도록 지지해야 한다. 특히, 듀센형 근이영양증은 증상이 빠르게 진행되고 건강상의 위험한 조건이 많기 때문에 아동과 가족 모두 자포자기하기 쉽다. 그러므로 상담을 통한 심리적 지원을 제공해야 한다.

이들을 위한 특수교육적 중재는 질병의 상태를 '회복시키는 것'보다는 현재의 상태를 유지하고 '지탱하게 하는' 역할을 하는 것이다(Bowe, 2000). 근이영양증의 하위 유형에 따라 진행의 속도와 특성은 다르지만 이 학생들에게는 장애 상태의 개선보다는 유지하도록 지원해 주는 것이 중요하다. 그러므로 근육을 이완하고 근육의 협응을 강화하기 위한 매일의 적당한 스트레칭 운동이나 악기 연주, 수영, 자전거 타기 등을 통해 가능한 한 남아 있는 근력을 효과적으로 사용하고 서기, 걷기, 이동 능력을 유지할 수 있도록 지원한다(Bowe, 2000).

　관련 서비스의 경우 물리치료를 통해 남아 있는 힘을 효과적으로 사용하고, 서기와 걷기와 이동하기를 지도하며, 작업치료를 통해 자세잡기(positioning), 팔 지지하기, 손으로 글쓰기, 머리 빗질하기, 양치하기 등의 일상생활에서의 기술 수행을 지원한다. 그 밖에 보조기(brace), 목발, 휠체어 등의 보조공학기기를 제공하여 스스로 움직이고 바르게 앉을 수 있도록 지원한다. 증상이 진행될수록 휠체어 등의 보조기기 사용 시간이 늘어나기 때문에 휠체어에서 효율적이고 편안한 자세를 취할 수 있도록 지도한다.

　또한 자세와 관련한 학생의 신체 조건, 움직임의 정도가 계속 변화하기 때문에 주의 깊은 관찰과 모니터링을 통해 요구에 적합한 보조공학기기의 수정과 조정, 대체

표 4-2　근이영양증 학생의 일상생활 지원 방안

	문제 상황	지원 방안
수면	• 잠잘 때에 스스로 자세를 바꾸는 등 자연스러운 움직임이 일어나지 않음	• 일정한 간격으로 몸의 위치를 변경시켜 주기 • 에어 매트리스나 물침대 사용이 유용함
영양과 체중관리	• 움직임의 제한으로 인한 체중 증가 • 움직임의 제한으로 인한 증상 악화 • 관절 가동 범위의 제한	• 적당한 영양 공급으로 체력 유지하기 • 하루에 2, 3회 관절 가동 운동하기 • 가능한 한 학생 스스로 할 수 있도록 유도하기
휠체어 사용	• 장시간 사용으로 인한 척추측만증 • 엉덩이와 무릎, 발목의 관절 구축	• 올바른 자세 유지하기 • 휠체어 사용 시간 줄이기 • 규칙적으로 스트레칭하기
운동	• 근육 조직의 손상 • 심폐의 피로도	• 잘못된 방법의 운동이나 지나치게 격렬한 운동은 해로움 • 근력 유지와 구축 예방을 목표로 저항이 낮은 운동하기

를 고려해야 한다. 컴퓨터를 적절히 활용하여 운동 능력이 감소되어도 예전에 하던 학업 및 여가활동을 계속할 수 있도록 미리 계획하는 것이 바람직하다. 예를 들어, 키 가드(Key guard)를 부착한 자판을 사용하여 연필을 잡고 글씨를 쓸 힘이 없어도 필기를 할 수 있도록 미리 준비해 줄 수 있다. 보조공학 요구에 대한 지원을 위해서는 물리치료사와 작업치료사, 보조공학사 등 관련 서비스 전문가들의 협력이 필요하다. 그 밖에 일상생활에서의 독립성을 지속하기 위해서는 적절한 영양 섭취와 체중을 유지할 수 있도록 지도하는 생활습관 지도도 필요하다. 구체적인 지원 방안은 〈표 4-2〉와 같다.

특수교육 중재에서 강조할 사항은 학생들의 장점과 재능을 발전시킬 수 있도록 돕는 것이다. 근이영양증을 가진 학생을 과보호하는 것은 의존적으로 만들고 고립시키기 때문에 지양해야 하고, 긍정적인 기대와 실제로 할 수 있는 과제를 부여하는 것

표 4-3 **근이영양증 학생을 위한 지도 전략**

- 신체 발달 면에서의 지도 전략
  - 학생의 적응 능력을 촉진하기 위해 잔존 능력을 최대한 활용할 수 있도록 격려
  - 정기적으로 학생의 상태를 점검하고 지원 수준을 적절하게 조절
  - 가족, 치료사, 학교의 보건교사 등의 의견을 고려하여 물리적 지원에 있어서 최상의 실제 결정
  - 환경 수정 시 학생의 독립성을 최대한 고려
  - 보행을 어렵게 할 수 있는 비만에 대한 철저한 관리
  - 피곤의 수위를 조절한 보행 장려

- 심리사회 발달 면에서의 지도 전략
  - 학교의 상담교사, 지역사회 상담전문가의 도움 연계
  - 학생이 자신의 문제를 물을 때 직접적인 정보를 제공하지 말고 부모나 의사와의 대화 제안
  - 여전히 가치 있고, 중요한 사람이라는 인식을 갖도록 자존감 갖게 하기
  - 다른 학생들과 다른 규칙을 적용하거나 또래로부터 격리되지 않도록 유의

- 학습 면에서의 지도 전략
  - 자율성을 증진시키기 위한 교수 전략 활용
  - 책상의 높이 수정, 팔 받침대 제공
  - 부드러운 연필, 사용하기 쉬운 필기도구 제공
  - 쓰는 것 대신 과제를 녹음할 수 있도록 지원, 계산기 사용 허용, 과제 조정
  - 보조기기를 활용한 컴퓨터 접근성 확대

이 필요하다. 또한 교사는 학생의 신체 특성을 고려하여 피로도를 최소화하고 개인 자율성을 최대화하는 방법을 고안하여 지도해야 한다. 구체적인 지도 전략은 〈표 4-3〉과 같다.

2. 이분척추

1) 정의

이분척추(spina bifida)란 임신 중 태아기 첫 달(28일)동안 척추 뼈가 완전히 닫히지 않은 상태를 말한다. 이분척추는 척수를 싸고 있는 척추 뼈의 뒷부분이 완전히 닫히지 않은 채 태어나는 선천적인 이상으로 신경손상과 마비를 일으켜서 생기는 기능장애이다.

2) 원인

이분척추는 환경적인 요소와 마찬가지로 유전에서 그 원인을 찾을 수 있다. 인체에서 엽산의 사용에 영향을 미치는 효소(enzyme)를 만들어 내는 유전자에 문제가 있을 경우에 발생한다. 이러한 유전적 문제는 산모가 섭취하는 식단에 엽산이 부족할 경우 이분척추를 유발할 수도 있다. 이러한 경우 가임여성의 엽산 섭취는 이분척추의 출현율을 현저히 줄일 수 있다(Bowe, 2000).

3) 유형

이분척추는 척수수막류(myelomeningocele), 수막류(meningocele), 잠재이분척추(spina bifida occulta)의 세 가지 유형이 있다([그림 4-4] 참조).

(1) 척수수막류
이분척추의 가장 심한 형태는 척수수막류이다. 척수를 둘러싸고 있는 척추뼈의 뒷부분이 완전히 닫히지 않아 분리된 척추 사이로 척수나 신경섬유가 돌출된 상태

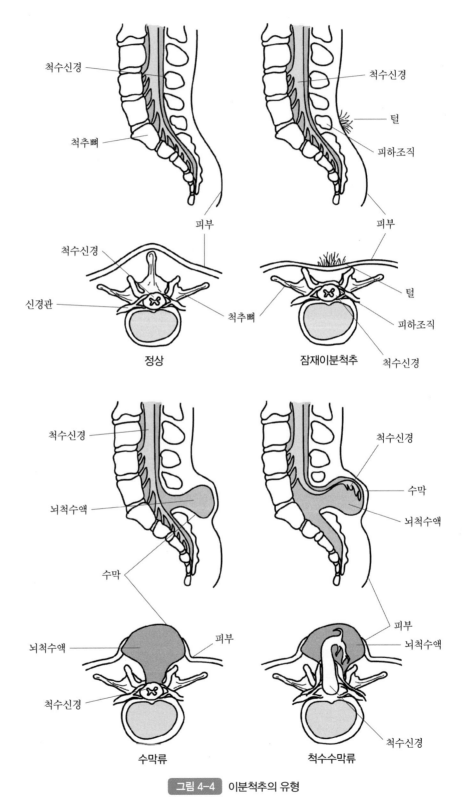

그림 4-4   이분척추의 유형

출처: Hill, J. L. (1999). *Meeting the needs of students with special physical and health care needs*, p. 219.

이며, 이 경우에는 신경장애를 일으킨다. 또한 신경손상으로 인해 하지 마비와 항문 및 방광괄약근 마비가 수반되는 경우가 많다. 외과적 수술을 할 수 있으며, 종종도움을 받을 수도 있으나 영구적인 장애를 가져온다. 척수수막류를 가진 사람의 80~95% 정도가 뇌수종을 갖는다(이소현, 박은혜, 2011).

(2) 수막류

수막류는 뼈 결손 부위의 척수막이 결손된 것으로, 척수 자체가 손상된 것은 아니다. 수막류는 쉽게 치료가 가능하고 외과적 수술을 통해서 완치될 수 있다. 척수수막류와 수막류는 낭상이분척추(spina bifida manifesta)로 불린다.

(3) 잠재이분척추

잠재이분척추는 뼈의 결손만 일어난 것으로 눈에 띄는 영향이 없는 경우를 말한다. 잠재이분척추는 눈에 띄는 장애를 유발하지 않는다.

4) 장애의 영향

이분척추를 언급할 때는 첫 번째 유형인 척수수막류를 중심으로 고려한다. 분리된 척추뼈 사이로 신경이 돌출되지 않은 이분척추는 조기에 외과적 수술로 치료할 수 있다. 그러나 신경이 돌출되어 손상된 경우에는 손상된 신경이 관장하는 신체부위 하단으로 마비현상이 나타난다(이소현, 박은혜, 2011). 척수손상의 모든 종류와 마찬가지로 이분척추에서도 손상의 위치가 중요한 요인이 된다. 폐쇄결함이 있는 부위 아래의 신경의 통제를 받는 기능은 영향을 받는다. 이분척추는 뇌로 들어가는 메시지와 나오는 메시지의 전달을 방해한다. 이로써 몸의 기능을 조절하는 데 한계를 가지며, 자발적인 근육 통제에 어려움이 생긴다. 이러한 이유로 이분척추도 마비를 가져온다. 척수손상에서와 마찬가지로 뇌에서 내리는 명령이 신체 각 부위에 전달되지 않아 근육이 동작하지 않는다(Bowe, 2000).

척수수막류를 가진 사람의 70~90%가 뇌척수액(cerebrospinal fluid)이 뇌에 고이는 뇌수종(hydrocephalus)으로 발전된다. 뇌척수액은 뇌와 척수를 보호하고 완충작용을 하는 역할을 한다. 그러나 척수의 파열로 척수액이 정상적으로 배출되지 못하면 이것이 뇌에 쌓여서 머리가 커지고, 지적장애를 유발하며, 다른 신경계적 손상을 불러온다. 이분척추를 가진 학생의 80~90%는 뇌 주위를 둘러싼 조직에 뇌척수액이 축적되어 뇌수종을 앓게 되어 뇌손상을 입게 되고, 이분척추를 가진 학생의 대부분은 하지마비이며, 운동장애뿐 아니라 감각기관의 손상도 나타난다(Bowe, 2000).

척수손상으로 인한 가장 큰 영향은 결함이 일어난 부분 아래의 기능 마비이다. 이분척추 학생은 하지마비로 인해 보조기구나 휠체어, 보행기, 목발을 이용하여 이동하게 되며, 시각장애와 하지의 감각 상실을 포함해 중복장애가 있을 수 있다. 대부분 손상은 요추, 천추부에 해당한다. 장과 방광의 통제는 척수의 아랫부분에서 관장하기 때문에 이분척추를 가진 사람들은 대부분 배변 조절 기능(bladder and bowel control)의 문제가 있다. 요추 중간 부분에 손상을 당한 경우 계속적으로 소변이 새어 나올 수도 있다. 흉추와 경추의 손상은 덜 일반적인 경우이며, 이때는 사지를 통제하고 감각을 느끼는 데 문제를 갖게 된다.

이분척추로 인한 이차적 장애는 심한 경우 뇌막염(meningitis)으로 발달할 위험이 높으며, 이때 종종 예후가 좋지 못하다. 심한 경우 지적장애가 일어난다. 어떤 경우 근막통증증후군인 건염(tendinitis)이나 비만(obesity), 학습장애와 우울증을 일으킬 수도 있다. 기타 문제는 소근육 조절 능력이 부족하고 짧은 집중력, 지각력 문제, 발작, 척추측만 등의 문제가 발생하기도 한다.

5) 특수교육 지원

이분척추 학생은 신체기능장애로 환경, 개인, 사물과 적극적으로 상호작용할 수 있는 기회 자체가 제한되기 때문에 인지 발달이 지체되고 그로 인한 심리사회적 어려움이 발생한다. 이분척추 학생에게 필요한 특수교육적 지원은 다음과 같다.

첫째, 신체적 측면에서 척수수막류 학생은 화장실 가기, 옷 입기, 걷기와 같은 독립적 수행 기술 발달 과정에서 좌절을 경험한다. 배뇨와 관련된 실수는 또래집단에서 놀림감으로 낙인찍히기도 하고, 청소년과 성인기의 경우 마비와 감각 기능 손상으로 인한 성적 기능 장애로 인해 낮은 자아존중감과 신체 이미지를 형성하게 된다. 그러므로 휠체어 등 이동 보조기기의 사용법을 지도하여 일상생활에서의 독립적 참여 기술을 습득하게 한다.

둘째, 인지적 측면에서 이분척추 학생들의 대화 기술의 문제점을 이해하고 화용론 측면에서의 의사소통을 지도하는 것이 필요하다. 이분척추의 경우 인지 능력에

표 4-4 이분척추 학생을 위한 지도 전략

• 신체 발달 면에서의 지도 전략
 - 신체 능력을 고려한 활동 수정
 - 교재 · 교구 등의 접근성을 고려한 배치
 - 잡기 쉽고 조작이 용이한 교재 · 교구의 수정
 - 상체를 이용한 게임으로 게임 규칙의 수정
 - 물리치료사, 작업치료사 및 지체장애 전문가들로부터 도구, 자료 수정에 대한 정보 수집

• 심리사회 발달 면에서의 지도 전략
 - 또래 집단과 함께 활동할 수 있도록 접근성 고려
 - 모든 학교 활동에 참여할 수 있는 기회 제공
 - 자기 관리 기술의 습득을 위해 가족과 서비스 제공자와의 협력 도모
 - 자신의 신체적 차이점과 대처/보완 전략 등에 대한 토론 기회 제공

• 학습 면에서의 지도 전략
 - 대화 기술의 문제점 이해
 - 언어 화용론 문제의 중재
 - 특정 전략 및 대화하기 지도
 - 구체적 사물을 활용한 추상적 개념 지도
 - 주의집중, 기억력 문제 그래픽 조직자 활용
 - 독해, 유창성, 수학 개념 학습 전략 지도

적합한 교육과정의 적용과 교수 전략이 필요하다.

셋째, 심리사회적 측면에서 이분척추 학생은 일상생활에서 필요한 기술 습득 여부가 청소년기로 이어져 독립적인 성인이 되기도 하고 가족과 타인에게 의존적으로 성장하기도 한다. 이들의 발달의 특성을 고려한 교사의 지도가 필요하다. 구체적인 지도 전략은 〈표 4-4〉와 같다.

이분척추를 가진 학생에게는 의료적 · 치료적 처치가 필요하다. 의료적 처치로는 외과수술과 정형외과적 처치가 필요하며, 치료적 처치로는 물리치료, 작업치료 등의 관련 서비스가 필요하다.

의료적 처치는 감염 예방과 노출된 신경을 보호하기 위해 실시한다. 외과수술은 출생 후 척수의 돌출된 낭을 제거하여 척추의 열린 부분을 닫히게 하는 수술과 뇌에 션트(shunt)를 삽입하여 뇌실의 뇌척수액을 배출시켜 뇌압 상승으로 인한 손상을 방

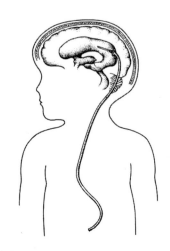

그림 4-5   뇌의 척수액을 배출시키는 션트

출처: 박은혜 외 역(2012). 지체, 건강 및 중복 장애 학생에 대한 이해, p. 200.

지하는 수술을 할 수 있다. 션트의 튜브는 몸을 따라 복부강(abdominal cavity)까지 연결되도록 시술하며 뇌의 척수액을 배출하도록 하는 장치이다([그림 4-5] 참조). 그러나 션트는 감염 위험이 있고 잠재적인 문제가 발생할 수 있다. 정형외과적 처치는 척추, 다리, 엉덩이 부위가 변형되어 독립된 보행을 방해하지 않도록 교정기, 부목(splint) 등으로 다리와 몸통을 지지해 준다. 이분척추 학생의 보행 능력 정도는 인지능력과 마비 정도에 따라 달라진다(Bowe, 2000).

치료적 처치 중 물리치료는 운동범위를 확대하고 정상적인 운동 발달을 지원할 수 있도록 보행훈련이나 이동 기구를 사용하는 훈련이 필요하다. 작업치료는 교사와 협력하여 자조 기술과 소근육운동 기술, 눈과 손의 협응 기술을 지도하며, 학생이 중요한 과제를 수행할 수 있도록 도와주는 역할을 한다. 이분척추를 가진 대부분의 학생은 특별히 고안된 교수, 즉 특수교육을 필요로 하지 않으나 주의집중에 문제를 갖는 등 학습에 어려움이 있을 수도 있으므로 필요에 따라 특수교육적 중재를 제공한다.

그 밖에 이분척추를 가진 학생은 외과적 수술 후에 지팡이나 목발, 보조기를 착용하고 걷는 것을 배울 수도 있으므로 이동용 보조공학기기와 서비스는 매우 유용하다.

3. 척수손상

1) 정의

척수손상(spinal cord injuries)은 주로 척추 골절이나 척수의 과도 신전, 과도 굴곡, 압박, 회전 등 척수에 가해진 외상으로 인해 정상적인 운동, 감각 및 자율신경 기능에 이상이 생긴 상태를 말하며, 신체적·정신적으로 심각한 후유 장애를 초래하는 손상을 의미한다. 척수손상은 주로 추락, 교통사고 등으로 발생할 수 있으며, 영구적인 신경장애를 가져올 수 있다. 척수의 손상 부위에 따라 장애의 정도가 결정된다. 척수란 뇌간에서부터 제1요추까지 연결된 중추신경계의 일부로서 말초신경을 통하여 들어오는 신체 안팎의 모든 변화에 관한 정보를 받아들여 뇌로 보내고, 또 뇌에서 이 정보를 분석 통합한 후, 다시 말초신경을 통해 신체 각 부분에 전달하여 적절한 신체반응과 정신활동까지도 할 수 있게 한다(대한척수손상학회, 2017). 따라서 척수가 손상을 입게 되면 손상된 곳 이하의 부위는 운동, 감각, 반사 기능을 완전히 상실하게 된다. 척수의 손상 부위가 머리 쪽에 가까울수록 마비와 감각상실이 더 심해지고, 팔, 몸통, 목 등을 포함한 광범위한 장애를 가져올 수 있으며, 사지마비(quadriplegia)를 일으킨다. 척수의 하부 손상은 하지의 결함이나 마비를 가져오는 하지마비(paraplegia)를 일으킨다.

2) 원인

척수손상의 가장 주된 원인은 갑작스러운 사고이다. 종양(tumor)이나 소아마비(polio) 등 질병에 의한 척수손상은 소수이다. 척수손상의 주된 원인은 사고, 특히 자동차나 자전거, 스포츠 사고 등에 의해 나타나며, 폭력과 추락 사고도 척수손상의 두드러진 원인으로 나타나고 있다(Bowe, 2000). 국내에서는 연령별로는 16~35세의 활동 연령층에서 가장 많이 발생하는 것으로 나타났다. 원인으로는 교통사고(45.4%), 추락(16.8%), 스포츠 손상(16.3%), 폭행(14.6%) 순으로, 사고로 인한 손상이 높게 나타났다. 특히 16세 이하 연령에서는 낙상에 의한 척수손상이 가장 많고, 8세 이하에서는 신체에 비해 머리가 크기 때문에 경추손상이 많이 발생하는 것으로 나타났다

(대한척수손상학회, 2017). 그러므로 에어백이나 안전띠와 같은 추가 장비의 사용, 오토바이나 자전거 이용 시 안전모 착용, 스포츠를 즐길 때 안전장구 착용 등으로 손상의 수나 정도를 줄일 수 있다.

3) 장애의 영향

척수손상으로 인한 영향은 손상의 유형과 손상 위치에 따라 다르다. 경추(C1-C7), 흉추(T1-T12), 요추(L1-L5), 천추(S1-S5), 미추 중 손상 부위에 따라 마비 정도가 다르다. 예를 들어, 다섯 번째 경추(C5) 위치에서 완전손상을 입은 경우 어깨나 이두근 위로는 약간 움직일 수 있으나 허리 아래로는 전혀 통제할 수 없다. 흉추 9번(T9) 위치에서 불완전한 손상을 입은 사람의 경우 복부근을 자유자재로 통제할 수 있으며, 바른 자세로 앉을 수 있고, 팔, 허리, 손, 손가락은 장애의 영향을 받지 않을 수 있다([그림 4-6] 참조).

척수손상으로 인한 이차적 장애는 매우 보편적이다. 가장 많은 경우에 동반되는

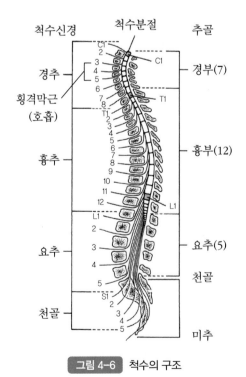

그림 4-6 척수의 구조

출처: 박은혜 외 역(2012). 지체, 건강 및 중복 장애 학생에 대한 이해, p. 183.

문제는 욕창(pressure sore)이다. 욕창은 휠체어나 침대에서 자신의 몸을 자유롭게 이동시키지 못할 때 발생한다. 자세를 자주 바꾸어 주는 것이 필요하며, 욕창을 방지할 수 있는 특수 쿠션도 유용하다. 욕창은 발이나 뒤꿈치에도 발생한다. 욕창은 뼈와 닿아 있는 조직에서 생기며, 외관상 손상이 드러나기 전에 이미 많은 부분에서 손상이 진행된다. 따라서 개별적이고 전문적인 관찰이 필요하다.

　척수손상으로 인한 부상은 호흡, 식사, 소화, 성장, 배변 문제를 가져오고, 경직, 통증, 비만 등의 문제를 일으킨다. 이러한 문제는 운동 기능에 영향을 미치게 되어 물리치료, 작업치료, 심리치료 등의 재활치료를 필요로 한다. 척수손상을 가진 사람의 경우 혈압이 낮을 수도 있고, 손상 부위 아래에는 배설 기능의 문제와 만성적인 통증에 시달릴 수도 있다. 또한 요로(urinary tract) 감염이 생길 수도 있으며, 뇌로 전달되는 메시지가 부족해 소변을 보는 데 있어 감각을 못 느낄 수도 있다. 그러므로 감염 여부를 자주 점검해 보아야 하며, 가족과 친구, 전문가는 감염 신호에 대해 민감하게 인지해야 한다. 척수손상 환자 중 절반 정도는 이차적인 문제로 다시 입원하는 일이 발생한다. 척수손상으로 인한 이차적 장애 중 방광팽창(bladder distension)과 같은 증상은 고혈압, 발한, 두통을 유발하며, 방치하면 생명을 위협할 수도 있다(Bowe, 2000).

4) 특수교육 지원

　척수손상은 부위에 따라 감각, 운동신경 외에 방광과 대장 기능을 조절하는 자율신경의 기능을 상실하게 되며, 다양한 임상증상을 보인다. 이로 인해 척수손상 학생은 손상 이후 다른 사람의 도움이 많이 필요하기 때문에 자존감을 유지하도록 도와주어야 한다. 극단적인 경우 우울증에 빠지기도 한다. 청소년기의 척수손상은 앞으로의 진로 및 일상생활 활동, 접근 가능한 생활환경에 대한 불안한 전망과 그로 인한 낮은 자존감으로 인한 여러 가지 문제를 겪게 된다. 그러므로 상담을 통해 생활 속에서의 실제적인 경험, 매일의 상황에서의 문제해결 경험 등을 나누고, 그에 대한 정보와 지원을 제공하는 것이 효과적이다.

　척수손상을 입은 학생의 경우 제공해야 할 관련 서비스는 물리치료나 작업치료, 교실에서의 지원인력 제공, 보조공학 서비스, 전환 서비스이며, 필요에 따라서는 교통수단, 상담, 언어치료 등의 서비스가 제공되어야 한다. 가정이나 학교에서의 이동이 불편하지 않도록 적절한 이동수단을 제공하고 출입문의 문턱 없애기, 넓은 출입

문, 리프트가 있는 학교 버스, 경사로 등 지역사회 내의 접근 장벽을 제거해 주는 것
은 학생의 독립성을 중진시킬 수 있다. 특히, 사고를 당하기 전에 활동적이었거나
운동을 즐겼던 경우에는 다양한 스포츠를 즐길 수 있도록 중재하는 것이 필요하다.
스포츠용 휠체어는 일반 휠체어와 달리 가볍고 안정감이 있어 농구나 축구, 기타 스
포츠를 할 때 다루기 쉽고 속도를 낼 수 있으므로 스포츠를 즐기는 데 도움을 준다.
구체적인 학교에서의 지원사항은 〈표 4-5〉와 같다.

표 4-5 척수손상 학생의 학교에서의 지원 사항

구분	내용
신체 및 감각적 요구	• 수업 시간 휴식 제공 • 자세 바꾸어 주기 • 이동 시 휠체어 활용 지원 • 근육마비: 호흡 및 방광, 장 조절의 필요성 인식 • 감각 손상으로 인한 건강관리: 온도 조절, 상처에 대한 관찰, 치료 • 척수손상에 대한 예방 교육, 대처 방안 • 주변인들의 휠체어 사용 이해 및 인식 • 주변인들의 보조기기 사용법 숙지 • 교사, 학교 구성원의 응급 상황에 대한 대처 • 도뇨관, 인공호흡기, 기관절개 튜브 문제에 대한 대비와 준비
의사소통 요구	• 인공호흡기 사용 학생의 발화의 어려움 이해 • 의사소통기기 배치 및 의사소통 지도
일상생활 요구	• 개별적 장애손상 정도에 따른 일상생활 기술 지도 • 이동, 섭식, 식사도구, 수정된 일상생활용품 사용방법 지도 • 착탈의 보조도구 지원 • 보조공학기기를 활용한 독립성 향상 지도
학습 요구	• 교수 환경 수정 • 의사소통 방법 수정: 다양한 도구 사용, 대안적 방법 사용 • 수업 참여 수준의 확대: 보완대체의사소통(AAC), 보편적 학습설계(UDL), 보조공학(AT) • 교사의 다양한 정보 제시 방법 • 경부손상의 경우 주변 탐색 능력 부족: 수업 내용 및 방법 수정 고려
행동 및 사회적 요구	• 사고 이전의 활동에 참여할 수 있는 방안 검토 • 새로운 활동 참여 방안 마련 • 사회적 기술 훈련 • 교사의 정서적 지원, 상담과 지지집단의 역할 제공

4. 뇌전증

1) 정의

뇌전증(epilepsy)은 특정 질환을 지칭하는 것이 아니며, 중추신경계의 활동이 돌발적이고 일시적이면서도 격렬하고 정기적으로 되풀이되는 혼란을 특성으로 하는 증상들을 말한다. 뇌에서 생기는 질환으로, 뇌의 신경세포가 일시적 이상을 일으켜 과도한 흥분 상태를 나타냄으로써 의식의 소실이나 발작, 행동의 변화 등 뇌 기능의 일시적 마비의 증상을 나타내는 상태를 말한다(서울아산병원, 2017).

2) 원인

대부분의 발작은 다양한 원인에 의해 발생할 수 있으며, 근본적인 원인을 밝혀내기 힘들다. 출생 시 또는 출생 후에도 나타날 수 있으며, 임신 중의 영양상태, 출산 시의 합병증, 두부외상, 독성물질, 뇌감염증 그리고 종양과 뇌졸중, 뇌의 퇴행성 변화에 의해 발생할 수 있지만, 정확한 원인을 알 수 없는 경우가 많다. 학생의 약 75%는 원인을 알 수 없는 특발성이고, 나머지 25% 정도가 원인을 알 수 있는 증상이며, 흔한 원인으로는 출생 시 뇌손상, 저산소증, 뇌감염증, 선천성 뇌기형, 뇌 외상 등이 있다(세브란스 어린이병원, 2017). 뇌성마비의 경우 50% 정도에서 경련이 나타난다. 경련은 두뇌에서의 비정상적인 전기활동의 방출로 초래되는 의식의 변화나 행동의 변화, 불수의운동 등으로 나타난다.

3) 유형

발작은 뇌의 비정상 전위의 종류와 위치에 따라 분류되며, 크게 부분발작과 전신발작으로 나눌 수 있다. 부분발작은 뇌의 비정상적인 전위가 뇌 편측의 한 지역에서 일어나고, 전신발작에서는 전위가 뇌의 양측에서 나타나므로 증상이 신체 좌우 모두에 나타난다. 뇌전증은 발생하는 증상에 따라 다음의 종류로 세분된다.

(1) 부분발작

- 단순부분발작[focal motor(simple partial) seizures]: 몇 가지 근육군이 떨리는 형태로 나타난다. 예를 들어, 오른쪽 다리에 불수의적이고 반복적인 떨림이 있는 것으로 의식 소실이 없다.
- 감각발작(sensory seizures): 어지러움이나 시각, 청각, 미각, 후각 등 감각의 장애를 야기한다. 환청이나 환시가 나타난다. 예를 들면, 아동의 목소리나 음악 소리 혹은 다른 소리를 들을 수 있고, 빛이나 색, 형상 등을 볼 수도 있다.
- 자율신경발작(autonomic seizures): 창백해지고 땀이나 홍조, 동공확장을 일으키며, 흔히 맥박 증가, 공포, 불안을 동반한다.
- 정신운동발작(psychomotor seizures): 보통 의식이 저하되고 행동에 변화를 보인다. 시각이나 청각적 느낌이나 환각을 경험하기도 하며, 옷을 들어올리기, 입맛 다시기, 씹는 행동이나 자리에서 일어나는 등의 부적절한 행동을 하게 된다. 이러한 상태는 수 초에서 수 분까지 지속될 수 있다(김세주, 성인영, 박승희, 정한영, 2005).

(2) 전신발작

- 부재발작(absence seizures): 과거에 소발작(petit mal seizure)이라고도 불렸으며, 어린 아동에게서 많이 나타나고, 약 1~30초의 짧은 시간 동안에 의식을 잃는다. 전신 긴장성-간대성 발작(대발작)보다는 정도가 약하나 자주 나타나며, 한 곳에 시선을 정지한 채 쳐다보거나, 눈을 깜박거리거나, 신체의 한 부분에 가벼운 경련을 일으키거나, 어떤 일정 행동을 반복적으로 나타내기도 한다.
- 잭슨형 발작(Jacksonian seizures): 의식에는 변화가 없으나 경직성 마비가 몸의 한 부위에서 나타나다가 신체의 다른 부위나 전신에 점차 확산되어 경련을 일으킨다. 잭슨형 발작은 대발작에 이어 나타나기도 한다.
- 전신 긴장성-간대성 발작(generalized tonic-clonic seizure): 대발작(grand mal seizures)이라고도 불리며, 가장 흔한 형태로 전체의 60%를 차지하는데, 사람에 따라서는 발작을 하기 전에 전조(aura)라 불리는 평상시와는 다른 특유한 감각을 느끼기도 한다. 발작이 시작되면 의식불명 상태에서 온몸이 경직되고, 호흡 곤란이 생길 수도 있으며, 배변통제가 안 되고, 격렬한 발작으로 인해 신체적으로 상해를 입기도 한다. 발작이 진정되면 기억을 못하기도 하는데, 대개는 졸

려 하며 휴식을 취하게 된다.

4) 특수교육 지원

뇌전증을 가진 학생 대부분은 발작을 억제하는 항경련제를 사용하는 약물치료를 한다. 투약을 통해 뇌성마비 학생의 90%에서 발작을 줄이거나 없앨 수 있다. 규칙적인 투약이 경련을 줄이거나 예방하는 데 매우 효과적인 경우에도 투약으로 인한 여러 가지 부작용이 초래될 수 있다. 예를 들면, 과다행동, 과민성, 수면장애, 체모 성장, 기면, 우울증, 진정을 야기하고 간 기능이나 혈구치에 영향을 미칠 수 있다. 이러한 부작용 때문에 투약하는 동안 세밀한 관찰이 필요하며, 주기적인 혈액검사 를 통해 부작용을 최소화하면서 발작을 조절할 수 있는 정도의 혈중 약의 용량을 점검하여 치료의 농도를 정하여야 한다(김세주, 성인영, 박승희, 정한영, 2005).

학령기의 학생이 발작을 조절하는 항경련제 등의 약물을 복용할 경우 약으로 인한 부작용이 나타날 수 있다. 졸음, 무기력, 주의집중 부족 등이 나타날 수 있으므로 학교에서는 문제행동으로 오인될 수 있다. 학생에 따라서 반짝거리는 불빛이나 요란한 소리(TV, 비디오게임, 시끄러운 록 음악)가 발작을 유발할 수 있으며, 수면 시간이 부족하거나 불규칙적인 경우, 심한 스트레스, 아침을 굶는 경우 저혈당으로 인한 발작이 나타날 수 있다. 수업 중 학생이 발작을 보일 경우 교사는 상황에 따라 〈표 4-6〉과 같이 대처해야 한다.

표 4-6 교실에서의 발작 시 대처 방안

구분	학생의 행동	대처 방안	유의사항
발작 시	갑자기 바닥에 쓰러지면서 온몸이 뻣뻣해지고, 몸을 떨기 시작하며, 안색은 창백하거나 푸름	• 머리를 보호하고 편안히 누울 수 있도록 머리 밑에 부드러운 물건을 받쳐 줌 • 안경 등 깨지기 쉬운 물체를 치우고 옷을 느슨하게 풀어 줌 • 날카롭거나 딱딱한 물체를 치움 • 학생을 옆으로 뉘어 입으로부터 침이 흘러나오도록 함	• 학생의 입에 어떤 물건도 강제로 밀어 넣지 않음 • 발작을 억제하기 위해 학생을 흔들거나 억압하지 않음 • 학급 또래를 안정시킴

발작 후	발작 후 깨어났으나 기억력 상실과 정신 착란을 보임	• 학생이 완전히 깰 때까지 한 사람이 곁에서 지켜봄	• 학생에게 음식물이나 음료수를 주지 않음 • 상처 입은 곳을 살펴봄
비상시	발작 후 숨을 쉬지 않고, 발작이 계속됨	• 발작이 끝나고 1분이 지나도 숨을 쉬지 않거나 대발작의 지속(5분 이상), 연이어 발작이 나타날 때는 구급차를 불러 즉각 병원으로 후송함	• 비상연락망 확보

출처: Best, S. J., Heller, K. W., & Bigge, J. (2005). *Teaching individuals with physical, or multiple disabilities* (5th ed.), pp. 94-96 수정 발췌.

발작이 진행되는 동안 발작 증상에 대한 주의 깊은 관찰은 교사가 수행하는 중요한 건강 관련 절차의 하나이다. 기록할 내용은 〈표 4-7〉과 같다.

표 4-7 발작 시 관찰 내용

- 발작이 일어난 시간은 언제인가?
- 발작이 일어난 신체 부위는 어디이며, 다른 부위로 옮겨 갔는가?
- 머리, 얼굴, 눈, 팔, 그리고 다리의 움직임은 어떠했는가?
- 학생의 몸이 이완되었는가, 강직되었는가?
- 학생의 눈동자가 위쪽 방향으로 몰렸는가? 오른쪽 또는 왼쪽 등 한쪽으로 몰렸는가? 눈이 흐릿하고 생기가 없었는가?
- 학생이 호흡을 멈추었는가?
- 학생이 혀를 깨물거나 씹었는가?
- 피부가 창백해지거나, 푸르게 변하거나 또는 붉어졌는가?
- 발작이 멈춘 시간은 언제인가?

발작이 멈춘 후에는 학생의 의식이 깨어 있는 수준(각성, 졸음, 혼란, 반응 불가)을 알아보기 위해 말을 걸거나 상호작용을 시도하고 상태를 기록한다. 학생이 팔다리를 움직일 수 있는지, 운동능력에 어떠한 변화가 있는지 살펴보고, 대소변 통제 능력의 여부와 외상 여부를 점검한다. 발작이 멈춘 후에는 학생이 쉴 수 있도록 하고, 필요하다면 수면을 취하도록 한다. 발작 이후에는 몇 시간 동안 잠을 자는 경우도 있다. 발작의 지속 시간을 초 단위 또는 분 단위로 기록하고, 발작 전과 진행하는 동

안 있었던 일을 기록한다(박은혜, 한경근 역, 2017).

　약물치료로 발작을 조절할 수 없는 경우 케톤생성 식이요법(Ketogenic diet)을 시행할 수 있다. 케톤생성 식이요법은 1920년경 미국에서 널리 시행되어 온 뇌전증치료법으로 당 성분을 완전히 제거하고 지방이 많이 함유된 음식을 약 2년간 먹이는 식이요법이다. 최근에는 항경련제의 개발로 점차 뇌전증 치료에 적용되지 않다가 1980년대 중반 미국 존스홉킨스병원에서 약 50명의 난치성 소아 뇌전증 학생을 대상으로 치료한 결과 50% 이상 완치되었으며, 80% 이상 항경련 효과가 있었다는 연구결과 이후 난치성 소아 뇌전증 학생을 대상으로 널리 시행되고 있다. 이 식이요법은 고지방, 저탄수화물 및 저단백질 식단을 먹게 하여 케토시스(ketosis) 상태를 만들고 이 상태에 이르면 경련이 억제된다는 논리이다. 사람은 탄수화물, 단백질, 지방에서 에너지원을 얻으며, 몸에서 에너지원을 얻을 때 탄수화물, 단백질, 지방 순으로 분해해서 얻게 되는데, 사람의 몸에서 탄수화물이나 단백질이 부족하면 지방을 분해해서 에너지원을 얻게 되고, 그 지방이 분해되면서 케톤이라는 물질이 나와서 케토시스 상태에 이르게 되어 이 케토시스 상태에 이르면 경련이 억제된다는 것이나, 명확한 기전은 밝혀지지 않았다(세브란스어린이병원 홈페이지).

　발작을 막기 위한 또 다른 방법으로 뇌전증의 수술적 치료(epileptic surgery)가 있다. 적당한 약물을 선택하여 충분한 용량을 일정 기간 치료했음에도 뇌전증이 조절되지 않는 경우에 실시한다. 그러나 이러한 난치성 뇌전증이라고 하더라도 여러 가지 검사를 통해 뇌의 초점성 부위가 뇌전증을 일으키는 것으로 판단될 때 수술을 고려할 수 있다. 뇌전증은 일상생활 중에 다른 특별한 이유 없이 경련이 반복되는 질환이다. 세포들끼리 전기적인 신호를 주고받고 있는 뇌는 여러 가지 원인에 의한 병적인 상태에서 뇌 조직이 과다한 전기를 방출하게 될 때 경련이 나타난다. 이처럼 뇌전증 발작을 일으킬 수 있는 원인은 무수히 많으나, 뇌에 초점성 기형이 존재하거나 동시에 초점성 부위가 경련을 일으키는 부위로 판단될 때 그 부위를 절제하여 뇌전증에서 벗어날 수 있게 하는 치료 방법이다(세브란스어린이병원 홈페이지). 이러한 수술은 신경학적인 위험요인이 크지만 다른 보존적 치료의 효과가 없을 때에는 고려할 수 있는 방법이다(김세주, 성인영, 박승희, 정한영, 2005).

5. 골형성부전증

골형성부전증(osteogenesis imperfecta)은 뼈가 약하여 신체에 큰 충격이나 특별한 원인이 없이도 뼈가 쉽게 부러지는 유전질환이다. 일생 동안 몇 차례 정도의 골절을 겪기도 하며 아동에 따라서는 다발성 골절을 경험하기도 하지만, 이러한 골절의 빈도는 나이가 많아짐에 따라 감소한다(Bowe, 2000). 대부분 정상적인 지능을 가지고 있으며, 운동 발달이 늦고, 유스타키오관 문제로 인해 귀가 자주 감염된다. 척추문제로 인한 수술과 다리 교정을 위한 보조기기가 필요하며, 척추측만을 예방하기 위한 자세 교정이 요구된다. 그 밖에 운동을 통한 체중 조절과 물리치료 및 작업치료 제공이 도움이 된다.

6. 외상성 뇌손상

외상성 뇌손상(Traumatic Brain Injury: TBI)은 외부의 물리적 충격에 의해 후천적으로 두뇌가 손상된 것을 말한다. 일반적으로 뇌손상(brain injury)은 외상성 뇌손상이 많으므로 혼용되기도 하지만, 뇌손상에는 혈관손상, 전염병, 질식 등과 같은 비외상성 뇌손상과 교통사고, 운동사고, 아동학대 등으로 인한 외상성 뇌손상이 모두 포함된다.

경도의 외상성 뇌손상은 낙상이나 운동사고로 인한 경우가 많다. 즉각적 손상은 나타나지 않으나 손상 가능성이 존재하며, 오토바이 사고 등으로 인해 머리가 물체에 부딪히지 않았을 때에도 뇌손상이 일어날 수 있다. 외상성 뇌손상의 약 5%가 장기간의 신체적·정서적·행동적·인지적 손상을 보인다. 혼수상태(coma)는 심각한 외상성 뇌손상의 하나이며, 성인에 비해 아동의 사망률이 10배 이상이다(Best, Heller, & Bigge, 2010).

외상성 뇌손상과 관련한 의학적 증상은 인지, 감각, 운동 능력 및 다른 기능의 손상을 초래하며, 중도일 경우 장단기 기억력 결손, 조직화, 지각, 집중의 어려움, 판단력, 문제해결, 이해력 부족, 학업 능력 감소의 문제가 나타나 다양한 학업적 문제가 유발된다. 또한 외상성 뇌손상으로 인한 경련은 인지 기능에 부정적 영향을 미친다. 더불어 시력, 청력의 손상을 가져오며, 외상의 부위와 심한 정도에 따라 운동능력이 손상되어 경직, 운동실조, 떨림(tremor) 등이 나타난다. 그 외에 섭식, 의사소통, 공격성, 무관심, 반사회적 행동 등의 정서·행동장애를 보이며, 이러한 손상은 일시적일 수도 있고 영구적일 수도 있다.

뇌손상에 의해 나타날 수 있는 인지적·행동적 문제는 학교에서의 적응을 어렵게 한다. 학생들은 정서적으로 불안정하여 감정의 기복이 심하고, 공격적이며, 때로는 자신감을 상실하거나 지나치게 우울하거나 또는 자기비판적인 경우가 있고, 통제력이 결여되거나 연령에 적합한 사회적 기술이 부족한 경우도 나타난다. 그러므로 교사는 수업에 참여하지 않고 반응을 보이지 않는 것이 고의가 아님을 기억해야 하며 적합한 행동 촉진 전략을 제공할 수 있어야 한다. 외상성 뇌손상의 경우 일생 동안 치료 지원을 받아야 하는 경우도 있는데, 팀 접근에 의한 중재와 개별화된 건강 프로그램을 제공한다(Best, Heller, & Bigge, 2010). 구체적인 지도 전략은 〈표 4-8〉과 같다.

표 4-8 | 외상성 뇌손상 학생을 위한 지도 전략

학습 면에서의 지도 전략
- 불필요한 자극 차단하기
- 학생을 출입문, 창문가에 배치하지 않기
- 문제풀이의 양을 조절하기
- 시각적인 자극을 조절하기
- 밑줄 그으며 읽기 등의 수업 진행하기
- 과제, 수업 내용을 적은 양으로 나누어 제시하기
- 반복 수업으로 기억력 결함 보완하기
- 쓰기 과제 양식에는 일정한 단서나 요점을 표시하여 단계별로 제시하기

심리사회 발달 면에서의 지도 전략
- **공격 성향**
  - 교사는 피로, 좌절감 등에서 오는 학생의 감정적 흥분을 파악하고 선행 사건(과제물, 활동)을 수정하여 더 이상 감정이 악화되거나 상승되지 않도록 함
  - 학생을 안정시킬 때 사용할 말(예: "내 눈을 쳐다보렴!" "크게 숨 쉬어 보렴!")과 행동 등의 단서 연습
  - 학생에게 감정을 조절하는 역할모델 시연
  - 교사가 실수를 하고 문제해결을 하는 과정을 보여 주고, 학생이 그 과정에서 보조적 역할을 담당하게 함

• 자신감 상실, 우울감, 자기비판적 성향
  - 성취 가능한 수준의 과제 제시
  - 학생이 지닌 학습상의 장점 부각
  - 무관심한 학생에게 선택적 과제를 제시하되 둘 다 그 학생에게 매우 매력적인 것으로 제공하고, 덜 선호하는 과제를 완성했을 때는 보상 제공
  - 지속적인 우울감이나 위축은 전문가에게 의뢰

• 통제력 부족, 사회적 기술 결여
  - 구조화된 활동을 통해 또래와 작업할 수 있는 과제를 준비하여 통제력을 습득·유지할 수 있도록 함
  - 구조화된 일상생활 계획 등을 통해 훈련하여 자기조절력 촉진
  - 교실환경 적응을 위한 도움을 제공하여 사회적 행동 촉진(활동 시작 전의 구두로 연습하기, 학교 둘러보기, 짝 만들어 주기 등)

📌 정리

　　이 장에서는 지체장애를 유발하는 근이영양증, 이분척추, 척수손상, 뇌전증, 골형성부전증, 외상성 뇌손상에 대해 살펴보았다. 주요 질병의 정의와 원인, 유형 및 특성에 대해 알아보고, 각각의 장애로 인한 영향과 이차 장애, 특수교육적 중재 방안으로서 필요한 교육과 관련 서비스 영역의 지원에 대해 살펴보았다. 각각의 질병은 그 종류와 유형, 원인이 다양하고 학생에게 미치는 영향도 매우 광범위하다. 신체 및 감각, 인지 영역의 장애를 수반하는 경우가 많기 때문에 의료적인 면과 교육적인 면에서의 협력적 접근과 노력이 필요하다. 현재까지 효과적인 치료법은 없지만 의학적인 면에서의 큰 진전이 이루어지고 있으며, 삶의 질 향상을 목표로 하는 접근이 이루어지고 있다. 교사는 학생들의 욕구 충족과 적절한 적응을 위해 질병의 유형별 특성에 관해 잘 알고 있어야 하며, 정서적 지지를 해 주는 것이 무엇보다도 중요하다.

제 **5**장

건강장애

1. 만성질환과 건강장애

교사는 학교에서 다양한 질병을 가진 학생들과 만나게 된다. 특히 만성질환을 가진 학생은 선천적 장애를 가진 학생과는 다른 독특한 교육적 요구를 지닌다. 청소년의 만성질환은 치료 중이거나 치료가 완료되었더라도 오랜 투병생활로 인해 학교생활을 지속하는 데 많은 어려움을 가지게 되며, 이들의 능력을 최대한으로 계발시킬 수 있는 양질의 공교육을 제공하기 위해서는 많은 지원이 요구된다. 이 장에서는 '건강장애'로 불리고 있는 다양한 만성질환을 중심으로 살펴보고자 한다.

우리나라에서는 2005년 건강장애 영역이 새로운 장애 영역으로 선정되면서 이들에게 교육적 필요에 맞는 교육을 지원할 수 있는 기틀이 마련되었다(「특수교육진흥법」개정안, 2005). 건강장애로 인한 특수교육 대상자 선정 기준은 "만성질환으로 인하여 3개월 이상의 장기입원 또는 통원치료 등 계속적인 의료적 지원이 필요하여 학교생활 및 학업수행에 어려움이 있는 사람"(「장애인 등에 대한 특수교육법」, 2007b)으로 제시하고 있다. 건강장애는 원인 질환과 질병의 정도, 발병 시기 등이 다양하며 융통성 있는 교육적 지원이 필요한 영역이다. 우리나라에서는 건강장애에 대한 구체적인 병명을 제시하지 않고 있으며, 개별 학생의 의료적 진단 및 교육적 진단을 고려하여 선정하도록 되어 있다. 국내의 병원학교에서 교육을 받는 학생들 중 가장 많은 수를 차지하는 것은 소아암이지만, 신장 및 심장 질환, 재생불량성빈혈, 결절경화증 등 다양한 희귀난치성질환을 가진 학생도 포함된다. 미국의 IDEA에서는 만성질환을 가진 학생을 기타 건강장애(other health impaired)로 정의하고 있으며, 만성질환 외에 아동학대, 공학에 의존하는 병 허약 아동, 에이즈까지 그 범위에 포함하고 있다. 이들에게 학업의 어려움과 같은 문제를 극복할 수 있도록 학교 적응을 지원하고 필요한 특수교육 지원과 관련 서비스를 제공할 수 있도록 규정하고 있다.

소아암은 단일 질병이 아니라 많은 형태로 나타난다. 그중 백혈병(leukemia), 뇌종양(brain tumor), 악성 림프종(malignant lymphoma), 교감신경계 종양인 신경모세포종(neuroblastoma), 신장 종양인 윌름스종양(Wilms tumor) 등이 소아암의 대부분을 차지한다.

소아암의 원인은 환경적 요인이나 유전적 요인 등이 복합적으로 작용하는 것으로 추정하고 있다. 환경적 요인으로는 방사선 노출, 특정 약물의 장기간 사용, 여러 종류의 바이러스 감염 등이 암의 발생과 연관이 있는 것으로 알려져 있다. 그러나 성인암과 비교할 때, 소아암은 비교적 환경적 요인의 역할이 크지 않다. 유전요인으로는 다운증후군이나 누난증후군(noonan syndrome) 등 유전적으로 암이 발생할 수 있는 소인이 증가되어 있는 유전질환이 있다. 또한 특정 유전자의 변이가 있는 경우에는 특정 암의 빈도가 증가할 수 있다. 소아암의 10~15%는 유전적이거나 가족력에 의한 유전 원인을 가지고 있다고도 하나(Quesnel & Malkin, 1997), 대부분 유전 원인을 찾기 어려운 경우가 더 많다. 전문가들은 환경과 부적절한 식이 방법도 영향을 미칠 수 있다고 한다.

소아암은 성인암과 구별되는 몇 가지 특성이 있다. 첫째, 성인암은 주로 암종인 반면, 소아암은 육종이다. 암종이란 피부, 점막 등 상피세포에서 생긴 악성종양을 말하며, 육종은 근육, 결합조직, 뼈, 혈관, 연골 등 비상피성 세포에서 생긴 악성종양을 말한다. 소아암은 주로 심부 조직이나 장기에 발생한다. 둘째, 소아암은 성인암과 달리 선별검사를 통해 조기 발견하기가 어렵다. 대부분 발병 초기에 발열, 림프절 비대, 복부 종양, 뼈의 통증, 빈혈, 혈소판 감소에 의한 출혈, 두통과 구토 등 비특이적 증상을 보이기 때문에 진단과 치료가 늦어지는 경우가 많다. 셋째, 소아암은 성장이 빠르고 공격적이다. 소아암은 성인암과 달리 발암물질에 노출된 병력이 거의 없으므로 예방이 어렵지만, 항암화학요법에 반응이 좋아 치료 효과가 훨씬 양호하다(김정연 외, 2017).

소아암을 치료하는 데는 가장 일반적으로 화학요법을 사용하며, '자기이식 (autologous)'이라고 하는 골수이식 수술을 사용할 수 있다. 백혈병 치료를 위한 전형적인 과정은 대략 3년이 필요하고, 대부분 외래처방이지만 입원치료도 포함한다. 화학요법은 대개 매달 한 번, 2시간 정도 소요된다(범은경, 황태주, 국훈, 1992).

　소아암은 최근 의학과 과학의 발달로 다양한 화학요법의 적용과 향상된 진단 기

표 5-1 소아암의 종류

종류	유형 및 특성
백혈병	소아암의 가장 일반적인 형태로 소아암의 약 1/3을 차지한다. 백혈병이란 미성숙한 림프세포(lymphocytes)의 통제 불가능한 성장과 증식으로 인해 적혈구 수가 감소하고 백혈구 수가 증가하는 혈액 형성 조직의 질병이다. 백혈병에 걸리면 감염으로부터 신체를 보호하는 림프구 세포들이 적당히 자라나는 것이 아니라 혈액과 골수에 과다하게 많아진다. 백혈병은 혈액 속의 백혈구와 골수의 숫자를 비정상적으로 급격히 증가시키는 병이다(한국백혈병어린이재단 홈페이지).
뇌종양	백혈병 다음으로 가장 많이 발생하는 암이다. 소아암의 1/5을 차지한다. 남자 아이에게서 약간 더 많이 발생하며 5~12세 연령에서 가장 많이 생긴다(Bowe, 2000).
악성 림프종	소아암 중 세 번째로 많이 나타나는 종양이다. 비호즈킨 림프종(non-Hodgkin lymphoma)과 호즈킨병(Hodgkin disease)의 두 가지가 있으며, 두 질환은 같은 림프 조직에서 발병되나, 호즈킨병이 상대적으로 치료가 잘 된다. 최근에 항암제 치료의 발달로 완치율이 많이 증가하였다(안효섭, 김순기, 2005).
신경 모세포종	교감신경계 종양으로 3세 이하의 나이에 흔한 암 중 하나이다. 신경모세포종 환아의 75%가 5세 미만에서 발병하고, 때로는 출생 시 발견되는 경우도 있다. 신경모세포종은 우리 몸의 자율신경계, 그중에서도 교감신경에서 발생하는 암이다. 악성 종양이어서 덩어리가 커지고 혈관이나 림프선을 따라 몸 전체로 퍼져 전이되는 성질을 가지고 있다. 그러나 1세 이전에 생긴 경우 드물게 자연적으로 퇴화되어 없어지는 경우도 있다.
윌름스 종양	신장 종양으로 허리뼈의 양 옆에 있는 신장(콩팥)에 생기는 암이다. 소아에게만 생기며, 성인에게 생기는 신세포암종(renal cell carcinoma)과는 종류가 다른 질환이다. 윌름스종양은 신장의 일부에서 생겨서 정상 신장 조직을 압박하는 형태로 커진다(서울특별시교육연구정보원, 2006).
골종양	소아기에 뼈에서 발생하는 뼈종양이다. 암이 생기면 발생 부위의 통증을 호소하며, 발생 부위가 부어오른다. 부모들은 학생이 놀다가 다쳐서 그러는 것으로 알고 지나치기 쉽다. 암이 생긴 뼈는 크게 다치지 않은 경우라도 쉽게 부러질 수 있다.

법, 그리고 효과적인 중추신경체계에 대한 예방치료로 인해 힘든 치료 과정을 거쳐 완치 가능성이 높은 만성적 질병으로 인식되고 있다. 특히 백혈병 학생의 생존율은 1960년대 말 약 5%에 불과하던 것에서 현재는 약 70%에 달할 정도로 높아졌다. 우리나라의 소아암 학생은 의료 기술의 발달로 80% 이상 완치가 가능하며, 주요 소아암의 5년 이상 생존율도 72.1%에 이른다(교육과학기술부, 2010). 그러나 완치의 의미는 치료의 종료를 의미하는 것이며, 이후의 재발 가능성을 배제할 수 없다. 그렇기 때문에 완치된 이후에도 정기검진을 통한 지속적인 관리가 필요하며 특수교육의 지원이 필요할 수 있다는 점을 염두에 두어야 한다. 청소년기에 자주 발생하는 소아암의 종류와 특성은 〈표 5-1〉과 같다.

(2) 장애의 영향

소아암 치료에 사용되는 방사선 치료로 인한 부작용은 다양하게 나타난다. 백혈병에 걸린 학생과 방사선 치료를 받는 림프종 학생은 지능이 낮아질 수 있다(VanDongen-Melman, De Groot, Van Dongen, Verhulst, & Hahlen, 1997). 화학요법은 잠재적으로 많은 부작용을 가지고 있는데, 감염, 빈혈증, 피로, 메스꺼움, 구토, 탈모, 설사, 변비, 다양한 욕망과 감정의 변화 등이 나타날 수 있다. 특히 암 진단을 받는 것은 충격적이어서 많은 개인의 자아상을 변화시킨다.

암 치료는 많은 시간을 요한다. 진단 후 수 주에서 1개월 이상의 입원이 필요할 수도 있으며, 그 후에 선택된 치료과정에 의해 매달 수 시간씩 치료에 전념해야 하고, 화학요법 치료를 받는 학생은 기력 소모(낮잠 욕구, 계속되는 피로감)를 경험할 수도 있다. 소아암 학생의 생존율이 높아지면서, 치료과정으로 인해 장기적으로나 단기적으로 인지와 사회정서 및 행동에서의 문제가 발생하게 되었고, 특히 수량적 기술, 소근육운동, 시각과 운동의 협응에 어려움을 겪는다고 보고된다(Bowe, 2000).

백혈병 학생 중 1/3이 학교 복귀 후 특수교육 서비스를 필요로 한다. 백혈병 치료를 위하여 방사선 치료, 화학요법을 받았던 학생들의 학교기록, 출석 및 성취도 검사를 검토해 본 결과, 읽기와 수학에서 또래보다 낮은 성취율을 보였으며, 주의집중 능력과 순서화 능력, 기억과 이해 능력을 요구하는 과제수행에서 어려움을 보였다고 보고되었다. 3년간 화학요법 치료를 받은 학생의 경우 최근에 진단을 받아 치료를 시작한 학생에 비해 집중, 기억, 구성, 표현언어 및 수용언어 기술 등을 포함한 상위 인지 기능에 대한 검사에서 더 낮은 성취를 보였고, 치료가 끝난 학생의 60%

표 5-2　소아암 학생에게 나타날 수 있는 변화

■ **신체 발달 면**
  • 항암치료의 부작용으로 얼굴이 붓거나 체중 증가, 심한 체중 감소, 창백한 피부색
  • 항암치료로 인한 탈모. 대부분은 다시 자라나지만 치료 후 머리카락은 새로 나더라도 가늘거나 색이 다르게 변하기도 함
  • 수술로 인해 생긴 머리 부분의 흉터는 머리카락이 자라지 않아 그 선이 뚜렷하게 드러남
  • 면역력 저하
  • 뼈나 관절 부위의 통증
  • 보행이 어려워 휠체어 등의 이동수단을 이용하게 됨
  • 항암제 사용의 후유증으로 인한 청력 손실
  • 장기간 치료로 인한 체력 소모

■ **심리사회 발달 면**
  • 달라진 외모로 인한 우울 및 불안
  • 치료과정의 어려움과 신체적 고통에 의한 공격적 성향
  • 장기간 치료과정으로 인한 사회적 고립
  • 질병으로 인한 의욕상실과 자아정체감 혼돈

■ **학습 발달 면**
  • 소아암의 발병 부위에 따라 다르나, 두경부에 방사선을 접촉할 경우 인지 능력의 변화
  • 주의 집중력과 기억력 감퇴
  • 읽기와 쓰기의 어려움

가 수학에서 학습장애를 보였다(Bowe, 2000). 소아암으로 인해 나타날 수 있는 영향은 〈표 5-2〉와 같다.

(3) 특수교육 지원

소아암 진단을 받은 학생을 위해서는 다양한 영역에서 교사의 지원이 필요하다. 암 진단을 받았던 학생은 이해와 따뜻한 환경이 필요하고 대처 기술(coping skills)을 배우는 것이 필요하다. 질병에 대한 자신의 감정을 다스리는 방법을 아는 것 또한 중요하다(Deasy-Spinetta, 1993).

대부분의 소아암 학생은 병원에 입원해서 항암치료를 받을 때 외에는 일반학교에 다닐 수 있으며 무리하지 않는 가운데 모든 활동에 참여할 수 있다. 그러나 학교 내에서 전염병이 유행하여 같은 반에 수두나 홍역에 걸린 학생이 있다면 소아암 학

생의 부모에게 사전에 연락하고, 학생이 등교했을 경우 그 학생과 접촉하지 않도록
해야 한다. 혹시라도 수두나 홍역을 앓고 있는 학생과 접촉한 경우에는 빨리 부모에
게 알려 예방할 수 있도록 한다.

　학교생활 중에 면역력이 약한 학생의 감염을 예방하기 위해 공동 컵을 사용하거
나 생수를 마시지 않도록 하고, 별도로 개인 컵과 보리차 등 끓인 물을 가지고 다니
도록 한다. 급식의 경우 균형 잡힌 식사는 투병할 수 있는 체력의 기반이 되기 때문
에 일반적인 학교급식을 해도 괜찮다. 백혈구 수치가 낮아 별도의 식이요법을 할 경
우, 가정에서 준비해 온 식사와 간식 등을 다른 학생들이 잘 이해할 수 있도록 알려
준다. 식사하기 전에는 반드시 손을 씻고 먹도록 주의를 준다(서울특별시교육연구정
보원, 2006).

　수업활동 참여에서는 힘든 운동과 과격하게 부딪히는 운동만 피하면 된다. 항암
치료를 받고 있다고 모든 체육 시간에서 제외시킬 필요는 없다. 항암치료로 머리카
락이 많이 빠진 학생의 경우 실내에서 모자를 쓰고 싶어 할 때에는 교칙에 어긋나더
라도 실내에서 모자를 쓰거나 가발을 사용하는 것을 허용해 주는 것이 바람직하다.
자신의 머리를 가리고 싶어 하기 때문에 학생을 지도하는 다른 교사에게도 사전에
그 학생의 형편을 알려 주어야 한다.

　상급 학교 진학을 위해 중학교나 고등학교 진학 원서를 작성하는 때에는 미리 부
모에게 알리도록 한다. 치료가 끝나도 신체에 장애가 남는 경우도 있고 치료 중이
라면 더욱 부모와 상의하여 원서를 쓰기 전 집과 가까운 학교를 배정받을 수 있도록
안내한다.

　그 밖에 소아암에 대한 정보를 얻을 수 있는 관련 단체는 다음과 같다.

- 한국백혈병어린이재단(http://www.kclf.org)
- 한국백혈병소아암협회(http://www.soaam.or.kr)
- 한국소아암재단(http://www.angelc.or.kr)

2) 신장장애

(1) 개념

신체 내의 노폐물을 제거하여 적절한 수분과 전해질을 보유할 수 있도록 조절하

는 기관인 신장의 기능 이상으로 인해 일상생활 활동에 어려움을 가져오며 장기간 신장 기능을 대신하는 치료가 필수적인 상태를 신장장애라 한다. 「장애인복지법 시행령」 제2조 제1항(신장장애인)에서는 "신장의 기능 부전으로 인하여 혈액투석이나 복막투석을 지속적으로 받아야 하거나 신장의 기능에 영속적인 장애가 있어 일상생활활동에 현저한 제한을 받는 사람"을 말하며, 만성신부전증으로 인하여 1개월 이상 혈액투석 또는 복막투석을 받고 있는 사람과 신장을 이식받은 사람을 각각 장애등급 2급, 5급으로 판정하고 있다.

만성신부전증은 신장의 기능이 정상의 20~30% 이하로 저하된 경우로 소아의 경우 사구체신염, 만성신우신염, 방광요관 역류, 선천성 신장 기형 등이 주된 원인이 되어 나타난다. 신장장애의 종류와 특성은 〈표 5-3〉과 같다.

만성신장염은 병이 상당히 진행되어도 자각증상이 없는 경우가 많다. 전신쇠약, 빈혈, 다뇨증 등의 자각증상이 나타나서 전문의를 찾았을 때는 이미 신장 기능이 상당히 저하되어 약물, 식이요법으로는 치료가 불가능하고 투석요법 같은 신대체요법이 필요한 경우가 있다.

투석을 이용한 치료 방법에는 혈액을 외부로 끌어내어 혈액투석기로 불순물과 수분을 적절한 수준까지 제거하는 혈액투석과 자신의 몸속에 있는 복막을 이용하는 복막투석이 있다. 혈액투석은 동정맥루를 시술하여 동정맥에 각각 바늘을 삽입한 후 투석기에 연결된 투석막을 통해 노폐물과 수분을 제거하는 방법으로, 수분섭취와 식사의 제한이 많다. 복막투석은 복부에 특수 제조된 부드러운 관을 삽입하여

표 5-3 **신장장애의 종류**

사구체신염	신장의 여과 부위인 사구체에 염증 반응이 생겨 발생하는 신장질환을 총칭하는 말
만성신부전	신장병 중에서 오랜 기간 동안 지속하는 질환
급성신부전	신기능이 갑작스럽게 상실되는 것으로, 하루 소변량이 400ml 이하이면 신장 기능 상실을 의미
신증후군	심한 단백뇨(1일 3.5g 이상)의 지속적인 배설, 저알부민혈증(혈청 알부민치 3.0g/dl 이하), 고지혈증, 전신부종 등의 4대 증상 및 증후가 복합된 증후군
급성신우신염	요로 감염으로 인한 신장의 세균 감염
신장결석	신장에서 형성된 작은 입자가 신장 내부나 요도에 존재하는 질환

출처: 서울특별시교육연구정보원(2006). 건강장애 인식개선 프로그램.

이 관을 통해 하루에 4번씩 투석액을 주입하고 배액함으로써 체내 노폐물과 수분을 걸러 내는 방법이며, 식사나 수분 섭취는 제한이 적은 편으로 투석 시간은 30분 정도 소요된다(한국신장장애인협회 홈페이지).

신장이식 방법은 신장의 모든 기능을 대치할 수 있다는 점에서 가장 이상적인 치료법이지만 적합한 신장 공여자가 제한되어 있다는 어려움이 있으며 항상 면역억제제를 복용하는데, 이로 인하여 감염증이 잘 생기고 한 번 감염되면 심하게 악화되거나 당뇨나 골다공증, 위궤양이 잘 발생한다는 어려움이 있다.

(2) 장애의 영향

신장장애 학생은 성인에 비하여 성장장애의 문제가 자주 발생한다. 신장장애 학생들은 식욕부진과 식이제한 등에 의한 열량 공급 부족, 만성 빈혈, 각종 내분비장애 등으로 인한 신체적 성장장애를 보이며, 만성신부전증 치료를 위해서 복용해야 하는 약의 부작용 때문에 외모에 변화가 올 수 있다. 사춘기 학생은 호르몬 조절에 이상이 생겨 사춘기 지연, 성적 성숙 지연을 가져오게 되고, 이러한 신체적 미성숙이 학생에게 커다란 정신적 부담을 주어 심각한 정신과적 문제를 야기할 수도 있다.

장기간 약물 복용과 스테로이드 단기 복용 등으로 인해 불면증과 주의력 결핍 및 인지처리 과정에서의 손상이 유발되어 지능 발달 지연 등 인지적 어려움이 나타날 수 있다(Thies, 1999). 그 밖에 체중 증가(특별히 얼굴 주변 및 복부), 우울증, 수면장애, 백내장, 골다공증 등 여러 부작용에 시달리게 되므로, 교사의 적절한 관심과 지원이 필요하다. 또한 청소년의 경우에는 인공적인 방법에 의해 생명을 연장시키고 있다는 점으로 인해 우울 및 자살기도, 불안, 공포, 강박적 사고와 신체 개념의 왜곡 등 정서적인 어려움을 나타낸다.

대부분의 신장장애는 합병증 관리를 위해 수분 및 염분 조절, 식이조절, 규칙적인 약물 복용과 검사 등이 필요하다. 이러한 치료는 장기화되면서 투석 중의 합병증을 유발할 수 있으며, 지속적인 혈액투석 치료를 할 경우 정서적·심리적 스트레스를 경험할 수 있다(김정연 외, 2017).

(3) 특수교육 지원

신장장애 학생의 정서적 적응을 위해 교사는 이들이 감정을 잘 표현하도록 도와주는 것이 중요하다. 교사의 관심과 지원이 치료과정에서 어려움을 겪고 있는 학생에게 큰 도움이 된다. 어린 시절에 신장장애를 가졌지만 잘 적응한 청년들과의 멘토링 활동도 질병에 대한 자기관리와 자기조절에 도움을 줄 수 있다.

신장장애 학생들은 피곤하지 않도록 활동량을 조절해야 하기 때문에 정상 교과를 다 수행하기는 어렵다. 적당한 운동은 신장병에 도움이 되므로 무조건 배제하기보다는 체육 시간에 학생의 상태를 고려한 참여 방안을 마련한다. 그러나 무엇보다도 학생과 교사, 전문가와 상의하는 것이 중요하다. 신장장애 학생의 경우 투석으로 인해서 커진 혈관 때문에 반팔 옷을 기피하는 경우도 있으므로, 학생이 긴팔 교복을 입고자 할 경우 이에 대한 배려가 필요하다.

신장장애가 있는 학생은 교사나 친구들과 자신의 병에 대해서 편안하게 이야기하게 될 때 학교생활에 잘 적응하게 된다. 특히, 학생들은 아프다는 이유로 튀어 보이거나 다르게 보이는 것을 싫어한다. 과다한 친절이나 무관심은 학생이 학교생활을 하는 데 치명적인 장애물이다. 질병으로 인한 한계를 인식하고 필요한 경우 학교에서 도움을 요청하는 방법에 대해서 배울 수 있도록 한다.

이들은 잦은 입원과 통원치료로 결석이나 조퇴를 하게 되는 경우가 많다. 또한 피로하지 않아야 하기 때문에 정상 수업을 다 하지 못하는 경우가 대부분이다. 따라서 학업결손에 대한 부담과 걱정이 많으므로 이에 대한 지원이 필요하다. 교사는 보통 학생들처럼 대해 주는 가운데 학생이 자신의 질병에 대해서 깊은 이해를 가질 수 있도록 지도해야 한다. 이를 위해 대화의 통로를 열어 놓고 학교생활 전반에 필요한 도움이 무엇인지를 찾는 역할을 해야 한다. 그 밖에 신장장애 관련 사회단체(한국신장장애인협회 홈페이지)를 소개하는 것도 좋은 방법이다.

3) 심장장애

(1) 개념

심장장애는 「장애인복지법 시행령」 제2조 제1항(심장장애인)에서 "심장의 기능부전으로 일상생활 정도의 활동에도 호흡 곤란 등의 장애가 있어 일상생활 활동에 현저한 제한을 받는 것"으로 정의하고 있다. 아동기에 발견될 수 있는 심장장애는 선천성 심장병, 류머티스성 열, 심부전, 부정맥 등이 있다. 심장질환은 대부분 태어날 때부터 병으로 인해 정상적인 신체적 발달을 하지 못하고 잦은 호흡기 질환 등으로 건강 상태가 취약한 경우가 대부분이다. 신체적 특성으로 인해 활동적인 참여가 요구

표 5-4 심장장애의 종류

선천성 심장병	태아기에 심장의 발육이 늦거나 장애로 인한 심장의 발육 이상이나 기형을 말한다. 태어날 때부터 심장이나 폐동맥, 대동맥 같은 큰 혈관의 모양이 정상과 다른 것으로 선천성 기형의 가장 많은 부분을 차지하며, 20세 이하의 아동에서 두 번째로 유병률이 높은 만성질환이다. 선천성 심장병은 100명 출생아의 한 명꼴로 나타나며, 어린이 심장병의 대부분을 차지한다(Bowe, 2000).
류머티스성 심장병	류머티스성 열의 후유증으로 생기는 병으로 심장의 판막이 침범되어 혈액이 통하기 어렵거나 역류를 일으켜 충분한 혈액을 보낼 수 없게 되는 것을 말한다. 류머티스성 열은 초등학교나 중학교 연령에 발생하는 경우가 많으며, 증세가 가벼운 경우는 운동제한이나 수술이 불필요하나 심한 경우는 수술과 운동제한이 필요하다.
심근질환	심장이 적절한 양의 혈액을 방출하지 못하여 신체의 대사성 수요를 충족시키지 못하는 상태로, 심장허혈, 감염, 부정맥 등으로 심장의 펌프 기능이 제대로 작동하지 못하게 되는 것을 말한다. 주요 증상은 빠른 맥박, 빠른 호흡, 심비대 및 체중 증가 부진, 운동 시 호흡 곤란, 과도한 땀(발한) 등이 있다.
부정맥	심장의 박동이 고르지 않고 불규칙하게 뛰는 상태로 맥박의 리듬이 빨라졌다가 늦어졌다가 하는 불규칙적인 상태를 말한다. 아동에게 특히 많은 것은 호흡성 부정맥이다. 소아의 심한 발작성 부정맥은 심박출량의 감소, 실신, 사망을 일으킬 수 있고, 지속적인 빈맥은 서서히 심장 기능을 저하시켜 심부전을 일으킨다.

출처: 서울특별시교육정보연구원(2006). 건강장애 인식개선 프로그램.

되는 학교생활을 하는 데 많은 어려움을 갖게 된다. 심장장애의 종류와 특성은 〈표 5-4〉와 같다.

(2) 특수교육 지원

선천성 심장병은 대부분 태어날 때부터 병으로 인해 정상적인 신체 발달을 하지 못하며 잦은 호흡기 질환 등으로 취약한 건강 상태에 놓이게 된다. 이로 인해 등·하교, 체육 수업 참여 등 학교생활을 하는 데 어려움을 갖게 되며, 친구관계에서도 수동적인 경향을 보인다. 그러나 학습 수행에 어려움을 갖지만 학습에 대한 욕구는 강한 것으로 보고되고 있다.

대부분의 학생은 일반학교에 다닐 수 있으며 모든 정상적인 활동을 할 수 있다. 하지만 청색증(cyanosis)이 심한 학생은 추위에 잘 적응하지 못하므로 추운 날씨에는 실외 활동을 피하는 특별한 조치가 필요하다. 호흡 곤란이 심한 학생은 힘들어할 경우 휴식을 취하도록 한다. 상급 학교에 진학해서도 과격한 스포츠나 태권도, 유도 및 조정 등은 피하는 것이 바람직하나 적당량의 운동과 수영 등은 권할 만하다. 힘든 운동을 제외한 운동, 즉 빠르게 걷기, 가볍게 달리기, 자전거 타기, 수영, 가벼운 등산, 계단 오르기 등의 유산소 운동은 도움이 된다.

4) 소아천식

(1) 개념

천식은 아동기에 자주 발생하는 알레르기 질환 중 하나로, 식생활이 서구화되고 대기오염이 심각해져 감에 따라 빠른 속도로 증가하는 추세를 보이고 있다. 특히 대도시 학생들에게 더 많이 발생하는 것으로 알려져 있다(Bowe, 2000). 소아천식이란 소아 연령에서 발생하는 천식으로 숨 쉴 때 들어오는 여러 가지 자극 물질에 대해 기관지가 과민반응을 보이게 되어 기관지와 기도점막에 염증을 발생시키는 질환을 말한다. 기관지와 기도점막의 염증은 기관지를 좁게 만들어서 숨 쉬기 힘들게 하며, 기침과 호흡 곤란을 일으킨다. 소아천식은 일시적 증상이 아니라 반복적으로 자주 나타나는 만성질환으로 심할 경우 일상생활을 지속하기 힘들게 하며, 심한 천식 발작이 일어났을 때에는 생명이 위험할 수도 있다. 일단 호전되면 대부분 거의정상 상태로 회복되기는 하나 반복적으로 자주 재발하는 특징을 가진 호흡기 질환이다(박은혜, 김정연, 2010).

(2) 장애의 영향

천식의 증상 중에서 가장 특징적인 것은 천명을 동반한 발작적인 기침과 호흡 곤란이 심하게 나타나는 것이며, 발작 시 마른기침과 흉부 압박감을 느낀다. 심할 때에는 호흡 곤란으로 입술이나 손톱이 새파랗게 되는 청색증이 나타나기도 하고, 말도 잘 하지 못할 정도로 심하며, 심한 피로 증세와 함께 불안, 혼란 등의 정신적인 변화까지 일으킬 수 있다. 그러나 천명 없이 만성적인 기침, 흉부압박감, 원인을 알수 없는 호흡 곤란의 증상만 있는 천식도 적지 않다. 이러한 증상은 멀쩡하다가 갑자기 발작적으로 나타나기도 한다. 찬바람, 감기, 몸을 움직이거나 불안감으로 인하여 심해지고 발작은 보통 야간, 특히 새벽에 많이 일어나는데, 대부분 발작을 일으

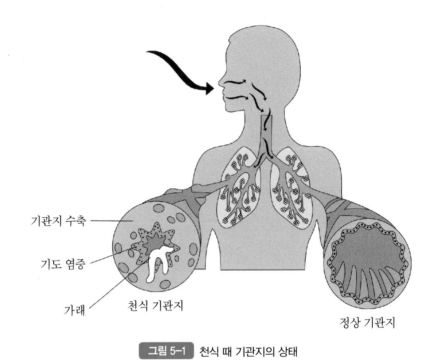

기관지 수축

기도 염증

가래 · 천식 기관지

정상 기관지

그림 5-1 천식 때 기관지의 상태

출처: 대한 소아알레르기 호흡기학회 편(2008). 어린이 청소년 천식 바로 알고 바로 치료하자, p. 23.

키는 시간이 일정한 경우가 많다. 이런 증상은 치료를 하거나 혹은 자연적으로 소실되기 때문에 천식 발작이 끝나면 언제 그랬냐는 듯이 아주 편안해지기도 한다. 반복된 천식 증상이 오래 지속되면 가슴이 통 모양으로 변화되고 사춘기의 시작이 늦어질 수 있다(대한 소아알레르기 호흡기학회 편, 2008). 학생의 경우 지나친 활동에 참여하는 것은 조심할 필요가 있으나 적절한 운동은 비만을 막고 건강을 위해 중요하므로 수정된 체육활동이 도움이 될 수 있다.

천식은 신체보다는 심리적인 기능에 더 큰 영향을 미친다. 천식 자체가 직접적으로 학습에 문제를 일으키는 것은 아니지만, 질병으로 인해 학교에 결석을 자주 하거나, 학교에 등교해서도 기분이 불쾌하거나 학습에 집중할 수 없어 새로운 기술과 정보 습득에 어려움을 준다. 또한 무산소증으로 인한 뇌 상해, 청각장애를 유발하는 귀의 감염, 수면 부족, 질병을 치료하기 위한 약물 사용으로 인한 부작용등으로 학교생활에서 어려움을 경험할 수 있다. 지속적인 스테로이드 복용 등 약물복용의 가장 큰 부작용은 침체된 기분, 두려운 느낌, 단기기억 장애 등이 있다. 반복된 천식 증상은 타인으로부터 부정적인 감정과 사회적 반응을 일으키기도 한다.

천식과 관련한 갑작스러운 증상은 교사나 부모가 학생을 과보호하게도 하고, 이러한 증상으로 인한 결석은 학생의 낮은 학업 성취를 초래한다. 천식이 있는 학생은 또래와 같은 수준의 학업성취를 할 수 있으나 병으로 인한 결석이 잦아지면 학업에서 실패할 위험에 놓이게 되므로, 교사와 다른 서비스 관련자들은 학생의 신체적 건강과 학업 성취, 심리사회 적응을 촉진하고 천식을 예방하기 위한 노력을 제공해야 한다.

모든 질환이 그렇지만 천식의 경우 조기 진단과 그에 따른 적절한 치료를 가능한 빠르게 시작하는 것이 중요하다. 조기에 천식을 유발하는 요인을 찾아내어 염증을 치료하고 동시에 예방하는 것이 필요하다. 특히 소아천식의 경우는 초기에 적극적으로 치료하여 천식발작의 횟수도 줄이고 발작 정도도 경감시켜야만 완치할 수 있다. 천식은 만성적이고 치료 시 증상이 일시적으로 호전되었다가도 재발할 수 있으며, 치료 중이라도 더 악화되어 입원을 할 수도 있다. 그러므로 천식을 제대로 치료하려면 장기적으로 가족이 천식을 이해하고 치료를 도우려고 노력해야 한다.

(3) 특수교육 지원

교사는 천식이 있는 학생에게 가능한 한 정상적인 교육 경험을 제공하기 위해 환경 조절, 응급 상황 대처, 자기관리 지도 방안을 마련해야 한다. 각각에 대해 살펴보면 다음과 같다.

첫째, 교사는 천식 학생이 겪는 어려움을 줄일 수 있도록 교실환경을 평가하여 자극을 줄이는 등 환경 조절에 대해 노력하는 것이 필요하다. 학교생활에서는 활동에서 발생하는 먼지와 분필가루, 청소 시간의 먼지 등 천식발작을 일으키는 잠재적인 위험인자들이 많다. 환경 조절만으로 증상을 줄이기가 충분하지 않다면 중재 기술을 익히는 것도 중요하다. 학생의 호흡을 관찰하고 자극이 될 수 있는 것은 학생 주위에서 제거하고 필요한 경우 약물을 사용하도록 지도한다.

둘째, 위급한 상황을 대비하여 학교의 보건교사와 연계하여 응급 상황에 대한 대처 계획을 수립한다. 학교생활 중 쌕쌕거리는 숨 가쁜 증상이나 호흡 문제가 발생할 때의 대처 방안을 담임교사와 보건교사는 알고 있어야 한다. 계획서에는 학교생활 중 흡입약물의 투여가 필요한 구체적인 사례, 비상시 연락처와 대처 계획 등 학생의 상황에 대해 기록하고 부모와 상호 합의된 방법을 작성한다. 만약 긴급 상황이 발생하더라도 부모와 합의된 방법에 따라 적절하게 반응하여 대처한다.

셋째, 천식을 가지고 있는 학생이 스스로 질병을 관리할 수 있도록 지도해야 한다. 만성질환에 대한 치료는 학생 스스로가 적절하게 의료적인 처치를 조절할 수 있도록 하는 개인의 자율성 지도가 중요하다. 천식발작이 나타날 때마다 누군가가 옆에 있을 수는 없기 때문에 스스로 몸 상태를 조절하고 증상에 대처할 수 있도록 약물에 대한 사용법을 충분히 숙지하도록 지도한다.

어린 연령의 학생의 경우 흡입기(bronchodilators)나 의료용 분무기(nebulizer)를 올바르게 사용할 수 있도록 하고, 초등학교 고학년 학생의 경우에는 스스로 사용할 수 있도록 하는 교육이 필요하다. 의료용구(약물)는 학교에 비치되어 있어서 언제든지 쉽게 사용할 수 있어야 한다. 학생이 현장학습 등으로 학교 외부로 이동할 경우에는 항상 의료물품도 함께 소지하도록 한다. 약물을 과용했을 경우에는 졸음, 소근육 떨림, 흥분, 높은 근육 운동, 주의력 결핍 등의 증상이 나타난다. 약물의 복용이 올바르게 되었을 때도 이러한 증상이 나타날 수 있으므로 교사는 약물의 부작용과 과용했을 때 나타나는 증상에 대해 알고 있어야 한다. 소아천식에 관한 구체적인 정보는 다음과 같은 사이트를 통해 얻을 수 있다.

- 대한 천식 및 알레르기학회(http://www.allergy.or.kr)
- 대한 소아알레르기 호흡기학회(http://www.kapard.org)

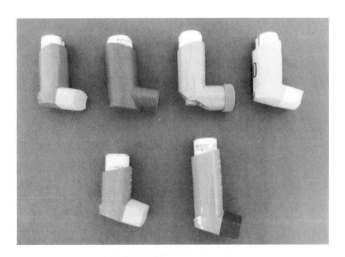

그림 5-2   휴대용 흡입기

출처: 대한 소아알레르기 호흡기학회 편(2008). 어린이 청소년 천식 바로 알고 바로 치료하자, p. 67.

5) 소아당뇨

(1) 개념

당뇨란 인슐린이 부족하거나 기능에 이상이 발생하는 질환으로서 몸에 섭취된 당분이 잘 사용되지 못하고 혈액 속을 떠돌다가 소변으로 배설되는 것이다. 현재 당뇨병은 완치될 수는 없으나, 매일 인슐린 주사를 맞고 칼로리 처방에 의한 식사요법을 적용하며 적당한 운동과 정규적인 병원 진료를 통하여 조절할 수 있다. 특히, 어린 연령에 발병하는 소아당뇨는 성인의 당뇨와는 발병 원인, 치료 등에서 명백한 차이가 있다. 일생 동안 인슐린 주사를 계속해서 맞아야 하므로 과거에는 '인슐린 의존성 당뇨병'이라고도 하였으며, 현재는 제1형 당뇨로 불린다.

(2) 장애의 영향

당뇨병은 적절한 혈당 관리를 위해 하루에도 수차례 혈당 검사 및 인슐린 주사를 실시해야 하고, 적정 영양 수준을 고려한 식사가 일정한 양으로 규칙적으로 이루어져야 한다. 매일 꾸준한 운동을 필요로 하는 등 철저한 자기관리를 요하는 질병이기 때문에 다른 어떤 질환보다도 개인의 삶을 크게 위축시킬 수 있다. 소아당뇨는 신체적·정신적으로 미성숙한 시기에 발병하고 당뇨 관리가 일생 동안 끊임없이 이루어져야 하기 때문에, 학생이 겪게 되는 심적 부담감이 크다. 즉, 질병 관리를 효과적으로 하지 못하는 데서 비롯되는 신체적 부작용이나 합병증에 대한 우려와 불안에 따른 우울과 스트레스 상황 속에서 생활하게 될 가능성이 높다.

자기개념 형성에 있어 민감한 시기인 학령기 및 청소년기 소아당뇨의 경우 주로 성인에게 많이 나타나는 당뇨가 자신에게 생겼다는 것에 대한 수치심과 분노, 좌절감 등으로 인한 심리적 갈등이 더 심해지게 된다. 이와 같은 이유로 인해 교사나 또래에게 자신의 증상을 숨기려고 하기 때문에 만약 다른 사람들이 혈당 응급 상황 시 대처 방법을 모를 경우 매우 위험해질 수 있다. 교사는 가급적 소아당뇨 학생이 자신의 증상을 공개할 수 있도록 하고 이를 잘 수용할 수 있는 교실 분위기를 만들어 주는 것이 필요하다.

소아당뇨 학생의 의학적 증상은 소변으로 당이 배설되고, 많은 양의 소변을 보게 되며, 이로 인한 신체 내의 수분 부족으로 많은 양의 물을 섭취하는 증상을 보인다. 혈액 속에는 많은 양의 당이 존재하지만 세포 내에는 당이 부족하기 때문에 세포 내의 에너지 부족과 조직의 영양소 저장의 결핍으로 인해 심한 공복감을 느끼게 되어 많은 양의 음식물을 섭취하게 된다. 조직의 영양소 저장 부족 및 세포의 에너지원 결핍으로 지방조직이 분해되고, 근육에 존재하는 단백질도 분해되어 체중이 감소하며, 세포의 활동 부족으로 심한 피로를 느낀다(Bowe, 2000). 또한 질병 자체에 기인한 인지적 어려움으로 학업수행과 집중력의 문제를 갖게 된다.

(3) 특수교육 지원

소아당뇨는 근본적인 완치가 불가능하고 혈당조절을 위한 병 관리가 많은 절제를 요구하므로 심리적인 어려움에 부딪치기 쉽다. 소아당뇨에 대한 일반인의 무지와 편견, 이해 부족 등으로 인해 그들은 학교생활에서 소외감을 느끼기 쉽고 외로움, 자신감 저하 등의 많은 심리적인 어려움을 겪게 된다. 당뇨병을 가진 학생은 모든 학교활동에 참석할 수 있고, 다른 학생들과 다르게 생각되거나 다르게 취급되어서는 안 된다.

많은 학생이 친구들의 놀림을 당하고 나면 병을 숨기려고 하고, 이후 남이 알게 될까 봐 불안해하며, 학교에서 병 관리 자체를 안 하려고 할 수 있다. 따라서 학생이 원한다면 학생의 병은 학생이 직접 말한 사람 이외의 다른 사람에게 알려지지 않도록 유의해야 한다. 만일 학생의 의도와 달리 병이 알려져서 친구들이 수군거리거나 놀리면 당뇨 학생은 심한 마음의 상처를 입고 소외감을 느끼게 되며 등교를 거부할 수도 있다. 이는 병에 대한 비관이나 치료 지침에 대한 거부적인 행동으로 이어진다.

이런 경우 당뇨 학생에 대한 교사의 정신적인 격려와 반 학생들에 대한 인식교육을 통해 그들이 당뇨병이 있는 친구를 대하는 적절한 방법을 알도록 도와주는 것이 도움이 된다. 학기 초 시간을 내어 학생(고학년 학생 경우)이 직접, 또는 학생의 부모가 반 학생들에게 소아당뇨에 대한 간단한 소개와 함께 당뇨 학생을 도울 수 있는 방법에 대해 설명할 수 있는 시간을 마련해 준다면 학생의 병 관리 및 정신적인 안정에 도움이 된다.

당뇨 학생들이 학교생활에서 힘들어하는 것 중 하나는 캠프, 수학여행, 극기훈련, 현장학습 등과 같은 학교 행사에서 당뇨병을 이유로 배제될 때이다. 학교 행사들은 당뇨 학생들이 부모에 대한 의존에서 벗어나 당뇨병의 자기관리에 대한 필요성과 책임감을 가질 수 있는 좋은 기회로, 이들이 반드시 참석할 수 있도록 해야 한다. 이런 기회를 통해 당뇨 학생들은 병 관리와 정상 생활에 많은 자신감을 얻게 된다. 당뇨병을 남에게 알리고 싶어 하지 않는 학생들의 경우 주사와 검사를 위해 조용한 장소를 제공해 주는 것과 같은 작은 배려만 있다면 크게 걱정할 일은 없다.

일반적으로 소아과 외래진료는 1~2개월에 한 번씩 하므로 병원 진료로 인한 수업 결손이 생길 때 많은 당뇨 학생이 속상해하고 반 친구들과 교사의 눈을 따갑게 느끼곤 한다. 이로 인해 당뇨 학생들은 고학년이 될수록 병원 진료를 회피하려 하고, 결국 당뇨병이 관리되지 않아 조기에 합병증이 발생하는 불행한 경우가 생길 수도 있다. 정기적인 병원 진료를 빠지지 않도록 하는 교사의 따뜻한 배려와 격려는 이들에게 큰 힘이 될 수 있다.

학교의 단체활동 등으로 점심식사 시간이 지연될 때 저혈당이 발생하므로 당뇨 학생들은 매우 불안하고 초조해진다. 실제로 학생들은 저혈당 증상을 느끼면서도 개별 행동의 어려움 때문에 즉각 이에 대처하지 못해 결국 저혈당 혼수상태를 초래하곤 한다. 그러므로 점심시간이 늦어질 때에는 당뇨 학생이 제시간에 점심식사를 할 수 있도록 하고, 또한 학교 급식 시 필요량 이상을 먹도록 요구당하거나 반대로 부족하지 않도록 해야 한다. 반찬이 부족하여 식사량이 부족하면 혈당조절 문제가 생길 수 있으므로 당뇨 학생이 스스로 적정량을 식사하도록 지도한다.

당뇨 학생 가운데는 다른 사람들에게 병이 알려지는 것을 꺼려 남의 눈에 띄지 않는 학교 화장실 같은 곳에서 인슐린 주사를 맞거나 혈당 검사를 하는 학생이 있다. 이것도 여의치 않은 경우에는 아예 학교에서 혈당 검사와 주사 맞기를 포기하여 후에 합병증으로 고생하는 학생도 있다. 그러므로 당뇨 학생이 주사와 검사를 위해 보건교육실을 자유롭게 이용하고 비밀이 유지되도록 해 주는 것이 필요하다(서울특별시교육연구정보원, 2006).

교사는 수업 시간이나 학교 활동 중 저혈당이 생겼을 때 응급조치 방법에 대해 미리 숙지해야 한다. 학생들은 몸이 힘들어 수업에 집중이 안 되고 저혈당 증세를 느끼더라도 사탕을 선뜻 꺼내 먹기가 어렵다고 말한다. 사회성이 부족하고 내성적인 학생일수록 대처를 잘 하지 못해 심한 저혈당 혼수상태에 빠지기도 한다. 또한 단체활동 중이거나 청소, 벌을 받는 중에는 저혈당이 오는 것을 알더라도 대처하지 못하기도 한다. 이럴 때 저혈당 간식을 섭취한 후 교실이나 보건교육실에서 잠시 휴식을 취하면 수업을 계속할 수 있다. 그러므로 학교에서는 〈표 5-5〉의 내용을 포함한 저혈당 대처 방법을 미리 강구해야 한다(서울대학교 어린이병원, 2008).

표 5-5 저혈당 대처 방안에 대한 건강 관리 계획서

이름: 전화번호:
주소:
응급 시 연락처: (관계:)
다니는 병원: 주치의:
저혈당 시 보이는 증상:
저혈당이 일어나기 가장 쉬운 시간:
저혈당 시 가장 효과적인 당분:
간식의 종류 및 먹는 시간:
기타:

그 밖에 소아당뇨에 대한 정보를 얻을 수 있는 관련 단체는 다음과 같다.

- 한국소아당뇨인협회(http://www.iddm.kr)
- 대한영양사협회(http://www.dietitian.or.kr)
- 작은 손의 1형 당뇨 카페(http://cafe.naver.com/dmtype1)

그 밖에 재생불량성빈혈이란 혈액세포를 만드는 골수의 기능이 여러 원인으로 장애를 받아 혈액이 잘 재생되지 않는 질병을 말한다. 잦은 피로감을 느끼며, 두통, 발열, 피부에 멍이 자주 생기고, 출혈이 멎지 않는 증상을 보이는 특징을 가진다. 건강장애는 지금까지 살펴본 대표적인 만성질환 외에도 결핵, 류머티즘, 혈우병, 납중독 등 상대적으로 더 희귀한 여러 질병도 포함된다. 희귀난치성 질환은 '유병률 2만 명 이하 질병이며, 인구 10만 명당 43명 이하'로 발생하는 것으로 정의하고 있다(김정연 외, 2016).

3. 교육 지원

건강장애 학생은 질병 자체로 인한 어려움 외에도 학교생활 적응에 어려움을 나타내기 때문에 이러한 문제를 해결하기 위해서는 병원, 가정, 학교 어디에서든 교육을 받을 수 있는 기회가 제공되어야 하고, 학교의 정규 프로그램을 통해서 필요가 충족될 수 없는 경우 개개인의 학력 수준에 맞는 학습 지도가 지원되어야 한다.

건강장애 학생에게 '장애'라는 용어를 사용하게 된 이유는 질병으로 인해 학교 교육이 단절되지 않고 가능한 한 지속적인 교육이 이루어지도록 하기 위한 법적 조치이다. 건강장애 학생들을 위한 교육 지원은 학생의 상태를 고려한 융통성 있는 교육과정 운영과 요구에 따른 특수한 교육 지원을 제공하기 위한 내용을 포함하고 있다. 이를 위해 만성질환 학생을 건강장애 학생으로 선정하여 무상교육 혜택을 부여하고, 병원학교, 원격수업, 순회교육 등 다양한 방법을 통해 출석일수를 확보함으로써 상급학교 또는 다음 학년에 진학하도록 지원하고 있다(교육부, 2017c).

1) 건강장애 학생의 선정과 배치

건강장애 학생의 선정 기준은 「장애인 등에 대한 특수교육법 시행령」 제10조에 근거하여 "만성질환으로 인하여 3개월 이상의 장기입원 또는 통원치료 등 계속적인 의료적 지원이 필요하여 학교생활 및 학업 수행에 어려움이 있는 사람"으로 정하고 있다. 교육부(2017c)의 특수교육 운영 계획에는 좀 더 상세한 선정 기준을 제시하고 있다. 건강장애는 만성질환 치료를 위한 장기 의료처치가 요구되어 연간 수업일수의 3개월 이상 결석 및 이로 인한 유급 위기에 처해 있으면서 학교생활 및 학업수행에 어려움이 있어 특수교육 지원이 요구되는 학생을 건강장애 학생으로 선정하고 있다. 그러나 다른 장애 유형과는 달리 건강장애를 지닌 특수교육 대상자로 선정된 이후 상위 학교급으로 진급할 때에는 특수교육운영위원회에서 재선정 배치 여부를 재심사하여 결정한다.

건강장애 학생의 선정은 「장애인 등에 대한 특수교육법 시행규칙」 제2조(장애의 조기발견 등) 제1항에 따른 특수교육 대상자 선별검사 및 진단·평가를 별도로 실시하지 않는다. 만성질환을 가진 학생 중에서 장기치료로 인해 해당 학년의 진도를 따라가지 못하거나 유급 위기에 있는 등 학업수행에 어려움이 있는 것으로 판단되는 학생에 한해 특수교육운영위원회에서 결정한다. 이때 만성질환은 장애인증명서, 장애인수첩 혹은 진단서를 통해 확인한다.

선정 기준에서 제시하고 있는 '만성질환'이란 백혈병, 소아암, 각종 종양 등 장기적인 의료처치가 요구되는 만성질환을 말한다. 다만, 우리나라에서는 소아당뇨, 아토피, 뇌전증, ADHD 등의 만성질환은 학교 출석이 가능하므로 건강장애 선정에서 제외하는 사례가 많다. 그러나 일부 시·도에서는 교육적 지원 요구를 기준으로 건강장애로 선정하기도 한다. 선정 기준에서 제시하고 있는 '3개월 이상 장기입원 또는 통원치료 등 계속적인 의료적 지원'이라는 기준은 입원 혹은 통원치료 등 장기간의 의료적 처치가 요구되는 만성질환을 의미한다. 만성질환으로 인해 연간 수업일수 중 3개월 이상의 결석이 발생할 경우 이로 인한 유급위기를 방지하기 위한 조치이다. 다만 '3개월 이상'이라는 기준이 연속적으로 3개월 이상 병원에 입원하는 것으로 제한하지 않도록 하고 있다. 건강장애 학생의 교육 지원은 만성질환으로 인한 학교교육의 어려움을 지원하고, 학교교육의 연속성을 제공하기 위한 조치이기 때문이다. 선정 기준에서 제시하고 있는 '학교생활 및 학업 수행에 어려움'이란 특수교육이 요구되는 경우를 말한다. 만성질환으로 3개월 이상 결석으로 인한 유급을 방지하기 위해 병원학교 및 원격수업이 필요한 경우는 특수교육이 필요한 학생으로 간주한다.

단, 건강장애 선정 대상자는 아니지만 화상, 교통사고 등의 심각한 외상적 부상으로 3개월 이상의 치료가 필요하여 불가피하게 장기결석이 예상되는 학생의 경우에는 해당 치료기간에 한해 병원학교와 원격수업을 이용할 수 있으며, 해당 기관 이용 일수를 출석으로 인정받을 수 있다.

또한 정신질환 학생은 건강장애에 포함되지 않는다. 정신질환 학생은 건강장애 선정 대상자 기준에 충족되지는 않으나 정신적 질환으로 인해 불가피하게 장기결석이 예상되는 학생을 말한다. 해당 치료기간에 한해 일부 시·도 교육(지원)청에서는 건강장애 학생들의 교육 지원인 병원학교와 원격수업을 이용할 수 있도록 조치하고 있으며, 해당 기관 이용 일수를 출석으로 인정하고 있다. 일부 시·도에서는 정신질환 학생을 대상으로 하는 위탁형 대안학교를 설치하여 운영 중이며, 건강장애 학생을 위한 병원학교와 달리 치료를 포함하여 교육과정의 50%를 수료하도록 하고 있다. 2017년 현재 전국의 병원학교 중 4개의 병원학교(국립정신건강센터참다울학교, 국립공주어울림병원학교, 국립나주병원느티나무학교, 국립부곡병원학교)에서는 ADHD 등 정서행동발달장애, 중증 정신질환으로 인해 장기 입원 치료가 필요한 학생의 교육을 지원하기 위해 별도로 설치하여 운영하고 있다(김정연 외, 2017).

건강장애를 가진 특수교육 대상자로 선정하기 위한 구체적인 절차는 [그림 5-3]과 같다.

건강장애 학생으로 선정된 학생이라도 몇 가지 사유에 해당할 경우 선정 취소가 가능하다. 첫째, 건강장애 선정의 직접적인 원인이 된 질병이 완치된 경우, 둘째, 소

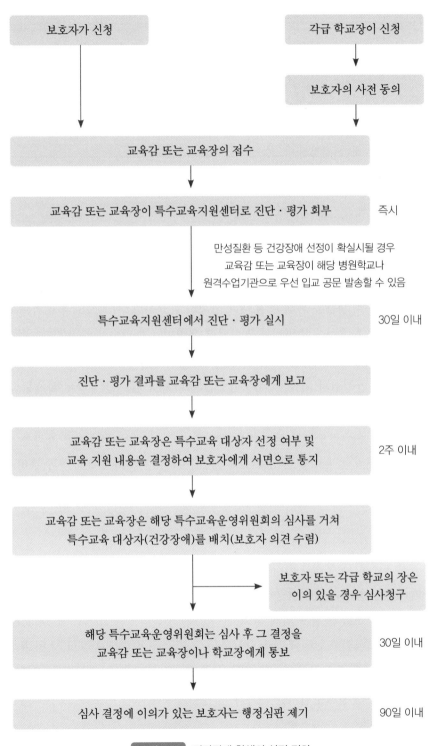

그림 5-3 건강장애 학생의 선정 절차

속 학교로 복귀하여 정상적으로 출석을 하는 경우이다. 치료 또는 진단을 위해 월 1~2회 외래 치료하는 경우도 포함된다. 셋째, 소속 학교에서 휴학 또는 자퇴를 하고자 하는 경우이다. 특수교육 대상자는 의무교육 대상자이므로 선정 취소를 한 후 필요한 학적 처리를 해야 한다. 건강장애 선정을 취소하려면 특수교육 대상자(건강장애) 선정·배치 취소 신청서와 특수교육 대상자 선정·배치 취소 동의서(학부모용)를 제출해야 한다(김정연 외, 2017).

2) 병원학교

병원학교는 「장애인 등에 대한 특수교육법」 제3조(의무교육 등), 제15조(특수교육 대상자의 선정), 제25조(순회교육 등)에 근거하여 질병으로 인해 학교환경에서 교육을 받기 어려운 학생들을 위해 병원 내에 설치한 학교이다. 학교라고 부르기는 하지만 일반학교 및 특수학교의 파견학급 형태로 운영되는 학급이며, 초등학교, 중학교, 고등학교의 여러 학년 학생들이 함께 학습하도록 운영하고 있다.

병원학교는 만성질환 치료로 인해 학업을 중단하고 있는 건강장애 학생들의 학업 연속성 유지 및 학습권 보장과 개별화된 학습 지원, 심리·정서적 지원 등을 통해 학교생활적응을 도모하고 삶에 대한 희망과 용기를 심어 주어 치료 효과를 증진하기 위한 목적으로 운영되고 있다(교육부, 2017c). 최소한의 교육환경을 구비하여 건강장애 학생들을 교육함으로써 지속적인 학교생활이 가능하도록 도와주는 역할을 한다.

교육부는 건강장애 학생의 교육 지원을 위해 해당 지역 종합병원과 교육청 간 협약을 통해 병원학교 설치를 권장하고 있다. 국내의 병원학교는 만성질환을 가진 학생들의 치료를 중점적으로 담당하는 종합병원 위주로 설립 운영되고 있다. 2022년 건강장애 학생 교육 지원을 위해 설치, 운영하는 병원학교는 2005년에 5개교를 시작으로 36개의 병원학교가 개교하였다(〈표 5-6〉 참조). 병원학교 간의 상호 연계 및 정보 제공을 위해 전국 병원학교 홈페이지(https://hospital.s4u.kr/main.do)에서는 전국의 병원학교 및 원격수업기관 목록과 각 병원학교에 대한 정보와 소식, 건강장애 관련 자료와 활동 등을 제공하고 있다.

국내의 36개 병원학교의 교사 채용 및 교육과정 등 운영 형태는 동일하지 않으며, 운영주체에 따라 매우 다양하다(박은혜, 박지연, 노충래, 2005). 이 중 서울, 전북 지역의 11개 병원은 교육청과의 협약을 토대로 하여 교육청에서 행정적·재정적 지원을 제공하는 병원 자체 운영 체제이다. 병원 자체적으로 운영하는 서울 지역 병원학교는 병원학교 입퇴교 및 출석 확인서 통보도 교육청을 경유하지 않고 해당 병원 학교와 학교가 직접 처리하는 등 운영 형태가 다르다. 그 외의 병원학교는 교육청 소속 특수학교 또는 일반학교의 파견학급으로 운영된다.

　병원학교의 교육과정 운영의 기본 방향은 국가수준 교육과정, 시·도교육청 교육과정의 교육목표와 일관성을 유지할 수 있도록 편성·운영하되 소속 학교의 교육목표를 고려하여 편성·운영한다. 국가 수준 교육과정의 편성·운영 기준이나 방침의 타당성·적합성을 고려하고, 학교에 주어진 교육과정 편성·운영의 자율성·융통성·창의성을 최대한 발휘하고, 병원학교 운영위원회 위원 및 담당의사, 학생, 학부모의 교육적 요구를 반영하여 편성·운영한다. 교육과정 편성의 다양성과 운영의 융통성을 확대하여 교육과정 중심의 개성 있고 창의적인 병원학교를 운영할 수 있도록 편성·운영한다.

　병원학교의 학사 일정은 병원학교가 속한 협력학교의 학사 일정에 준한다. 연간 수업일수는 병원학교 협력학교의 연간 수업일수에 준하여 운영하되, 교과와 창의적 체험활동 등의 구성은 병원학교의 여건, 담임교사의 의견, 의료진의 의견 등을 고려하여 융통성 있게 운영할 수 있다. 병원학교의 수업 참여를 출석으로 인정하고,

표 5-6) 병원학교 운영 현황

시·도	병원명 또는 병원학교명	월평균 이용 학생 수	담당 인력 수
서울(9)	국립정신건강센터 참다울학교	1	특수교사 2
	고려대학교구로병원 병원학교	3	사회복지사 1
	삼성서울병원 병원학교	64	일반교사 1
	서울대학교병원 어린이병원학교	122	평생교육사 1, 일반교사 1
	서울성모병원 병원학교	60	직원 1(의료사회복지사 1명 휴직 중)
	서울아산병원 병원학교	20	의료사회복지사 1
	연세암병원 병원학교	67	일반교사 1, 심리상담사 1
	원자력병원 병원학교	18	의료사회복지사 1
	한양대학교병원 병원학교 누리봄교실	10	일반교사 1

부산(3)	동아대학교 병원학교	7	특수교사 1
	인제대학교 부산백병원학교	5	특수교사 1
	인제대학교 해운대백병원학교	2	특수교사 1
대구(4)	경북대학교 병원학교	11	특수교사 1
	계명대학교 동산병원학교	10	특수교사 1
	대동병원학교	1	특수교사 1
	연남대학교 병원학교	9	특수교사 1
인천(1)	인하대학교 병원학교	3	특수교사 1
광주(1)	전남대학교 어린이병원 학마을 병원학교	6	특수교사 1
대전(1)	충남대학교 병원학교	6	특수교사 1
울산(1)	울산대학교병원 병원학교	6	특수교사 1
경기(5)	고려대학교 안산병원 병원학교	2	특수교사 1
	국립암센터 병원학교	9	특수교사 2
	국민건강보험공단 일산병원 병원학교	4	특수교사 2
	파주시티재활요양병원 병원학교	7	특수교사 2
	한서중앙병원 병원학교	7	특수교사 2
강원(1)	강릉아산 병원학교	–	특수교사 1
충북(1)	충북대 병원학교	2	특수교사 1
충남(3)	국립공주병원 어울림병원학교	1	특수교사 1
	단국대학교 병원학교	4	특수교사 1
	아람메디컬 병원학교	4	특수교사 1
전북(1)	전북대학교병원 병원학교	3	특수교사 1
전남(2)	느티나무 병원학교	–	특수교사 1
	여미사랑 병원학교	22	특수교사 2
경남(2)	경상대학교병원 어린이병원학교	4	특수교사 1
	부산대학교 어린이병원학교	15	특수교사 2
제주(1)	제주대학교 병원학교	–	특수교사 1
계	36	515	45

출처: 교육부(2022). 특수교육연차보고서, p. 82.

출석 인정 최소 수업시수는 초등학생 1일 1시수 이상, 중학생 1일 2시수 이상을 최소 수업 시간으로 한다. 1시수의 수업 시간은 20분 이상을 기준으로 하여 학교 재량에 따라 융통성 있게 증감할 수 있다.

3) 원격수업

원격수업은 2000년도 이후 본격화된 교육정보화사업에 의해 근간을 마련하였고, 2011년에 발표된 스마트교육 추진 전략은 온라인수업의 활성화를 도모하였다(한국학술정보원, 2011). 온라인수업은 "방송 · 통신수업의 한 형태로서, 면대면 출석수업이 불가능한 상황에서 학생의 학습권과 과목 선택권을 보장하기 위해 교사가 지도하는 실시간 또는 비실시간 수업 체제"(정광훈 외, 2012)로 정의된다. 또한 최근의 스마트교육 체제 내에서의 온라인수업은 기존의 이러닝이나 유러닝처럼 학생 혼자서 원격지에서 학습하는 것이 아니라, 정규 교사가 참여하여 학생들이 학습을 지속할 수 있도록 지도하고 독려하며 평가하는 정규 수업 활동의 일부로 정의된다.

온라인수업은 다양한 사유로 수업 결손이 발생하는 학생들의 학습권을 적극적으로 보장하기 위한 방안으로 도입되었으며, 장기간 입원 치료로 인한 건강장애 학생들의 수업 대체 방법으로 활용되고 있다. 건강장애 교육 지원 초기에는 사이버 학급, 사이버 교육, 화상강의 등 다양한 용어로 사용되다가 2016년부터는 원격수업으로 통일하여 사용하기 시작하였다.

표 5-7 **원격수업 기관 현황**

기관명	학급 수	강사 수	전체 학생 수			월 평균 이용 학생 수	개별 학생 평균 이용일 ('22. 3. 1. ~ 5. 31.)
			건강장애	기타	계		
꿀맛무지개교실 (서울특별시교육청)	14	11	250	47	297	276	40
꿈사랑학교 (경상남도교육청)	46	27	608	130	738	725	89
한국교육개발원	38	36	865	262	1,127	1,009	55
계	98	74	1,723	439	2,162	2,010	184

출처: 교육부(2022b). 특수교육연차보고서, p. 83.

원격수업이란 초·중·고 건강장애 학생이 컴퓨터나 개인용 휴대단말기를 통하여 인터넷상에서 실시간 양방향 수업과 탑재된 콘텐츠를 통해 학습하는 형태를 말한다. 이차 감염이 우려되거나 요양이 필요하여 학교에 가지 못하는 학생에게 병원 혹은 그 외의 장소에서 실시간 온라인으로 수업을 제공받고 출석을 인정받을 수 있는 제도이다. 건강장애 학생을 위한 원격수업시스템 운영 기관 및 현황은 〈표 5-7〉과 같다.

원격수업은 운영 기관마다 운영상의 특성이 있으나 학교급과 학년에 따라 학급을 구성하며 학생이 원래 소속된 학교의 학년에 따라 배치한다. 건강장애 학생의 특성을 고려하여 방학을 포함하여 연중 프로그램으로 신축성 있게 운영 방안을 수립하고 있으며, 개인별 건강 상태를 고려하여 운영된다. 원격수업은 학생 개개인의 학년별·과목별 진도에 맞게 제공하고 담임교사, 학부모 도우미 등이 1:1 상담 및 학습 지도를 하는 형태로 운영되고 있다. 수업은 인터넷을 통한 녹화방송 및 실시간 양방향 원격수업을 제공한다. 모니터 화면을 통해 마주 보며 교실에서처럼 수업을 진행해 개별 학생의 학년 및 학력 수준에 적합한 개별화된 학습을 지원하며, 학습 참여를 독려하고 학습에 대해 지속적으로 관리할 수 있는 시스템이다(교육부, 2017a). 이 중 한국교육개발원의 원격수업은 초중등교육에서의 학습권 제고를 위해 2016년부터 초등학교와 중고등학교 학생용 학습 시스템인 스쿨포유를 운영하고 있다(http://onlineschool.or.kr). 스쿨포유는 전국의 학생이 이용할 수 있으며, 정규 교과 콘텐츠, 개별 맞춤형 교과 화상수업 지원, 생활 관련 상담 지원 등을 제공한다(교육부, 2022).

4) 순회교육

순회교육이란 장애로 인해 장기·단기 결석이 불가피하여 학교에서 교육을 받기 곤란하거나 불가능한 학생의 교육을 위해 의료기관 또는 가정 등에 교사가 직접 방문하여 특수교육 대상자의 교육을 지원하는 교육 형태를 말한다. 순회교육은 특수교육운영위원회에서 종합적으로 판단하여 순회교육 여부를 결정하되, 부모의 동의를 포함하도록 한다. 학생 소속 학교의 일반교사와 특수교사가 순회교육을 담당하거나 해당 교육청에서 건강장애 학생 순회교육 협력학교를 지정하여 운영하며, 일반학교, 교육청, 특수교육지원센터 등에서 순회교육 내용을 관리 감독하여 운영한다.

5) 개별화교육 지원

　건강장애 학생도 특수교육 대상자이므로 개별화교육계획(IEP)을 작성해야 한다. 현재는 소속 학교에서도 건강장애 학생에 대한 IEP를 작성하고 있으며, 병원학교에서도 병원학교 교사가 IEP를 별도로 작성하고 있다. 그러나 한 학생에 대한 IEP는 하나의 문서로 작성되도록 학생의 소속 학교와의 협의를 통해 공유하며, 학교 복귀 시 학생의 소속 학교에 전달될 수 있도록 한다.

　건강장애 학생의 IEP 지원팀은 학생의 교육적 요구에 적절한 교육을 제공하기 위하여 구성된 교육지원팀이다. 건강장애 학생의 IEP 지원팀의 역할은 다음과 같다. 첫째, IEP 수립의 적절성 여부를 평가하고, IEP를 체계적으로 실행하고자 함을 목표로 한다. 둘째, IEP 지원팀은 건강장애 학생의 선정 요청 자료를 확인하고 진단 평가를 의뢰한다. 또한 IEP 수립을 위한 협의를 진행하여 의사결정을 하고, IEP의 작성, 실행 및 평가에 관여하며, IEP를 검토하고 필요시 수정하는 역할을 한다. 셋째, 병원학교 교육과정 운영 계획을 수립하고 수행하며, IEP를 작성하고 심의하며, IEP에 모든 구성요소가 포함되었는지 심의한다.

　IEP 지원팀은 병원학교 특수교사, 병원학교장, 교사의 소속 학교 교장, 교감, 일반 교사, 의료진, 학부모 등으로 구성된다. 여기서 소속 학교란 병원학교 교사의 소속 학교를 말하며, 협력학교를 말한다. IEP 지원팀의 구성원 및 역할은 〈표 5-8〉과 같다.

표 5-8 IEP 지원팀의 구성원 및 역할의 예

구분		역할
위원장	교장	• 위원회 조정, 집단의 의사수렴 및 결정 • 회의에 필요한 재정적 · 행정적 지원 • 합당한 절차의 수행
부위원장	교감	• IEP 수행에 필요한 자료 제공 및 지원 • IEP 지원팀의 계획적 배치
위원	병원 학교장	• 병원학교 운영 지원 • 학생의 건강 상태 관련 정보 제공 및 의견 제시
	재활복지 팀장	• 병원학교 운영 지원 • 병원학교 운영상의 제반 문제 협의

위원	병원학교 교사	• EP 양식 준비 • 특수교육대상자에 대한 진단 · 평가 결과 및 교육 지원 내용 계획 • IEP 수행 관련 교육 지원 • IEP의 수립 및 수행 • IEP 관련 사항 논의 • 병원학교 운영상의 제반 문제 협의
	소속 학교 담임교사	• 학생의 수행 능력 수준에 대한 정보 제공 • 적절한 교육 프로그램 제언 및 통합교육 실시 • 학생의 통합학급 배치에 관한 문제 협의
	학부모	• 학생과 관련된 정보(가정 및 지역사회 환경에서의 수행 수준, 강점, 재능, 흥미, 보호자가 바라는 교육목표 우선순위 등) 제공 • 가정 상황에 대한 정보 제공
	수간호사	• 학생의 건강 상태 관련 정보 제공 및 의견 제시
	의료사회 복지사	• 치료와 학업 유지에 걸림돌이 되는 심리사회적 문제에 대한 의견 제시(필요한 경우) 및 프로그램 공유

출처: 김정연 외(2017). 2017 병원학교 운영 매뉴얼 개발 연구보고서, p. 70.

건강장애로 선정한 후 IEP를 수립하되 통신교육, 가정교육, 출석교육, 체험교육 등 교육 방법의 다양화를 통해 연간 수업일수를 확보한다. 건강장애 학생의 수업은 담임교사, 특수교사, 교사자원봉사단, 예비교사도우미제 등을 통해 가정을 방문하여 지도하거나 화상강의 시스템을 적극 활용하는 방안으로 운영되고 있다(교육부, 2017a).

통원치료나 요양 중인 학생을 위한 학습 지원 방안은 다음과 같다.

첫째, 건강장애 학생의 교육계획은 담임교사와 특수교사가 협력하여 작성한다. 이때 특수학급 미설치교는 특수교육 지원센터나 인근 학교의 특수교사가 지원하며, 건강장애 학생의 수업은 통신교육(이메일, 전화, 인터넷, 사이버 가정학습 서비스 등을 통해 과제를 부여하고 확인하는 등), 가정교육(사전계획에 의해 학습과제 부여), 출석교육(학교 수업이나 행사활동에 참여), 체험교육(사전계획에 의해 가족이나 관련 협회 · 단체의 활동에 참여) 등 다양한 형태로 운영될 수 있다. 건강 상태로 인해 학교에서의 평가 참여가 불가능한 경우에는 교사가 방문하여 평가를 실시하는 등 학교차원에서 별도의 평가 방안을 모색하도록 한다.

건강장애 학생을 위해서는 교육 방법을 다양화하고 기존 일반교육의 개선을 통해 건강장애 학생에 대한 특수교육의 질을 제고하는 노력이 필요하다. 건강장애 학생을 위한 학업적인 면과 심리정서적인 면을 강화하는 교육과정을 개발하고 IEP 내에서의 건강관리 방안을 계획하여 이들을 위한 교육 자료를 마련하는 등 교육과정의 개별화가 필요하다(박은혜, 박지연, 노충래, 2005). 건강장애 학생의 건강관리 방안을 포함한 IEP의 양식은 〈표 5-9〉와 같다.

표 5-9 건강장애 학생을 위한 개별화교육계획(IEP)

1. 학생의 인적사항

기본사항	성명		성별		나이	만 ( ) 세
질병현황	병원명		입원호실		입원기간	
의료 담당자	주치의		연락처			
	담당간호사		연락처			
병원학교 교육 기간	20 . . ~ . .					
원적학교 현황	학교명		주소			
	연락처	교무실:		FAX:		
원적학급 현황	학년반		담임		연락처	집: 휴대전화:
가족사항	주소				연락처	집: 휴대전화:
	관계	부			모	
	성명					
	연락처	휴대전화: 직장:			휴대전화: 직장:	

2. 교육계획

필요 교과 영역	
기간	
참여 시간	
장소	
지도교사	

3. 교육계획 실행목표와 평가

교과		현재 수준	교육목표	평가
국어	강점			
	약점			
수학	강점			
	약점			

4. 건강 관련 상황

건강 상태	
현재 복용하는 약물	
특별한 주의사항 및 알레르기	
참여 가능한 병원 외 활동	
섭식상 주의사항	
담당의사의 의견	
기타	

5. 특별한 건강관리가 필요한 부분

_____

_____

_____

6. 필요한 건강관리 절차

시간		장소	
목표			
방법			
필요한 지원인력			
보조기기			
주의사항			

7. 응급처치

상황	처치 내용

〈응급 상황 시 행동 요령〉

① 학생의 옆을 지키며 관찰할 것
② 담당자에게 전화할 것
③ 담당자와 연락이 되지 않을 경우 다른 관련자에게 연락할 것

연락처 1:   연락처 2:   연락처 3:

20   .   .   .

학부모 서명: _____
담당자 서명: _____

6) 심리 정서적 지원

건강장애 학생의 심리 정서적 지원을 위해서는 일반 학생과의 상호작용을 확대해야 한다. 같은 반 친구나 인근 학교 학생들이 병원학교 혹은 가정을 방문하여 학교생활에 대해 전달해 주고 함께 교류할 기회를 자주 마련하여 또래관계를 유지할수 있도록 지원하는 방안이 필요하다.

또한 건강장애에 대한 인식이 개선되고 학생들의 학교생활 적응을 지원할 수 있는 자료의 개발과 보급이 필요하다. 이러한 자료는 또래, 부모, 형제, 교사 등 대상별 혹은 질병별 인식 개선 자료를 관련 단체나 협회와 협력하여 개발하고 보급하여 교육에 활용되도록 한다. 서울시교육청에서 운영하는 꿀맛무지개학교 홈페이지에서는 초등학생용과 중·고등학생용으로 나누어 7차시에 걸친 건강장애 인식 개선 동영상 학습 자료를 제공하고 있다. 이 자료는 각 질병별로 쉽게 이해할 수 있게 제시되어 있다. 또한 건강장애 학생 본인이 자신의 병에 대해 바르게 이해하고 건강과 삶에 대한 통제력을 가질 수 있도록 관련 프로그램을 개발·보급하는 노력이 필요하다.

캠프 참여를 통해서도 심리 정서적 안정을 도모할 수 있다. 한국백혈병소아암협회 등 각종 단체나 협회가 주최하는 캠프에 참여하여 또래들과 함께 서로의 경험을 나누고 즐거운 시간을 갖게 함으로써 재활의지를 심어 주고 질병으로 인해 변한 신체상 등에 대한 불안감에 대처하는 등 심리 정서적 안정을 갖도록 지원한다(박은혜, 박지연, 노충래, 2005).

건강장애 학생의 심리 정서적 적응을 지원하기 위해 학생 연령과 학업 수준에 따라 학업 중심 교육과정과 심리 정서적 적응 지원의 균형을 유지할 수 있는 IEP를 개발하고 이를 위해 원격수업 등을 이용하되, 담임교사, 특수교사, 학부모도우미, 교사자원봉사단, 예비교사 등이 일대일 상담 및 지도 등을 통해 지속적으로 관리하여 학년별·과목별 진도에 따라 학습할 수 있도록 한다. 또 다른 방안으로는 일반 학생 봉사점수제 활용, 캠프, 기타 다양한 방법을 통한 심리 정서적 적응 지원으로 치료효과 증진 및 학교생활 적응을 도모한다(교육부, 2015).

건강장애 학생들은 각 개인의 사항이 다르므로 건강장애의 특성, 의료적 처치 방법, 교육적 고려, 교우관계 개선과 학생의 성격 변화에 대해 스스로 적응할 수 있는 사회성 증진 프로그램과 장애 인식 개선 프로그램 등에 대한 교사 연수가 필요하다. 또한 현재의 병원학교와 일반학교 간의 연계로 건강장애 학생의 교육권이 지속될 수 있도록 해야 한다. 그러기 위해서는 병원학교 교사의 자격 문제, 병원학교에서의 자원봉사자 활용 문제, 보건교사의 역할 등 개선해야 할 사항이 많다. 전문적인 도움을 받을 수 있는 곳은 다음과 같다.

- WEE 상담지원(http://www.wee.go.kr ☎ 02-2057-8704~5)
- 청소년상담 1388(http://www.cyber1388.kr ☎ 1388)
- 보건복지콜센터(http://www.129.go.kr ☎ 129)
- 인천광역시 청소년상담복지센터(http://www.inyouth.or.kr ☎ 032-429-0394)

7) 학교복귀 지원

최근 의학기술의 발달은 건강장애 학생의 학교복귀에 관심을 두게 하는 요인이 되고 있다. 국내의 병원학교에서 대부분을 차지하고 있는 소아암의 경우 완치 기준이 되는 5년 이상 생존율이 확대됨에 따라 학교복귀 준비가 필요하다. 학교복귀(school reentry)는 건강장애 학생이 장기 입원이나 장기 통원치료를 마치고 학교교육을 받기 위해 학교로 돌아오는 것을 의미한다(김정연, 김시원, 임장현, 2016; 박은혜, 박지연, 노충래, 2005). 그러나 건강장애학생은 입원 중에는 병원학교에서 개별적인 교육 요구를 지원받지만, 치료를 마치고 학교로 돌아갈 때에는 학생들을 체계적으로 돕는 지원 서비스가 없어서 학교생활 적응에 많은 어려움을 겪게 된다. 기본적으로 일반학급에 소속되어 있던 학생이므로 특수교사가 지원하기는 하지만 일반학급에 자연스럽게 적응할 수 있도록 지원하는 것을 우선으로 한다. 학교생활에 적응한다는 것은 건강의 문제가 남아 있더라도 학업을 지속하며, 또래와 지속적인 관계를 유지하면서 일상적인 생활로 돌아가는 것을 의미한다.

학교복귀 지원의 목적은 건강장애 학생과 소속 학교 및 소속 학급의 학생들과 단절되는 것을 막고 지속적으로 소통할 수 있도록 하기 위한 것이며, 담임교사를 통한 교육 지원의 질을 높이기 위해서이다. 학교복귀의 준비는 건강장애 학생이 치료를 마친 후 학교로 돌아왔을 때, 학교생활에 잘 적응할 수 있도록 소속감을 심어 주고 오랜 투병으로 인한 사회적 위축감을 줄여 줄 수 있다. 학급 학생들에게는 건강장애 학생을 이해하고 자신과 다른 처지의 사람을 경험하며 배려하고 돕는 마음을 키울 수 있다. 장기 입원과 치료를 위해 오랜 시간 학교에서 떠나 있었던 건강장애 학

표 5-10   건강장애 학생의 학교복귀를 위한 교사의 준비도 점검

■ 건강장애 학생의 학업적 지원 준비도
• 학교 출석이 불가능할 경우 출석을 인정해 주는 지원 방안을 알고 있나요?
• 치료로 인해 학업에 부정적 영향을 미칠 수 있음을 알고 있나요?
• 학교로 복귀한 건강장애 학생의 학업 격차를 최소화하는 지원 방안을 알고 있나요?
• 학생에게 필요한 경우 수업 시간을 조정해 줄 수 있나요?
• 수업 참여를 위해 학습 내용이나 과제를 수정해 줄 수 있나요?
• 교내외 행사 및 활동에 참여할 수 있도록 활동을 수정해 주는 방법을 알고 있나요?
• 학생의 평가 방법에 대해 알고 있나요?
• 학교성적관리지침, 시험수정 등 평가에 대해 학부모에게 안내할 수 있나요?
• 건강장애 학생의 교육에 대한 책임감과 사명감을 가지고 있나요?

■ 건강장애 학생의 심리적 지원 준비도
• 건강장애 학생의 심리정서적 특성에 대해 알고 있나요?
• 질병으로 인해 변화된 외모, 낮은 자존감, 관계형성의 어려움에 대해 알고 있나요?
• 학교생활 적응을 위한 심리정서적 지원 방법을 알고 있나요?
• 학생의 상담에 필요한 지식을 갖고 있나요?
• 학생의 학교 적응 상황을 진단하고 잘 적응하도록 도와줄 수 있나요?
• 학생과 친밀한 관계를 맺고 소통할 수 있나요?
• 학생의 부모와 협력적 관계를 갖고 소통할 수 있나요?
• 학생이 학교로 돌아왔을 때 학급 또래들과 친하게 지낼 수 있도록 지도할 수 있나요?
• 병원학교, 원격수업을 받는 동안에도 학급 또래와 연락할 수 있도록 지도할 수 있나요?
• 건강장애 학생의 심리적 지원을 위한 의지와 열정을 가지고 있나요?

■ 건강장애 학생의 물리(환경)적 지원 준비도
• 학생의 질병으로 인한 신체의 변화를 알고 있나요?
• 학생의 피로감, 운동 기능 등 신체적 특성을 알고 있나요?
• 학생의 건강 상태에 따라 수업, 활동 참여의 제약 여부를 파악할 수 있나요?
• 수업 참여의 불편함을 줄여 주기 위한 방법을 알고 있나요?
• 교실을 깨끗하고 안전한 환경으로 만들 수 있나요?
• 교실 이동 및 화장실 사용의 어려움이 발생할 경우 지원 방안을 알고 있나요?
• 학생이 피로감을 호소할 경우 휴식을 취할 수 있는 공간을 제공할 수 있나요?
• 학생의 의료적 상황(응급 상황)이 발생할 경우 대처 방법을 알고 있나요?
• 필요한 경우 건강장애 학생의 의료적 처치를 할 수 있는 별도의 공간이 마련되어 있나요?

출처: 김정연 외(2016). 2016 건강장애 학생 이해자료 개발 연구보고서, pp. 54-56.

생이 성공적으로 학교로 복귀하기 위해서는 학생 자신과 가족뿐 아니라 교사와 학급 또래들의 준비가 필요하다(류신희, 2008; 박은혜, 박지연, 노충래, 2005; 박은혜, 이정은, 2004; 박은혜, 이희란, 김주혜, 2005). 또래와의 상호작용은 질병으로 인한 불안이나 우울 등의 정서적인 문제를 더 잘 해결하도록 돕는다. 또한 담임교사에게는 건강장애 학생의 학부모와 심리적 거리감을 줄이고 자녀의 진로에 대한 더 많은 안내와 지원을 가능하게 한다. 건강장애 학생의 학교복귀 전에 교사가 점검할 사항은 〈표 5-10〉과 같다(김정연 외, 2016).

📌 정리

건강장애 대상자는 병명에 따른 선정이 아니라 개별 학생에게 필요한 의학적 진단과 교육적 진단을 통해 선정하기 때문에 명확한 정의나 범위를 제한하기는 어렵다. 소아암, 신장장애, 심장장애, 소아천식, 소아당뇨 외에도 매우 다양한 희귀난치성질환들이 포함될 수 있다. 건강장애 학생은 건강상의 문제 외에 질병으로 인한 이차적 어려움이 비교적 다양하게 나타나기 때문에 교육을 계획하기 위해서는 이들의 다양한 특성을 고려하여 접근하는 것이 필요하다. 또한 만성질환으로 인해 학업적 · 신체적 · 심리적 어려움을 겪고 있으므로, 개개인의 교육 지원의 우선순위를 파악하여 건강관리와 동시에 교육 요구에 맞는 가치 있는 학습활동과 지도 방법 등의 교육 지원을 제공하여 효율적인 교육이 이루어지도록 해야 한다. 건강장애의 궁극적인 교육목적은 건강하게 학교로 복귀하는 것이므로 성공적인 학교복귀를 위해서는 심리 정서적 지원과 의료 및 교육 분야 등 다학문적인 접근과 노력이 필요하다. 무엇보다도 가족과 교사, 전문가의 협력, 병원학교와 일반학교 간의 협력 등각 시스템 간의 실제적 연계와 실천적인 협력이 중요하다. 또한 동일 질병을 갖고 있는 가족 간, 가족과 전문가 간, 전문가와 전문가 간, 기관과 기관 간의 협력이 필요하며, 이를 실천할 수 있는 상호 간의 이해와 원활한 의사소통이 요구된다.

제**6**장

진단 및 평가

1. 지체장애 학생 진단 평가의 필요성 및 목적

1) 진단 평가의 필요성

우리나라 「장애인 등에 대한 특수교육법 시행령」에 의한 특수교육 대상자 진단 평가 심사 및 선정의 기준에서는 지체장애 특수교육 대상자를 "기능·형태상 장애를 가지고 있거나 몸통을 지탱하거나 팔다리의 움직임 등에 어려움을 겪는 신체적 조건이나 상태로 인해 교육적 성취에 어려움이 있는 사람"이라고 규정하고 있으며, 「장애인 등에 대한 특수교육법 시행규칙」(제2조 제1항 관련)의 특수교육 대상자 선별 검사 및 진단평가 영역에서는 지체장애 학생의 진단 평가도구로 기초학습기능검사를 제시하고 있다. 이와 같이 특수교육 대상자로서의 지체장애를 판별하는 목적 외에 학생의 교육을 위한 진단 평가가 필요하다. 지체장애 학생의 교육을 위한 진단 평가는 학생이 가지고 있는 잠재 능력을 발견하고 그 능력을 발전시켜 장애를 보상하고 보완해 주어 교육목표의 성취를 돕기 위해 실시한다.

2) 진단 평가의 목적

지체장애 학생 진단 평가의 목적은 크게 두 가지로 나뉜다. 첫째, 학생이 현재 알고 있는 내용과 모르는 내용을 구분해 내고, 앞으로 가르쳐야 할 교육 내용을 알아내기 위함이다. 둘째, 학생이 가지고 있는 교수-학습상의 어려움을 파악하여 좀 더 효과적으로 학습할 수 있는 교육 방법을 모색하기 위함이다. 즉, 지체장애 학생의 평가는 각 학생의 성취 수준을 진단하는 것과 동시에 무엇을 어떻게 가르칠 것인가를 결정하기 위해 실시한다.

지체장애 학생을 진단 평가하는 목적은 장애의 여부와 유형, 정도, 중복장애의 여부 등을 정확히 진단해서 각 학생의 상태에 맞는 적절한 교육 내용과 방법을 확인하여 필요한 서비스를 제공하기 위한 것이며, 발달 수준과 장애의 실태를 구체적으로 파악하여 적절한 교육의 출발점과 목표를 설정하고 지도하기 위한 것이다. 그러므로 진단 평가는 교사의 지도 방법과 학생의 학습 방법, 교육환경을 결정하기 위한 내용이 포함되어야 하며, 이러한 진단 및 평가의 과정은 효과적인 교육 방법을 찾고 내실 있는 교육과정의 운영을 위해 중요하다. 또한 진단 평가의 과정은 일회적인 것이 아니라 장기간에 걸쳐 계속적인 작업으로 이루어져야 한다.

3) 진단 평가 시 고려사항

지체장애 학생의 진단은 다음과 같은 독특성을 가지고 있다. 첫째, 지체장애로 인한 의학적 특성이 다양하여 개별적인 고려 사항이 많다. 둘째, 진단 과정에서 자세 잡기와 다루기 등의 신체적 접근 면의 유의사항이 많다. 셋째, 장애의 상태 및 정도가 다양하고 발달 수준의 개인 내, 개인 간 차이가 심하다. 넷째, 의사소통의 결핍 때문에 일반적인 발달 검사의 적용이 곤란하다. 그러므로 지체장애 학생을 정확히 진단하고 평가하기 위해서는 ① 지체장애 학생을 잘 이해하는 사람이 실시해야 한다. ② 학생 본인, 부모, 교사, 의사, 치료사, 심리학자 등 장애 특성에 따른 다양한 영역의 전문가에 의한 협력적 평가가 요구된다. ③ 심리적 검사는 지능검사 외에 학업성취도검사, 사회성발달검사, 행동관찰기록 등을 함께 활용하여 미래의 발전 가능성을 최대화할 수 있도록 해야 한다. 또한 ④ 다양한 평가 방법을 통해 행동 기록을 분석하여 발달 상태를 파악하도록 하며, 모든 평가는 추후에 연결되는 학습목표의 기초가 되도록 하고 지도 방법의 개선을 가져올 수 있도록 이루어져야 한다.

지체장애 학생의 평가는 학생 개인을 이해하기 위해서 실시하는 것이며 분류나 교육적 배치를 위한 것은 아니다. 그러므로 개개인의 독특한 교육적 욕구에 가장 적절한 교육을 계획하고, 교육 계획을 수행하는 데 효과적인 교육환경을 고려해야 한다. 모든 평가의 목적은 적절한 교육 수행을 위한 정보 수집에 있다.

2. 표준화검사

표준화검사는 학생이 가지고 있는 구체적인 문제를 파악하며 학생의 교육적 특성을 진단한다. 그러나 지체장애 학생의 심리학적 평가는 적절한 검사도구의 선정이 어렵고, 검사 과정상의 규정을 지키기 어렵다. 또한 모든 진단 분석의 규준은 일반 학생을 대상으로 한 것이므로 지체장애 학생에게 적용하는 데 무리가 있다. 표준화된 검사는 수행 결과의 성취도를 파악하기보다는 검사의 유목 간에 나타나는 차이에 유의하여야 하며, 검사의 결과를 해석할 때에는 환경의 결손 및 검사상의 변수를 고려하여야 한다. 심리검사 결과가 단점 위주로 나열되지 않도록 유의하고 장애 학생에 대한 검사자의 편견, 문항 수정 등이 결과에 영향을 미칠 수 있다는 점을 고려해야 한다.

1) 한국판 웩슬러 아동용 지능검사 5판

지능검사는 주로 집단검사보다 정확성과 예언력이 높은 개인검사를 사용하는데, 자주 사용하는 검사도구 중 하나가 K-WISC-V(Korean Wechsler Intelligence Scale for Children-V)이다. K-WISC-V는 만 6~16세 11개월 학생에게 실시할 수 있는 것으로 16개의 소검사로 구성되어 있다. 소검사는 두 가지 일반적인 범주인 기본 소검사와 추가 소검사로 구성되며, 지적 능력의 종합적인 설명과 평가를 위해 10개의 기본 소검사(토막짜기, 공통성, 행렬추리, 숫자, 기호쓰기, 어휘, 무게비교, 퍼즐, 그림기억, 동형찾기)를 실시한다. 6개의 추가 소검사(상식, 공통그림찾기, 순차연결, 선택, 이해, 산수)는 지적 기능에 대해 조금 더 풍부한 정보를 제공하고 임상적인 의사결정을 하는 데 추가적인 정보를 줄 수 있으므로 기본 소검사들과 더불어 실시한다. 10개의 기본 소검사들은 전체 IQ, 5개의 기본 지표점수(언어이해 지표, 시공간 지표, 유동추론 지표, 작업기억 지표, 처리속도 지표), 5개의 추가 지표점수(양적추론 지표, 청각작업기억 지표, 비언어 지표, 일반능력 지표, 인지효율 지표)를 산출하기 위해 특정한 조합으로 구성된다(곽금주, 장승민, 2019). 웩슬러 지능검사는 아동지능검사 외에 청소년과 성인의 지능을 평가하는 한국 웩슬러 성인지능검사 4판(Korean Wechsler Adult Intelligence Scale-IV: K-WAIS-IV; 황순택, 김지혜, 박광배, 최진영, 홍상황, 2012), 아동을 대상으로 지능을 평가하는 한국 웩슬러 유아지능검사 4판(Korean Wechsler Preschool and Primary Scale of Intelligence: K-WPPSI-IV; 박혜원, 이경옥, 안동현, 2016)이 있다.

지체장애 학생의 경우 표준화된 절차를 철저히 지키는 것이 중요하지만 어느 정도 융통성 있는 방식으로 실시해야 할 필요도 있다. 실시 시간은 장애의 정도에 따라 차이가 있을 수 있으며, 지체장애 학생에게 표준화된 검사를 실시할 때에는 신체적 특성인 경직성으로 인해 검사 결과에 미치는 영향을 최소화하기 위해 물리적 환경과 검사자와의 라포 형성에 유의한다. 검사 환경은 외부 방해나 간섭을 최소화하고 학생이 쉽게 도구들을 다루고 편안하게 작업할 수 있도록 신체적 장애 특성을 고려하여 책상이나 탁자의 높이나 크기를 조정한다. 또한 지체장애 학생의 한계 및 학생이 선호하는 의사소통 방식을 고려하여 표준적 절차를 변형하여 진행하는 것도 필요하다. 단, 절차 수정 시 수정한 내용을 기록 용지에 기록한다.

2) 한국판 그림지능검사

지체장애 학생의 심리검사 중 유의할 것은 학생의 70% 정도가 언어장애를 가지고 있으므로(Best, Heller, & Bigge, 2010), 검사 방법 자체를 비언어적인 방법을 동원하여 학생의 잠재력을 충분히 발휘할 수 있게 해야 한다는 것이다. 유치부와 초등학교 저학년 학생 중 표현언어의 장애가 있는 경우에는 한국판 그림지능검사(Korean-Pictorial Test of Intelligence: K-PTI)를 사용할 수 있으며, 이 검사는 어휘 능력 검사, 형태 변별 검사, 상식 및 이해 검사, 유사성 찾기, 크기와 수 개념 검사, 회상 능력 검사로 구성되어 있다.

그림지능검사는 문항과 응답 선택지가 전부 그림으로 되어 있기 때문에 주의가 산만하거나 인지 능력이 부족한 지체장애 학생에게 사용할 수 있다. 또한 질문이 간단하고 응답은 손가락이나 눈짓으로 해도 되기 때문에 간단한 지시를 이해할 수 있는 학생이라면, 말을 하지 못하는 의사소통의 어려움이 있는 학생에게도 쉽게 사용할 수 있다. 따라서 그림지능검사는 언어장애가 심하고 손 기능의 장애로 조작기능이 떨어지는 학생일지라도 사용이 가능하며, 검사 방법이 간단하고 문항이 단순하며 검사 소요 시간 역시 짧아 주의집중력이 짧은 학생에게 쉽게 사용할 수 있는 도구이다(서봉연, 정보인, 1997). 하지만 다른 지능검사에 비해 타당도가 높지 않은 편이므로 해석에 유의해야 한다.

3) 국립특수교육원 기초학습능력검사(NISE-B · ACT)

국립특수교육원 기초학습능력검사(National Institute of Special Education-Basic Academic Competence Tests: NISE-B · ACT)는 만 5세에서 14세 아동의 기초학습능력을 측정하고 특수교육대상학생과 장애발생의 위험이 높은 아동을 선별 및 진단하고, 교육정보를 제공한다. 이 검사는 읽기, 쓰기, 수학의 3개 소검사로 구성되었고, 학년규준과 백분위수, 환산점수 등을 활용하여 검사대상자의 기초학습능력 진전도를 파악할 수 있는 선별검사와 진단검사로 활용할 수 있도록 구성되었다. 〈표 6-1〉은 NISE-B·ACT의 구성이다(국립특수교육원, 2017).

표 6-1　NISE-B·ACT의 구성

구분	영역
읽기 검사	음운인식, 글자·단어인지, 유창성, 어휘, 읽기 이해
쓰기 검사	글씨쓰기, 철자하기, 글쓰기
수학 검사	수와 연산, 도형, 측정, 규칙성, 자료와 가능성

4) 수용·표현 어휘력검사

수용·표현 어휘력검사(Receptive and Expressive Vocabulary Test: REVT)는 검사대상자의 어휘 능력에 대한 전반적인 정보를 제공하며, 어휘 발달 연령을 제공하여 생활연령과의 차이를 알 수 있고, 어휘 발달 수준을 백분위 점수로 계산할 수 있어서 같은 생활연령대의 대상자들에 대한 상대적인 어휘 발달 수준을 제시해 준다. 언어전문가들을 대상으로 한 내용타당도와 기존 언어검사도구들과의 상관관계를 검증한 공인타당도 모두에서 매우 높은 타당도를 나타낸 도구로, 지체장애 학생의 언어능력 진단을 위해서도 유용성이 높다. 어휘 능력은 학습 능력의 기본이 되기 때문에 이러한 검사 결과가 표준화검사가 어려운 지체장애 학생의 학습 능력을 가늠하는 데 도움이 된다.

5) 국립특수교육원 적응행동검사(NISE-K·ABS)

국립특수교육원 적응행동검사(National Institute of Special Education-Korean Adaptive Behavior Scale: NISE-K·ABS)는 유아용과 초·중등용이 개발되었다. 검사 문항은 개념적 기술, 사회적 기술, 실제적 기술의 하위 소검사 순으로 제시되었다. 유아용 하위 소검사는 인지, 언어, 수, 자기표현, 타인인식, 대인관계, 운동 및 식사, 의복, 위생, 일상이다. 초·중등용 소검사는 10개로, 개념적 기술의 소검사는 인지, 언어, 수이고, 사회적 기술의 소검사는 자기표현, 타인인식, 대인관계이며, 실제적 기술의 소검사는 기본생활, 가정생활, 지역적응, IT활용이다. 이 검사는 학생을 잘 아는 사람이 실시해야 하고, 교사와 보호자의 경우라도 상당한 기간 학생과 생활하지 않은 경우는 검사자로 적합하지 않다. 즉, 형식적인 관계가 아니라 실제적인 관계가 있는 사람이 검사를 하여야 한다(국립특수교육원, 2018).

3. 대안적 진단 평가

1) 대안적 진단 평가의 필요성

지체장애 학생을 위한 평가는 인지 기능, 사회적 기술, 심리정서, 신체적 건강, 기타 환경에 대한 문제 등을 고려하게 되는데, 이들이 가지고 있는 신체장애와 언어장애, 대인관계 부적응 등 정서적인 문제로 인해 표준화된 검사를 통해 측정하고자 하는 것을 충실하고 정확하게 측정하기에는 어려움이 있다. 그러므로 다른 장애영역의 학생에 비해 검사도구의 선정과 결과에 대한 해석이 난해하고 신뢰도가 떨어진다. 기존의 공식적인 도구 중심의 진단 평가만으로는 지체장애 학생의 정확한 수준과 잠재 능력을 파악하기 어려우므로 비공식적이고 대안적인 진단 평가를 고려해야 한다.

대안적 진단 평가는 2001년 미국의 「아동낙오방지법(the No Child Left Behind: NCLB)」, 2004년 「장애인교육법(the Individuals with Disabilities Education Improvement Act: IDEA)」 등에서 교육의 책무성을 강화하여 장애 학생의 학업성취도를 확인하게 함으로써 강조되었다. 관찰, 면담, 포트폴리오 등과 같은 대안적 진단 평가를 실시하여 지체장애 학생의 요구를 제대로 파악하고 이들에게 도움이 되는 교육을 제공해야 한다.

지체장애 학생에게 적절한 교육을 계획하고 실행하기 위해서는 대안적 진단 평가를 통하여 학생과 관련한 일반적인 정보를 수집하는 것이 필요하다. 지체장애나 중복장애 학생을 파악하기 위해서 교사는 자료 수집과 관찰, 면담을 통해 다양한 상황에서 발생하는 행동, 기술 등을 평가하며, 평가 척도에 의한 체크리스트를 사용하기도 하고, 부모와의 면담을 종합하여 학생의 발달단계를 평가하게 된다. 이때 포함되는 항목으로는 생육력, 장애 상황, 발달 상황(신변 자립, 운동 기능, 의사소통 능력,

대인관계 등), 행동 상황, 기타 특별한 문제행동을 포함한다. 그 밖에 취미, 학습 능력, 가정 상황, 학교 상황 등을 지속적인 관찰과 면담을 통해 평가할 수 있다. 학생과 학생을 포함한 가족에 대한 인적사항과 학생의 발달 과정에 대한 내용은 학생에 대한 이해를 높이고, 발달 과정은 임신 및 출생 초기의 사건들을 조사하여 발달 초기의 신체적 · 사회적 · 심리적 환경을 파악하기 위해 필요하다. 학생에 대한 많은 정보를 얻기 위해 먼저 가족의 병력과 임신과 분만 과정에서의 문제점은 없었는지

표 6-2 **일반적인 정보 수집**

- **인적사항**
  - 이름, 생년월일, 주소 및 연락처, 부모 또는 보호자의 이름과 연락처, 장애등록 사항 및 진단 시기, 장애 유형

- **발달 과정**
  - 출생 전의 산모 연령, 질병, 약물 복용, 사고의 유무(유산, 사산, 자궁 외 임신 등의 경험 유무), 기타 임신 중 다른 문제점 등
  - 출생 시 분만 상태(순산, 난산, 조산, 제왕절개 등)와 신생아의 산소호흡기, 인큐베이터 사용 유무 등
  - 출생 후의 병력(경련, 황달, 고열 등)과 생후 몇 주 동안의 질병 및 사고 등
  - 아동 초기의 섭식 특성(초기 체중 변화, 영양 상태 등)
  - 아동 초기의 수면 특성(수면의 양과 유형, 수면장애 유무 등)
  - 아동 초기의 배변 특성(배변 가리는 시기, 부모의 양육 방식 및 훈련 방법 등)
  - 주요 발달 출현 시기(눈맞춤, 앉기, 기기, 서기, 걷기, 옹알이, 첫 단어 말하기 등)

- **현재의 건강 상태**
  - 질병(자주 나타나는 질병의 증상과 치료 방법 등)
  - 투약(현재 복용하고 있는 약의 종류와 횟수, 부작용 등)
  - 병원 치료(현재 치료받고 있는 질환, 질병이나 장애로 인한 치료 일정 및 기관)
  - 경련, 구강 치아 상태

- **현재의 장애 상태**
  - 장애 원인(뇌성마비, 근이영양증, 결핵질환, 골질환 등)
  - 발생 시기[출생 전, 출생 시, 출생 후(생후 만 3개월)]
  - 장애 부위(단마비, 양마비, 하지마비, 편마비, 삼지마비, 사지마비 등)
  - 장애 유형(경직형, 불수의운동형, 운동실조형, 강직형, 혼합형 등)
  - 수반 장애(지적장애, 시각 · 청각 장애, 학습장애, 의사소통장애, 자폐성장애, 정서 · 행동장애)
  - 보조기기(휠체어, 목발, 워커 등)

조사한다. 그리고 출산 시 문제로 인한 장애 발생 비율이 높으므로 분만 과정에서의 위험요인을 조사한다. 학생의 발달 과정에 대한 정보 수집을 통해 섭식과 수면 습관을 알아보고 앉거나 서기, 걷기, 첫 단어 출현 시기 등의 주요 발달의 시기를 조사한다. 그리고 현재의 신체 발달 상황(신장, 청력, 시력), 건강 상태와 의학적 상태에 대한 정보 수집이 필요하다. 또한 부모와 학생의 생활습관, 교육적 발달 상황, 성격적 특성, 학생에게 영향을 준 질병, 가족환경의 변화, 가족의 연령과 수, 교육 수준, 직업, 지위 등의 사회경제적인 특성을 조사하여 환경적인 요인도 고려한다.

지체장애 학생의 주요 장애는 운동기능장애이지만 많은 수가 지적장애, 뇌전증, 의사소통장애, 정서 · 행동장애, 감각지각장애 등의 수반 장애를 가진다. 그러므로 의심이 되는 여러 징후를 조기에 발견할 수 있는 정보 수집이 중요하다. 수집해야 할 정보의 예는 〈표 6-2〉와 같다.

교사는 지체장애 학생을 위한 효율적인 교육계획을 수립하고 학생이 교육목표를 성취할 수 있도록 지도하기 위해 실제적인 진단 평가를 실시해야 한다. 다양한 어려움을 보이는 지체장애 학생의 실제적인 진단 평가를 위해 표준화검사 외에 대안적 진단 평가를 함께 실시할 필요가 있다.

2) 대안적 진단 평가의 유형

(1) 포트폴리오 평가

포트폴리오 평가는 지체장애 학생의 작품이나 행동을 관찰하면서 학생의 진보 과정 및 발전에 대한 충분한 정보를 제공해 주며 교사의 교수활동이 적절한지 평가할 수 있다. 또한 학생의 발달 과정에 대하여 좀 더 구체적이고 의미 있는 정보를 제공해 줄 수 있기 때문에 새 학년 혹은 다른 교사에게 연계성 있는 교육 정보를 제공한다.

지체장애 학생의 경우 표준화된 검사 방법이나 형식적인 평가를 할 경우에는 낯선 환경과 새로운 사람에 대한 적응 시간이 필요하기 때문에 정확한 검사 결과를 얻기 어렵다. 그러나 포트폴리오 평가는 교사가 고려하고 있는 주요 문제나 발달영역 등에 따라 이루어지므로 다양한 형태로 수집될 수 있으며, 학생의 작품뿐 아니라 다양한 진단 과정에서 얻어지는 자료를 포함하여 학생의 발달과 학습에 대한 많은 자료를 제공해 준다는 특징을 가지므로 유용하다. 포트폴리오 평가는 다른 학생과의 비교가 아니라 개인의 발달 과정에 대한 평가이므로 학생의 장점에 초점을 맞추어

동기부여를 강화할 수 있고 학생의 긍정적 자존감 형성에 도움이 된다(이승희, 2010).

그러나 교사가 평가의 목적이나 방법에 대한 지식이 없으면 자료철에 지나지 않으며, 기록물 수집 과정에서 교사의 편견이 작용할 수 있어 평가 결과에 대한 신뢰성, 객관성의 확보가 어렵다. 그러므로 포트폴리오 평가를 계획할 때에는 포트폴리오를 조직하는 기준(예: 생활 영역/흥미 영역/활동 종류별)을 명확히 하고, 어떠한 목적을 가지고 어떤 형태로 수집할지 학기 초에 구체적인 계획을 세우는 것이 중요하다.

(2) 면담

면담은 면담자와 피면담자 간의 면대면 대화를 통해 일련의 질문에 대한 반응을 기록함으로써 자료를 수집하는 방법이다. 면담은 관찰과 함께 여러 가지 연구활동에 함께 활용할 수 있는 일반적 방법이며, 자료 수집의 주된 도구 역할을 하게 되고, 관찰과 질문지로 얻은 자료를 보충하는 데 사용할 수 있다(이승희, 2010).

면담의 유형은 구조화 정도에 따라 비구조화 면담, 반구조화 면담, 구조화 면담이 있다. 지체장애 학생의 진단 평가를 위한 면담에서는 심리적 특성이나 신체적 문제에 대한 자세한 정보를 얻기 위해 미리 준비된 질문 목록을 사용하는 것이 유용하다. 지체장애 학생을 대상으로 면담을 실시할 경우에는 자신의 증상이나 느낌을 표현할 적절한 단어를 모르면 정보가 부정확할 수 있으며, 이는 학생의 발달 수준, 언어 및 인지 능력에 따라 좌우되므로 학생의 연령, 인지 발달 수준, 표현 능력, 집중력 등을 고려한다.

면담은 다양한 정보를 수집할 수 있다는 장점을 지닌다. 부모면담을 통해서는 학생에 대한 부모의 인식, 학생의 강점과 약점에 대한 부모의 지각, 학생의 의학적 · 발달적 · 교육적 · 사회적 내력, 학생의 가족력 등의 정보를 얻을 수 있다. 교사 및 전문가 면담을 통해서는 학생을 직접 평가하기 전에 학생의 교육과 관련된 여러 전문가들로부터 평가에 도움이 되는 정보를 수집한다. 수집된 정보는 그 학생의 의사소통 방법이나 가장 효과적인 반응을 얻을 수 있는 질문 방법, 검사 결과에 영향을 미칠 수 있는 신체 조건, 검사 상황 등에 유익한 도움을 받을 수 있다. 또한 수행성 평가 시에 평가 결과가 근육 운동 능력의 장애 때문인지, 인지 능력의 결함에 의한 것인지를 해석할 때 도움이 될 수 있다.

면담 방법은 표준화된 검사 상황과 도구를 적용하기 어려운 지체장애 학생이나 구어의 표현이 어려운 경우에도 사용할 수 있다는 장점이 있다. 자연스럽고 인위적이지 않은 방법으로, 일관성이 없거나 모호한 부분은 다시 물을 수 있는 융통성 있는 방법이다. 그러나 객관적 기록보다는 객관성이 떨어지며, 학생의 표정이나 몸짓으로 인해 왜곡된 평가가 될 수 있다는 단점이 있으므로 면담자의 주관성을 배제하기 위한 훈련이 필요하다. 그러므로 면담 전에 일화기록이나 평정 척도, 체크리스트 등의 기록물을 검토하는 등의 사전 준비가 필요하다.

(3) 관찰

관찰은 일상적인 상황에서 자연스럽게 나타나는 학생의 행동을 기술 또는 기록함으로써 특정 현상에 대한 객관적인 자료를 수집하는 방법이다(이승희, 2010). 관찰 방법은 학생의 협력을 덜 필요로 하기 때문에 지체장애 학생을 대상으로 실시하기에는 적합한 방법이나 관찰자의 객관적인 관찰 능력이 요구된다.

가장 흔하게 사용되는 관찰 방법은 다음과 같다. ① 서술 기록법으로 특정 사건이나 행동을 이야기하듯 사실적으로 묘사하는 방법이다. 학생 행동의 전반적인 인상과 행동의 전후관계에 대한 정보를 얻을 수 있으므로 교육 현장에서는 학기 초 지체

표 6-3 간격 기록법에서 행동을 측정하는 유형

유형	설명	예시
전체 간격 기록법 (whole-interval recording)	관찰 시간을 일정한 시간 간격으로 나누었을 때, 각 시간 간격의 처음부터 끝까지 지속적으로 행동이 발생했을 때 해당 간격에 행동이 발생했다고 기록함	수업 시간 중 글자를 덧쓰는 과제 수행 행동 관찰: 시간 간격을 10초 간격으로 나누었을 때, 10초 동안 글자를 덧쓰는 과제 수행 행동을 지속적으로 보여야 행동이 발생했다고 기록함
부분 간격 기록법 (partial-interval recording)	관찰 시간을 일정한 시간 간격으로 나누었을 때, 각 시간 간격 동안 행동이 한 번이라도 발생하면 해당 간격에 행동이 발생했다고 기록함	도움을 요청하기 위해 손을 드는 행동 관찰: 시간 간격을 5분 간격으로 나누었을 때, 5분의 시간 동안 어느 순간이라도 도움을 요청하기 위해 손을 드는 행동을 한 번이라도 보이면 행동이 발생했다고 기록함
순간 표집법 (momentary-time sampling)	관찰 시간을 일정한 시간 간격으로 나누었을 때, 각 시간 간격이 끝나는 순간에 행동이 발생했을 때 해당 간격에 행동이 발생했다고 기록함	또래와 눈을 마주치는 상호작용 행동 관찰: 시간 간격을 10초 간격으로 나누었을 때, 10초가 끝나는 순간에 행동이 발생하면 행동이 발생했다고 기록함

장애 학생의 행동 특성을 진단하는 데 유용하다. ② 간격 기록법으로 학생의 구체적인 행동에 대해 관찰할 때 일정한 시간 간격을 주기로 하여 행동의 발생 유무를 기록하는 방법이다. ③ 사건 기록법으로 학생이 나타내는 행동의 빈도, 강도, 지속 시간, 지연 시간에 따른 발생을 관찰하여 기록하는 방법이다. 그 밖에 ④ 척도(rating scale)나 체크리스트를 활용하여 행동의 유무를 기록하는 방법 등이 있다.

학생의 행동을 관찰하여 기록하는 관찰 방법 중 간격 기록법에서 행동을 측정하는 유형을 제시하면 〈표 6-3〉과 같다. 그리고 사건 기록법에서 행동을 측정하는 유형을 제시하면 〈표 6-4〉와 같다.

표 6-4 사건 기록법에서 행동을 측정하는 유형

유형	설명	예시
빈도 기록법 (frequency recording)	관찰 시간 동안 행동이 발생한 빈도를 기록하는 것으로 관찰 시간 동안 발생한 행동의 횟수로 기록하거나 관찰 시간 동안 발생한 행동의 횟수를 관찰 시간으로 나누어 행동의 비율로 기록함	구어로 말하기 어려워 음성출력 의사소통기기를 사용하는 학생이 국어 시간 중 20분 동안 AAC를 활용하여 말한 횟수를 기록함
지속 시간 기록법 (duration recording)	학생이 행동을 시작한 시간과 그 행동을 끝냈을 때의 시간을 기록하여 행동이 지속된 시간을 기록함	프론스탠더에 서서 있을 수 있는 시간을 측정할 때, "힘들어요. 그만 할래요."라는 말을 하지 않고 서기 훈련에 참여한 지속 시간을 기록함
지연 시간 기록법 (latency recording)	학생에게 자극을 제시하고 행동이 발생할 때까지 걸린 지연된 시간을 기록함	음성출력 의사소통기기의 상징을 눌러 의사를 표현하라는 교사의 지시가 있은 후 의사소통기기의 상징을 누르기까지 지연된 시간을 기록함

교육 현장에서 자주 사용하는 관찰 방법은 학생의 행동 특성에 대한 목록에 행동의 정도를 나타내는 체크리스트 방법이다. 장애 학생의 행동특성에 대한 목록은 간결하면서도 구체적이고 이해하기 쉽게 작성되어야 하며, 긍정적 측면에서의 행동으로 기술되어야 한다. 체크리스트 방법은 특수학급, 특수학교 학생의 집단의 행동을 평정하는 데 사용될 수 있으며, 시간상 능률적이다. 〈표 6-5〉는 일상생활 기술을 관찰할 수 있는 체크리스트 예의 일부분이다.

표 6-5 일상생활 기술에 대한 체크리스트

영역	평가 항목	현재 수행 수준				
		아주 못함	못함	보통	잘함	아주 잘함
식사	음식물이 입 근처에 가면 입을 벌릴 수 있다.					
	음식물을 씹을 수 있다.					
	빨대를 사용하여 음료를 마실 수 있다.					
	컵을 사용하여 음료를 마실 수 있다.					
	손가락으로 간식을 집어먹을 수 있다.					
	수저나 포크를 사용할 수 있다.					
착탈의	양말을 신고 벗을 수 있다.					
	신발을 신고 벗을 수 있다.					
	하의를 입고 벗을 수 있다.					
	상의를 입고 벗을 수 있다.					
	단추나 지퍼를 여닫을 수 있다.					
용변 처리	용변 또는 기저귀 교환 의사표현을 할 수 있다.					
	변기를 사용할 수 있다.					
	용변 후 뒤처리를 할 수 있다.					
몸단장	세수를 할 수 있다.					
	이 닦기를 할 수 있다.					
	빗으로 머리 빗기를 할 수 있다.					
	수건으로 몸을 닦을 수 있다.					

4. 지체장애 학생의 영역별 진단 평가 실제

지체장애 학생의 평가는 장애 특성으로 인한 여러 가지 어려움 때문에 평가하는 것이 어렵다. 의사소통의 장애를 가졌거나 주위 환경에 반응하기 꺼려 하는 학생을 평가하는 것은 어려운 일이다. 그러므로 평가할 때 평가자의 말을 잘 들을 수는 있는가를 관찰하고 학생이 알고 있는 것을 표현해 내도록 하는 방법을 알아내는 것이 매우 중요하다.

의사소통의 어려움으로 진단 평가가 어려운 학생의 경우에는 손으로 지적하기,

눈으로 응시하기 등 대안적인 방법을 이용하여 평가할 수 있다. 대안적인 방법을 이용하여 평가할 때에는 학생의 잔존 능력에 따라 반응 방법을 정한 뒤 검사를 하고, 시간이 오래 걸리면 검사 도중 충분한 휴식과 격려를 제공한다.

　진단 평가 시 유의할 사항은 다음과 같다. 첫째, 전문가와의 협력적 체제를 구축하여 진단 평가를 실시한다. 학생의 잔존 기능을 잘 이해하고 조기에 발견하고 효과적으로 중재할 수 있도록 전문가와의 협력이 필요하다. 둘째, 지체장애 학생의 진단 평가는 표출 능력 외에 잠재 능력을 고려할 수 있도록 검사 방법의 적합성 여부를 점검해야 한다. 또한 학생의 반응에 대하여 검사자가 정확히 알아듣고 채점할 수 있어야 한다. 모든 진단과 평가는 학생의 잠재 능력을 충분히 고려하여야 하며, 개인별 발달 과정을 세밀하게 관찰 기록하고, 변화하는 과정이 미세하더라도 그 진보를 높이 평가하도록 한다. 셋째, 학생이 나타내는 다양한 특성이 환경적 요인에 기인하는 것인지 혹은 개인적 요인에 기인하는지를 판단하기 위하여 가정 및 학교에서의 교육환경을 체계적으로 평가해야 한다. 넷째, 학생마다 개인 간 차와 개인 내 차가 있음을 알고 이에 따른 적절한 치료 및 교육적 조치를 강구하는 것이 진단 및 평가의 목적이므로 학생의 연령, 장애 유형 및 특성, 장애 정도를 고려하여 여러 유형의 검사를 종합적으로 실시한다(김정연, 2009).

　진단 평가의 과정은 원인 질환을 알아내는 것이 아니라 교육에 영향을 미치는 지체장애의 영역과 정도를 알아내는 것이다. 외관에 의한 형태 이상이 아니라 일상생활에서의 기능적인 장애를 파악하고 현재의 기능뿐 아니라 미래의 환경을 고려하여 파악해야 한다. 지체장애 학생의 진단 평가는 교육계획 수립과 제공에 필요한 유용한 정보를 얻기 위해 학생 개개인의 다양한 능력을 평가하는 것이며 교육을 잘하기 위함이므로 이와 같은 사항들에 유의하여 학생의 기능을 평가하고 교육과 일상생활 적응, 장래 직업까지 내다보며 학생의 강점을 키워 주는 방향을 제시하는 평가가 되어야 한다.

　진단 영역에 포함되어야 하는 항목은 다음과 같다.

1) 인지 및 학습 기능

　인지 능력의 평가는 학생의 학습 능력을 평가하여 교수 방법과 그 발전 가능성을 예측할 수 있는 평가이다. 학습 능력은 여러 가지 방법에 의해 평가할 수 있다.

첫째, 학습 능력의 평가는 학생의 활동을 관찰하여 학업 전 기초 능력을 측정할 수 있다. 학업 전 기초 능력으로는 운동 능력, 시력·청력 기능, 색과 모양의 인지, 언어 능력, 간단한 수 개념, 대소 개념, 차례 잇기 등을 알아본다.

둘째, 지각 능력의 평가로 지체장애 학생 중에는 일반 학생에 비하여 지각 능력 문제를 가지고 있는 경우가 많다. 지각 능력의 부족과 학업성취도가 직접적인 상관관계를 가지고 있다는 확실한 근거는 없으나 학습에 문제가 있는 학생 대부분이 지각 능력에 문제를 가지고 있다. 시력이나 청력이 나쁜 경우에도 비슷한 문제를 보이지만 지각장애와는 다르므로 지체장애 학생의 경우 안과와 이비인후과의 검사를 통해 시력·청력 검사를 받아 보도록 한다.

셋째, 학업성취도를 평가하기 위해서 표준화된 검사도구나 각 학년 교과과정에 따른 학업성취도를 알아보는 시험 방법 등을 사용할 수 있다. 여기서는 지적인 잠재 능력과 현재 보이는 지적인 성취도를 모두 평가해야 한다. 평가 결과는 그 수치보다는 학생의 주의집중 능력, 문제해결 능력, 분별 능력, 연상 능력, 의사소통 능력에 관한 자료를 얻을 수 있어야 하고, 평가를 통해 학생에게 가장 효과적인 교수–학습 방법을 알아내고, 앞으로 기대되는 학습 효과 등을 알아내야 한다. 그리고 교실과 학교에서의 활동 내용을 관찰하여 학생이 어느 정도 독립적으로 행동하고 조직적으로 학습활동을 할 수 있는가를 평가한다.

넷째, 학습 능력은 교사의 자료 수집, 관찰, 면담에 의한 질적 평가 방법을 사용하여 확인할 수 있다. 질적 평가 방법은 행동의 준거를 객관적으로 수집하고 학생을 이해하는 관찰, 면담, 검사를 실시하여 개인차의 변인을 고려하게 된다는 유용성이 있다.

2) 신체 운동 기능

학생은 주어진 환경 내에서 스스로 이동하는 것을 통해 환경을 탐색하고 경험하게 되며, 지각과 인식 및 상호작용 기술을 발전시킨다. 일반적으로 5개월의 영아들은 구르기가 가능하고, 12개월이 되면 독립적인 이동을 할 수 있다. 이러한 이동성은 학생의 발달과 생활에서의 독립적 수행에 결정적 영향을 미치므로 정확한 평가 후의 교육중재가 필요하다.

지체장애 학생의 가장 두드러진 장애 특성은 신체 및 운동 기능이다. 지체장애로 인하여 머리 조절, 몸통 조절, 앉기 등의 자세와 기기, 서기, 걷기 등 이동의 어려움을 가지게 되므로 자세와 운동 능력, 보조기기 사용 능력은 기본적인 평가 영역이다.

물리치료사와 작업치료사가 이 능력을 평가하고 교육하는 데 중요한 역할을 하지만, 가정과 학교환경 내에서의 관찰을 통해 학생의 운동 능력을 평가하는 것은 교육적 진단을 위해서도 반드시 필요한 부분이다. 교사는 지체장애 학생이 학교 안팎에서 이루어지는 다양한 활동에 좀 더 효율적으로 참여할 수 있도록 하는 적절한 자세가 무엇인지 평가하고 바람직한 자세를 지원할 수 있는 보조기기에 대한 지식을 갖추어야 한다. 또한 신체 기능을 신장시킬 수 있는 교육계획을 수립하는 데 필요한 기본적인 진단 평가의 지식을 갖추어야 한다. 신체운동기능에 대한 평가는 수업 참여를 촉진할 수 있을 뿐만 아니라 다른 사람과의 효과적인 의사소통 방법의 사용을 촉진할 수 있다. 그러므로 학생의 신체적인 장애에 초점을 맞춘 고립된 평가보다는 가정과 학교 등 일상생활에서의 기능적 평가가 이루어지도록 해야 한다.

뇌성마비 학생의 대근육운동 능력을 측정하기 위해서는 대근육운동기능 평가도구(Gross Motor Function Measure: GMFM)를 사용할 수 있다(Russell, Rosenbaum, Avery, & Lane, 2002). GMFM은 뇌성마비 학생의 대근육운동기능 변화를 평가하기 위해 고안된 표준화된 관찰도구이다. 생후 5개월에서 16세까지의 뇌성마비 학생의 발달과 대근육운동 능력 수준을 측정하는 준거(criterion) 참조검사로, 눕기와 구르기(lying & rolling), 앉기(sitting), 네 발 기기와 무릎 서기(crawling & kneeling), 서기(standing), 걷기, 달리기, 뛰기(walking, running, & jumping)의 5개 영역으로 나누어 총 88문항으로 구성되어 있다. 그중 눕기와 구르기 영역의 예는 〈표 6-6〉과 같다.

뇌성마비 아동 및 청소년의 대근육운동기능을 평가하기 위해서 5개의 연령군(2세, 2~4세, 4~6세, 6~12세, 12~18세)별 5단계 수준으로 분류한 대근육운동기능 분류체계(The Gross Motor Function Classification System: GMFCS)를 사용한다. GMFCS는 학생의 자발적인 시작 동작과 일상생활을 관찰하여 평가한다. GMFCS는 학생이 가장 잘할 때가 아닌 일상생활에서의 운동기능 수준을 기준으로 하므로 현재 기능적 활동의 수행 수준을 잘 파악할 수 있다. GMFCS는 I수준에서부터 독립적인 이동이 심각하게 제한된 V수준에 이르는 5단계 수준으로 구분되어 있다. 〈표 6-7〉은 6세에서 12세 뇌성마비 아동의 GMFCS이다. 각 수준별 구체적인 내용은 다음과 같다(정진엽, 왕규창, 방문석, 이제희, 박문석, 2013).

표 6-6 대근육운동기능 평가도구의 예

항목 A: 눕기와 구르기	점수
1. 바로 누운 자세에서 머리는 정중위(midline) 자세: 사지를 대칭으로 유지하면서 머리를 돌린다.	0: ☐　1: ☐　2: ☐　3: ☐
2. 바로 누운 자세: 두 손을 몸의 중앙으로 가져간다. 손가락으로 다른 손을 만지작거린다.	0: ☐　1: ☐　2: ☐　3: ☐
3. 바로 누운 자세: 머리를 45도 든다.	0: ☐　1: ☐　2: ☐　3: ☐
4. 바로 누운 자세: 오른쪽 고관절과 무릎관절을 완전히 구부린다.	0: ☐　1: ☐　2: ☐　3: ☐
5. 바로 누운 자세: 왼쪽 고관절과 무릎관절을 완전히 구부린다.	0: ☐　1: ☐　2: ☐　3: ☐
6. 바로 누운 자세: 오른손을 뻗어 몸의 정중선을 지나 왼쪽에 있는 장난감을 만진다.	0: ☐　1: ☐　2: ☐　3: ☐
7. 바로 누운 자세: 왼손을 뻗어 몸의 정중선을 지나 오른쪽에 있는 장난감을 만진다.	0: ☐　1: ☐　2: ☐　3: ☐
8. 바로 누운 자세: 오른쪽으로 엎드린다.	0: ☐　1: ☐　2: ☐　3: ☐
9. 바로 누운 자세: 왼쪽으로 엎드린다.	0: ☐　1: ☐　2: ☐　3: ☐
10. 엎드린 자세: 머리를 수직으로 든다.	0: ☐　1: ☐　2: ☐　3: ☐
11. 전완으로 지지하며 엎드린 자세: 머리를 수직으로 들며 팔꿈치를 펴서 상체를 들어 올린다.	0: ☐　1: ☐　2: ☐　3: ☐
12. 전완으로 지지하며 엎드린 자세: 오른쪽 전완으로 상체를 지지하고 왼팔을 앞으로 완전히 편다.	0: ☐　1: ☐　2: ☐　3: ☐
13. 전완으로 지지하며 엎드린 자세: 왼쪽 전완으로 상체를 지지하고 오른팔을 앞으로 완전히 편다.	0: ☐　1: ☐　2: ☐　3: ☐
14. 엎드린 자세: 오른쪽으로 뒤집어서 바로 눕는다.	0: ☐　1: ☐　2: ☐　3: ☐
15. 엎드린 자세: 왼쪽으로 뒤집어서 바로 눕는다.	0: ☐　1: ☐　2: ☐　3: ☐
16. 엎드린 자세: 사지를 움직여서 오른쪽 방향으로 90도까지 선회한다(pivot).	0: ☐　1: ☐　2: ☐　3: ☐
17. 엎드린 자세: 사지를 움직여서 왼쪽 방향으로 90도까지 선회한다(pivot).	0: ☐　1: ☐　2: ☐　3: ☐

점수 기준: 0−시도하지 않음, 1−시도함, 2−부분적으로 수행함, 3−완전히 수행함.

표 6-7 대근육운동기능 분류체계(GMFCS): 6~12세

GMFCS I단계

학생은 가정/학교/실외/지역사회에서 보행이 가능하고, 신체적 보조 없이 경계석을 오르내릴 수 있고, 난간을 잡지 않고 계단을 오르내릴 수 있고, 달리기와 뛰기 등 대근육운동 기능을 수행할 수 있으나 속도, 균형, 협응 면에서 제한이 있으며, 개인의 선택과 환경적 요인에 따라 체육 및 스포츠 활동에 참여할 수 있다.

GMFCS II단계

학생은 대부분의 환경에서 걸을 수 있고, 먼 거리 걷기/평평하지 않고 경사진 길 걷기/사람이 붐비는 곳이나 좁은 곳 걷기/걸으면서 물건을 옮기기에 제한을 보이고, 난간을 잡고 계단을 오르나 난간이 없으면 신체적 보조를 받아서 계단을 오르고, 야외와 지역사회에서 신체적 도움을 받거나 손으로 잡는 이동기구를 이용하여 걷고, 먼 거리는 휠체어를 사용하여 이동하고, 달리기와 뛰기 등 대근육운동 기술 능력은 매우 부족하며, 체육 및 스포츠 활동 참여를 위해서는 수정이 필요하다.

GMFCS III단계

학생은 실내에서 대부분 손으로 잡는 이동기구를 이용하여 걷고, 앉을 때는 골반의 정렬과 균형을 위해 좌석벨트를 사용하고, 앉았다 일어나거나 바닥에서 일어날 때 타인의 신체적 도움이나 지지면이 필요하고, 먼 거리 이동 시 휠체어를 사용하고, 다른 사람이 옆에 서 있거나 신체적 보조를 제공하면 난간을 잡고 계단을 오르내릴 수 있고, 보행 능력이 제한적이므로 체육 및 스포츠 활동에 참여하기 위해 수동휠체어 및 전동휠체어와 같은 기구가 필요하다.

GMFCS IV단계

학생은 대부분의 환경에서 타인의 신체적 도움을 받거나 전동휠체어를 사용하고, 몸통과 골반의 자세 조절을 위해 개조된 의자가 필요하고 이동 시 대부분 신체적 도움이 필요하고, 가정에서는 바닥에서 구르거나 기어서 이동하고 신체적 도움을 받아 짧은 거리를 걷거나 전동휠체어를 사용하고, 자세를 잡아 주면 학교나 가정에서 체간지지워커를 사용할 수 있고, 학교/야외/지역사회에서 타인이 학생의 수동휠체어를 밀어 주거나 전동휠체어를 사용하여 이동하고, 이동성의 제한으로 인해 체육 및 스포츠 활동에 참여하기 위해서는 신체적 도움이나 전동휠체어와 같은 장치가 필요하다.

GMFCS V단계

학생은 모든 환경에서 수동휠체어로 다른 사람이 옮겨 주어야 하고, 중력에 대항하여 머리와 몸통의 자세를 유지하기 어렵고 팔과 다리의 움직임 조절에 제한이 있고, 머리를 가누고/앉고/서고/이동하기 등을 위해 보조공학을 사용하나 이런 장비로 완전히 보완되지는 않고, 이동할 때에는 전적으로 타인의 신체적 도움을 받아야 하고, 가정에서 학생은 바닥에서 짧은 거리를 이동하거나 성인이 안아서 옮겨 주어야 하고, 좌석과 조작 방법을 수정한 전동휠체어를 사용해 스스로 이동할 수도 있지만 이동성의 제한으로 체육 및 스포츠 활동에 참여하기 위해서는 신체적 도움과 전동휠체어와 같은 장치가 필요하다.

출처: Palisano, R., Rosenbaum, P., Barlett D. et al. (2007). *Gross Motor Function Classification System-expanded and revised*(GMFCS-E&R).

- 제한 없이 걷는 I단계 수준
- 걷지만 제한적인 II단계 수준
- 손으로 보행 보조기구를 잡고 걷거나 휠체어를 움직여 걷는 III단계 수준
- 스스로 이동은 가능하지만 이동이 제한적이고 전동 휠체어 등의 이동기구를 사용하는 IV단계 수준
- 수동휠체어로 다른 사람이 이동시켜 주어야 하는 V단계 수준

　뇌성마비 학생의 손 기능을 분류하는 시스템으로는 사물조작능력 분류체계 (Manual Ability Classification System: MACS)가 있다. MACS는 만 4~18세의 뇌성마비 학생이 일상생활에서 사물을 다룰 때 양손을 어떻게 사용하는지에 따라 다섯 수준으로 분류하도록 체계화되어 있다. 사물이란 식사하기, 옷 입기, 그림 그리기, 글씨 쓰기 및 놀이 같은 동작을 수행할 때 사용하는 것으로 학생의 연령에 따라 다르다 (정진엽, 왕규창, 방문석, 이제희, 박문석, 2013). 이는 수준별 기준이 명확하여 쉽게 분류 가능하며, 학생의 실제 수행을 관찰하여 분류한다. 각 수준별 구체적인 내용은 〈표 6-8〉과 같다(김수희, 2013).
　신경운동 기능에 제한이 있는 18개월에서 8세 사이 아동의 상지 기능을 측정하기

표 6-8 **사물조작능력 분류체계(MACS)**

수준	설명
I단계	• 사물을 쉽고 성공적으로 조작함 • 속도와 정확성을 요구하는 동작 수행 시 약간의 어려움이 있으나 일상생활 활동을 독립적으로 수행하는 데에는 문제가 없음
II단계	• 대부분의 사물을 조작할 수 있으나 조작하는 속도가 떨어지고 자연스럽게 조작하는 데 어려움이 있음 • 일반적으로 일상생활 활동을 독립적으로 수행하는 데에는 제한이 없음
III단계	• 사물을 조작하는 데 어려움이 있어 활동을 준비해 주거나 조정해 주는 도움이 필요함 • 동작을 수행하는 속도가 느리고 양적 · 질적 측면에서 성공적인 수행이 어려움
IV단계	• 조정이 이루어진 상황에서 쉽게 다룰 수 있는 일부 사물만 조작함 • 지속적인 지지와 도움 또는 보조도구를 사용하여도 부분적으로 수행함
V단계	• 사물을 조작하지 못하고 단순한 동작을 수행하는 데 심한 제한을 보임 • 전적으로 도움이 필요함

위하여 상지기능검사(Quality of Upper Extremity Skills Test: QUEST)를 활용할 수 있다. QUEST는 DeMatteo, Law, Russell, Pollock, Rosenbaum과 Walter(1992)에 의해 개발된 상지 기능 평가도구인 소동작기능 검사로 운동과 자세 반응에 관련된 정보와 상지기능의 질적인 면을 평가한다. 분리된 움직임(dissociated movements), 쥐기(grasp), 보호신전(protective extension), 체중지지(weight bearing)의 4개 영역으로 구성되어 있고, 각 영역의 점수는 백분율로 표시된다.

3) 감각 지각 기능

지체장애 학생의 대부분을 차지하는 뇌성마비와 같은 신경계통의 장애가 있는 경우에는 인지 능력 외에 감각 지각 능력 면에서의 결함을 동시에 보이는 특성이 있다(Best, Heller, & Bigge, 2010). 이들은 시력 저하, 사시, 시지각장애를 가지고 있는 경우가 많으며, 감각기관은 정상이라도 대뇌의 중추신경계의 정보처리 과정상의 문제로 지각장애를 나타낼 수 있다. 그 밖에 호흡 기능이나 체온조절 등 생리조절 면에서의 문제와 뇌손상으로 인한 발작을 수반하기도 하며, 구강 주변 근육의 조절과 협응에 문제가 있을 때는 언어와 호흡, 섭식의 문제를 나타낸다.

시지각 능력을 측정하는 검사로는 한국판 시지각발달검사(Korean Developmental Test of Visual Perception-2: K-DTVP-2)가 있다. 이 검사는 만 4세에서 8세까지의 대상에게 실시하며, 눈-손 협응, 공간 위치, 따라 그리기, 도형-배경, 공간관계, 시각통합, 시각-운동속도, 형태 항상성의 8개의 하위검사로 구성되어 있다. K-DTVP-2에서의 점수는 일반 시지각지수, 운동-감소 시지각지수, 시각-운동 통합지수로 구분되는 종합척도지수(composite quotients)로 산출된다. 뇌성마비와 같이 운동장애를 지닌 학생에게 실시할 경우 검사자는 운동-통합 시지각 하위검사의 실시 여부를 결정해야 하고, 비록 이러한 하위검사들이 학생의 운동장애 정도와 구체적인 운동치료가 성공적인지를 측정하는 데 도움이 되지만, 만약 학생이 심한 불안감이나 좌절감을 가지게 되면 실시하지 않아야 한다(문수백, 여광응, 조용태, 2003).

만 9~19세 11개월의 대상에게 시지각 능력을 측정하기 위해서는 K-DTVP-A (Korean Developmental Test of Visual Perception-Adolescent)를 적용한다. 이 검사는 따라 그리기, 도형-배경, 시각-운동 탐색, 시각 통합, 시각-운동속도, 형태 항상성의 6개 하위검사로 구성되어 있다(조용태, 2011).

감각 지각의 문제는 인지 문제와 더불어 지체장애 학생이 같은 연령의 또래보다 낮은 학업성취를 나타내는 데 영향을 주는 주요 원인이 될 수 있다(Batshaw, Roizen, & Lotrecchiano, 2013). 그러므로 학생의 교육 및 일상생활에 영향을 줄 수 있는 감각 지각 기능을 평가한 후 통합적인 교육을 계획하고 실행해야 한다.

4) 의사소통 기능

학습에는 말을 듣고 이해하는 능력과 자신의 의사를 표현하는 능력이 매우 중요하다. 그러므로 어떤 형태, 어떤 방법으로라도 자신의 의사를 표현할 방법을 개발해야 한다. 많은 뇌성마비 학생이 언어표현에 장애를 가지고 있으며, 뇌손상을 입었거나 신경근육에 이상을 가지고 있는 학생도 의사소통에 어려움을 보이고 있다. 그러므로 이들의 의사소통 기능을 평가하기 위해서는 학생의 잔존 능력을 고려해 평가 방법을 수정해야 한다. 예를 들어, 구어와 신체 능력의 심한 손상을 가진 학생을 평가할 때에는 일반적인 질문을 통한 평가 외에 다양한 선택형 질문을 말이나 그림, 글자 형태로 제시하고 학생의 선택을 주의 깊게 분석하는 방법을 사용할 수 있다. 학생의 의사소통 기능은 말 이외에 단어 말하기, 고개 끄덕임, 그림판 사용, 눈 응시하기 등 학생이 표현할 수 있는 가장 신뢰할 수 있고 정확하며 일관성 있게 반응할 수 있는 방법을 사용하여 평가한다(박은혜, 김정연, 표윤희, 김은숙, 2007).

구어로 말하기에 어려움이 있는 지체장애 학생의 경우에는 AAC 체계를 적용할 필요가 있다. AAC 지도를 위한 평가는 '파라다이스 보완대체 의사소통 기초 능력평가(PAA)'를 활용할 수 있다. PAA는 제9장을 참고하기 바란다.

의사소통 기능은 언어 발달 이전의 먹고 씹고 삼키는 운동 능력, 어휘력과 언어표현 능력, 지각 능력, 인지 능력, 자세 및 운동 능력의 발달 등에 영향을 받으므로 지체장애 학생의 언어 능력의 평가는 교사와 언어재활사와 같은 전문인과의 협력에 의해서 이루어져야 한다.

5) 일상생활 기능

일상생활 능력은 특수교육의 궁극적인 목표인 독립적인 생활을 영위하기 위한 필수 요소이다. 그러므로 현재 스스로 할 수 있는 일상생활의 활동을 평가하고 앞으로 습득해야 할 일상생활 동작을 알아야 한다.

　일상생활 기능은 생태학적 관점에서 학생이 생활하고 있는 일반적인 환경 내에서의 하루 일과 중에 경험할 수 있는 여러 가지 생활 기술을 평가하는 것이 중요하다. 화장실 이용, 식사, 목욕 및 청결, 착탈의 등 일상생활에 필요한 기술에 대한 수행 수준을 평가하여 기술을 촉진하고 독립적인 생활을 증가시킬 수 있는 지원 방안을 계획한다. 양손 사용 능력, 도구를 쥐거나 잡는 능력, 손의 감각, 손가락의 정교성, 휠체어 및 사물의 조작 능력 등 상지 기능 평가의 결과를 바탕으로 부족한 기능을 보완해 줄 수 있는 보조도구를 적용하여 일상생활에서의 독립성을 증진시킬 수 있다.

　지체장애 혹은 지체장애와 인지장애를 함께 가진 학생들의 일상생활 기능을 평가하기 위해 Haley, Coster, Ludlow, Haltiwanger와 Andrellos(1992)에 의해 개발된 소아장애평가척도(Pediatric Evaluation of Disability Inventory: PEDI)를 사용할 수 있다. 이 도구는 일상생활에 필요한 필수적인 기능 능력을 측정하기 위해 고안된 것으로, 세 가지 내용 영역(자조 기술, 이동, 사회적 기능)의 기술에 대해 스스로 할 수 있는 기능이 어느 정도인지 확인하고 다른 사람의 보조를 받아서 하는 수준과 보조도구 및 환경을 수정한 경우를 반영하여 평가할 수 있는 도구이다(표윤희, 2010). 이 평가는 부모의 보고에 의해서나 구조화된 면담 혹은 전문가가 학생의 기능적 행동을 관찰하여 평가한다. 소아장애평가척도 중 이동 영역에 대한 평가 영역과 항목의 예는 〈표 6-9〉와 같다.

표 6-9 **소아장애평가척도의 예(이동영역)**

영역	항목
A. 화장실 이용하기	1. 보조장치나 보호자의 도움을 받으면 앉아 있을 수 있다.
	2. 유아용 변기나 일반 변기에 도움 없이 혼자 앉아 있을 수 있다.
	3. 유아용 변기나 낮은 변기에 혼자 앉았다 일어설 수 있다.
	4. 성인용 변기에 미끄러져 오르내리거나 기어서 오르내릴 수 있다.
	5. 손을 사용하지 않고 성인용 변기에 혼자 앉았다 일어설 수 있다.
B. 의자나 휠체어로 이동하기	6. 보조장치나 보호자에 의해 도움을 받으면 앉아 있을 수 있다.
	7. 일반 의자나 긴 의자에 도움 없이 앉아 있을 수 있다.
	8. 낮은 의자나 가구에 기어서 오르내릴 수 있다.
	9. 성인용 의자나 휠체어에 앉았다 일어설 수 있다(자신의 팔을 사용함).
	10. 손을 사용하지 않고 의자에 앉았다 일어설 수 있다.

C. 자동차 이용하기	11. 자동차 안(시트)에서 움직일 수 있다.
	12. 약간의 도움이나 보조장치를 이용하여 자동차에 타고 내릴 수 있다.
	13. 도움이나 보조장치 없이 자동차에 타고 내릴 수 있다.
	14. 안전벨트나 좌석 고정벨트를 풀거나 채울 수 있다.
	15. 손을 사용하지 않고 의자에 앉았다 일어설 수 있다.
D. 침대로 이동/ 이용하기	16. 침대나 바닥에 누워 있다가 몸을 일으켜서 앉을 수 있다.
	17. 침대 모서리로 와서 앉거나 이부자리의 바깥쪽으로 와서 앉을 수 있고, 다시 침대나 이부자리의 가운데로 가서 누울 수 있다.
	18. 자신의 침대에 오르내릴 수 있다.
	19. 자신의 침대에 손을 사용하지 않고 오르내릴 수 있다.
E. 욕조 이용하기	20. 세면대나 욕조에 보조장치나 보호자의 도움을 받으면 앉을 수 있다.
	21. 도움 없이 욕조에 앉을 수 있고 욕조 안에서 움직일 수 있다.
	22. 욕조 안에 들어갔다 나올 수 있다.
	23. 욕조 안에서 일어서거나 앉을 수 있다.
	24. 성인용 욕조 안으로 걸어서 들어갔다 나올 수 있다.
F. 실내이동 (방법)	25. 바닥에서 구르거나, 밀거나, 기어서 이동할 수 있다.
	26. 가구나 벽, 보호자의 손을 잡고 걷기 등 도움을 받으면 걸을 수 있다.
	27. 도움 없이 걸을 수 있다.
G. 실내이동 (거리/속도)	28. 어려움(넘어지거나 연령에 비해 너무 느림)이 있으나 실내의 한 공간에서 움직일 수 있다.
	29. 어려움 없이 실내의 한 공간에서 움직일 수 있다.
	30. 어려움이 있으나 방과 방을 이동할 수 있다.
	31. 어려움 없이 방과 방 사이를 이동할 수 있다.
	32. 실내에서 15m를 이동할 수 있다: 실내/실외 문을 여닫을 수 있다.
H. 실내이동 (당기기나 물건의 운반)	33. 의도에 따라 신체의 위치를 바꿀 수 있다.
	34. 바닥 위에서 사물을 움직일 수 있다.
	35. 한 손으로 잡기 충분한 사물을 운반할 수 있다.
	36. 두 손으로 잡아야 할 만큼 큰 사물을 운반할 수 있다.
	37. 깨지거나 부서지기 쉬운 물건을 운반할 수 있다.
I. 실외이동 (방법)	38. 지지를 위해 사물이나 보호자 또는 보조장치를 잡고 걸을 수 있다.
	39. 도움 없이 혼자서 걸을 수 있다.

J. 실외이동 (거리/속도)	40. 3~15m를 이동할 수 있다(자동차 1~5대가 서 있는 거리).
	41. 15~30m를 이동할 수 있다(자동차 5~10대가 서 있는 거리).
	42. 30~45m를 이동할 수 있다(자동차 10~15대가 서 있는 거리).
	43. 어려움이 있지만 45m 이상을 걸을 수 있다(비틀거리거나 연령에 비해 속도가 느림).
	44. 어려움 없이 45m 이상을 걸을 수 있다.
K. 실외이동 (지면)	45. 평평한 지면(인도나 차도)에서 걸을 수 있다.
	46. 약간 울퉁불퉁한 지면(깨지거나 금이 간 보도)에서 걸을 수 있다.
	47. 거친 지면(잔디밭, 자갈밭)에서 걸을 수 있다.
	48. 경사로나 비탈길(바닥에서 약 2.5~5cm 높이의 경사)을 오르내릴 수 있다.
	49. 차도와 인도 사이의 계단을 오르내릴 수 있다.
L. 계단 오르기	50. 계단의 일부분을 밀거나 기어서 올라갈 수 있다(1~11계단).
	51. 계단 전체를 밀거나 기어서 올라갈 수 있다(12~15계단).
	52. 계단의 일부분을 걸어서 올라갈 수 있다(3~7계단).
	53. 어려움(연령에 비해서 느림)이 있으나 계단 전체를 걸어서 올라갈 수 있다.
	54. 어려움 없이 계단 전체를 걸어서 올라갈 수 있다.
M. 계단 내려가기	55. 계단의 일부분을 밀거나 기어서 내려갈 수 있다(1~11계단).
	56. 계단 전체를 밀거나 기어서 내려갈 수 있다(12~15계단).
	57. 계단의 일부분을 걸어서 내려갈 수 있다.
	58. 어려움(연령에 비해서 느림)이 있으나 계단 전체를 걸어서 내려갈 수 있다.
	59. 어려움 없이 계단 전체를 걸어서 내려갈 수 있다.

6) 사회성 기술

사회성 기술은 다른 사람과 의사소통을 하고 관계를 맺는 등 학생과 주변 세계와의 관계를 유지하기 위해서도 필요한 기술이다. 학생 초기의 또래관계와 놀이 형태 등은 학교 및 사회생활 적응에 영향을 미칠 수 있으며, 장기적으로는 직업 및 사회에서의 독립과도 연관이 있다. 그러므로 사회성 기술 평가는 앞으로의 사회 적응과 직업 관련 생활, 가정에서의 독립된 생활 등의 장래 계획을 위해 필요한 항목이다.

사회성 기술의 평가는 관찰을 하는 것이 가장 좋은 방법이며, 사회성숙도검사(김승국, 1998)가 많이 쓰이고 있다. 사회성숙도검사는 부모 또는 학생을 잘 아는 사람과의 면담을 통해 실시하거나 대상을 직접 만나서 관찰하여 검사하기도 한다. 사회성숙도검사는 0세에서 만 30세까지를 검사 대상으로 하며, 총 6개 행동 영역에 걸쳐 117문항(자조 39문항, 이동 10문항, 작업 22문항, 의사소통 15문항, 자기관리 14문항, 사회화 17문항)으로 구성되어 있고, 검사 결과는 사회연령(Social Age: SA)과 사회지수(Social Quotient: SQ)로 나타낸다.

사회생활 능력을 교실처럼 가공된 공간에서 관찰하거나 표준화된 검사를 이용하는 것은 큰 의미가 없으므로, 학습 내용을 교과과정 중심으로 평가하듯이, 사회생활 능력은 그 기능을 필요로 하는 실제의 생활환경 속에서 어느 정도 수행하고 있는지를 평가하는 환경 중심 평가를 해야 한다.

7) 직업 기능

직업 기능 평가는 각 개인의 적성과 창의력, 흥미를 알아내고 각 개인에게 적절한 직업훈련을 계획하기 위한 것이다. 비형식적 관찰이 학생들이 지닌 독특한 능력을 찾아내는 데 중요하지만, 표준화된 직업 적성과 흥미검사도구를 사용하여 평가하는 것도 매우 중요하다.

지체장애 학생에게 적용 가능한 직업 관련 검사는 매우 제한적이다. 직업흥미검사로는 2000년에 한국고용정보원에서 개발한 청소년 직업흥미검사가 있다. 청소년 직업흥미검사는 직업 흥미를 발견하고 진로와 직업을 설계하는 데 도움을 제공하기 위해 개발되었고, 일반 흥미 6개 유형과 기초 흥미 13개 분야를 측정하며, 활동 70문항, 자신감 63문항, 직업 71문항의 총 204문항으로 구성되어 있다(김삼섭 외, 2013). 한국장애인고용공단에서 개발한 직업과 관련한 평가로는 고용서비스 초기 단계에서 일반고용, 보호고용, 복지 서비스 중 장애인에게 적합한 서비스 영역을 탐색하기 위하여 개발한 직업기능탐색검사가 있다. 이는 온라인(https://www.kead.or.kr)으로도 실시 가능하고, 신체 영역과 정신 영역의 총 25문항으로 구성되어 있다. 이 외에 눈과 손의 협응 능력, 손가락 민첩성 등 손 기능이 어느 정도인지 파악할 수 있는 손 기능 작업표본검사가 있다.

중도지체장애 학생은 직업훈련 외에 생활관리 능력을 포함시켜 평가한다. 즉, 일상생활, 위생과 건강관리, 가정관리, 돈관리, 이동, 지역사회 기관 이용, 가정생활, 시민으로서의 책임에 관한 능력 등에 대한 기능 평가가 요구된다.

정리

이 장에서는 지체장애 학생의 진단과 평가에 대한 이해를 돕기 위해 진단 평가의 목적, 평가의 기준과 분류를 살펴보았다. 구체적인 진단 평가 방법으로는 지체장애 학생의 평가에 사용할 수 있는 표준화검사 방법과 도구를 제시하였고, 표준화검사로 평가하기 어려운 지체장애 학생의 특성을 고려하여 대안적 진단 방법인 면담, 관찰, 포트폴리오 평가에 대해 설명하였다.

지체장애 학생의 영역별 진단 평가 실제에서는 진단 평가상의 유의점에 대하여 살펴본 후에 인지 및 학습 기능, 신체 운동 기능, 감각 지각 기능, 의사소통 기능, 일상생활 기능, 사회성 기술, 직업 기능의 평가에 대해 언급하였다.

교육을 효과적으로 수행하기 위해서는 학생에 대한 정확한 진단이 필요하다. 지체장애 학생의 진단에서 고려할 사항은 그들이 가지는 제한점으로 인해 불리하지 않도록 잔존 능력과 강점을 찾는 데 목표를 두는 것이다. 적절한 진단 평가도구의 선정과 다양한 대안적인 방법의 적용, 융통성 있는 해석과 발전적인 결과의 서술은 지체장애 학생의 좀 더 효율적인 교육을 위한 기초 자료를 제공해 줄 수 있다. 지체장애 학생은 다른 사람들에 비해 장애물을 좀 더 많이 가지고 있는 사람이며, 사회와 시대, 과학의 발달에 따라 그 기준이 달라질 수 있다. 이들의 교육은 획일적인 진단 방법에서 탈피하여 좀 더 열린 사고로 지체장애 학생의 다양성과 개별적인 교육적 필요를 이해하고 개별 학생에 따른 적절한 형태의 교육 서비스를 제공하고자 노력하는 것이 필요하다.

교육과정 및 교수 전략

1. 교육과정의 유형

지체장애 학생을 위한 교육과정은 대상 학생의 인지적·신체적 특성에 따라 적합한 것을 사용하게 되며, 일반교육과정의 내용을 그대로 사용하는 경우부터 실생활에서 필요한 내용을 중심으로 가르치는 것까지 다양하게 적용할 수 있다. 여기에서는 이러한 교육과정 유형과 그 구체적인 내용을 살펴본다.

1) 일반교육과정

지체장애 학생들의 인지 능력은 매우 다양하다. 지체장애 학생 중 인지 능력의 제한 없이 신체적 장애만 있는 경우에는 일반교육과정을 그대로 사용한다. 이들은 교육과정의 내용을 수정할 필요 없이 교육과정에 접근할 수 있도록 조정만 해 주면 학습에 지장이 없기 때문이다. 반면, 신체장애뿐 아니라 인지적 문제도 함께 가지고 있는 학생의 경우에는 내용을 수정해 주어야 할 경우도 있다. 조정(accommodations)과 수정(modifications)을 모두 포함하여 적합화(adaptations)라는 용어로 사용하기도 하는데, 조정은 교육과정 수준이나 수행 기준, 목표를 크게 변화시키지 않고 쓰기에 어려움이 있는 지체장애 학생이 시험을 볼 때 추가 시간을제공하거나 책상의 높이를 높여 휠체어가 들어갈 수 있게 하는 것을 말한다. 이에 비해 수정은 교육과정 목표와 수행 기준을 변화시키는 것으로 각각에 대해 좀 더 살펴보면 다음과 같다.

(1) 교육과정의 조정

Best, Heller와 Bigge(2010)는 학생의 특성과 학습의 성격에 따라 일반교육과정에의 접근을 돕기 위하여 여러 가지 지원을 제공하는 것을 교육과정의 조정이라고 말하고 있다. 이러한 지원의 예는 문제 대독, 시험 시간 연장, 이동 보조, 다음 수업을 위해 일찍 출발하기, 엘리베이터 사용, 보조공학기기(워드프로세서, 프린터, 의사소통 체계) 사용, 좌석 우선권, 활동의 축소 등이다. 우리나라의 대학수학능력시험에서도 뇌성마비 수험생에게는 시험 시간을 매 교시 1.5배 연장해 주고 있다(국립특수교육원, 2016). 〈표 7-1〉은 보다 구체적으로 이러한 지원의 예를 보여 주고 있다.

표7-1 **교육과정 조정의 예**

영역	예
환경 요인의 조정	학교 전반에 접근 가능한 경사로, 접근이 가능한 교실 위치, 책상과 의자는 학생의 자세를 고려하여 제공
신체/감각 관련 조정	특별한 운송수단, 개별 학생에게 적절한 이동 보조기기와 광학 보조기기, 연필과 페이지 터너 등 학습을 촉진하는 적응장비, 확대 글씨, 보조공학, 식사용 보조기기 제공
건강 관련 조정	개별화건강계획 및 일반적인 사전 예방책 마련, 등교 시간 조정, 쉬는 시간 허용, 알레르기 반응 점검, 공기 정화기 제공, 간식 허용, 온도 및 식이 조절
교육과정적/ 교수적 조정	최선의 성취를 위한 과제 조정(시간 늘리고, 문항 수와 내용 줄이기), 다양한 형식의 정보 제공, 학습 단계를 세분화하여 제공, 과제 분석, 기호 사용, 쓰기 대신 구어로 표현, 교수 접근의 다양화, 선택 제공, 중요 정보 표시, 전략 사용, 구체적 학습 경험 제공, 정보 제공의 대안적 방법, 대안적 교재 접근, 반응 형식의 대안, 과제 길이 감소, 대답을 준비할 시간 확대, 정확한 수행을 위한 문제 제공, 시간이나 과제를 작은 부분으로 나누어 제시
행동적 조정	지속적이고 예측 가능한 스케줄, 긍정적 행동을 강화하고 보상하는 행동 관리 체계, 전환 준비, 화가 났을 때 모둠을 벗어날 수 있도록 허락, 과제 완수 시 이동 허용, 의사소통 시작을 위한 긍정적 강화, 자기관리 기술 수행, 매일/주별 행동과 강화 기록표, 지속적이고 공통된 강화와 칭찬, 행동에 대한 잦은 피드백, 가정과 학교 간 행동 계약 실행, 집중에 대한 보상, 적시의 성취에 대한 보상, 행동적 기대에 대한 교사의 정보 제공, 책임감 있고 리더십 있는 역할

출처: Best, S. J., Heller, K. W., & Bigge, J. L. (2010). *Teaching individuals with physical or multiple disabilities* (6th ed.), pp. 116-117 수정 발췌.

　　자연적 지원은 수용 가능한 방식으로 교수 목표를 성취할 수 있도록 지원하는 방법으로, 조정의 가장 강력한 방법 중의 하나이다. 자연적 지원은 일반교육 현장에서 도움을 줄 수 있는 일반 또래, 교수 보조자, 관련 서비스 제공자, 보조공학 등을 이용하는 방법이다. 자연적 지원의 예로는 지체장애 학생과 일반 또래가 함께 책을 읽을 때 또래가 책장을 넘겨 주거나 사물함의 물건을 가져다주는 것을 들 수 있다. 자연적 지원은 지역사회 통합과 삶의 질을 높이기 위해 제공되어야 하며, 필요에 따라 일정 기간이나 전 생애 동안 제공될 수 있다.

　　일반교육과정을 사용하기 위하여 교육과정을 조정하는 것은 교육과정의 내용을 수정하는 것이 아니라 다양한 환경적 요인과 교수-학습적 요인들을 조정해 줌으로써 지체장애 학생의 학습을 지원하는 것이다.

(2) 교육과정의 수정

일반교육과정을 적용하기 곤란한 지체장애 학생들을 위해 일반교육과정을 사용하는 두 번째 방법은 수정형 교육과정을 사용하는 것이다. 수정형 교육과정이란 지체장애 학생들이 일반교육과정에 접근하고 성공하기 위해 내용, 성과 및 난이도 수준에서 변화를 준 일반교육과정을 의미한다.

교육과정을 수정하기 위해서는 먼저 장애 학생의 학습을 위해 일반교육과정을 수정할 것인가에 대한 필요성을 결정해야 한다. 수정형 교육과정의 적용이 필요한지 알기 위해서는 질문 및 분석 접근법(Westling & Fox, 2004)을 통해 결정할 수 있는데, 다섯 가지 질문을 통해 수정이 필요한 부분을 결정해야 한다. 질문의 내용은 〈표 7-2〉와 같다.

표 7-2　교육과정 수정의 필요성을 결정하기 위한 질문

- 학생은 현재 몇 살이며 학교에서의 교육연한은 얼마나 남았는가?
- 학업 기술을 배우는 데 지금까지 어느 정도의 성공을 보였는가?
- 환경과 여가/오락활동에 효과적으로 참여하기 위해 필요한 학업 기술은 무엇인가?
- 다른 기술들과 비교했을 때 학업 기술의 상대적 가치나 중요성은 무엇인가? 의존을 줄이거나 독립성을 증진시킬 다른 기술이 있는가?
- 학업 기술 교수와 관련하여 학생 및 부모의 희망사항은 무엇인가?

교육과정상의 목표에 도달하기 위해서 일반교육과정 목표 중 수정해야 하는 것이 무엇인지 조사한다. 목표를 성취하는 데 필요한 지식 및 기술에 대한 체크리스트를 통해 할 수 있는 능력과 할 수 없는 능력이 무엇인지 규명하고, 학생의 지식 및 기술 정도에 따라 목표와 내용을 어느 정도 수정할 것인지 결정한다. 이때 수정은 목표와 내용을 유지하면서 일반교육과정의 난이도 수준을 유지 혹은 증가시키기, 원래의 목표와 내용을 유지하면서 난이도 수준을 낮추기, 원래의 목표는 아니더라도 관련 있는 목표와 내용으로 대체하기, 생활 기술 등 원래의 목표와는 다른 대안적 목표로 대체하는 방법 등이 있다. 일반교육과정을 기준으로 삼으면서 학생의 요구에 맞는 적절한 목표를 개발하고 그 목표에 도달할 수 있도록 교육과정을 계획하는 것이 수정형 교육과정의 개념이다.

수정형 교육과정은 가르칠 내용에 변화를 주는 것으로 교육과정을 수정하는 방안에는 중다수준 교육과정 접근과 중복 교육과정 접근이 있다. 중다수준 교육과정 접근은 지체장애 학생과 일반 또래학생이 동일한 교과수업에 참여하며 동일한 교과 내에서 개별적으로 자신의 수준에 적절한 학습 성과를 목표로 한다. 중복 교육과정 접근은 지체장애 학생과 일반 또래학생이 동일한 교과수업에 참여하지만 다른 교과의 학습 성과를 목표로 한다.

중다수준 교육과정과 중복 교육과정의 공통점은 지체장애 학생과 일반 또래학생이 동일한 교과수업에 참여하면서 각자의 수준에 적절한 교육목표를 갖고 학습활동에 임한다는 점이다. 차이점으로는 중다수준 교육과정은 지체장애 학생에게 목표로 하는 학습 성과는 동일 교과 내에 있으나, 중복 교육과정은 지체장애 학생에게 목표로 하는 학습 성과가 다른 교과에 있다는 점이다. 중복 교육과정은 지체장애학생의 수준이 일반 또래학생의 수준과 비교해서 인지적·신체적으로 매우 큰 차이가 날 때 적용해야 하며, 중복 교육과정 접근을 고려하기 전에 중다수준 교육과정으로 지체장애 학생이 학습할 수 있을지를 먼저 고려해 보아야 한다.

표 7-3 중다수준 교육과정과 중복 교육과정 적용 사례

사회 시간에 일반 또래학생이 지역의 특징과 특산물을 설명하는 것이 목표라면, 중다수준 교육과정을 적용하는 지체장애 학생은 특산물의 이름과 사진을 연결하는 목표로 학습 성과를 수정할 수 있고, 중복 교육과정을 적용하는 지체장애 학생은 특산물 사진을 붙이며 소근육 움직임을 증진시키는 목표로 학습 성과를 수정할 수 있다.

수정형 교육과정을 적용하기 위해 지체장애 학생에게 가장 많이 사용하는 교육과정 수정 방법은 교육과정 분석을 통한 접근, 문제해결력 교수, 학습 전략 교수 등이다(Best, Heller, & Bigge, 2010).

교육과정 분석을 통한 접근은 교사와 부모, 지원인력들이 협력적인 과정을 통해 교육과정 중에서 필수적으로 가르쳐야 할 기술과 교육과정의 핵심사항에 대해 논의하고 장애 학생의 학습 요구와 목표를 반영하기 위해 수정될 필요가 있는지를 결정하는 접근법이다. 수업지도안 등을 통해 교육과정에 근거하여 가르쳐야 할 교수요목이 무엇인지 분석하고, 기대되는 목표 성취 수준을 조정한 뒤, 수정된 목표에

표 7-4　교육과정 분석 접근법

접근법	내용
수업지도안 분석하기	• 수업지도안을 검토한 후 수업 내용과 목표, 교수-학습 방법을 학생의 이해 수준에 적절하게 조정함
성취 도달 수준과 숙달(proficiency) 수준 조절하기	• 수업을 통해 기대되는 수행 수준을 조절함 　-주어진 시간 내에 읽을 양을 조정함(3문단 → 2문단) 　-성취도를 조정함(80% → 70% 정확도 요구) 　-다양한 수행 수준을 보여 주는 루브릭을 개발함(예: 기초 단계, 숙달 단계, 고급 단계)
학습의 기초 원리 숙달에 필요한 교수 방안 고안하기	• 학습에 필요한 주요 개념 및 기술을 밝힘 　-학생의 발달에 가장 중요한 기초 원리를 선정함 　-개념 및 기술이 교수되는 순서를 밝힘 　-주요 어휘를 밝힘 　-배워야 할 주요 개념을 밝힘 　-과제 분석을 실시함

도달하기 위해 필요한 학습의 원리를 바탕으로 교수한다(Best, Heller, & Bigge, 2010; 〈표 7-4〉 참조).

　문제해결력 교수는 일반교육과정의 접근 가능성을 높이고 이해를 돕기 위해 일반교육과정 내에 문제해결 기술을 통합하여 가르치는 접근법으로, 일반 학생에게 제공되는 교육과정 수정 방법이기도 하다. 일반 학생들은 매일의 경험과 교사 모델링을 통해 새로운 학업 기술을 습득할 수 있지만, 장애 학생들은 좀 더 구체적이고 체계적인 교육과정을 바탕으로 의미 있는 방식으로 기술을 습득할 수 있는 접근법이 필요하다.

　학습 전략 교수는 일반교육과정 내에서 학습하는 방법에 대한 기술을 지도하는 것이다. 공책에 필기하기, 시험 보기, 과제 완성하기 등과 관련한 학습 기술을 지도하여 좀 더 효율적으로 목표에 도달할 수 있도록 돕는 방법이다.

2) 생활 기술 교육과정

　생활 기술 교육과정이란 지역사회와 생활 경험에서 성공적이고 의미 있는 참여를 위해 요구되는 가정, 지역사회, 여가, 직업 영역의 지식과 기술을 포함하는 교육과정이다. 지체장애 학생에게 의미 있는 교육을 제공하기 위해 학생들의 교실 안팎의 생활과 관련한 실제적이며 실생활에서 경험할 수 있는 내용을 강조하는 교육과정이다(김정연, 2006a).

생활 기술 교육과정은 지체장애 학생이 현재와 미래 환경에 필요하면서 평생 동안 사용할 수 있고 본인이 할 수 없으면 다른 사람이 대신 해 주어야 하는 기능적인 기술을 포함해야 하고, 지체장애 학생과 동일한 연령의 일반 또래가 수행하는 생활 연령에 적절한 내용으로 구성한다.

생활 기술 교육과정의 가장 큰 특성은 교육과정 운영의 융통성이다. 교육 내용과 교수-학습 활동, 학습자원의 융통성 등 다양한 융통성이 제시되지만, 그중 가장 중요한 특성은 수업 시간의 융통성이다. 수업 시간은 교과별로 한 단위 시간으로 나누어지지 않고 다루어지는 주제의 성격과 활동에 따라 필요한 시간을 중심으로 운영하며 과제나 활동이 밀접한 관련이 있는 교과끼리 통합하여 운영할 수 있다. 주제를 중심으로 한 생활 기술 교육과정은 통합교과 형태로 운영하여 여러 교과에 걸쳐 공통된 주제의 기능적 기술을 가르치는 데 유용하다.

생활 기술 교육과정은 일반교육과정의 내용을 보완하며 지역사회 및 생활 경험에 성공적이고 의미 있게 참여하는 데 필요한 기능적 학업 기술, 일상생활 및 지역사회생활 기술에 대한 내용으로 구성된다.

⑴ 기능적 학업 기술

기능적 학업 기술이란 기초 학업 기술 중 일상생활 활동과 직접적으로 관련된 기본적인 내용으로, 가능한 한 독립적인 성인 생활을 영위하는 데 필요한 기술을 포함한다. 그러나 지체장애 학생을 위한 기능적 학업 기술은 일반교육과정에서 나타나는 다른 이해와 경험에 대한 노출을 제한하지 않는 한도 내에서 지도되어야 하며, 기능적 학업 기술이 학생을 위한 전체 교육과정이 되지 않도록 유의해야 한다. 기능적 학업 기술의 예는 〈표 7-5〉와 같다.

구분	고용/교육	가정 및 가족	여가	지역사회 참여	정서적 · 신체적 건강	개인적 책임 및 관계
읽기	다양한 직업에 관해 도서관에서 책 읽기	핫케이크 가루로 핫케이크 만드는 방법 읽기	신문에서 휴대폰 광고 찾아 읽기	도로 표지와 간판 읽기	약 복용방법 안내문 읽기	저학년 학생들에게 동화책 읽어 주기
쓰기	학급 게시판에 이달의 행사에 대해 쓰기	쇼핑 목록 작성하기	인터넷 카페에 가입하기	은행에서 출금표 작성하기	매일 섭취한 각각의 식품군 항목 적기	생일 초대 카드 쓰기
듣기	예금 계좌에 관해 은행 직원의 강의 듣기	요리 방법에 대한 TV 프로그램을 보면서 듣기	오늘의 날씨에 대한 일기예보 듣기	재활용하는 방법에 대한 강의 듣기	환절기 건강에 대한 보건교사의 설명 듣기	친구의 주말 가족 여행에 대한 계획 듣기
말하기	직업을 갖고 싶은 이유에 대해 말하기	친구와의 외출 약속에 대해 부모에게 허락 구하기	인터넷 게임에 친구 초대하기	급식 식단에 대해 친구와 이야기하기	건강에 대한 궁금사항 질문하기	학급의 환경미화에 대해 의견 말하기
수학	시간 수당에 따른 1일 아르바이트 비용 계산하기	할인되는 상품의 가격 비교하기	영화 보러 갈 때의 비용 계산하기	주문한 피자의 가격에 맞게 나누어 계산하기	여러 장이 들어 있는 파스의 1장당 가격 계산하기	예산에 적절한 선물 구입하기

표7-5 기능적 학업 기술

(2) 일상생활 및 지역사회생활 기술

　일상생활 기술이란 학생이 매일의 생활 중에 필요로 하는 기능으로 개인이나 가정생활뿐 아니라 사회 구성원으로서 사회와 관련을 가지고 생활하기 위해 필요한 모든 활동을 의미하며, 자조 기능 혹은 신변자립행동이라고도 한다. 식사하기, 착탈의, 화장실 사용하기, 몸단장, 이동하기 등이 포함된다. 일상생활 기술의 지도는 매일 반복되는 생활에서 필요한 보편적인 기술을 지도하는 것이며, 이를 위해 반복적인 기회를 자주 제공하는 것이 좋다.

　학급에서 활용할 프로그램을 계획할 때는 학생들이 성인이 되었을 때 필요한 실제적인 기술들에 대한 훈련을 계획해야 한다. 이 과정에서 학생들의 생활의 질을 향상시키고, 일반적인 생활환경에서 성인이 수행하는 기술과 밀접한 내용을 지도하며, 학생이 성장하여 접하게 될 경험 및 환경과 관련된 과제를 지도한다.

　일상생활 훈련을 지도하는 방법은 다음과 같다. 첫째, 지역사회에 적응하는 데 필요한 학업 분야의 기본적인 기술을 학급 내에서 지도하도록 한다. 이때는 의사결정 및 생활 기술에 필요한 적절한 어휘 학습도 이루어져야 한다. 둘째, 학생이 직접 일상적인 생활환경에 참가하여 기초 생활 기술을 적용하도록 지역사회 중심의 교수법을 사용한다. 이 과정을 통하여 할 수 있다는 자신감과 자존감을 형성하게 된다. 지역사회의 경험은 현장학습 경험을 통하여 학교에서 준비된 기능을 실제 상황에 적용하며 적응력을 높이는 지도 방법으로, 이를 위해서 교사는 면밀히 계획하고 실습현장과 교사 간의 긴밀하고 원활한 협력관계를 구축해야 한다.

지체장애 학생의 교육은 학생의 장애 상태 개선 및 잔존 능력을 개발하고, 사회생활에 잘 적응할 수 있도록 장애 극복 의지를 높이며, 생활 능력의 향상에 주안점을 두어야 한다. 그러므로 일상생활 훈련은 이러한 전인적 발달을 이루어 나가는 데 기초적이고 중요한 역할을 담당하는 영역이라 할 수 있다. 또한 학생의 장애 상태가 매우 다양하고 복잡한 만큼 훈련의 지도 내용과 방법 역시 학생 개개인의 능력과 장애 상태에 따라 다양하게 계획되어야 할 것이다.

일상생활 및 지역사회생활 기술은 일반 학생의 경우 특별한 교수 없이도 습득할 수 있는 영역일 수 있으나 장애 학생에게는 가족과의 협력하에 특별한 교수 프로그램이 요구된다. 일상생활 및 지역사회생활 기술은 현재의 삶뿐만 아니라 고등학교 졸업 이후 더 독립적이고 만족스러운 성인기를 위해 필요하므로 유아기 교육과정에서부터 체계적으로 생활 기술을 포함하여 지도하는 것이 중요하다.

2. 일반교육과정 참여를 위한 교수 접근

1) 교수 적합화

지체장애 학생은 장애의 특성에 따라서 적절한 교육과정의 적용과 교수 적합화(instructional adaptation) 과정이 필요하다. 예를 들어, 골형성부전증의 경우 학교교육에서는 신체에 맞는 의자를 제공하고, 교실을 1층에 배치하거나, 교실 간 이동거리 단축을 위한 스케줄 조정이 필요하다(이소현, 박은혜, 2011). 작은 키로 인한 어려움을 해결하기 위한 발판을 마련해 주거나, 학습과제 시 추가 시간을 제공하고, 녹음기 사용을 허용하거나, 기록하는 과제를 줄여 주는 것 등 물리적 환경과 교수 방법의 수정이 도움이 된다. 교수 적합화는 교육환경, 교수 집단, 교수 방법, 교수 내용, 평가 방법의 수정을 통해 적절한 교육을 제공받을 수 있도록 하는 내용을 포함한다.

(1) 교육환경의 수정

① 긍정적이고 수용적인 학습환경

학습을 촉진하기 위해서는 긍정적이고 수용적인 교수환경에서 학습을 위한 풍부한 자료를 학생의 개별적 흥미에 적절하게 제공하되, 신체 능력 및 잔존 감각을 고려하여 환경을 구성하는 노력이 필요하다(Downing, 2005; Falvey & Grenot-Scheyer, 1995). 긍정적이고 수용적인 학습환경에서 장애학생의 활동이 이루어지도록 자연스러운 상황을 조성하는 것이 교수환경의 수정에서 가장 먼저 해야 할 일이다. 또한 원활한 사회적 상호작용을 통해 긍정적인 관계를 형성하도록 하는 것이 중요하다. 장애 학생들은 여러 가지 이유로 학습 특성이 적극적이지 못한 경우가 많다. 이는 발달 초기의 치료로 인한 교육 기간의 부족, 학습된 무기력 등이 원인이 될 수 있다. 그러므로 학생과 교사 간의 긍정적인 관계 형성을 통해 의사소통 상호작용을 증진하고 말하기, 듣기 활동의 참여를 촉진할 수 있다.

② 건강·위생·안전을 고려한 환경

지체장애 학생은 장애 정도와 특성에 따라 다양한 건강상의 요구가 있다. 감염에 취약하거나 체력 소진이 빠른 학생들의 경우 안전하고 위생적인 환경에서 생활할 수 있도록 교실환경을 구성한다(Giangreco & Putnam, 1991). 교실 내에 휴식할 수 있는 편안하고 독립된 공간이나 세면대 등을 설치하는 것은 위생과 안전을 고려하는 데 기본적인 사항이다. 그 밖에 쉽게 피로감을 느끼는 학생들을 위하여 수업 중에 휴식을 취할 수 있도록 매트리스나 침대, 이불과 베개, 쿠션 등을 비치하고 위생적이고 청결한 상태를 유지한다. 또는 온돌을 설치하기도 한다.

다양한 보장구를 활용하는 학생들의 건강과 안전, 심리적 안정을 위하여 가능한 한 친환경 소재와 설비를 활용하여 밝고 환한 분위기의 건강한 교실환경을 구성하는 것이 좋다.

③ 자조 기술을 향상시킬 수 있는 환경

지체장애 학생을 위한 교육환경에는 일상생활에서의 자조 기술을 향상시킬 수 있도록 학생들의 요구에 따라 기본생활 능력을 향상시킬 수 있는 공간이 제공되어야 한다. 또한 다양한 보조기기와 휠체어를 사용하는 학생들이 자신의 보장구들을 활용하여 이동하고, 다양한 대근육·소근육활동과 자조 기술을 훈련해 볼 수 있는 넓고 안전한 교실 공간을 확보한다.

학교에서는 체육관 외에 장애로 인한 기능 개선을 위해 간단한 치료활동이나 운동을 할 수 있도록 따로 공간을 마련하여 휠체어, 워커, 피더 시트, 보조대 등 개별 학생에게 필요한 다양한 자세 지원 보조기기나 운동 및 관련 기기들을 배치한다. 안전한 이동을 위해서는 지지대와 안전 바를 설치하고 휠체어 및 보장기기를 활용할 수 있는 공간을 확보한다.

교실의 모든 출입문은 휠체어를 탄 학생이 통행할 수 있도록 바닥의 턱이 없고 휠체어가 통과할 수 있는 너비가 되어야 하며, 손에 힘이 없더라도 학생들이 독립적으로 여닫을 수 있는 시스템이 되어야 한다. 학생들이 일상생활 신변자립과 관련된 활동을 돕도록 옷장, 신발장을 배치하며, 기타 수납장을 마련하여 일상생활 훈련에 필요한 보조기기들을 보관할 수 있게 한다.

급식실이나 식사할 수 있는 장소에서는 학생들의 장애를 고려한 높낮이 조절 테이블을 배치하여 학습 공간과는 다른 의미의 식사 지도 공간을 두어 학생들의 자립 생활습관을 형성하는 데 도움을 준다.

혼자서도 이용할 수 있는 화장실 시설은 학생의 자립 능력을 신장시킬 수 있다. 경사로는 중간에 중간 멈춤면을 두어 휠체어 이용 시 가속화를 방지하며, 손잡이를 다양한 높이로 해 주어 독립보행을 하는 학생이나 휠체어를 사용하는 학생 모두가 이용할 수 있게 한다.

④ 신체 특성을 고려한 학습환경

학습활동의 참여를 촉진하기 위해 환경을 수정하는 또 다른 전략은 학생의 학습을 방해하는 신체 및 감각 요인을 파악하여, 이를 줄일 수 있는 교수적 수정을 해 주는 것이다. 또한 효율적인 손 기능과 눈과 손의 협응을 위한 최적의 자세가 무엇이며, 올바른 자세 유지를 위해 책상이나 의자를 어떻게 수정해 주어야 할지 고려해야 한다.

불안정한 자세는 학생의 주의집중력을 방해하므로, 책상이나 의자는 편안한 자세에서 읽기 활동을 할 수 있도록 학생의 특성에 맞게 높낮이나 크기, 각도를 조절해 주는 것이 학습활동에 도움이 된다. 또한 학생의 특성에 따라 필요한 도구와 자료 제시 방법, 읽고 쓰기를 위한 대안적인 방법의 효율성을 고려해 본 뒤 보조기기를 제공한다.

　손 사용이 민첩하지 않은 학생을 위해서는 학용품 등이 자주 떨어지는 것을 막기 위해 책상의 가장자리에 경계면을 세워 주거나, 쓰기 활동 시 공책이 밀리는 것을 방지하기 위해 논슬립 매트를 깔아 주는 등의 배려가 필요하며, 휠체어를 탄 채 이용하기 쉽도록 책상과 가슴이 닿는 부분을 둥글게 홈을 파 주는 방법 등이 있다. 또한 신체의 경직으로 인해 상체가 뒤쪽으로 신전된 학생에게는 책상의 높이를 낮추어 바른 자세로 앉을 수 있도록 조절해 주는 것이 학습활동 참여를 높일 수 있으며, 반대로 상체가 앞으로 굴곡된 학생은 책상의 높이를 높여 주어야 척추를 곧게 펴고 고개를 들어서 시야를 확보할 수 있다(김정연, 2009b).

보편적 설계의 화장실

중간 멈춤면이 있는 경사로

두 가지 높이의 손잡이가 있는 경사로

그림 7-1　학습환경의 수정 1

책상의 경계면

논슬립 매트

둥근 홈이 있는 책상과 독서대

몸통이 뒤로 신전된 경우
책상 높이의 하향 조절

몸통이 앞으로 굴곡된 경우
책상 높이의 상향 조절

그림 7-2 학습환경의 수정 2

책상과 의자는 학습활동을 할 때 자주 사용하는 것이므로 자세에 맞추어 개별적으로 제작해 주는 것이 바람직하다([그림 7-3] 참조). 잘 맞지 않는 책상과 의자는 학습활동의 참여를 저해하며 이차적인 자세 변형을 가져올 수 있기 때문이다. 컴퓨터를 사용할 때에는 높낮이가 조절되는 책상이 편리하며, 모니터는 눈높이나 약간 낮은 높이가 적절하다. 또한 컴퓨터 주변의 작업 공간은 다른 자료를 사용할 수 있는 충분한 공간을 제공하도록 수정되어야 한다(Lindsey, 2000).

컴퓨터를 사용하는 교실은 개별 학생의 특성을 살려 터치스크린, 높이나 기울기 조절이 가능한 컴퓨터 테이블과 스위치, 변형키보드 등 다양한 컴퓨터 보조공학기기 등을 구비해 두어 보다 편리하게 정보에 접근할 수 있도록 한다.

교실 내 칠판은 이동식으로 된 칠판이 유용하며, 게시판, 책장, 교구장, 사물함 등은 높낮이 조절 장치를 통해 학생이 사용할 수 있도록 접근성을 높인다. 또한 출입문은 출입이 쉽도록 문턱을 없애고 출입문 근처의 공간을 확보한다.

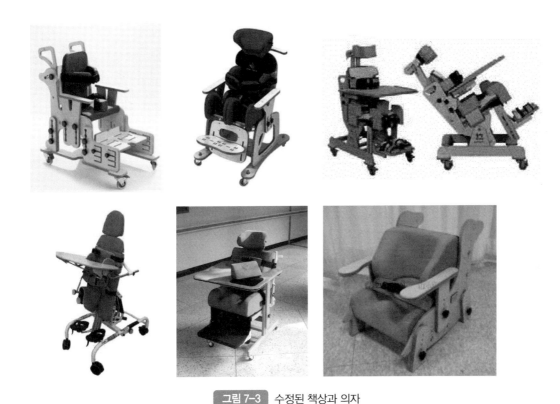

그림 7-3 수정된 책상과 의자

출처: 경기도재활공학서비스연구지원센터 홈페이지(http://atrac.or.kr); 노틀담복지관 홈페이지(http://www.ntd.or.kr).

⑤ 감각적 특성을 고려한 학습환경

교실에서의 자리배치는 지체장애 학생이 필요로 하는 것을 보고 듣고, 또한 필요한 물건에 손이 닿을 수 있도록 고려한다. 지체장애 학생들은 휠체어와 보조기기 등의 장비 보관 문제로 교실 뒤쪽에 앉게 되는 경우가 많고, 지원인력의 도움을 받기 쉽게 하기 위해 일반 학생들과 떨어진 자리에 배치되는 경우가 있다. 그러나 뇌성마비로 인한 지체장애 학생의 경우 많은 수가 시각과 청각의 어려움이 있으므로 이러한 교실배치는 신중하게 고려되어야 한다(박은혜, 김정연, 표윤희, 김은숙, 2007).

고려해야 할 다른 요소는 보고 듣는 데 방해가 될 수 있는 빛과 소리이다. 창문에서 들어오는 빛에 의해 방해를 받지 않도록 빛을 등지고 앉도록 배치한다. 만약 학생이 컴퓨터를 사용하고 있다면 화면의 눈부심이나 반사 또한 점검해야 한다.

⑥ 교육 자료가 풍부한 학습환경

학습환경은 여러 감각을 경험할 수 있는 교재·교구를 비롯한 다양한 도서를 구비하여 학생들이 자유롭게 접근하여 즐길 수 있도록 배치하고 수납한다. 학생의 학습 능력을 신장하기 위해서는 동시나 동요, 재미있는 읽을거리 등 생활에서 쉽게 접할 수 있도록 풍부한 교육환경을 구성한다. 생활 주변에서 그림이 포함된 학습 자료를 쉽게 접할 수 있도록 환경을 구조화하고 제공하면 학생의 학습동기를 촉진할 수 있다. 초기의 풍부한 환경으로 환경을 구조화해 주는 것은 학생이 생활 주변에서 읽을거리를 쉽게 접할 수 있도록 해 주며 인지적인 자극과 학습동기를 유발하는 데 도움이 된다.

(2) 교수 집단의 수정

교수 집단은 활동 중심, 경험 중심, 지역사회 중심의 수업 형태가 효과적이며, 개인차가 큰 집단의 경우 초기 학습 단계에서는 교사와 학생 간의 안정된 관계를 위해 동질의 소집단 형태가 바람직하나, 점차적으로는 또래와의 상호작용을 촉진시킬 수 있도록 통합된 환경에서 교육하는 것이 바람직하다. 수업의 내용에 따라 개별 지도와 집단 지도의 적절한 결합은 교육의 효과를 높일 수 있다.

(3) 교수 방법의 수정

교수-학습 면에서 효율성을 높이기 위해서는 각 개인의 능력에 적합한 교육의 목표를 설정하고 그에 따른 과제 분석을 통해 IEP를 세워 적절한 교수 방법을 선정한다. 교수 방법의 수정은 교수 활동, 교수 전략, 교수 자료 면에서의 수정을 고려한다.

① 교수 활동

교수 활동의 수정은 교수할 주요 과제를 구체적인 활동으로 구조화하여 작은 단계로 제시하거나 양 줄이기, 교육 과제나 활동의 순서 바꾸기, 규율이나 규칙 수정하기, 과제를 활동 중심으로 수정하기 등을 포함한다. 또한 교수 회기 사이의 간격, 과제의 다양성, 과제 습득 활동 중에 이미 아는 유지 단계의 과제를 삽입하기 등이 있다(Dunlap & Koegel, 1980). 일반적으로 교수 회기 간의 간격이 짧을수록 과제에 대한 집중력과 학습 정도가 향상되며, 동일한 과제를 계속 제시하기보다는 변화를 주는 것이 학습에 긍정적인 영향을 주고 문제행동 발생을 감소시킨다(박은혜, 1998b). 또한 새로운 기술을 배우는 과정 중에 이미 습득한 기술을 잠깐씩 연습하는 기회를 삽입함으로써 유지 효과와 함께 새로운 기술 습득에 대한 반응 정도를 높이고 문제행동도 줄일 수 있다(Horner, Day, Sprague, O'Brien, & Heathfield, 1991).

또한 활동의 참여 수준을 수정해 주는 부분참여(partial participation)를 고려한다. 부분참여란 장애로 인해 독립적으로 학습활동에 참여하기 어려운 학생을 위해 보조기기를 이용하거나, 다른 사람의 개인적 보조 받기, 기술 계열의 수정을 통해 활동에 참여하도록 하는 방법이다(Baumgart et al., 1982). 다른 사람의 개인적 보조를 받는 것은 과제를 수행하기 위해 교사나 다른 친구의 도움을 받을 수 있도록 요청하는 기술을 지도하는 것도 포함한다. 예를 들어, 손 기능이 저조하여 책장을 넘길 수 없을 때 옆 친구에게 넘겨 줄 것을 요청하도록 교육하는 것을 들 수 있다.

② 교수 전략

교수 전략의 수정은 교수 활동의 맥락에서 교수할 내용의 동기유발을 촉진하고 효과적으로 교수하기 위하여 사용되는 여러 종류의 전략을 포함한다. 이 전략들은 교과의 성격 또는 학생의 학습 양식에 따라 다양하다. 학습활동 참여를 높이기 위한 교수 전략의 예로는 학생의 선호도를 파악하고 이를 존중하는 것, 강화 전략을 활용하는 것 등이 있다.

먼저, 선호도를 평가하고 선택한다. 주어진 교수 상황에서 학생에게 선택을 하도록 하여 선호하는 것을 교수 활동에 반영하는 것은 학생의 수업 참여를 높이는 효과적인 전략의 하나이다(Brown, Belz, Corsi, & Wening, 1993). 학생에 따라서는 특정한 감각자극이나 활동에 선호도를 나타낼 수 있다. 이때 교사는 둘 혹은 그 이상의 자극이나 활동을 동시에 제시한 후 학생이 선택하는 행동과 과정을 관찰하여 선호도를 평가한다(Parsons & Reid, 1990). 학생이 스스로 선택한 활동에 참여했을 때 더 높은 수행률을 보이고, 사회적 회피행동이 덜 나타나며, 문제행동도 감소하므로 체계적인 선호도 평가가 필요하다(박은혜, 한경근 역, 2017).

다음으로, 강화 전략을 활용한다. 강화의 적절한 사용 역시 효과적인 교수 전략의 하나이다. 강화 전략을 사용하기 전에는 몇 가지 유의할 점이 있다. 강화는 개별 학생에게 효과적인 강화자극이 무엇인지를 파악하여 미리 계획하고 일관성 있게 사용해야 한다. 강화자극에 대한 선호도검사는 부모 면담이나 자연적인 상황에서 활동 중에 관찰하여 파악한다(Orelove & Sobsey, 1996). 지체장애 학생의 인지적 · 신체적 장애 때문에 일반적으로 강화자극으로 사용되는 것이 유용하지 않을 수 있다. 또한 관찰을 통해 학생이 선호하는 것으로 파악된 것도 강화의 기능이 크지 않은 경우도 있다. 많은 중도장애 학생들의 경우 감각자극이 강한 강화로 작용하기도 한다. 이에 따라 이들이 보이는 상동행동을 통해 강화자극을 파악하고자 하는 노력이 있어 왔다. 예를 들어, 학생이 상동행동에서 받는 것으로 보이는 감각자극을 분석하여 이와 유사한 자극을 정반응 후에 제공하는 것과 정반응 후 바로 상동행동을 잠시 할 수 있도록 하기(Wolery, Kirk, & Gast, 1985), 상동행동과 관계 있는 사물을 가질 수 있게 하기 등이 있다. 강화를 적절하게 사용하면 학생의 기술 습득 정도를 증가시키며, 기술의 유지에도 도움을 준다. 그러나 강화는 반드시 간헐적인 강화를 통해 점차 소거되어야 한다. 장기적으로는 자연적인 환경 내에 있는 강화로 연결되는 것이 바람직하다. 이는 체계적으로 강화를 줄여 가는 것과 함께 교육계획을 세울 때부터 자연적인 강화를 파악하고 여기에 학생이 주의를 기울이도록 하는 배려가 필요하다.

③ 교수 자료

교수 자료의 수정은 교수 내용에 따른 학습목표에 좀 더 효율적으로 도달하도록

표 7-6   교재교구를 수정해 주는 방법

물체 고정하기

손을 이용하여 사물을 좀 더 잘 쥐고 조작할 수 있도록 해 주는 수정 방법을 말한다. 물체를 움직이지 않도록 고정해 줌으로써 빈약한 손 기능을 이용해서 조작하기 쉽게 해 주는 것으로, 특히 양손의 협응이 어려운 학생에게 필요한 수정 방법이다. 다음과 같은 방법을 사용할 수 있다.

• 비닐 테이프를 이용하여 책상에 학습지나 도화지 등을 고정해 주기
• 책상 위에 대형 클립이나 클립보드를 부착하여 책이나 스케치북 등을 고정해 주기
• 학용품의 한 면에 벨크로의 한쪽 면을 붙이고 책상에 다른 면을 붙여서 물건을 고정시키기
• 책상 위에 논슬립 매트를 깔아 주기
• 책상이나 휠체어 책상 위에 필통이나 필요한 물체를 부착해 주기

경계면 만들기

책상 위의 물건을 손으로 잡으려 할 때 밀려서 떨어지는 것을 방지하기 위해 책상의 가장자리에 경계면을 세워 주어 물체가 떨어지는 것을 방지해 주거나 물건이 섞이는 것을 방지하는 수정 방법을 말한다. 경계면을 제시해 주면 물건을 떨어뜨릴 걱정 없이 좀 더 편안한 마음으로 사용할 수 있기 때문에 학생들에게 유용한 방법이며, 지원인력들의 도움을 줄일 수 있는 방안이기도 하다. 다음과 같이 경계를 만들어 줄 수 있다.

• 책상의 가장자리에 1~1.5cm 정도의 높이를 가진 막대를 붙여 주어 경계면 만들기
• 같은 종류의 물건끼리 정리할 수 있도록 칸막이 해 주기
• 한 칸에 하나씩 넣을 수 있도록 칸막이 해 주기

조작을 도울 수 있는 보조기기 제공하기

소근육 기능이 발달하지 않아서 손가락 하나하나의 분리 동작과 협응 동작이 어려운 지체장애 학생을 위해 학용품이나 장난감, 일상생활용품들을 쉽게 옮길 수 있도록 해 주거나, 학용품 등의 물체가 너무 작거나 가늘어서 잡기 힘들거나 멀리 있어서 잡거나 쥐기 힘든 학생에게 잡을 수 있도록 보조해 주는 장치는 유용하다. 손목의 힘이나 손의 움직임 범위가 제한적인 학생에게도 효과적인 방법이다(Best, Heller, & Bigge, 2010).

- 쉽게 잡을 수 있도록 손잡이 부분을 확대해 주기
- 쉽게 밀 수 있도록 미는 부분의 표면을 넓게 해 주기
- 손가락을 사용하여 가위질을 하지 못하는 경우 손바닥의 힘을 이용하여 눌러서 사용할 수 있도록 표면 제공해 주기
- 적은 힘으로 쉽게 조작할 수 있도록 움직임의 범위를 확장하기 위해 물건에 더 긴 손잡이를 붙이기
- 손목을 쓰는 데 불편함을 줄여 주기 위해서 물건에 크로스바를 붙이기
- 책장을 쉽게 넘길 수 있도록 책장의 오른쪽 하단에 색인표 모양의 손잡이 만들어 주기
- 책장을 쉽게 넘길 수 있도록 책장을 넘길 때 손가락이 닿는 부분에 2~3mm 정도 두께의 스펀지나 폼 보드 붙여 주기
- 크레파스나 매직펜 등 길이가 짧아서 쥐기 힘든 물체를 길이가 긴 막대 등을 이용하여 잡기 쉽게 해 주기
- 장갑의 손바닥 면과 물체의 한쪽 면에 벨크로를 붙여서 쉽게 쥘 수 있고, 한 번 쥔 것은 손이 펴지더라도 쉽게 떨어지지 않도록 해 주기
- 일반적인 연필이나 필기도구, 수저 등의 굵기가 얇아서 손으로 쥐기 힘든 경우에는 막대형 스티로폼 등을 이용하여 손잡이 부분을 굵게 해 주기
- 삼각자, 막대자 등 두께가 얇아서 사용하기 힘든 도구에 손잡이를 부착해 주어 잡기 쉽게 해 주기

하기 위해 필요하다. 교재 · 교구의 수정은 학생의 장애를 고려하여 필요한 교육 자료를 수정하는 것을 말한다. 교재 · 교구를 수정해 주는 방법은 물체 고정하기, 경계면 만들기, 조작을 도울 수 있는 보조기기를 제공하는 방법이 있다.

(4) 교수 내용의 수정

교수-학습 내용을 선정할 때 고려할 점은 가능한 한 독립적이고 덜 의존적이며 모든 생활환경에서의 참여도를 높일 수 있는 기능적인 기술을 교수하는 것이다. 학습의 내용은 생활연령에 적절하고 일반 학생과의 상호작용을 촉진할 수 있는 기술, 미래의 환경에서도 유익할 수 있는 기능, 다른 사람에 의해 더 잘 수용되는 데 기여

하는 활동 중심의 내용을 선정하여 지도한다. 지체장애 학생의 교육 내용 선정은 가능한 한 일반교육과정의 내용과 연관성을 가지고 개별 학생에게 최적합한 교육내용으로 단순화시키거나 기능적인 내용을 보충한 개별화된 교수 내용을 선정한다.

개별화교육은 장애 학생에게 필요한 교육과정을 결정하고, 교육과정의 목표 과제를 분석하여 여러 단계의 작은 부분 과제를 정하고, 과제 분석 내용으로 학생의 기능 정도를 실제 현장에서 평가한 후, 학생이 어려움을 겪는 부분 단계부터 시작한다. 교육과정은 실질적으로 학생에게 필요한 기능 중심의 과제를 정하는 것이 중요하다. 학생이 과제를 학습하도록 도와주는 교사의 보조는 가장 최소한의 양으로 정하고 차츰 줄여 가도록 계획한다. 또한 동기유발을 할 수 있는 교육 자료를 이용하여 가능한 한 실제 현장에서 교육하는 것이 필요하다.

(5) 평가 방법의 수정

평가 방법의 수정은 장애 학생이 학습에 참여하는 과정에서 성공을 경험하고 각 학생을 적절하게 평가하기 위해 측정 방법과 성적 기준 등을 수정하거나 보완하는 것으로, 전통적인 점수 기준의 평가 방법 외에 시험 시간을 연장하거나 대안적인 평가 방법을 이용하는 것을 말한다(국립특수교육원, 2007). 대안적인 평가 방법에는 IEP에 근거한 수행 수준을 평가하거나, 어느 정도의 수준에 도달하면 점수를 주거나, 점수와 상관없이 합격과 불합격의 선을 정하여 평가하는 방법, 최소 성취 기준을 정해 놓고 통과/유급으로 구분하는 방법 등이 있다. 또한 능력(ability), 노력(effort), 성취(achievement)의 세 측면을 모두 평가하여 평균을 내는 다면화된 평가(multiple grading) 방법(박은혜, 1997a)을 사용할 수 있다. 여러 평가자가 점수를 부여하는 공동 평가, 학생 스스로 평가하는 방법, 계약 평가, 포트폴리오 평가 등을 활용할 수도 있다.

가장 많이 사용되는 지필평가의 경우 장애 학생의 특성을 고려하여 시험을 보는 방법에 대한 요령을 미리 교육시키거나 시험지의 구성, 문장 표현 등을 알아보기 쉽게 해 주는 배려가 필요하다. 지나치게 복잡한 문장을 사용하거나 행간이 좁으면 시험 문제를 읽고 이해하는 데 어려움을 초래할 수 있다. 학생이 손을 잘 사용하지 못하여 지필검사를 치를 수 없는 경우에는 구두로 같은 내용의 시험을 치를 수 있도록 한다거나 지원인력을 활용할 수 있으며, 컴퓨터를 이용하여 답안을 작성하도록 할 수도 있다(박은혜, 1997a).

거리의 수정

높이의 수정

넓이의 수정

그림 7-4 규율이나 규칙의 수정

출처: 김정연(2006a). 지체장애 학생을 위한 교육과정. 강원도 중등교육연수원 자격연수자료집.

평가할 내용의 규율이나 규칙을 바꾸어 주는 것도 평가 수정의 한 예이다. 이는 교육 활동에의 참여를 높이기 위해 규칙을 바꾸어 제시하는 것을 말한다. 예를 들면, 신체 기능의 제한이 있는 학생이 고리 던지기 활동을 할 때 성공률을 높여 주기 위해 던지는 거리를 가깝게 조정하여 주거나, 농구대 높이를 조절하거나, 던지기게 임에서 표적판 크기를 확대해 주는 방법 등이다. 이러한 수정은 평가를 할 때도 학생의 성취 수준에 적절한 평가 준거를 제시하여 변화의 정도를 평가하는 데 중점을 둔다(김정연, 2006a).

통합교육 상황에서 학습하는 지체장애 학생의 경우 평가 조정이 도움이 될 수 있다. 평가 조정이란 평가의 본래 목적을 해치지 않는 범위 내에서 문항의 제시 형태, 반응 형태, 검사 시간, 검사 환경 등을 수정하거나 조정하는 등 평가 전, 중, 후에 이루어지는 일체의 노력을 의미한다. 지체장애 학생을 위한 평가 조정 방법의 예로는 ① 환경 조정(독립 공간, 좌석 수정, 학교 외 별도 공간에서 실시), ② 시간 조정(시간 연장, 휴식 제공), ③ 제시 형태 조정(문제 대독, 시험지 확대 복사, 시험지 자간 및 응답란 확대, 문제 유형 수정), ④ 반응 형태 조정(구두 응답, 의사소통판 활용, 컴퓨터 보조입력기기 활용, 보조공학기기 활용, 답안지 이기 요원 배치)을 들 수 있다(교육부, 2021; 국립특수교육원, 2016).

2) 보편적 학습 설계

보편적 학습 설계(Universal Design for Learning: UDL)는 다양한 능력의 학습자가 학업 내용에 접근할 수 있도록 계획하는 절차로, 지체장애 학생을 포함한 모든 학생이 참여하고 배우고 성과를 성취할 수 있는 방법으로 교육과정을 고안하고 처음부터 모든 학생이 참여할 수 있도록 교육환경을 구조화한다.

UDL에서는 지체장애 학생이 최상의 성취를 얻을 수 있도록 다양한 표상 수단의 제공, 다양한 표현 수단의 제공, 다양한 참여 수단의 제공을 강조한다. 즉, UDL에서는 지체장애 학생에게 교육과정 자료를 어떻게 제시할지, 지체장애 학생이 알고 있는 것을 어떻게 표현해 내게 할지, 지체장애 학생의 학습 참여를 어떻게 유지할지를 고려한다. UDL의 세 가지 핵심 원리는 〈표 7-7〉과 같다(Rose & Meyer, 2000).

표 7-7　UDL의 핵심 원리

원리	설명
다양한 표상 수단의 제공	• 지체장애 학생이 선호하는 학습양식을 고려하여 정보를 제시함 • 교재뿐 아니라 영상 자료와 내레이션 제공, 텍스트를 구어로 전환(Text to Speech: TTS)하는 방법 등을 활용함
다양한 표현 수단의 제공	• 지체장애 학생이 선호하는 방식으로 의사를 표현하도록 함 • 필기시험 외 그림을 활용한 평가, 구술평가, 포트폴리오 평가, 면담평가 등을 활용함
다양한 참여 수단의 제공	• 지체장애 학생의 흥미를 유발하여 학습에 참여할 수 있도록 함 • 협동학습, 보조공학, 소집단 및 대집단 활동 등 호기심을 유발하는 방법을 활용함

3) 삽입교수

삽입교수는 가르치고자 하는 기술을 능숙하게 사용할 수 있도록 반복적으로 배울 기회를 제공하는 것이다. 새로운 기술을 가르칠 때는 집중적으로 가르치기도 하지만, 집중적으로 가르치는 방법은 기술이 필요한 상황에서 배운 기술을 활용하고 일반화하는 데에는 효과적이지 못하다. 학생에게 가르쳐야 할 목표 기술이 요구되는 학교 활동과 일과 내에 기술을 분산하여 가르치는 삽입교수는 지체장애 학생이 기술을 습득하고 일반화하는 데 도움을 준다. 예를 들어, 단추 끼우기 기술만을 분리하여 가르치기보다는 미술 시간에 작업복으로 갈아입을 때, 체육 시간에 체육복으로 갈아입을 때 단추를 끼우는 기술을 지체장애 학생에게 가르치는 것이 기술 습득과 일반화에 효과적이다.

4) 또래교수

또래교수는 한 학생이 교수자가 되어 지체장애 학생이 배울 수 있도록 돕거나 특정 기술을 가르치는 것을 말한다. 또래교수는 지체장애 학생이 또래와 함께하며 일반교육과정 활동에 더 잘 참여하게 하는 것은 물론이고, 더 높은 수준의 사회적 상호작용을 촉진한다. 실제 교사, 지원인력과 함께 학습하는 것보다 학생이 또래와 함께일 때 더 많은 상호작용을 보이고, 학업 측면에서도 향상을 보였음을 알 수 있다 (McDonnell, Johnson, & McQuivey, 2008). 지체장애 학생 대상 또래 기반 중재 연구를 고찰한 한 연구에서는 많은 연구에서 또래 기반 중재가 지체장애 학생의 사회적 상호작용과 행복감을 중재 목표로 설정하고 있음을 보고하였다(김나경, 고희선, 정혜림, 박은혜, 2021). 교사가 또래교수를 계획할 때에는 또래를 정기적으로 감독하고 피드백을 제공할 필요가 있으며, 지체장애 학생과 또래 간상호적인 관계와 우정을 촉진시키는 노력도 함께 하는 것이 바람직하다(Janney & Snell, 2006).

3. 지체장애 학생을 위한 교수 전략

지체장애 학생은 인지적 · 신체적 · 의사소통적 제한으로 인하여 가정과 지역사회에서 생활하기 위해 필요한 기술을 익히고 학교에서 다양한 정보와 지식을 학습하는 데 어려움을 겪는다. 그러므로 교사는 지체장애 학생의 다양한 어려움을 고려하여 교육적 결정을 내려야 하고, 다양한 교수 방법과 전략을 활용하여 이들에게 필요한 지식과 기술을 가르쳐야 한다.

지체장애 학생이 다양한 어려움을 보이지만 교사는 "모든 학생은 학습할 수 있다."(Donnellan, 1984)라는 신념하에 가르칠 필요가 있으며, 지체장애 학생이 배우지 못했을 때에는 교사가 사용한 교수 전략이 효과가 없을 가능성을 감안하여 어떻게 해야 가장 잘 가르칠 수 있는지를 고민하고 지속적으로 다양한 교수 전략을 활용하여 가르쳐야 한다. 이때 교수 전략은 필요한 만큼 적절하게, 연령에 적합한 것으로 사용해야 한다.

교사가 지체장애 학생에게 기술을 교수할 때, 기술의 모든 단계를 독립적으로 수행할 수 있도록 가르치면 더할 나위 없이 좋을 것이다. 그러나 지체장애 학생은 그들이 가진 많은 제한으로 인하여 기술의 모든 단계를 스스로 수행해 내기에는 어려움이 있으므로 기술의 모든 단계를 독립적으로 수행해야 할 필요는 없다는 점을 염두에 두고 "부분참여 원리"(Baumgart et al., 1982)를 적용할 필요가 있다. 지체장애 학생이 다양한 환경과 활동에 부분적으로라도 참여하여 기술을 습득할 수 있도록 적절한 교수 전략을 적용한다. 셔츠의 단추를 지원인력이 열어 주거나 칫솔질을 위아래로 못하는 경우에는 전동칫솔을 사용하도록 하고, 서기가 어려운 경우에는 변기에 앉아서 속옷을 내리게 하여 과제의 활동 순서를 변화시킴으로써 지체장애 학생의 활동 참여를 유도할 수 있다. 부분참여를 통해서 지체장애 학생은 또래와의 활동에서 소외되지 않으면서 활동에 참여하는 긍정적인 측면이 있고, 자신의 역할을 수행하는 모습 자체가 지체장애 학생의 사회적 가치 향상에 기여할 수 있다.

다양한 어려움을 보이는 지체장애 학생에게 적절한 교수 전략을 활용하기 위하여 다음의 사항을 고려할 필요가 있다. 첫째, 교사는 다양한 진단평가 방법(표준화된 검사, 면담, 관찰)을 활용하여 지체장애 학생의 수행 자료를 수집하고 분석해야 한다. 그리고 학생의 수준을 정확히 파악하여 적절한 교수 전략을 선정하고 지속적인 점검을 통하여 성과를 확인한다. 둘째, 지체장애 학생의 교육 내용에 대한 학생의 정확한 학습 단계(습득, 유지, 숙달, 일반화)를 파악하여 학생의 학습 단계에 효과적인 교수 전략을 적용한다. 지체장애 학생은 기술을 배운 곳에서만 사용하는 것이 아니고 배운 기술이 필요한 다양한 상황에서 사용해야 하므로 기술의 일반화가 중요하다. 일반화란 기술을 지도한 상황과 다른 환경에서도 기술을 사용하는 것을 말한다. 교사는 지체장애 학생이 다양한 상황에서 배운 기술을 사용하고, 배운 기술을 일반화하고 유지하도록 일반 사례 교수와 자기관리 기술을 활용한다. 셋째, 교수 전략 선택 시 지체장애 학생에게 일관성 있게 적용할 수 있도록 단순하지만 효과적인 전략과 방법을 선택한다. 넷째, 지체장애 학생은 다양한 어려움을 보이므로 특수교사, 일반교사, 물리치료사, 작업치료사, 언어재활사, 부모 등 팀 구성원이 협력하여 전략을 결정할 필요가 있다.

지체장애 학생을 잘 가르치기 위한 다양한 교수 전략에 대하여 구체적으로 살펴보면 다음과 같다.

1) 자기 관리

자기 관리(self-management) 전략은 자기 조절(self-control) 방법으로도 불리며, 기술 및 행동의 일반화에 효과적이라는 것이 여러 선행연구에서 입증되었다(Carter & Hughes, 2005; Chandler, Lubeck, & Fowler, 1992). 자기 관리 방법으로 자기 교수(self-instruction), 자기 점검(self-monitoring), 자기 강화(self-reinforcement)가 있다.

자기 교수는 학생이 자신의 행동을 구어로 지시하며 배우는 것이고, 자기 점검은 자신의 수행을 기록하는 것이다. 자기 점검과 자기 기록을 동일한 의미로 보기도 하고, 자기 기록과 자기 평가를 포함하여 자기 점검으로 간주하기도 한다. 여기에서는 자기 기록과 자기 평가를 포함하여 자기 점검으로 제시하고자 한다. 자기 강화는 학생이 과제를 완성한 후 자신이 받을 수 있는 강화를 선택하는 것을 말한다. 구체적인 자기 관리 전략에 대한 설명은 〈표 7-8〉과 같다.

표 7-8 자기 관리 전략

구분	설명
자기 교수	• 자기가 해결해야 할 과제의 수행 단계를 스스로 말하면서 실행하도록 하는 방법 • 자기 교수는 스스로에게 구어적 촉진을 제공하는 과정으로, 스스로에게 무엇을 어떻게 해야 하는지 이야기하며 과제를 수행하는 방법 • 자기 교수 실행 방법

단계		활동
1단계	인지적 모델링	교사가 먼저 과제의 각 단계를 말하면서 수행하는 시범을 보이고, 학생은 이를 관찰한다.
2단계	외현적 자기 교수 안내	교사는 과제 수행 단계를 말로 학생에게 지시하고, 학생은 과제의 각 단계를 말하면서 수행한다.
3단계	외현적 자기 교수	학생은 과제의 각 단계를 말하면서 수행하고, 교사는 이를 관찰한다.
4단계	외현적 자기 교수 용암	학생은 과제의 각 단계를 조용히 속삭이듯이 말하면서 수행하고, 교사는 이를 관찰한다.
5단계	내재적 자기 교수	학생은 과제의 각 단계를 속으로 말하며(내적 언어) 과제를 수행한다.

자기점검	• 자기 기록과 자기 평가를 통하여 자신의 진도나 행동을 스스로 점검하는 방법(Mathes & Bender, 1997) • 자기 기록은 자신의 행동 발생 유무를 관찰하고 기록하는 방법으로, 자기 행동을 지속적으로 관찰하고 기록하므로 행동에 대한 생각이 더 자주 떠오르는 반동 효과(reactive effect)가 나타나고, 자기 행동에 대한 인식을 높여서 행동이 바람직한 방향으로 바뀌게 됨. 예를 들어, 수업 시간에 소리를 지르는 행동을 보일 때마다 기록표에 빈도를 기록하고 자기가 기록한 결과를 그래프로 그리게 하면 행동 변화를 한눈에 파악하여 더 큰 반동 효과를 볼 수 있음. 자신의 행동 기록 시 부정확하게 기록한 것도 바람직한 행동으로 변화시키는 데 기여하므로 행동을 얼마나 정확하게 기록했는가보다는 학생이 스스로 기록하게 하는 데 초점을 둠 • 자기 평가는 자신이 목표로 하는 행동(예: 나는 숙제를 끝냈는가?)을 보이는지 판단하거나 자신의 행동을 관찰하여 적절하거나 부적절한 행동을 구별하고 자신의 행동이 원하는 수준에 도달했는지를 결정하여 정해진 기준(예: 척도-잘 못했음, 보통임, 잘했음/☹, 😐, 😊)에 따라 자신의 성취를 스스로 평가하는 방법
자기강화	• 자신이 목표로 하는 행동을 성취하였을 때 자기가 선택한 강화를 스스로에게 제공하는 방법 • 목표 행동, 강화를 받을 기준, 강화제는 학생이 스스로 선택하도록 하는 것이 좋지만, 학생이 너무 쉽게 강화를 받도록 기준을 낮게 설정하지 않도록 유의함 • 자기 강화는 "나는 잘했어." "나는 과제를 끝냈어."와 같이 단순한 자기 칭찬부터 본인이 선호하는 강화제를 스스로에게 제공하는 것까지 다양함

2) 일반사례교수

일반사례교수 방법은 다양한 조건과 상황을 대표하는 예를 선택하여 교수하는 방법이다. 이는 일반화가 필요한 모든 범위의 자극과 반응을 포함하는 교육 사례를 사용하므로 기술의 일반화에 효과적이다(Day & Horner, 1986). 지역사회 기술교수에 이 방법을 적용하며, 학생이 기술을 수행해야 하는 구체적인 지역사회의 목표환경자극(instructional universe)을 모두 파악하고 충분한 변별자극과 반응을 경험할 수 있는 적절하고 충분한 환경을 선정하며, 학생이 직면하는 모든 범위의 상황과 자료에 걸쳐 활용할 수 있는 기술을 배우도록 교육한다(박은혜, 한경근 역, 2017). 일반사례교수를 계획하는 6단계는 다음과 같다(Westling, Fox, & Carter, 2015).

(1) 1단계: 교수 영역 정의하기

교수 영역을 정의한다는 것은 학생이 학습한 특정 기술이 수행될 장소, 사람, 조건, 상황과 기술이 필요한 다양한 양식을 교사가 결정하는 것을 의미한다. 교사는 학생이 학습한 기술이 어떤 환경에서 발생하고, 기술이 발생할 장소가 어떤 환경인지, 수용할 수 있는 기술의 유형이 무엇인지를 살펴봐야 한다. 예를 들어, 학생이 물건 사기 기술을 일반화할 수 있는 편의점이 교수 영역으로 고려되어야 한다.

(2) 2단계: 다양한 관련 자극과 반응의 범위를 조사하기

교사는 일반화가 이루어질 수 있는 교수 영역에서 모든 관련 상황 및 조건과 일어날 수 있는 다양한 행동을 고려해야 한다. 교사는 학생의 성공적 수행에 영향을 미칠 수 있는 다양한 환경적 측면과 학생이 다른 자극에 반응하는 방법을 확인해야 한다. 편의점의 예를 들면, 교사는 출입문이 중앙에 있는지 측면에 있는지, 계산대가 편의점의 중앙에 있는지 측면에 있는지, 편의점이 음식을 파는지의 여부를 주의 깊게 관찰해야 한다. 교사는 편의점 내의 중요한 자극과 학생이 자극에 반응하는 방법을 알아두어야 한다. 교사는 관련 자극과 반응을 확인할 때 다음의 다섯 가지를 고려해야 한다. 첫째, 일반적인 자극을 확인하기, 둘째, 목표 반응을 촉진할 수 있는 모든 특징적인 자극을 목록화하기, 셋째, 다양한 자극의 종류를 목록화하기, 넷째, 학생이 반응하는 방법을 정리하기, 마지막으로 예상되는 문제, 오류, 예외적인 상황 목록화하기이다.

(3) 3단계: 교수 사례와 평가 사례 선정하기

이 단계는 관련 자극과 반응의 다양성을 확인하는 단계로, 교사는 가르칠 때 사용할 교수 영역과 평가할 때 사용할 교수 영역 중 여러 개의 예를 선정해야 한다. 이러한 예는 영역 내에 존재하는 조건과 요구되는 모든 행동을 반영해야 한다. 편의점을 예로 들면, 교사는 중앙/측면에 출입문이 있는 몇 군데의 편의점, 편의점의 계산대가 중앙/한쪽에 있는 몇 군데의 편의점, 음식을 파는/팔지 않는 몇 군데의 편의점을 선택한다. 가르치기 위해 교사가 모든 편의점을 선택할 필요는 없지만 중요한 다양한 자극과 반응을 모두 적절하게 대표하는 편의점들로 선택한 후, 가르칠 때 이용할 편의점, 검사할 때 이용할 편의점으로 구분한다. 이러한 편의점은 적절한 자극 상황과 요구되는 행동을 포함해야 한다.

(4) 4단계: 교수할 예들을 순서화하기

교사는 교수를 위해 선정한 적절한 예들을 어떤 순서로 가르칠지 교수 순서를 정한다. 먼저 교수 회기 내에 행동의 다양한 구성요소를 함께 가르치는 것이 필요하고, 가능한 한 많은 예를 가르치고 구별하는 능력을 향상시키기 위해 최대한 유사한 긍정적인 예와 부정적인 예를 나란히 제시한다. 모든 교수 예를 한 회기 내에 가르치기 어렵다면 한 번에 몇 개씩 가르치고, 이미 학습한 예에 새로운 예를 추가하여 가르치고, 일반적인 사례를 먼저 가르친 후 예외적인 경우를 가르친다.

(5) 5단계: 계획한 순서대로 가르치기

이 단계는 다양한 전략(촉진, 시간지연, 용암법, 강화)을 활용하여 계획한 순서대로 예들을 가르친다. 확실하게 일반화하기 위해 적절한 자극을 사용하는 것이 중요하다.

(6) 6단계: 훈련받지 않은 예시로 평가하기

일반화가 이루어졌는지 알아보기 위해 교사는 훈련받지 않은 예시로 학생의 수행을 평가한다.

3) 지역사회 중심교수

교육이 효과적으로 이루어지기 위해서는 실제 환경 내에서의 활동을 강조하고 학생의 학습특성을 고려해야 한다. 활동을 강조한 교육은 일반 학생의 경우에도 중요한 교수-학습 방법이지만 장애 학생의 경우에는 더 중요한 가치를 갖는다. 학생이 교실에 가만히 앉아 수업을 듣는 것보다는 직접 활동에 참여하는 것이 효과적이다. 학생들은 가상놀이를 통해 직접 참여해 봄으로써 자신의 역할을 배우고 어떤 행동이 기대되는지 알 수 있다. 또한 역할활동을 함으로써 다른 사람의 역할을 배우게 되며, 교사의 시범을 보고 그대로 따라해 보며 학습을 하는 것이 기억에 많은 도움이 된다. 그리고 이러한 활동은 가능한 한 일반교육환경에서 직접 참여하여 학습할 수 있도록 하는 것이 중요하다. 이러한 생활 중심 교육이 중요한 것은 구조화된 학교환경보다는 직접 경험을 할 수 있는 환경이 학생에게 교육 기회를 많이 부여하기 때문이며 이러한 이유로 지역사회 중심의 기능적 교육과정이 강조되고 있다(박은혜, 1998a; Sailor, Halvorsen, Anderson, Goetz, Gee, Doering, & Hunt, 1986; Snell, 1993;

Snell & Browder, 1986).

중도의 장애를 지닌 학생의 학습 가능성에 대한 교육적 신념이 높아지고 일반 학생들과 함께 교육받는 통합교육이 확산되면서(Westling & Fox, 2004), 이들의 효과적인 교육을 위한 많은 노력이 이루어지고 있다. 그중 지역사회 중심교수는 전통적인 발달론적 모델에서 벗어나, 기능적이고 장애 학생의 실생활과 보다 밀접하게 연결된 기술들을 가르치고자 하는 생태학적 교육과정이 급속하게 발달하면서(박승희, 1997; 이소현, 1997; Orelove & Sobsey, 1996) 지체장애 학생 교육의 중요한 부분으로 정착되었다. 생태학적 교육과정은 지체장애 학생의 현재와 미래의 환경에서 기능적이면서 의미 있는 내용과 활동, 지체장애 학생의 생활연령에 적합한 기술을 포함한 기능적인 교육과정이다. 기능적 교육과정을 구성하기 위해서는 지체장애 학생이 현재와 미래의 삶을 살아 나가는 데 필요한 기술을 파악하고, 지역사회, 교육, 가정, 여가, 직업 영역 등에서 기능적 교육과정을 구성하는 데 필요한 핵심적인 내용을 결정해야 한다. 이때 생태학적 목록을 활용하여 각 영역과 환경에서 지도해야 할 내용과 기술을 결정한다. 생태학적 목록은 ① 교육과정 영역을 정하고, ② 각 영역에서 현재 및 미래 환경을 확인하고, ③ 환경을 하위 환경으로 구분하고, ④ 하위 환경에서 발생할 활동을 결정하여 목록을 작성하고, ⑤ 각 활동을 하기 위해 필요한 기술을 정하는 과정으로 작성한다(AAIDD, 2010). 이러한 생태학적 목록 작성을 통해 기능적인 생태학적 교육과정이 구성되면 지역사회 중심교수를 통하여 체계적으로 지도한다.

지역사회 중심교수(Community Based Instruction: CBI)와 같이 실제 지역사회 환경에서 지도하는 방법이 일반화를 비롯하여 기술 습득에 효과적이다. 그러나 일반 교육과정 참여와 통합 기회 제한, 안전상의 이유로 실제 지역사회 환경에서 지도하는 것이 어려운 경우 지역사회 참조교수(Community Referenced Instruction: CRI)와같이 지역사회 환경과 유사한 학교 내 시설, 즉 학교 내 매점, 학교 내 카페 등에서 지도하거나 지역사회 모의교수(Community Simulation Instruction: CS, CSI)와 같이 수업시간에 모의수업을 통해 지도하는 경우도 있다.

지역사회에서의 활동은 여러 기술이 연쇄적으로 일어나기 때문에 중도장애 학생들의 완전한 참여는 어려울 수 있으나, 부분참여를 통해 의미 있게 지역사회 기술을 수행하도록 할 수 있다(Baumgart et al., 1982). Baumgart 등(1982)은 이러한 부분참여를 가능하게 하는 방법으로 보조기기 사용하기, 개인적 보조 제공하기, 기술계열 수정하기 등의 방법을 제시하였다.

　부분참여의 원리는 지체장애 교육에 긍정적인 영향을 주었지만, 잘못 적용되는 사례도 많은 것으로 지적되고 있다(Ferguson & Baumgart, 1991). 부분참여 원리가 장애 학생을 수동적인 존재로 인식되게 하거나 생활연령 적합성, 기능적 활동 중심의 교수 원리를 망각하게 하는 오류를 가져올 수 있으므로, 적절히 적용하도록 유의해야 한다. 부분참여의 원리를 적용하는 과정에서 반복되는 오류는 다음과 같다. 첫째, 수동적 참여(연극활동에 참여하는 대신 관찰하는 기회만 제공하는 경우), 둘째, 근시안적 참여로 전반적인 기회를 제공하지 않고 기능적이지 않은 활동에만 참여(마트에서 물건 사기 기술을 가르치는 대신 카트만 밀게 하는 경우), 셋째, 단편적 참여로 부정기적인 참여(수업에 매일 참여하는 대신 3일만 수업을 받고 2일은 치료를 받는 경우), 넷째, 참여기회의 상실로 독립적인 활동에만 치중(국어 수업 시간에 공부하는 대신 다음 수업이 진행되는 컴퓨터실로 워커로 이동하게 한 경우) 등을 들 수 있다.

　지체장애 학생의 경우 지역사회의 활동에 참여하기가 어렵다는 이유로 지역사회 중심교수에서 제외되어서는 안 된다. 지체장애 학생은 지역사회 중심의 교수를 통해 실제 현장을 경험하는 기회를 확대하고, 교통기관 이용하기, 공공기관 이용하기, 지역사회 시설 이용하기, 물건 구매하기 등 일상생활과 사회생활을 하는 데 필요한 기술을 익힌다. 지역사회 중심의 일반적인 교수 절차는 다음과 같다(박은혜, 1998a).

(1) 교수 장소와 목표 교수 기술의 결정

　음식점, 가게, 백화점, 은행 등 실제로 기술을 사용할 지역사회의 환경과 그에 필요한 개별적인 목표는 부모를 포함한 교육팀에서 결정해야 한다. 지역사회 기술은 각 학생들이 현재 혹은 미래에 필요한 기술이기 때문에 각 학생에게 가장 기능적이고 그들의 생활연령에 맞는 기술들을 선정하는 것이 중요하다. Cipani와 Spooner (1994)는 교수 활동 선정 시 고려사항으로, 첫째, 궁극적 기능의 기준, 둘째, 다음 환경의 기준, 셋째, 현재 환경의 기준, 넷째, 기능성, 다섯째, 생활연령 적합성 등을 제시하였다. 궁극적 기능의 기준은 장애 학생이 최대한 독립적이고 생산적으로 활동하기 위해 반드시 습득해야 할 요소를 말한다(Brown, Nietupski, & Hamre-Nietupski, 1976).

(2) 교수할 관련 기술 결정

지역사회에서 특정한 과제를 수행하는 데 필요한 기술 이외에 언어 기술, 사회성 기술, 신체적 기술, 학업 기술 등의 관련된 기술을 교육목표로 정하고 교수 활동 속에 접목시켜서 교수한다.

(3) 교수 계획 작성

선정된 활동과 기술을 습득하고 일반화시킬 수 있도록 교수 계획을 수립한다. 교수 계획을 세우는 첫 단계는 목표 과제의 과제 분석을 실시하는 것이다. 세부적인 과제 분석이 이루어진 후에는 환경 내에 존재하는 자연적인 단서를 파악한다. 즉, 과제의 각 단계를 수행하기 위해 학생이 주의를 기울여야 하는 자극이 무엇인지 판별하여 그 자극이 궁극적으로 행동의 통제자극이 되도록 한다. 그러나 대부분의 경우 처음에는 학생이 이러한 자연적인 단서만으로는 목표 행동을 하지 않으므로 교사가 촉진을 제공하게 된다. 따라서 어떤 촉진을 어떤 체계로 줄 것인가도 교수 계획에 포함되어야 한다. 어떤 촉진을 사용하든 궁극적으로는 환경 내의 자연적인 단서에 의해 학생이 행동해야 하며, 교사의 촉진에 의존하지 않도록 하는 것이 중요하다.

또한 환경 분석에 의해 작성된 과제 분석 단계 중 중도장애 학생이 학습하기가 어려운 경우에는 적절한 대안적 반응 방법을 고안할 수 있다. 인지적·신체적 장애로 인해 일반인과 똑같이 과제를 수행할 수 없을 때 과제를 어떻게 수행하는가 하는 것보다는 과제를 수행하는 기능 자체에 중점을 두어 여러 가지 수정 방법을 활용하도록 한다(박은혜, 1998a). 이러한 경우에 사용하는 수정 방법은 개별화되어야 한다.

(4) 기술의 일반화를 위한 계획

가능한 한 일반화될 수 있는 지역사회 기술을 배우는 것이 학생에게 바람직하다. 즉, 학습한 기술을 다른 지역사회 환경이나 다양한 상황에 적용할 수 있도록 하는 것이다. 중도장애 학생들은 구체적으로 일반화를 위한 계획을 세워 교수하지 않으면 학생에 의한 자발적인 일반화는 잘 일어나지 않는다.

일반화란 학습할 때 있지 않던 자극하에서도 반응을 수행하는 것을 말하며, 자극일반화, 반응일반화, 유지의 세 가지로 나누어 설명되기도 한다(Cipani & Spooner, 1994). 또한 자극의 종류에 따라 환경일반화, 사람일반화, 과제일반화로 나눌 수 있다.

일반화를 증진시키는 방법은 자연적인 결과 이용하기, 충분한 사례 지도하기가 있다. 자연적인 결과 이용하기(introduce to natural contingencies)는 학생이 자연적인 상황에서도 강화를 받을 수 있는 행동을 가르치는 것이다. 학생의 자연적인 환경을 관찰하여 그곳에서 강화를 받을 수 있는 행동을 선정하여 학생이 스스로 강화를 얻을 수 있도록 가르치는 방법이다. 충분한 사례 지도하기(teach enough examples)는 학습에 사용할 사례 중 긍정적인 예와 부정적인 예 등 가능한 한 여러 상황을 포함하는 다양한 예를 교수하여 배우지 않은 새로운 자료, 사람, 환경에서도 수행할 수 있도록 하는 것이다(박은혜, 한경근 역, 2017).

(5) 교수 실시

지역사회에서의 교수는 교실 내에서의 전통적인 수업과는 다른 주의사항이 요구된다.

첫째, 교사와 학생들 간의 상호작용이 가능한 한 지역사회 환경에서 자연스러운 것에 가까워야 하며, 교사의 교수를 위한 촉진을 가능한 한 빨리 제거하여 지역사회 내의 자연적인 단서에 의해 학생이 행동할 수 있어야 한다.

둘째, 한 지역사회 환경에서 한꺼번에 함께 지도받는 학생의 수이다. 교육목표와 관련하여, 보다 자연스러운 모습으로 보이고, 필요 이상의 주의를 끌지 않기 위해서 한 번에 교수받는 학생은 2~3명 정도의 소수 집단이 효과적이다(Wilcox & Bellamy, 1987).

셋째, 얼마나 자주 교수를 실시하는가 하는 문제이다. 기술을 초기에 배우는 단계에서는 적어도 주당 2~3회씩 실시하는 것이 바람직하며, 기술이 습득된 후에는 점차 빈도를 감소시켜서 일반적으로 그 지역사회 환경을 이용하는 빈도에 가깝도록 하되, 기술을 유지시킬 수 있도록 유의한다(Cipani & Spooner, 1994).

넷째, 보조기기의 활용이다. 중도의 지체장애 학생이 수행하기에 너무 어렵거나 배우는 데 너무 시간이 오래 걸리는 기술이 있다면 적절한 보조기기를 이용하여 보다 독립적인 수행을 할 수 있도록 해 준다(Orelove & Sobsey, 1996). 쇼핑할 물건의 목록을 만들어 가는 것은 일반인도 많이 사용하는 보조 방법의 한 예이다. 이 외에도 많은 보조기기를 이용할 수 있으며, 〈표 7-9〉는 이러한 학생들이 활용할 수 있는 보조기기를 포함한 지역사회 중심 활동에 대한 활동 계획서이다.

표 7-9 │ '상점 이용하기'에 대한 지역사회 중심의 활동 계획서

가기 전에 준비해야 할 사항	• 의사소통판을 가지고 현장학습을 갈 것임을 학급의 학생들에게 공지하기 • 가서 겪게 될 일들을 생각해 보고, 상황에 따른 바람직한 행동을 직접 보여 주거나 역할학습을 통해 알아보기 • 학급 학생과 같이 필요한 일들을 계획하기 • 준비물 파악하기 • 역할분담하기 • 필요한 의사소통 도구 준비하기(의사소통책, 스위치, 의사소통용 그림 카드 준비) • 돈 사용하는 방법 연습하기 • 필요한 기관이나 장소에 사전허가 구하기 • 의사소통판에 과일과 채소에 대한 충분한 목록을 준비하기
필요한 준비물	• 사야 하는 물건들의 목록(그림 포함) • "＿＿＿＿＿를 사고 싶어요."라고 쓰여 있는 카드 • 가고, 오고, 또는 휴식 시간 등을 나타내는 시계 그림 • 상점에서 해야 하는 활동을 그림을 활용하여 과제 분석한 학습지 • 학습자의 이름, 학교, 집 주소, 전화번호를 적은 카드 • 사고자 하는 물건 이름을 미리 녹음해 놓은 AAC 기기 • 계산기 • 가격과 이를 나타내는 돈의 그림이 있는 카드
필요한 어휘 목록	• 색깔 목록, 과일 목록, 야채 목록, 부드러워요, 거칠어요, 커요, 작아요, 중간 크기예요, 젖었어요, 차가워요, 위, 아래, 꼭대기, 중간, 바닥, 선반, 냉장고, 비닐봉지, 수레, 계산대, 값(가격), 점원, 열어요, 닫아요, 밀어요, 당겨요, 좋아요, 싫어요 등
필요한 언어 기술	• 같은 종류끼리 묶기(범주화하기), 사물의 이름 알기(사물 명명하기), 모방하기, 문장으로 표현하기, 다른 사람의 말을 듣고 대답하기(대화 주고받기), 화용론적 기술(대화하기)
필요한 소근육 동작 기술	• 카트 사용하기, 문 여닫기, 카트 밀고 다니기, 물건 고르기, 사고 싶은 물건 비닐 봉지에 담기, 계산서를 붙인 물건을 카트에 담기, 계산대에 올리기, 돈 세기, 계산한 물건 장바구니(봉투)에 담기
비고	• ○○ 슈퍼 －전화번호는 000-333-3333 －학교에서 100m 거리에 위치함 －지하 1층에 있으며, 경사로 이용 가능함(경사가 급하여 주의를 요함) －계산대는 세 곳에 위치하며, 휠체어로 이동 가능함 －출입문은 양쪽 미닫이 문임

(6) 교실 내의 수업

모의수업을 포함하여 다양한 교실 내의 수업을 통해 지역사회 중심교수가 더욱 효과적인 학습이 될 수 있도록 도울 수 있다. 직접적인 연습 기회가 부족하거나 특별히 어려움을 보이는 기술에 대해서는 모의학습을 통해 집중적인 연습을 하는 것이 도움이 되며, 모의수업과 동시에 지역사회에서의 실제 교수가 진행되는 것이 효과적이다(김선경, 1998). 모의수업 외에도 지역사회 활동에 대한 역할놀이, 비디오를 이용한 모델링 학습도 효과가 있는 것으로 보고되고 있다(Haring, Kennedy, Adams, & Pitts-Conway, 1987).

4) 새로운 기술 습득을 위한 구체적 교수 전략

교사는 지체장애 학생이 새로운 기술을 습득하고 빠르고 완벽하게 기술을 수행할 수 있도록 지도하기 위해 효과적인 교수 전략을 활용해야 한다. 여기에서는 학생에게 기술을 교수할 때 가장 많이 사용하는 교수 전략 중 촉진과 행동 연쇄, 행동 형성, 과제 분석, 모델링에 대하여 제시하였다. 촉진은 반응 촉진과 자극 촉진으로 구분하고, 자극 촉진은 다시 자극 내 촉진과 가외 자극 촉진으로 구분한다.

(1) 촉진

① 반응 촉진

반응 촉진은 반응 전후에 자연적인 단서 외에 목표 행동의 발생 가능성을 높이기 위하여 추가로 제공되며 점차 제거되는 자극이다.

반응 촉진의 종류로는 구어적 촉진(verbal prompt), 몸짓 촉진(gestural prompt), 모델링 촉진(modeling prompt), 신체적 촉진(physical prompt)이 있다(Miltenberger, 2016). 이러한 촉진을 교사의 개입 정도에 따라 구분하면 가장 덜 개입적인 성격의 촉진은 구어적 촉진이고, 신체적 촉진을 가장 개입적인(intrusive) 성격의 촉진이라고 본다. 〈표 7-10〉은 반응 촉진의 종류에 대한 설명과 예시이다.

반응 촉진은 한 가지만 적용할 수도 있고, 혼합하여 사용할 수도 있다. 촉진은 체계적으로 적용해야 하는데, 일반적으로 사용되는 반응 촉진 체계로는 최소-최대 촉진 체계, 최대-최소 촉진 체계, 점진적 안내가 있다(박은혜, 한경근 역, 2017;

Demchak, 1990). 〈표 7-11〉은 반응 촉진 체계에 대한 구체적 설명과 예시이다.

표 7-10 반응 촉진의 종류

구분	설명	예시
구어적 촉진	교사가 학생에게 어떤 순서로 과제를 수행해야 하는지 방법을 알려 주거나 단서를 말해 주는 방법이며, 학생이 구어적 촉진을 이해하여 반응할 수 있는 수준일 때 사용함	'숟가락으로 식사하기' 지도 시 학생에게 "먼저 숟가락을 손으로 잡으세요."라고 말함
몸짓 촉진	제스처 촉진, 자세 촉진으로도 불리는데, 손 움직임, 손으로 지적하기, 고개 끄덕이기 등과 같은 몸짓으로 학생이 정확하게 행동하도록 이끄는 것임	풀을 사용한 후에 뚜껑을 닫아야 한다는 의미로 뚜껑을 살짝 건드리는 등 학생이 어떤 단계를 언제 수행해야 하는지 알 수 있도록 과제를 가리키거나 건드리는 것을 말함
모델링 촉진	교사가 보여 주는 시범을 학생이 모방하여 따라 하는 것으로 이는 학생이 주의 집중할 수 있어야 사용 가능함	교사가 하나 혹은 여러 단계를 시범으로 보인 후에 학생에게 이를 모방하도록 함
신체적 촉진	교사가 학생의 팔이나 손을 잡고 과제를 완성하게 함	학생이 글씨를 쓸 때 연필을 쥔 학생의 손을 잡고 글씨를 쓰게 함

표 7-11 반응 촉진 체계

구분	설명	예시
최대-최소 촉진 체계 (most-to-least prompt)	가장 개입적인 신체적 촉진에서 가장 덜 개입적인 촉진으로 도움을 감소시키는 방법임	세탁기 작동 방법을 가르칠 때 학생의 손을 잡고 '동작 버튼'을 누르게 하는 신체적 촉진으로 시작하여 점차 신체적인 촉진은 제거하고 "동작 버튼을 누르세요."라는 구어적 촉진으로 학생이 세탁기를 작동하게 하는 방법임
최소-최대 촉진 체계 (least-to-most prompt)	도움을 점차 증가시켜 가는 방법으로서 목표로 하는 반응이 나오지 않을 때 점차 더 개입적인 성격의 촉진을 제공하는 방법임	세탁기 작동 방법을 가르칠 때 "동작 버튼을 누르세요."라는 구어적 촉진으로 시작하여 학생이 바르게 누르지 못하면 학생의 손을 잡고 '동작 버튼'을 누르는 신체적인 촉진을 제공하는 방법임

| 점진적 안내 (graduated guidance) | 신체적 촉진이 요구되는 기술을 교수할 때 유용한 전략으로, 초기에는 학생이 기술을 수행하도록 신체적 촉진을 제공하고 이후 촉진을 감소시키는 방법임 | '컵으로 물 마시기'를 지도할 때 학생의 손 위에 손을 얹어 신체적 도움을 제공하는 것에서 부분적인 신체적 도움 제공, 학생의 손을 살짝 터치하는 약간의 접촉, 교사의 손을 학생의 손에 접촉하지 않은 채 가까이에 두는 그림자 기법(shadowing)을 활용하는 방법임 |

② 자극 촉진

자극 촉진으로는 학생이 정확하게 행동하고 과제를 수행할 수 있도록 자극을 변화시키는 자극 내 촉진, 자극을 추가하거나 단서를 주는 가외 자극 촉진이 있다 (Miltenberger, 2016). 〈표 7-12〉는 자극 촉진에 대한 구체적인 설명과 예시이다.

표 7-12 **자극 촉진의 종류**

구분	설명	예시
자극 내 촉진	자극을 변화	• '부품 조립하기' 과제에서 부품을 끼워야 하는 부분을 노란색으로 칠하기 • 사과와 배를 구분하는 과제에서 "사과 그림카드를 주세요."라고 말하며 사과 그림카드를 배 그림카드보다 학생 앞에 가까이 놓기
가외 자극 촉진	자극을 추가하거나 단서를 제공	• '코끼리와 고릴라 글씨 구분하기' 과제에서 코끼리와 고릴라 글씨 아래에 코끼리와 고릴라 사진을 붙이기 • '적절한 보폭으로 걷기' 활동 시 적절한 간격으로 발바닥 모양을 복도에 붙이기

(2) 행동 연쇄

학생에게 지도해야 하는 과제는 여러 행동이 연속적으로 연결되어 있는데, 단위 행동이 사슬처럼 연결된 것을 행동 연쇄라고 한다. 바지 지퍼를 올리기 위해서는 바지를 다리에 넣어야 하는데, 이처럼 행동 연쇄에서는 이전 순서의 행동이 일어나야만 다음 순서의 행동을 할 수 있다. 행동 연쇄에는 전진 행동 연쇄(forward chaining), 후진 행동 연쇄(backward chaining), 전체과제 제시법(total-task presentation)이 있다 (〈표 7-13〉 참조).

표 7-13 행동 연쇄법의 종류

구분	설명	예시
전진 행동 연쇄	• 과제 분석한 첫 단계의 행동부터 마지막 단계까지 순차적으로 지도	'신발 신기' 과제를 분석해 보면 먼저 신발을 잡고, 신발의 오른쪽, 왼쪽을 구분하여 바르게 맞추는 순서로 연결되어 있는데, 신발을 잡는 행동부터 마지막에 신발의 벨크로 밴드를 붙이는 단계 순으로 지도함
후진 행동 연쇄	• 과제 분석한 마지막 단계의 행동부터 지도 • 매 회기 학생이 과제를 완수하는 경험을 한다는 장점이 있음	마지막 단계의 행동 이전의 단계는 교사가 모두 완성한 상태에서 마지막 단계의 행동을 학생이 해 보게 하고 지도하는 것으로, '신발 신기' 과제에서 신발을 교사가 신겨 주고 마지막 벨크로 밴드 붙이는 행동을 학생이 하도록 지도하고, 그다음에는 이전 단계와 마지막 단계를 학생이 하도록 하는 방법임
전체과제 제시법	• 과제 분석한 모든 단계의 행동을 지도 • 전체 단계의 행동을 모두 지도해야 하므로 너무 길지 않은 과제를 지도할 때 더 적절함	'신발 신기' 과제의 처음부터 마지막 단계의 전체 행동을 학생이 하도록 다양한 촉진 전략을 사용하여 지도함

(3) 행동 형성

행동 형성은 학생이 목표로 하는 행동을 성취할 때까지 목표 행동에 더 가까운 표적행동을 차별강화하며 학생이 새로운 행동을 습득하도록 지도하는 방법이다. 발성이 어려운 중도지체장애 학생에게 지도해야 할 목표 행동이 "아"라고 정확하게 발음하기인 경우, 처음에는 어떤 소리가 나도 강화하고, 그다음에는 "아"와 비슷한 소리(예: "으~" "어~" 등)를 강화하고, 마지막에는 "아"라고 정확하게 발음할 때만 강화를 제공하여 "아"를 정확하게 발성하게 지도한다(이효신 역, 2014).

(4) 과제 분석

과제 분석은 학생이 배워야 하는 과제를 구성하는 하위 단계의 행동을 모두 분석하고 학생에게 가르칠 수 있는 작은 단계로 과제를 나누어 교수하는 방법이다. 학생이 각 단계를 수행하는 것을 관찰하고 학생이 어려워하는 단계가 있다면 그 단계는 더 작은 단계로 세분화하여 지도한다. 예를 들어, '손 씻기'를 지도할 때 '세면대 앞에 가까이 서기-수도의 레버를 내리기-양손을 물이 나오는 곳으로 가져가기-양손을 비비며 손을 물에 적시기-수도의 레버를 올리기-비누갑에 있는 비누를 손으로 잡기-양손으로 비누를 잡고 만지기-비누갑에 비누를 내려놓기-양손을 비벼 비누거품 내기-수도의 레버를 내리기-양손을 물이 나오는 수도레버 아래로 가져가기-양손을 비비며 물에 손을 헹구기-수도레버 올리기'의 순서로 과제 분석하여 지도한다.

(5) 모델링

모델링은 촉진의 한 유형으로도 사용하지만 기술을 가르치기 위해 독립적으로 많이 사용하는 전략으로, 학생에게 정확한 행동이나 기술을 수행하는 것을 직접 보여 주는 방법이다. 교사가 시범을 보여 주면 학생은 이를 관찰하고 따라 한다. 모델링을 제공할 때에는 학생이 기술이나 행동을 모방할 수 있도록 시범을 정확하게 보여 주는 것이 중요하다. 예를 들어, 미술 시간에 '찰흙으로 얼굴 만들기' 방법을 교사가 직접 보여 주거나, 학생이 쉬고 싶을 때 AAC 앱을 활용하여 '쉬고 싶어요.'라는 상징을 누르는 것을 시범 보이는 것을 들 수 있다.

📌 정리

교육과정이란 학교 및 기타 주요한 삶의 요구와 도전을 충족시키는 데 중요한 지식 및 기술 영역이며, 학생들이 일상생활에서 성공적으로 참여하기 위해 필요한 중요한 내용으로 규정된 지식과 기술을 포함한 것이다.

이 장에서는 일반교육과정과 생활 기술 교육과정의 두 가지 교육과정 유형에 대해 살펴보았다. 모든 교육과정 유형에서 학생들의 기대 수준과 참여 가능성에 따라 필요한 정도의 수정은 필수적인 요소이다. 또한 장애 학생의 교육적 요구를 고려하여 교육 목표와 내용, 방법에 대한 적합한 수정은 일반교육과정에의 접근성을 높일 수 있다. 기능적 학업 기술, 일상생활과 지역사회생활의 기술을 강조하는 생활 기술 교육과정 역시 지체장애 학생을 위한 교육과정의 대안이 될 수 있다. 교육과정 유형과 함께 이 장에서는 지체장애 학생의 다양한 교육적 요구를 고려한 교육과정을 지도하기 위해 필요한 교수 전략에 대하여 구체적으로 살펴보았다.

지체장애 학생의 교육적 요구가 교육과정을 통해 충족될 수 있도록 효율적으로 교수 전략을 계획하여 교수해야 한다.

제**8**장

의사소통교육

1. 초기 의사소통 발달

1) 의사소통의 발달

의사소통이란 말, 언어, 몸짓, 얼굴표정, 눈빛 등을 통해 서로 간의 생각이나 감정, 정보 등을 교환하는 것을 의미한다. 음성의 조음을 통한 말소리가 형태적·통사적·의미적·화용적 요소를 포함한 언어로서 전달되고, 전달된 말소리에 대한 지각과 산출이 청각적 경로를 통해 이루어지고, 사람들 간의 사회적 상호작용 안에서 말과 언어를 통한 의사소통을 하게 된다. 언어를 성공적으로 사용하기 위해서는 언어의 소리와 소리 패턴, 단어, 문법, 의사소통을 위해 언어를 사용할 수 있어야 한다.

그러나 지체장애 학생들은 장애로 인해 언어 발달 과정에서 언어를 습득하는 데 어려움을 겪게 된다. 김영태(2003)는 아동들의 초기 어휘 발달의 특성을 다음과 같이 설명하였다. 첫째, 초기 어휘는 아동의 경험과 관련이 많아서 소극적인 관찰보다는 적극적으로 직접 조작해 본 사물에 대한 낱말을 먼저 배운다. 둘째, 상태를 나타내는 낱말보다는 행동이나 조작과 관계되는 낱말을 먼저 습득한다. 즉, 형용사나 부사보다는 동사를 먼저 습득하며, 동사 중에서도 눈으로 그 변화를 직접 관찰하거나 조작 가능한 낱말을 더 먼저 습득한다. 셋째, 의사소통적인 기능이 높은 낱말을 먼저 습득한다. 예를 들어, "비켜(요)." "싫어(요)."와 같은 말을 표현할 경우 싫어하는 상황에서 곧바로 벗어날 수 있기 때문에 의사소통적인 효과가 크다. 이러한 초기 언어 발달 과정의 특성들은 아동의 자발적인 신체 움직임을 통해 환경적 접근이 가능해야 발달할 수 있다. 지체장애 학생의 경우 신체의 장애로 인한 사물 및 환경 접근의 제한으로 인해 의사소통 기술을 발달시킬 기회가 제한적이기 때문에 자연스러운 환경에서 의사소통 기술을 습득하는 데 어려움이 있다.

지체장애 학생의 언어 발달을 위해서는 의미론(semantics), 음운론(phonology), 형태론(morphology), 구문론(syntax), 화용론(pragmatics) 등 언어의 모든 영역에서의 발달이 필요하다.

의미론 측면에서 구어를 사용하지 못하는 경우 자신이 어휘를 스스로 표현할 수 없고, 대화상대자 등의 성인에 의존하여 표현하게 된다(Beukelman, Jones, & Rowan, 1989; Nelson, 1992). 이러한 과정은 말하고 싶은 어휘를 필요한 상황에서 자유롭게 사용하거나 경험할 수 있는 기회를 제한하여 어휘의 발달을 제한한다.

　음운론은 언어의 소리 체계를 의미하는 것으로, 소리의 강약, 억양, 발음 등이 포함된다. 음성기관의 마비로 인한 뇌성마비 학생의 경우에는 구어를 사용하지 못하여 음운론 발달이 지체되는 경향이 있다. 구어 능력의 결함이 있을 경우 언어의 소리 규칙을 이해하기 어려워 음운론적 인식(phonological awareness)과 음소 변별 과제에 대한 능력이 지체될 수 있으며, 적절한 중재가 제공되지 않으면 음운론적 면에서의 어려움을 갖게 된다.

　또한 직접 구어를 사용하지 못하기 때문에 형태론적 발달도 지체될 수 있다. 구어를 사용하지 못하는 경우에는 의사소통의 속도를 빠르게 하기 위해 정확성보다는 효율성을 선택한다(Light, Collier, & Parnes, 1985). 상대방에게 의사를 빠르게 전달하기 위해 과거나 미래를 나타내기 위한 형태소, 조사 등의 정확한 문장 구조의 표현을 생략하여 문법적 형태론에 어려움을 초래할 가능성이 높다.

　구문론 측면에서의 어려움은 매우 다양하게 나타난다. 구문론은 의미 있는 구와 절 그리고 문장을 형성하기 위해 단어가 배열되는 방식을 말한다. 의사소통장애가 있는 지체장애 학생들은 문법적으로 정확한 순서로 단어를 배열하여 문장으로 표현하거나 문법의 규칙을 이해하고 표현하는 것을 어려워한다. 이들의 언어 표현은 대부분 자발적이거나 유도된 상황에서 한 단어 혹은 두 단어로 이루어진 메시지가 대부분을 차지한다. 단어 표현의 순서에도 어려움을 겪으며, 동사 등 대화에서 자주 사용하는 단어를 생략하는 경우도 많다. 예를 들어, "밥 먹을래요."라고 말할 상황에서 "밥"만을 말하는 경우가 그 예이다. 또한 단순한 단문을 사용하는 경우가 대부분이다(Light, Collier, & Parnes, 1985).

　음성기관의 마비로 인한 뇌성마비 학생의 경우에는 말소리와 기능을 향상시키는 것만으로는 의사소통의 어려움을 해결할 수 없다. 가능한 한 실제 맥락에서 화자와 청자에 의해서 사용되는 말의 기능을 학습할 수 있도록 화용론적 관점에서의 의사소통 지도가 필요하다. 화용론은 의사소통을 효율적으로 하기 위해 언어를 적절하게 사용하는 규칙을 말한다. 화용론은 사회언어적 지식(sociolinguistic knowledge)을 포함하는데, 모든 문화에는 언어가 어떻게 사용되어야 하는지에 대한 규칙이 있기 때문에 실제 사용되는 대화를 통한 의사소통 지도가 필요하다.

2) 의사소통의 의도성

　의사소통이란 두 사람 또는 그 이상의 사람들 사이에서 태도와 생각, 사실과 정보를 전달하고 교환하는 상호 과정이다. 대부분의 사람은 언어를 사용하여 의사소통을 하지만 다수의 지체장애 학생은 언어 외에도 매우 다양한 방법으로 의사소통을 시도한다. 발성이나 구화와 같은 음성적인 방법이나 몸짓, 얼굴 표정과 같은 비음성적인 방법을 사용하거나 음성적·비음성적인 방법을 복합적으로 사용하기도 한다. 이러한 의사소통 방법 역시 의사소통의 기능을 가지고 있으며 다른 사람을 향해서 이루어진다는 측면에서 의사소통 행위라 할 수 있다. 그러므로 지체장애 학생의 의사소통은 전통적인 방식인 말(speech)과 언어(language) 외에 좀 더 확장적인 의미로 생각해야 한다.

　대부분의 사람은 언어를 사용하여 커다란 불편 없이 의사소통을 할 수 있기 때문에 때때로 언어를 유일한 의사소통 양식으로 생각하기 쉬우나, 상황에 따라서는 음성언어, 문자언어, 손짓이나 얼굴 표정과 같은 손짓기호 등 다양한 형태의 언어를 통해 의사소통을 하게 된다(김정연, 박은혜, 2007). 일반적으로 가장 기본적이고 편리한 의사소통 방법은 말을 통한 것이지만 언어로 의사표현을 하지 못하는 장애 학생은 실제로 말 이외에도 여러 가지 비언어적인 수단을 사용하여 상대방에게 의사를 전달하거나 상대방의 의사를 수용한다(Seigel & Cress, 2002).

　의사소통의 발달단계는 3단계로 나누어 볼 수 있다(박은혜, 한경근 역, 2017). 첫째, 전의도적 단계(prelocutionary)이다. 이 단계는 학생이 자신의 의도를 정확하게 표현하지 못하므로 대화상대자가 학생이 표현하고자 하는 의도를 주도적으로 해석해야 하는 단계이다. 이 단계에서 교사는 학생이 흥미 있어 하는 사물을 이용하여 공동 관심이나 상호 관심을 형성할 수 있도록 유도한다. 교사와 학생이 같은 사물이나 활동에 집중하고 있거나 학생과 교사가 서로를 바라볼 때 교사의 일관성 있는 피드백은 학생의 의도를 유도할 수 있다. 둘째, 의도적인 비구어 단계(illocutionary)이다. 이 단계는 학생이 정확한 발음의 구어는 아니지만 관습적인 몸짓이나 부정확한 발음 혹은 일정한 행동이나 몸짓 등으로 표현하는 단계이다. 셋째, 의도적인 상징적 의사소통 단계(locutionary)이다. 구체적인 의도를 가지고 상대방을 향해 단어나 기타 상징체계를 사용하여 지적하거나 표현하는 단계이다.

3) 의사소통의 형태

(1) 비상징적 의사소통

비상징적 의사소통은 전 연령에 걸쳐 의사소통하기 위한 몸짓, 얼굴 표정, 신체 움직임, 눈짓, 소리 내기, 비형식적 행동, 문제행동, 기타 상징적 의사소통 체계가 아닌 의사소통 표현을 포괄한다(Buekelman & Mirenda, 2005; Wetherby, Prizants, & Schuler, 2000). 지적장애를 중복으로 가진 지체장애 학생은 철자나 낱말을 이용하여 의사소통을 할 정도의 문해력을 갖지 못해서(Sturm & Clendon, 2004), 임의의 동작이나 음성(vocalizations), 얼굴 표정 등 정형화되지 않은 개인적인 표현 방법에 국한된 의사소통을 하며(Seigel & Cress, 2002), 상황에 따라서 음성, 손짓이나 얼굴 표정과 같은 손짓기호 등 비상징적 의사소통을 한다.

목소리로 내는 발화나 발성도 비상징적 형태의 하나이다. 얼굴 표정이나 눈빛 등으로 느낌이나 정서를 표현하기, 피부 접촉이나 만지기, 살짝 손을 대는 등의 촉각적 접촉, 기대기, 몸 젖히기, 흔들기 같은 신체 움직임, 사지나 몸의 일부만을 사용하여 표현하는 몸짓이 모두 포함된다. 지체장애 학생은 근육의 긴장도만으로도 의사표현을 할 수 있다. 신체 접촉에 대해 몸을 움츠리거나 갑작스러운 자극 및 다른 사람의 접촉과 목소리에 대해 근육의 긴장도를 변화시키는 것만으로도 의사표현이 가능하다. 그러나 이러한 비상징적 의사소통 방법은 의사소통의 기능을 가지고 있으나 의사소통의 효과성, 상호작용의 질적인 측면에서는 매우 제한적일 수밖에 없다(박은혜 외, 2017). 그러므로 아동 초기에 의사소통 수단이 발달하기 전에 의사를 표현하기 위해 나타나는 신체의 일부분이나 발성이나 얼굴 표정, 몸짓, 눈짓 등의 비상징적 의사소통 방법을 확장시켜 나가거나 도구체계를 학습할 수 있도록 해야 한다. 지체장애 학생들의 비상징적 의사소통 방법으로 사용될 수 있는 유형은 〈표 8-1〉과 같으며, 〈표 8-2〉는 비상징적 의사소통 방법을 사용하는 지체장애 학생에게 교육을 통해 상징적 의사소통 방법으로 확장시킨 지도 사례이다.

유형	의사소통 방법
발성	• 타인의 주의를 끌기 위한 소리 내기 • 웃음, 울음, 옹알이 소리
표정	• 익숙한 사람, 사물, 사건에 대한 반응으로 웃기, 미소 짓기 • 찡그림
방향성	• 주의를 끌기 위한 응시, 지적 • 시선 회피, 시선 이동
멈추기	• 움직임의 멈춤 • 차례 기다리며 멈춤
접촉, 유도	• 손으로 잡기, 당기기, 밀어내기, 가벼운 터치 • 몸으로 밀기, 바닥에 드러눕기
물체를 이용한 표현	• 물건 등을 떨어뜨리기, 밀쳐 내기, 잡기, 만지기, 뻗기, 기대기 등
자세 취하기	• 손 내밀기, 기대기, 다가가기, 옆에 서 있기
일반적 몸짓과 행동	• 손 흔들기, 고개 끄덕임 • 행동을 흉내 내는 몸짓, 손 모양으로 묘사하기
공격적 자해행동	• 때리기, 할퀴기, 물기, 침 뱉기 • 물건을 던지거나 파손하기 • 자해하기

표 8-1 비상징적 의사소통 유형과 방법

표 8-2 비상징적 의사소통 방법을 사용하는 학생의 지도 사례

정우는 뇌성마비 경직형 사지마비로 진단받은 초등학교 1학년 학생이다. 근 긴장도가 높아 스스로 할 수 있는 활동이 매우 제한적이며, 의사소통장애와 높은 근 긴장도로 인해 구어 사용이 어렵다. 또한 고개를 끄덕이거나 좌우로 저어 '예/아니요'를 표현하기는 하나 정확한 구별이 어렵다. 속도는 느리지만 상징 간 거리를 20cm 정도 떨어뜨린 그림판을 제시해 주었을 때 경직된 왼손으로 지적할 수 있다. 그러나 정확성이 매우 낮으며, 대화상대자가 잘못 알아들으면 소극적인 태도를 취하며 더 이상 표현하기를 거부한다.

부모와의 상담을 통해 정우의 강점은 욕심이 많아 다른 친구들보다 더 잘하려고 하는 의욕이 높다는 것, 그리고 정확하지는 않으나 집에서는 눈 응시 방법으로 자신의 요구를 표현한다는 것을 알게 되었다. 눈 응시 방법은 정우에게 최소한의 신체적 노력을 요구하는 유용한 방법이다.

학생의 의사소통 방법을 찾아내고 교실 내에서 사용하는 것은 학습보다 선행되어야 하는 필수적인 단계이다. 교사는 먼저 정우에게 '예/아니요'가 녹음된 2개의 버튼으로 된 AAC 기기의 사용을 시도하였다. 대화의 주제나 내용을 좀 더 확장하기 위해 메뉴판과 같은 그림 의사소통판을 사용했다. 정우가 눈으로 의사소통판의 그림을 응시하면 대화상대자가 제대로 알아들었는지 확인하기 위해 "더 읽어 달라고 한 거야?" 하는 식의 메시지를 확인하였다. 정우는 AAC 기기의 '예/아니요' 버튼을 눌러 답하게 하였다. 이렇게 찾아낸 방법은 정우가 교실에서 적극적으로 학습에 참여할 수 있게 해 주었다.

의사소통장애 학생들은 어머니가 아닌 다른 사람과의 대화에 익숙하지 않을 뿐더러 타인에 대한 신뢰가 생기기 전에는 대부분 말문을 열려 하지 않는다. 그러나 어머니하고만 통하는 의사소통 방식은 반드시 일반화되어야 한다. 학생의 의사소통 기술을 확장하기 위해서는 부모와의 협력이 중요하다. 눈 응시와 2개 버튼 AAC 기기의 사용은 정우가 여러 대화상대자와도 소통할 수 있도록 해 주었다. 부모와 가족 외에 담임교사, 교과담당 교사 그리고 친구들과의 대화도 가능하게 해 주었다.

(2) 상징적 의사소통

상징적 의사소통 체계에는 구어, 수어 및 손짓기호(예: 손담), 사진과 그림, 실물이나 만질 수 있는 상징(tangible symbol), 그래픽 상징 등이 포함된다. 가장 일반적인 상징적 의사소통은 말이다. 말이란 발성기관의 움직임에 의해서 만들어지는 독특한 소리와 소리의 합성으로 이루어지는 의미 있는 언어체계이며, 의사소통을 위해 가장 일반적으로 사용되는 전통적인 상징체계이다. 수어는 청각장애인의 수어 외에 베이비 사인과 같이 손과 팔, 신체의 일부분을 사용하여 표현하는 체계이다. 사진과 그림은 시각적인 이미지나 표상을 나타낸 것으로 학령기 장애 학생이 사용하기 용이한 상징적 체계이다. 실물이나 만질 수 있는 상징은 활동이나 물체를 나타내는 축소형 사물, 실물의 일부분 등을 의미하며, 그래픽 상징은 언어체계로 개발된 상징[예: 한국형그림의사소통상징(http://symbol.ksaac.or.kr/searchsymbols/index.jsp), 블리스 상징, 리버스 상징 등]이 해당된다. 상징체계에 관한 자세한 내용은 '제9장 보완대체의사소통(AAC)'을 참고하기 바란다.

지금까지 비상징적 의사소통과 상징적 의사소통에 대해 알아보았다. 최종적으로 어떤 것이 가장 효율적인 방법이며 어떠한 결정을 내려야 할지는 매우 어려운 문제이다. 구어를 사용한 의사소통 방법이 가장 일반적인 방법이지만 학생의 언어가 친숙한 사람은 이해할 수 있으나 다른 사람들이 알아듣기 힘들다면, AAC 방법의 사용을 고려해야 한다.

뇌성마비 학생은 대화상대자, 환경과 상황에 따라 사용하는 의사소통 유형이 다양하다. 구어의 명료도가 떨어지는 경직형 뇌성마비 학생의 경우 가족과 같은 익숙한 대화상대자와는 제한된 몇 개의 어휘, 제스처, 눈 응시만으로도 소통이 가능하다. 그러나 교실 수업에서는 부정확한 발음 때문에 음성출력이 되는 AAC 기기를 사용하는 것이 효과적이다. 운동장이나 체육관 활동에서는 AAC 기기를 휴대하기 불편하기 때문에 제스처나 그림카드를 사용하는 것이 적합하다. 이러한 경우 의사소통 방법을 하나의 방법만으로 결정하는 것은 비효율적이다.

의사소통 방법은 하나의 방법을 선택하기보다는 개별 학생의 의사표현과 소통의 효율성을 고려하여 필요한 경우 구어를 이용한 의사소통의 지도 외에 다양한 양식의 사용을 허용하는 접근이 이루어져야 한다. 뇌성마비 학생의 의사소통 지도는 학생이 가지고 있는 모든 잔존 능력, 즉 구어, 발성, 제스처, 수어, 도구를 사용하는 의사소통 방식을 포함하여 지도하는 것이 효과적이다. 의사소통은 쌍방 간의 소통이며, 적절한 시간 내에 정확하게 표현하는 것이 의사소통의 성패를 좌우하기 때문에 비상징적·상징적 의사소통 양식 중 상황에 더 적합한 양식체계를 사용할 수 있도록 지도한다(Romski & Sevcik, 2005). 이러한 다중양식체계(multimodal system)를 활용한 AAC 방법은 뇌성마비 학생들의 의사소통 효율성을 높일 수 있다.

표 8-3 다중양식체계 사용의 예

태우는 뇌성마비 경직형 양마비로 초등학교 6학년에 재학 중이다. 워커를 이용하여 독립보행을 하며, 식사, 착탈의, 용변 처리를 스스로 할 수 있으나 사회적 기술이 부족하여 친구들이나 다른 사람과 어울리지 못하여 늘 혼자 있는 모습이 관찰되었다. 저시력으로 인해 안경을 착용하며 청력 손상으로 인해 보청기를 착용하고 있으나, 보청기 적응 훈련이 되지 않았기 때문에 착용하는 것을 거부하고 있는 상태이다. 이러한 여러 가지 장애로 인해 외부 자극과 환경에 대한 관심이 부족하며, 대인관계 역시 문제가 있는 것으로 파악되었다.

그러나 태우는 소리 내기나 몸짓, 손짓을 통해 본인이 원하는 것을 표현하기는 하지만 정확하지 않다. 또한 한 번 표현한 것을 대화상대자가 알아듣지 못하거나 수용되지 않으면 바로 손등을 물거나 머리를 쥐는 등 자해행동을 나타냈으며, 이러한 불만이 누적되어 같은 학급의 급우에게 공격행동으로 표출되곤 한다.

의사소통 방법을 찾기 위해 우선 언어 능력을 고려하여 현행 수준에 적절한 방법으로 몇 개의 그림카드를 이용하고자 계획하였다. 교실환경에서 자주 사용하는 요구하기와 관련된 그림카드를 책상에 부착하여 지적하는 것으로 시작하였다. 그러나 시지각적인 문제로 작은 그림을 변별하지 못하여 별다른 성과를 보이지 않았다. 이러한 시행착오를 통해 책상의 네 모퉁이에 각각의 그림상징을 붙이고 그림카드의 위치에 따라 변별할 수 있도록 하였다.

태우는 여러 가지 색을 이용하여 색칠을 하고 색종이로 만들고 붙이는 작업에 대한 선호도가 특별하게 높았기 때문에 커다란 그림상징을 직접 만들고 그 그림이 뜻하는 것을 경험하는 활동을 통해 몇 개의 상징을 익힐 수 있었다. 그러나 태우는 워커를 이용하여 이동하므로 손에 무엇을 들고 다니거나 카드를 소지하고 다니는 것은 상당히 번거로운 일이었다. 이러한 어려움으로 교실 외의 장소에서는 다른 적절한 의사표현 방법이 필요했고, 자연스럽게 교실에서 사용하는 각각의 그림상징을 대체할 만한 손짓기호를 사용하게 되었다. 이 역시 처음에는 교사가 그림카드를 제시해 주고 그와 연계하여 손짓기호를 사용하여 그 뜻을 이해할 수 있도록 지도하였다.

의사소통 방법을 시도하면서 태우의 연간 IEP 목표는 의사소통 기능 측면을 더욱 강조하게 되었다. 장기 목표는 실활에서 필요한 말을 표현할 수 있는 것으로 설정하였고, 단기 목표는 주어진 과제를 끝냈을 때 "다 했어요."를 표현하기, 좋아하는 물건을 찾아 지적하여 표현하기, 먹고 싶은 것을 지적하여 표현하기, "화장실에 가고 싶어요."라고 자발적으로 표현하기, 도움이 필요할 때 "도와주세요."라고 표현하기 등을 목표로 설정하고 지도하였다. 물론 그림상징과 손짓기호를 학생의 주변 사람들과 공유하고 가정과의 협력을 위해 교실뿐만 아니라 학생을 지도하는 교과 교사 및 친구들에게도 소개하고 같이 사용하도록 하였다.

가장 큰 효과 중 하나는 교실 내에서 늘 이방인처럼 겉돌고 있던 학생을 한 학급의 구성원으로 받아들인 친구들의 인식 변화라 할 수 있으며, 둘째는 자신의 의사가 다른 사람에게 수용되지 못하는 데에서 오는 공격행동, 자해행동 등 문제행동의 빈도가 급격히 낮아졌다는 것이다. 태우가 사용하는 그림상징과 손짓기호는 교사와 학급 구성원 모두에게 한 친구의 숨겨진 모습을 새롭게 발견하게 해 주는 계기가 되었다.

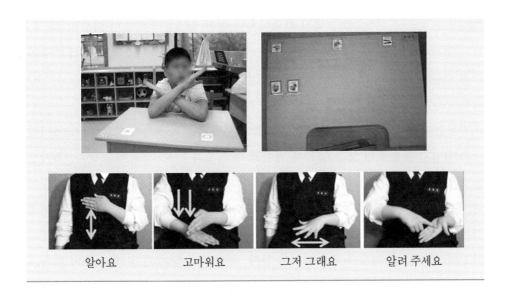

| 알아요 | 고마워요 | 그저 그래요 | 알려 주세요 |

4) 의사소통의 목적과 기능

의사소통의 주요 목적은 원하는 것과 필요한 것을 충족시키는 수단으로써 주변사람의 행동을 변화시키고 주변 환경과 상호작용하며 자기의 생각과 느낌을 표현하고자 하는 데 있다. 이러한 의사소통 목적의 중요성은 생애주기에 따라 변화한다. 영아기(infants)에는 원하는 것과 필요한 것을 표현하고 사회적인 친밀감을 위해 의사소통을 하며, 유아기와 학령전 아동기(toddlers & preschoolers)에는 원하는 것과 필요한 것을 표현하고 사회적인 친밀감을 개발하기 위하여 의사소통을 하지만 영아기 때 사용된 기법과 다른 방법들을 사용한다. 이 시기에는 기본적으로 필요한 것과 원하는 것을 표현하는 것과 좀 더 선호하는 것과 영향력을 미치는 표현이 대부분이다.

그러나 학령기 아동기에는 원하는 것과 필요한 것에 대한 의사소통을 독립적으로 실행하면서 표정과 몸짓을 통해 다른 사람과의 상호작용을 증진시킨다. 또한 사회적 친밀감의 욕구가 강해지므로 타인과의 경험을 공유하고 정보를 교류하기 위한 의사소통 욕구가 신장되는 시기이므로 형식적인 학교교육을 통해 정보 공유 목적의 의사소통과 사회적인 에티켓에 대한 기대가 증가하게 된다.

청소년기에는 정보를 공유하려는 요구가 증가하여 학교교육과정에 따라 지식을 확장하도록 요구되기도 한다. 이 시기에는 또래와의 사회적인 친밀감 형성과 더불어 사회집단에서의 소속감 확장과 좀 더 독립적인 성취를 위해 의사소통이 요구되며(Light & Binger, 1998), 학교에서 이루어지는 수업 중에도 적극적인 의사표현을 통한 수업참여가 요구되는 시기이다. 각 시기마다 요구되는 의사소통의 목적이 달라지기 때문에 장애 학생 개개인에 맞는 적절한 의사소통 방법의 지도는 이들의 성공적인 통합과 학교생활을 위해서라도 필수적인 부분이다.

지체장애 학생들의 의사소통교육은 구어 사용만을 목적으로 하는 것이 아니라 다른 사람과 소통하며 모든 활동에 참여할 수 있도록 하는 데 목적을 둔다. 의사소통 교육의 궁극적인 목표는 학생의 전반적인 의사소통 기능을 길러 주기 위한 것이다. 지체장애 학생들은 현재의 의사소통 의도가 낮거나 의사소통 형태가 비구어적이거나 상관없이 그들이 가지고 있는 의사소통 능력으로 자신의 의사를 표현하고 타인과 소통할 수 있도록 교수되어야 한다. 따라서 다음과 같은 여러 가지 의사소통 기능을 지도해야 한다. ① 인사 및 여러 가지 사회적 일상의 표현(만남과 헤어짐을 인식하는 행동이나 말), ② 설명하기(사람, 사물, 사건에 대한 정보를 명명하거나 기술하거나 제공하는 행동이나 말), ③ 자신에 대한 주의집중 요구(일반적·사회적 목적 또는 후속의 의사소통 기능에 대한 예고를 위하여 상대방의 주의집중을 끌어내는 행동이나 말), ④ 요구하기(상대방에게 사물, 행위, 정보 등 도움을 청하거나 부탁, 지시하는 행동 또는 말), ⑤ 질문하기(상대방이 제공하는 허락, 정보, 확인을 얻기 위한 행동이나 말), ⑥ 수용하기(상대방이 제공하는 사물, 행동의 수용을 나타내는 행동이나 말), ⑦ 저항·거부하기(원하지 않는 사물, 행동을 사양, 반대, 거절하는 행동이나 말), ⑧ 감정 표현하기(자신의 상태나 느낌 등을 나타내는 행동이나 말) 등이다.

2. 지체장애 학생의 의사소통교육

1) 지체장애 학생의 의사소통 특성

대부분의 뇌성마비 학생은 운동장애와 수반된 언어적·지각적 문제로 인해 말과 의사소통 장애를 가지고 있다. 뇌성마비 학생은 음성기관 및 혀의 움직임 결함과 안면, 후두, 호흡 근육의 마비로 말과 의사표현의 어려움을 갖는다. 뇌성마비 학생은 신체 기능의 문제로 발성, 발어 장애를 일으키며, 조음기관까지 마비되는 경우가 많다. 또한 신체 기능의 제한으로 환경과의 상호작용이 제한되고 그로 인한 다양한 경험 획득이 어렵다. 의사소통에 결함을 갖는 것은 사회적 기술 발달에 부정적인 영향을 끼치며, 언어의 사회적 유용성을 경험할 기회를 갖지 못하게 된다. 그러므로 의사소통을 하지 못하는 학생은 문화 체계에 적응하지 못하여 소외되기 쉽고, 학습 면에서도 의존성이 생기고 점차 수동적인 행동양식을 나타낸다.

뇌성마비 학생의 언어 특성은 운동장애 유형에 따라 다르게 나타난다. 경직형 뇌성마비 학생은 근육의 긴장도가 높고 갑작스러운 경직으로 발성에 어려움을 나타내며 대부분 의사소통의 어려움을 갖는다. 경직성으로 인해 호흡이 불규칙하여 폭발적인 발성으로 인해 말소리가 끊기는 형태로 나타난다. 말할 때의 호흡이 일정하지 않기 때문에 말소리가 생략되거나 연달아 발음되거나 왜곡된다. 억양이 없거나 단조로우며 급속하게 이루어진다. 음성의 음질은 목쉰 소리, 후두음, 협착음이 될 수 있고 과비음이 나타난다. 노력하여 힘들게 말을 하므로 후두부에서 쥐어짜는 듯한 소리가 특징적이며, 음성의 크기나 높이를 조절하기 어렵다. 불수의운동형 뇌성마비 학생은 가벼운 경우에는 가벼운 조음장애만을 보이나 심한 경우에는 말을 전혀 할 수 없다. 말소리는 호흡의 문제와 과도한 불수의 움직임 때문에 왜곡된다.

2) 장애 학생의 의사소통 권리

「UN 장애인권리협약(United Nations Covention on the Rights of Persons with Disabilities: CRPD)」은 장애인의 권리와 존엄성을 증진하고 보호하기 위한 포괄적이고 통합적인 국제협약이다. UN 장애인권리협약에는 장애인의 모든 인권과 기본적인 자유를 완전하고 동등하게 향유하도록 증진, 보호 및 보장하기 위해 의사소통 권리를 보장하고 있다. 이 협약에서는 '의사소통'을 문어 · 음성언어 · 단순언어, 낭독자 및 접근 가능한 정보통신 기술을 포함한 AAC의 방식, 수단 및 형식뿐만 아니라 언어, 글자 표시, 점자, 촉각을 통한 의사소통, 대형 인쇄, 접근 가능한 멀티미디어를 포함하는 것으로 정의하였다.

의사 및 표현의 자유와 정보 접근권에 관한 제21조에서는 선택할 수 있는 모든 의사소통 수단을 통하여 장애인이 다른 사람과 동등하게 정보와 사상을 구하고, 얻으며 전파하는 자유를 포함한 의사 및 표현의 자유를 행사할 수 있도록 모든 적절한 조치를 취해야 함을 언급하였다. 여기에는 다음의 사항이 포함된다.

- 일반 대중을 위한 정보를 다양한 장애 유형에 적합하게 접근 가능한 형식과 기술로 장애인에게 시의적절하고 추가 비용 없이 제공할 것
- 장애인의 공식적인 교류에 있어 수어, 점자, AAC, 그리고 장애인의 선택에 따른 의사소통의 기타 모든 접근 가능한 수단, 방식 및 형식의 사용을 수용하고 촉진할 것
- 인터넷 경로를 포함하여 일반 대중에게 서비스를 제공하는 민간 주체가 장애인에게 접근 및 이용 가능한 형식으로 정보와 서비스를 제공하도록 촉구할 것
- 언론 매체의 서비스가 장애인에게 접근 가능하도록 인터넷을 통한 정보제공자를 포함한 언론 매체를 장려할 것
- 수어의 사용을 인정하고 증진할 것

특히 의사소통 권리를 실현하기 위하여 개인에게 적절한 AAC의 방식, 수단 및 형태, 교육 기법 및 교재의 사용을 통합하여 지원해야 함을 명시하였다. 최근 의사소통에 어려움이 있는 장애 학생의 의사소통 능력과 읽고 쓰는 문해력에 대한 관심이 고조되면서 AAC 중재를 통한 교육 가능성이 언급되기 시작하였으며, 외국에서도 관심이 높아지고 있다. 특수교육전문가, 언어재활사 등으로 구성된 미국 중도장애 학생의 의사소통 필요를 위한 연합위원회(National Joint Committee on the Communication Needs of Persons with Severe Disabilities: NJC)에서는 이들의 의사소통 권리에 대한 헌장을 제정하였으며, 그 이후 Erickson, Koppenhaver와 Yoder(2002)는 중도장애 학생들이 읽고 쓰는 문해력 교수를 받아야 하며, 이를 받을 권리를 가지고 있다는 '문해력권리헌장'을 만들어 국제보완대체의사소통학회의 공식 출판물인 『Waves of Words』(2002)에 게재하였다(〈표 8-4〉〈표 8-5〉 참조; 박은혜, 김정연, 표윤희, 김은숙, 2007).

'의사소통권리헌장'은 모든 장애 학생이 다양한 의사소통 기능을 수행하고 의미 있는 의사소통에 참여할 수 있어야 함을 명시하고 있다. 이러한 의사소통 권리를 보장하기 위해 전문가 및 주변 사람들의 역할과 중재 의무를 밝히고 있다. 또한 이렇게 중요한 의사소통이 반드시 구어만을 통해 이루어져야 한다는 지적은 찾아볼 수 없으며, 구어적 의사소통에만 가치를 두기보다는 학생의 능력에 따른 다양한 의사소통체계를 사용하여 의사소통 기능을 수행하도록 해야 한다.

문해력권리헌장에서는 문해력 교수 프로그램의 중요한 요소가 포함되어 있으며,

표 8-4　의사소통권리헌장

모든 사람은 다음과 같은 권리를 가지고 있다.

- 사회적으로 상호작용하고, 친밀감을 유지하며, 관계를 만들 권리
- 원하는 것을 요구할 권리
- 원하지 않는 것을 거부할 권리
- 선호하는 것과 감정을 표현할 권리
- 의미 있는 대안을 선택할 권리
- 일상 및 환경 변화에 대한 정보를 요청하고 얻을 권리
- 자기 인생에서 일어나는 일이나 사람들에 관한 정보를 얻을 권리
- 의사소통을 향상시킬 중재 및 지원에 접근할 권리
- 원하는 결과를 실현할 수 없는 경우에도 의사소통을 인정하고 응답받을 권리
- AAC 및 보조공학기기 및 서비스를 제공받을 권리
- 또래나 다른 사람들과 어려움 없이 편안하게 대화가 이루어지도록 환경적 맥락, 상호작용 및 기회에 접근할 권리
- 존중되고 호의적으로 대해질 권리
- 여러 사람과 대화를 할 때에는 타인을 통하지 않고 직접 자신에게 말하도록 대해질 권리
- 명확하고 의미 있고 문화적·언어적으로 적절한 의사소통 방법을 가질 권리

출처: National Joint Committee on the Communication Needs of Persons with Severe Disabilities(NJC) 홈페이지(http://www.asha.org/njc).

표 8-5　문해력권리헌장

장애의 정도에 상관없이 모든 사람은 인쇄물을 사용할 기본적 권리를 가진다. 이러한 일반적인 권리 외에도 모든 사람에게 보장되어야 하는 문해력에 관한 권리가 있는데, 이는 다음과 같다.

1. 읽고 쓰기를 학습할 기회를 가질 권리: 성공 가능성이 높은 과제에 능동적으로 참여할 수 있도록 하는 기회
2. 접근성, 명확성, 의미성, 언어 및 문화적 적절성을 가진 출판물에 대한 권리: 출판물이란 광범위하게 정의하면 그림책에서부터 신문, 소설, 과자상자, 전자문서 등을 포함한다.
3. 출판물을 읽고 쓰거나 들을 때 타인과 상호작용할 수 있는 권리: 상호작용에는 질문, 코멘트, 토의 또는 출판물에 대한 혹은 관련된 그 외의 의사소통이 포함된다.
4. 읽고 쓰는 능력을 통해 생활 속에서 선택을 할 수 있는 권리: 생활에서의 선택에는 취업, 취업의 변화, 독립, 지역사회 참여, 자기 옹호 등이 포함된다.
5. 문해력 교수와 사용을 포함하는 생애주기에 걸친 교육 기회에 대한 권리: 언제 제공되는가에 상관없이 문해력 교육 기회는 힘을 가질 수 있는 잠재력을 준다.

6. 문해력 교수 방법과 원칙에 대한 지식이 있는 교사와 서비스 제공자들을 가질 권리: 교수 방법에는 진단 평가, 장애인에게 문해력 접근성을 높이기 위한 공학적 사용 등이 포함된다. 원칙에는 모든 시간과 장소에서 문해력 학습이 이루어질 수 있으며, 문해력 학습 기회로부터 유익을 받지 못할 만큼 심한 장애를 가진 사람은 없다는 신념이 포함된다.
7. 인쇄물 사용에 대한 다양한 모델을 제공하는 환경에서 살고 학습할 수 있는 권리: 요리법 읽기, 공과금 지불하기, 농담하기, 편지 쓰기와 같이 의도적인 인쇄물 사용을 접할 수 있는 환경에서 살고 학습할 수 있다.

출처: 박은혜, 김정연, 표윤희, 김은숙(2007). 중도 지체장애 학생을 위한 국어과 교수-학습전략 개발연구.

문해력에 대한 권리가 AAC를 사용하는 장애 학생을 포함해서 모든 사람에게 존중되어야 한다고 제시한다. 또한 문해력 습득의 중요성을 인정함과 동시에 모든 AAC 사용자가 일생에 걸쳐 문해력 발달을 지원하는 중재를 받을 권리가 있음을 밝히고 있다.

결론적으로 이러한 의사소통 능력 및 문해력과 이를 위한 교수의 중요성을 강조하는 최근의 특수교육 및 언어치료의 동향을 통해 지체장애 학생의 의사소통 교육의 중요성을 다시 한번 생각해 볼 수 있다. 또한 교수 방법적인 측면에서도 구어 이외의 다양한 방법을 통해 실제 의사소통 능력을 확대하고 생활 속에서의 읽고 쓰기 능력 증진을 위한 다각적인 접근이 필요함을 알 수 있다.

3) 초기 의사소통 기술의 지도

(1) 의사표현의 필요성 인식

개별 학생 혹은 부모에게 의사소통 방법을 왜 배워야 하는지 그 목적에 대해 설명하는 것은 중요하다. 의사표현을 지도할 때는 자연적인 환경에서 실제 상호작용이나 역할놀이 중 다양한 기회를 제공하여 기술을 사용하여 연습하게 하며 능숙하게 사용할 수 있을 때까지 지속적인 연습의 기회를 제공한다. 최소-최대 촉진법, 최대-최소 촉진법, 자연적 단서 제시, 시간지연 전략, 신체 촉진, 모델링 등의 방법으로 기술을 습득하도록 도와준다(Downing, 2005).

의사소통 기술을 지도한나는 것은 단순한 기술의 사용을 지도하는 것이 아니라 다른 사람과의 상호작용에 대한 동기를 유발하고 의사소통을 시도할 수 있도록 지도하는 것을 포함한다. 그러므로 그림 의사소통판이나 의사소통기기를 사용하여 의사를 표현하는 방법을 지도하되, 의사표현의 필요성을 인식하도록 유도한다. 스스로 표현하고자 하는 의지에 따라 처음에는 단순한 상황, 과제에서 시작하여 점차 어려운 상황에서 의사표현을 할 수 있도록 지도하고, 실생활에서 일반화할 수 있는 경험을 통해 의사표현의 성과를 직접 경험할 수 있게 한다.

(2) 선택하기 교수

다른 사람과 의사소통하기 위해 우선적으로 지도해야 하는 것은 선택하기 기술이다. 선택하기는 개인 생활의 양적·질적 측면의 향상과 직접적으로 연관이 있다. 초기의 지도 시기에는 선택의 기회를 제공하여 선택하기의 개념을 학습할 수 있도록 계획한다. 선택하기를 지도하기 위해서는 어떤 음식을 먹고, 어떤 음악을 듣고, 어떤 TV 프로그램을 시청하고, 어떤 옷을 입을지 등 일상생활 속에서의 자연스러운 선택 상황에서 지도하는 것이 효과적이다.

선택하기는 학생의 자발적인 의사표현을 강화하고 읽기 활동에 있어서의 적극적인 참여를 이끌어 낼 수 있다. 선택하기의 교수 전략은 〈표 8-6〉과 같은 단계로 지도한다.

선택하기에 어려움이 있는 학생은 2개 항목 중 어느 하나만을 손에 닿을 수 있

표 8-6　선택하기의 교수 전략 단계

단계	교수 전략	지도 내용의 예시
1단계	빈칸이나 잘못된 선택을 포함하여 선택하게 함	"어떤 간식을 먹을까?" 상황에서 빵과 블록을 제시하고 선택하게 함. 혹은 한쪽에는 빵, 다른 한쪽에는 아무것도 없는 채로 제시하고 선택하게 함
2단계	2개의 선호하는 것을 제시하고 선택하게 함	"어떤 간식을 먹을까?" 상황에서 빵과 과자를 제시하고 오답이 없는 상황에서 선택하게 함
3단계	선호하는 것과 선호하지 않는 것을 제시하여 둘 중 하나를 선택하게 함	선호하는 빵과 선호하지 않는 당근을 제시하고 그 중 한 가지를 선택하게 함
4단계	선호도에 따라서 선택할 수 있는 유사한 것을 제시하여 선택하게 함	오렌지주스와 포도주스 중에서 그날의 선호도에 따라 선택하게 함

게 제시하거나, 수평적으로보다는 수직적으로 배열하여 선택하게 하고, 항목 간의 간격은 멀게, 혹은 손에 닿기 쉽도록 가까운 곳에 배치하는 전략을 사용할 수 있다 (Beukelman & Mirenda, 2012). 예를 들어, 음악 시간에 노래 부르기 활동에서 학생에 게 부르고 싶은 노래를 선택할 수 있는 기회를 제공하는 것은 의사표현의 기회를 신장시킬 수 있는 방법이다. 노래의 곡명이 배열되어 있는 그림판에서 학생이 부르고 싶은 노래를 선택한 후에 선택한 노래를 부르는 것은 자발적인 수업참여 활동을 촉진하며, 음악 시간에 의사소통 전략을 삽입교수한 사례가 될 수 있다([그림 8-1] 참조).

또한 수학 시간에 평면도형의 넓이를 구하는 단원학습 중 여러 가지 도형 관련 활동을 제시하고 선택하게 한다면 학생은 자신의 선호도와 능력에 따라 학습활동을 선택할 것이다. 만약에 한 학생이 블록 쌓기를 선택한다면 선택한 활동을 제공해 주어 학생이 의사를 표현한 것에 대해 활동할 수 있도록 강화해 준다. 장애의 정도가 심한 지체장애 학생일수록 수 놀이활동을 통한 수학적 개념 접근이 더 효과적일 수 있다. 이러한 의사소통 전략을 삽입한 교과 지도는 학생 스스로 선택한 활동이므로 자발적인 수업참여도를 높일 수 있다는 장점이 있다.

그림 8-1 그림 의사소통판을 활용한 선택하기 지도

(3) 요구하기/거절하기 교수

초기의 의사소통 교수는 제스처나 몸짓, 간편한 수어 등을 사용하여 지도하는 것이 수월하다. 요구하기 등의 반응이 직접적이고 빠른 것을 먼저 지도하는 것이 도움이 된다. 지도의 초기 단계에서 학생들은 좋아하는 사물을 획득하고 간직하기 위한 수단으로 '요구하기'와 '거절하기'를 배운다. 요구하기 기술은 정상 발달단계에 있는 학생에게서 나타나는 초기 의사소통 기능이다. 요구하기를 지도하기 위해서 사물이나 행동을 취사선택할 수 있는 수단을 제공하기 때문에 초기 의사소통의 목표로 성공 가능성이 높은 목표 행동이 된다. 국내의 많은 연구에서도 요구하기 기술이 초기의 의사소통 교수에 효과적임을 증명하고 있다. '요구하기'와 '거절하기'는 실물이나 사진, 그림 상징이나 간단한 몸짓 등을 이용하여 표현하도록 지도할 수 있다.

4) 문해학습의 지도

의사소통과 언어는 장애 학생이 다른 사람들과의 사회적 관계를 형성하고 학교에서의 학습에 결정적인 역할을 하기 때문에 매우 중요하다. 의사소통의 문제는 학교에서의 읽고 쓰는 문해 기술 습득에 가장 큰 영향을 주며, 이러한 문해력의 습득 여부는 장애 학생의 학령기뿐 아니라 성인기에 이르기까지 생애 전반에 걸쳐 직간접적으로 영향을 미친다. 의사소통과 관련한 문해 기술은 학업 기술뿐만 아니라 성인기의 독립된 생활에 가장 필요한 요소이며, 자아존중감, 자기결정력, 독립성, 정보 수집, 수집된 정보의 활용, 학습, 여가 및 오락과 같은 질적인 삶의 지표에 막대한 영향을 미친다.

학생의 의사소통의 문제는 어린 시기의 문해 학습 환경과도 밀접한 관련이 있다. 학생의 경우 읽고 쓰고 글을 이해하는 관습적인 문해력을 완벽하게 학습하기 이전에는 단순히 책을 가지고 노는 경험을 하게 된다. 그러나 지체장애 학생의 경우 인지적·신체적·의사소통적 제한점으로 인해 글을 읽는 활동에 참여하지 못하게 된다면 또래와의 상호작용 내에서 자아에 대한 긍정적인 감정을 갖지 못하게 되며 자아존중감이 낮아진다. 또한 모든 학생은 선호하는 음식, 장난감, 활동을 요구하거나 부모에 의해 제공되는 활동이나 물건을 거부하는 등 환경을 통제하고 스스로 결정하고자 하는 욕구를 가지고 있다. 특히 발달 초기에는 무엇을 입고 무엇을 가지고 놀며, 어떤 음식을 먹을지에 대한 일상생활에서의 간단한 선택과 결정을 하게 되며,

성장함에 따라 누구와 어디에서 어떻게 무슨 일을 하며 살 것인지에 대한 복잡한 결정을 하게 된다. 그러나 의사소통의 문제를 가진 학생의 경우 이러한 생애 초기의 다양한 선택과 결정의 기회를 갖지 못하게 되어 자기결정력과 독립성을 발달시킬 기회를 잃게 된다.

독립된 생활을 해 나가기 위해서는 필요한 정보를 수집하는 기술도 필요하다. 정보를 모으는 가장 쉽고 간편한 방법은 다른 사람과 의사소통을 하는 것과 읽는 것을 통해 수집하는 것이다. 학생은 생애 전반을 통해 일상생활 중에서 다양한 읽기 상황에 직면하게 된다. 그림책의 제목, 음식의 이름, 친구의 이름, TV 프로그램 등 다양한 읽을거리를 만나게 된다. 학생이 읽기를 통해 모은 정보는 분류와 재조직, 활용 등 다양하게 이용될 수 있다. 문자가 아니더라도 그림을 통한 정보의 수집과 활용의 경험은 학생의 삶을 더욱 풍요롭게 할 수 있다. 음식의 조리 방법, 친구들의 주소록, 선호하는 음악 목록 등 문자를 이용한 것이 아니더라도 스스로 기록하고 다시 읽을 수 있는 대안적인 문해 기술의 습득이 학생의 삶의 질에 영향을 준다.

의사소통 기술을 익히면 장애 학생은 언어의 접근성을 높여 학습과 문해력을 증진시킬 수 있으며, 장기적으로는 교육적·직업적·사회적 상황에서 더 많은 참여와 선택권을 보장받을 수 있다. 또한 이메일이나 편지, 카드 보내기 등 다른 사람과도 상호작용할 수 있는 생애에서의 즐거움을 접할 기회를 제공한다. 학생의 연령에 알맞은 의사소통교육과 문해력의 습득은 자기표현력과 독립성을 위해서도 매우 중요한 요소이며, 새로운 환경에 적응하거나 일반학교로의 통합을 앞두고 있는 장애 학생에게는 학문에 접근할 수 있고 원활한 학교생활의 참여를 위해서도 필수적이다(임미화, 박은혜, 김정연, 2006).

5) 대화상대자 훈련

AAC 기기를 활용한 의사소통 지도는 사용자의 기술 습득을 지원할 수 있는 기기 사용 교육뿐만 아니라 대화상대자의 훈련이 필요하다. 학생 외에 가족과 주변인들에게 학생의 의사소통 권리, 의사표현의 중요성과 의사소통교육의 필요성에 대한 합의가 요구된다.

지체장애 학생의 의사소통 능력을 향상시키기 위해서는 학생의 의사소통 능력에 대한 모든 정보를 제공할 수 있고 가장 근접한 곳에서 많은 시간을 통해 학생의 의사소통 능력을 지도할 수 있는 대화상대자의 역할이 중요하다(김정연, 박은혜, 2003). 의사소통의 상호작용은 대화상대자에 따라 영향을 받을 수 있으므로 학생과 의사소통을 할 것으로 추측되는 사람들과 주변인들을 대상으로 대화상대자 훈련을 실시한다. 일차적으로는 가장 직접적인 영향을 미칠 수 있는 부모와 교사를 대상으로 한 대화상대자 훈련이 필요하다.

대화상대자 훈련은 학생의 비상징적 의사소통에 대한 대화상대자의 이해를 향상시키고 학생의 의사소통 시도와 반응에 대한 민감성을 강화하는 내용이 포함된다. 학생과 상호작용을 할 때에는 의사소통을 할 준비를 인식시키고, 학생이 표현하는 비상징적 의사소통 행동에 대해 의사소통 수준에 부응하는 반응을 보일 수 있어야 한다. 때로는 문제행동이 의사소통 행동으로 나타날 수 있음을 인지하고 문제행동을 의사표현으로 수용하고 반응하도록 하는 교육이 필요하다.

구어가 아닌 AAC 방법을 사용하는 학생과 소통하는 대화상대자의 경우에는 기기 사용 훈련(device training)과 AAC 기기를 이용한 사용자와의 상호작용 훈련(interaction trainning)이 요구된다. 기기 사용 훈련 내용으로는 AAC 기기의 조작 방법, 사용자의 요구에 적합한 소리, 위치, 선택사항 등의 조정 방법, 관리 및 A/S 방법에 대한 훈련이 필요하다. 상호작용 훈련 내용으로는 사용자의 AAC 기기를 가지고 직접 의사소통하는 방법을 익히고, AAC 기기를 이용해 대답하거나 요구 · 선택할 수 있는 기회를 제공하기, 가정뿐만 아니라 지역사회 내에서도 항상 사용할 수 있도록 제공해 주는 방법 등의 훈련이 필요하다.

Light, Collier와 Parnes(1985)는 장애 학생이 AAC 방법을 이용하여 다른 사람과 원만한 상호작용을 할 수 있도록 하기 위해서 대화상대자가 고려해야 할 점을 다음과 같이 제시하였다. 첫째, 대화상대자가 의사소통기기의 내용과 조작 방법을 알고 있어야 한다. 둘째, 학생에게 의사표현의 기회를 제공하여 언어 능력을 신장시킬 수 있어야 한다. 셋째, 다른 사람과 대화하는 기술을 익히고, 순서를 주고받으며 대화하는 방법 등 의사소통의 여러 기능을 습득할 수 있도록 도와주어야 한다. 넷째, 학생의 의사소통 능력을 촉진할 수 있는 여러 가지 전략을 사용할 수 있어야 한다. 마지막으로, 학생이 생활하는 모든 환경에서 의사소통기기를 유용하게 사용할 수 있도록 꾸준히 지원할 수 있어야 한다.

이명희(2005)는 또래를 대화상대자로 훈련시켜 중도지체장애 유아와의 상호작용을 증진시킨 사례를 보고하였다. AAC를 사용하기 위한 또래 대화상대자 훈련은 일반적인 또래훈련과 AAC를 적용하기 위한 또래훈련을 포함하여 실시되었다. 구체적인 또래훈련 프로그램의 내용은 〈표 8-7〉과 같으며, 특수학교에서 실시한 대화상대자 활용 사례는 〈표 8-8〉과 같다.

표 8-7 | AAC 적용을 포함한 또래훈련 프로그램의 내용

훈련 요소		훈련 내용
일반적 또래 중재	사회적 상호작용 시작 행동	• 장애 유아를 향해 몸을 돌려 이름을 부른다. 그래도 반응이 없으면 장애 유아의 시선을 따라 움직이면서 이름을 다시 부른다. • 계속적으로 시작행동을 시도한다.
	공유하는 행동	• 장애 유아가 AAC 도구 선택판을 사용해 선택한 놀잇감을 가져와 장애 유아의 손에 쥐어 준다.
	지속하기 행동	• 시작행동 및 의사소통 전략을 통해 개시한 놀이활동을 장애 유아와 함께 실행한다. • 장애 유아가 이탈이나 지연행동을 보이는 경우는 언어적, 비언어적, 신체적 방법으로 장애 유아가 신속히 놀이활동에 참여하도록 유도한다.
AAC를 적용한 또래 중재	눈 맞추기	• AAC에 대해 인식한다. 즉, AAC 도구의 필요성, 사용법, 또래들의 대화상대자로서의 역할 등을 안다. • 장애 유아의 이름을 부르며 얼굴을 처다본 후 '눈 맞추기'를 한다. 장애 유아와 눈을 마주치며 2초 이상 바라본다.
	질문하기	• AAC 도구 선택판에서 어떤 것을 가지고 놀이하고 싶은지 '질문하기'를 한다. 즉, 구어로 물어본다. 반응하지 않으면 계속적으로 물어본다. 그래도 반응하지 않으면 다시 이름 부르기를 한다.
	메시지 확인하기	• 장애 유아가 AAC 도구를 사용하여 선택한 놀잇감을 구어로 명확하게 하는 '메시지 확인하기'를 한다. 의사소통을 지속하기 전에 장애 유아가 AAC 도구를 사용하여 표현한 메시지를 구어로 다시 명확히 하는 것이다.
	잠깐 기다리기	• 장애 유아가 원하는 놀잇감을 가져와서 주기 전에, 5초간 장애 유아의 AAC 도구를 사용한 반응행동을 기다리는 '잠깐 기다리기'를 한다.

출처: 이명희(2005). 보완대체의사소통을 이용한 또래중재가 중도 지체장애 유아의 또래와의 상호작용에 미치는 영향. 이화여자대학교 대학원 박사학위청구논문. p. 44.

표 8-8　**특수학교에서의 대화상대자 활용 사례**

　　수민이는 뇌성마비 경직형 편마비를 가지고 있는 초등학교 6학년 학생이다. 성격이 밝고 적극적이며 명랑하여 다른 사람과 어울리는 것을 좋아하나, 언어를 통한 의사소통을 하지 못하여 교실 내에서 적극적인 수업 참여의 어려움이 있다. 주의집중력이 짧고 구어표현을 못해도 자신의 느낌이나 기분을 얼굴 표정이나 신체로 표현할 수 있으며, 작은 그림을 손으로 지적할 수 있을 정도의 소근육 조작 능력이 있다.

　　인지 능력 면에서 한글이나 수 개념은 습득하지 못했으나 사물의 이름과 용도를 알고 있으며, 설명을 듣고 여러 개의 그림을 변별하여 찾을 수 있기 때문에 A6 크기의 한 판에 12개의 그림이 있는 총 30페이지의 그림 의사소통책을 이용하여 이야기 나누기를 지도하였다. 의사소통책은 필요한 어휘를 쉽게 찾을 수 있고, 이동할 때 휴대의 간편성을 고려하여 제작하였다. 총 360개의 낱말을 주제별로 정리한 후 색깔로 구분한 인덱스를 이용하여 스스로 페이지를 넘기며 대화하기 쉽도록 제작하였다. 의사소통책의 첫 페이지에는 그림 의사소통책을 이용하여 대화를 나눌 친구들에게 자신을 소개하는 사진과 대화의 속도를 천천히 할 수 있도록 부탁하는 메시지를 첨부하였으며, 다음 두 페이지에는 하루의 일과 중에 흔하게 사용되는 핵심 어휘를 선정하여 구성하였다.

　　의사소통책은 주로 아침에 등교하여 어제 있었던 이야기를 나누는 것을 시작으로 각 교과 시간에 필요한 페이지를 이용하여 대화하도록 지도하였다. 또한 학급의 친구들도 수민이의 의사소통책이 무엇인지, 어떻게 사용하는지에 대해 알 수 있도록 하기 위해 말을 할 수 있는 학생들에게도 의사소통책을 이용한 놀이나 게임을 통해 상징의 의미, 사용 방법 등을 지도하였다.

　　수민이의 의사소통책은 이후에 태블릿 PC로 바꾸었고, 수민이가 교실 내에서 사용할 수 있는 공유된 언어표현의 방법이 되도록 지도하였다. 수민이의 가장 큰 변화는 교실 내에서 친구들과의 대화에 참여할 수 있다는 점이며, 이러한 기회를 제공한 것이 수민이에게 자신감을 높이고 소속감을 갖게 해 주었다.

3. 의사소통 교수 전략

1) 자연적 교수

기능적 의사소통 기술 지도를 위한 자연적 전략들은 촉진, 강화 제공 등 행동주의적 교수 원리에 기초를 두고 있다. 자연적 교수는 학생이 현재 사용하는 의사소통 형태와 방법에 반응하며 이를 확장해 나가는 것으로 효과적인 사회적 의사소통을 지원한다. 실용적인 의사소통 기능을 강조하기 때문에 가정과 학교 등 의사소통맥락에서 교수하며, 기능과 형태를 모두 강조하여 지도한다. 가능한 한 학생의 의사표현을 향상시키기 위해 자발적으로 표현할 수 있는 기회를 제공한다. 학생이 표현한 내용에 대한 주변의 반응은 학생의 의사표현력에 결정적인 영향을 미치므로, 구어나 몸짓 등 학생이 표현한 내용에 대해 의미 있는 반응을 제공한다.

의사소통장애를 지닌 학생이 의사소통을 하고자 시도할 때 학생의 말이나 표현에 수용적인 청취자가 되어 준다면 의사를 표현하는 것을 편안하게 느낄 것이며 더 많은 시도를 하게 된다. 말하는 속도가 느리거나 발음이 명료하지 않은 경우, 신체의 경직과 불수의적인 움직임을 나타내는 경우, 의사소통판 등의 보조기기를 사용하는 경우 등 의사소통장애 학생과 대화를 할 때에는 가능한 한 인내심을 갖고 기다려 주는 태도가 필요하다. 빨리 말하도록 서두르면 오히려 더 느려지는 역효과를 주며, 문장을 대신 끝내어 말을 마무리해 주면 도움보다는 좌절감을 느낄 수 있다.

의사소통 지도는 국어 교과나 언어치료 시간에 별도로 지도하는 것보다는 교실 환경 내에서 이미 하고 있는 학습활동에 하나의 수단으로 포함시켜서 전 교과와 생활에 걸쳐 분산 지도하는 것이 효과적이다. 그러므로 의사소통 기술은 매일의 생활 중 자연적인 상황에서 자연적 단서를 제시하여 지도한다. 생활 중에 필요하거나 상황에 적절한 기술을 배울 수 있고 실제 상황과 유사한 경험을 할 수 있도록 매일의 반복되는 일과 속에서 학습할 수 있도록 계획한다. 학생의 의사소통 맥락을 파악하여 학생의 의사소통 행동에 영향을 미치는 환경을 수정하고 물리적·사회적 지원을 제공한다. 학생이 다른 사람과의 긍정적인 상호작용을 촉진하게 되면 다양한 활동 참여의 기회가 확대된다. 하루의 일과 혹은 일주일의 일정, 한 달의 행사에 대한 기록을 읽거나, 요리와 집안일 등 매일의 반복되는 일상적인 활동에 대한 내용으로 의사소통할 기회를 제공한다.

매일의 학급 일과와 교육과정은 학습활동의 기본 토대가 된다. 생활 중심의 교육 과정에서는 주 주제를 중심으로 하나의 주제와 관련된 어휘나 문장을 주 단위로 선별하여 반복적으로 지도하는 것도 한 가지 방법이다. 이러한 어휘는 교과활동뿐 아니라 일주일 동안 생활하면서 학급 학생들에게 자주 사용하도록 유도할 수 있다. 예를 들면, 일과(circle time: 날씨, 날짜, 월, 계절, 이름 등) 및 다양한 교육 활동(지역사회 기관, 복지관 이용), 다양한 학업 전 활동(색, 수, 양의 개념과 비교, 사물의 개념), 일상적인 학급의 1인 1역 활동(우유 가져오기, 화초에 물 주기, 창문 열기, 물고기 밥 주기, 재활용품 수집 등), 다양한 이야기 나누기 활동(선생님이 된다면, 내가 달라진다면, 남자친구가 있다면, 우리에게 무슨 일이 일어난다면 등) 등을 통해 의사표현의 상황을 제공한다 (김정연, 2004).

교과수업을 포함한 의사소통과 관련한 목표 행동을 지도하기 위해서 몇 가지 사항을 고려해야 한다. 첫째, 의사소통 지도를 계획할 때는 효과적인 활동을 선정한다. 초등학교 저학년 학생일수록 교실에서 빈도가 높은 활동, 즉 화장실 사용하기, 옷 입고 벗기, 간식 시간, 점심시간, 몸단장하기, 수업 준비와 같은 활동을 우선 고려한다. 이런 활동은 학생들이 의사를 표현하는 방법을 배우게 되면 발생 빈도와 발생 가능성이 높고 교실환경이 가장 영향력 있는 장소가 될 수 있기 때문이다. 그러므로 교실에서 일상적으로 일어나는 일련의 사건은 의사소통 지도를 위한 활동으

그림 8-2　AAC를 활용한 하루 일과 지도의 예

로 개발하기 좋은 출발점이 된다([그림 8-2] 참조). 둘째, 동기유발이 잘 되는 활동을 선정한다. 의사표현은 다른 사람에 의해 이루어지거나 참여하는 소극적인 행동이 아니라 학생 스스로 의도를 가지고 다른 사람에게 자신의 의견과 생각을 표현하는 과정이다. 그러므로 학생 스스로 표현하고자 하는 의도를 높일 수 있는 활동을 선택하여 지도한다.

2) 강화된 환경교수

강화된 환경교수(Enhanced Milieu Teaching: EMT)는 자연적인 접근 방법의 하나이다. 강화된 환경교수는 우발교수, 환경교수의 원리에 기초한 교수법이며, 반응적 대화양식을 강조하는 교수법이다. 학생의 기능적인 의사소통을 증진하기 위해 기능적 의사소통이 일어나는 자연적 상황에서 교수하고, 학생이 흥미 있어 하는 주제로 중재한다. 언어의 의사소통 형태, 기능과 언어의 사회적 사용에 대해 구체적으로 교수하고, 반응적인 대화양식을 사용하여 대화하며, 환경을 조절해 준다. 무엇을 언제 어떻게 의사소통해야 하는지에 대해 자연스럽게 모델링해 주며, 의사소통을 위한 체계적인 촉진과 후속 결과를 함께 제공한다. 강화된 환경교수 전략의 대표적인 예로는 모델링, 시간지연, 요구-모델하기, 우발교수 등이 있다.

모델링 전략은 환경교수의 가장 기초적인 절차이다. 의사소통에서의 기본적인 대화 주고받기와 모방하기, 기초적 어휘 습득 등 기본적인 의사소통 절차를 지도하거나 새로운 언어 형태를 교수하기 위해 사용될 수 있다. 학생의 관심과 흥미에 주의를 기울여 공동관심(joint attention)을 형성한 후 학생의 관심과 관련된 언어적 모델을 제시한다. 학생이 정반응을 보이면 즉각적 칭찬과 언어적 확장을 제공하고, 오반응 혹은 무반응을 보이면 교정적인 모델(corrective model)을 따르게 한다.

시간지연 전략은 초기 의사소통 단계에서 보다 자발적인 사용을 교수하기 위해 사용하는 전략이다. 학생의 초기 언어훈련 혹은 환경자극에 대한 비언어적 의사소통 행동을 지도할 때 사용한다. 초기에는 구어적 지원을 전혀 제공하지 않고 학생이 자료나 도움을 요구할 것 같은 상황을 판별하여 공동관심을 형성한 후 반응을 촉진한다. 학생이 정반응을 보이면 즉각적인 칭찬을 제공하고 언어적 확장을 해 준다. 학생이 오반응 혹은 무반응을 보이면 요구-모델하기, 모델링을 통해 교정적 모델을 제공한다.

요구-모델하기 전략은 초기 의사소통 단계에서 기능적인 사용을 촉진하기 위해 사용하는 방법이다. 시간지연 전략과 마찬가지로 학생의 관심과 흥미에 주의를 기울이고 공동관심을 형성한 후 학생의 관심과 관련된 언어적 요구를 제시한다. 이때 학생이 정반응을 보이면 즉각적인 칭찬과 언어적 확장을 제공하고, 학생이 오반응 혹은 무반응을 보이면 다시 요구하거나 모델 절차를 다시 제공하여 촉진한다.

우발교수 전략은 보다 정교화된 언어를 가르치고 특정한 주제에 대한 대화 기술을 지도할 때 사용된다. 우발교수는 학생이 자료 요구나 도움을 요청하도록 환경을 구조화한 후 학생의 시도에 대해 강화, 촉진, 언어적 확장을 제공해 주는 절차이다. 그렇기 때문에 학생은 구어적이든, 비구어적이든 요구하기를 할 수 있어야 하며, 반응하고자 하는 동기가 높을 때 사용할 수 있는 절차이다(박은혜, 한경근 역, 2008). 장애 학생의 반향어, 단순한 발화(utterances), 몸짓을 동반하거나 동반하지 않는 발성, 반복적 몸짓, 문제행동 등은 요구하기 기능을 가진 의사표현 방법일 수 있기 때문에 학생의 반응과 행동을 민감하게 관찰한 후 학생이 먼저 요구했을 때에 우발교수를 사용한다.

3) 환경 구성 전략

환경 구성 전략은 활동을 시간적·공간적으로 구조화하는 것을 의미한다. 일관성 있고 예측 가능한 상호작용을 반복적으로 경험하게 하여 상호작용의 발생 형태를 인식할 수 있도록 해 주는 것을 말한다. 학생이 반복된 경험을 통해 상호작용의 형태를 내면화하게 되면 좀 더 적극적인 의사소통을 할 수 있게 된다. 환경 구성 전략은 학생에게 의사소통할 이유를 부여하여 의사소통 기회의 수를 증가시킬 수 있다. 활동이 이루어지는 공간에 의사소통 상호작용을 할 수 있는 사진이나 그림, 상징을 배치하거나 연속된 활동을 나타내는 신호나 몸짓, 활동의 시작과 종료를 알리는 표시 등 일관성 있게 소통할 수 있도록 환경을 조성한다.

환경을 조성하는 것은 학생들의 의사표현의 가능성을 자극할 수 있다. 우연학습을 통한 기회를 최대화하는 것도 지체장애 학생에게 의사소통 기술을 가르치는 데 효과적이다. 이러한 방법들은 자연스러운 환경과 유사하기 때문에 일반화와 유지의 효과가 높다. 환경 조성 중재의 일반적 원리는 다음과 같다.

• 가족 구성원과 다른 중요한 양육자는 의사소통 기술을 발달시키는 데 중요한 역할을 한다. 이들이 참여하지 않는 고립된 중재는 바람직하지 않다.

• 의사소통 중재는 교사와 부모 외에 형제자매, 또래, 주변의 다른 사람들도 포함하여 지도한다. 처음에는 교사와 부모 중심으로 의사소통 상호작용이 지도되나, 점차 또래훈련에 의해 또래와의 상호작용을 증가시키기 위한 시도를 해야 한다.

• 학생의 모든 요구를 미리 충족시키지 않도록 한다. 만약 학생의 모든 요구가 의사표현을 하기 전에 충족된다면 의사소통을 위한 동기가 유발되지 않을 것이다.

• 의사소통 대화상대자는 학생이 반응하는 데 충분한 시간을 제공해야 한다. 장애 학생은 기억과 절차가 느린 경우가 종종 있기 때문이다.

• 실제 활동이나 상황에서 의사소통 상호작용을 경험하고 즐길 수 있도록 촉진한다.

• 풍부한 의사소통환경을 제공한다. 의사표현과 반응이 소극적인 학생에게는 소통할 수 있는 풍부한 환경과 여건을 마련하여 언어학습의 기회를 확대해 준다. 예를 들어, ① 흥미 있는 자료 제공하기, ② 손이 닿지 않는 곳에 아동이 원하는 물건 놓기, ③ 필요하거나 원하는 자료 불충분하게 제공하기, ④ 선택할 기회 제공하기, ⑤ 도움이 필요한 상황 만들기, ⑥ 예상치 못한 엉뚱한 상황 만들기 등의 전략이 효과적이다.

• 수동적인 반응뿐만 아니라 학생이 먼저 대화를 시도할 수 있도록 강화한다. 일상생활 중 일과활동에서 가능한 많은 선택과 결정을 할 수 있는 기회를 제공한다.

4) 구조화된 접근

구조화된 접근법은 전통적으로 많이 사용된 언어 지도법으로서, 교사가 주도하는 반복연습형의 짧은 회기들을 주로 개별적으로 또는 소그룹으로 반복 실시하는 것이다. 구조화된 교수법은 언어의 기능보다는 형태를 강조하고 새로운 단어를 의사소통적인 맥락에서 가르치기보다는 단순히 명명하기(labeling)만을 가르친다는 비판을 받기도 한다. 그러나 교사 주도의 구조화된 접근 방법이 어떤 학생의 경우에는 더욱 유용하다. 예를 들어, 의사소통이 능숙하지 않은 학생은 기본적인 의사소통을 학습하기 위해 많은 학습 회기가 필요하다. 그러나 학습 초기에 잦은 의사소통 실패, 교사의 잦은 부정적 피드백 등은 의사소통 자체를 부정적인 경험으로 인식할 수 있도록 하기 때문에 일정 시기의 구조화된 교수 회기를 이용하여 정확한 의사소통 방법을 지도하는 것이 도움이 된다. 대부분의 선택하기, 요구하기, 그 외의 대화 기술을 가르치기 위해서 목표 행동을 체계적으로 교수하는 구조화된 교수방법이 상당 부분 사용되고 있다. 의사소통 시도의 수를 집중적으로 제공하기 때문에 빠른 시간 안에 학습할 수 있으며, 기본적 상호작용 형식인 주고받기 교수는 정확한 반응의 가능성을 증가시킬 수 있다. 학습된 기술은 자연스러운 환경에서 기능적으로 사용할 수 있도록 하기 때문에 기초적인 어휘와 화용론적 언어 형태를 교수하는 데 도움이 된다(박은혜, 1996).

그러나 구조화된 접근법은 단시간 내에 효과를 얻을 수 있지만 구조화된 프로그램이 지니고 있는 전형적인 문제점을 간과할 수는 없으며, 제한점을 분명히 가지고 있다. 구조화된 프로그램은 장애 학생에게 학습해야 하는 많은 단계를 요구하기 때문에 습득된 기술을 학습 외의 조건에서 일반화하는 데 한계가 있다. 학생의 반응만을 강화하고 의사소통 시도하기의 교수를 간과하기 때문에 기능적인 기술을 교수하는 데 실패한다는 단점이 있다. 그러므로 구조화된 환경에서의 집중적인 교수는 통합적 교수, 환경적 중재와 함께 실시하여 문제점을 보완하는 것이 바람직하다(이소현 역, 1995).

5) 기타 의사소통 기술의 교수

(1) 대화 주고받기 전략

대화 주고받기(turn-taking)란 다른 사람과 의사소통 상호작용을 할 때 기본적으로 지켜야 할 규칙이다. 대화 주고받기 전략은 학생과 대화상대자 모두에게 필요한 기술이다. 상호작용을 할 때 먼저 대화를 시작하고, 상대방이 대답할 때까지 기다리는 절차에 대한 표현을 학습하는 것이다. 교사와 학생이 의사소통하는 차례를 교환하는 것을 학습하는 것으로 대화하는 사람이 비슷한 길이와 복잡성을 가지고 서로 균형 있게 번갈아 가며 말하는 것이다. 비구어적인 것과 구어적인 것을 포함하며, 학생의 반응이 없거나 늦게 나타날 때에 대화상대자가 '잠시 멈추기'를 해 줌으로써 학생의 의사소통 기회를 증가시키는 좋은 방법이다.

(2) 대화 재개 전략

의사소통을 하다 보면 부정확한 발음이나 표현으로 대화가 중단(breakdown)되는 경우가 자주 발생한다. 특히 의사표현이 서툰 지체장애 학생의 경우에는 이러한 상황이 더욱 자주 발생한다. 학생이 표현하는 것을 대화상대자가 이해하지 못하거나 표현할 방법이 없을 때, 포기하지 않고 대화를 이어 나갈 수 있도록 다음과 같은 대화 재개 전략을 사용할 수 있다. 첫째, 말하고자 하는 내용이 무엇인지 알아내기 위해 몇 가지 범주의 선택사항을 제안할 수 있다(예: "지금 무엇에 대해 말하는 거야?" "장소? 음식? 친구?"). 둘째, 표현한 내용이 명확히 맞는지 확인한 후에 대화를 이어나가는 방법이다(예: "네가 한 말이 이런 뜻이니?"). 셋째, 표현한 내용을 전혀 알아듣지 못할 정도로 대화가 중단되어 더 이상 진행할 수 없을 때에는 질문을 세부적으로 분리하여 묻거나, 관련 정보를 체크하여 묻는 방법을 사용한다.

(3) 반응적인 대화양식 전략

반응적인 대화양식 전략은 공동 관심 및 상호 관심 형성하기, 차례 주고받기, 상대방의 행동에 따른 반응하기, 긍정적인 감정 표현하기를 포함한 전략이다. 학생의 관심과 흥미에 초점을 맞추어 기능적인 의사소통을 증진하기 위해서는 교사와 학생이 같은 사물이나 활동에 집중하고 있을 때 서로 공동관심을 형성하여 관심을 유도한다. 상호 간의 구어적·비구어적인 모든 소통은 서로 차례를 교환하듯 차례주고받기의 반복적 절차를 통해 표현할 수 있는 기회를 제공한다. 차례를 주고받을 때 교사는 학생의 의사소통 시도에 즉각적이고 의미 있는 반응을 한다. 학생의 의사소통 시도를 인정하고 미소나 가벼운 접촉, 이름 부르기, 따뜻한 목소리 톤, 긍정적인 상호작용 스타일 등의 긍정적인 감정 표현은 학생의 자발적 표현을 유도할 수 있다.

정리

　　이 장에서는 초기 의사소통 발달 과정에서 나타나는 지체장애 학생의 의사소통의 의도성과 의사소통의 형태, 의사소통교육의 목적과 기능을 결정하기 위해 고려해야 할 사항을 살펴보았다.

　　지체장애 학생의 의사소통 특성을 바탕으로 장애 학생의 의사소통 권리에 대해서도 다루었다. 의사소통 지원은 장애 학생이 독립적인 인간으로 성장하고 역할을 수행하는 데 필요한 역량을 갖추도록 지원하는 것이다. 학교에서의 학습 참여를 높이고 미래의 지역사회에서 활동적으로 참여하기 위해서 효과적이고 효율적인 의사소통 체계를 개발하고 지원해야 한다. 이 장에서는 선택하기, 요구하기, 거절하기 등 초기 의사소통 기술의 지도 방안과 문해학습의 지도, 대화 상대자 훈련 등을 통한 통합적 지원 방안에 대해 살펴보았다.

　　의사소통 교수 전략으로는 자연적 접근과 강화된 환경교수, 환경 구성 전략, 구조화된 접근 및 기타 의사소통 기술의 교수에 대해 다루었다. 의사소통교육은 자연적인 상황에서 생활 전반에 걸쳐 접근해야 하며, 의사소통 지도를 위한 교수 프로그램을 계획할 때 가장 중요한 것은 학생의 잔존 능력을 포함하여 현행 수준을 정확하게 파악하고 도달 가능한 목표를 설정하여 의사소통의 기회가 많이 제공될 수 있도록 프로그램을 구성하는 일이다. 의사소통 교수 전략은 의사표현을 이끌어 낼 수 있는 다양한 촉진 전략을 사용하여 의사소통 관련 학습활동을 계획하며, 학생들이 자신의 의사를 적극적으로 표현할 수 있도록 의사소통 기술을 지도하는 교수-학습의 절차이다.

제 **9** 장

보완대체의사소통(AAC)

1. AAC 개요

1) 정의

보완대체의사소통(Augmentative and Alternative Communication: AAC) 방법은 말을 하지 못하는 사람들이 다른 사람과 상호작용할 수 있도록 도와주기 위한 것으로, 의사표현에 문제가 있는 사람들의 문제를 감소시키고, 언어 능력을 촉진할 수 있는 여러 가지 방법과 도움을 포함한다. 일반적으로 의사소통은 말과 언어를 통해 표현하는 것이 가장 효과적이지만 의사소통에 장애가 있는 지체장애 학생은 말하기와 쓰기를 제대로 할 수 없기 때문에 자신의 생각이나 의견, 감정, 요구 등을 표현하기 위해 다양한 의사소통 방법을 필요로 한다. AAC는 말을 통해 의사소통을 하지 못하는 지체장애 학생을 위해 말을 보완(augment)하여 다른 사람과의 의사소통을 촉진하거나 말 대신에 다른 대체적인(alternative) 방법을 통합적으로 사용하는 경우를 모두 포함한다.

말이 많이 늦거나 언어치료를 받아도 조음이 부정확하여 AAC를 병용하는 경우는 보완적인 경우에 해당하며, 성대 수술이나 조음기관 마비로 발음을 할 수 없는 경우에는 대체적인 의사소통의 경우라고 보면 된다. 미국 말−언어청각협회(ASHA, 2005)에서는 심한 말−언어장애를 가진 사람들의 장애와 이로 인한 활동 제한 등을 극복하도록 돕는 일 및 관련 연구를 모두 포함하는 개념으로 AAC를 정의하고 있다(박은혜, 김영태, 김정연, 2008).

2) 지도 목적

AAC 지도의 궁극적인 목표는 장애 학생이 다른 사람과 언어적 · 비언어적 상호작용을 하고, 가정이나 학교, 직장 그리고 여가활동 시간 등에 참여하여 그들의 모국어를 배우고 주어진 사회적 역할을 유지하거나 감당하며, 그들의 개인적 요구를 충족시킬 수 있도록 각 개인에게 기회와 능력을 제공해 주는 데 있다(김정연, 2004). AAC를 지도하는 목적은 다음과 같다.

(1) 말과 언어의 발달 촉진

많은 사람이 조기에 AAC 교육을 시작하면 구어 발달이 지체될 것이라는 우려를 했으나 실어증, 지적장애, 자폐성장애 학생을 대상으로 연구한 결과 비구어적 의사소통교육은 자발적인 구어 사용 발달에 아무런 영향을 미치지 않았으며, 오히려 음성언어를 촉진하고 구어를 사용하여 자발적으로 의사소통하려는 시도가 늘어난 것으로 나타났다(Fossett, Smith, & Mirenda, 2003).

AAC는 그림이나 사진, 글자 등의 상징을 사용하여 학생의 수준이나 흥미, 요구, 생활연령에 맞춰서 실생활에 필요한 기술을 지도하기 때문에 음성언어를 촉진하는 것 외에 일상생활에서 언어의 기능적 사용도 촉진한다. 또한 장애가 심한 지체장애 학생의 경우에는 다른 어떤 학습목표보다도 의사소통교육이 가장 의미 있고 기초적인 교육목표가 되는 경우가 많다(박은혜, 김정연, 김주혜, 2005).

그러나 AAC 방법을 사용하면 음성언어 사용의 발달을 저해할지도 모른다는 불안감으로 인해 중재를 망설이는 경우가 있는데, 특히 부모의 이해와 동의 없이는 효과적인 중재를 하기 어렵다. 하지만 많은 연구는 AAC의 사용이 음성언어의 사용을 촉진한다는 결과를 보여 주고 있으므로(박은혜, 김정연, 김주혜, 2005), 그에 대한 안내 자료를 〈표 9-1〉과 같이 제시하며 효율적인 의사소통 방법을 찾아 제공해야 한다.

표 9-1 AAC에 대한 부모 안내 자료의 예

알려 드립니다!

보완대체의사소통(AAC)이란 모든 상황에서 독립적으로 의사소통을 할 수 없는 사람들의 의사소통을 지원해 주고 향상시킬 수 있는 계획된 모든 접근 방법입니다. 우리 아이들의 의사소통 기회를 확장시켜 사회적인 활동을 할 수 있도록 하는 것은 부모님들의 바람일 것입니다.

■ 보완대체의사소통 방법을 배운다면?
- 의사표현에 어려움을 겪고 있는 학생이 다른 사람과 의사소통을 함으로써 다양한 상호작용을 촉진하여 사회성을 향상시키고 일반 활동 참여도를 높일 수 있습니다.
- 의사표현의 기회를 제공함으로써 말과 언어 발달을 촉진할 수 있습니다.
- 의견을 표시하며 질문하고 대답하는 등 학습활동의 참여도를 높일 수 있습니다.
- 의사소통의 기회를 질적·양적으로 확대시켜 줌으로써 의사소통 실패로 오는 좌절, 분노, 감정폭발, 자아학대 등의 문제행동을 줄여서 정서적으로 바람직한 성장을 도울 수 있습니다.

- 의사소통의 지도는 독립적인 생활을 촉진시켜 졸업 이후의 취업 기회 확대에도 도움을 줍니다.
■ 그러면 가정에서 어떻게 해 주어야 할까요?
- 의사소통 방법에 깊은 관심을 가지고 가정에서 의사소통을 할 수 있도록 분위기를 만들어 주어야 합니다.
- 의사소통 방법을 이용하여 학생이 표현하는 것에 귀 기울여야 합니다.
- 우리 아이들이 어렵게 의사소통 표현을 하였을 때는 칭찬과 격려를 아끼지 말고 용기를 가지고 의사표현을 할 수 있도록 기회를 제공합니다.
- 항상 웃는 얼굴로 늘 가까운 곳에서 아이들을 살피도록 노력하여야 합니다.

이렇게 학교와 가정에서 잘 이끌어 준다면 학생의 의사소통 능력이 향상될 것이라 생각합니다.

(2) 학습활동 참여도 증진

의사표현의 장애를 가지고 있는 지체장애 학생의 경우 기본적인 의사소통의 단절로 인해 학습활동에 소극적으로 참여하게 되고, 교사로 하여금 현재 수행 수준 파악을 어렵게 하여 학습계획 수립의 효율성을 감소시킨다. 이들에게는 의사소통보조기기와 전략을 성공적으로 사용함으로써 교육 활동에 능동적으로 참여하게 하며 학업성취를 높일 수 있다.

표 9-2　학습활동 참여도 증진 사례

　영욱이는 뇌성마비 경직형 양마비로 진단받은 초등학교 4학년 학생이다. 자신의 필요와 요구사항을 음성이나 몸짓으로 표현할 수 있으며, 한글을 읽을 수 있으나 구어 표현은 어렵다. 또한 손 기능의 장애로 쓰기를 하지 못하며 대부분의 학습은 듣기에 의존하고 있다. 신체적으로 스스로 할 수 있는 활동이 제한적이기 때문에 늘 의기소침하며 소극적이다. 학교생활 중에 겪는 가장 큰 어려움은 수업에 집중하지 못하고, 학습이나 활동 중 잘하지 못하는 상황에서 도전을 받거나 칭찬을 받지 못하게 되는 경우 매우 화를 내며 고집을 부린다는 점이다. 그러나 어느 정도의 한글을 읽을 수 있고, 또 하고자 하는 의욕이 있다는 강점을 가지고 있기 때문에 의사를 표현할 수 있는 방법은 여러 가지가 있었고 가장 효율적인 방법을 찾고자 계획하였다.
　처음 시도한 방법은 컴퓨터 자판의 배열과 같은 자모음판을 지적하여 하고 싶은 말을 표현하는 것이었다. 영욱이는 학습에 필요한 낱말이나 간단한 글자는 자모음을 지적하여 만들 수 있었으나, 대화 도중 필요한 말을 찾는 것은 생각보다는 어려운 일이었다. 의외로 여러 개의 낱말 중에서 불러 주는 낱말을 듣고 찾거나 바른 낱말을 찾는 것은 잘하였지만 직접 자판 배열을 보고 낱말을 만드는 데는 많은 시행착오가 있었고 맞춤법의 오류도 많았다. 또한 한글 낱글자의 조합 특성상 하나의 자음이 초성인지 종성인지 혼동되는 상황이 흔하게 일어났으며, 그로 인해 대화를 주고받는 도중 영욱이의 표현을 알아듣지 못하여 중단되는 경우가 자주 발생하였다. 이 때문에 영욱이가 자모음판 지적하기를 거부하는 일도 잦았으나, 정기적인 연습과 지도로 어느 정도 극복할 수 있었다.

영욱이의 경우 자모음판이라는 간단한 코팅된 판을 교실의 책상이나 휠체어 트레이에 부착하여 어느 곳에서든지 사용하게 하는 것만으로도 다른 사람과 대화할 수 있는 방법을 찾을 수 있었다. 더불어 한글 학습과 문장 형태의 자발적인 글짓기 능력도 신장할 수 있는 계기가 되었다. 자모음판 사용은 영욱이에게 다른 학생과 동일한 질문 기회와 발표 기회를 제공하여 교실 내에서의 인정받을 수 있는 충분한 기회를 갖게 하였고, 이는 수업 태도 개선에도 영향을 주었다.

(3) 도전행동 감소

의사소통장애 학생은 자해행동이나 공격행동과 같이 사회적으로 부적절한 행동을 함으로써 자신의 요구를 표현하기도 한다(Carr & Durand, 1985). 장애 학생의 도전행동 중 많은 수는 그들의 원하는 바가 다른 사람들에게 전달되지 않을 때 일어난다. AAC 방법은 의사소통의 기회를 질적 · 양적으로 확대시켜 주어 의사소통 실패로 오는 좌절, 분노, 감정폭발, 자기학대 등의 문제를 줄여 준다. AAC를 활용하여 의사소통을 원활히 하는 학생은 자신이 원하는 것이 이루어진다는 사실에 성취감을 느끼게 되고, 도전행동이 감소하며, 바람직한 사회적 행동을 학습할 수 있다.

표 9-3 도전행동의 감소 사례

민진이는 뇌성마비 경직형 사지마비로 진단받고 현재 초등학교 1학년에 재학 중이다. 전반적인 신체장애가 심하여 식사, 용변 처리, 착탈의 등 전반적인 일상생활을 하는 데 전적으로 타인의 도움이 필요하다.

학교생활에서의 문제점은 고집이 센 편이어서 그로 인해 나타나는 여러 가지 도전행동이 어려움으로 판단되었으나, 반대로 이러한 단점은 무언가 하고자 하는 의지가 강하다는 것으로 해석할 수 있었다. 그리고 성격이 밝고 적극적이며 구어를 통한 의사표현은 하지 못하나 얼굴 표정이나 소리 내기 등으로 자신의 의사를 분명하게 표현할 수 있다는 장점을 가지고 있다. 또 교사의 지시에 긍정적인 태도를 보이며 수용언어 능력이 우수하여 다른 사람의 말을 잘 이해하고 다른 사람과 이야기하는 것을 좋아하였다. 또한 초등학교 입학 당시 한글이나 수 개념은 형성되어 있지 않았으나 6개월간의 학교생활을 통해 같은 낱말끼리 짝지을 수 있고 작은 크기의 그림상징도 뜻하는 내용을 이해할 정도로 사물과 그림의 변별력이 우수하였다.

민진이의 현재 수준, 강점과 약점을 파악한 후 연간 IEP를 위한 모임에서 민진이 부모는 1년간의 학교생활을 통해 학습 면에서는 한글을 읽을 정도의 학습 수준과 기본적인 수 개념이 형성되기를 희망하였고, 생활 면에서는 정확한 의사표현을 할 수 있기를 희망하였다. 담임교사는 상담과 진단 자료를 통해 교육목표를 설정하고 이를 실현하기 위한 하나의 방법으로 의사소통 방법을 지도하기로 계획하였다.

간단한 그림카드에서 시작하여 A4 크기의 그림판에서 필요한 그림을 지적하여 의사를 표현하는 방법을 시도하였고, 한글을 함께 제시하여 국어과 학습 시간을 이용하여 한글을 습득하는 것과 동시에 그림상징을 배워 나가고 있다. 장기적으로는 한글자판을 이용하여 자음과 모음을 조합하여 하고 싶은 말을 표현하는 것을 목표로 하고 있다.

무엇보다도 교실 상황에서 자유로운 의사소통이 이루어진다는 것은 민진이에게 정서적인 면의 안정을 가져왔으며 언제든, 누구에게든 자신의 감정과 기분을 표현할 수 있기 때문에 예전에 보였던 도전행동의 빈도도 줄어들었다.

(4) 독립적인 생활 촉진

컴퓨터 접근 장치 등을 통한 대안적인 의사소통 방법의 중재는 장애인에게 취업의 기회를 증가시키며, 컴퓨터 활용, 대화 참여 등의 발달은 취업 전망을 높일 수 있다. 즉, AAC 적용을 통해 의사표현 능력을 증진시키는 것은 장애 학생의 자기결정력 증진 및 궁극적 교육 성과인 지역사회에서 독립적인 구성원으로서의 생활의 기초를 제공한다.

3) 지도 원칙

(1) 최대화의 원칙

AAC 중재는 의사소통 방법을 배우기 위해 의사소통의 빈도와 양을 최대한 증가시키는 것을 목표로 한다. 초기 의사소통 지도는 질적인 측면보다는 양적인 접근을 강조해야 의사소통의 유창함을 기르고 기술을 습득하는 데 유리하다. 초기에는 양적으로 증가된 의사소통 기회를 통해 시행착오를 경험하더라도 의사소통의 기회를 갖는 것이 중요하다. 의사소통의 세련됨과 같은 질적인 접근은 빈도가 증가된 이후에 보다 쉽게 이루어질 수 있다.

(2) 기능화의 원칙

의사소통의 목적은 사회적 결과에 중점을 둔 화용론에 초점을 둔다. 즉, 다른 사람과의 상호작용 맥락에서 자신의 의도와 생각을 효과적으로 전달하는 기능을 가르치는 것을 중요하게 고려한다.

(3) 개별화의 원칙

AAC 지도는 개별 학생과 학생의 환경적 요구에 대한 세밀화된 평가를 통해 적절한 중재와 지원을 결정한다. AAC를 사용하게 될 지체장애 학생들은 의사소통의 어려움을 가지게 된 원인이 모두 다르고 의사소통을 하게 될 환경 역시 같지 않다. 그러므로 모든 학생에게 단일한 접근이나 단일 유형의 기기를 적용해서는 안 된다.

(4) 상호관계성의 원칙

모든 의사소통은 2명 이상의 상호작용 안에서 이루어진다. 그러므로 의사소통 방법의 지도는 학생에게 말 또는 제스처를 따로 분리해서 가르치는 것이 아니라 상호 작용을 둘러싼 사회적인 맥락 안에서 이루어져야 한다. 의사소통 평가 역시 학생의 표현언어 능력을 평가하는 것이 아니라 다른 사람과의 상호관계 속에서의 기능성 을 평가해야 한다.

(5) 정상화의 원칙

AAC 방법을 지도할 때에는 구어를 포함하여 최대한 효율적이고 일반 학생이 사 용하는 방법과 유사한 방법을 선정해야 한다. 장애 학생 교육에서 특히 의사소통과 관련하여 정상화 원칙이 고려되어야 하는 이유는 의사소통은 상호관계성의 원칙과 직접적으로 관계가 있기 때문이다. 의사소통은 가능한 한 일반 학생과 유사한 방법 으로 지도하며, 학생에게 AAC를 적용하는 것이 반드시 필요하다는 정당성이 있을 때에만 적용해야 한다. 그러므로 장애 학생에 대한 중재 방안을 결정하기 전에 의사 소통 대화 상대자, 맥락, 학생의 의사소통의 잠재적 기능을 반드시 고려해야 한다.

2. AAC 체계

1) AAC 상징

상징(symbol)이란 일반적인 구어(말)가 아닌 간단한 수어나 제스처, 그림이나 사진 등과 같은 아이콘을 말한다. 상징체계는 얼굴 표정이나 제스처, 음성, 몸짓, 수어 등 특별한 기기가 필요하지 않은 것과 실제 사물, 축소형 사물, 사물의 일부분을 이용하 는 것이나 여러 가지 그림이나 사진, 글자 등의 상징이 있다(김정연, 박은혜, 2007).

제스처와 음성, 손짓기호 등은 의사전달을 위해서 신체의 한 부분이나 여러 부분 을 이용해서 한 가지 동작 또는 여러 동작을 하는 것으로 장애 유무에 관계없이 말 을 보완하기 위해서 사용된다. 제스처는 말하기 전후에 사용되는 신호로서 구체적 인 내용을 전달하는 데 사용되며, 특별히 훈련받지 않아도 듣는 사람들이 그 의미를 대개는 이해할 수 있고, 문화, 인지 능력, 언어 능력에 따라 다른 상징이 사용될 수 있다. 또한 말이나 낱말을 강조할 때 말과 함께 사용되어 의사가 더 잘 전달되게 하 며, 양이나 공간적 느낌을 표현할 때, 사건이나 시간의 흐름을 표현할 때, 말하는 내

그림 9-1 손짓기호의 예

용을 부연 설명할 때 효과적으로 사용될 수 있다.

손짓기호는 손이나 몸을 이용한 비구어 의사소통 방법이다. 의사소통을 위해서 신체의 한 부분이나 여러 부분을 이용하여 한 가지 동작이나 여러 가지 동작을 표현하는 것으로 학생이 표현하는 다양한 행동을 기능을 가진 의사소통 행동으로 받아들여 소통하기 위한 대안적 의사소통 체계이다. 손짓기호는 목소리, 얼굴 표정, 터치 단서 등의 방법을 같이 사용한다면 더 효과적인 의사소통이 이루어질 수 있다(박은혜 외, 2017). 손짓기호의 예는 [그림 9-1]과 같으며, 그림상징이나 사진을 이용하여 지도할 수 있다.

수어란 구어체계를 대체하거나, 구어와 병행하여 사용할 수 있으며, 구어로 전달하기 어려운 내용을 보완하여 표현할 수 있는 의사소통체계이다. 그러나 수어는 사용 전에 양손으로 모양을 만들어 내고 신체 표현이나 세부 동작을 모방하는 능력, 시야 확보, 반복적인 동작 표현 능력 등 사용자의 신체 기능성과 운동 능력을 고려해야 한다. 또한 수어는 상대방이 수어체계를 모른다면 의사를 표현한 내용이 전달되지 않을 수 있다는 단점이 있다.

사물이나 실물을 이용하는 방법은 손으로 만질 수 있는 상징(tangible symbol)

그림 9-2　손으로 만질 수 있는 상징의 예

을 활용한 것으로 실제 사물(real object), 실물보다는 작은 크기의 축소형 사물(miniature object)([그림 9-2] 참조), 사물의 일부분을 이용하여 사용하는 방법이 있다. 만질 수 있는 상징은 대개 시각장애나 이중감각장애, 중도의 인지장애 학생에게 사용되어 왔다(Beukelman & Mirenda, 2012). 이러한 상징은 인지 능력이 부족하여 그림이나 사진만으로는 실물과 상징의 대응이 어려운 학생에게 효과적이다. 축소형 사물을 사용할 때 효과를 최대화하기 위해서는 주의 깊게 선택해야 하는데, 이는 축소형 사물이 실제 지시 대상물보다 작아 인지장애를 가지고 있는 학생에게는 2차원적 상징 유형보다 오히려 더 어려울 수도 있기 때문이다(박은혜, 김정연, 2004). 다양한 그림이나 사진 등을 이용한 상징은 그림의사소통상징이라 통칭된다. 국내에서 사용되는 대표적인 상징의 예로는 한국형그림의사소통상징, 위톡상징이 있다. 대표적인 상징체계로는 그림의사소통상징(Picture Communication Symbol: PCS), 리버스 상징(Rebus Symbol), 블리스 상징(Bliss Symbol), 마카톤 어휘(Makaton Vocabulary) 등이 있다([그림 9-3] 참조).

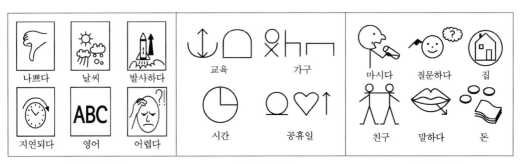

| 리버스 상징 | 블리스 상징 | 마카톤 어휘 |

그림 9-3　한국형그림의사소통상징/위톡상징

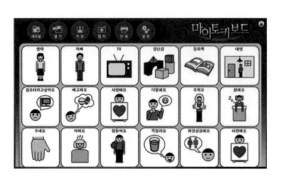

그림 9-4 마이토키 보드

출처: 마이토키 홈페이지(http://www.mytalkie.co.kr/product/product02.php).

국내에서 개발한 대표적인 그림상징은 한국형그림의사소통상징이다. 한국형그림의사소통상징은 우리나라의 문화와 국어의 특징을 반영하여 어린 연령부터 성인까지의 전 연령이 사용하는 어휘와 장애 유형에 따른 어휘를 포함하여 1만여 개의 상징으로 구성되어 있다(연석정, 김영태, 박은혜, 2016). 이 상징은 마이토키 보드라는 제작 소프트웨어를 이용하여 학교나 가정에서 필요한 의사소통판을 쉽게 제작할 수 있다([그림 9-4] 참조). 학생의 수준에 맞게 의사소통판이나 의사소통책을 제작할 수 있으며, 의사소통판에 들어가는 그림상징이나 글자는 학생의 개별적 요구와 흥미에 따라 색깔과 크기, 모양을 조정할 수 있고, 합성이나 임의사진도 첨가할 수 있다.

2) AAC 보조기기

보조기기(aids)는 상징체계를 담기 위해 제작된 물리적인 기기를 말하며, 직접 제작하는 그림판이나 전자 의사소통기기 등을 포함한다.

(1) 의사소통판과 의사소통책

의사소통판은 전자기기보다 비용이 저렴하고 제작이 용이하며 학생의 필요와 요구에 따라 다양하게 접근할 수 있다는 장점 때문에 가장 보편적으로 사용된다. 의사소통 훈련을 시작하거나 제한된 어휘가 필요할 경우 제작과 휴대가 간편하고 이용이 편리한 단면 의사소통판이 사용된다. 사용하는 어휘 수가 많을 경우에는 의사소통책이나 다면 의사소통판 등 다양한 크기와 주제별로 제작하여 사용한다.

AAC 체계를 적용할 때에는 사용자의 인지 기능, 언어 발달, 신체 기능 등을 고려해야 한다. 특히 의사소통판은 신체적으로 활용할 수 있도록 사용자의 신체 특성을 고려해야 한다. 의사소통판을 구성하는 개별 상징은 사용자의 시력, 운동 능력, 상징의 유형과 필요한 문항 수와 문항 간 간격, 의사소통판의 휴대성(portability) 여부 그리고 개인의 신체적 잔존능력 여부에 따라 크기가 달라질 수 있다. 문항의 크기는 사용자가 효율적이고 정확하게 선택할 수 있도록 고려해야 한다. 의사소통판의 상징의 배열은 사용자의 운동 기능(움직임의 범위, 지적할 수 있는 거리, 방향 등)과 지각 능력에 따라 자주 사용되는 상징을 쉽게 지적할 수 있도록 개별적인 필요를 고려해야 한다(김정연, 2004).

여러 연구에서 장애인의 의사소통 능력을 향상시키기 위한 다양한 의사소통판을 이용한 중재가 효과적이었음이 보고되었다(Blischak, Lombardino, & Dyson, 2003; Hamilton & Snell, 1993; Heller et al., 1996; Hunt, Alwell, & Goetz, 1990, 1991). Hunt 등 (1990)은 상호작용 능력이 제한적인 학령기 사용자에게 의사소통책을 사용하여 일반 학생과 여가 시간에 대화하도록 훈련한 결과 대화를 주고받는 횟수가 증가하였음을 보고하였다. 또한 Hunt 등(1991)은 지역사회의 주변 사람들 및 가족과 상호작용할 때 의사소통책을 사용한 결과, 대화에서의 상호작용이 증가하였다고 보고하

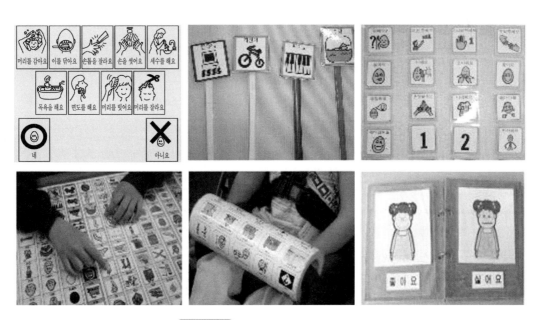

그림 9-5 의사소통판/의사소통책의 예

였다(Hunt et al., 1991). [그림 9-5]는 의사소통판/의사소통책의 예이다.

(2) 음성출력 의사소통기기

장애를 가진 사람의 사회적 참여와 교육, 사회, 종교, 여가 · 오락, 직업 면의 참여와 지위가 향상되고 성공적으로 되어 갈수록 의사소통 요구 또한 중대되고 있다. AAC 분야의 공학 발달과 다양한 전자 의사소통기기의 개발로 인해 과거에 비해 훨씬 많은 메시지의 수와 양을 사용할 수 있다.

음성출력 의사소통기기는 기능과 특성이 음성 산출, 기자재 조작 방법, 내용 구성 및 내용 제시 방법 등에 따라 다양하게 개발되어 있다. 의사소통기기가 다양하게 개발되어 있는 이유는 어느 하나의 기기가 모든 의사소통장애가 있는 학생에게 효율적이지는 않고 개인에 따라 적합한 모델이 있을 수 있기 때문이다. 따라서 진단을 통해 장애 학생 또는 성인에게 인지적 · 신체적 능력과 의사소통 필요에 맞는 기기를 찾아 주는 것이 중요하며, 이를 위해 특수교사 및 언어재활사는 기자재의 기능, 특성에 대해 잘 알고 있어야 한다.

하이테크 의사소통 도구는 대부분 음성출력 기능이 있으며, 음성을 녹음하여 사용하거나 합성된 음성을 사용한다. 음성의 질적 측면에서는 녹음 음성이 합성된 음성보다 자연스럽다. 국내에 수입되어 사용되는 고우톡(Go Talk)이나 칩톡(Cheap Talk) 등은 모두 교사가 음성을 녹음하여 사용하는 기기이다(김정연, 2005). 각각에 대해 보다 자세한 내용은 '제13장 보조공학'을 참고하기 바란다.

3) AAC 기술

AAC 기술(technique)이란 자기의 의견을 표현해 내는 방법으로 크게 직접 선택(direct selection)과 간접적으로 접근하는 스캐닝(scanning) 방법이 있다.

(1) 직접 선택하기

직접 선택 방법은 손(손가락이나 주먹), 발, 다리, 팔 등과 같이 스스로 일관성 있게 의도적으로 움직일 수 있는 신체 부분을 사용하여 그림 의사소통판의 상징을 짚거나 상징이 부착된 기기를 누르는 것을 말한다. 이때 가장 일반적으로 많이 사용하는 손가락부터 시작하여 어떤 신체 부분이 적절할지를 평가하는 단계가 필요하다. 의

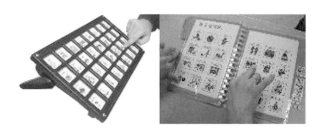

그림 9-6　직접 선택하기

그림 9-7　눈 응시하기

사소통 방법 중 손가락으로 직접 선택하기 기술은 가장 효율적인 방법으로 운동 조절 기능이 있는 학생에게는 직접 선택하기 방법을 지도한다([그림 9-6] 참조).

　눈 응시 방법은 직접 선택의 한 가지 유형으로서, 원하는 상징을 눈으로 바라보고 응시함으로써 상대방에게 알게 하는 것이다. 음성이나 말로 표현하거나 신체장애로 인해 손이나 몸짓으로 표현하는 것이 어렵고, 다른 의사소통 기술을 배우지 못하거나 만성적으로 피곤한 의학적 상태에 있는 학생에게 적용하기 쉬운 방법이다([그림 9-7] 참조).

　눈 응시 방법은 단순하게는 투명 아크릴판 앞뒷면에 AAC 상징을 부착하여 마주보는 로우테크 방식의 눈 응시 의사소통판부터 눈 응시와 부호화 전략이 공학적 요소로 함께 제품화되거나 아이 트래커(eye tracker)를 AAC 기기에 내장 또는 외장으로 부착하여 활용하는 것이 있다. 아이 트래킹 방법은 AAC 기법 중에서 AAC 사용자의 직접 선택 방법의 하나로 공학의 발전과 함께 최근 적극적으로 사용되고 있다(www.tobii.com). 아이 트래킹이란 눈의 초점이 정확히 어디에 있는지 기기가 감지하여 눈의 움직임만으로 의사소통을 표현할 수 있도록 돕는 기술이다. 아이 트래킹을 하는 기기인 아이 트래커는 신체 접촉이 필요한 것(invasive eyetracker)과 비신체적 접촉 방법(non-invasive eye tracker)이 있다(Majaranta & Bulling, 2014). 신체적 접

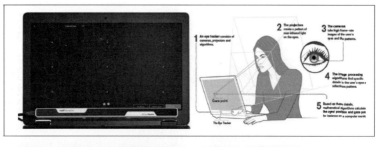

그림 9-8 아이 트래커를 활용한 지도 사례

출처: 김경양(2016). Eye tracking 기법을 적용한 AAC 중재가 지체중복 장애 학생에게 미치는 효과. 지체 · 중복 · 건강장애연구, 59(4), 181-211; 토비 다이나박스 홈페이지(http://www.tobiidynavox.com).

촉 방법에는 일반적으로 안경을 쓰거나 이마에 부착하는 방법이 있고, 비신체 부착 방법에는 컴퓨터나 기기에 아이 트래커를 부착하는 방법이 있다([그림 9-8] 참조).

국내에서도 지체중복장애 학생을 대상으로 아이 트래킹 기법을 적용한 AAC 중재가 실행되었다. 김경양(2016)의 연구에서는 지체중복장애 학생에게 아이 트래킹 기법을 적용한 결과, 화용 및 상호작용 측면에서 차례 주고받기(turn-taking)가 증가하였고 효율성 측면에서 기기 사용 속도가 증가했음을 보고하였다.

(2) 스캐닝

스캐닝은 손으로 직접 선택하기를 하지 못할 경우 신체의 한 부위로 스위치를 눌러서 선택하게 하는 간접적인 방법이다. 직접 선택을 하지 못하는 경우에는 스캐닝 방법을 사용하는데, 인지적인 이해력이 있는 학생에게 사용할 수 있다. 학생이 직접 선택을 정확하게 하지 못하거나, 선택하는 데 걸리는 속도가 매우 늦거나, 피곤해하는 경우에 사용한다. 스위치는 손가락, 손, 머리, 발, 다리, 무릎 등 신체의 어느 한 부위로 작동하며, 스위치 작동은 누르기, 당기기, 터치하기, 쥐기, 쥐었다 놓기 등의 방법을 선택하여 지도한다. 신체 또는 운동 능력에 제한이 없는 발달장애 학생들은 직접 선택이 많이 사용되는 반면, 운동장애가 있는 지체장애 학생들은 간접 선택 방법으로 스위치가 많이 활용된다(김경양, 2016).

　스캐닝 방법은 시각적 또는 청각적 스캐닝 방법을 사용할 수 있다. 청각적 스캐닝이란 교사나 다른 대화상대자가 의사소통판의 내용을 천천히 말해 주면 원하는 항목이 나왔을 때 정해진 신호를 통해 선택하는 것을 말한다. 시각적 스캐닝의 경우에는 의사소통기기에서 불빛이 정해진 순서대로 천천히 이동하면서 학생이 원하는 항목에 불빛이 왔을 때 스위치를 누르거나 소리 내기, 손 들기 등으로 선택하는 방법을 말한다. 예를 들어, 8개 버튼으로 되어 있는 음성출력 기기를 사용할 때 2초 스캐닝 기능으로 조절해 놓으면 첫 항목부터 불빛이 깜박깜박하면서 2초마다 다음 칸으로 불빛이 옮겨 간다. 이때 원하는 항목에 불이 들어오면 스위치를 눌러서 선택한다. 간접적으로 선택된 항목은 불빛 이동이 멈추면서 그 항목에 있는 그림과 저장된 음성이 나온다. 음성출력 의사소통기기는 스캐닝 모드가 지원되는 것도 있고 그렇지 않은 것도 있다. 스캐닝은 선형 스캐닝(linear scanning)과 원형 스캐닝(circular scanning), 행렬 스캐닝(row/column scanning) 방식으로 제공될 수 있다([그림 9-9] 참조).

- 선형 스캐닝: 가장 기본적인 형태로 시간 간격을 둔 순차적 스캐닝 방법이다. 스캐닝이 시작되면 화면이나 AAC 기기의 버튼/아이콘이 하나씩 시각적으로

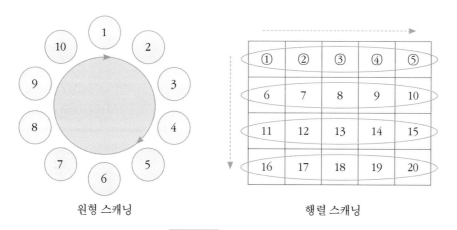

원형 스캐닝　　　　　　　　　　행렬 스캐닝

그림 9-9 스캐닝의 유형

출처: 박은혜, 김영태, 김정연(2008). 파라다이스 보완대체 의사소통 기초능력평가, p. 42.

반전되거나 청각적 소리를 내면서 순차적으로 이동한다. 이때 불빛이나 반전
이 원하는 버튼/아이콘에 왔을 때 스위치를 눌러서 선택하는 방법이다.
- 원형 스캐닝: 시간 간격을 두고 순차적으로 이루어진다는 점에서는 동일하나,
  시계바늘의 움직임과 같은 방향으로 원형 형태로 시각적 추적이 이루어진다는
  점에서 학생이 보다 쉽게 이용할 수 있다.
- 행렬 스캐닝: 선택해야 할 버튼/아이콘의 수가 많을 때, 행과 열 단위로 먼저 선
  택한 후에 선택한 행과 열의 선형 스캐닝을 하는 것을 말한다. 선형 스캐닝 방
  법에 비해 빠르게 선택할 수 있다는 장점을 가진다.

의사소통 방법을 지도할 때에는 그 방법이 적절하면서도 사회적으로 유용하고 효
과적인지를 고려한다. 또한 의사소통의 방법은 다른 사람과 상호작용하는 방법을
알게 하고 이를 통해 언어를 이용하고자 하는 의욕을 북돋아 주는 것이어야 한다. 그
래서 좀 더 효과적으로 기능을 발휘하도록 비언어적인 방법을 함께 사용한다.

또한 보조기기를 사용하는 방법으로는 의사소통판과 컴퓨터 프로그램을 이용한
보조기기를 활용할 수 있으며, 사용자의 인지 기능과 언어 발달 정도, 신체적 기능,
관심 영역 등을 고려하여 여러 가지 방법을 병행하여 사용한다. 이러한 의사소통의
방법은 단순한 그림 지적하기에서 글자를 선택하여 글로 표현하는 체계에 이르기
까지 다양하다. 또한 언어를 사용하여 말을 하기는 하나, 발음이 부정확하여 다른
사람이 알아듣기 어려운 경우에는 말로 의사를 표현하는 것과 동시에 의사소통 방
법을 함께 사용하여 말의 사용을 보완하는 목적으로도 사용될 수 있다.

3. AAC 평가

1) 평가 원칙

AAC를 사용하기 위한 진단의 목적은 각 사용자에게 맞도록 개별화된 적합한 방법
을 찾아내기 위한 것이다. AAC를 사용할 때 범하기 쉬운 실수 중 하나가 개인의 특성
보다 보조기기 자체를 중요시하는 것이며, 이런 경우 학교에 있는 기자재나 기존에
만들어 놓은 의사소통판을 비슷한 문제가 있는 여러 학생에게 획일적으로 적용하는

등의 실수를 불러오기도 한다. 그러므로 체계적인 진단을 통해 현재 가장 필요한 의사소통 방법을 파악한 후에 사용자의 발전에 따라 적절히 변화시켜 주어야 한다.

AAC 평가의 기본 원칙을 간단히 정리해 보면 다음과 같다(박은혜, 김영태, 김정연, 2008; 정해동, 김주영, 박은혜, 박숙자, 1999; Beukelman & Mirenda, 2012; Lloyd, Fuller, &Arvidson, 1997). 이러한 원칙들은 구체적으로 진단을 실시하기 전에 검사자가 이해해야 하는 것으로서 AAC 진단이 의미 있게 이루어지기 위해 중요한 사항이다.

- AAC 진단은 모든 사람이 의사소통할 수 있다는 전제를 기반으로 한다. 말을 못하더라도 누구나 연령이나 장애 정도에 상관없이 어떤 방법으로든 의사소통할 수 있으며, 또한 현재 의사소통을 하고 있다는 것을 전제로 한다.
- AAC 진단은 사용자의 강점과 약점을 파악하는 과정이다. 대상 학생의 약점뿐 아니라 강점도 파악하여 가능한 한 독립적이고 효율적으로 의사소통할 수 있는 방법을 찾는 것이다. 즉, 병리적 문제나 결손 부분에 초점을 맞추는 것이 아니라 가능성을 찾는 것이 중요하다.
- 현재와 미래의 필요와 요구를 파악해야 한다. 진단 시점에서 대상 학생이 필요한 의사소통 요구뿐 아니라 가까운 혹은 먼 미래에 변화하게 될 의사소통의 필요도 함께 파악하고 대처할 수 있어야 AAC 진단이 단편적이 되는 것을 막을 수 있다. 예를 들어, 지금은 의사소통 대상이 가족과 특수학교 교사뿐이더라도 곧 일반학교에 통합하게 된다면 통합할 학교에서의 의사소통 필요를 예측하고 준비해야 할 것이다.
- 일반 학생의 의사소통을 근거로 하는 참여모델이 바람직하다. 현재의 생활환경이나 교육여건 때문에 의사소통 요구나 의도를 잘 나타내지 않는 장애 학생이라 하더라도 같은 연령대의 일반 학생의 생활 패턴과 그에 따른 의사소통 형태를 근거로 하여 연령에 맞는 생활을 할 수 있도록 하는 환경적 도움을 주고 의사소통 능력을 가질 수 있도록 AAC를 활용해야 한다(Beukelman & Mirenda, 2012).
- AAC 진단은 중재와 연계하여 지속적이고 자주 실시되어야 한다. AAC를 처음 시작할 때뿐 아니라 중재를 시행해 가면서 사용자의 의사소통 능력이 발전하고 필요한 어휘가 확장될 수 있다. 이러한 변화에 따라 적절한 AAC 체계로 바꾸어 주어야 하며, 그렇게 하기 위해서는 진단이 중재와 연계되고 지속적으로 이루어져야 한다.

- 대상자의 다양한 일상생활환경과 상황 안에서의 정보를 포함해야 한다. AAC 사용의 목적은 실제 생활환경에서의 의사소통을 원활하게 하고자 하기 위한 것이므로 언어치료실이나 교실에서의 의사소통뿐 아니라 사용자의 여러 생활 환경에서 어떤 의사소통이 일어나는지 혹은 일어나야 하는지에 대한 정보가 수집되어야 한다.
- 언어재활사, 교사, 부모 등 관련된 사람들이 함께 모여서 진단해야 한다. 대상 학생의 언어치료/언어교육에 가장 관련이 많은 언어재활사, 특수교사, 부모(경우에 따라서는 지원인력, 물리치료사/작업치료사도 포함)가 함께 협력하고 합의하여 AAC에 관한 진단과 결정을 하면 AAC 체계 개발에도 정확성을 더할 뿐 아니라 중재가 일관성 있게 실행될 수 있다.

2) 평가 모델

AAC 평가의 목적은 학생이 가지고 있는 현재의 의사소통 방법의 적절성을 평가하고, 의사소통 능력과 요구에 따라 AAC 체계를 선택, 교수하는 과정에서 더 나은 방법을 찾기 위해 여러 정보를 수집하고 분석하기 위한 것이다. AAC 평가는 한 번의 과정으로 끝나는 것이 아니며, 현재의 필요를 충족시키면서 동시에 미래를 위한 평가과정이어야 한다.

AAC 평가모델로 최근 가장 많이 사용되는 것은 참여모델(participation model)이다. 참여모델은 모든 사람은 의사소통할 수 있다는 신뢰를 바탕으로 평가의 대상으로 보는 관점을 가지며, AAC 사용을 위한 평가를 실행하는 과정에서 일반 또래의 기능적 참여 욕구를 기반으로 하여 최적합한 중재 절차를 수립하기 위한 진단 모델이다. 여기에서는 참여모델을 중심으로 진단 단계와 절차를 설명하고자 한다. AAC 참여모델의 체계는 ① 의사소통 참여 유형과 요구 평가, ② 기회 제한요인 평가, ③ 학생의 구체적인 능력 평가로 진행한다(Beukelman & Mirenda, 2012).

첫째, AAC를 사용하게 될 학생의 참여 유형과 의사소통 요구를 진단한다. 학생의 집, 학교, 지역사회 등의 일상생활에서의 활동 목록을 통해 의사소통에 참여하는 유형과 수준, 요구 정도를 관찰하여 작성한다. 참여 정도는 독립적 · 언어적 보조, 신체적 보조, 참여할 수 없음 등 환경 내에서 관찰을 통해 기록한다. 장애 학생의 참여 정도는 일반 또래의 참여 유형과 비교하여 효과성을 분석한다. 참여를 방해하는 구

표 9-4 의사소통 기회의 제한요인 평가

구분		내용
기회장벽	정책	• AAC 사용자의 상황을 좌우하는 법률이나 규정 • 학교, 직장, 거주시설, 병원, 재활센터, 요양소 등에는 주로 그 시설의 관리 규약을 담은 문서에 관련 정책이 요약되어 있으나 AAC 관련 내용 언급이 없음
	실제	• 가정, 학교 또는 직장에서 이루어지고 있는 일반적인 절차나 관습을 말함. 가정, 학교, 직장에서 실제 정책이 아닌데도 일상적으로 된 장벽. 예를 들면, 많은 학교가 교육청의 기금으로 마련한 AAC 도구를 학교 안에서만 사용하도록 제한하고 있는데, 이는 교육청의 '공식적인' 정책이 아님
	기술	• 도움을 제공하는 사람들이 AAC 기법이나 전략을 사용하는 기술이 부족하여 실제로 이행하는 데 어려움이 발생함 • AAC 기술이나 전략에 대한 실제적인 적용 방법을 몰라서 어려움을 겪음 • AAC 중재 계획을 책임지고 있는 개인들의 기술 수준을 진단하는 것도 중요함
	지식	• AAC 중재 옵션, 테크놀로지, 교수 전략 등 AAC 사용에 대한 정보 부족
	태도	• 개인의 태도와 신념이 참여의 장벽이 됨 • AAC 팀원의 부정적이고 제한적인 태도들은 참여의 범위를 제한시킴 • 장애 학생에 대한 기대치를 낮추게 되고, 이것은 기회에 대한 참여를 제한시킴
접근장벽		• 사회나 지원체계의 제한이 아닌 AAC 사용자의 능력, 태도 및 지원의 제한, 개인의 잠재적인 능력의 제한을 포함함 • 접근 장벽의 부족은 이동성 부족, 사물 조작과 관리의 어려움, 인지적 기능과 의사결정의 문제, 읽고 쓰기의 결함, 감각-지각적 손상(즉, 시각장애나 청각장애) 등과도 관련될 수 있음 • 개인의 현재 의사소통, 말 사용 또는 말 사용 능력 증가의 잠재성, 환경 조정의 잠재성 등을 모두 평가해야 함

체적인 요인을 확인하는 단계이다.

　둘째, AAC를 사용하게 될 학생의 의사소통 기회를 제한하는 요인을 기회장벽과 접근장벽으로 나누어 평가한다. 구체적인 내용은 〈표 9-4〉와 같다.

　셋째, AAC 교수에 요구되는 구체적인 능력을 평가한다. 관찰, 인터뷰, 의사소통 행동을 직접 유도해 냄으로써 의사소통에 대한 정보를 수집하여 현재의 의사소통 능력을 평가한다. 다른 사람과 의사소통을 하는 방법을 관찰하여 자연적인 언어의 사용 능력을 평가하고 구어의 명료도, 언어 이해 능력과 언어의 기능을 관찰하여 구어 사용 가능성을 평가한다. AAC 체계를 사용하게 될 경우 AAC 기기 선정을 위한

278　제9장 보완대체의사소통(AAC)

고려사항도 평가한다. AAC의 휴대성, 내구성, 외관, 배우는 데 필요한 시간, 질과 명료도, 의사소통의 '자연스러움' 정도 등이 포함된다.

　임장현(2011)은 참여모델을 적용하여 통합교육 상황에서 지체장애 학생에게 AAC 중재를 통해 의사소통 중재를 실시하였다. 일반학급에서 대화상대자가 되는 교사와 비장애 학생의 지식 및 기술 장벽을 해결하기 위해 일반학급 교사 지원, 또래 학생 지원을 실시한 결과 통합 환경에서 학급 지원을 통한 AAC 중재는 중도장애 학생의 의사소통 향상에 효과적인 것으로 나타났다. 지식 및 기술 등 기회의 장벽을 없애기 위한 구체적인 지원 내용은 〈표 9-5〉와 같다.

표 9-5　비장애 학생 교수 내용

일반학급 교사 지원		또래학생 지원	
AAC에 대한 소개	• AAC의 의미와 AAC가 필요한 대상에 대한 설명 • AAC 사용 사례에 대한 동영상 자료 제시 후 AAC의 효과와 장점, 필요성 강조	설명하기	• 태블릿 PC AAC 도구를 소개하고 용도 설명하기 • 상징, 어휘의 의미와 용도 설명하기 • 상징 조합이 의미하는 것 지도하기
AAC에 대한 정보 제공	• AAC 도구 내용과 표현 방법, 프로그램 조작 방법 설명 • 학생이 일반학급에 통합되어 있는 모든 상황에서 의사소통 도구를 유용하게 사용할 수 있도록 꾸준한 지원	시범 보이기	• 질문을 하고 그에 적절한 대답을 태블릿 PC에서 찾아 지적하는 것을 시범 보이기
		요구하기	• 자신이 말을 못한다는 가정을 하고 짝꿍과 짝을 지어 의사소통 시도해 보기 • 중도장애 학생의 입장에서 적절한 요구하기, 기술 알려 주기
대화 상대자 교수	• 학생에게 의사표현의 기회를 제공하는 방법 교수 • 다른 사람과 순서를 주고받는 대화 기술 • 시간지연 전략 지도	기다리기	• 중도장애 학생과 대화 시 의사소통판을 사용하도록 일정 시간(5초간) 기다리기
		메시지 확인하기	• 중도장애 학생이 태블릿 PC를 사용해 의사표현한 것에 대해 확인해 주는 방법 교수하기

출처: 임장현(2011). Tablet PC 기반의 AAC 중재가 통합된 중도장애 학생의 의사소통행동과 비장애 학생의 인식에 미치는 영향. 이화여자대학교대학원 박사학위청구논문, pp. 45-46 수정 발췌.

3) AAC 기초능력 평가

AAC 지도를 위한 평가는『파라다이스 보완대체 의사소통 기초능력평가(PAA)』(박은혜, 김영태, 김정연, 2008)의 평가 영역을 중심으로 설명하고자 한다. 평가는 운동 능력(자세 및 이동 능력, 신체 기능), 감각 능력, 인지 능력, 언어 능력 영역을 포함한다.

(1) 운동 능력
운동 능력 영역은 자세 및 이동 능력과 신체 기능을 평가하는 항목이다.

① 자세 및 이동 능력의 평가
이 평가는 바른 자세를 취할 수 있는지, 어떤 자세 보조기기가 필요한지 등을 평가하여 AAC 체계를 사용할 때의 적절한 자세에 대해 알아본다. AAC 체계를 사용하기 위해서는 안정적이고 바른 자세를 유지하는 것이 필요하다. 자세를 평가하는 기본원리는 평가자 스스로 개인에게 적절한 최적의 자세를 취하여 보고 일반적인 자세의 원리를 이해하는 것이 필요하다. 자세는 근 긴장도를 감소시킬 수 있는 안정된 자세를 기반으로 수정한다. 남은 움직임을 유지하고 최대한 편안함을 느낄 수 있으며 움직임에 드는 노력을 최소화하여 피로를 줄일 수 있는 수정이 필요하다. 최대 수준의 기능을 성취하는 데 필요한 최소한의 중재를 제공하는 데 초점을 맞춘다.

자세 평가는 휠체어를 사용하거나 일반 의자에 앉은 자세를 먼저 관찰하되, 의자를 이용하여 바른 자세를 취할 수 없다면 보조기기를 이용한 지원 방안을 고려한다. 평가팀은 학생이 의자에서의 앉은 자세를 취할 수 있도록 적절히 수정해 준 뒤, 새로운 자세에서 나타날 수 있는 변형이나 압력 통증, 신경근육의 구축 등의 요인을 살펴본다(Beukelman & Mirenda, 2012).

② 신체 기능의 평가
이 평가는 상징 선택 및 표현에 필요한 운동 능력을 알아보는 것이다. 의사소통판이나 AAC 기기를 사용할 경우 상징을 직접 지적하거나 스위치 등의 간접적인 방법을 사용하기 때문에 학생의 신체 기능을 알아보아야 한다. 예를 들어, 어떤 학생은 오른쪽 검지로 그림상징을 정확하게 지적할 수 있는 반면, 어떤 학생은 주먹 쥔 손 전체로 스위치를 눌러서 해당 상징을 선택하는 방법을 사용한다. 그러므로 개인별로 일관성 있고 정확하게 사용할 수 있는 신체 부위와 선택 가능한 움직임 패턴을 파악한다.

신체 기능의 평가의 목표는 학생의 운동 문제를 묘사하는 것이 아니라, 평가 과정에서 손을 사용하지 못한다면 향후 대안적인 접근으로서 사용할 수 있는 신체 기능이 무엇인지 관찰을 통해 찾아내기 위한 것이다. 예를 들어, 직접적인 선택 기술 외에 의사소통 방법으로 사용할 수 있는 눈 깜박임, 얼굴 표정, 머리 흔들기 등의 개인 능력을 평가한다.

신체 기능의 평가는 선택 가능한 신체 기능을 알아내는 것 외에 신체 기능을 효율적으로 표현할 수 있는 방법을 찾아내는 과정이다. 그러므로 상황이나 자세에 따라 효율적으로 표현할 수 있는 신체 부위를 찾아내는 데 중점을 둔다. 직접 선택하기가 가능한 신체의 부위를 찾을 때에는 조절하기 쉽고 사용하기에 더욱 우세한 손과 팔의 조절 능력을 평가한다([그림 9-10] 참조). 그다음에는 머리와 목의 조절 능력을 평가하며, 마지막으로는 신체적 손상이 있는 사람은 직접 선택 기술에 필요한 팔다리

그림 9-10 왼손 우세 학생(좌)과 오른손 우세 학생(우)을 위한 의사소통판의 배열

출처: 박은혜, 김영태, 김정연(2008). 파라다이스 보완대체 의사소통 기초능력평가, p. 39.

그림 9-11 움직임의 범위와 정확성, 조절 기능에 따른 의사소통 카드의 배열

출처: 박은혜, 김영태, 김정연(2008). 파라다이스 보완대체 의사소통 기초능력평가, p. 39.

의 미세한 운동 조절 기능이 낮으므로 발과 다리의 조절 능력을 평가하는 것이 효과적이다(Beukelman & Mirenda, 2012).

　신체 기능 평가는 일정 시간 동안 개인을 관찰하거나 개인, 가족 구성원, 양육자, 다른 사람들과의 관찰과 면담을 통해 현재 움직임의 유형과 활동에 관한 정보를 수집하여 상징을 어떤 배열로 제시했을 때 정확하게 지적할 수 있는지 각 신체 기능의 움직임의 범위와 정확성, 조절 기능을 평가한다([그림 9-11] 참조).

　운동의 정확성과 범위에 대한 평가는 헤드 스틱이나 라이트 포인터, 눈 응시(eye gaze) 방법을 사용하여 선택하는 능력과 다양한 크기의 상징에 정확하게 접근하는 정도, 상징의 최대 범위와 수 등을 평가하고 키 가드, 다양한 디스플레이의 경사각 등을 제시하여 기기의 수정이 사용자의 움직임 조절 능력에 미치는 영향을 관찰하여 평가한다([그림 9-12] 참조).

　Lee와 Thomas(1990)는 직접 선택하기를 평가할 때의 단계를 3단계로 설명하고 있다. 첫 단계는 손이 가장 조절하기 쉽고 가장 사회적으로 수용되므로 손과 팔의 조절 능력을 평가하고, 둘째 단계에서는 머리와 목의 조절 능력을 평가하며, 신체적 손상이 있는 사람은 직접 선별 기술에 필요한 팔다리의 미세한 운동 조절 기능이 낮으므로 마지막 단계에서는 발과 다리의 조절 능력을 평가한다.

　사용자가 신체의 한 부위를 이용하여 직접 선택하기를 하지 못할 경우 스캐닝을

그림 9-12 신체 및 운동 기능의 정확성의 범위에 따른 배열

출처: 박은혜, 김영태, 김정연(2008). 파라다이스 보완대체 의사소통 기초능력평가, pp. 37-38.

표 9-6	신체 및 운동 능력의 평가
관찰과 인터뷰	• 일정 시간 동안 개인을 관찰하여 직접선별 능력을 평가함 • 개인, 가족 구성원, 양육자, 다른 사람들과의 면담을 통해 현재 움직임의 유형과 활동에 관한 정보를 수집함
운동의 정확성의 범위 진단	• 움직임의 범위와 정확성을 테스트함 • AAC팀에 의한 손과 헤드 스틱 조절 기능을 평가함 • 다양한 유형의 표적을 디스플레이 표면에 배치하여 학생이 손이나 발로 만지고, 헤드 스틱이나 라이트포인터, 눈 응시를 사용하여 눈으로 가리키는(eye-pointing) 능력을 평가함
조절 능력의 활용과 확대	• 부가적인 평가로 다양한 크기의 표적에 정확하게 접근하는 정도와 표적의 최대범위와 수를 평가함 • 키 가드, 다양한 디스플레이 표면 각도, 다양한 느낌의 표면(textured surface), 머리와 상체 지지 기기(head support, trunk support)와 같은 수정이 사용자가 가진 움직임의 정확성, 효용 범위를 최대화할 수 있는지의 정도를 평가함
부정적인 영향력에 대한 평가	• 운동 조절 기능 평가를 통해 나타나는 비정상적인 반응, 과도한 근육 긴장도(excessive muscle tone), 비정상적 자세(abnormal postures), 과도한 피로(excessive fatigue)와 같은 부정적 영향을 평가하고 최소화할 수 있는 범위를 결정함

위한 스위치 평가를 해야 한다. 스위치를 작동할 신체부위가 어느 부위인지 평가하기 위해서는 손가락, 손, 머리, 발, 다리, 무릎 순서로 평가한다. 신체 및 운동 기능을 평가할 때에는 운동 조절 시 나타나는 과도한 근육 긴장도, 비정상적 자세, 과도한 피로와 같은 부정적 영향력을 평가하고 최소화할 수 있는 방법을 고려해야 한다(Beukelman & Mirenda, 2012).

〈표 9-6〉은 직접 선택하기 능력을 진단하기 위한 평가의 단계에 대해 Lee와 Thomas(1990)가 제시한 것을 표로 정리한 것이다.

(2) 감각 능력

AAC 체계의 구성에 필요한 기본 정보, 즉 상징의 유형, 크기, 배치, 간격, 색 등을 결정하기 위해 정확한 시각과 청각 능력을 진단하는 것은 매우 중요하다. AAC 기기에 사용할 상징의 유형, 크기, 사용자 눈으로부터의 거리 등을 결정하고 의사소통

상징과 기기들의 적절한 배치와 정렬, AAC의 상징 배치, 항목 간 간격 등을 결정하기 위해 시야(visual field)를 측정하고 시각 관련 근육들의 기능성과 시각을 고정하고 유지하는 능력, 사물들의 위치를 파악하고 훑어보기, 추적하기와 같은 움직임을 진단한다.

그 밖에 빛에 대한 비정상적인 민감도(light sensitivity), 색 지각(color perception), 시각적 안정성(visual stability) 등을 진단한다. 청력 진단(hearing assessment)은 의사소통기기를 사용할 수 있는지의 기능을 진단하기 위해 필요하며 일반적인 청력검사에 의해 실시한다.

(3) 인지 능력

인지 능력 진단에서는 AAC 적용과 관련된 기본 인지 능력으로 사물 영속성, 부분과 전체의 개념 이해, 범주화 능력을 알아본다. 더불어 사물의 기능에 대한 이해 및 사물과 적절한 상징의 대응관계를 파악하는 것도 중요하다.

(4) 언어 능력

수용어휘 및 기본적인 인지 능력을 알면 AAC 체계를 계획하는 데 도움이 된다. 여러 상징체계 중 어떤 것이 사용자에게 처음 시작하기에 좋은지, 미래를 위해서는 어떤 상징체계로 발전시켜야 할지를 결정하기 위한 평가도 AAC 평가에 포함되는 부분이다. 언어 평가는 대안적 방법으로 가족 구성원, 양육자를 통해 관찰에 의해서 어휘 이해 정도를 측정할 수도 있다. 자연스러운 말소리 혹은 보완적인 방법을 통하여 개인이 이해하고 산출하는 낱말 조합들을 기록하는 등의 비공식적 언어를 선정하는 것이 필요하다.

4. AAC 지도의 실제

1) 현행 수준 측정

의사소통 지도의 첫 단계는 현행 수준을 측정하는 것이다. 현행 수준은 일상생활 장면에서의 상황을 관찰하여 의사소통행동의 특징과 수행 능력에 대한 자료를 수집하여 측정한다. 의사소통행동에 대한 현행 수준을 파악할 때에는 대화상대자, 환경, 기초선을 측정했던 활동의 종류, 시간 등 수행력에 영향을 미칠 수 있는 다양한 변인을 고려한다. 학생의 의사소통 의도를 관찰하기 위해서는 교사의 민감성이 요구된다.

의사소통 기능의 평가는 일상생활 중에 필요한 최소한의 의사표현 능력의 수준을 고려하는 것으로 학생과 대화를 자주 하게 되는 부모, 담임교사, 교과교사들과 정보를 공유한다. 학생의 수용언어 능력의 평가는 〈표 9-7〉과 같이 할 수 있다. 학생 앞에 두 가지 물건을 제시하여 그중 하나의 이름을 말하고 학생에게 그것을 지적하거나 주목하도록 요구한다. 적어도 3~4회 이상 시도하고 물건의 위치와 항목을

표 9-7 **수용언어평가표**

학생 이름:		날짜:	관찰자:
기록 방법	학생 앞에 두 가지 물건을 두고, 그중 하나의 이름을 말하고 학생이 그것을 지적하거나 주목하도록 요구한다. 적어도 3~4회 이상 시도하고 물건의 위치와 항목은 다양하게 변화시킨다.		

제시된 물건	요구된 물건	학생 반응	
		정반응	오반응
1.			
2.			
3.			
4.			
5.			
6.			
7.			
8.			
9.			
10.			
11.			
12.			
13.			

다양하게 변화시켜 우연성에 의한 응답은 배제한다.

2) 의사소통 지도 목표 수립

학생의 현재 수행 수준이 파악되면 이를 바탕으로 목표를 설정한다. 의사소통 지도의 목표는 실생활에서의 기능성을 전제로 하기 때문에 실생활 안에서 가치 있고, 학생의 기능을 증진시킬 수 있는 목표를 설정한다. 의사소통 지도의 목표를 설정할 때에는 가르치고자 하는 의사소통 기술이 학생의 현재 생활에 유익함을 주는 기술인지 고려한다. 또한 목표로 선정한 기술이 생활연령 기준에 적합하고 실생활에서 사용할 수 있는 기회가 제공되어 성공적으로 습득 가능한지 점검한다. 예를 들어, 또래와의 상호작용을 증진시키거나, 스스로 필요한 물건을 요구하거나, 입고 싶은 옷을 표현하는 등 학생이 현재 처해 있는 상황에서 학생의 지위를 향상시킬 수 있는 목표를 설정한다.

3) 어휘 수집

지도해야 할 어휘를 선정하기 위해서는 어휘를 수집해야 한다. 어휘 목록은 자연적인 상황에서의 상호작용을 관찰하여 일화기록, 체크리스트 등을 이용하여 수집하거나 환경 분석을 통해 수집한다. 일화기록은 학생이 참여하는 매일의 일상적 일지를 계속 기록하는 것으로, 교사와 부모가 학생들이 하루를 지내는 활동을 관찰하여 필요한 어휘를 선정하는 방법이다. 환경 분석을 통한 어휘 선정 방법은 환경 목록이나 생태학적 목록을 활용한 가장 효율적인 방법이다(〈표 9-8〉 참조). 또한 가족, 관련 서비스 전문가, 학생과 상호작용을 하는 모든 사람을 포함한 정보 제공자들과의 브레인스토밍을 통해 수집한다. 일반 학생의 언어 발달표의 어휘 목록이나 AAC를 사용하고 있는 학생의 어휘 목록 등 기존의 어휘 목록을 이용하는 것도 효율적인 방법이다. 어휘 목록은 사용자의 생활연령을 고려한 생태학적 목록에 따라 활동 중심으로 선정하며, 목적에 따라서는 범주별 어휘를 선정하여 지도할 수 있다.

표 9-8 환경분석을 통한 어휘 선정

1. 한 주 동안 학생이 있었던 장소들과 각 장소에서 어휘 선택을 주로 했던 사람(대화상대자), 각 장소에서 이루어진 활동은 무엇입니까?
   - 장　　　소:
   - 대화상대자:
   - 활　　　동:
2. 각 활동별로 사용되는 어휘는 무엇입니까?

구분 / 활동	명사 (사물 이름 포함)	동사	형용사	구절	기타	또래 학생이 사용하는 어휘	같이 활동하는 사람	이 활동에서 학생이 특히 좋아하는 것들

4) 어휘 선정

수집된 어휘 목록을 처음부터 모두 지도할 수는 없다. 수집된 목록 중 지도해야 할 어휘를 선정할 때는 몇 가지 고려사항이 있다. 학생의 발달적 관점과 사회적 관점, 의사소통 맥락을 고려하여 선정한다(Beukelman & Mirenda, 2012).

발달적 관점을 고려한 어휘란 학생의 인지 수준에 적절하며 의미 있고 실용적 기능이 있는 어휘를 말한다. '여기' '지금'을 반영한 것이어야 하며, 자주 사용할 수 있는 것을 말한다. 특히 언어 발달이 지체된 학생을 위한 어휘 목록은 동기를 유발하고 일반화를 도울 수 있어야 한다. 초기에 지도해야 할 어휘 목록은 상황을 표현할 수 있도록 개념이 쉽고 잠재적인 유용성이 있어야 한다. 또한 사용하는 학생의 연령과 문해력 수준을 고려해야 한다. 읽기 · 쓰기 능력의 습득 여부에 따라 어휘 선택이 달라지기 때문이다. 가장 중요하게 고려해야 할 핵심 요소는 학생의 흥미를 고려하는 것으로, 의미 있고 주목할 만한 상황의 활동과 관심 사항을 반영하여 환경 목록을 제공하면 일반화하는 데 더욱 효과적이다.

사회적 관점을 고려한 어휘 선정이란 학생이 속해 있는 문화와 성별, 사회적 역할에 따라 필요한 어휘가 다를 수 있으므로 개별 학생의 요구에 맞는 어휘를 선정해야 함을 의미한다. 의사소통이란 다른 사람과의 상호작용에 의해 이루어지므로 다른 사람과의 기능적 사용에 초점을 둔다.

　의사소통 맥락을 고려한 어휘 선정이란 학생이 생활하는 주요 환경과 상황, 대화 상대자에 따라서 필요한 어휘가 달라질 수 있기 때문에 이를 반영한 어휘 선정이 필요하다는 의미이다. 선택된 어휘는 학생의 요구, 사용 정도, 효과성 등을 고려하여 타인과의 상호작용에서 좀 더 적극적인 역할을 할 수 있도록 점검하여 수정 · 보완한다. 수집한 어휘 목록에서 지도할 어휘를 최종적으로 선정할 때에는 다음과 같은 사항을 고려해야 한다.

　첫째, 문자 습득 전 단계의 학생을 위한 어휘 선택은 대화를 하기 위해 기본적으로 알아야 할 어휘 위주로 우선 선정한다. 즉, 학생이 음식을 먹을 때, 목욕을 할 때, 게임을 할 때 등 활동을 하는 중에, 또는 그 외의 꼭 필요한 상황에 필요한 어휘를 알려 주고 확장시켜 주는 것을 말한다.

　둘째, 인지적인 어려움으로 인해 문자 습득이 힘든 학생에게는 개인적 요구를 충족시켜 줄 수 있는 어휘를 선정한다. 효율성을 고려하여 일상에서 반복되어 나타나는 일견단어나 문장 형태의 메시지를 이용한다. 단, 학생의 연령을 고려한 신중한 어휘 선정이 필요하다. 예를 들어, 학생에게 '좋아요'의 뜻으로 웃는 얼굴 모양의 상징을 이용한다면, 청소년기 학생에게는 엄지손가락을 들어 올리는 상징을 사용하는 것이 적절할 것이다.

　셋째, 문자를 습득한 학생의 어휘 선택은 적절한 시간 내에 표현할 수 있도록 의사표현의 속도와 표현하는 데 드는 노력을 줄일 수 있는 방법을 고려한다. 의사소통에서는 적절한 시기에 상대방과의 주고받는 타이밍이 중요하기 때문이다.

　넷째, 개개인의 사용자에 맞는 어휘들을 선정하기 위해서는 사용하는 학생의 연령, 성, 사회문화적 배경, 이해 수준 등을 고려하고, 대화상대자와의 친숙한 정도, 대화 상황 및 장소 등 개별적인 환경을 고려하여 선정한다(Beukelman & Mirenda, 2012).

　다섯째, 지체장애 학생의 경우에는 운동 능력의 장애를 보완하기 위한 어휘가 필요할 수 있다(〈표 9-9〉 참조).

표 9-9 지체장애의 특성상 요구되는 어휘

지역사회 환경	학교환경	가정환경
가방(휠체어 주머니)에 넣어 주세요.	기저귀가 젖었어요.	가려워요.
거스름돈은 여기에 넣어 주세요.	너무 멀어요/가까이 해 주세요.	기저귀 갈아 주세요.
경사로는 없나요?	떨어졌어요/주워 주세요.	단추 풀어/끼워 주세요.
대신 써 주세요.	똑바로 잡아 주세요.	발이 휠체어에 끼었어요.
도장은 여기에 있습니다.	문 열어 주세요.	소매 좀 걷어 주세요.
돈은 여기에 들어 있어요.	물 내려 주세요.	옷 벗겨 주세요.
돈은 지갑에 넣어/꺼내 주세요.	바르게 앉혀 주세요.	옷 올려 주세요.
물건 좀 내려 주세요.	바지 내려/올려 주세요.	옷 입혀 주세요.
물건 좀 들어 주세요.	변기에 앉혀 주세요.	입에 넣어 주세요(먹여 주세요).
번호표를 뽑아 주세요.	손 닦는 것 도와주세요.	자리에 앉혀 주세요.
벨을 눌러 주세요.	아직 안 넘겼어요.	책을 받침대에 꽂아 주세요.
엉덩이가 짓물러서 아파요.	알파토커(의사소통판)가 필요해요.	컴퓨터 켜 주세요.
영수증 넣어 주세요.	용변 보는 일을 도와주세요.	클릭해 주세요.
옷에 음식물이 묻었어요.	음식물이 목에 걸렸어요.	파우더 발라 주세요.
우표를 붙여 주세요.	자세가 불편해요.	책 ○○페이지 펴 주세요.
음식 옮기는 것 도와주세요.	작게 잘라 주세요.	책 페이지 넘겨 주세요.
이동을 도와주세요.	친구가 넘어졌어요.	TV 켜 주세요.
입 닦아 주세요.		
잔돈을 지갑에 넣어 주세요.		
작게 잘라 주세요.		

출처: 이정은, 박은혜(2000). 보완·대체의사소통체계 적용을 위한 상황 중심 핵심어휘 개발 연구. 재활복지. 4(1), 96-122.

여섯째, 장소, 물건, 관계, 움직임, 감정, 긍정/부정, 중지를 나타내는 말, 이름이나 소유격, 사물과의 관계, 반대되는 말, 색, 위치, 모양을 나타내는 말 등을 포함하는 것이 좋다.

일곱째, 의사소통 어휘는 교육의 목적에 따라 지도해야 하는 내용에 해당되는 어휘를 선택하여 지도한다([그림 9-13] 참조).

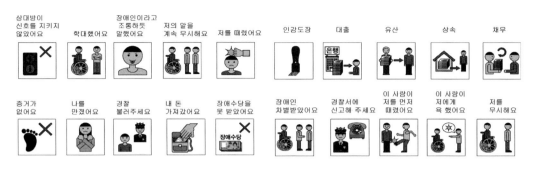

상대방이 신호를 지키지 않았어요 / 학대했어요 / 장애인이라고 조롱하듯 말했어요 / 저의 말을 계속 무시해요 / 저를 때렸어요 / 인감도장 / 대출 / 유산 / 상속 / 채무

증거가 없어요 / 나를 만졌어요 / 경찰 불러주세요 / 내 돈 가져갔어요 / 장애수당을 못 받았어요 / 장애인 차별받았어요 / 경찰서에 신고해 주세요 / 이 사람이 저를 먼저 때렸어요 / 이 사람이 저에게 욕 했어요 / 저를 무시해요

그림 9-13 청소년 대상의 인권교육에 활용될 수 있는 어휘

5) 상징 및 도구 선택

의사소통을 지도하기 위해서는 적절한 상징체계를 선택해야 한다. 상징은 학생의 인지 및 생활연령을 고려하여 이해하기 쉽고 사용하기 쉬운 것이어야 한다. 동시에 미래의 의사소통 기능의 범위와 폭이 향상될 것을 고려하여 장기적으로 사용과 확장이 가능한 상징을 사용하는 것이 바람직하다. 의사소통판이나 도구에 제시되는 상징은 사진, 그림, 글자, 숫자 외에도, 수어, 실물이나 축소형 사물, 사물의 일부분 등 사용 가능한 모든 양식을 포함하여 사용할 수 있다.

상징체계를 선택할 때에는 학생의 현재 수행 수준에 적합하고 개인의 표현하고자 하는 요구를 충족시켜 줄 수 있으며, 미래에도 사용할 것으로 예측되는 상징체계를 선택해야 한다(Beukleman & Miirenda, 2005). 의사소통 상징체계를 선정할 때 우선 고려해야 할 점은 학생의 운동 기술과 지각 운동 능력, 형태, 그림 등 학생의 개인적 특성에 기초하여 선정해야 한다. 우선 도구체계로 할지 비도구체계로 할지를 결정해야 하며, 다음에는 어떤 상징 혹은 그림으로 접근할지 결정해야 한다. 상징이나 그림의 사용은 이후의 일반화와 학생들이 늘 상용할 수 있도록 하기 위해 공용화된 상징체계를 선정하는 것이 좋다. 학교와 기관 등 장소가 다르더라도, 학생에 따라 대화상대자나 학년이 높아지더라도 상징의 혼동 없이 지속적으로 사용하기 위해 약속된 상징체계의 사용이 바람직하다. 구체적인 상징을 선택하기 위해서는 의사소통 상징의 물리적 특성, 즉 시각적 상징의 명확성, 재인 능력(recall)과 학습 가능성, 변별성(discriminability) 등을 고려해야 한다(Reichle, Beukelman, & Light, 2002). 시각적 그림상징체계는 국내에서도 개발되고 있으며 유용하게 활용되고 있다.

그림 9-14 상징의 예: 한국형그림의사소통상징

　최근에는 스마트기기의 뛰어난 접근성, 이동성, 편의성으로 특수교육 현장에서도 스마트기기를 활용한 AAC 기기의 활용이 확대되고 있다. 기존의 AAC 기기를 사용하는 것보다 일반 스마트기기에 AAC 소프트웨어를 설치하여 사용할 수 있어 비용 면에서도 효율적이며, 사회적 낙인을 최소화할 수 있다는 평가를 받고 있다. 또한 활용할 수 있는 다양한 AAC 앱이 많이 개발되고 있어서 과거에 비해 도구 선택의 폭이 넓어졌다. 국내에서 개발된 그림상징의 예는 [그림 9-14]와 같다.

6) 상징 배열 및 구성

　AAC를 사용하는 학생의 언어 발달을 촉진하기 위해서는 선정된 어휘 목록을 일정한 체계에 따라 조직화하여 제공한다. 상징의 선택뿐만 아니라 상징의 배열에 있어서도 고려해야 할 사항이 있다. 원하는 상징을 금방 찾을 수 있고 상황에 따라 사용할 수 있는 상징들을 모아 놓아 범주별로 상징을 분류하는 것이 효율적으로 사용하기 좋다. 또한 학생의 언어 발달 특성을 고려하여 효율적이고 효과적으로 의사소통할 수 있도록 조직하고 배열해야 한다(Reichle, Beukelman, & Light, 2002). 그리고 앞으로의 확장을 염두에 두어야 언어학습을 촉진할 수 있으며, 언어 사용의 기능성을 높일 수 있다. 상징 배열 및 구성은 〈표 9-10〉과 같이 문법적 범주, 의미론적 범주, 환경/활동 중심으로 구성할 수 있다(Beukelman & Mirenda, 2012).

표 9-10 **상징 배열 및 구성 전략**

어휘 목록 구성 전략	방법	언어 발달 촉진 효과
문법적 범주를 이용	• 구어의 어순, 즉 문법 기능에 따라 어휘를 배열함 • 피츠제럴드 키(Fitzgerald key): 왼쪽에서 오른쪽으로 사람, 행위, 수식어, 명사, 부사의 순서로 나열, 판의 위나 아래쪽에 자주 사용되는 글자나 구절을 배열함 • 각 범주별로 시각적 식별을 쉽게 하기 위해 색깔을 다르게 하는 경우가 많음	• 왼쪽에서 오른쪽으로 단어를 배열하여 문자를 구성하는 능력을 학습한다.
의미론적 범주를 이용	• 의미론적 범주(사람, 장소, 활동 등)에 따라 상징을 배열 • Hamilton과 Snell(1993)의 연구: 신체 및 감정 상태, 음식, 지역사회 활동, 집에서 필요한 물품과 같은 범주를 사용 • Mirenda 등(1994)의 연구: 간식, 점심, 교통수단, 방과 후 활동, 주말 활동, 자기 관리, 친구, 가족 등의 범주를 사용	• 언어 발달을 촉진할 가능성에 대해서는 실험적으로 연구된 바가 없고 구성 방법 자체가 언어적 속성이 적다. • 언어 발달이 주요 목표인 경우에는 언어 발달 촉진을 위한 다른 배열을 함께 사용하는 것이 좋다.
환경/활동 중심으로 구성	• 각각의 의사소통판이 특정한 환경(예: 가게)이나 활동(예: 소꿉놀이하기)에 맞는 어휘들로 구성 • 특별하거나 일상적인 활동에 참여를 촉진하는 풍부한 어휘를 담을 수 있음 • 연령에 맞게 지역사회, 학교, 직업환경에서 사용하도록 고안할 수 있고, 중재자가 비교적 손쉽게 해당 활동에 필요한 어휘만으로 의사소통판을 구성할 수 있음	• 여러 단어를 연결하여 사용하는 등 언어 발달을 촉진하는 기능을 할 수 있다. • 발달적인 관점에서는 이러한 구성이 초기의 언어 사용을 가장 증진시킨다는 보고도 있다(Blockberger, 1995). • 학생의 활동 참여와 어휘 습득을 증진시킬 수 있다(Burkhart, 1994; Goosens & Crain, 1986).

출처: 박은혜, 김정연, 표윤희, 김은숙(2007). 중도 지체장애 학생을 위한 국어과 교수-학습전략 개발연구, p. 37.

(1) 문법적 범주의 구성

언어습득을 촉진하고자 하는 목적으로 전통적으로 가장 많이 사용되어 온 방법은 구어의 어순대로 배열하는 것이다. 영어는 왼쪽에서 오른쪽으로 사람, 행위, 수식어, 명사, 부사의 순서로 나열하고, 의사소통판의 위나 아래쪽에 자주 사용되는 글자나 구절을 배열하여 왼쪽에서 오른쪽으로 단어를 연결하여 문자를 구성하는 방식이다. 어휘를 구성할 때 일관성 있는 문법 구조를 갖출 경우 사용이 용이하다(Burkhart, 1994). 각 범주별로 시각적 식별을 쉽게 하기 위해 색깔을 다르게 하는 경우가 보편적이다.

(2) 의미론적 범주의 구성

의미론적 범주는 사람, 장소, 활동 등과 같이 상위의 의미론적 범주에 따라 상징을 배열하는 방법이다. 의미론적 범주는 문법적으로 배열된 보조판과 함께 사용할 수도 있으며, 의미론적 범주를 이해할 수 있는 학생에게는 실제적인 방법이 될 수 있다. 그러나 단순한 의사소통을 넘어서 언어 발달을 촉진하기 위해서는 의미론적 범주만을 사용하기보다는 언어 발달을 촉진할 수 있는 다른 배열 방법을 함께 사용하는 것이 바람직하다.

(3) 환경/활동 중심의 구성

환경/활동 중심의 구성은 초기 의사소통 방법을 지도하기에 용이한 구성 방법이다. 하나의 환경이나 활동에 필요한 어휘들을 의사소통판에 모아서 구성해 주는 방법이다. 의사소통판에 특정 활동에 참여할 수 있는 다양한 어휘 목록을 담을 수 있기 때문에 여러 단어를 연결하여 사용하는 등 언어 발달을 촉진하는 기능도 할 수 있으며, 발달적인 관점에서는 이러한 구성이 초기의 언어 사용을 가장 증진시킨다는 보고도 있다(Blockberger, 1995). 일반적인 어휘 또는 일상적으로 사용하는 어휘로 구성된 의사소통판 외에 여러 개의 활동별 의사소통판이 마련되어 있는 경우, 학생의 활동 참여와 어휘습득을 증진시킬 수 있다(Burkhart, 1994; Goosens & Crain, 1986). 이때 활동 수가 늘어날 경우 모든 의사소통 상황에서 자주 사용되는 핵심 어휘(core vocabulary)에 대한 의사소통판과 상황과 때와 장소에 따른 어휘로 구성된 부수 어휘(fringe vocabulary) 판을 나누어 제시하여 지도할 수 있다.

이와 같은 구성 전략 중에서 한 가지를 계속 사용하기보다는 학생의 언어 능력의 발달에 따라 어휘 목록의 구성 전략을 수정해 주는 것이 좋은데, 예를 들어 초기 의사소통 지도 시기가 지나면 문법적 범주를 활용하여 구문론적 발달을 유도하는 것이 바람직하다. 이러한 어휘 목록 구성 방법은 서로 혼합하여 사용할 수도 있다. 예

를 들어, 환경/활동 중심 의사소통판의 경우에도 수준에 맞도록 문법적 범주를 활
용하여 제시해 줄 수 있다.

7) 지도 방법

AAC 지도 전략은 의사소통을 촉진하는 일반적인 전략과 동일하다(다양한 의사소
통 교수 전략은 '제8장 의사소통교육' 참고). 다만, AAC와 관련한 선행연구에서 밝혀진
효과적인 전략은 다음과 같다.

(1) 환경의 구조화

의사소통을 지도하기 위한 의사소통 촉진 전략의 우선 과제는 의사표현과 상호
작용의 동기를 유발할 수 있도록 환경을 구조화하는 것이다. 지체장애 학생이 자세
의 불안정성으로 인해 느끼는 불안감을 감소시키고, 근 긴장도를 낮추고, 근육을 이
완하여 편안하게 의사소통할 수 있도록 환경을 구조화한다. 적절한 자세 취하기와
AAC 기기의 배치, 의사소통의 동기를 부여할 수 있는 활동 제공하기 등으로 환경을
조정한다.

표 9-11 **환경구조화의 사례**

A특수학교에서는 최근 중복·중도장애 학생 비율이 높아짐에 따라 의사소통의 문제를 갖
는 학생이 점차 많아지고 있다. 대부분의 구어를 사용하지 못하여 AAC 방법을 필요로 한다.
그러나 누구에게나 통용되는 한 가지 방법을 찾기는 어렵다. A학교는 학생의 많은 수가 지체
장애와 인지장애로 인해 손으로 타이핑하거나 글씨를 직접 써서 의사를 표현하지 못한다. 학
교 교사들은 학교 내에서의 통용될 수 있는 공유된 상징체계의 필요성에 합의하였다.

학교 내에서 사용하는 그림상징에 대한 공유성을 높이기 위해 교내 여러 장소에 맞는 그림
상징들을 부착하여 생활 속에서 익힐 수 있도록 하였다. 일차적으로는 교실과 특별실, 화장
실 등 각 실의 입구에 장소별 상징을 학생들의 눈높이에 맞추어 붙여 놓았다. 식당 입구에는
"손을 씻어요." "맛있어요." "오늘 메뉴가 뭐예요?" "배고파요." 등 장소에 따라 필요한 그림판
들을 붙여 놓았다. 벽에 부착한 그림상징들은 휠체어에 앉은 상태에서도 쉽게 만질 수 있고
시지각적인 문제가 있는 학생도 가까이에서 볼 수 있도록 벨크로를 이용하여 부착하였다. 각
교실에서는 자주 사용하는 물건에 상징카드를 붙여서 한글 학습과 더불어 의사소통에 사용
할 수 있도록 하였다. 교실에서 사용하는 그림상징들은 학생들의 관심사, 수업 주제, 학교 행
사 등을 고려하여 주기적으로 보완 및 교체하였다.

(2) 메시지 확인하기

메시지 확인하기(message confirm)는 학생이 시도한 것에 대해 반응을 보이고, 표현한 것에 대해 확인해 주는 전략으로, 학생의 의사소통 능력을 신장시킬 수 있다(Light & Binger, 1998). 의사소통을 할 때, 학생이 메시지를 표현하는 동안 대화상대자는 충분히 기다려 준다. 학생이 의사소통 보조기기 혹은 의사소통판의 그림이나 상징을 지적하여 표현하면 대화상대자는 학생이 지적한 항목을 크게 말해 주는 청각적 피드백을 제공한다. 학생은 스스로 음성언어를 표출하지는 않았으나, 대화상대자가 제공하는 청각적 피드백은 장기적으로 학생의 표현언어를 촉진하는 자극이 될 수 있다.

구어를 사용하여 의사소통하지 못하는 학생은 대화상대자의 표정이나 반응에 따라 의사 표현을 재시도하기도 하고 좌절하여 포기하기도 한다. 그러므로 학생의 의사소통 시도에 긍정적인 반응을 보이고 정확한 문장으로 확인해 주어야 한다. 학생이 실수를 했을 때 부정적인 반응을 보이면 학생은 어떠한 시도도 하지 않게 되며 상호작용에서도 소극적인 참여를 조장한다. 그러므로 학생의 반응에 대한 즉각적인 반응을 보여 주고 반응의 결과에 관계없이 표현한 것에 대한 강화와 정확한 표현 방법을 알려 주는 체계적인 교수 절차가 필요하다.

(3) 시작과 끝을 알리는 명확한 신호 확립하기

Light, Collier와 Parnes(1985)에 의해 제안된 것으로 의사소통을 하는 상호과정에서 의사소통 기회를 방해받지 않도록 의사소통 단위의 시작과 끝을 알리는 명확한 신호를 정하여 사용한다. 대화의 시작과 끝을 나타낼 수 있는 신호를 정하여 사용하는 것은 보다 적극적인 의사소통자로서의 역할을 부여한다.

(4) 시간지연하기

시간지연(time delay)은 학생의 의사표현을 촉진하기 전에 자발적으로 의사표현을 할 수 있도록 일정 시간을 기다려 주는 전략이다. 시간지연 전략은 의사소통 상황에서 학생이 기대하는 반응을 나타내기 전에 어떠한 촉진도 주지 않고 일정 시간을 기다려 목표 기술을 자발적으로 사용할 수 있는 기회를 제공하는 전략으로, 많은 연구(김경양, 박은혜, 2001; 김정연, 박은혜, 2003; 채수정, 박은혜, 1999; 표윤희, 박은혜, 2002)를 통해 입증되었다. 기대하는 반응을 나타날 때까지 기대지연(expectant delay)을 하는 방법은 학생에게 스스로 수행할 기회를 제공하기 때문에 자연적 환경에서 의사소통할 기회를 거의 갖지 못하는 학생에게 사용하기 적절한 방법이다. 기대지연을 했는데 올바르게 하지 못한다면 "이렇게 해 봐." 등의 언어적 촉진을 제시하는 것이 효과적이다.

시간지연 전략은 학생으로 하여금 의사소통을 하기 위한 암시로서 말하는 것 이외의 환경적 자극을 사용하는 한 방법이다. 즉, 의사소통 상황에서 장애 학생이 기대하는 자극을 제시하기 전에 어떠한 촉진도 주지 않고 일정 시간을 기다림으로써 장애 학생이 의사소통 기술을 자발적으로 사용할 수 있는 기회를 제공한다. 학생이 의사소통 의도를 보일 때 많은 것을 기대하고 요구하거나 서두르면 학생은 의사소통에 관심을 잃을 수 있다. 대화상대자가 학생의 수준에서 학생의 속도에 따라 기다려 주는 등 덜 직접적인 상호작용을 할 경우 학생은 의사표현의 기회를 얻고 의사표현에 긍정적인 영향을 줄 수 있다. 시간지연 방법은 중도·중복장애 학생의 여가 시간 중에 자발적인 요구하기 기술을 증가시킨 것으로 나타났고, 대화를 주고받는 시간 사이에 대화상대자가 약 1~2초를 기다리는 것이 상호작용 과정에서 적극적인 역할을 하도록 하는 데 필요하다(Light, Collier, & Parnes, 1985).

(5) 지적하기 촉진

시간지연 방법으로도 의사소통할 기회를 갖지 못하는 경우 다음의 촉진이 필요한데, 그것이 바로 지적하기(point)이다. 지적하기 촉진(pointing prompt)전략은 빠르고 쉬운 방법이며 기대지연보다 시각적 촉진이 목표 기술을 나타낼 기회를 더 많이 제공한다. 이 전략은 언어적 촉진과는 달리 대화의 흐름 중에 최소한의 개입을

하여 대화 도중 흐름을 방해하거나 산만하게 하지 않는다. 이는 시각적 촉진을 제공
하는 방법이며 시각 능력의 손상을 입은 경우 주의집중하는 데 문제가 있으므로, 이
런 경우 사용자의 팔을 가볍게 건드리는 정도의 접촉을 통한 촉진(touch prompt)을
제공할 수 있다. 지적하기를 촉진해도 바르게 수행하지 못한다면 "이렇게 해 봐." 하
면서 모델링을 제공한다.

(6) 모델링

지적하기 촉진을 해도 목표 기술이 나타나지 않을 경우 사용하는 촉진은 모델링
이다. 성공적으로 의사소통 기술을 사용하기 위해서는 AAC 도구를 바르게 사용하
는 것을 모델링해 주는 교사의 역할이 필요하다. 모델링은 학생에게 도움이 필요할
때에 제공해 주고, 직접 따라 할 수 있도록 촉진해 주고, 의사를 표현하도록 격려하
여 성공감을 갖게 해 주는 촉진 전략이다(Light & McNanghton, 1993). 이 방법은 말
할 차례가 되었을 때 어떻게 하는 것인지 정확하게 모델을 보여 주는 것이다. 제스
처 등의 손짓기호를 사용하는 것을 직접 보여 주어 모델을 제공해 주기 때문에 지적
하기 촉진 전략보다는 좀 더 개입이 많은 촉진 방법이다. 의사소통기기 사용의 모델
링이 학생의 효과적인 의사소통체계 사용을 촉진하여 상호작용에서 주도적인 역할
을 하는 데 도움을 줄 수 있다(Bruno & Goehl, 1991). 그러나 상황에 맞지 않게 반복
적으로 따라 하게 하는 방법은 효과적이지 못하다. 의사표현 능력은 자연적인 결과
에 의해 강화되도록 해야 하며, 학생이 실수한 부분에 대해서는 즉각적인 피드백을
제공한다. 또한 과다한 자극과 촉진을 지양하고 필요할 때만 촉진하는 전략이 필요
하다.

그 밖의 의사소통 촉진 방법으로 Smith(1994)는 상호작용에서 학생에게 대답이나
반응을 강요하기보다는 학생에게 대화를 시작할 기회를 많이 제공하는 방법을 제
안하였다. 학생보다 말을 적게 하고 학생의 시도에 즉각적으로 반응을 해 주는 것이
효과적이다. 학생이 먼저 시도한 주제에 대해 대화 주고받기를 하며, 한 주제에 대
한 반복적인 대화 주고받기가 의사소통을 촉진하는 데 도움이 된다. 이러한 의사소
통 기술은 실제 상황에서 자발적으로 사용하고 새로운 상황이나 대상으로 일반화
하기 위해 자연스러운 환경에서 매일의 반복되는 활동에 통합해 실시해야 효과적
이다. 효과적인 의사소통 훈련 전략은 학생과 대화상대자를 대상으로 실시하되, 어

떤 경우든 매일 성공적이며 기능적으로 사용할 수 있을 것으로 확신되는 의사소통 전략에 초점을 맞추어야 한다.

8) 일반화와 유지 점검

일반화 단계는 학교(교실 안, 교실 밖), 가정, 그 밖의 지역사회 환경 내의 다양한 실제 상황에서 지도한 교사가 아닌 다른 사람과도 의사소통 방법을 이용하여 하고 싶은 말을 표현하고 있는지 관찰하는 것이다. 교사는 실생활에서 효과적으로 사용하고 있는지에 대한 자료를 수집하고 개인의 수행 능력에 대한 피드백을 제공한다. 실생활의 새로운 상황에서도 같은 기술을 성공적으로 사용할 경우에는 축하해 주고 사용한 기술의 효과에 대해 계속적인 평가가 이루어지도록 한다. 일반화 정도를 점검하는 절차는 다음과 같다.

표 9–12 일반화 정도 점검 절차

- 자연적인 환경 내의 다른 상황, 다른 대화상대자와의 대화를 관찰하였는가?
- 실생활에서 효과적으로 사용하고 있는지 점검하기
- 개인의 수행 능력에 대한 피드백 제공하기
- 실생활의 새로운 상황에서도 같은 기술을 성공적으로 사용한 것을 축하해 주고 사용한 기술의 효과에 대해 논의하기
- 배운 기술을 일반화하지 못한다면 그 원인을 분석하고 교수를 수정하기
- 의사소통 기술을 실생활에서 사용하는 것이 효과적이지 못하다면 의사소통 방법이나 메시지 등을 수정하여 효과를 높일 수 있도록 고려하기

학습된 의사소통 능력이 유지되고 있는지 체크하기 위해 교수를 마친 후 2주, 4주, 8주 후에 꾸준히 관찰해야 하고, AAC 사용자가 자연적인 상황에서 기술을 사용하지 못한다면 목표 기술을 교수하는 4단계로 돌아가서 의사소통 기술의 사용을 다시 지도하고, 대화상대자의 기술 사용이 부족하다면 3단계로 돌아가서 촉진자가 촉진 전략을 잘 사용할 수 있도록 훈련하는 것이 필요하다.

9) 성과 측정

교수 프로그램의 효율성에 대한 평가는 의사소통 지도의 목적 실현과 학생의 기술 습득이라는 두 가지 측면에서의 평가가 필요하다. 첫째, 의사소통 지도의 목적 실현에 대한 평가는 의사소통 방법의 지도가 학생의 삶과 실생활에서의 유용성을 평가한다. 질문지, 평정척도, 인터뷰, 형식적인 토론 시간, 관찰 등의 방법으로 유추할 수 있다. 둘째, 학생의 기술 습득 정도와 학생의 만족도, 사회성이나 또래관계 등에 미치는 영향, 그 밖의 기대효과 등을 평가한다. 학생의 의사표현 능력의 향상 정도는 정기적으로 점검해야 하며, 의사소통 지도의 평가 결과는 교수 프로그램을 향상시키고 앞으로의 교수 계획에 반영되어야 한다(Snell, 2003).

의사소통 보조기기를 적용한 경우에는 의사소통기기 사용이 학생의 기능적 의사소통 능력을 촉진하고, 다른 사람과의 대화에 유용하며, 학교 및 지역사회에서의 상호작용에 참여하는 기회를 향상시켰는지 점검한다. AAC 도구를 적용한 이후 개인의 삶을 변화시키는 데 있어서의 효과성을 측정할 수 있어야 한다(Lloyd, Fuller, & Arvidson, 1997). 의사소통기기를 도입하는 이유는 사회적으로 독립된 삶을 영위할 수 있도록 지원하기 위한 것이므로 AAC 도구 적용이 학생의 기술 습득 정도와 만족도, 사회적 관계 등에 미치는 영향을 측정하여 효율성을 평가한다. 만약 성과가 부진하다면 다음 요인들을 검토해 볼 필요가 있다.

표 9-13 **성과 부진 시 검토해야 할 요인**

- 학생이 AAC 도구를 사용하여 도움이나 요구를 표현할 필요조차 없을 정도로 주변에서 모두 다 도와주거나 일처리를 대신해 주지는 않는가?
- 학생에 대하여 의사소통에 참여하고 요구를 표현할 수 있을 거라고 기대조차 하지 않는 것은 아닌가?
- 학생이 AAC 도구를 사용하여 의사소통하는 방법을 숙달하지 못하였는가?
- 함께 대화하는 사람들이 학생의 의사소통을 촉진하는 방법을 모르지는 않는가?
- 의사소통 대화상대자에게 학생의 의사소통 방식에 대한 충분한 정보를 주었는가?

📌 정리

지체장애의 대부분을 차지하는 뇌성마비 학생들은 비정상적 운동 기능과 자세, 음성표현 기능의 빈약함으로 인해 의사소통의 어려움을 나타내는 비율이 높다. 이 장에서는 의사소통에 어려움이 있는 지체장애 학생에게 적용할 수 있는 AAC의 개요와 지도의 실제에 대해 살펴보았다. AAC는 장애 학생의 말과 언어를 촉진하며, 일상생활 맥락에서의 상호작용을 촉진하여 학습활동 참여 기회를 증진하며, 도전행동을 감소시켜 궁극적으로 독립된 생활 능력을 신장하는 데 기여한다. 그러므로 조기에 의사소통 중재를 시작하고, 지도는 최대화, 기능화, 개별화, 상호관계성, 정상화의 원칙에 입각하여 중재되어야 한다.

이러한 AAC 지도 계획은 참여모델에 근거한 접근이 필요하며, 개별 학생의 운동, 감각, 인지, 언어 능력 면에서의 잔존 능력에 대해 세심한 관찰과 평가를 실시해야 한다. 평가는 언어재활사, 물리치료사, 작업치료사 등을 포함한 전문가의 협력이 필요하다. 평가 결과를 바탕으로 개별화교육과 연계하여 지도해야 하며, 가정과 학교에서의 생활뿐만 아니라 모든 교과에서 통합적으로 실시하는 것이 바람직하다. 또한 의사소통 지도는 학생에 대한 사용자 훈련과 함께 가족 및 양육자 훈련을 포함한다. 정기적으로 AAC 사용에 대한 성과를 평가하여 효율적이고 가장 적합한 의사소통 방법으로 개선될 수 있도록 점검하는 것이 필요하다. AAC의 성과는 학생의 기술습득 정도와 만족도, 사회적 관계 등에 미치는 영향을 측정하여 효율성을 평가하며 습득한 기술의 일반화와 유지 · 점검 등을 통해 교육의 성과를 측정한다.

AAC 관련 사이트

• AAC-RERC 홈페이지(http://www.aac-rerc.com)

The Rehabilitation Engineering Research Center on Communication Enhancement Tech Center. 보조공학 관련 사이트로 부모를 위한 자료가 있다.

• 국제보완대체의사소통협회 홈페이지(http://www.isaac-online.org/en/home.shtml)

국제보완대체의사소통협회(International Society for Augmentative and Alternative Communication: ISAAC)의 웹사이트이다.

• 나의 AAC 홈페이지(http://www.myaac.co.kr/web/software/apps)

엔씨소프트문화재단에서 개발한 '나의 AAC' 애플리케이션이다. 의사소통에 어려움이 있는 학생과 성인의 수준을 고려하여 다양한 버전(My AAC 기초, My AAC

아동, MyAAC 일반)으로 개발된 앱이다.

- 네브래스카-링컨대학교 홈페이지(http://aac.unl.edu)

네브래스카-링컨대학교(University of Nebrasca-Lincoln)의 Barkley Augmentativeand Alternative Communication Center이다. 이 사이트에는 AAC에 관한 자료가 있다. 기기 사용 시범기기(device tutorials)나 관련 상품 링크(vendor links)를 통해 특정 기기들에 대한 정보를 얻을 수 있다.

- 노비타테크 홈페이지(http://www.novitatech.org.au)

AAC 제작 회사의 홈페이지이다.

- 마이토키 홈페이지(http://www.mytalkie.co.kr)

'마이토키'는 국내에서 개발된 AAC 기기이다. 마이토키윈도우, 마이토키스마트, 마이토 키보드의 세 가지 형태로 개발되었다. 다이내믹 디스플레이 방식의 음성합성과 출력이 가능한 AAC 시스템이다.

- 서울시장애인의사소통권리증진센터 홈페이지(http://www.scom.or.kr/)

의사소통이 곤란한 장애인들의 불편 없이 의사표현을 할 수 있도록 전문적 서비스를 제공한다.

- 어뎁티베이션 홈페이지(http://www.adaptivation.com)

하이테크와 로우테크 및 보조기기에 필요한 스위치, 상징 등이 구비되어 있다.

- 인에이블링 홈페이지(http://www.enablingdevices.com)

AAC 기기 중 장애인용 장난감을 제작하는 Enabling Devices사의 홈페이지이다.

- 한국보완대체의사소통학회 홈페이지(http://www.ksaac.or.kr/)

한국보완대체의사소통학회의 홈페이지이다. 국내외 AAC 학술대회 및 관련 행사, 개발 기술, 정책 및 지원 제도, 연구 자료 등의 정보를 제공한다.

- 한국형그림의사소통상징 검색 사이트(http://symbol.ksaac.or.kr/searchsymbols/index.jsp)

운동장애와 지도

1. 운동체계

보행 및 이동의 어려움을 가진 학생부터 자세를 취하여 바르게 앉아 있는 것도 어려운 학생까지 지체장애 학생이 보이는 운동성의 어려움은 매우 다양하다. 지체장애 학생이 많은 활동에 참여할 수 있도록 지도하기 위해 교사는 이들의 운동 발달과 다양한 움직임의 특성을 숙지할 필요가 있다.

1) 운동 발달

지체장애 학생은 자세 및 운동 관련 문제로 바른 자세를 잡거나 움직이는 데 어려움이 있으므로 적절한 자세 잡기와 운동 지도가 필요하다. 지체장애 학생의 자세 및 운동 지도를 위해 교사는 생후 초기 몇 년 동안의 전형적인 소근육 및 대근육 운동 발달에 대하여 알고 있어야 한다. 〈표 10-1〉은 생후 2년까지의 주요 운동 발달지표에 대한 구체적인 설명이다. 이러한 운동 발달 및 순서에 대한 이해는 운동장애를 보이는 지체장애 학생의 비전형적인 운동 발달 및 지도 방법에 관하여 이해하는 데 도움을 준다. 그러나 연령을 기준으로 하여 운동 발달을 제시하였지만 발달의 속도와 순서에 개인차가 있음을 고려해야 하고, 어떤 학생은 일반적인 기술 습득 체계와 차이를 보일 수 있음을 염두에 두어야 한다. 교사는 운동 발달과 함께 운동 기술의 전형적인 발달 과정에 대하여 알아야 하는데, 운동 발달은 다음과 같은 원리에 따라 이루어진다(Heller, Forney, Alberto, Best, & Schwartzman, 2009).

- 머리에서 다리 쪽으로 발달한다. 즉, 머리 움직임의 조절이 먼저 일어나고, 그 다음의 운동 조절은 발을 향하여 아래로 진행된다.
- 신체의 중심부에서 원위부로 발달한다. 움직임의 조절은 신체의 몸통 부분에서 시작하여 발과 다리 쪽으로 진행된다.
- 반사작용에서 수의적인 움직임으로 발달한다. 생후 6~9개월의 많은 초기 움직임은 반사작용에 기초한다. 즉, 입력되는 감각자극에 대한 반응이 예측 가능한 패턴으로 나타나다가 서서히 좀 더 수의적인 조절력이 발달한다.
- 대근육에서 소근육 움직임으로 발달한다. 움직임의 조절은 큰 움직임에서 점

점 숙련되고 정교한 움직임으로 발달한다.
• 몸 쪽으로 향하는 굴곡의 움직임에서 몸 밖으로 뻗치는 신전의 움직임으로 발
  달한다. 신생아는 자궁 내에서의 자세 때문에 팔다리는 구부러져 있고 손은 주
  먹을 쥐고 있는 것처럼 대부분의 신체관절이 주로 구부러져 있다. 발달이 진행
  되면서 유아는 점점 더 중력에 저항하여 신체를 신전시키고 뻗는 움직임을 익
  히게 된다.

지체장애 학생 중 어떤 학생은 일반적인 운동 발달 순서를 따르지 않는 경우도 종
종 있고, 일상적인 운동 기술을 보이지 않을 수도 있다. 예를 들어, 어떤 학생은 많
은 운동 기술을 동시에 보이기도 하지만, 어떤 학생은 특정 발달 기술을 보이지 않
을 수도 있다. 그러므로 지체장애 학생의 운동 능력을 향상시키기 위해서는 일반적
인 발달학적 중재 외에 운동 기술을 연습할 기회를 많이 제공하고 직접 활동에 참여
하게 하고 직접교수를 통하여 기술을 익히도록 돕는 것이 중요하다.

표 10-1 **주요 운동 발달 지표(생후~2년)**

연령	머리 조절	앉기	이동	손 사용
1개월	• 엎드려 눕혀 놓으면(배를 지면에 대고) 머리를 듦			• 보통 주먹을 쥐고 있음 (굴곡근 우세)
3개월	• 좌우로 머리를 돌림			• 보통 손을 펼치고 있음
4개월	• 머리와 상체를 지지면에서 90°로 듦 • 엎드린 상태에서 팔꿈치로 체중을 지탱함		• 팔을 밀면서 뒤로 움직이는 능력을 보이기 시작함	• 눈-손 협응이 보이기 시작함
5개월	• 엎드린 상태에서 팔을 뻗어서 팔로 체중을 지탱함	• 도움받아 앉음	• 엎드린 상태에서 뒤집어 굴러서 바로 누움	• 자발적으로 사물을 잡고 사물을 향하여 손을 뻗음(그러나 사물을 향해 손을 정확하게 뻗지 못할 수 있음)

6개월	• 손을 잡아 주면 앉기 자세를 취할 수 있음	• 바로 누운 상태에서 뒤집어 굴러서 엎드려 누움 • 손을 잡아서 세웠을 때 다리로 체중을 지탱함	• 조작 기술(병 잡기, 발 붙잡기)이 증가함
7개월	• 지면에 손을 대고 혼자 앉음	• 배밀이를 함	• 한 손에서 다른 손으로 사물을 옮김
8개월	• 도움 없이 잘 앉음		
9개월	• 놀이를 위해 손을 사용하지 않고 혼자 앉음	• 엎드려서 손과 무릎으로 기어 다님 • 서기 위해 끌어당김 • 가구 잡고 서기를 함	• 엄지와 집게 손가락을 사용하여 사물을 집음
10개월	• 바닥에 누워 있다가 앉음		• 작은 사물을 집음
11개월		• 혼자 일어섬 • 가구를 잡고 걸음	• 능숙한 집게 잡기(엄지와 집게 손가락을 이용한 잡기) • 사물을 그릇 안에 넣거나 꺼냄
12개월		• 도움받아 걷거나, 독립적으로 걸음(두 발을 벌린 지지면이 넓고, 팔을 든 상태로)	• 두 블록의 탑을 쌓음 • 낙서를 함 • 사물을 던짐
18개월		• 팔은 차렷 자세의 위치에 두고, 두 발을 벌린 지지면이 좁은 상태로 혼자 걸음 • 독립적으로 의자에 앉음	• 우세 손(hand dominance, 한 손이 조작활동을 할 때에 다른 손은 수동적인 역할을 함)이 보이기 시작함 • 사물을 놓기 시작함
2년		• 달리기 시작함 • 계단을 오르내림	• 우세 손이 결정됨 • 여덟 블록의 탑을 쌓음

출처: Heller, K. W., Forney, P. E., Alberto, P. A., Best, S. J., & Schwartzman, M. N. (2009). *Understanding physical, health, and multiple disabilities* (2nd ed.), p. 58.

2) 움직임의 기본 개념

모든 운동 기술은 형태(움직이는 방법, 유형)와 기능(움직임의 목적)을 갖는다. 걷기의 기능은 이동하기이며 걷기의 형태는 개인 상황에 따라 다를 수 있는데, 두 다리로 걷거나 발끝으로 걷거나 무릎을 사용할 수도 있다. 운동장애가 있는 지체장애학생은 걷기라는 같은 목적과 기능을 수행하기 위해 다른 형태를 사용할 수 있다. 휠체어 바퀴를 돌리거나 전동휠체어를 사용하는 것으로 걷기의 기능을 수행할 수 있고, 워커를 사용하거나 무릎이나 손을 사용할 수도 있다. 또한 지팡이와 보조도구를 이용하여 걷기를 연습할 수 있다.

지체장애 학생의 운동 기능 수행을 위해 무엇보다 중요한 것은 지체장애 학생이 주어진 활동과 일과에 참여할 수 있을 것이라는 기대를 갖고 기회를 제공해 주어야 한다는 것이다. 〈표 10-2〉는 움직임의 형태는 다르지만 기능적인 움직임을 사용하게 하여 성공적인 참여를 촉진한 사례이다.

표 10-2 **기능적 움직임을 사용한 참여 사례**

김 교사는 음악 시간에 학생들이 교실 앞으로 나와 친구들 앞에서 노래를 부르는 수업을 진행하였다. 소영이는 목발을 이용하여 교탁 앞으로 걸어 나와 노래를 불렀고, 휠체어로 움직이는 민희는 휠체어 바퀴를 굴려 교탁 앞에 나와서 노래를 불렀다. 수민이는 워커를 사용하여 교실 앞으로 걸어 나와 노래를 불렀다. 두 손으로 목발과 워커를 잡고 서 있느라 마이크를 들기 어려운 소영이와 수민이를 위해 김 교사는 마이크를 긴 막대에 고정시켜 노래를 부를 수 있는 기회를 제공하였다.

지체장애 학생을 지도하는 교사는 지체장애 학생의 운동 관련 문제를 이해하기 위해 근 긴장도, 신체 정렬, 반사 등 움직임의 기본 개념에 대하여 알고 있어야 한다.

⑴ 근 긴장도

근 긴장은 중추신경계가 신체의 모든 근육에 의해 지속적으로 영향을 미치는 긴장된 상태로, 근 긴장도(muscle tone)란 운동을 할 때 근육을 펴는 신전(extension)과 오므라드는 굴곡(flexion)이 되는 양과 정도를 말한다. 적절한 근 긴장도는 중력의 힘에 대항하여 신체가 일정한 자세를 취하고 유지하도록 하며, 근 긴장도의 변화로 인해 신체의 움직임이 가능해진다.

전반적인 신체 근육의 긴장된 정도를 나타낼 때 자세 긴장도(postural tone)라는 용어를 사용한다. 정상적인 자세 긴장도는 중력에서 벗어나는 움직임을 지탱하기 위해 중력에 대항하는 신체 근육을 충분히 긴장시켜서 만든다. 정상적인 자세 긴장도는 중력의 영향과 반대되는 쪽으로 팔을 들어야 하는 뻗기 등의 다양한 움직임과 옆으로 구르기와 같은 중력 안에서의 조절된 움직임을 가능하게 한다.

많은 기능적 움직임은 중력에서 벗어나려는 반중력성과 중력 내에서 움직이려는 중력성의 조합으로 나타난다. 예를 들면, 의자에 앉은 자세에서 일어나려면 몸을 앞으로 숙이고 발바닥에 체중을 지지하면서 몸을 일으켜 세워야 하는데, 몸을 앞으로 숙이는 것은 중력 내에서의 움직임이고 발바닥에 체중을 지지하면서 몸을 일으켜 세우는 것은 중력에서 벗어나려는 움직임이라고 할 수 있다. 그러나 운동장애를 보이는 지체장애 학생은 자세 긴장도가 적절하지 않아 비전형적인 근 긴장도와 신체의 움직임을 보이며, 결과적으로 운동 발달과 기능적인 운동에 영향을 미친다.

근 긴장도의 이상은 학생의 움직임과 기능에 최소한의 영향을 미치는 가벼운 문제부터 독립적인 움직임과 기능을 매우 어렵게 하는 심각한 문제까지 다양하게 나타날 수 있다. 근 긴장도의 이상은 중추신경계 손상으로 발생할 수 있는데, 비전형적인 근 긴장의 형태와 위치는 손상 부위에 따라 다르다. 근 긴장도가 기대 수준보다 낮은 경우는 과소긴장(hypotonia) 또는 저긴장성이라 하고, 근 긴장도가 기대 수준보다 높은 경우는 과다긴장(hypertonia) 또는 경직성(spasticity)이라고 부른다(〈표 10-3〉 참조).

과다긴장성은 경직형 뇌성마비 학생에게 많이 나타나는 형태로 근육의 불균형

표 10-3 근 긴장도

근 긴장의 정도	설명
과다긴장	• 움직이는 것이 힘들므로 비정상적인 유형으로 움직임이 나타남 • 제한적인 동작의 범위 내에서 움직임이 일어남 • 자세 정렬을 방해할 수 있음 • 관절의 움직임이 유연하지 않을 수 있음
과소긴장	• 중력에 저항하여 신체 부위를 움직이는 힘이 감소함 • 자세 정렬이 흐트러짐 • 앉기와 같은 반중력적인 자세와 앉기 자세에서 서기 자세로 바꾸는 데 필요한 반중력적인 움직임에서 어려움을 보임

과 구축, 골격의 기형을 초래할 수 있다. 이 경우 스스로 쉽게 자세를 바꿀 수 없고 상지와 하지의 근육 가동 범위가 제한되는 근육 구축이 일어나는 경우가 많으므로 올바른 자세 지도를 통해 이러한 이차적인 문제를 예방하도록 노력하는 것이 중요하다. 저긴장성은 운동실조형 뇌성마비 학생에게 많이 나타나는 형태로 앉은 자세에서 몸통을 지지하는 능력이 부족하고 관절이 고정되지 않는 움직임이 나타나는 것이 특징이다. 이러한 경우 특히 탈구가 일어나지 않도록 유의해야 한다(Fraser, Hensinger, & Phelps, 1990). 근 긴장도가 수시로 변하는 변화성 근 긴장도는 불수의 운동형과 중도의 경련장애 학생에게 나타나는 유형으로 사지의 동작을 조절하거나 안정된 자세를 유지하는 것이 어렵거나 불가능하다. 무엇보다 몸통의 안정성(stabilization)을 확보하는 것이 우선 과제이다.

과다긴장, 과소긴장 등 비전형적인 근 긴장도를 다루기 위해서는 물리치료와 작업치료의 도움을 받거나 경우에 따라 약물치료와 외과 수술이 진행되기도 하며, 다양한 보조기를 활용하는 방법도 있다.

표 10-4 **보조기 활용 및 수술 실시 사례**

초등학교 2학년 때 연수는 상체가 측면으로 휘어져 있었으나 심한 상태는 아니어서 교실, 식당, 복도, 운동장에서 연수를 만날 때마다 "연수야~ 바르게 앉아야지." 하고 말하면 상체를 펴고 바르게 앉을 수 있었다. 그러나 측면으로 휘어져 있는 구축이 점점 심해져 휠체어에 앉아 있으면 정면에서 보았을 때 S자로 휘어져 있었다. 이로 인해 연수는 보조기를 착용하게 되었으나 구축을 최소화할 수 있는 보조기를 좀 더 일찍 활용했으면 하는 아쉬움이 남았다.

다리에 경직성이 있어서 서지 못하는 학생 승오는 다리에 경직성을 감소시키는 수술을 받았다. 그 후 책상 혹은 가구를 잡고 서는 것이 가능하게 되었다. 이후 지속적인 서기 연습을 진행해 나갔다.

(2) 신체의 정렬

신체의 정렬이란 신체 각 부위의 상대적 관계로서 공간 속 혹은 중력의 방향에 대한 신체 전체의 관계를 의미한다(한국장애인개발원, 2009). 적절한 신체 정렬과 자세는 신체의 각 부분이 최적의 균형과 최대의 신체 기능을 증진시킬 수 있는 상태를 말하는 것으로, 신체의 중력 중심이 정렬과 균형에 영향을 미친다. 신체가 좋은 정렬을 유지할 때 관절, 근육, 건, 인대에 가해지는 압력이 낮아지고, 내부 구조와 장

그림 10-1 신체의 정렬이 바르지 않은 자세

기들이 지지되어 바른 자세를 취할 수 있다. 관절 주변의 근육이 잘 움직이기 위해서 관절은 적절하게 정렬되어야 하며, 몸통을 똑바로 세워 수직 자세로 의자에 앉으려면 척추는 반듯하게 정렬되어야 한다.

뇌성마비 학생이 보이는 자세와 움직임의 문제는 신체의 정렬을 방해하여 일상생활 속에서 여러 가지 어려움을 유발한다.

첫째, 상체 및 머리 조절 능력을 감소시켜 일상생활에서의 수행 능력과 지구력을 감소시킨다. 예를 들어, 앉은 자세에서 신체의 정렬이 흐트러지면 몸의 중심이 아래로 미끄러지거나 균형을 잃는다. 몸통이 좌우로 기울어질 경우 불안정한 자세로 인해 활동 참여가 어려워지고, 균형을 유지하기 위해 머리를 옆으로 기대거나 뒤로 젖히는 등의 자세를 유발한다. 자세가 안정성을 잃으면 움직임의 통제가 어려워지고, 장기적으로는 쉽게 피로하고 불편함과 통증을 유발할 수 있다([그림 10-1] 참조). 그러므로 신체의 정렬을 유지하여 머리의 조절과 몸통의 안정성을 유지해 주는 것은 일상생활에서 참여를 높이기 위해서 중요하다.

둘째, 신체 일부분의 구축과 변형을 가져오며 척추 기형을 초래할 수 있다. 척추변형은 어깨와 등 부위 변형으로 심호흡 시 폐가 팽창할 수 있는 공간을 감소시켜 호흡곤란을 일으킬 수 있는 척추후만증(kyphosis), 척추가 정상범위보다 전방으로 더 돌출되는 상태를 보이는 척추전만증(lordosis), 척추가 옆으로 심하게 굽어 내장을 압박하게 되는 척추측만증(scoliosis) 등을 유발할 수 있다([그림 10-2] 참조).

셋째, 요로 감염 및 호흡 기능 장애를 유발한다. 그 밖에 발음, 소화의 문제, 시

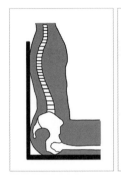
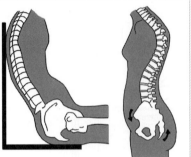
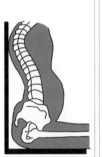
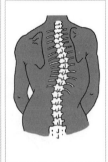

좋은 자세에서의 척추　　　　척추후만증　　　　척추전만증　　　　척추측만증

그림 10-2 척추의 정상적인 만곡과 비정상적인 만곡

각의 제한을 가져올 수 있다. 예를 들어, 경직형과 불수의운동형 사지마비 학생들의 움직임은 뒤로 강하게 뻗치거나 구부리는 고정적인 패턴을 보이는데, 이 학생들은 비대칭적인 자세, 긴장, 고정된 움직임의 영향으로 몸통이 한쪽으로 짧아지거나 틀어지고, 머리도 같이 젖혀지거나 구부리게 되며, 한쪽으로 쏠리게 된다. 이로 인해 눈도 한쪽으로 쏠리거나 위로 올라가며, 폐도 눌려서 호흡이 어려워지고, 턱과 혀, 입술, 입 주위 근육도 영향을 받아서 먹는 것이 어려워진다. 전반적으로 정중선(midline)에 대한 대칭적 움직임 부족으로 공간에서의 움직임에 대한 감각과 인지에 대한 경험을 갖지 못하므로 지속적으로 비대칭적인 움직임을 갖게 된다.

(3) 자세반사

　운동 능력에 많은 영향을 미치는 요소가 자세반사이다. 자세반사는 구르기, 앉기, 기기 등의 정상 발달을 하는 데 중요한 역할을 한다. 모든 아동은 생존을 위해 자신의 근육을 이용하여 수의적인 조절을 할 수 있을 때까지 반사적이고 자동적인 반응을 보이는데, 이것을 원시반사(primitive reflex)라 한다. 원시반사는 아기를 보호하거나, 초기 운동 기술 발달을 위한 기초를 형성한다. 예를 들어, 아기가 머리를 돌릴 때 시각 및 청각 자극에 반응하여 팔을 밖으로 뻗치는 비대칭성 긴장성 목반사(ATNR)는 유아가 시각적으로 사물을 보고 손을 뻗는 기술을 촉진할 뿐 아니라 등을 대고 누워 있다가 옆으로 구르는 행동의 발달에도 기여한다(Heller, Forney, Alberto, Best, & Schwartzman, 2009).

　반사는 자신을 보호하고 위험한 자극에서 자유로울 수 있도록 해 주나 정상적인

운동발달이 이루어지기 위해서는 정상적인 자세반사의 발달이 요구된다(소아물리
치료편찬위원회, 2018). 뇌성마비 학생은 자세와 운동의 정상적인 패턴 대신에 원시
반사가 지속되고 비정상적인 자세반사로 인해 비정상적인 협응이 나타난다. 중추
신경의 척수와 뇌간은 원시반사를 일으키며, 정상적인 운동 발달의 필수 요소로서
정위반사나 균형반사와 같은 높은 수준의 반사를 준비하고 원시반사는 일정한 시
간이 지나면 소실된다. 일반 아동에게는 원시반사가 중추신경체계의 성숙에 따라
생후 2~6개월 후에는 소실되며, 높은 수준의 반사인 목정위반사, 몸통정위반사, 시
각정위반사 등으로 서서히 통합되고 대체된다. 예를 들어, ATNR 반응은 사라지기
시작하고, 좀 더 성장한 유아는 앉은 자세에서 팔을 굽혔다 펴며 밀기, 손 및 무릎으
로 밀기와 같은좀 더 성숙한 신체 움직임을 가능하게 하는 자세 반응이 발달하기 시
작한다(Heller, Forney, Alberto, Best, & Schwartzman, 2009). 그러나 뇌성마비 학생의
경우에는 원시반사가 생후 6개월 후에도 계속 남아 있는 상태가 된다(Bowe, 2000).

지체장애 학생은 장애 유형에 따라 여러 가지 특징적인 자세 이상을 보인다. 일반
아동은 엎드린 자세(prone position)에서는 신전근(extensor)이 발달하고 누운 자세
(supine position)에서는 굴곡근(flexor)이 발달하지만, 뇌성마비 학생은 엎드린 자세
에서도 굴곡근이 발달하거나 과장된 신전근이 발달하고 누운 자세에서도 몸이 활
처럼 휘어진 듯한 과장된 신전근이 발달한다([그림 10-3] 참조). 그러므로 규칙적이
고 정기적인 자세 발달 평가가 필요하다(Bowe, 2000).

지체장애 학생은 머리, 목, 몸통, 다리를 정렬하여 눕고 앉고 서는 자세를 유지하
는 데 어려움이 있다. 뇌성마비 학생의 경우 뇌병변 부위에 따라 근 긴장도가 다양
하게 나타나고, 결과적으로 자세와 운동을 방해하는 비정상적인 반사가 나타난다.
이러한 비정상적인 반사는 정상 운동 발달에 문제가 있을 때 흔히 볼 수 있으며, 뇌
성마비, 척수손상, 근위축성측삭경화증(루게릭병) 등으로 인한 근 긴장과 반사 이상,

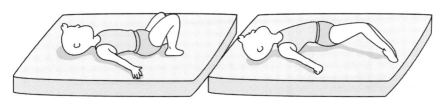

일반 학생의 자세   뇌성마비 학생의 과장된 신전근의 자세

그림 10-3   일반 학생과 뇌성마비 학생의 누운 자세

골격계 기형, 운동장애들은 자세조절 능력과 기능에 영향을 주어 의도적인 움직임이나 신체부위를 움직이는 데 방해가 된다(Johnston, Beard, & Carpenter, 2007). 뇌성마비 학생에게 나타날 수 있는 대표적인 원시반사는 다음과 같다.

① 비대칭성 긴장성 목반사

비대칭성 긴장성 목반사(Asymmetrical Tonic Neck Reflex: ATNR)는 목을 좌우로 돌리는 동작에 의해 유발된다. 목을 돌림에 따라 얼굴이 바라보는 쪽의 팔과 다리가 신전되고 그 반대편의 팔과 다리는 굴곡된다. 신체의 정중선을 중심으로 하여 왼쪽과 오른쪽이 비대칭적인 자세가 되므로 비대칭성 긴장성 목반사라고 부른다. 이러한 자세는 종종 '펜싱 자세'라고도 불리며, 앙와위(supine: 등을 대고 누운 자세) 혹은 앉은 자세에서 쉽게 유발된다.

이 반사가 지속적으로 존재하게 되면 식사하기, 시각적 추적하기(visual tracking), 양손을 신체 중앙 부분에서 사용하기, 신체의 전반적 대칭성 유지를 저해하는 요인이 된다. ATNR의 영향을 통제하기 위해 ATNR을 보이는 학생에게 과제를 제시할

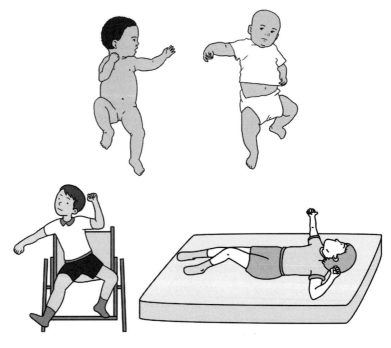

그림 10-4 비대칭성 긴장성 목반사

출처: Batshaw, M. L., Roizen, N. J., & Lotrecchiano, G. R. (2013). *Children with disabilities* (7th ed.), p. 429.

1. 운동체계 **313**

때에는 측면이 아닌 학생의 정면 중심선 앞에서 제시한다. ATNR은 척추측만증과 같은 기형과 함께 비대칭적인 앉기 자세를 발생시키며 좌골이나 고관절 부위에 욕창을 발생시킬 수 있는 비대칭적 체중 부하를 유발한다.

② 대칭성 긴장성 목반사

대칭성 긴장성 목반사(Symmetrical Tonic Neck Reflex: STNR) 역시 목의 위치에 따라 사지의 굴곡이나 신전이 이루어진다는 점에서는 ATNR과 유사하다. STNR은 목의 굴곡이나 신전에 의해 일어난다. 목을 뒤로 젖힌 상태인 신전했을 때에는 상지가 신전되고 하지는 굴곡되며, 반대로 목을 앞으로 수그린 상태로 굴곡시켰을 때에는 상지가 굴곡되고 하지가 신전된다. 신체의 정중선을 중심으로 하여 왼쪽과 오른쪽이 대칭적인 자세가 되므로 대칭성 긴장성 목반사라고 부른다.

복와위(prone position: 엎드린 자세) 자세에서는 이 반사의 영향으로 인해 상지와 하지의 체중 지지(weight-bearing) 활동에 많은 지장을 받게 된다. 예를 들어, 기기나 엎드린 자세에서 팔꿈치로 받치고 머리를 드는 동작은 운동성 발달에 매우 중요한 부분이지만, STNR이 지속되는 경우는 이러한 동작을 하기가 어렵다. STNR은 아동을 앉은 자세에서 앞으로 미끄러지게 하고, 천골과 미골에 욕창의 위험을 일으킬 수 있다. 앉은 자세에서 STNR의 영향은 적절한 자세 잡아 주기 전략을 사용함으로써 많이 통제할 수 있고, STNR을 보이는 학생에게 과제를 제시할 때에는 목의 굴곡과 신전을 방지할 수 있도록 학생의 정면에서 눈높이에 맞춰서 제시한다.

그림 10-5 대칭성 긴장성 목반사

③ 긴장성 미로반사

긴장성 미로반사(Tonic Labyrinthine Reflex: TLR)는 머리를 신전시키고 등을 대고 누워 있을 때에는 몸 전체에 신전근의 긴장이 증가하고, 엎드려 누워 있는 경우에는 굴곡근의 긴장이 증가하는 반사이다. 머리가 신전되거나 앞으로 굴곡되지 않도록 머리의 위치를 중립에 두면 이 반사의 영향을 감소시킬 수 있으며, 앉은 자세에서 등받이를 뒤로 기울일 경우 이 반사가 나타나지 않도록 특히 주의해야 한다. 특히, 휠체어가 뒤로 기울어지면 몸 전체에서 강한 신전 패턴이 나타나면서 갑자기 휠체어에서 움직이게 되면 앞으로 미끄러지므로 주의 깊게 평가한다.

따라서 TLR의 영향을 받은 아동은 복와위(엎드려 누운 자세) 시 머리를 들어 올릴 수 없고 앉기나 무릎으로 기기를 할 수 없다. 앙와위(등을 대고 누운 자세)일 때 머리를 들 수 없고, 앉기 위하여 몸을 일으킬 수 없으며, 신체 중심선에 팔을 모으기도 어렵다. 이러한 반사의 영향을 피하기 위하여 누워 있을 때에는 옆으로 눕는 자세(side-lying position)를 취하는 것이 좋고, 앉은 자세에서 적절한 자세 잡기 기기를 사용하면 이 반사의 영향을 많이 줄일 수 있다(Fraser, Hensinger, & Phelps, 1990).

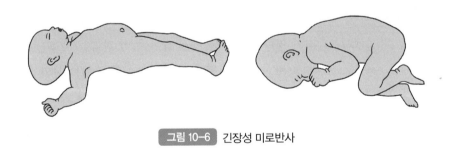

그림 10-6 긴장성 미로반사

④ 양성지지반응

양성지지반응(positive supporting reaction)은 똑바른 자세로 겨드랑이를 받쳐 들고 몇 번 들었다 놓았다 하여 발바닥이 땅에 닿도록 했을 때 하지의 신전근 긴장이 증가하는 반사를 말한다. 즉, 체중을 지지하기 위하여 다리 근육들이 동시 수축을 하여 다리가 단단한 기둥 모양으로 나타나는 반응이다. 양성지지반응은 고관절 신전 구축을 발생시킬 수 있고, 앉은 자세에서 앞으로 미끄러지게 하고, 또한 앉은 자세에서 선 자세를 취하려는 반사가 나타나므로 휠체어의 하지 부분을 지지해 주는 발판이나 틀을 손상시킬 수 있다.

⑤ 음성지지반응

음성지지반응(negative supporting reaction)은 양성과 달리 하지의 굴곡근 긴장이 증가하는 반사를 말한다. 발이 바닥에 닿았을 때와 같이 자극이 가해질 경우 하지가 구부러지게 되는 경우이다.

⑥ 모로반사

모로반사(moro reflex)는 머리를 뒤로 젖혔을 경우에 팔이 신전 및 외전 그리고 외회전되면서 몸 전체가 신전 패턴이 되고 이어서 몸을 향해 팔을 다시 구부리는 경우를 말한다. 모로반사가 남아 있는 경우 몸이 신전되면서 휠체어 앞으로 미끄러져 나가게 되므로 앉기 자세에서 균형을 잃게 된다.

원시반사는 본능적으로 자신을 보호하기 위하여 나타나는 필수적인 행동이나 어떤 연령에서는 비정상적일 수 있으며 아동이 성숙하면서 소멸되거나 통합된다.

⟨표 10-5⟩는 원시반사의 예로, 원시반사에 대한 설명과 학급에서 원시반사를 보이는 학생을 위해 어떤 점을 고려해야 하는지에 대한 전략을 함께 제시하였다. 초기 반사들은 수직 자세 및 균형 유지와 같은 보다 높은 단계의 자세반응으로 대체됨으로써 사라진다. 정위반응, 평형반응 등의 자세반사(자세반응)는 아동이 성숙하면서 생애 전반에 걸쳐 나타나며, 의도적인 움직임에 의해 영향을 받고 중추신경계의 미

표 10-5 **원시반사**

원시반사	설명	관리 전략
놀람반사 (startle reflex)	• 갑작스러운 큰 소리에 팔꿈치를 굽힌 채 팔을 벌림(팔을 사용하여 균형을 잡는 것이 어려움)	• 문을 쾅 닫거나 갑작스러운 큰 음악 소리를 피하고 일상적인 환경음에 아동이 익숙해지도록 함
정향반사 (rooting reflex)	• 설근반사라고도 하며, 입꼬리 부분에 자극을 주면 자극을 향하여 고개를 돌리고, 혀와 입을 움직임	
모로반사 (moro reflex)	• 갑작스러운 목의 신전으로 머리가 뒤로 떨어지면 팔을 신전하여 몸 밖으로 펼치는 동작(팔의 신전-외전)에 이어서 몸을 향해 팔을 다시 구부림(팔의 굴곡-내전)	• 일상생활에서 머리 위치를 갑작스럽게 바꾸지 않도록 하고 이동 시 머리를 지지해 줌

비대칭성 긴장성 목반사 (asymmetrical tonic neck reflex)	• 머리를 옆쪽으로 돌리면 얼굴을 돌린 방향의 팔과 다리는 펴지고 (신전), 반대 방향의 팔과 다리는 구부러짐	• 팔과 손을 중심선에서 사용하고, 눈-손 협응, 구르기, 기기 등의 이동성 기술과 같은 기능이 어려워지므로 중심선에 머리를 위치하게 하고 측면이 아닌 학생의 중심선 바로 앞에 수업에 사용되는 도구를 놓아 줌
대칭성 긴장성 목반사 (symmetrical tonic neck reflex)	• 고개를 숙이면(목의 굴곡) 팔은 구부러지고 다리는 펴짐 • 고개를 젖히면(목의 신전) 팔은 펴지고 다리는 구부러짐	• 네 발 기기 자세 활동을 방해하므로 엎드리거나 앉은 자세에서의 과도한 머리와 목의 굴곡과 신전을 피함 • 목의 굴곡과 신전을 방지하기 위해 아동의 정면에서 눈높이에 맞춰 시각적 자료들을 놓아 줌
파악반사 (palmar grasp reflex)	• 손바닥에 압력을 주면 손가락을 구부림	• 손을 펴서 무게를 지지하는 경험이 반사의 강도를 감소시킬 수 있음 • 기능적 활동을 하는 동안 파악반사를 감소시키기 위해 엄지손가락 앞부분의 볼록한 부분에 압력을 줌
양성지지반사 (positive supporting reaction)	• 발바닥이 지면에 닿으면 발바닥의 앞부분에 체중과 압력이 가해지고 체중을 지탱하기 위해 다리를 신전하므로 걷고 서는 것을 방해함	• 발바닥의 앞부분으로 서는 것을 피하게 함 • 발목 스트랩과 같은 보조기를 사용하여 뒤꿈치에 자극이 가해지도록 함
족저반사 (plantar grasp reflex)	• 발가락 아랫부분의 발바닥에 압력을 주면 발가락을 구부림	
긴장성 미로반사 (tonic labyrinthine reflex)	• 등을 대고 누운 경우 과도한 신전근 보임 • 배를 대고 엎드린 경우 과도한 굴곡근 보임	• 아동이 눕거나 엎드려서 놀게 하는 것을 피함 • 아동이 옷을 입거나 쉬는 동안 옆으로 누워 있게 함
굴근 위축 반응 (flexor withdrawal response)	• 누운 자세에서 발바닥에 압력을 가하면 다리를 구부림	• 앉거나 서 있을 때 발바닥으로 무게를 지탱하는 것을 방해함 • 자세와 체중 지지를 위해 발바닥에 깊은 압력을 줌 • 학교생활 중 보조기와 신발을 착용함

출처: Orelove, F. P., Sobsey, D., & Silberman, R. K. (2004). *Educating children with multiple disabilities: A collaborative approach* (4th ed.), pp. 255-257 수정 발췌.

표 10-6 자세반사(자세반응)

자세반응	반응
정위반응 (righting reactions)	• 머리 정위반응: 머리를 수직으로, 입을 수평으로 정렬하는 머리의 정상 위치를 유지하기 • 몸통 정위반응: 몸통을 곧게 세우기 위해 몸통 부분을 일직선으로 정렬시키기
방위반응/보호반응 (protective reactions)	• 넘어지지 않으려고 팔과 다리를 곧게 펴서 이동하는 쪽으로 뻗어서 디딤
평형반응 (equilibrium reactions)	• 균형을 유지하기 위해 몸통의 상태와 신체의 근 긴장도 조정 • 멀리 있는 물건을 잡기 위해 손을 뻗을 때 균형을 잡기 위해 몸을 움직임

성숙이나 손상에 의해 지연되거나 나타나지 않을 수 있다. 〈표 10-6〉은 원시반사가 소멸되면서 대체되어 나타나는 자세반사(자세반응, postural reactions)에 대한 설명이다.

부모와 교사는 〈표 10-5〉에 제시한 관리 전략을 익혀 학생의 자세를 잡아 주고, 매일의 활동을 준비할 수 있도록 지원해 주어 지속적인 원시반사의 영향을 최소화할 수 있도록 노력해야 한다. 치료사는 이러한 전략을 알려 주는 역할을 수행할 수 있다.

2. 지체장애 학생의 운동 지도

비정상적인 근육 긴장도와 원시반사를 지속적으로 보이는 지체장애 학생은 환경적 자극에 대한 단계적인 운동 기술 발달을 경험하기 어렵다. 이들은 비정상적인 근육 긴장도와 반사로 인해 운동의 질적인 측면에서의 발달이 제한되어 운동의 효율성이 감소한다(Heller, Forney, Alberto, Best, & Schwartzman, 2009). 자세 조절과 움직임은 학생들이 환경을 탐험하고 관계하는 능력에 영향을 주므로(Orelove, Sobsey, & Silberman, 2004), 지체장애 학생의 운동 능력 발달은 물론 상호작용 능력과 인지 발달을 위해서는 중재가 조기에 이루어져야 한다.

지체장애 학생은 운동을 통해 공간적 관계, 신체의 한계와 비율, 균형을 익히고,

일정한 공간에서 움직이고, 탐험하고, 경험하고, 인과관계를 기억하면서 대상과 물체의 특성을 배운다. 그러므로 지체장애 학생의 교육과 치료를 담당하는 교사와 물리치료사는 학생이 운동 기술을 익히고 운동 경험을 할 수 있는 기회를 수시로 제공해 주어야 한다.

지체장애 학생이 교실에 있는 의자에 앉고, 화장실에 가고, 식당에서 식사를 하고, 체육복을 갈아입는 등의 모든 학교 일과에 참여할 때, 교사는 ① 학생의 잔존 능력을 활용하고 부족한 기능을 증진시키고, ② 학생이 활동에 더 잘 참여할 수 있도록 일과에 변화를 주고, ③ 이후 추가적 손상을 예방하기 위하여 환경을 수정하는 등 지체장애 학생의 운동 능력 증진을 위해 노력해야 한다.

자세를 취하는 능력과 활동 참여를 위해 움직이거나 이동하는 능력에서 지체장애 학생은 다양한 특성을 보인다. 이들의 장애 정도와 특징을 고려하여 자세 및 운동을 지도할 때 교사로서 가장 중점을 두어야 할 부분은 장애 정도가 심하여 움직임에 심각한 제한이 있는 지체장애 학생일지라도 다양한 방법과 전략을 활용하여 학생이 활동에 참여하여 구체적인 운동 기술을 반복 연습할 수 있는 기회를 많이 제공해야 한다는 점이다.

1) 운동 지도의 기본 원리

지체장애 학생은 자세 잡기, 앉기, 이동이 어렵고, 일반 학생과 같은 방법으로 팔과 다리를 움직이기 어렵다. 어떤 학생은 이동하기 위해 휠체어가 필요하고, 또 어떤 학생은 팔 사용에도 제한이 있어서 독립적으로 이동하기 어렵고 보조가 필요하다. 자세 및 운동 지도는 이처럼 다양한 지체장애 학생의 장애 특성과 정도를 고려해야 하고, 일상생활과 교실 활동에서 지체장애 학생이 최대한으로 참여하도록 하는 데 초점을 두어야 한다. 무엇보다 다양한 운동 문제로 인한 부정적인 영향과 이차적인 운동 문제의 발생을 최소화하여 지체장애 학생이 의미 있는 활동에서 기능적인 운동 기술을 최대화할 수 있도록 지도하는 것이 중요하다. 체계적인 교수와 피드백을 학생에게 제공하고, 움직임을 경험하는 기회를 기능적 맥락에서 제공하여 학생이 운동 기술을 수행하도록 하는 것이 필요하다.

자세 및 움직임에 제한을 갖는 지체장애 학생의 자세 지도를 위한 구체적인 지도 원리와 방법을 Goodgold-Edwards(1993)와 Orelove 등(2004)이 제안한 원리,

Rainforth와 York-Barr(1997)가 제시한 교육환경 내에서의 운동 지도를 기초로 몇 가지 제시하면 다음과 같다.

(1) 의미 있고 목표 지향적인 활동

학생 본인에게 의미 있고 목표 지향적인 활동을 수행할 때 학생의 운동 기술을 촉진할 수 있다. 학생은 목적이 있고 의미 있는 목표를 달성하기 위한 움직임에 참여하기를 원하고, 자신이 선택한 활동에 보다 잘 참여한다. 학생이 표현하지 않으면 학생에게 의미 있고 흥미 있는 활동을 구별하기가 어려우므로 다양한 활동에서 학생을 관찰하고 탐색하여 흥미 있어 하는 활동을 찾아낸다.

(2) 반복 연습과 문제해결

운동 기술은 반복 연습과 문제해결을 모두 포함할 때 향상된다. 새로운 움직임을 학습할 때에는 반복과 연습이 항상 필요하다. 예를 들어, 손을 올리는 움직임을 배울때에는 반복하여 손을 올리는 연습을 하고, ATNR의 영향을 줄이기 위해서는 지속적으로 머리를 중심선에 두도록 연습하는 것이 필요하다. 학생이 새롭고 친숙하지 않거나 처음 해 보는 활동에 반응을 보이지 않을 수 있으므로 반복해서 수행해 볼 필요가 있으며, 실수에서 배울 수 있도록 연습할 기회를 많이 제공하는 것이 중요하다. 충분한 연습을 통해 학생은 독립적인 움직임을 시도할 수 있기 때문이다. 성공, 오류에 대해 언어적 피드백을 제공하는 것이 학생이 움직임을 배울 때 유용하다.

새로운 움직임이나 활동을 소개할 때는 보조와 지원을 제공하며, 일반화가 자동적으로 이루어지는 것은 아니므로 다양한 상황에서의 반복 연습 또한 중요하다.

(3) 의미 있는 맥락, 교육 활동 내에서의 연습

운동 기술은 의미 있는 맥락, 교육 활동 내에서 반복 연습할 때 향상된다. 어떤 한 움직임을 분리하여 연습하는 것보다 기능적이고 의미 있는 맥락 안에서 운동 연습을 하는 것이 효과적이다. 자유선택 활동을 할 때 장난감을 갖고 오면서 무릎으로 기기를 연습하고, 식사 시간마다 숟가락 쥐기를 연습하고, 이동 기회가 있을 때마다 이동하기 위해 일어서는 연습을 함으로써 움직임의 향상을 이끌 수 있다.

효과적인 운동 기술의 교수를 위해서는 교육 활동 일과 안에서 좀 더 자연스럽게 연습하도록 해야 하므로, 운동 기술을 가르치기 위한 교수를 계획하고 교수 실행을

표 10-7 교육계획 사례

구분	사례
워커로 이동	준희가 워커로 이동 연습을 할 때 김 교사는 준희의 연습 장소를 확대해 나갔다. 처음에는 교실에서 식당으로 가는 경사가 없고 바닥이 평평한 복도에서 이동 연습을 하게 하고, 체육 시간을 활용하여 점점 경사가 있고 바닥에 장애물이 있는 운동장에서 연습하게 하였다. 그리고 준희가 워커로 이동할 때 김 교사는 수업 시간 종료 5분 전에 준희가 먼저 교실을 나가서 미술실로 이동하게 하는 등 이동 시간도 더 확보해 주었다.
휠체어로 이동	민지는 휠체어로 이동할 수 있으나 왼손을 잘 사용하지 못해 휠체어가 왼쪽으로 쏠리며 앞으로 나아가기가 힘들고, 같은 거리를 움직일 때 휠체어 방향을 다시 잡으며 이동하느라 또래보다 이동 시간이 더 걸렸다. 박 교사는 왼쪽으로 쏠리는 현상을 줄이기 위해 오른손에 더 힘을 주어 휠체어 바퀴를 굴리도록 지도하였고, 민지가 휠체어로 이동하는 연습 기회를 자주 가질 수 있도록 수업 시간 종료 5분 전 민지가 먼저 체육관으로 출발하게 하였다. 그 결과, 민지는 이동 시간을 줄일 수 있었고, 목표 지점까지 혼자 오는 성취감을 느끼게 되었다.

위한 시간이 마련될 때 운동 기술 교수가 가능하다. 따라서 교육 환경, 교육과정, 교육 활동이 어떻게 운동 기술 교수를 위해 재조정될 수 있는지에 대해 알아볼 필요가 있다.

지체장애 학생이 교육 프로그램에 완전히 참여할 수 있도록 휠체어에 앉은 자세로 대부분의 활동에 참여하던 모습에서 스탠더에 서서 말하기와 듣기 활동에 참여하게 하고, 교실에서 움직일 때 W 모양의 앉은 자세로 양쪽 무릎을 끌며 이동하던 모습에서 무릎 기기 자세로 이동하게 하는 등의 자세 변화와 자세 조정이 필요하다. 지체장애 학생의 보행 및 이동, 안정성 확보를 위해서는 교육을 제공하는 의미 있는 맥락 내에 이러한 이동 및 자세 변화와 조정과 관련한 교육계획이 포함되어야 한다 (〈표 10-7〉 참조).

일상적인 교육 활동 일과는 학생이 교실이나 활동을 위한 장소에 도착해서 책상, 사물함에서 교재를 꺼내고, 공부하기 위하여 책상에 앉고, 과제를 완성하고, 교재를 정리한 후 교실을 떠나는 것으로 구성되어 있다. 이러한 일과에서 보면 세 가지 일반적인 운동 기능을 제시할 수 있다. ① 참여를 가능하게 하는 자세 잡기 유지, ② 활동 전환을 위한 이동 및 운동 기술의 사용, ③ 참여를 위하여 협응된 운동 기술의 사용이다(Rainforth & York-Barr, 1997). 운동 기술을 교수하여 이러한 기능을 학생들이 성취하도록 자세 잡기와 안정성, 자세 바꾸기와 이동성, 운동 참여에 대한 전략을 제공하는 것이 필요하다(Ryndak & Alper, 2003). 이러한 내용은 교육 활동 내에서 충분히 연습하고 실행에 옮길 수 있는 사항이다.

신체활동과 체력은 모든 학생의 교육에 중요한 요소이고, 많은 지체장애 학생은 앞으로의 학습과 참여의 기초로서 운동 기술을 배울 필요가 있다. 기본적인 운동기술을 가르칠 때 전형적인 발달단계보다는 기능적인 운동 기술을 가르치는 것이 더 유용하다. 지체장애 학생들은 운동 기술을 연습하고 학습할 많은 기회가 필요한데, 교육에서의 학급활동과 일과가 그러한 기회를 제공하므로 교수와 연습이 자주 발생할 수 있도록 주의 깊게 계획하고 책임감을 갖고 교수하는 것이 필요하다.

세계보건기구(World Health Organization: WHO)는 2001년 건강과 관련된 개인의 기능 상태를 설명하기 위해 국제 기능·장애·건강 분류(International Classification of Functioning, Disability and Health: ICF)를 제안하였다. ICF에서 장애는 신체의 기능과 구조의 손상, 활동의 제한 및 참여의 제약을 포함하는 포괄적인 용어로 간주되어 지체장애 학생의 기능과 장애는 개인의 건강 상태와 개인적·환경적인 배경요

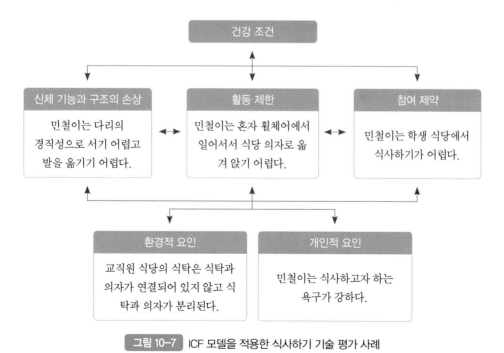

그림 10-7 ICF 모델을 적용한 식사하기 기술 평가 사례

출처: Brown, F., McDonnell, J., & Snell, M. E. (2016). *Instruction of students with severe disabilities* (8th ed.), p. 295, p. 307 수정 발췌.

인간의 복합적인 상호관계로 인식된다(김주홍, 박재국, 이미경, 2013; 박승규, 허재원, 양대중, 강정일, 이준희, 2012).

ICF에서는 지체장애 학생의 장애나 건강 상태를 신체 기능이나 신체 구조에만 국한하지 않고 기능과 배경요인을 종합하여 파악하므로 지체장애 학생에게 더욱 의미 있는 중재 제공의 기반을 제공한다. 움직임에 심각한 제한을 가진 지체장애 학생일지라도 ICF 틀에 근거하여 환경적 제약을 파악한 후 이를 조정하고, 다양한 방법과 전략을 활용하여 학생이 활동에 참여하도록 지원하는 것이 필요하다. 지체장애 학생의 운동 능력 향상을 위해서는 학생의 신체 기능을 충분히 고려하면서 삶의 다양한 측면에서 지원을 제공해야 하므로 ICF 틀은 지체장애 학생 교육에 시사하는 점이 크다. ICF 틀은 학생, 환경, 활동 간의 관계를 이해하는 데 지침이 되고, 신체 기능과 구조를 중심으로 활동 제한과 참여 제약에 대해 파악하여 일과에서 독립성을 향상시킨다(Brown, McDonnell, & Snell, 2016). [그림 10-7]은 민철이의 식사기술에 대한 활동 제한, 참여 제약, 환경적 요인, 개인적 요인을 ICF 모델을 적용하여 파악한 것이다. 현재 민철이는 학생 식당에서 식사하기가 어렵지만 교직원 식당에 있는 식탁과 의자를 학생 식당에 구비하고 일과 내에서 지속적으로 반복 연습할 기회를 제공한다면 기능에 있어 변화를 보일 가능성이 있다.

2) 운동 지도 방법

인간은 자신을 보호하고 기본적인 욕구를 충족시키기 위하여 움직여야만 한다. 움직임, 이동성은 환경 내에서 자유롭게 움직일 수 있는 능력을 말하며, 삶을 유지하는 데 필수적이다. 움직임은 독립성에 매우 중요한 부분이고, 움직일 수 있는 능력은 자아존중감과 신체상에도 영향을 미친다. 그러나 움직임에 어려움이 있는 지체장애 학생은 무력감을 느끼고 활동 참여에 제한적일 수밖에 없으므로 이들을 위한 운동 지도는 반드시 필요하다.

지체장애 학생의 운동 능력 향상을 위한 구체적인 지도 방법을 살펴보면 다음과 같다.

(1) MOVE

지체장애 학생이 독립적으로 움직이지 못하거나 혹은 잘못된 움직임(예: 무릎

을 한데 모아 토끼뜀 뛰듯이 기기)을 보일 때, 교사와 협력하는 팀 구성원은 신체활동
의 빈도를 정하여 생활 속에서 올바른 움직임(예: 양 무릎을 교차하여 기기)을 반복적
으로 연습할 수 있는 기회를 제공해 주어야 한다. MOVE(Mobility Opportunities Via
Education Curriculum)는 자연스러운 활동 속에서 운동 기술을 반복적으로 가르칠 기
회를 제공하는 좋은 예로, 교육과정 내에서 운동 기술을 교수하는 기능적인 운동기
술 교육과정이다. 이는 교사와 물리치료사의 협력을 통해 뇌성마비 학생에게 운동
기술을 교수하는 협력적인 운동 기술 중재 방법이다(Barnes & Whinnery, 2002).

치료사와 교사의 협력과정을 강조하는 MOVE는 학생의 체계적인 운동 기술 발달
을 돕고자 1990년대에 교육자인 Linda와 물리치료사인 John이 개발하였다. 운동기
술이 연속적인 순서에 따라 발달한다는 발달적 모델에 반대하여 MOVE에서는 선택
한 기능적 활동의 운동 단계를 운동 목표로 삼고, 학생이 교육 활동이나 여가활동에
참여하는 동안 기능적인 운동 기술을 자연적으로 연습할 수 있는 기회를 제공한다
(Heller, Forney, Alberto, Best, & Schwartzman, 2009).

MOVE에서는 교수할 활동을 선택하면 활동을 수행할 수 있도록 여러 가지 기술
로 과제 분석을 한다. 과제 분석한 각각의 기술을 학생이 수행하는 모든 활동에서
연습할 수 있도록 교사, 치료사, 부모는 기회를 제공한다. 학생이 만족할 만한 수준
으로 기술을 습득하면 현재 기능 수준의 상위 단계 기술을 다시 목표 행동으로 선정
하고, 촉진의 양을 줄이면서 운동 기술을 교수한다. 이 교육과정은 기능적 운동 기
술의 16개 영역과 하위 74개의 기본 기술로 구성되었다.

Bidabe, Barnes와 Whinnery(2001)의 뇌성마비를 포함한 운동장애를 가진 15명의
학생(6~16세)에 대한 3년간의 추적 연구에서는 MOVE를 통해 각 기술을 가르치고,
이후 학교, 집, 지역사회 환경에서 일반화하도록 구체적인 교수를 계획하여 실행한
결과, 운동성에서 상당한 성취를 보였음을 보고하였다. 또한 기초선 기간 동안에는
걷지 못했던 3명의 중도장애 아동(3~9세)은 1년 동안 자연적 일과에서 MOVE로 교
육을 제공한 결과, 2명의 아동이 독립적으로 500피트를 걸었고, 한 아동은 걷기 도구
인 게이트 트레이너를 활용하여 100걸음을 걸을 수 있었다(Barnes & Whinnery, 2002).

(2) 감각통합훈련

감각통합(sensory integration)은 여러 환경에서 나오는 감각을 받아들이고 분류하
고 또 상호 연결시키는 중추신경계 능력을 말한다. 지체장애 학생은 이러한 감각을

그림 10-8 감각통합훈련 장면

출처: 스페셜니즈 홈페이지(http://www.specialneeds.com); 인하모니페디애트릭테라피 홈페이지(http://www.inharmonypediatrictherapy.com).

받아들이고 조절하는 능력에 문제가 있다(김세주, 성인영, 박승희, 정한영, 2005). 감각통합이론에 따르면, 학습은 환경과 신체 움직임으로부터 감각 정보를 받아들이고, 중추신경계에서 이러한 감각 입력 정보를 처리하고 통합하며, 조직화된 움직임과 행동을 계획하고 만들기 위해 정보를 사용하는 학생의 능력에 달려 있다고 본다 (Heller, Forney, Alberto, Best, & Schwartzman, 2009).

감각통합훈련은 중추신경계의 조직화를 더 활성화하고 학생이 목적이 있는 감각 통합 활동에 참여하면서 특정 감각자극(촉각, 전정감각, 고유수용감각 자극)에 더 잘 적응하도록 한다. 또한 감각통합훈련은 특정 과제와 기술을 완전히 익히기보다는 오히려 운동활동을 수용하고, 기억하고, 계획하는 두뇌의 수용 능력을 향상시키는 데 초점을 둔다. 감각통합훈련을 할 때에는 균형감, 근 긴장도, 안구운동 반응, 중력에 저항하는 움직임, 자세적응, 각성 또는 활동 수준에 영향을 미치는 전정감각을 자극하는 활동을 자주 사용한다. 그리고 적응적인 자세와 움직임 반응을 촉진하기 위해 저항 활동, 무게감 있는 물건은 물론이고 장비를 매달아서도 사용한다(박은혜 외 역, 2012).

(3) 신경 발달 처치

신경 발달 처치(Neuro Developmental Treatment: NDT)는 의사와 물리치료사인 Bobath 부부가 개발한 것으로, 보바스 치료라고도 불린다. 신경 발달 처치의 궁극적인 목적은 학생의 비전형적인 움직임 패턴을 억제하고 필수적인 자세반응을 포함한 전형적 움직임 패턴을 촉진하는 것이다(Heller, Forney, Alberto, Best, &

Schwartzman, 2009). NDT는 ① 정상적인 자세반사와 운동반응을 촉진하고, ② 핵심조절부위(key point of control)인 머리, 몸통, 골반, 어깨 부위, 손과 발 부위 등을 적절하게 조절함으로써 비정상적인 근 긴장도를 감소시키고, ③ 학생의 자발적인 운동반응을 이끌어 내고 스스로 자세조절을 할 수 있도록 신체를 정렬시키고 특정 신체 부위를 직접 손으로 다루고, ④ 다양한 자세와 운동에 의해서 정위반응을 유도하고, 아동을 중력 중심에서 벗어나게 하여 평형반응을 유도한다(신경계 물리치료중재학 편찬위원회, 2013). NDT에서 자세 조절에 요구되는 감각으로는 전정감각(vestibular sensation), 촉각(tactile sensory), 고유수용감각(proprioceptive sensation) 등이 있다(김종만, 이충휘, 1997).

움직임에 대한 적절한 자세반응을 유도하기 위해 학생이 실제 움직일 때 직접적으로(hands-on) 촉진하고, 일과 중 수행하는 기능적 활동에서도 지속적으로 촉진을 제공한다. 이때 교사, 치료사, 가족의 훈련과 참여가 필요하고, 여기에서 치료사의 좋은 다루기 기술이 매우 중요하다.

신경 발달 처치 외 보이타 치료(Vojta therapy)가 있는데, 보이타 치료는 Vojta 박사에 의해 개발된 치료 방법으로 아동의 신체에 운동을 일으키는 유발점에 압력을 가함으로써 반사적 기기와 반사적 뒤집기 등을 자동적으로 유발하는 방법이다. 주로 1세 이하의 뇌성마비 아동의 치료 및 진단에 사용된다(신경계 물리치료중재학 편찬위원회, 2013).

(4) 협력적 팀 접근

지체장애 학생의 운동 지도를 위해서는 교사의 역량만으로는 제한적인 것이 사실이다. 지체장애 학생의 요구와 필요를 반영한 운동계획을 수립하고 지도할 때, 교사와 물리치료사, 작업치료사와의 협력은 특히 중요하다. 지체장애 학생은 학교버스에서 내려 교실 앞까지 이동하고 교실 문을 열고 자기 자리에 앉기까지의 일과를 수행하는 데 제한을 보일 수 있다. 또한 점심시간에 식당까지 이동하고, 미술 시간에 가족 그림을 그리는 등 모든 활동에는 대근육 및 소근육의 움직임이 필요하므로 교사와 물리치료사, 작업치료사와의 협력은 필수적이다.

지체장애 학생이 한 상황에서 다른 상황으로 이동(예: 의자에서 바닥으로, 휠체어에서 변기로, 의자에서 다른 곳으로)할 때, 교사는 다리를 사용하지 못하더라도 부분적이라도 팔을 사용하여 학생이 이동할 수 있는지 판단해 보고 물리치료사, 작업치료사와 각 환경에서 학생이 가능한 한 독립적으로 이동할 수 있는 최상의 적절한 방법을 결정한다.

① 생태학적 목록을 활용한 팀 접근

지체장애 학생의 자세 및 운동 지도 시 기능적인 활동 내에서 지도하는 것이 최상의 효과를 도모할 수 있으므로 생태학적 목록을 활용하여 가정, 학교, 일반적인 지역사회 환경을 분석하여 지도한다. 생태학적 목록은 학생, 환경, 그리고 학생이 수행해야 할 과제를 직접 관찰한 후 학생의 참여를 향상시키기 위해 필요한 기술이나 수정에는 어떤 것이 있을지 교사, 물리치료사, 작업치료사 등이 함께 결정하고 학생의 능동적 참여를 촉진하는 일과를 계획하는 것이다. 이렇게 개발된 생태학적 목록

표 10-8 성호의 학교 일과 중 생태학적 목록(예시)

과제	환경	현재 참여 수준	계획
등교 시 교실 문을 연다.	휠체어를 타고 있어 손을 뻗어도 문손잡이를 잡기 어렵다.	친구나 지원인력이 문을 열어 준다.	교실 문손잡이 위에 긴 막대봉을 연결하여 휠체어를 탄 상태에서 문을 연다.
식사 전 세면대에서 손을 씻는다.	휠체어를 타고 있어 세면대 수도꼭지 아래에 손을 가져가기 어렵다.	물티슈로 손을 닦거나 지원인력이 대야에 물을 담아 오면 씻는다.	수도꼭지 아래에 탈부착 가능한 판을 연결하여 휠체어에 앉아서 판을 따라 내려오는 물로 손을 씻는다.
과제를 완성하면 교사의 책상 위에 올려놓는다.	교사의 책상은 교실 앞에 있어 성호가 휠체어로 가기에는 책상 사이의 길이 좁다.	친구나 지원인력이 교사의 책상 위에 과제를 올려놓는다.	교사 책상까지 가는 길을 넓혀 휠체어가 다닐 수 있도록 한다.
급식 시간에 식판에 음식을 받아서 식사한다.	손의 근 긴장도가 높아서 숟가락으로 음식을 뜰 때 식판이 미끄러진다.	성호의 식판을 지원인력이 잡아 준다.	미끄럼 방지 매트를 식판 아래에 깔아 숟가락으로 밥을 떠서 먹는다.
다음 시간 준비를 위해 교과서를 책상 위에 놓는다.	서랍이 있는 책상은 휠체어를 탄 채로 앉기가 어려워 사물함에 책을 두므로 책을 꺼내려고 사물함까지 간다.	사물함까지 이동하는 데 시간이 걸리므로 지원인력이 책을 꺼내 준다.	책상 옆에 서랍이 있는 휠체어 책상으로 교체한다.

을 활용하여 다양한 환경에서 지체장애 학생이 활동에 참여할 수 있도록 촉진한다. 〈표 10-8〉은 성호를 위해 협력팀이 작성한 생태학적 목록이다.

② 통합된 치료

통합된 치료(integrated therapy)는 학생이 참여하는 다양한 활동에 치료 서비스를 통합시킨 것이다(Rainforth & York-Barr, 1997). 통합된 치료는 풀 인(pull-in) 서비스에 해당하는 것으로, 분리된 치료 공간에서 치료를 제공하는 것이 아닌 치료사가 교실에 들어와 교사와 협력하여 지체장애 학생이 활동에 참여하는 동안 치료를 제공하므로 지체장애 학생 측면에서는 자신이 또래와 분리되지 않고 상호작용할 수 있다는 장점이 있다. 치료가 자연적인 활동과 맥락 내에서 제공되므로 학생은 일반적인 환경에서 이루어지는 자연적인 촉진과 우연성에 반응하는 법을 배우고, 치료사에 의해서만 제공되지 않고 특수교사와 함께 실행할 수 있으므로 학생의 개인적 요구에 더 집중할 수 있다(Wolery & McWilliam, 1998).

학생의 운동 기능 성취와 활동 참여 촉진을 돕기 위해 자세 바꾸기(transfer)와 이동성 기술(mobility)을 가르친다. 자세 바꾸기를 할 수 있도록 바닥에서 일어나기, 서 있다가 앉기, 휠체어에서 변기에 앉기를 가르치고, 이동성 기술을 익히도록 방에서 굴러서 이동하기나 손이나 무릎으로 기어 이동하기, 건물 및 지역사회 안에서 걷기, 휠체어 밀기, 자전거 타기, 계단이나 턱 통과하기 등의 숙련된 움직임을 가르칠 필요가 있다(Ryndak & Alper, 2003).

Ott와 Effgen(2000)은 움직임에서 '숙련된 협응'이 발달하려면 최소한 백만 번을 지속적으로 반복해야 한다고 말했다. 많은 운동 기술을 익혀야 하는 지체장애 학생에게 운동 기술을 교수하기 위해서 일주일에 2번씩 30분간 치료 서비스만을 제공하는 전통적인 접근은 실효성 측면에서 제한적인 것이 사실이다. 운동 기술은 기능적이고 실제 활동 내에서 지속적인 반복 연습을 통해 가장 잘 배울 수 있다. 그러므로 교사와 물리치료사, 작업치료사는 협력하여 일과 중 진행되는 다양한 활동(교과활동, 자율활동, 식사 시간 등)에 반복적으로 구체적 운동 기술을 연습할 수 있는 기회를 만들고 학생이 기술을 배우도록 하는 통합된 치료를 제공한다.

〈표 10-9〉는 특수교사와 물리치료사, 작업치료사가 협력하여 수업 시간에 운동 기술을 연습할 수 있는 기회를 제공한 사례이다.

표 10-9 수업 시간 중 운동 기술 연습 기회를 제공한 사례

구분	사례
서기 연습	서기 연습이 필요한 명수를 위해 최 교사와 물리치료사는 음악 시간에 노래방 기기를 활용하여 노래를 부를 수 있도록 계획하였다. 명수는 한 손으로 마이크를 잡고, 한 손으로는 책상을 잡고 책상에 최대한 가깝게 서서 노래 부르는 활동을 통해 한 손을 지지한 채 서는 능력이 증진되었고, 균형감각도 향상되었다.
보행 연습	이 교사는 채현이가 체육관에서 워커로 보행할 때 두 다리의 경직성으로 인해 발이 계속하여 꼬이므로 물리치료사에게 배운 방법(꼬이는 채현이의 두 다리 사이에 이 교사의 발을 넣어 꼬이는 것을 최소화하면서 걷기 지도)으로 채현이를 지도하였고, 워커를 잡고 있어 손으로 배구공을 만지기 어려운 채현이를 위해 배구 네트를 내려서 무릎 서기 자세로 배구를 할 수 있게 하였다.
팔 올리는 연습	최 교사와 작업치료사는 수진이가 팔을 올리는 연습을 하도록 휠체어 책상을 뺄 때, 코트를 벗을 때를 활용하여 팔 올리는 연습을 반복적으로 하게 하였다.

③ 협력적 팀 접근 사례

교사와 물리치료사, 작업치료사와의 협력을 통해 지체장애 학생의 운동, 학습, 일

표 10-10 협력적 팀 접근 중재 절차

단계	중재 내용
1단계 협력적 진단 및 IEP 목표 수립	• 협력팀은 협력하여 진단하고 개별화교육목표를 수립한다.
2단계 활동 매트릭스 작성	• 교사는 학교 수업 시간표에 따라 주간교육계획안을 작성하고, 이를 기초로 교사, 물리치료사, 작업치료사와 함께 지체장애 학생의 서기, 걷기, 조작 기술을 향상시킬 수 있는 활동 기회를 삽입한 활동 매트릭스를 작성한다. • 활동 매트릭스는 교사, 물리치료사, 작업치료사가 주간교육계획안의 교육 활동 내용을 함께 살펴본 후 대근육운동 기능, 상지 기능, 일상생활 능력 관련 개별화교육목표의 성취를 도와줄 수 있는 활동 기회를 삽입한 것이다. • 활동 매트릭스에는 교사와 지원인력이 활동 기회를 잘 실행하였는지의 여부를 체크할 수 있는 '실행 여부' 항목을 두어 삽입한 활동 기회를 실행에 옮기는지를 점검하는 과정을 거치는 것이 필요하다.

| 3단계
삽입교수 실행 | • 교사는 자연스러운 학교 일과 중 학생이 기술을 연습할 수 있도록 기회를 제공하고 지도하는 삽입교수를 실행한다.
• 학교 일과 중 활동 매트릭스에 삽입한 기술을 학생이 연습할 수 있도록 교사가 지도해야 하므로 물리치료사, 작업치료사는 교사에게 자세 다루는 방법, 움직임을 향상시킬 수 있는 기술, 손 기능 증진 관련 정보를 제공한다. |
| 4단계
평가 | • 교사와 치료사는 정기적으로 협의하고 점검하는 시간을 갖는다. |

상생활 활동 참여 능력을 촉진할 수 있는데, 다음은 교사와 물리치료사, 교사와 작업치료사와의 협력적 팀 접근 사례이다(표윤희, 2015, 2017). 협력적 팀 접근 사례에서 중재 절차는 〈표 10-10〉과 같다.

〈표 10-11〉은 서기와 걷기 지도를 위한 교사와 물리치료사의 협력적 팀 접근 사례이다.

표 10-11　서기와 걷기 지도를 위한 교사와 물리치료사의 협력적 팀 접근 사례

| 학생명 | ○○○ | 학생 특성 | 약 1분 동안 책상에 기대어 설 수 있고, 한 손을 잡아 주면 5보 걸을 수 있다. |

1) 1단계: 협력적 진단 및 IEP 목표 수립
  • 협력팀 구성원이 협력적으로 진단하여 IEP 목표 수립

학년반	학생명	목표 1	목표 2
초 3-2	이○○	세면대에 2분 동안 기대어 서서 양치질을 할 수 있다.	한 손을 잡아 주면 출입문까지 10보 걸어가 출입문을 열 수 있다.

2) 2단계: 활동 매트릭스 작성
  • 주간교육계획안에 IEP 목표 교수 기회를 삽입한 활동 매트릭스 작성

요일	과목	제재	활동 기회	실행 여부
월	미술	상자를 이용한 놀잇감 만들기	• 놀잇감 만들 때 책상에 기대어 서서 만드는 기회 주기(20초) • 한 손을 잡아 주면 걸어 나와 교실 앞에서 완성품을 급우들에게 보여 주기	예/아니요
	수학	같은 악기 모으기: 실제 악기를 같은 종류끼리 나누기	• 휠체어에 기대어 서서 악기를 같은 종류끼리 나누는 기회 주기(30초) • 한 손을 잡아 주면 걸어 나와 자기가 종류별로 나눈 결과물을 친구들에게 보여 주기	예/아니요

체육	핸드볼(캐치): 핸드볼 공을 손으로 받기	• 휠체어에 기대어 서서 핸드볼 공을 양손으로 던지는 기회 주기(1분) • 휠체어에 기대어 서서 핸드볼 공을 받는 기회 주기	예/아니요
국어	일상생활물건 이름 알기: 물건과 단어 카드 짝짓기	• 책상에 기대어 서서 단어카드 짝짓기(1분)	예/아니요

3) 3단계: 삽입교수 실행
• 활동 매트릭스에 삽입된 교육 활동 기회를 교사가 효율적으로 실행에 옮기는 단계
• 치료사는 교사가 교육 활동 기회를 실행할 수 있도록 훈련 및 역할 방출, 상담 및 지원 제공, 정보 교환 및 공유
• 실행 여부에 예/아니요 체크하기
4) 4단계: 평가
• 점검 및 피드백: 협력적 팀 접근 실행에 대한 의사 교환, 활동 매트릭스에 삽입된 활동 시간 증감에 대한 논의, 보조기기 수정, 자료 수정 등에 대한 의견 교환, 목표 수행 정도 점검

교사와 작업치료사의 협력을 통해 지체장애 학생의 조작 기능을 증진시킬 수 있다. 〈표 10-12〉는 조작 기능 지도를 위한 교사와 작업치료사의 협력적 팀 접근 시 활용한 활동 매트릭스의 예이다.

치료사는 운동 교수를 계획하고 제공하는 데 중요한 자원이고, 운동 학습 영역에 대한 그들의 기술과 지식은 체계적인 교수에 있어서 특수교사의 기술과 지식을 보완할 수 있다. 그러므로 지체장애 학생에게 교육환경과 활동 맥락에서 운동 기술의 교수를 제공할 때, 그들의 협력이 학생의 참여 과정에서 양과 질을 개선시킬 좋은 기회임을 염두에 두어야 할 것이다.

협력적 팀 접근 실행 시 지원인력과의 협력도 필수적이다. 지원인력을 대상으로 사전 연수를 실시하여 지체장애 학생의 운동성을 증진시킬 수 있는 활동 기회를 일과 중에 수시로 제공하도록 한다. 또한 운동성은 지속적으로 지도하는 것이 효과적이므로 가족과의 협력을 도모한다. 교사, 물리치료사, 작업치료사는 협력하여 가정에서 부모가 지도할 수 있는 내용이 제시된 가정통신문을 작성하고, 이를 전달하여 가정에서도 연계하여 지도가 이루어지도록 한다. [그림 10-9]는 가정통신문의 예시이다.

표 10-12 조작 기능 지도를 위한 활동 매트릭스의 예

요일	주제	활동 기회	실행 여부
월	비닐연 만들어 날리기	• 보조하는 손을 사용하여 가위로 자르기(보조 손가락의 엄지는 종이 위에, 검지는 종이 밑에 두기) • 바닥에 선을 그어서 따라 걷기 또는 방향 표시를 보고 코스 이동하기 • 연을 하늘에 날려 움직이는 목표물 보기(시각적 집중을 도와 시각적 탐지와 시각적 추적 향상)	예/아니요
화	쿠키 만들기	• 쿠키 만들기 준비물을 받을 때 손바닥을 위로 향하게 한 후 받도록 하여 상완의 굴곡운동 유도하기 • 손 근력 발달에 도움이 되는 쿠키 커터로 찍어 다양한 쿠키 모양 만들기(근력 향상 활동) • 엄지와 각각의 손끝을 맞대어 쿠키 집기(집게 잡기 패턴)	예/아니요
수	썰매를 끌어요	• 스쿠터보드 위에 앉아 친구와 서로 손바닥 붙이고 밀어내기(고유수용성감각 및 평형감각 향상) • 스쿠터보드에 엎드려서 타기(평형감각 향상)	예/아니요

5학년 가정통신문

학부모님, 안녕하십니까?

늦더위가 기승을 부려서 가을이 언제 올까 했더니, 가을은 가을의 소임을 다하는가 봅니다.

아침저녁으로 서늘한 날씨 때문에 긴 옷을 챙기게 하는 요즈음입니다.

이번 주부터 학교에서 ○○이의 운동 능력 및 일상생활 능력 증진을 위한 활동을 병행할 예정입니다.

가정에서 ○○이가 하면 좋을 몇 가지 간단한 운동을 알려 드리오니 일상생활을 할 때 움직일 수 있는 기회를 주시면 좋겠습니다.

학부모님의 많은 협조 부탁 드립니다.

이렇게 할 수 있도록 도와주세요.

1. 화장실에 갈 때 워커를 잡고 1보 정도 걸을 수 있도록 기회를 주세요.
2. TV를 시청할 때 무릎 서기 자세에서 시청할 수 있도록 기회를 주세요.
3. TV를 시청할 때 의자를 잡고 선 자세에서 시청할 수 있도록 기회를 주세요.
4. 방과 방 사이를 이동할 때 벽을 잡고 걸을 수 있도록 기회를 주세요.
5. 책상에서 숙제를 할 때 책상을 잡고 선 자세에서 한 발 들기를 교대로 실시하여 균형감각을 키울 수 있는 기회를 주세요.

지도 포인트

1. 무릎 서기 자세로 TV를 시청할 때는 한 번에 20초씩 시간제한을 두고 3회 정도 기회를 주세요.
2. 벽을 잡고 걸을 때는 엉덩이가 뒤로 빠지지 않고 바르게 선 자세에서 걸을 수 있도록 지도해 주세요.
3. 한 발 들기를 교대로 실시할 때 균형을 잘 잡을 수 있도록 천천히 하도록 지도해 주세요.

그림 10-9 가정통신문 예시

3. 들어올리기와 이동시키기 지도

　지체장애 학생은 독립적으로 움직이거나 이동하기 어려운 학생이 대부분이므로 이들을 지원하는 교사, 지원인력, 치료사는 안전하게 들어올리고 이동시키는 전략을 익힐 필요가 있다.

　안전하게 들어올리기와 이동시키기 지도 전략은 〈표 10-13〉과 같다.

표 10-13 안전하고 효과적인 들어올리기와 이동을 위한 우선적인 신체역학의 규칙

- 학생에게 무엇을 할 것인지 설명하고 학생이 가능한 한 적극적으로 참여하도록 하기
- 들거나 이동시킬 학생에게 직접 다가가서 자세 취하기
- 몸통을 똑바로 세우고 허리를 구부리기보다는 다리를 구부리고 안을 자세 취하기
- 학생에게 몸을 밀착하여 안을 준비하기
- 자신의 몸을 회전하지 말고 학생을 안을 준비하기
- 바닥에 평평하게 발을 대고 편안하게 한쪽 발을 다른 발 앞에 놓기
- 이동할 때 가능한 한 많은 무게를 학생 스스로 지지하게 하기
- 들어올리기가 어렵거나 약 16kg 이상 무게가 나가는 학생의 경우 도움을 요청하여 두 사람이 함께 들어올리기

정리

　이 장에서는 지체장애 학생이 많은 활동에 참여할 수 있도록 지도하기 위해 교사가 알아야 할 지체장애 학생의 운동 발달, 움직임의 기본 개념에 대해 살펴보았고, 지체장애 학생의 운동 발달 특성과 다양한 움직임 특성에 기초한 구체적인 운동 지도 방법에 대하여 살펴보았다.

　운동 지도를 위한 기본 원리로 의미 있고 목표지향적인 활동에 지체장애 학생이 참여할 수 있도록 유도하기, 의미 있는 맥락과 기능적인 교육 활동 내에서 지체장애 학생이 운동 기술을 연습할 수 있도록 반복적인 기회 제공하기 등을 제시하였다. 이와 함께 지체장애 학생을 위한 구체적인 운동 지도 방법인 MOVE, 감각통합훈련, 신경 발달 처치, 협력적 팀 접근을 사례와 함께 제시하였고, 지체장애 학생의 안전과 이들을 지도하는 교사의 건강을 위한 들어 올리기와 이동시키는 방법에 대하여 설명하였다.

　지체장애 학생의 주된 어려움이 신체적인 어려움인 만큼 교사는 운동체계 특성과 운동 지도 방법을 이해하여 지체장애 학생의 운동 기능 증진을 위해 노력해야 할 것이다. 운동 기술은 단기간 내에 성과를 보기 어려운 영역이므로 오랜 시간 반복적으로 지도해야 하고, 운동 기술 증진을 위해서는 의사, 물리치료사, 작업치료사 등 다양한 전문가와의 협력이 필수적이므로 교사는 팀 구성원과 협력관계를 유지하며 지체장애 학생을 지도하기 위해 노력해야 한다.

제 **11** 장
- - - - - - - - -

자세 및 앉기, 보행 및 이동

1. 자세 및 앉기

1) 자세의 개념

사람들은 일상생활 중에 다양한 기능을 수행하기 위해서 자연스럽게 자세를 취하고 몸을 움직인다. 활동을 수행하기 위해 효과적인 자세를 선택하고 과제를 수행하기 위해 균형과 안정성을 유지하고자 한다. 이러한 일련의 과정들은 일반인에게는 의도적으로 계획하고 수행하는 것이 아니라 대부분은 무의식적으로 이루어지는 동작이다. 그러나 뇌성마비와 같이 신경운동장애가 있는 학생은 세수하기와 같은 일상적인 과제를 수행하는 것도 어렵고 때로는 제한된다.

자세는 학습, 일상생활, 대화와 같은 개인적·사회적 활동을 수행하기 위한 기본적인 요건이며, 신체적인 건강과 밀접한 관련이 있는 영역이다. 지체장애 학생은 신체 움직임의 제한으로 꾸준한 자세 및 신체 관리 전략이 필요하다. Best, Heller와 Bigge(2010)는 학생으로 하여금 유의미한 활동에의 참여를 증진시키기 위해 자세 지도의 중요성을 강조하였다.

좋은 자세란 최상의 기능을 수행할 수 있는 자세로서 에너지 소비를 최소화하고, 어느 방향으로든지 가장 잘 반응할 수 있는 자세이며, 환경과의 상호작용이 잘되는 자세를 말한다. 그러기 위해서는 무게중심이 신체에 균등하게 분배되고 신체의 체중 지지면(base of support)이 안정되어야 한다. 또한 신체의 정렬이 정중선(midline)을 중심으로 대칭 자세가 되어야 한다. 좋은 자세는 학습을 하거나 일상생활을 할 때 좋지 않은 습관으로 인하여 발생할 수 있는 기형을 막을 수 있을 뿐만 아니라 활동이나 외부 자극으로부터 신체의 손상을 줄일 수 있는 구조로, 근육과 골격의 상호관계가 이루어진 상태를 말한다.

2) 자세 지도의 목적과 필요성

장애로 인한 신체 움직임의 제한이 있는 지체장애 학생에게는 생활 속에서 꾸준한 자세 지도가 중요하다. 스스로 움직임이 불가능하여 누워 있는 지체장애 학생의 경우 스스로 움직여 자세를 취하는 것은 어렵다. 그러나 자세 잡기는 사물을 잡기 위해 손을 뻗으려 노력하거나 앞에 있는 목표물까지 기어가기 위해 다리에 힘을 주는 등의 능동성을 이끌어 낼 수 있는 중요한 의미를 갖고 있으며, 이는 운동 발달 촉진으로 이어질 수 있기 때문에 중요하다. 올바른 자세는 장애로 인한 이차 변형을 예방할 수 있으며, 생활 속에서의 여러 가지 활동에 좀 더 원활하게 참여할 수 있도록 해 주기 때문이다.

조기에 적절한 자세 지도가 이루어지지 않을 경우에는 신체 변형과 함께 기형을 유발하고, 상지 기능 및 신체 이동 능력 등의 기능이 약해질 수 있으며, 좋지 않은 자세는 염증이나 욕창을 유발하여 궁극적으로 건강관리에도 불리한 영향을 미친다. 피부와 뼈에 오는 압박이 장시간 지속되다 보면 욕창이 생길 수 있다. 욕창은 모든 신체 부위에 발생할 수 있고, 일단 발생하면 치료가 어려우므로 욕창을 예방하는 것이 중요하다. 욕창을 예방하기 위해서는 피부를 청결하게 유지하고, 에어 매트리스를 사용하거나 자세를 자주 변화시켜 주는 것이 필요하다.

비정상적인 근 긴장도는 자세와 움직임뿐만 아니라 호흡, 구강의 움직임, 언어, 학습, 시각, 경련 등 다양한 영역에서의 이차적인 문제점을 유발할 수 있으며, 학생의 움직임에 영향을 미친다. 그러므로 적절한 수준의 근 긴장도를 유지할 수 있도록 바른 자세를 지도하는 것이 필요하다.

적절한 자세 지도 및 신체 관리의 목적은 다음과 같다.

첫째, 바른 자세는 신체의 정렬과 안정성을 제공한다. 비정상적인 근 긴장도는 정상치보다 낮은 저긴장성과 정상치보다 높은 수준의 과다긴장성에 의해 발생하므로, 바른 자세를 통해 비정상적인 근육의 긴장도를 최소화시켜서 신체를 바르게 유지하며 균형 있는 자세를 취하게 해 주어 신체의 안정감을 높인다.

둘째, 바른 자세는 근 긴장도를 적절하게 유지시켜 준다. 잘못된 자세는 과다긴장 상태를 유발하여 자발적인 움직임을 제한한다. 예를 들면, 경직형 뇌성마비 학생의 경우 적합하지 않은 자세로 방치하면 근육의 긴장도가 높아져서 스스로 할 수 있는 신체활동도 점차 할 수 없게 된다(Best, Heller, & Bigge, 2010).

셋째, 바른 자세는 기형과 이차적인 근육의 장애를 예방한다. 신경학적 손상이 있는 지체장애 학생은 근육 긴장도의 불균형과 고정된 자세 습관으로 인한 기형과 이차적인 근육 문제가 나타난다. 바른 자세의 지도는 신체의 좌우대칭을 유지하면서 움직임을 돕기 때문에 기형과 이차적인 변화와 장애를 방지한다.

넷째, 불안한 자세로 인한 심리적인 두려움을 줄여 주며, 눈맞춤을 하고 타인의 표정을 읽음으로써 정서적 안정과 상호작용을 촉진할 수 있다. 부적절한 자세에서는 신체적인 두려움으로 인해 근육의 긴장도가 증가하고 이로 인해 움직임의 제어 기능을 악화시킬 수 있다. 자세 지도용 보조기기를 사용하면 물리적인 안전성을 제공하므로 공포감을 줄이고 신체적인 안정감을 높일 수 있다.

다섯째, 안정된 자세는 상지 사용 기능을 극대화한다. 손을 최대한 사용 가능하게 하여 환경과의 능동적인 작용을 이끌어 내고 몸통과 하지의 안정된 자세는 학생의 머리, 팔, 손의 사용 능력에 직접적인 영향을 준다(Best, Heller, & Bigge, 2010).

이 외에도 적절한 자세 지도를 통해 시각이 확보되어 환경으로부터 보다 다양한 정보를 얻을 수 있고, 호흡과 발성, 구강 운동 기능의 발달을 촉진할 수 있으므로 적절한 자세 지도는 매우 중요하다.

3) 자세 잡기 고려사항

지체장애 학생을 위한 적절한 자세 잡기는 전형적이고 기능적인 움직임 패턴을 촉진하여 학생의 기술 발달과 독립성을 격려한다. 가장 바람직한 자세를 선정할 때 부모, 교사, 치료사는 다음의 질문에 답하기 위하여 협력해야 한다(Heller et al., 2009).

- 자세가 발달적으로 적절한가?
- 자세가 기능적 기술의 발달을 강화하는가?
- 자세가 없어져야 하는 움직임 패턴(예: 원시반사 패턴)의 출현을 억제하는가?
- 자세가 가정과 학교의 일상과 활동에서 사용될 수 있는 현실적인 대안인가?

이 외에도 〈표 11-1〉에 제시한 점검사항을 염두에 두고 자세 잡기를 지도해야 한다. 지체장애 학생은 가정과 학교에서 일상적인 활동을 하는 동안 기능적인 자세를 유지하기 위해 종종 자세 잡기 적응 장비나 도구가 필요하다. 신체의 자세를 유지하도록 돕는 자세 잡기 도구는 둥글게 만 수건이나 담요와 같이 간단한 것을 활용할 수도 있다. 그러나 어떤 학생은 기능적인 움직임을 위해 가장 바람직한 자세를 취하는 데 있어 특수한 착석 도구, 휠체어, 웨지와 같은 장비를 필요로 하며, 프론 스탠더(prone stander)와 같은 자세 잡기 도구는 뼈 성장을 촉진할 수 있다. 무엇보다 중요한 것은 부모, 교사, 치료사는 학생에게 적절한 자세, 필요한 자세 잡기도구

표 11-1	좋은 자세 잡기를 위한 점검사항

- 일반 학생들이 교육 활동에 참여할 때 어떠한 자세를 취하는가?
- 교육 활동에서 또래에게 접근하기 위한 자세는 무엇인가?
- 어떤 자세가 교재나 장치에 접근하기 쉽고, 바라보기 쉽게 하는가?
- 어떤 자세가 중요한 과제를 수행하는 데 필요한 움직임을 가능하게 하거나 촉진하는가?
- 어떤 자세가 앞으로의 자세 조절이나 안정성의 발달을 촉진하는가?
- 어떤 자세가 과다 사용된 자세나 장치에 대안을 제공하는가?
- 자세 잡기를 위한 장치가 필요하다면, 그것이 남의 눈에 띄지 않고, 외관상 받아들여질 만하고, 고립되지 않게 하는가?
- 자세를 잡기 위한 장치가 안전하고 다루기 쉬운가?
- 장치는 개인의 필요에 따라서 선택되고 수정되었는가?
- 장치는 자연적인 환경 안에서 쉽게 사용 가능 혹은 이동 가능한가?

출처: Rainforth, B., & York-Barr, J. (1997). *Collaborative teams for students with severe disabilities: Integrating therapy and educational services* (2nd ed.), p. 219.

가 무엇인지 결정하기 위해 협력해야 한다는 점이다.

4) 자세 지도의 원칙

자세 지도는 특히 정위반사, 평형반사 등이 발달하는 단계에 있는 영유아기의 뇌성마비 아동에게 중요하다(Finnie, 1975). 그러나 대부분의 중도지체장애 아동은 그와 같은 단계까지 발달이 진행되지 않는 경우가 많고, 또한 청소년기 이상의 연령이 되면 심한 기형과 경직된 자세로 인해 자세 지도가 어렵다. 따라서 이런 경우에는 주로 신체역학에 기초하여 장애 학생을 효과적으로 이동하는 방법으로 다루기 개념이 수정될 수도 있으며, 따라서 자세 지도의 목표도 장애인과 그를 돕는 일반인 모두에게 부상이 일어나지 않도록 하는 것으로 변화된다고 주장하기도 한다(Bigge, 1991; Fraser, Hensinger, & Phelps, 1990). 중도장애 학생의 경우 폐나 기도의 점액을 제거하기 위한 자세를 이용한 배액법(postural drainage), 관절 가동 범위(Range of Motion: ROM)를 넓히기 위한 운동 등도 다루기에 포함된다.

Finnie(1975)와 Orelove와 Sobsey(1996)의 자료를 중심으로 지체장애 학생에게 적용되는 신경발달적 접근(neurodevelopmental approach)에 기초한 전략의 기본적인 원리들에 관하여 살펴보고자 한다. 자세 지도는 학생의 장애 상태에 따라 전문적인 치료사의 자문이 요구되지만, 교실 혹은 기타 학습 상황에서 장애 학생을 다루거나 이동시킬 때 교사가 주지해야 할 기본적인 자세 지도의 원리는 다음과 같다(박은혜, 1996).

(1) 최소지원 및 용암의 원리

다루기를 통해 교사가 제공하는 신체적 보조는 필요 이상으로 제공하지 않도록 한다. 신체 관리나 자세 지도를 위해 전적인 보조를 해 주게 되면, 스스로 할 수 있는 일이 있음에도 스스로 하고자 하는 시도가 줄게 된다. 결과적으로는 수동적인 생활태도를 갖게 되고, 이차적인 근육의 장애를 초래하게 된다. 가능하면 학생 스스로 바람직한 자세 및 동작을 실행할 수 있도록 보조를 점차 줄여 나가는 것이 바람직하다.

(2) 비정상적 자세 패턴 소거

앞서 설명한 여러 가지 비정상적인 반사 및 굳어진 자세 패턴에 대해 반대되는 자세를 취해 줌으로써 비정상적인 패턴에서 벗어나는 경험을 주도록 한다. 즉, 스스로의 힘으로는 비정상적인 자세와 운동 패턴에서 벗어날 수 없으므로 다루기를 통해 정상적 자세를 경험하고 발달시킨다.

(3) 운동조절점 사용

운동조절점(key points of control)은 지체장애 학생을 다룰 때 매우 중요한 개념이다. 부적절한 반사나 운동 패턴이 목, 어깨, 척추, 골반 등의 조절 기준점을 중심으로 시작되므로 이 부분을 정상적인 위치로 잡아 줌으로써 비정상적 근 긴장이나 자세를 교정하는 효과를 극대화할 수 있다. 또한 신체 근위부에 해당하는 이러한 조절점 다루기를 통하여 안정성을 유지하도록 할 때 팔, 다리 등 원위부의 소근육운동 능력이 향상된다.

(4) 균형을 유지하는 자율운동 촉진

지체장애 학생은 비정상적인 운동 발달로 인해 정상운동 발달과 신체 기능에 필수적인 정위반사, 평형반사, 보호반사 등의 자율운동이 발달하지 못하는 경우가 많으므로 이런 자율운동을 촉진하는 것도 치료적 다루기의 중요한 부분이다. 교사는 다양한 학습활동과 자세를 제공함으로써 학생이 이러한 반응을 유발하고 연습할 수 있는 기회를 많이 가질 수 있도록 해야 한다.

(5) 움직임에 대한 최대한의 기회 제공

생활 상황에서 학생에게 필요한 운동 기술은 하나 혹은 그 이상이다. 가능한 한 하루 일과 중에 다양하게 사용할 수 있는 운동 기술을 경험할 수 있도록 고려하는 것이 중요하다. 일상생활을 통해 다양한 운동 기술을 경험하는 것은 학생의 연령이 낮을수록 더욱 중요하며, 지체장애 학생에게는 특히 중요하다. 장애 학생에게 근 긴장도 문제와 관절 가동 범위의 제한성, 정형외과적 장애 등의 이차적인 문제는 매우 위험한 요소이다. 관절 가동 범위의 유지를 위해 하루 일과에서 꾸준한 운동을 하게 하고, 학생의 연령이 낮을수록 다양한 일과 중에 기술을 사용하도록 계획한다.

(6) 자세 바꾸어 주기

한 자세를 오랜 시간 유지한다면 압력으로 인해 고통을 느낀다. 특히 중도지체장애의 경우 자세 변경을 요구하는 의사표현을 할 수 없으므로 자세를 바꾸어 주는 일은 매우 중요하다. 자세 변경이 어려운 경우에는 서 있기, 옆으로 눕기, 엎드린 자세, 누운 자세 등 대안적 자세를 제공하여 한 자세에서의 지루함을 피하고, 건강을 촉진하며, 쾌적함을 느낄 수 있도록 자주 바꾸어 준다.

뇌성마비 학생의 자세와 움직임의 지도는 부족한 요소를 찾아내어 필요한 움직임을 만들어 주고 반복해 주는 것이 중요하다. 학교나 가정, 일상생활에서 여러 기기를 사용하여 자세와 움직임을 바꿔 주고 개선해 주며, 놀이, 잠자기, 목욕시키기 등 모든 일상생활의 동작을 통해 주위 사물과 환경, 자기 몸에 대한 인지, 움직임을 통한 안정성을 반복적으로 갖도록 해 주는 것이 중요하다.

5) 자세의 평가

자세는 학생의 일반적인 건강 상태나 신체의 생김새, 성별 및 연령, 힘과 지구력, 환경, 학생의 습관과 사회문화적 관습에 따라 다르다. 올바른 자세를 유지하거나 바르게 앉게 하기 위해서는 적절한 보조기기를 적용해야 한다. 보조기기를 적용하기 위해서는 의사(재활의학, 정형외과, 신경외과, 소아과), 물리치료사 및 작업치료사, 보조공학사/재활엔지니어, 생체공학사, 의지보조기 기사, 피부조직 전문 간호사/영양사, 부모, 사용자로 구성된 평가팀에 의한 개별적인 평가가 필요하다.

자세 평가를 처음 실시하는 경우에는 학생의 과거력을 살펴본다. 과거력에는 인구학적 자료(연령, 성별, 민족, 인종, 언어, 교육 정도 등), 사회적 자료(보호자 및 가족, 문화적 배경, 사회적 상호작용 등), 직업과 취미, 성장과 발달(우세한 손 등), 생활환경, 일반적인 건강 상태와 생활습관, 의료 기록(이전 및 현재에 경험한 질환, 수술 등), 현재 상태, 가족력, 기능적 수준, 활동 수준 등 다른 임상적 검사에 대한 자료를 수집한다. 과거력에 대한 자료는 학생이 가지고 있을 기능적 제한(functional limitation)과 손상(impairment)을 예측하는 데 필요한 자료를 제공해 준다(한국장애인개발원, 2009).

평가 결과에 따라 앉기 및 자세 보조기기를 적용할 때에는 학생의 연령에 따라 고려해야 할 요소들이 다르다. 즉, 어린 학생일 경우 성장에 따라 조절이 가능한 자세 보조기기의 구성요소를 선택해야 하며, 평균적으로 학생의 자세보조기기는 성장하는 속도에 따라 2~3년 주기로 필요한 장치를 제공해 주어야 한다. 또한 체지방 분포, 사지의 길이, 신체의 중력 중심 등은 남녀가 다르기 때문에 성별에 따라서도 달

표 11-2 보조기기 사용을 위한 의학적 점검 요소

구분		의학적 점검 요소
신체 및 신경계		• 일반적인 건강 상태 • 원시반사, 감각, 근 긴장도 검사(과긴장, 저긴장) • 협응운동 평가
심혈관계 및 호흡계		• 사용자의 앉기 자세나 특정 자세 유지에 영향을 줄 수 있는 심혈관계 문제 유무 • 호흡에 도움을 주는 자세와 방해하는 자세 등 호흡 문제의 평가
감각 계통	시력검사	• 앉기 자세, 균형, 움직임에 영향을 미치는 시각적 제한 정도의 파악
	청력검사	• 앉기 자세, 균형, 움직임에 영향을 미치는 청각적 제한 정도의 파악
	피부계	• 압력에 의해 30분 이상 피부가 붉어지는 부위의 유무와 욕창이 발생할 수 있는 부위의 관찰, 상처, 멍, 피부 자국 등 피부 상태 평가
소화기계 및 비뇨생식기계		• 잘못된 자세로 인한 위와 장기의 통증, 소화불량 및 설사, 메스꺼움이나 구토, 삼키기 기능, 방광 기능 문제의 평가 • 앉기 자세로 인한 식사, 소화 또는 영양적인 문제의 평가
근골격계		• 앉기 자세에서의 신체의 대칭성, 관절 및 뼈의 변형 등의 관찰 • 정상적인 관절 가동 범위(ROM)에서의 이탈도 파악

리 고려해야 한다. 학생에 따라서는 사용하는 목적에 따라 선 자세 및 앉은 자세, 누운 자세 등 다양한 체위에서 신장을 측정하여야 하고, 체중에 따라 사용자에게 맞는 적절한 보조기기 재질이 선택되어야 한다.

그 밖에 학생의 장애 상태에 대한 정보를 수집할 때는 보조기기 사용에 영향을 줄 수 있는 의학적인 병력을 고려해야 한다. 구체적으로 고려해야 할 요소는 〈표 11-2〉와 같다.

6) 자세 및 앉기 지도 전략

가장 기본적인 자세의 지도는 신체의 정중선을 중심으로 신체 각 부위가 좌우로 정렬이 되도록 유지하며 적절한 근 긴장도를 유지할 수 있도록 안정감 있는 자세를 지지해 주는 것이다. 지체장애 학생의 움직임을 지도할 때에는 보다 정상적인 근 긴장도를 가지도록 하고 정상적인 직립자세를 촉진하는 것이 좋다. 또한 일반적인 운동 패턴을 촉진하여 스스로 균형을 유지하는 자율적 운동으로 유도한다.

비전형적인 자세 조절과 움직임 패턴을 보이는 지체장애 학생은 연령에 적절한 수준의 먹기, 옷 입기, 씻기, 용변 보기와 같은 기능적인 과제를 독립적으로 수행하는 데 필요한 적합한 자세를 갖추지 못하고, 학령기에 이르면 쓰기와 같은 교실 내에서 필요한 기능적인 과제 수행에 어려움을 보일 수 있다. 교사는 물리치료사의 도움을 받아 기능적인 독립성을 증가시킬 수 있는 움직임과 활동을 연습시키고 적합한 자세를 취하게 하고 도구나 장비를 통해 자세 잡기와 앉기를 지도한다. 등받이가 있는 의자, 벽 혹은 긴 의자에 지지하여 앉고, 벨크로 잠금장치가 부착된 의자에 앉히는 것으로 자세 잡기 및 앉기를 촉진한다.

자세 잡기를 지도할 때에 교사는 물리치료사나 작업치료사와 협력하고 지원인력에게 자세 지도에 대한 정보를 제공해 주며 학교 일과 중 지속적으로 지도할 수 있어야 한다. 이렇듯 자세잡기를 강조하는 이유는 지체장애 학생이 장시간 앉아 있음으로 인해 골반 및 무릎 관절 구축이 더 심해지고 형태 이상이 생기기 쉬우며 관절의 움직임 유지를 위해서는 관절의 스트레칭이 중요하고, 간헐적으로 하는 운동보다 자세 잡기가 구축 방지에 좀 더 효과적이기 때문이다(Ryndak & Alper, 2003). 〈표 11-3〉은 바른 자세 지도 시 고려해야 하는 앉은 자세 체크리스트이다.

표 11-3 **앉은 자세 체크리스트**

골반과 엉덩이

_____ 엉덩이가 90도로 구부러짐

_____ 골반이 앞쪽으로 완만하게 기울어짐

_____ 골반이 좌석 등받이 중심부에 위치함

_____ 골반이 한쪽으로 회전되지 않음

대퇴부와 다리

_____ 양쪽 대퇴부의 길이가 같게 됨

_____ 대퇴부가 완만하게 외전(abduct)됨

_____ 무릎이 90도로 구부러짐

발과 발목

_____ 무릎에 직각이 되거나 완만하게 앞에 위치

_____ 발목이 90도로 구부러짐

_____ 발판에 발을 지지함

_____ 발꿈치와 발의 앞쪽 둥근 부분(ball)에 체중이 실림

_____ 발가락이 앞쪽을 향하도록 함

몸통

_____ 한쪽으로 돌아가지 않고 좌우대칭이 됨

_____ 등 아래쪽이 완만하게 구부러짐

어깨, 팔, 손

_____ 어깨가 자연스럽게 구부러져 있음(활처럼 굽어 있거나 처진 것이 아님)

_____ 상박이 완만하게 앞쪽으로 구부러져 있음

_____ 팔꿈치가 정중범위(midrange)에서 구부러져 있음(약 90도)

_____ 전박이 트레이 위에 올려져 있어서 팔을 지지하고 어깨가 바르게 유지됨

_____ 전박이 자연스럽고 완만하게 아래쪽으로 회전되어 있음

_____ 손목이 자연스럽게 완만하게 신전됨

_____ 손이 이완되어 있고 손가락과 엄지가 펴진 채 있음

머리와 목

_____ 정중선에 위치함

_____ 턱을 자연스럽게(목 뒤를 곧게 펴고) 둠

출처: Orelove, F. P., Sobsey, D., & Silberman, R. K. (2004). *Educating children with multiple disabilities: A collaborative approach* (4th ed.), p. 274.

표 11-4 바른 앉기 자세 지도 사례 1

세희는 또래에 비해 키가 작아 변기에 앉았을 때 두 발이 바닥에 닿지 않아 용변을 볼 때면 균형을 잡지 못하고 항상 앞으로 자세가 기울어져 있고 두 팔에만 힘을 주어 용변을 보았다. 그래서 세희의 다리 길이를 고려하여 바닥에 발판을 깔아 주고 변기에 앉기를 지도했을 때 균형 잡힌 앉기 자세로 용변을 볼 수 있게 되었다.

바른 앉기 자세는 골반과 고관절 위치, 하지의 지지, 어깨 및 상체의 지지 등 신체 각 부위와 연결 부위를 안정적이고 편안하게 지지해 주는 자세를 말한다([그림 11-1] [그림 11-2] 참조). 최적의 안정된 자세 및 앉기를 위한 구체적인 지도 방법을 제시하면 다음과 같다.

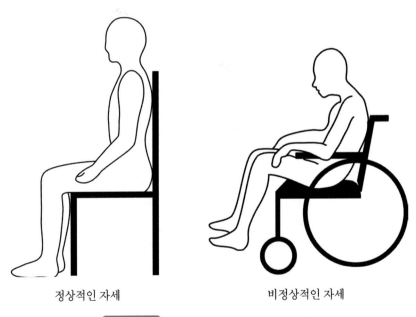

정상적인 자세   비정상적인 자세

그림 11-1 정상적인 자세와 비정상적인 자세

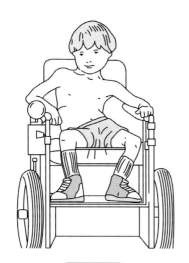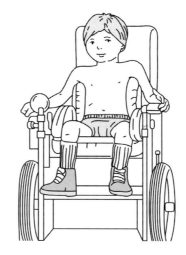

그림 11-2 　휠체어에서의 부적절한 자세와 좋은 자세

출처: Best, S. J., Heller, K. W., & Bigge, J. L. (2010). *Teaching individuals with physical or multiple disabilities* (6th ed.).

(1) 골반과 고관절 지지

자세 잡기와 안정성을 가르칠 때 골반의 위치는 좋은 자세 잡기의 기본으로, 골반은 머리와 몸을 제어하기 위한 기초적인 역할을 한다. 골반은 중립의 위치에 있어야 하며, 앞으로 휘거나, 좌우로 흔들리거나, 몸이 앞으로 기울지 않아야 한다. 바른 자세는 골반이 등과 수평이거나 앉아 있을 때 수직일 때이다. 골반이 바르게 위치되었을 때 몸과 머리의 조절이 용이하다. 골반은 의자 벨트로 지지해 줄 수 있고, 기형을 막기 위해 45도 각도로 제공하는 것이 좋다. 의자 등받이 사이에 틈이 있다면 등 아래 부분이 충분히 지지받지 못하고 등이 굽어 나쁜 앉기 자세가 되고 결과적으로 앞이나 옆으로 기울어지는 경우가 발생한다. 골반, 엉덩이, 허벅지는 다른 신체 부위를 지지하는 기반이 되고 골반 자세는 머리와 목, 몸통의 정렬에 영향을 미친다. 앉을 때 체중이 좌우 엉덩이에 골고루 분산되고 골반은 앞쪽으로 완만히 기울게 하고, 필요할 경우 좌석벨트를 사용하여 안정성을 확보한다. 좀 더 편안한 자세를 위해서는 팔걸이나 책상 등을 제공한다. 이때 책상은 휠체어를 이용하는 학생이 사용할 수 있는 높이가 되어야 한다(박은혜, 1996).

(2) 하지의 지지

학생의 다리가 바르게 정렬되고 교실 바닥이나 휠체어 발판에 바르게 지지될 수 있도록 해 준다. 의자에 앉았을 때 무릎과 의자 밑판의 앞부분과의 거리가 손가락 1~2개 정도일 때가 가장 적절한 의자의 깊이이다. 너무 깊으면 고관절(hip joint)의 정상 각도를 유지하지 못하고, 골반의 후방경사(posterior tilt)가 일어나며, 슬관절 (knee joint)도 과다신전된다. 너무 얕은 의자는 학생이 의자에서 밀려나는 느낌을 갖게 하므로 학생에게 적절한 의자를 선택한다. 만약 양쪽 다리 길이에 차이가 있는 경우라면 이를 고려하여 의자 밑판과 발판의 길이를 다르게 만든 특수의자를 제작 해야 한다. 또한 체중이 엉덩이에 고르게 지지되어야 하므로 비대칭적 엉덩이를 가 진 경우에는 이를 고려한 특수 밑판을 제작하여 체중으로 인한 압력이 고르게 지지 되도록 한다.

　다리를 모으지 못하고 발판 밑으로 떨어뜨리거나, 다리를 바짝 붙이거나, 벌리 지 못하는 등 다리를 적절히 정렬하지 못하는 경우에는 다리를 벌려 주는 외전대 (abductor; [그림 11-3] 참조), 또는 다리를 모아 주는 내전대(adductor; [그림 11-4] 참 조) 등으로 다리가 정렬되도록 한다(Best, Heller, & Bigge, 2010). 발을 잘 고정시키는 것도 중요하다. 다리는 다리 분리대(leg seperator)와 발을 고정할 수 있는 벨크로 등 의 고정 끈을 이용하여 발바닥 전면이 바닥에 닿도록 하는 것이 안정감을 유지하는 데 좋다. 이때 슬관절이 약 90도를 유지할 수 있도록 발판의 높이를 조절한다. 나무 상자나 두꺼운 책, 상자 등을 이용하여 발판을 제공하거나 의자의 높이를 수정해 준 다. 발의 위치가 적절히 정렬되어 고정되어 있지 않아서 과다한 불수의운동을 보이 거나 발에 적절한 체중 지지를 할 수 없으면 기능적 활동에 필요한 몸통의 지지와 상지의 운동 능력에 장애를 초래한다(박은혜, 1996).

그림 11-3 외전대(다리 분리대)

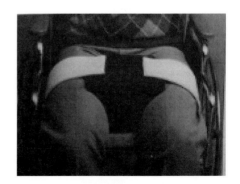

그림 11-4 내전대

출처: Best, S. J., Heller, K. W., & Bigge, J. L. (2010). *Teaching individuals with physical or multiple disabilities* (6th ed.), p. 197.

표 11-5	바른 앉기 자세 지도 사례 2

민희는 경직형 뇌성마비로 다리의 경직성 때문에 두 다리가 가위 모양으로 교차되어 있어 의자에 앉아 있으면 의자 아래로 미끄러져 내려갔다. 그래서 벨트로 허리를 의자에 고정시키고, 의자 아랫부분 가운데에 봉을 박아서 두 다리를 벌리게 하고 미끄러져 내려가는 것을 조정해 주었다.

(3) 어깨 및 상체의 지지

상체를 지지하는 어깨 벨트나 가슴 벨트를 이용하여 가슴에 압력을 제공하여 안정감을 준다. 몸통의 안정성이 결여될 경우에는 크게 나누어 좌우 옆쪽으로 몸통이 기울어지는 측방굴곡(lateral flexion)과 앞쪽으로 수그러지는 전방굴곡(forward flexion)의 문제가 유발된다. 몸통이 안정되어야 상지와 머리의 조절이 용이하므로 몸통을 적절히 고정하여 안정성을 확보하는 일은 매우 중요하다. 몸통 조절력이 낮은 학생은 완만하거나 중간 정도로 기대어 앉는 자세를 취하도록 하며, 앞쪽으로 숙이는 경향이 있을 때 어깨끈을 착용하도록 하여 몸통 상부의 정렬을 촉진하고 유지할 수 있다. 측방굴곡의 경우에는 몸통의 좌우에 지지대를 설치하는데, 이때 지나치게 특정 부위에 체중이 쏠려서 통증이나 피부의 손상을 초래하지 않도록 주의한다. 또한 측방굴곡이 근육 자체의 잡아당김에서 비롯된 것이 아니라 앉은 자세에서의 중력의 힘에 의한 것이라면, 의자의 등판을 약간 뒤로 젖혀 주면 효과가 있다. 전방굴곡의 경우에 가장 흔히 사용되는 방법은 가슴 혹은 어깨에 벨트를 두르는 방법(chest strap, shoulder strap)이다. 나비형, H형, V형 등의 여러 유형이 있으며, 벨트가 아동의 목을 스쳐서 자극하지 않도록 띠의 끝부분을 어깨보다 아래쪽에 고정시키는 것이 좋다. 벨트를 복부 쪽으로 착용하면 내부 장기를 압박하고 호흡을 방해할 수 있으므로 주의한다. 이러한 벨트의 사용 외에도 휠체어에 부착하여 사용할 수 있는 책상으로 몸통을 지지하게 한다. 이때 휠체어 책상의 안쪽을 둥글게 하여 몸통의 안정성을 유지시킬 수 있다. 상지를 안정적으로 움직일 수 있도록 책상의 높이를 적절하게 조정하는 것도 필요하며, 작업대 높이는 팔과 손을 효율적으로 사용하는 데 중요하므로 전박을 탁자에 대고 상박과 몸통 사이가 30도 정도 되도록 몸을 앞으로 기울여 앉을 수 있도록 한다.

(4) 머리 조절

머리 조절(head control)은 신체 모든 부분의 움직임과 관련하여 중요하며, 정상 감각 기능(시각 및 전정 감각)을 유지할 수 있으며, 호흡과 섭식에 유리하고, 항중력 (antigravity)과 눈−손 협응력(eye-hand coordination)의 발달에 영향을 준다.

머리를 똑바로 세우고 턱을 약간 밑으로 잡아당기는 듯한 자세가 가장 바람직 하며, 이러한 자세를 유지하도록 돕기 위해 다양한 머리지지대가 사용된다(Fraser, Hensinger, & Phelps, 1990; Orelove & Sobsey, 1991). 어느 정도 머리 조절 능력이 있는 경우에는 단순히 의자의 등판을 머리 뒤까지 오도록 연장시키는 것만으로도 도움 이 된다. 원활한 머리 조절을 위해 머리 뒤쪽에 작은 웨지나 패드를 대어 줄 수도 있 다. 그러나 조절 능력이 낮은 경우에는 그러한 보조대는 목근육 굴곡을 초래하므로 바람직하지 않고 머리의 밑부분을 감싸듯 받쳐 주는 보조대가 바람직하다.

(5) 상지의 지지

어깨와 팔꿈치가 적절한 각도를 이루고 편안한 자세로 의자의 팔걸이에 손을 놓 는 자세가 바람직하다. 어깨관절은 약간 굴곡(이 경우에는 앞으로 약간 모아짐을 의미) 되는 것이 좋으며, 주관절은 40~100도 정도로 굴곡되고, 손은 손바닥이 완전히 위 (supination)나 아래(pronation)를 향하도록 하지 않고, 손의 옆면을 바닥에 닿도록 하는 자세가 좋다.

여러 가지 자세 잡기 방법을 사용하여도 앉기 자세를 취하기 어렵거나 장시간 이 를 유지하기가 어려운 학생은 다양한 대안적 자세를 취해 주어야 한다. 이렇게 대 안적 자세가 필요한 경우는 대개 스스로 자신의 자세를 바꿀 능력이 없는 학생이므 로 혈액순환 및 관절, 근육의 무리 등을 고려하여 자주 자세를 바꾸어 주어야 한다 (Campbell, 1987). 이때 학생의 활동 내용, 사회적 환경 등을 고려하여 학생의 교육 적 · 사회적 활동에 적합한 자세를 취해 줄 수 있도록 배려해야 한다. 즉, 어떤 대안 적인 자세를 취함으로써 참여 중이던 활동을 더 이상 할 수 없거나 또래친구들과의 사회적 상호작용이 감소되어야 한다면 이는 바람직하지 않다. 보조도구의 사용으 로 신체적으로 고립되거나 부정적인 낙인이 찍히지 않고 사회적 상호작용을 저해 하지 않는 자세를 선택해야 한다.

그 밖에 구체적인 자세의 지도는 〈표 11-6〉과 같다.

표 11-6 자세의 지도

앉기 자세	등을 곧게 펴고 엉덩이를 의자 깊숙히 앉게 하고 양쪽 어깨 높이가 같아지도록 한다. 장애 정도에 따라 허리 벨트, 가슴 벨트, 목 받침대 등을 사용한다. 엉덩이와 무릎과 발목이 90도 자세가 되도록 한다.
옆으로 눕기 자세	머리가 중심에 위치하는지 확인한 다음 팔과 다리에 적절한 쿠션을 넣어 주어 전신이 이완되도록 한다. 장애가 심할 경우 등받이를 대 주고 가슴 벨트로 안정성을 높여 준다.
엎드린 자세	신체의 정중선을 중심으로 양다리가 겹치지 않게 하며 체중이 좌우에 고루 분산될 수 있도록 자세를 잡아 준다.
누운 자세	쿠션을 사용하여 좌우 균형을 맞춰 준다.
서기 자세	엉덩이, 무릎 등이 쭉 펴지게 세우고 팔을 자유롭게 사용할 수 있도록 책상 높이를 조절해 준다. 몸을 지지해 주는 벨트를 사용하여 양 하지에 골고루 체중이 분산되도록 한다.

7) 뇌성마비 유형별 자세 지도 전략

대부분의 뇌성마비 학생은 앉은 자세에서 수업을 받고 있다. 일반 학생의 경우 앉아 있을 때도 다양한 자세를 취하고 많은 움직임을 나타내는 반면, 뇌성마비 학생의 경우는 한 자세에서 최소 30분 정도 고정된 자세를 유지하게 된다. 이러한 고정된 자세는 자세를 비대칭적으로 만들며 긴장도를 증가시킨다. 따라서 학교의 의자

표 11-7 독립적으로 앉을 수 없는 학생에 대한 교실에서의 유용한 앉기 지도 전략

- 안전함과 적절한 감각수용의 느낌을 확신시킬 수 있도록 자세를 조정해 줌
- 어깨 안쪽에 수건을 말아서 대 주거나 골반을 고정할 수 있는 안전띠를 제공함
- 몸통의 힘이 약한 경우 근육의 힘을 길러 줄 수 있도록 몸통을 고정할 수 있는 의자를 제공하고 의자는 뒤로 경사지게 함
- 자세 안정성을 높이기 위해 다리를 벌려서 앉게 함
- 양반다리 자세로 바닥에 앉아 활동하게 함
- 콩 주머니, 모래로 채워진 공과 같은 무게가 있는 장난감을 제공하여 움직임에 대한 저항을 제공하고 손의 힘, 몸의 감각, 잡기 패턴을 증진시킴
- 젖은 수건 짜기, 점토나 반죽과 같은 물질 잡기를 통해 손과 손목의 힘을 촉진하고 소근육 기술을 발달시킴

나 휠체어는 학생에게 안정성을 주고, 글을 쓰거나, 그림을 그리거나, 옷을 입고 벗고, 칠판을 보는 등 학습활동 중에 나타나는 긴장도를 줄여 줄 수 있어야 한다. 교실에서 고려해야 할 앉기 지도 전략은 〈표 11-7〉과 같다.

몸통의 안정성에 문제가 있는 학생에게는 안정성을 줄 수 있는 의자를 제공한다. 굴곡 패턴이 강한 경직형 사지마비 학생에게는 수업활동 중에 서기 보조기기를 이용하여 서서 수업에 참여할 수 있도록 해 준다. 편마비 학생의 경우 마비가 심한 쪽을 전혀 쓰거나 보려고도 하지 않는 점을 감안하여 수업 중 칠판이나 교사의 위치를 고려하여 양손을 모두 사용할 수 있는 기회를 준다.

뇌성마비의 운동 유형에 따라 약간씩 차이가 있긴 하지만 원칙적으로 학생이 사용하지 않으려고 하는 부위의 동작을 촉진하는 것이 바람직하다. 뇌성마비 유형별 자세 지도 전략을 살펴보면 다음과 같다.

(1) 경직형 뇌성마비

뇌성마비는 운동장애 유형에 따른 자세 지도가 필요하다. 경직형은 일반적으로 높은 근육 긴장과 제한된 움직임의 범위가 문제점으로 지적된다. 경직형 뇌성마비 학생은 외부자극에 대해 과민한 반응을 나타내어 근육의 긴장도가 과도하게 높아지는 경향을 나타낸다. 그러므로 투입되는 감각자극(sensory input)을 조정하여 외부자극에 대해 과도하게 흥분한 신경체계를 진정시키고, 추락의 두려움을 줄이며, 운동 관련 기능에 참여할 수 있도록 지도한다(한동기, 2004).

경직형 편마비 학생들은 마비가 온 부위를 움직이거나 사용하려고 하지 않는다. 그러므로 두 손을 시각 영역으로 가져와서 마비된 손을 이용하여 물건을 집거나 조작하는 데 '조력자'로서 사용하도록 지도한다. 또한 오른쪽 편마비 학생의 경우에는 책 또는 필통을 오른쪽에 두어 오른쪽을 조금이라도 사용하도록 유도하며 책을 펼 때 두 손으로 책을 잡도록 하고, 오른쪽으로 고개를 돌려서 칠판을 볼 수 있도록 자리배치를 해 주는 것이 좋다. 그림을 그리거나 필기를 할 때 책상 위에서 종이를 고정시키는 데 마비된 팔과 손을 사용하도록 지도한다. 신체의 정중선을 중심으로 균형을 잃지 않고 움직일 수 있도록 연습시킨다(한동기, 2004).

(2) 불수의운동형 뇌성마비

불수의운동형 뇌성마비 학생은 무의식적이고 조직화되지 않은 움직임의 특성을 나타낸다. 이들의 운동 지도는 효과적인 중간범위 운동의 반복을 통해 중간범위에서 움직임을 조직하는 것을 학습하도록 한다. 자신의 감각운동 회로를 스스로 조절할 수 있도록 옳고 그른 것으로 활동의 요소를 세분화한 뒤 수행을 비교하여 움직임의 정확성에 관한 분명하고 명확한 피드백을 제공한다.

불수의운동형 학생은 청소년 시기에 전동 휠체어, 컴퓨터 그리고 다른 환경적 제어를 작동하기 위해 스위치를 사용하는 등 최적의 독립 기능을 유지할 수 있도록 가능한 한 어린 시기에 이동 시스템을 제공한다. 단, 전동 휠체어에 장시간 앉아 있으면 하지기형의 위험이 있으므로 서기 보조기기를 이용하여 대안적 자세를 취하여 이차 변형과 구축을 방지한다.

(3) 운동실조형 뇌성마비

운동실조형 뇌성마비 학생은 균형과 평형의 장애가 가장 큰 문제점으로 나타난다. 이들에게는 더 정확한 운동에 반응하기 위해 신체와 관절 부위에 강화된 감각입력을 제공하는 것이 필요하다. 예를 들면, 무게감이 있는 조끼 착용은 때때로 증대된 고유수용감각의 입력을 성취하는 데 도움을 줄 수 있다. 운동실조형 학생들은 공간 속에서 움직이거나 운동을 계획하기가 어렵다. 그러므로 교사는 정확한 운동을 계획하고 실행할 수 있도록 물리적 교실환경을 구성한다. 방해받지 않고 보행할 수 있도록 최대한의 공간을 확보해 주거나 교실 내에서의 이동을 위해 공간을 확보해 주고, 교육 활동에 접근이 용이한 좌석배치를 고려한다.

(4) 혼합형 뇌성마비

혼합형 뇌성마비 학생은 과긴장과 저긴장 상태가 혼합되어 나타나며, 때로는 경직형 혹은 불수의운동형을 수반하기도 한다. 혼합형 학생은 운동 산출을 증진시키기 위해 변하는 감각 입력의 원칙을 독특하고 다양하게 응용할 필요가 있다. 혼합형 학생은 근육의 피로를 줄이고, 부적절한 근육 긴장을 완화시키기 위해 자세를 자주 바꿔 줘야 한다. 직립 자세는 호흡과 무게 감당을 강화시킬 수 있으며, 자세 유지용 보조기기를 이용하여 앉기와 서기 등을 지도한다.

지체장애 학생의 자세 및 앉기 지도에서 무엇보다 중요한 것은 학생이 편안함을 느끼고, 건강을 유지하도록 지도해야 한다는 것이다. 스스로 앉기 자세를 취하기 어렵거나 오랜 시간 자세를 유지하기 어려운 학생의 경우는 원활한 혈액순환을 유도하고 관절과 근육에 무리가 오지 않도록 자세를 자주 바꿔 주는 것이 필요하다.

상체를 사용할 수 있는 학생의 경우 30분마다 앉은 자리에서 엉덩이를 드는 운동(push-up)을 하면 피부 손상을 예방하고 뼈에 오는 압박을 줄일 수 있다. 계속 앉은 자세를 취하는 것은 관절 구축을 일으킬 수 있으므로 엉덩이와 무릎을 반듯하게 펴도록 하는 것도 필요하다. 척추만곡으로 진행 위험이 있는 경우에는 오래 앉아 있는 것을 금하고 보다 이완되고 대칭적으로 몸통 자세를 취하게 할 필요가 있다. 자세를 바꾸어 주는 것은 학기 초에 학급 시간표와 일상적 교수 일정을 고려한 계획을 세워 실행에 옮기는 것이 무엇보다 중요하다.

2. 보행 및 이동

사회에서의 독립적 기능의 신장은 특수교육의 궁극적인 목표이다. 지체장애 학생이 자신의 삶에서 좀 더 독립적인 생활을 영위할 수 있도록 하기 위해서는 이동성(mobility)을 확립하는 것이 중요하다. 이동성은 지체장애 학생을 위해 먼저 제공해야 하는 서비스이며, 모든 프로그램에서의 주요 목표가 된다.

움직임이란 신체활동을 통한 운동 기능을 발달시키는 것 외에 인지, 지각, 의사소통, 사회화 발달을 강화하는 활동이다. 학생들이 스스로 움직인다는 것은 사회적·물리적 세계를 탐색하고, 상호작용할 수 있는 기회를 가지게 되며, 나아가 지역사회에서의 통합을 촉진하는 것이다. 이동이 가능한 학생들은 주어진 환경에서 더 많은 경험과 기회를 제공받으며 높은 독립성과 자신감을 갖게 되므로 이동성은 가능한 한 조기에 중재되어야 한다(Best, Heller, & Bigge, 2010).

이동을 지도할 때에는 보다 정상적인 근 긴장도를 가지도록 유도하고 정상적인 직립자세를 촉진하는 것이 좋다. 또한 일반적인 운동 패턴을 촉진하여 스스로 균형을 유지하는 자율적 운동으로 유도한다. 그러므로 교육 상황에서 정상적인 운동 양식과 구르기, 앉기, 서기, 걷기와 같은 순서적 행동을 촉진할 수 있는 다양한 활동이 제공되어야 한다.

지체장애 학생의 이동 훈련은 사회적 자립을 최종 목표로 하여 현재 상태에서 스스로 할 수 있는 능력을 확대해 나가는 데 중점을 둔다. 그러므로 현재의 수행 능력을 고려한 개별 접근이 이루어져야 한다. 장애 학생을 위한 이동 훈련은 기능적인 조건과 더불어 정신적인 요소도 고려해야 하며, 이를 위해서는 생활의 전 영역에 걸쳐 통합적인 접근이 요구된다.

　지체장애 학생의 운동 기능을 향상시키기 위한 이동 훈련은 대근육운동과 보행 능력 발달에 중점을 두는 물리치료와 식사하기, 일상생활 훈련 등 상지 기능을 중점적으로 훈련하는 작업치료 등 관련 서비스와 통합하여 제공한다. 이러한 치료는 조기에 전문가에 의한 중재가 가장 효과적이며, 치료기관에서뿐만 아니라 생활 속에서 꾸준히 지도하는 것이 바람직하다.

　이동에 대한 지도는 체육관이나 운동실이라는 분리된 환경보다는 교실 환경, 복도 및 운동장 등 실제 생활환경 내에서 지도하는 것이 훨씬 더 효과적이다(표윤희, 2010). 자연적인 환경에서 이동 능력을 지도함으로써 신체활동 지도의 효과를 높일 수 있고 좀 더 구체적이고 현장 적용이 가능한 운동 프로그램을 개발하는 데 도움을 준다. 특히 생활환경 속에서 선호하는 활동을 중심으로 이동 능력을 지도할 경우 참여도와 동기가 높기 때문에 효과를 극대화할 수 있다(김정연, 2006a).

　이를 위해 지체장애 학생의 이동성 지도는 관련 서비스 전문가와의 협력에 의해서 이루어져야 한다. 교사나 부모는 학령기 장애 학생들이 가정생활과 학교생활 중에 치료 효과가 유지되면서 근 긴장도를 줄이고 안정성을 유지할 수 있는 이동 훈련 방법에 대해 알고 지도할 수 있어야 한다(Best, Heller, & Bigge, 2010).

3. 자세 및 앉기와 보행 및 이동을 위한 보조기기

1) 자세와 앉기 보조기기

(1) 보조기기의 적용

　적절한 자세를 유지하기 위한 보조기기는 대부분의 지체장애 학생에게 필수적인 중재이다. 적절한 자세 지도는 중력의 영향에 대항하여 자세를 유지하려는 기능을 향상시키며, 자세 유지용 보조기기를 사용하면 좀 더 쉽게 신체의 정렬을 유지할 수 있다.

지체장애 학생에게 보조기기를 적용하기 위해서는 몇 가지 유의사항이 있다.

첫째, 지나치게 보조기기를 의지해서는 안 되며, 기능을 최대한 발휘할 수 있는 한도 내에서 중재를 최소화하는 전략이 필요하다. 즉, 잔존 움직임을 촉진하고, 최대한 편안함을 유지할 수 있으며, 피로를 줄이고, 동작에 필요한 에너지가 최소화될 수 있도록 보완하는 보조기기를 제공한다(Johnston, Beard, & Carpenter, 2007). 신체 부위에 대한 지지가 과도하게 적용되면 오히려 일상생활에서의 기능적인 동작을 저해할 수 있다. 가능한 한 하루 동안에 최대한 여러 자세를 취할 수 있도록 해 주는 고려가 필요하다(Johnston, Beard, & Carpenter, 2007).

둘째, 신체 기능에 적합한 보조기기를 선정한다. 잘 맞지 않는 부적절한 도구의 사용은 정형외과적인 기형이나 근육 길이의 변화 등과 같은 이차장애를 유발할 수 있다. 예를 들어, 도구가 너무 크거나 너무 작을 때 신체는 정렬을 벗어나게 된다. 신체 정렬이 벗어난다는 것은 자세를 불안정하게 만들며, 기능적인 활동을 어렵게 만든다. 이러한 정렬의 흐트러짐은 관절 위치나 근육의 길이를 변형시키며, 결과적으로는 이차적인 운동장애를 유발한다.

셋째, 보조기기의 정확한 기능과 사용 방법을 알고 준수한다. 신체의 정확한 위치에 사용될 수 있도록 주의 깊게 관찰한다. 신체의 안정성이 확보되지 않거나 발이 바닥에 닿지 않은 상태로 몸통과 상지·하지가 안정감 있게 지지되지 않으면 활동이나 작업을 하기 어렵기 때문이다. 또한 근 긴장이 낮은 경우에는 외부적인 지지를 확대해 주고, 근 긴장이 높은 경우에는 반사작용을 최대한 피하고 편안히 움직일 수 있도록 지지의 위치와 형태를 결정한다.

넷째, 보조기기 사용 계획에 근거하여 사용의 한계 시간을 결정한다. 경우에 따라서는 오랜 시간 동안 고정적인 자세를 유지하는 능력이 부족하므로 잘 맞고 편안하더라도 한 가지 자세로 제한하는 것은 혈액순환 문제나 피부의 궤양, 기형 등 이차적인 문제를 발생시킬 위험이 있다. 바른 자세를 유지하더라도 피로를 감소시키며 휴식할 수 있도록 한다. 또한 지체장애 학생은 기기 사용으로 인한 고통이 있을 수 있고, 감각이 예민하지 못할 뿐 아니라 의사표현에 어려움이 있을 수 있으므로(Best, Heller, & Bigge, 2010) 잘 살펴야 한다. 교사와 부모는 각 학생마다 도구를 이용하여 자세를 유지하는 적절한 시간의 길이에 대해 치료사에게 상세하게 질문해야 한다. 어떤 학생은 2~3시간 정도의 긴 시간 동안에도 편안하게 앉거나 서 있을 수 있으며, 또 어떤 학생은 20~30분마다 자주 자세를 바꾸어 주어야 한다.

자세 지도를 위해 보조기기를 사용하는 목적은 여러 가지로 제시되고 있으나 정리해 보면 다음과 같다(Best, Heller, & Bigge, 2010; Bowe, 2000).

첫째, 근육, 골격의 이차 운동장애를 예방하고 교정해 준다.

둘째, 가정, 학교에서의 일과와 지역사회 환경에서의 활동 참여를 촉진하며, 기능적인 운동 기술의 사용을 증가시킨다.

셋째, 정상적인 근 긴장도를 유지시킨다.

넷째, 욕창을 방지하고 호흡, 배설 및 소화 기능 증진 등 생리적 기능을 개선하는 데 기여한다.

다섯째, 구강 기능과 인지 발달을 촉진하며, 보호(care)의 부담을 경감시킨다.

(2) 누운 자세 보조기기

누운 자세 보조기기는 중도장애로 인해 의자나 바닥에 앉기 어려운 학생의 경우 신체 기능에 무리를 주지 않는 한도 내에서 호흡곤란 등의 어려움이 없도록 편안한 눕기 자세를 제공하는 보조기기이다. 자세교정용 웨지(positioning wedge)를 이용하여 머리 가누기, 균형 유지하기 외에 운동활동과 독서 등의 편안한 자세를 제공해

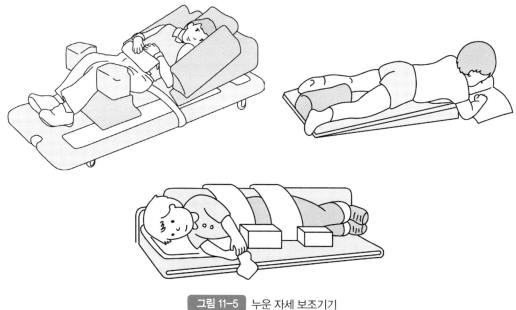

그림 11-5 누운 자세 보조기기

출처: 앞선아이앤씨 홈페이지(http://www.apsuninc.com).

준다. 누워 있는 수평 자세가 중도의 지체장애 학생에게 유용한 이유는 이러한 자세가 근육의 이완을 돕고 자세조절 능력을 거의 필요로 하지 않기 때문이다. 매트, 경사진 모양의 보조대(wedge) 등의 정적 자세 교정 기기, 그리고 에어매트와 같이 자세 변화나 동작에 반응하도록 되어 있는 동적 자세 교정 기기를 혼합하여 사용한다.

(3) 앉기 자세 보조기기

자세 지도를 통해 학교에서 바른 자세를 유지하는 것은 수업의 참여를 높이며, 교과 수업의 수행을 돕는다. 또한 독립성과 또래와의 상호작용을 증진시킨다. 가정에서는 앉아 있는 시간을 증가시켜 건강관리에 도움을 주며, 바른 자세를 유지하고 식사 및 일상생활에서의 자립활동을 증가시킨다.

그러나 앉기 자세를 위해 과도한 보조기기를 사용하면 의존성이 강해지며 운동기능 발달을 제한한다. 그러나 반대로 너무 적은 조절은 적절한 자세가 유지될 수 없어 기형의 위험과 교수 활동에 참가하는 것을 방해한다. 그러므로 최소화 · 정상화를 위해 적당한 수준의 조절이 필요하다(이소현, 박은혜, 2011).

① 피더 시트

피더 시트(feeder seat)는 상품화되어 있으며, 신체의 크기에 따라 선택하여 사용할 수 있다. 주로 근 긴장도가 낮은 학생에게 사용한다. 각도 조절용 받침대를 이용하여 각도 조절이 가능하며 학생의 신체 크기에 따라 선택하여 사용할 수 있고 일상

그림 11-6 피더 시트

출처: 아이소리몰 홈페이지(http://www.isorimall.com).

생활 중 편안함을 제공하기 위해 사용된다.

② 학습용 의자

일반 의자의 모양에 쿠션이나 벨트, 팔걸이, 발 받침대 등을 부착하여 편안한 자세로 앉을 수 있도록 수정한 의자이다.

그림 11-7　학습용 의자

출처: 앞썬아이앤씨 홈페이지(http://www.apsuninc.com).

③ 맞춤형 착석 시스템

맞춤형 착석 시스템(inner system)은 개인의 신체적 특성과 용도에 맞게 맞춤 제작한 것으로 다양한 부속장치를 부가적으로 부착하여 의자, 휠체어 등에 앉을 수 있도록 수정한 보조기기이다. 주로 머리나 몸통 조절이 어렵거나 경직이 심한 경우에 적용하며, 장시간 착석으로 인한 욕창 발생 위험이 있을 경우 사용한다. 각 학생의 건강 상태에 따라 각도를 조절할 수 있으며, 중력 부담을 줄이고 휴식을 위해 앉은 자세의 각도가 조절되는 기능도 추가할 수 있다. 의자 자체의 회전과 의자 배면의 경사각 조절이 가능한 리클라이닝 의자(reclining seat)는 머리나 몸통 조절이 용이하지 않거나 진행성 질환인 경우에 사용한다.

그림 11-8 맞춤형 착석 시스템

출처: 앞썬아이앤씨 홈페이지(http://www.apsuninc.com).

④ 코너 체어

코너 체어(corner chair)는 척추의 지지와 머리 조절을 도울 수 있는 모양의 의자이다. 장소에 따라서 좌식생활 시 앉기 자세를 보조하며, 이동을 위해 의자 밑에 바퀴를 달아 사용하기도 한다. 코너 체어에 앉아 간식을 먹거나 책, TV를 보는 등 일상

그림 11-9 코너 체어

출처: 앞썬아이앤씨 홈페이지(http://www.apsuninc.com).

생활을 보다 편안하게 할 수 있도록 도와준다.

(4) 서기 자세 보조기기

서기 자세(standing position) 보조기기는 신체의 적절한 근 긴장도와 몸통의 안정성을 유지할 수 있게 하여 서기에 대한 두려움을 감소시키고 신체의 정중선을 중심으로 신체 부위의 정렬을 유지시킨다. 서기 자세 보조기기는 스스로 앉거나 서지 못하는 학생에게 수직 자세의 대안적인 자세를 취하게 해 줌으로써 신체의 건강 증진과 편안함을 제공한다. 서기 자세 보조기기를 사용할 때에는 자세를 자주 바꿔 주어 보조기기와 신체가 닿는 부분에 염증이나 욕창이 발생하지 않도록 유의한다.

서기 자세 보조기기를 사용하여 몸통을 똑바로 세울 수 있도록 지지해 주면 몸통 조절력이 향상되어 학생의 팔과 손의 사용 능력이 증가한다. 그러므로 보조기기를 사용하여 대안적인 서기 자세를 취하게 하면 머리 조절과 손의 사용을 자유롭게 하며, 좀 더 쉽게 기능적 움직임을 가능하게 하고, 활동과 일과의 참여를 촉진한다.

① 프론 스탠더

프론 스탠더(prone stander)는 스스로 서기가 어려운 학생에게 엎드린 자세로 다리 및 몸통을 고정시킨 후 전동이나 수동 장치를 이용하여 각도를 세워 바로 설 수 있도록 보조하는 기기이다. 머리를 스스로 가눌 수 있는 경우 사용할 수 있으며(정진엽, 왕규창, 방문석, 이제희, 박문석, 2013), 상체의 조절이 어느 정도 가능한 경우는

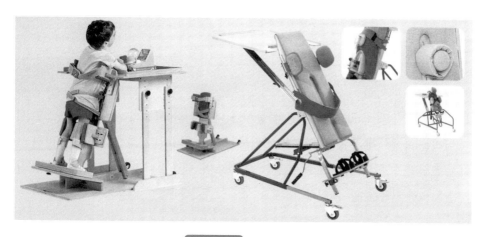

그림 11-10 프론 스탠더

출처: 앞선아이앤씨 홈페이지(http://www.apsuninc.com).

체중을 앞으로 실은 채 기대어 두 손을 기능적으로 사용하는 것이 가능하므로 상지 기능 강화를 위해 사용할 수도 있다.

② 수파인 스탠더

수파인 스탠더(supine stander)는 상체와 하체의 조절 능력이 저조하여 세우기가 힘든 경우 등을 대고 누운 자세에서 다리 및 몸통을 고정시킨 후 전동이나 수동 장치를 이용하여 각도를 세워 바로 설 수 있도록 보조하는 기기이다. 머리를 스스로 가누지 못하는 학생은 수파인 스탠더를 사용하여 기립 자세를 유지한다(정진엽, 왕규창, 방문석, 이제희, 박문석, 2013).

그림 11-11 수파인 스탠더

출처: 앞선아이앤씨 홈페이지(http://www.apsuninc.com).

③ 스탠딩 테이블

스탠딩 테이블(standing table)은 몸통이나 다리 근육 사용의 제한으로 스스로 서기 어려운 학생에게 세울 수 있도록 지원하는 보조기기이다. 학생의 신장에 따라 높이를 조절할 수 있고 각도 또한 조절할 수 있으며, 테이블이 있어 서기 자세에서 상지를 활용한 활동을 할 수 있다.

그림 11-12 스탠딩 테이블

출처: 에이블데이터 홈페이지(http://www.abledata.acl.gov).

(5) 자세 유지를 위한 기타 보조기기

① 머리 조절용 보조기기

머리의 움직임을 조절할 수 없거나 머리의 정렬을 유지할 수 없을 때에는 등받이에 지지대를 부착하는 단순한 방법만으로도 머리를 지지해 줄 수 있다. 머리가 심하게 굴곡되거나 신전된다면 머리지지대(headrest)와 어깨지지대(shoulder pommels)를 이용해 머리를 고정해 줄 수 있고, 이를 의자나 휠체어에 부착해 준다. 머리의 조절 능력이 낮은 경우 머리지지대를 이용하여 스스로 움직임을 조절하게 한다.

그림 11-13 머리지지대와 어깨지지대

출처: 아이소리몰 홈페이지(http://www.isorimall.com).

② 등받이 및 의자 내 삽입장치

의자나 휠체어의 등 부분이 학생의 체형에 맞지 않아 척추의 만곡을 일으키는 경우 등받이 및 의자 내 삽입장치(seat insert)를 제공한다. 등받이 및 의자 내 삽입장치는 바른 자세 지지를 위해 학생의 체형에 대한 정확한 평가 후 필요한 부품을 결정

그림 11-14 등받이 및 의자 내 삽입장치

출처: 에이블데이터 홈페이지(http://www.abledata.acl.gov).

한다.

의자나 휠체어의 앉는 부분은 체중의 압력을 골반 전체에 분산되도록 내전 및 외전 방지 패드를 사용한다. 휠체어 안에서 몸이 옆으로 구부러지는 자세인 몸통의 측방굴곡을 막기 위해서는 좌석의 너비를 줄여 준다. 몸통과 휠체어 사이의 공간에 상자나 수건을 말아서 넣어 주거나 쿠션 등을 끼워 주는 것도 유용하다.

③ 몸통 및 상체 지지용 보조기기

몸통 지지 장치는 자세가 정중앙에 위치하게 하고 몸통의 굴곡을 막으며 중심을 유지하기 위해 사용한다. 몸통의 굴곡을 막고 상체의 지지를 위해 어깨끈(shoulder straps)과 가슴 및 허리 벨트 등을 제공하되, 지나친 억압이 되지 않도록 유의한다. 상체를 지지하기 위해서는 부가적으로 휠체어의 엉덩이 부분에 쿠션이나 등받이쿠션 등의 이너(inner)를 넣어 준다.

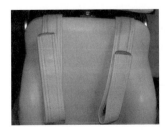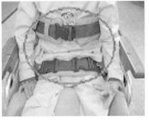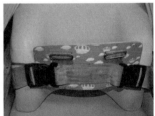

그림 11-15 몸통 및 상체 지지장치

④ 하지 지지용 보조기기

앉기 자세에서 무릎이 구부러지는 것은 자세 유지에 나쁜 영향을 미칠 수 있다. 의자에 앉은 자세에서 무릎의 굴곡 구축이 90도 이상이 되지 않도록 발 받침대(footrest)와 고정 끈을 제공한다. 학생에 따라서 다리를 뻗는 등 신전근의 긴장도가 높거나 불수의운동을 보일 때에는 발과 다리 부분을 고정하고 안정된 자세를 유지할 수 있는 장치를 제공한다. 또한 다리가 가위 형태로 되지 않도록 발 받침대를 부착해 준다.

내전근 경직으로 다리가 X자형으로 변형된 학생의 경우 다리 분리대(leg separator)와 같은 외전대를 이용하여 X자형으로 모인 다리가 바르게 정렬될 수 있도록 한다. 의자 중앙에 봉을 설치해 주기도 한다(Best, Heller, & Bigge, 2010).

내전근 기능 약화로 다리가 바깥쪽으로 신전된 학생의 경우 내전대를 사용하여 다리를 모아 준다. 내전대는 의자의 폭을 줄이거나 쿠션을 끼워서 다리가 벌어지지 못하게 하는 보조도구를 말하며, 일반적으로 대퇴부 부위에 10cm 폭의 벨트 등으로 다리가 벌어지는 것을 방지해 준다.

발 받침대와 고정끈

다리분리대

그림 11-16 하지 지지장치

출처: 앞선아이앤씨 홈페이지(http://www.apsuninc.com).

⑤ 기타

치료용 공(therapeutic ball)과 치료용 롤(therapeutic roll)은 자세 교정이나 다양한 활동 시에 감각운동도구로 사용된다. 머리 가누기, 균형 유지하기, 몸통 조절이 어려운 학생의 대안적인 운동도구이며, 신체의 정중선을 중심으로 좌우정렬을 유지하고, 자세를 교정하거나 균형감을 기르는 데 사용할 수 있는 보조기기이다.

그림 11-17 치료용 공과 롤

2) 보행 및 이동 보조기기

보행 및 이동 보조기기의 선택은 사용자의 연령, 선호도(예: 디자인, 기능), 기기 사용 환경, 이동의 자립성과 효율성, 앉기 및 자세 상태 등을 고려하여 결정한다 (Johnston, Beard, & Carpenter, 2007).

보행 및 이동 보조기기는 일반적인 관점에서 볼 때 앉은 자세에서 지지와 동시에 이동할 수 있도록 해 주는 장비이다. 적절한 보조기기를 구비하는 것이 지체장애 학생의 교육과 재활을 위해 필수적이다. 또한 이동성을 확보하고 사회참여를 확대하여 삶의 질을 확대하는 데에도 매우 중요하다.

보행 및 이동 보조기기는 ① 장애 학생의 독립적 이동을 최대화시키며, ② 변형이나 손상을 예방하고 최소화시키고, ③ 독립적 기능을 최대화시키며, ④ 건강하고 활력적이며 매력 있는 신체 이미지를 형성하는 데 기여한다.

보행 및 이동 보조기기는 근육의 긴장도를 줄여서 안정성을 획득하고 바른 움직임을 만들기 위해 적용한다. 보행 및 이동 보조기기를 적용할 때 유의할 점을 살펴보면 다음과 같다.

첫째, 보조기기를 적용할 때에는 움직임의 기초가 되는 머리와 몸통의 안정성을 확보하기 위해 어떤 자세로 조절해 줄 것인지 다각적인 측면에서 고려해야 한다. 학생의 움직임과 자세는 호흡, 섭식 기능과 시각, 언어, 학습장애, 감각과 인지 기능에 따라 접근하는 중재 방향이 달라진다. 그러므로 학생과 밀접한 관계에 있는 사람들과 함께 정보를 공유하여 보조기기의 적용 유무를 결정한다.

둘째, 보행 및 이동 보조기기는 학생의 신체적 기능과 사용할 장소, 참여활동 등에 따라 다르게 적용된다. 그러므로 협력팀을 통해 결정하고, 일상생활에서 좋은 움직임을 반복할 수 있도록, 지속적이고 연속적인 접근을 통해 적응 훈련을 실시한다.

셋째, 이동을 돕는 다양한 보조기기는 착용하기가 어렵고 불편할 수도 있다. 그러므로 교사는 보조기기의 적합성 여부를 잘 판단하여 학생이 좀 더 쉽고 편하게 적응할 수 있도록 도와주고, 부모교육을 통해 가정에서도 동일한 교육이 이루어지도록 유의한다.

이동성을 위한 보조기기는 사지의 기능을 상실하거나 자세가 안정되지 못한 경우, 그 밖에 일반적인 신체적 문제를 가진 경우에 사용하며, 보조기기의 종류는 다음과 같다.

(1) 보장구

보장구는 인체의 뼈, 근육, 신경이 골절되거나 마비되어 장애가 발생하였을 때 정상 생활을 할 수 있게 도움을 주는 재활기계장치이며, 의지는 인체의 팔이나 다리의 뼈, 근육, 신경이 절단되어 장애가 발생하였을 때 정상 생활을 할 수 있게 인공적으

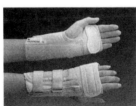
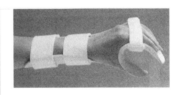
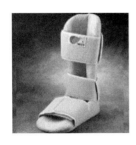

그림 11-18 보조기와 부목

출처: 한성메디텍 홈페이지(http://hansungapex.co.kr).

로 만들어 주는 재활기계장치를 말한다. 「장애인복지법」 제65조에서는 "장애인 보조기구란 장애인이 장애의 예방·보완과 기능 향상을 위하여 사용하는 의지, 보조기 및 그 밖에 보건복지부 장관이 정하는 보장구와 일상생활의 편의 증진을 위하여 사용하는 생활용품을 말한다."라고 정의하고 있다(국립특수교육원, 2009).

보장구에는 단하지보조기(AFO)와 같은 보조기(orthotics brace), 부목(splint)과 그 외의 근육 보완에 필요한 깁스(cast) 등이 있다([그림 11-18] 참조).

보조기는 근육을 지지할 뿐 아니라 고정해 줌으로써 바른 자세를 취하게 해 주므로 구축을 예방하는 기능을 한다. 보조기의 재질은 가죽이나 끈이 달린 금속 보조기에서 최근에는 좀 더 가볍고 간소화된 형태로 발전하고 있다.

학교에서 보장구를 제공하고 관리하게 되는 교사는 치료사에게 올바른 보장구 착용 방법을 배워야 한다. 예를 들어, 뇌성마비 학생이 손에 부목을 착용하면 긴장도를 감소시키고 쥐는 힘을 증가시키는데, 잘못된 방법으로 착용할 경우 오히려 고통과 불편함을 줄 수 있다. 또한 보조기나 부목 그리고 몸통에 착용하는 재킷 보조기 등은 맞춤 형식으로 제작되므로 학생이 성장하면 다시 수정해야 한다. 또한 보조기나 부목 등은 대부분 플라스틱으로 만들어져 있고 몸에 밀착되어 피부를 덥게 하므로 면 셔츠나 양말 등을 이용하여 피부에 직접 닿지 않게 하며 땀의 흡수를 도울 수 있도록 해야 함을 유의한다. 보호대 안에 신는 양말은 주름이 없는 것으로 건조하고 깨끗한 상태로 제공해야 하며, 피부가 붉어지거나 상처가 생기지 않는지 초기 적응 기간의 관찰이 필요하다.

(2) 이동용 보조기기

이동성을 촉진하는 가장 대표적인 보조기기는 휠체어(wheelchair)이다. 휠체어의 종류는 사용 장소에 따라 실내용 휠체어와 실외용 휠체어로 나뉘며, 재질 및 무게에 따라 표준형 휠체어, 중량 휠체어(heavy-duty wheelchair), 경량 휠체어(lightweight wheelchair), 초경량 휠체어(ultralight wheelchair)로 분류된다. 또한 작동 방식에 따라 수동 휠체어(manual wheelchair)와 전동 휠체어(powered wheelchair)로 나뉘고, 그 밖에 절단자용 휠체어, 편마비용 휠체어, 한 손 추진형 휠체어, 기립형 휠체어, 스포츠용 휠체어 등 특수 휠체어가 있다. 휴대 정도에 따라서는 충격 흡수 및 휴대와 보관이 쉬운 접이식 프레임(folding frame)과 추진이 용이한 고정 프레임(rigid frame) 등이 있다(Best, Heller, & Bigge, 2010).

① 일반 수동 휠체어

휠체어를 선택하기 위해서는 먼저 휠체어의 기능과 구조를 살펴보아야 한다. 학생이 휠체어에 앉았을 때 관절의 구축이 진행되는 것을 지연하거나 방지할 수 있는지, 앉았을 때에 통증과 비정상적 근 긴장 및 반사 영향을 최소화시키고 안락감을 제공하는지 등의 편안함과 승차감을 평가한다. 또한 오랜 시간 동안 앉아 있어도 편안함이 지속되는지, 긍정적인 신체상을 제공하고 기능적인 능력을 향상시킬 수 있는지 평가한다. 일반 수동 휠체어의 종류는 [그림 11-19]와 같다.

일반 휠체어   각도 조절 휠체어   기립형 휠체어

그림 11-19 일반 수동 휠체어

출처: 에이블데이터 홈페이지(http://www.abledata.acl.gov).

휠체어의 구조는 크게 이동을 위한 부분(mobility base)과 착석 시스템(seating system) 및 구성요소(components)로 분류할 수 있다. 이동을 위한 부분은 타이어와 손조절바퀴(handrims) 등 휠체어를 움직이는 작동 부분을 말하며, 착석 시스템은 좌석, 등받이, 팔걸이와 같이 휠체어에 앉을 때 이용하는 의자 부분이다. 그 밖에 휠체어에는 머리받침대, 좌석 벨트 등 자세를 지지하거나 사용상 편의를 위한 구성요소들이 부착되어 있으므로 사용하려는 학생의 신체 사이즈에 적절한 좌석 깊이, 좌석 폭, 팔걸이높이, 등받이 높이와 각도, 발 받침대 높이, 좌석 높이 등을 측정하고, 학생의 체중에 적절한지를 평가한다. 구체적인 평가요소는 〈표 11-8〉과 같다.

휠체어를 선택할 때에는 무게(weight), 안정성(stability), 내구성 및 피로 강도(durability-fatigue strength), 조작 능력(maneuverability) 등의 수행 능력을 평가하여 선택한다(한국장애인개발원, 2009). 휠체어의 무게는 차량에 싣거나, 들어 올리거나 내릴 때 중요하므로 사용하는 장소와 용도에 따라 무게를 선택한다. 안정성 면에서도 평지 외에 오르막길, 내리막길 등의 경사면에서의 앞바퀴가 들리는 정도 등 안정

표 11-8 **휠체어 선택 시 고려해야 할 요소**

구분	고려해야 할 요소
의자	• 자세의 지지를 위해 단단한 것일수록 좋음 • 엉덩이의 크기에 적절하게 맞추는 것이 좋음
등받침	• 접을 수 있도록 제작된 형태가 대부분임 • 학생의 자세를 위해서는 딱딱한 재질이 더 바람직함 • 고개를 가누는 정도에 따라 높이 조절이 필요함
팔걸이	• 상지의 지지를 도와 몸무게를 지지할 수 있으므로 척추의 기형을 예방하는 데 도움이 됨 • 의자에서 휠체어로 이동 시 팔걸이를 잡고 이동하게 되므로 적절한 높이와 안정성이 필요함 • 팔걸이를 지지하여 체중을 분산시키거나 체중 이동 훈련을 할 수 있으므로 둔부의 압력을 줄이고 욕창 등의 문제를 예방할 수 있음
머리받침대	• 머리 조절이 어려운 학생에게 필요하며, 머리의 자세, 근 긴장, 목의 자세 또는 연하작용을 보조해 줌
좌석 벨트	• 이동 시 안정성을 제공하며, 몸통 및 골반의 위치를 잡아 주고, 미끄러짐 현상을 방지함
브레이크 및 조절장치	• 전동 휠체어의 경우 조이스틱형의 조절장치가 적합하며, 헤드 스틱이나 입을 이용하는 스위치로 된 장치도 사용됨
뒷바퀴	• 플라스틱 소재의 딱딱한 바퀴보다는 공기가 들어가는 바퀴가 충격 흡수 면에서 우수하여 승차감이 좋으나 공기 주입 장치 및 바퀴 수리 등 보수 관리가 필요함
앞바퀴	• 앞바퀴의 크기가 큰 경우에는 이동 시 충격을 흡수하여 승차감이 좋고 장애물 통과가 쉬우나 기동성이 떨어지며, 앞바퀴가 작은 경우에는 회전이 쉽고 바퀴 흔들림이 적으며 이상 진동이 덜하나 충격 흡수가 나쁘며 틈에 빠지기 쉬움
손 조절바퀴	• 이동 시 손으로 잡는 둥근 손잡이 부분으로 직경이 클 경우에는 힘을 이용하여 출발 및 가속이 쉽고, 직경이 작을 경우에는 속도의 유지가 용이함
발 받침대와 다리 받침대	• 무릎과 다리, 발의 각도를 올바르게 위치할 수 있도록 함
휠체어용 책상	• 휠체어를 이용하는 학생의 섭식과 의사소통기기를 놓는 등 학습활동에 사용이 편리하나, 독립적인 이동을 방해하며 휠체어의 무게와 전후 좌우의 길이를 증가시켜 불편을 초래함
기타	• 안전벨트, 주차 시 브레이크 장치, 기울임 방지 장치

출처: 이소현, 박은혜(2011). **특수아동교육**(3판), p. 399 수정 발췌.

표 11–9 **휠체어 선택 후 점검 사항**

- 자세 지지대가 적절히 휠체어에 설치되었는가?
- 의자 깊이가 적절한가?
- 의자 넓이가 적절한가?
- 등받이의 높이가 사용자의 활동 수준에 적절한가?
- 발받침대의 높이가 적절한가?
- 정면에서 보았을 때, 정중선을 중심으로 어깨와 상체가 정렬되었는가?
- 골반이 좌우 양쪽으로 균등하게 위치해 있으며, 어깨와 머리의 균형이 맞는가?
- 뒷바퀴의 위치는 사용자가 사용하기에 적절한 범위 안에 있는가?
- 어깨끈과 안전벨트가 적절한 위치에 있는가?
- 가슴쪽 장치가 목 주변을 너무 조이지는 않는가?
- 손잡이의 위치가 적절한가?
- 옆 지지대가 팔의 움직임을 방해하지 않는가?
- 휠체어 책상과 사용자의 몸통 사이에 편안할 만큼의 공간이 확보되었는가?
- 휠체어의 구조가 튼튼하고 안정감이 있는가?

출처: 이소현, 박은혜(2011). **특수아동교육**(3판), p. 400 수정 발췌.

성을 점검해 본 뒤, 사용할 학생의 생활환경 내에서 유용한 것을 선택한다. 또한 휠체어의 프레임 재질, 프레임 표면 처리, 앞바퀴 등의 내구성을 고려하여 선택한다. 프레임 재질로는 연철, 스테인리스 철, 크롬 철이 주로 사용되며, 다른 재질에 비해 고가이기는 하지만 무게 대비 강도가 높은 알루미늄, 티타늄 등도 사용된다(한국장애인개발원, 2009). 휠체어를 선택한 후에는 〈표 11–9〉와 같은 사항을 점검하여 적절성을 평가한다(Bryant & Bryant, 2003).

② 스포츠용 휠체어

스포츠용 휠체어는 레저 활동 등의 스포츠에 참여할 때 사용한다. 농구용, 럭비용, 테니스와 배드민턴용, 레이서용이 있으며, 몸통의 조절 능력이 좋은 경우 사용할 수 있다. 일반형에 비해 접히지 않는 고정형으로 되어 있고, 양쪽 바퀴의 각도가 커서 스포츠 경기 시 무게중심 설계로 되어 있으며, 안정감을 높일 수 있다. 그러나 좌우 폭 증가로 일반 출입문의 이용과 접근성에 문제가 있다.

스포츠용 휠체어   여가용 휠체어(바닷가용)

그림 11-20 스포츠용·여가용 휠체어

출처: 에이블데이터 홈페이지(http://www.abledata.acl.gov).

③ 전동 휠체어

전동 휠체어는 손으로 휠체어를 작동하는 수동 휠체어 사용이 어렵거나 기능성이 떨어질 경우 동력의 힘으로 이동할 수 있는 이동 기기이다. 전동 휠체어는 상지의 근력, 협응 능력, 관절 가동 범위 등이 약하거나 감소된 경우, 지구력의 감소, 심폐 기능의 감소, 통증이 있는 경우, 수동 휠체어 과사용으로 인한 근골격계 장애가 있는 경우에 적용한다. 또한 지체장애 학생의 효율적인 이동을 위해 사용된다.

다양한 조이스틱으로 운전할 수 있도록 해 주는 이동용 보조기기이므로 심한 지체장애를 가진 학생도 턱이나 입 또는 발로 조이스틱을 작동하는 등 대안적인 방법을 사용하는 훈련을 통해 스스로 작동하는 것을 배울 수 있다. 학생의 요구 정도에 따라 각도 조절 기능이 있는 전동 휠체어를 사용할 수 있으며, 앉은 자세에서 서기 기능까지 가능한 전동 기립형 휠체어와 수직 이동형 휠체어 등을 사용할 수 있다.

전동 휠체어를 선택할 때에는 사용자의 신체 상태를 고려하여 적절성 정도를 파악한다. 기능적으로 필요성이 인정되거나 교육적·사회적 환경 측면에서 필요도가 있다고 파악될 때 적용한다. 전동 장치를 조절해야 하므로 운동 기능, 인지 능력, 판단력에 대한 지속적인 평가가 충분히 이루어져야 한다. 전동 휠체어를 선택할 때에는 속도(speed), 장애물 통과 능력(obstacle-climbingability), 주행 범위(range), 조작 능력(maneuverability), 내구성(durability) 등을 파악한 후 결정한다(한국장애인개발원, 2009).

전동 휠체어는 비교적 정확한 수행 능력을 습득해야 적용할 수 있어 사용자의 연령에 대한 논의가 꾸준히 있어 왔다. 안전상의 이유로 제한하기도 하였으나 2세경부터 사용 가능한 제품이 나오고, 우리나라의 경우 초등학생에게 적용하기도 하며,

전동 휠체어   수직 이동형 휠체어   전동 기립형 휠체어   각도 조절 휠체어

그림 11-21 전동 휠체어

출처: 에이블데이터 홈페이지(http://www.abledata.acl.gov).

통합교육과 지역사회 활동이 확대되면서 사용자의 범위가 넓어지고 있다. 저연령 학생의 경우 전동 휠체어의 조이스틱 사용 연습을 위해 조이스틱으로 된 장난감 자동차 등을 이용한 놀이활동으로 적응하는 것이 도움이 된다.

그러나 전동 휠체어는 작동에 문제가 생겼을 때 수리하기가 어렵고, 무게 또한 무거우며, 사용자가 건전지 충전 등 사용상의 유의점을 스스로 인지하고 관리할 수 있어야 한다. 전동 휠체어를 사용할 때에는 반드시 안전벨트를 착용해야 하며, 이동 중에 전원스위치가 쉽게 꺼지지 않아야 한다. 또한 속도는 사용하는 학생에게 적절하게 조정되어야 한다. 전동 휠체어를 사용하기 전에 좁은 공간 안에서의 이동과 사람들이 많은 장소에서도 사용할 수 있도록 충분한 운전 기술을 연습하여야 한다.

④ 전동 스쿠터

전동 스쿠터(motor scooter)는 전동 휠체어에 비해 조작 능력이 우수한 경우에 사용하며, 특히 몸통의 조작 능력, 착석 기술과 이동 기술이 더 나은 학생이 사용할 수 있는 이동 기기이다. 스쿠터는 일반 지역사회에서 이동하기가 어려운 노인도 많이 사용하며, 스스로 독립보행이 가능한 지체장애 학생이 이동의 효율성을 위해 사용하기도 한다. 스쿠터는 휠체어보다 폭이 좁아 이동에 유리하며, 휠체어보다 사회적으로 장애인이라는 인식을 덜 가지게 하므로 통합된 지역사회 환경 내에서의 사용 선호도가 높다.

그림 11-22 전동 스쿠터

출처: 에이블데이터 홈페이지(http://www.abledata.acl.gov).

⑤ 스트롤러

지체장애 학생으로 발달 초기 진단을 받고 나면 이동의 편의를 위해 제일 먼저 선택하게 되는 것이 스트롤러(stroller)이다. 일반 아동이 사용하는 유모차는 영유아 시기에만 사용할 수 있으나 장애인용 스트롤러는 영유아부터 청소년까지 연령별로 선택하여 사용할 수 있다.

스트롤러는 학생 스스로의 이동을 돕는 기기가 아니라 학생을 이동시킬 때 도움을 주는 사람들에게 편하도록 제작된 것이다. 휠체어보다는 부피가 작고, 무게가 가벼우며, 접어서 보관하고 이동할 수 있다는 장점 때문에 많이 사용된다. 그러나 오랜 시간 이용할 경우에는 올바른 자세 유지에 부정적인 영향을 주며, 장기적으로는 척추 변형 등의 문제를 유발한다.

그림 11-23 스트롤러

출처: 에이블데이터 홈페이지(http://www.abledata.acl.gov).

(3) 보행용 보조기기

① 지팡이와 목발

지팡이(cane)와 목발(crutch)은 지체장애 학생의 기능에 따라 다양한 형태와 기능을 가지고 있으며, 독립적인 보행이 가능한 학생의 수직적 움직임을 가능하게 하는 이동기기이다. 보행용 목발은 나무나 알루미늄, 가벼운 금속 재질로 되어 있고, 끝은 미끄러지지 않도록 고무가 씌워져 있다. 사용자의 체격이나 키에 따라 높이를 조절하여 사용하는데, 키의 16%를 감산하여 크기를 정하고, 어깨와 팔의 각도가 25~30도 정도 되도록 높이를 조절한다. 목발의 길이는 겨드랑이에서 손가락 2~3개 아래에 있도록 조절하는 것이 적절하다(한국장애인개발원, 2009).

목발을 이용하여 계단을 올라갈 때는 불편하지 않은 발을 먼저 내딛고 이후 목발과 불편한 발을 내딛도록 지도하고 계단을 내려갈 때는 목발과 불편한 발을 먼저 내딛고 불편하지 않은 발이 내려가도록 지도하는 것이 안전하다(김남진, 김용욱, 2010).

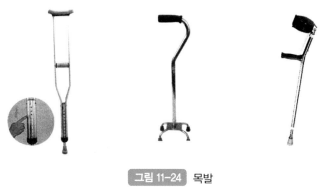

그림 11-24 목발

출처: 경기도재활공학서비스연구지원센터 홈페이지(http://atrac.or.kr); 에이블데이터 홈페이지(http://www.abledata.acl.gov).

② 워커

워커(walker)는 독립적인 보행이 가능한 학생의 수직적 움직임을 가능하게 하는 이동 기기이다. 양손의 사용이 어려운 학생을 위한 워커와 한쪽 손의 사용이 가능한 워커가 있으며, 양손의 사용이 가능하고 약간의 보조만으로 독립 보행이 가능한 학생의 야외에서의 이동을 도와줄 수 있는 워커도 있다. 이동 방법에 따라 전방지지형, 후방지지형, 몸통이나 팔로 지지할 수 있는 워커 등이 있으며, 장애의 정도에 따라 선

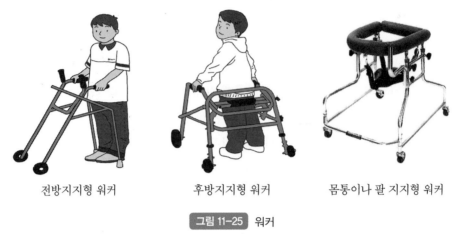

| 전방지지형 워커 | 후방지지형 워커 | 몸통이나 팔 지지형 워커 |

그림 11-25 워커

출처: 에이블데이터 홈페이지(http://www.abledata.acl.gov).

택이 가능하다. 전방지지형 워커는 워커를 앞에 놓고 학생이 워커를 밀면서 걷는 형태이고, 후방지지형 워커는 학생의 뒤에 워커를 놓고 워커를 끌며 걷는 것이다(정진엽, 왕규창, 방문석, 이제희, 박문석, 2013). 전방지지형 워커는 몸이 앞으로 기울어지는 문제가 있으며, 후방지지형 워커는 일반적으로 전방지지형 워커를 사용하는 것보다 똑바른 자세와 보행 속도를 증진시킨다(신경계 물리치료중재학 편찬위원회, 2013).

③ 게이트 트레이너

게이트 트레이너(gait trainer)는 균형 잡기나 근육 통제에 문제가 있는 학생들의 걷기 훈련을 위해 사용되는 이동 기기이다. 주로 어린 학생이 사용하며, 학생의 잔존 보행 능력에 따라 기능과 모양을 선택할 수 있다. 피곤할 때 쉴 수 있는 의자가

그림 11-26 게이트 트레이너

출처: 에이블데이터 홈페이지(http://www.abledata.acl.gov).

부착된 기기도 있다.

(4) 기타 보조기기

리프트(lift)는 스스로 이동할 수 없는 지체장애 학생을 휠체어에서 의자로, 혹은 휠체어에서 침대 등 다른 장소나 기기로 옮길 때 사용하는 기기이다. 리프트는 이동을 보조하는 사람들의 잦은 부상을 예방하고, 학생의 경우에는 이동 시 최대한 수평을 유지하고, 각도의 변화를 감소시켜 안정감을 제공하며, 학생을 최적의 상태로 이동시키고, 자신의 체중 때문에 상대방에게 미안한 마음을 어느 정도 내려놓을 수 있으므로 학생과 이동 보조자 모두에게 도움이 된다. 리프트는 수동과 전동으로 작동되는 것이 있으며, 버스와 같은 교통기관에 부착된 리프트는 지역사회 참여를 돕는다.

보조기기를 사용하지 않고 학생을 들어 올리거나 이동시킬 때에는 바른 방법을

표 11-10 **이동식 전동 리프트 활용 사례**

김 교사는 승오를 휠체어에서 의자로 안아서 옮길 때마다 "선생님, 저 무겁지요?"라고 말하며 미안해하는 승오의 표정에 마음이 쓰였다. 그러던 중 리프트 기계를 구비하게 되어 승오에게 활용하였다. 리프트 기계 구비 이후 김 교사는 휠체어에서 의자로 옮길 때마다 승오의 밝은 표정을 보게 되었다.

그림 11-27 **이동식 전동 리프트 기계**

숙지해야 한다. 뇌성마비 학생들을 신체적으로 관리할 때 교사는 자기 자신이나 학생들을 다치게 할 위험이 있다. 지체장애 학생을 담당하는 교사는 허리디스크, 근육통, 멍, 인대 손상, 골절 등의 위험요소에 노출되어 있다. 학생과 교사의 근육 긴장과 상해를 예방하기 위해서 학생을 이동시키고, 들어 올리고, 옮길 때 적절한 신체 역학을 사용하도록 올바른 관리 방법을 습득해야 한다.

정리

이 장에서는 비정상적인 자세와 운동 패턴의 영향을 최소화하기 위해 다양한 자세와 보행 및 이동 능력에 대한 개념과 지도 목적을 설명하고, 평가 방법과 지도 전략 및 보조기기 적용 시 유의할 사항에 대해 살펴보았다.

자세 및 앉기, 보행 및 이동에 대한 중재는 교사 혼자만의 노력으로는 실행할 수 없다. 체계적인 평가와 중재 전략의 적용을 위해서는 가족, 지원인력, 교사, 작업치료사와 물리치료사를 포함한 많은 사람에 의해 매일 다루어지고, 움직이고, 자세를 취하도록 하는 협력적 접근을 통해서만 효율적인 방안을 모색할 수 있다. 팀 협력을 통한 정보 수집과 기기의 선택, 적용 훈련 등이 필요하고, 협력 과정을 통한 보조기기의 선택과 적용 훈련은 학생 신체의 제한성과 변형을 감소시키며 이차적인 운동장애를 예방할 수 있다. 또한 일상생활에 참여할 수 있는 기회를 확대하며, 다른 사람의 보조에 의존하는 것을 줄이고, 학습된 무기력을 예방하며, 미래의 독립 가능성을 신장시킨다.

자세 및 앉기, 보행 및 이동 지도를 위해 가정, 병원, 복지관, 학교, 지역사회에서의 좋은 중재 방법이 연속적으로 일상생활에 연결될 수 있도록 해야 한다. 또한 협력적 팀 구성원에 의해 체계적인 교수를 제공할 때 효과적인 자세와 앉기, 보행 및 이동 기술을 지도할 수 있다. 모든 지도는 일회성 훈련이 아니라 새로운 자세를 습득하고 운동 패턴을 습관화하기 위해서 다양한 장소와 시간을 통한 광범위한 훈련이 요구된다.

다양한 보조기기의 기능과 장단점 등을 숙지하여 적절한 보조기기를 적용할 수 있도록 정보를 제공하는 것도 교사의 중요한 역할이다. 또한 전문가(의사, 물리치료사, 특수교사)의 의견을 토대로 하여 학생이 바른 자세를 유지할 수 있는 보조기기를 선택하고 지속적으로 주의 깊게 관찰하는 것이 중요하다.

제 **12** 장

일상생활 기술

1. 일상생활 기술의 개요

1) 일상생활 기술 지도의 필요성

일상생활 기술이란 학생이 매일의 생활 중에 필요한 기능으로 개인이나 가정생활뿐 아니라 사회 구성원으로서 생활하기 위해 필요한 기본적인 활동을 의미하며, 자조 기능 혹은 신변자립 행동이라고도 한다. 즉, 식사하기, 화장실 사용하기, 착탈의, 몸단장 및 개인위생, 치아 관리, 영양 관리 등이 여기에 포함된다.

지체장애 학생에게 일상생활 기술은 전인적 발달을 이루어 나가는 데 기초적이고 중요한 역할을 담당하는 영역이며, 일상생활 기술의 지도는 사회에 적응하고 수용되는 데 매우 중요하다. 특히 생활연령에 적절한 기술을 습득하지 못한 지체장애 학생에게는 중요한 교수목표가 된다. 그러나 대부분의 지체장애 학생은 소근육운동 발달의 제한, 신체적 장애, 감각장애, 사회적 인식의 부족, 학습 기회의 부족, 인지 발달의 문제, 그리고 그들이 지닌 중복장애 등으로 인해 일상생활 기술의 습득에 어려움이 많다(Westling, Fox, & Carter, 2015).

일상생활 기술의 지도는 사회생활을 하기 위하여 모든 개인에게 필요불가결한 일차적인 생존 기능이기 때문에 장애의 정도나 상태의 경중을 불문하고 우선적으로 실시되어야 할 교육 프로그램이다. 학생의 장애 상태가 매우 다양하고 복잡한 만큼 지도 내용과 방법 역시 학생 개개인의 능력과 장애 상태에 따라 개별적으로 계획되어야 한다.

이 장에서는 식사하기, 화장실 사용하기, 착탈의, 몸단장 및 개인위생, 치아 관리, 영양 관리의 각 영역에서 지체장애 학생이 가지는 일반적인 어려움과 평가 및 중재 방법을 살펴보고, 각각의 기술을 지도하기 위해 유의해야 할 사항에 대해 다루고자 한다.

2) 일상생활 기술의 일반적 지도 원칙

(1) 자발적 참여 촉진
모든 기술은 자연스러운 환경에서 학생의 자발적 참여를 촉진할 수 있는 교수 방

표 12-1 자발적 참여를 촉진하기 위한 지도의 예
• 식사 준비에 참여하기(자기 수저 찾기, 식사 전에 앞치마 챙기기 등) • 선택할 기회 제공하기(음료수 종류 고르기, 컵의 색 고르기 등) • 식사 시간 중 의사소통에 참여하기(좋아하는 음식, 오늘의 메뉴, 음식 맛 표현하기 등) • 수정된 식사 도구 사용하기(수정된 수저, 논슬립 매트 등) • 식사 후 정리활동에 참여하기(식탁 닦기, 깨끗한지 확인하기 등) • 단서를 제시하기(식판을 들 때 손으로 잡아야 할 곳 표시해 주기 등) • 환경을 수정하기(식판을 놓을 위치를 식탁에 표시해 주기 등)

법을 사용하여 지도한다. 일상생활 기술의 지도는 학생과 촉진자의 상호작용의 과정에서 이루어진다. 그러므로 기술을 지도하는 모든 단계에서 학생을 준비시키고, 의사소통을 하는 절차가 포함되어야 한다. 학생에게 수행해야 할 활동과 참여해야 할 구체적인 과제를 알려 주고, 일방적인 지도가 아니라 같이 협조하여 참여하는 것임을 인식시킨다. 예측 가능한 상황이나 단서를 제공한 후에 수행을 요구하는 것이 학생의 자발적인 과제 참여 행동을 높이고 정확한 수행을 촉진할 수 있다. 예를 들어, 식사 시간의 자발적 참여를 촉진하기 위한 지도의 예는 〈표 12-1〉과 같다.

자발적 참여를 촉진하기 위해서는 다양한 애플리케이션을 활용하는 것도 추천한다. 일상생활 기술 지도와 관련한 애플리케이션은 학생들이 좋아하는 캐릭터와 함께 올바른 방법을 게임을 통하여 스스로 할 수 있도록 하는 데 유용하다. 치아의 각 부위별로 올바른 양치질 방법을 정확한 순서로 시간을 점검하며 할 수 있는 양치질 타이머에 대한 앱도 활용할 수 있다.

(2) 팀 구성원들의 협력적 접근

일상생활 기술을 지도하기 위해서는 팀 구성원들의 긴밀하고 원활한 협력관계 구축과 훈련이 필요하다(Orelove, Sobsey, & Silberman, 2004). 팀에 의한 교수 결정은 사용하기 쉽고 실용적인 최선의 방법을 결정하는 데 도움이 된다. 팀은 장애 학생과 가족, 교사, 관련 서비스 전문가, 지원인력 등이 포함된다. 일상생활 기술은 오랜 시간 동안 반복적이며, 체계적인 계획과 절차에 의해 꾸준히 시도해야 하므로 팀원들은 일상생활 기술 지도의 필요성에 대한 공유된 인식을 가져야 한다.

식사와 화장실 사용하기, 옷 입고 벗기 등의 기술은 특정 기능이나 기술도 요구되지만 서로 연관되어 있기 때문에 기초적인 동작은 동일한 방법과 절차로 지도한다. 이를 위해 팀원들이 진단과 계획 단계에서부터 공동의 목표와 계획을 가지고 함께 하는 것이 효율적이다. 일상생활 기술은 모든 환경에서 지도해야 하고, 서로 다른 환경에서 지도하더라도 같은 방법으로 지도해야 하므로 팀 구성원의 협력적 접근 이 필요하다. 또한 팀 협력을 기반으로 전문가들은 부모가 가정에서도 가장 효율적 인 방법으로 일상생활 기술을 가르치도록 도움을 줄 수 있다(Westling, Fox, &Carter, 2015).

팀 구성원에서 부모와 가족의 역할은 매우 중요하다. 일상생활 기술의 습득은 유 아기에 시작되며, 자연스러운 환경인 가정에서 지도를 시작하는 것이 가장 적합하 다. 그러므로 교사는 부모가 가정에서도 동일한 과제들을 수행할 수 있도록 교수활 동에 부모를 참여시킨다. 부모에게 지도할 교수 전략을 설명하고, 시범을 보이며, 부모가 실시하는 것을 관찰한 후에 실행한 내용에 대한 피드백을 제공한다. 1주일 간 부모의 실행 자료를 바탕으로 진보 상황에 대해 점검하는 것이 중요하다(이소현 역, 1995).

신체 운동 기능의 어려움이 있는 중도장애 학생은 팀 구성원으로서 관련 서비스 전문가들의 협력이 필요하다. 물리치료사는 운동 기능과 관련된 반사, 자세, 치료적 중재와 관련된 정보를 팀원에게 제공해 줄 수 있다. 작업치료사는 감각 기능, 음식 물의 제시 방법, 보조도구 사용과 관련된 정보와 자원을 제공해 줄 수 있다. 학교 보 건교사는 식사 지도 중 질식, 호흡과 관련한 사항에 대한 지원이 가능하며, 학교 영 양교사 역시 음식물의 형태, 영양 상태, 적정 양 등에 관한 정보를 제공해 줄 수 있 다. 이 외에도 학교 전담의사나 외부 지원이 가능한 치과의사 등을 통해 식사기술 및 일상생활 기술과 관련한 정보를 수집하여 지도한다.

(3) 필요한 시기에 적절한 지도

일상생활 기술 지도의 궁극적인 목적은 최소한의 감독과 지도로 독립적인 수행 을 촉진하는 것이다. 일상생활 기술은 구조화된 공간보다 풍부한 자극이 제공되는 자연스러운 일상 속에서 필요할 때 지도해야 자발적 참여가 높고 학습 효과가 크다. 일과에 근거한 중재(routine-based intervention)는 장애 학생들의 일상생활 기술을 촉진하기 위해 효과적이다(이소현 역, 1995). 실제 상황이 아닌 인위적인 상황에서의 학습이나 교재를 이용한 지도는 전이의 과정을 또 학습해야 하는 어려움이 있다. 예

를 들어, 점퍼를 입거나 벗을 때 점퍼를 입은 상태에서 지퍼 사용을 연습하는 것은
적절하지만 교재·교구를 이용해 반복 연습하는 것은 부적절하다.

(4) 환경의 수정

기술의 지도 효과를 높이기 위해 환경을 수정하는 것이 도움이 된다. 일상생활 기
술을 지도하는 환경은 정서적인 안정감을 느낄 수 있고 일상생활에 필요한 기능을
자연스럽게 습득할 수 있도록 가정처럼 편안하고 안락한 환경으로 조성한다. 교실
내에 화장실과 세면실, 바닥 난방 및 냉난방 시설이 갖추어진 쾌적한 환경은 편안하
게 생활하면서 기술을 학습하는 데 유익하다. 활동 참여에 대한 관심과 동기를 유발
할 수 있는 다양한 일상생활 기술에 관한 교재 및 보조기기를 준비한다.

(5) 관련 기술의 통합적 계획과 지도

일상생활의 과제들은 단일 기술이 아닌 여러 개의 관련 기술을 통해 습득해야 할
복합적인 과제이다. 예를 들어, 식사하기 기술은 식사 전 손 씻기, 바른 자세로 앉기,
식사도구 사용, 식사의 양과 속도 조절, 음식의 선택, 식사 관련 의사표현, 식사 예
절, 식사 후 정리 등 여러 가지 기술을 필요로 한다. 그러므로 학생의 독특한 교육적
요구에 따라 여러 관련 기술 영역을 고려하여 통합적으로 계획하고 지도해야 한다.

일상생활 기술은 핵심 기술, 풍부화하는 기술, 확장 기술을 고려하여 통합적으로
계획하고 지도한다(박은혜, 한경근 역, 2017). 예를 들어, 식사하기를 처음 지도할 때
는 스스로 먹을 수 있도록 지도하기 위해 핵심 기술에 초점을 맞추어 가르친다. 그
러나 식사는 음식을 먹는 것 외에 좋아하는 음식을 선택하고, 맛에 대한 느낌을 표
현하고, 또래와 같이 즐거운 식사 시간으로 보내는 등 독립적으로 수행하지는 못하
더라도 부가적으로 필요한 관련 기술, 즉 풍부화하는 기술을 고려하여 지도한다. 확
장 기술이란 습득한 기술을 숙련되게 사용할 수 있도록 속도와 질을 점검하고 자연
스러운 환경에서 의미 있는 활동에 좀 더 잘 참여할 수 있도록 가르치는 기술이다.

일상생활 기술은 기술의 습득 외에 건강을 유지하고 다른 사람과 상호작용하며,
인지와 언어 발달 등 통합적인 교육목표를 성취할 수 있도록 종합적인 계획을 수립
해야 한다. 학생들의 조화로운 성장과 발달을 위하여 교육, 건강, 안전, 영양을 고려
하여 올바른 습관과 태도를 형성하고, 사회생활에 필요한 기본 생활습관이 형성되
도록 통합적인 지도가 필요하다.

(6) 성과 생활연령, 가족의 우선순위

일상생활 기술의 지도목표와 내용은 가족과 학생의 개별적 요구와 발달 수준을 고려하고 사회문화 환경의 특성을 반영하여 결정한다. 지도할 기술의 내용과 방법은 학생의 성과 생활연령, 가족의 문화와 우선순위, 사회적 관습에 따라 달라질 수 있다.

화장실 사용이나 개인위생과 관련한 기술은 동성의 보조자가 지도해야 한다. 중도장애 학생의 경우 일상생활 기술을 독립적으로 수행하지 못할 때는 다른 사람의 지원을 받게 된다. 화장실 이용하기와 같은 사적인 공간에서의 기술 지도는 세밀한 동작을 반복적으로 지도해야 하며, 이 시기의 훈련은 자기 몸에 대한 이해를 바탕으로 성교육의 기초가 될 수 있다. 또한 장애 학생의 인권과 개인의 프라이버시를 위해서라도 동성의 지도자가 가르치는 것이 바람직하다.

가정이나 학교 및 지역사회에서 필요한 일상생활 기술은 장애 학생의 생활연령에 따라 기대 수준이 다르다. 생활연령에 따라 환경의 물리적 조건도 달라지며, 필요한 기술의 영역도 달라진다. 어린 연령의 아동은 보조 변기를 이용하여 지도할 수 있으나, 학령기 학생은 화장실에서의 지도가 필수적이다. 일상생활 기술은 개별적 요구 수준을 고려한 후 연령에 적합한 기술을 우선 선정하여 지도한다. 연령에 적합한 기술이란 장애가 없는 일반 또래 학생들에게 기대되는 기술과 유사한 수준의 기술을 의미한다.

일상생활 기술은 개인적이고 사적인 특성 때문에 교수 계획의 적당한 수준을 결정할 때, 팀 협력에 의한 결정도 중요하지만, 개인의 선택과 보호가 우선되어야 한다. 그러기 위해서는 가족의 의견에 충분히 귀를 기울이고 가족의 선택을 중시하여 결정한다. 예를 들어, 바닥의 좌식 테이블에서 식사를 하는 학생과 입식 테이블에서 식사를 하는 학생의 식사 기술 및 식사 시 자세 지도의 내용은 다르게 계획되어야 한다.

(7) 정당한 교수 절차의 사용

일상생활 기술을 지도할 때에는 효과적인 교수 방법으로 알려진 전략이라도 사회적 맥락에서의 수용 가능성이 고려되어야 한다. 가르칠 기술을 선정하거나 방법을 결정할 때 사회문화적 수용 정도는 계획 수립에 중요한 역할을 한다. 행동수정이나 과잉교정 등이 효과적인 중재 방법으로 알려져 있다 하더라도 수용 가능한 효과적이고 긍정적인 전략을 사용할 것을 제안한다(박은혜, 한경근 역, 2017). 적절한 배변활동이 이루어지지 못하여 실수를 했을 경우에 과잉교정이 너무 강제로 제공된다면 학생의 자아존중감을 훼손할 수 있다. 분리된 장소에서의 기술 지도나 중재과정에 혐오적인 절차를 포함하는 것은 비효과적인 방법으로 알려져 있다. 개인의 안전이나 존엄을 위해 필요한 경우를 제외하고는 분리하지 않고 또래들과 동일한 활동 기반으로 지도해야 한다.

2. 식사 기술

1) 식사 기술의 발달

식사 시간은 스스로 독립적인 생활을 하지 못하는 지체장애 학생의 경우 다른 사람의 도움을 가장 많이 받게 되는 영역이며, 성장과 생존에 필요한 영양, 맛과 향기 등 외부자극에 대한 반응, 씹는 기능을 통한 언어의 발달, 긍정적인 사회적 상호작용의 기회 등을 제공하는 중요한 시간이다.

지체장애를 가진 많은 학생들은 음식을 먹는 데 어려움을 가지고 있다. 식사도구를 이용하여 음식을 집거나 입 안으로 음식을 가져오는 것이 어렵거나 입을 잘 다물지 못하여 식사에 제약을 받을 수도 있다. 또한 부적절한 음식의 형태, 크기와 식기의 모양, 식사하는 자세, 그 밖에 식사환경에서의 여러 가지 스트레스를 주는 요인이 식사를 방해할 수도 있다. 장애 특성으로 인한 식사의 어려움은 각 학생의 개인차에 따라 다르게 나타나나, 기본적으로는 일반적인 식사 기술의 발달단계를 통해 발전한다.

일반적으로 신생아는 제일 처음에 '빨기'를 통해 영양을 섭취한다. 자연스럽게 빨기와 함께 핥기와 삼키기가 나타나고 이를 통해 식사행동을 습득한다. 다음 단계의 먹기 행동으로는 생후 6개월쯤 반유동식을 섭취하는 기능을 익히게 되는데, 역시 주된 식사 기능은 빨기 반응으로 반유동식에 반응한다. 이 단계에서 많은 양의 음식이 혀에 의해 입 밖으로 밀려나오다가, 점차 혀를 이용하여 숟가락에 있는 음식을 입 안으로 가져와서 삼키는 것을 배운다. 고형의 음식을 많이 경험할수록 깨무는 것과 씹는 등 턱의 수직운동을 습득하게 된다. 점차 수직운동 외에 턱의 회전

운동을 통해 효과적인 씹기 반응을 발달시키고, 치아가 자라기 시작하면서 9개월경
에는 컵으로 마시는 등 거의 완전한 식사 기능을 습득하게 된다(Orelove, Sobsey, &
Silberman, 2004).

2) 식사 기술의 어려움

지체장애 학생들이 겪는 식사의 어려움에는 다음과 같은 것이 포함된다(Orelove,
Sobsey, & Silberman, 2004).

(1) 근 긴장도의 이상(disorders of muscle tone)

부적절한 과긴장성 또는 저긴장성은 지체장애 학생에게 자주 나타나는 문제이
다. 근 긴장도는 신체 및 자세의 문제뿐만 아니라 구강운동 기능에도 영향을 미친
다. 구강근육의 저긴장성은 음식을 씹을 때 머리, 턱, 입술의 움직임을 떨어뜨리고,
과긴장성은 구강근육의 과도한 긴장으로 움직임을 제한하며 통제가 불가능하게 되
어 구강구조의 일부를 변형시킬 수 있다. 이것은 입술의 수축, 혀의 돌출, 자발적 통
제의 어려움 등을 초래한다.

(2) 비정상적인 반사(abnormal reflexes or dysfunctional primitive reflexes)

지체장애 아동의 경우 신생아 시기에 나타났던 원시반사가 없어지지 않고 계속
남아 있어서 정상적인 운동 기능의 통합을 방해한다(Bigge, 1991). 식사 기능과 관련
된 대표적인 비정상적인 반사는 〈표 12-2〉와 같다.

표 12-2 **식사 기능과 관련된 비정상적인 반사**

- 정향반사(rooting reflex): 유아가 입을 음식 쪽으로 향하는 것으로 생후 초기 나타나는 행
  동은 정상이나, 생후 몇 달이 지나도 계속되면 식사 시간에 자발적인 머리 조절을 방해하
  게 된다.
- 강직성 씹기반사(tonic bite reflex): 입 안에 음식을 넣어 주면 의도하지 않게 갑자기 입을
  다무는 강직성이 나타나, 숟가락으로 음식을 먹이는 것을 방해하고 씹는 것을 극도로 어렵
  게 한다. 입 안에 들어오는 자극에 대한 민감도가 강하고 비자발적이다.

- 혀 밀기/혀 돌출 행동(tongue thrust/tongue protrusion): 음식을 씹거나 삼키는 행동을 해야 할 때에 치아 사이로 혀를 밀어내는 비자발적인 행동이다. 입 밖으로 음식이나 음료를 밀어내거나 치아의 위치를 본래 위치에서 밀어낸다.
- 빨고 삼키는 행동(generalized infantile suck-swallow pattern): 신생아 시기에 가지고 있던 빨기행동을 그대로 유지하고 있어서 고형의 음식물 섭취를 방해한다. 음식을 씹지 않고 빨다가 삼켜 버리는 행동이다.
- 비대칭성 긴장성 목반사(asymmetrical tonic neck reflex): 몸 전체에 영향을 줄 뿐만 아니라 음식을 섭취하고 먹이는 데 있어 특별한 문제를 일으키는 자세이다. 머리가 한쪽 방향을 향하고 있을 때 같은 방향으로 팔이 비자발적으로 펴지고 다른 팔은 굴곡되는 일명 '펜싱 자세'로 반응하는 식의 경직된 자세가 나타난다. 머리 조절이 어려워서 음식 섭취 및 정상적인 구강운동을 방해한다.

(3) 구강구조의 이상과 그에 따른 문제

구강구조의 이상은 구개파열이나 입천장 구조의 문제, 치아가 없거나 치아 배열에 문제가 있는 것을 말한다. 이 경우에는 빠는 것과 삼키는 것을 방해하며 혀를 과도하게 사용하는 등 비정상적인 반응을 보여 부차적인 섭식 문제를 유발한다.

(4) 식사행동에 대한 학습 문제

모든 지체장애 학생의 식사 문제가 신체적·구조적 결함에서 나타나는 것은 아니다. 딱딱한 음식의 거부, 씹지 않고 삼킴, 너무 빠른 식사, 입을 닫지 않은 상태에서의 식사 자세 등 때로는 먹는 기술을 적절하게 배우지 못했거나 잘못된 방법으로 습득한 경우 문제가 생긴다.

식사의 어려움은 각각의 요인이 별개의 형태로 나타나는 것이 아니라 대개 상호작용하여 나타나므로 중재는 그 원인의 정확한 진단에 기초해야 한다. 일반적인 구강운동의 발달에 대한 정보는 지체장애 학생의 구강운동 양식을 이해하는 데 도움이 되고 적절한 지도 방법에 대한 기초를 제공해 주기도 한다.

3) 식사 기술의 평가

식사 기술의 평가는 학생들이 할 수 있는 것과 할 수 없는 것이 무엇이며 현재와 미래의 환경 속에서 학생들의 기능을 향상시킬 수 있는 기술이 무엇인지를 결정하는 과정이다.

식사 기술에 대한 평가 외에 영양과 관련된 사항도 평가되어야 하는데, 매일의 섭취량과 신체적 특성, 생리적 기능에 대해 주의 깊게 기록할 필요가 있다. 학생들은 구강운동을 통해 음식을 섭취하며, 치아의 상태도 식사 기술에 영향을 미칠 수 있으므로 위험요소를 살펴보아야 한다. 또한 학생의 특정 음식에 대한 알레르기, 대사이 상장애 유무를 확인하여 이를 유의하여 식사 지도를 해야 한다.

식사 기술에 대한 다양한 체크리스트가 진단을 위해 사용될 수 있으나 각 학생의 식사 기술에 대한 평가는 기본적으로 개별화되어야 한다. 식사 기술과 관련된 평가는 크게 두 부분으로 나누어지는데, 그중 하나는 학생의 독립적인 식사 기술 수준에 대한 평가이며, 다른 하나는 전적으로 다른 사람의 보조를 받아 식사를 할 경우에 먹이기와 관련한 기술에 대한 평가 부분이다.

최종적으로는 모든 일반 환경에서 특정한 도구의 사용 없이도 스스로 식사를 할 수 있도록 지도하는 것이 목표이나, 지체장애 학생의 평가 목적은 주어진 장애 상황에서 가능한 한 독립성을 확보하기 위한 것이므로 실제 환경에서 관찰과 수행을 통해 개별적인 방법으로 중재되어야 한다.

4) 중재 방법

지체장애 학생의 식사 기술의 지도는 가능한 한 일반적인 중재 방법을 적용해야 한다. 그러나 직접적으로 접근하기 힘든 경우에는 다양한 수정 전략을 통해 간접적으로 영향을 주는 방안을 고려해 볼 수 있다.

식사 기술을 중재하기 위해 고려할 점은 다음과 같다(Westling, Fox, & Carter, 2015). 첫째, 숟가락이나 포크 사용 등 초기 기술의 지도 단계에서는 동일한 훈련자가 지도하는 것이 효과적이다. 둘째, 초기의 지도는 조용한 장소에서 실시되어야 한다. 기술을 적절히 학습하였을 때 식당을 이용하거나 또래와 같이 식사하게 하는 것이 효과적이다. 셋째, 기술의 향상을 위해 가능한 한 기회를 많이 제공하고 실제 식사 시간을 통해 지도한다. 넷째, 하나의 식기 사용을 지도할 때에는 쉽게 배우고 효율적으로 기술을 향상시키기 위해 한 가지 음식으로 연습시킨다. 다섯째, 식기 사용 기술을 쉽게 배울 수 있는 도구(큰 숟가락, 깊은 그릇 등)를 사용한다. 여섯째, 초기 단계에서 기술이 향상되면 청결에 대한 지도를 함께 한다.

(1) 자세의 교정

식사하기에 필요한 구강근육의 움직임을 원활하게 하기 위해서는 바른 자세가 이루어져야 한다. 대부분의 학생은 앉은 자세에서 식사를 하게 되나, 필요한 경우에는 보조기기를 사용하여 바르게 앉을 수 있도록 지원하는 것이 효과적이다. 그러나 지나치게 많은 보조기기로 자세를 지지해 주는 것은 독립성을 없애고 근육을 약하게 만들 수 있다(Lowman, 2004).

식사하는 데 가장 좋은 최적의 자세는 주의 깊은 관찰을 통해 개인적으로 결정되어야 한다. 안전성을 보장하기 위해 적절한 높이의 의자와 식탁을 제공하고 가능한 한 직립의 자세로 앉게 하는 것이 좋다. 식사 지도를 할 때에는 자연스러운 자세를 유지할 수 있도록 해 주는 것이 좋으며, 새로운 자세에 적응하고 편안하게 되기 위해서는 식사 시간 10~15분 전부터의 자세가 중요하다(Orelove, Sobsey, & Silberman, 2004). 음식물의 역류와 흡인을 예방하기 위해서 식사 자세는 수직 자세가 좋고, 식사 후 45분간은 눕지 않고 이러한 자세를 유지하는 것이 도움이 된다(Bigge, 1991). 앉은 자세에서 식사하는 것이 힘든 학생의 경우라도 상체를 30도 이상 세워서 먹도록 하고, 식사 후 반쯤 기댄 자세나 앉은 자세가 역류 예방에 도움이 된다.

학생이 스스로 식사를 하지 못하는 경우에는 다른 사람의 도움을 통해 음식을 섭취하게 되는데, 이때 학생에게 음식을 제시하는 태도가 매우 중요하다. 음식을 제시하는 위치에 따라서 학생의 근 긴장도는 이완될 수도, 긴장될 수도 있기 때문이다. 음식을 먹일 때의 적절한 위치는 음식이 학생의 얼굴 아래에 오는 것이 좋고, 먹이는 사람의 얼굴이 눈높이 또는 눈 아래에 있도록 하기 위해 낮은 의자에 앉는다. 학생의 목은 뒤로 젖혀 있는 것보다는 목을 약간 구부리게 하는 자세가 질식 없이 쉽게 삼키도록 하며, 비정상적인 반사작용을 최소화한다. 먹이는 사람은 학생과 가능한 한 가깝게 위치하고, 학생의 옆 또는 뒤에서 신체적 도움을 주는 것이 좋다([그림 12-1] 참조). 그러나 학생의 자세가 한쪽으로 기울어져 있을 때에는 신체를 중심으로 균형적인 자세가 되도록 도와주는 것이 좋다. 입 안에 음식을 넣어 줄 때는 혀의

| 좋지 않은 자세 | 좋은 자세 |

그림 12-1 식사 지도 자세

중앙 부분에 넣어 준다. 그러나 턱의 움직임에 제한이 많은 경우에는 쉽게 씹을 수 있도록 치아 사이에 직접 음식을 놓아 준다(Orelove, Sobsey, & Silberman, 2004).

(2) 음식 수정

음식의 형태, 크기, 온도, 제시하는 태도 등은 학생의 식사행동에 영향을 준다. 지체장애 학생 중 일반 음식을 먹지 못하는 경우에는 채소 등을 삶아 걸쭉하게 만든 음식인 퓌레(puree)형 음식을 제공한다. 그러나 퓌레형 음식은 삼키는 자극 없이 쉽게 넘어가므로 기도폐쇄의 위험을 증가시키며, 변비와 충치를 일으키고, 구강구조를 약하게 하며, 비타민 결핍을 가져올 수 있다. 또한 고형 음식을 먹을 때 습득할 수 있는 기능을 경험하지 못하게 하므로 가능한 한 퓌레형 음식에서 거친 음식을 먹을 수 있도록 점차적으로 고형 음식으로 지도하는 것이 필요하다(Westling, Fox, & Carter, 2015). 위식도 역류를 보이는 학생은 작은 조각으로 음식을 잘라 주거나 거친

표 12-3 음식의 형태 수정 시 유의사항

- 단단하고 작은 알갱이 형태의 음식보다 으깬 바나나 등 부드러운 음식부터 먹을 수 있도록 지도한다.
- 당근, 완두콩과 같은 채소를 감자에 으깨서 먹게 하고, 좀 더 단단한 음식을 먹을 수 있게 되면 점차 다른 종류로 확대한다.
- 일반 유아의 경우 치아가 없어도 씹는 기능을 배우므로 음식을 입에 넣었을 때 씹지 않아도 삼킬 수 있도록 익힌 채소 등을 먼저 제공한다.

표 12-4 | 씹기를 거부하거나 씹지 못하는 학생의 지도

- 구강 내 과민도, 고형 음식을 삼키는 행동, 목젖에 닿을 때의 행동 등 삼키는 행동을 관찰한다.
- 아래턱의 조절 기능, 충치, 잇몸의 염증, 어금니 유무 등 삼키는 기능을 평가한다.
- 생후 6~8개월이 될 때까지는 씹는 것에 대한 준비가 되어 있지 않을 수 있으므로 인지 능력을 살펴본다.
- 씹기 시작하기 전에 걸쭉한 음식, 작은 덩어리가 있는 음식 삼키기를 먼저 지도한다.
- 작은 고기 조각이나 육포 등을 어금니 양쪽에 번갈아 놓아 주어 씹는 운동을 지도한다.
- 씹을 때 소리가 나는 과자를 이용하여 씹는 운동을 자극한다.
- 학생의 아래턱을 이용한 상하운동과 회전운동을 보조해 준다.
- 닭고기나 생선 등의 연한 고기부터 시작하여 점차 씹기 어려운 음식으로 바꾸어 준다.

질감의 음식 또는 고체 형태의 음식을 제공하는 것이 적절하다. 음식 형태를 수정해 줄 때의 구체적인 고려사항은 〈표 12-3〉과 같다. 만일 일반적인 음식을 먹지 못하거나 씹기를 거부하는 학생이 있다면 〈표 12-4〉와 같이 주의하여 지도한다.

(3) 식사 방법 및 도구의 수정

스스로 식사하기를 시도조차 하지 않는 학생의 경우에는 손을 이용하여 음식을 먹는 행동을 지도한다. 손으로 먹기를 지도하는 것은 식사도구를 바르게 사용하기 위한 전 단계이며, 반드시 적절한 시기에 도구 사용 방법을 중재해야 한다. 숟가락을 바르게 쥐는 방법을 지도하여 스스로 수행할 수 있도록 지도한다([그림 12-2] 참조). 학생의 독립성이 증가할수록 보조의 양을 점차로 줄인다.

컵을 사용하여 마시는 것을 배우는 것은 복잡하지만 거의 대부분의 학생에게 만족감을 주는 경험이다. 컵을 이용하기 위해서는 안정된 자세에서의 팔, 손, 머리, 입의 협응력이 필요하다. 처음에는 걸쭉한 액체를 이용하여 지도하는 것이 쉽다. 학

잘못된 방법

바른 방법

그림 12-2 숟가락 잡는 방법의 지도

생에 따라서는 적당한 모양과 무게의 컵을 선택해 주는 것이 도움이 된다. 일반 유아들이 사용하는 주둥이가 있는 컵은 덜 흘릴 수 있지만 비정상적인 방법을 유도할 수 있기 때문에 사용하지 않는 것이 좋다. 컵을 사용하여 음료 마시기를 지도할 때에는 컵의 가장자리를 학생의 아랫입술에 놓아서 깨무는 자극을 줄인다. 음료가 입 안으로 잘 들어가도록 충분히 기울이되, 학생의 윗입술이 음료에 닿을 수 있도록 한다. 제시하는 시간 또한 매우 중요하므로 학생의 특성과 기능에 따라 먹고 마시는 자세와 양, 속도를 조정한다(Orelove, Sobsey, & Silberman, 2004). 컵을 사용하여 음료 마시기를 지도할 때의 유의사항은 〈표 12-5〉와 같다.

표 12-5 컵을 사용하여 음료 마시기 지도 시 유의사항
• 처음에는 물이나 맑은 음료보다는 걸쭉한 상태의 음료를 이용하여 지도한다. • 보통 음료의 농도에 가깝게 조금씩 묽게 한다. • 처음에는 컵을 학생의 얼굴에 가까이 접근시킨 후 숟가락을 사용하여 음료를 떠서 먹게 한다. • 이것이 습관화된 후 숟가락으로 음료를 입에 넣을 때 동시에 컵이 입술에 닿게 지도한다. • 이러한 과정이 익숙해지면 컵에 입을 대고 천천히 마시게 한다. • 컵에 음료를 조금만 담아 준 뒤 컵을 쥐는 방법을 가르친다. • 음료를 마시기 위해 고개를 들었을 때 몸의 균형을 잃는 학생의 경우에는 컵의 윗부분이 대각선으로 잘린 형태의 컵을 사용한다.

컵 안의 음료가 보이도록 컵의 윗부분을 잘라 낸 컵(cutaway cup)은 목이 뒤로 젖혀지는 것을 막아 주어 흡인의 위험을 줄여 주고 음료가 코에 닿지 않게 한다. 손으로 잡기에 용이한 모양이나 음료의 양이 보이는 투명한 플라스틱 컵 등이 사용하기 편하다. 숟가락을 사용하기 위해서는 식사행동에 대한 정확한 과제 분석이 필요하다. 과제 분석 단계에 따라 수정된 식사도구를 이용하면 좀 더 쉽게 지도할 수 있다. 수정된 식사도구는 숟가락 위에 있는 음식을 떨어뜨리지 않고 균형을 유지하면서 입에 넣는 것이 어려운 학생에게 도움이 된다. 입 부위의 감각이 예민하거나 강직성 씹기반사를 가진 학생의 경우 금속 재질의 숟가락은 적당하지 않다. 자극을 최소화하기 위해서는 플라스틱이나 실리콘 소재가 좋은데, 이때 일회용 플라스틱 숟가락은 부러지기 쉽기 때문에 적절하지 않다. 수정된 식사도구는 매우 유용하나 정상화의 원칙이 중요하고 분명한 이득이 있을 때만 사용한다. 수정된 도구의 적용이 학생에게 가치 있는지 주의 깊은 진단을 통해 결정한다. 수정된 식사도구의 예는 [그림 12-3]과 같다.

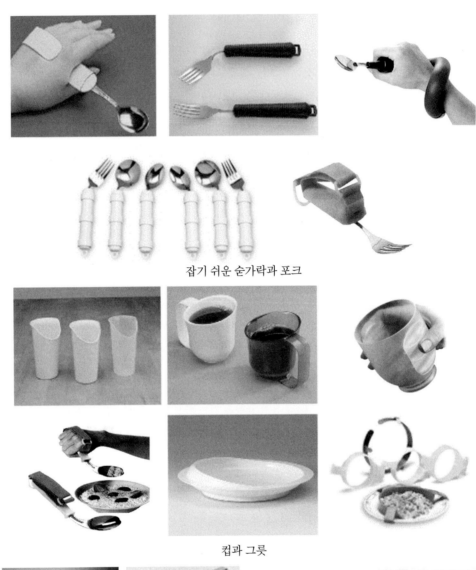

잡기 쉬운 숟가락과 포크

컵과 그릇

자동 식사보조기구

일체형 칼-포크

물통 지지대

아랫부분에 빨대가
연결된 컵

그림 12-3 수정된 식사도구

출처: 에이블데이터 홈페이지(http://www.abledata.acl.gov).

(4) 식사 시간 및 환경 수정

식사 기술을 지도하는 데 가장 기본적인 것은 정상화 원칙이다. 식사 기술의 지도는 일반적인 환경에서 정해진 식사 시간에 다른 사람들이 섭취하는 음식을 그대로 섭취할 수 있도록 지도하는 것이 최상의 지도 방법이다. 모든 학생이 특별히 식사 기술에 대한 교육을 받지 못하여도 스스로 습득한 행동들이 있다. 때로는 교정이 필요한 잘못된 식사습관일지라도 최소한 현재 그 학생에게는 가장 효과적인 방법일 수 있다. 그러나 잘못된 식사 방법과 태도는 장기적인 측면에서는 학생의 영양과 건강을 위해 직접적인 훈련을 통한 교정이 필요하다.

이러한 집중훈련은 현실적으로 많은 어려움이 있다. 새로운 식사행동을 지도하는 동안 기능 면에서는 일시적인 감소 현상을 보일 수 있으며, 새로운 방법에 대해 거부감을 나타낼 수도 있다. 또한 학교의 정규적인 식사 시간에 새로운 식사 기술을 사용하도록 지도하는 것만으로는 섭취량을 감소시켜 건강을 위협할 수 있다. 그러므로 정규 식사 시간에만 지도하는 것보다는 이러한 일시적 감소와 관련된 문제를 극복하기 위해 식사 기술 습득을 위한 특정한 시간에 추가로 지도하는 것이 필요하다(Westling, Fox, & Carter, 2015).

과민한 반사행동을 가진 학생에게 편안하고 안정된 느낌을 주는 환경을 제공하는 것은 식사 기술 수행을 도울 수 있다. 식사환경은 가능한 한 정상화 원칙에 준해서 구성하되, 식사 기술의 유지와 일반화의 가능성을 고려한다. 과도한 소음과 주변 환경의 방해요소를 통제하고 공격적이거나 산만한 행동을 보이는 다른 학생들과 분리하는 것도 초기에는 좋은 방법이다. 먹이는 사람이 빛을 등지고 앉은 자세에서 먹이는 것은 학생과의 의사소통과 식사행동에 대한 세밀한 관찰을 방해하므로 좋지 않다. 때로는 부드러운 음악이 도움을 주고, 적절한 온도의 유지도 중요하다. 이러한 환경의 조절은 비정상적인 반사행동을 줄일 수 있다(Orelove, Sobsey, & Silberman, 2004).

(5) 신체적 보조 방법

식사를 돕는 신체적 보조 방법은 자세의 교정, 음식의 수정, 식사도구 및 환경을 먼저 수정한 후에 되도록 적게 사용하는 것이 좋다. 신체적 보조를 과다하게 사용하는 것은 학생이 스스로 식사하는 기술을 방해하며 의존적인 태도를 형성하게 한다. 가능하면 학생의 머리나 턱, 얼굴 부위를 고정해 주는 등의 신체적 보조보다는 쿠션 같은 자세 보조기기를 이용하여 머리의 움직임을 고정해 주거나 유지해 주는 것이 좋다. 예를 들어, 뇌성마비 학생이 물을 마실 때 머리를 고정해 주어야 한다면 교사가 손으로 잡고 해 주는 것보다는 머리받침이나 벨트 등을 이용하여 고정해 준다.

학생이 스스로 씹는 능력이 부족한 경우는 턱의 움직임을 촉진하되 학생의 뒤나 옆에서 최소한의 방법으로 보조한다. 중지는 턱, 검지는 턱과 입술 사이, 엄지는 눈 주변의 얼굴 옆에 위치하고 아래턱의 개폐를 보조하고 조절할 수 있게 한다(Best, Heller, & Bigge, 2010; [그림 12-4] 참조). 턱의 움직임을 조절해 줄 때 윗입술을 아래로 당기는 것은 입술 수축을 자극할 수 있기 때문에 피해야 한다(Orelove, Sobsey, & Silberman, 2004).

식사를 돕는 신체적 보조 방법은 학생의 신체적 기술 외에 심리적인 부분을 고려해야 한다. 식사하는 동안 학생을 주의 깊게 관찰하고 자연적 호흡과 동작 양식에 맞춰 음식을 주는 양과 속도를 조절해야 한다. 특히, 음식은 자연스럽고 예측 가능한 속도를 유지해서 제공해야 한다.

일정한 언어적 표현이나 준비신호 등은 도움이 될 수 있다. 또한 선호하는 음식을 언어적·비언어적 신호를 통해 표현할 수 있는 학생에게는 식사행동과 관련한 다양한 표현과 의사소통 시도 행동에 대해서 교사는 민감한 반응을 보이고 학생의 신호를 주의 깊게 보고 반응함으로써 이러한 행동을 격려한다. 그러기 위해서는 식사 환경의 주의산만과 방해 요소는 최소화해야 한다. 식사 시간 중 교사와 학생이 주고받는 행동은 더 나은 식사 기술을 위해서 필수적이다. 더욱이 식사활동 중에 사용되는 구강운동 기술은 언어 발달의 근간이 되고, 학생과 보조하는 사람 사이의 상호작용은 의사소통을 위한 중요한 기초가 된다.

그림 12-4   식사 시 신체적 보조 방법

⑹ 구강운동

턱의 조절을 돕기 위해서는 학생의 구강과 안면의 과민반응을 줄이는 것이 필요하다. 과민반응을 줄이고 구강운동을 촉진하는 절차들이 식사 기술 향상에 도움이 된다(Orelove, Sobsey, & Silberman, 2004). 구강운동을 촉진하는 활동은 입술, 안면, 뺨 주위를 두드리기, 잇몸과 입천장 마사지하기, 씹기, 삼키기, 입술 닫기 등과 관련한 부위의 피부 문지르기, 입 주위에 얼음을 대 보고 감각 느끼기, 입술과 뺨 주위의 근육 스트레칭하기, 구강과 안면근육을 진동시키기, 혀를 입 안에서 여러 방향으로 움직이기 등이다.

⑺ 턱의 훈련

식사 기능을 향상시키기 위해서는 턱의 훈련 과정이 필요하다. 턱 훈련은 다음의 여섯 가지 활동을 통해 신장시킬 수 있다(Orelove, Sobsey, & Silberman, 2004).

첫째, 음식을 씹을 수 있는 기회를 일찍 제공한다. 장애가 심한 뇌성마비 학생은 유동식밖에 먹을 수 없다고 생각하여 언제나 부드럽거나 묽은 음식만 숟가락으로 흘려 넣어 먹이는 경우가 있다. 그러나 지나치게 오랜 기간 동안 유동식만을 섭취하면 입, 혀, 치아를 이용한 씹는 운동을 경험하지 못하게 된다. 그러므로 빠른 시간 내에 유동식에서 좀 더 단단한 음식을 먹을 수 있도록 지도한다.

둘째, 빨대를 이용하여 빠는 행동을 지도한다. 이것은 입술과 혀뿐 아니라 구개와 목구멍 운동을 위해서도 좋은 연습이 된다. 깨물어도 쉽게 부서지거나 으깨지지 않는 비닐로 만든 빨대를 사용하는 것이 안전하다.

셋째, 씹을 수 있는 여러 가지 음식을 제공한다. 하루에 2~3회 간식 시간에 껌이나 육포 등 씹을 수 있는 음식을 제공한다.

넷째, 씹는 기능을 향상시키기 위해서는 바삭하게 말린 식빵 조각이나 바나나, 과일 등 딱딱한 음식을 준다.

다섯째, 먹는 것을 입에 넣지 않고 씹는 연습을 시킨다. 입을 연 채로 좀처럼 다물지 못하는 학생은 양손으로 턱이 벌어지지 않도록 해 주어 다물었을 때의 느낌을 알도록 한다.

여섯째, 씹는 흉내를 내면서 소리를 낸다. 단순히 씹는 흉내를 내고 소리를 내는 것은 구강운동을 하면서 음성기관을 같이 움직임으로써 연습할 수 있는 방법이다. 혀의 운동을 촉진하기 위해서는 음식을 핥는 연습을 시킨다. 앞니와 윗니 안쪽에 젤

리나 꿀을 발라 주거나 붙여 주어 혀끝을 이용하여 먹을 수 있게 하는 방법도 좋은
연습이 된다.

(8) 튜브를 통한 음식물 섭취

위식도 역류, 씹고 삼키기 등 연하 기능의 문제, 비정상적인 구강운동반사 등으로
인해 지체장애 학생이 구강으로 음식 섭취가 어렵거나 충분한 양의 영양분을 섭취
하기 어려운 경우, 복부를 통해 위까지 연결된 위루관(Gastric tube: G-tube) 또는 코,
목, 식도를 거쳐 위에 이르는 비위관(Nasogastric tube: N-G tube)을 통해 음식물을
섭취한다. 튜브 섭식의 경우 직립 자세나 45도 각도의 자세가 음식물의 역류를 막
으며, 식사 후 최소한 45분은 똑바로 있거나 반쯤 기대어 앉도록 지도한다.

튜브를 통해 음식물을 섭취하는 학생이 상호작용에 참여할 수 있도록 튜브 섭식
은 또래들과의 평상시 간식 시간, 식사 시간에 이루어지도록 한다. 튜브 섭식 시 지
체장애 학생이 음식에 대한 주의를 기울이게 하여 식사활동에 능동적인 참여자가
되도록 지도한다(Valentini, 2012). 위루관 삽입 부위의 피부 상태를 점검하고, 위루
관 막힘 등에 유의할 필요가 있으며, 학교에 있는 동안 튜브가 빠지는 상황이 발생
하면 깨끗한 거즈로 입구를 덮어 두고 즉시 병원에 연락을 취한다.

(9) 식사예절

지체장애 학생의 식사 기술 지도에는 식사하는 방법 외에 편식습관 없애기, 장소
에 따른 예절, 다른 사람과 어울려 식사하기, 외식하기 등 좀 더 다양한 기술이 필요
하다. 예를 들어, 식판을 나르는 기술은 가정에서는 필요하지 않으나 학급이나 학교
에서 식당을 이용하는 경우에는 필수적인 기술이다. 더 나아가 학교 식당에서의 바
른 예절, 식사 시간의 사회적 기술, 기본적인 식탁 정리하기와 외부 식당 이용 시 음
식 선택하기, 음식 주문하기, 음식 구입하기 등을 포함한 기술도 필요하다(Westling,
Fox, & Carter, 2015).

식사에 대한 더 많은 기술은 학생의 필요에 따라 가르칠 기술을 선택하고 순서를
고려하되, 학생의 현재와 미래 환경의 요구에 근거해서 결정한다. 다양한 식사 기술
과 예절은 학생의 독립 수준을 증가시키고 다른 더 많은 환경에서의 적용을 돕는다.

3. 용변 기술

1) 용변 기술의 발달

대부분의 아동은 2~3세경에 용변 기술을 익히게 되나 지체장애 아동은 이동 능력, 수용언어와 표현언어 능력, 소근육운동 기능 등 다양한 기술의 부족으로 용변 기술을 습득하는 시기가 늦은 편이다.

일반적으로 용변훈련은 배설하는 시간이 비교적 정기적이고 예측 가능하며, 옷에 실수하지 않고 적어도 한두 시간은 버틸 수 있는 능력을 가졌을 때 시작할 수 있다(Westling, Fox, & Carter, 2015).

2) 용변 기술의 평가

용변 기술을 지도하기 위해서는 훈련을 시작하기 위한 준비가 되어 있는지 다음과 같은 요소를 고려해야 한다. ① 용변에 대한 준비도 평가, ② 배설 패턴에 대한 평가, ③ 배변과 관련한 기술에 대한 평가이다(Westling, Fox, & Carter, 2015).

(1) 준비도 평가

배변에 관련된 신경체계와 근육의 움직임을 갖추어야 한다. 보통 하루 한 번 정도의 규칙적인 장운동이 나타나며 기저귀가 젖었거나 더러워졌을 때 얼굴 표정이나 몸짓 등 배변을 인식할 수 있을 때 훈련을 시작할 수 있다. 생활연령은 2세 이상이어야 하며, 기저귀의 마른 상태를 최소한 1~2시간 정도는 유지해야 한다. 하루 평균 3~5번의 소변이 같은 시간에 보이는 정도로 일정한 패턴이 나타나야 한다.

(2) 배설 패턴 평가

배설 패턴에 대한 평가는 자연스러운 배변습관을 알기 위한 것으로 부모의 참여를 통해 배설 형태와 장운동의 패턴을 확인하는 단계이다. 자료 수집을 위해서는 약 2~4주 정도의 기간 동안 매시간 15~30분 간격으로 적절한 기호를 사용하여 언제 교사가 학생을 화장실에 데려다 주었는지, 학생이 소변을 보았는지, 또 음식과 어떤 관계가 있는지 기록하며, 자료 수집을 통해 주된 배설 시간, 간격, 양 등을 평가한다. 이러한 기록은 규칙적인 배설 패턴이 정해지기 전까지 자료 수집을 한다. 처음에는 낮 시간 동안의 배설 패턴을 조사하고 낮 시간 동안의 훈련이 성공적으로 끝난 후에는 밤 시간 동안에도 조사와 훈련을 실시한다.

(3) 배변 관련 기술의 평가

배변과 관련한 기술에는 옷 입기, 벗기, 닦기, 물 내리기, 손 닦기 등의 행동과 배변에 대한 의사표현, 어휘 이해 능력 등이 모두 포함된다. 그러므로 화장실 훈련을 하기 위해서는 이러한 활동들을 하나의 분리된 목표로 설정하여 체계적으로 지도한다.

3) 중재 방법

(1) 자세의 교정

적절한 자세 잡기는 화장실 훈련에서 필수적인 요소이다. 골반과 엉덩이, 몸통근육의 자세 조절과 근육의 긴장도와 신체 정렬을 통한 안정성 확보는 화장실 훈련을 위해 지도되어야 한다. 예를 들어, 근 긴장도가 높은 학생은 화장실을 사용하는 동안 골반과 엉덩이, 다리의 근 긴장이 증가하므로 긴장을 소거하는 것이 우선 과제가 된다. 근 긴장도가 낮은 학생은 장이나 방광 등의 움직임을 나타내는 근육의 수축

그림 12-5 앞 지지대가 설치된 변기

그림 12-6　변기 안전 등받이

출처: 경기도재활공학서비스연구지원센터 홈페이지(http://atrac.or.kr).

그림 12-7　팔걸이가 설치된 변기

출처: 에이블데이터 홈페이지(http://www.able data.acl.gov).

능력이 부족하므로 화장실 훈련의 첫 번째 단계는 적절한 자세를 갖도록 도와주는 것이다(Snell & Brown, 2008).

화장실을 이용하는 데 필요한 자세를 지도하기 위해 자세 유지기기들을 활용할 수 있다. 개인의 특성에 따라 약간의 지지만을 지원해서도 도울 수 있는 환경적인 수정 방법을 사용할 수도 있다. 예를 들어, 몸통을 지지할 수 있는 손잡이와 지지대([그림 12-5]~[그림 12-7] 참조), 다양한 의자 형태의 보조기기 사용은 신체의 정렬과 자세 지지에 도움이 된다. 변기가 높아 발이 바닥에 닿지 않는 학생에게는 발판을 제공하는 방법도 있다.

(2) 용변 기술 지도 단계

용변 기술의 지도는 사회적으로 유효하고 연령에 적절하며 가족의 문화를 존중하면서도 학생이 좀 더 독립적으로 수행할 수 있도록 하는 교수적 방법을 사용해야 한다. 장애 학생의 경우 용변 기술에 대한 초기 지도는 배변습관을 형성하거나 스스로 화장실을 사용할 수 있도록 시도하면서 점차 독립적 수행이 가능하도록 하는 단계를 통해 지도할 수 있다(Farlow & Snell, 2000). 규칙적인 배설 형태에 대한 자료수집이 완료되면 구체적으로 변기에 앉히는 훈련을 시작한다. 변기 사용 훈련은 저연령 아동의 경우에는 이동식 변기를 사용해도 좋으나, 초등학교 이상의 학생인 경우에는 화장실에서 직접 실시한다. 용변 기술을 지도할 때 학생의 잔존능력을 파악하

그림 12-8　소변기 앞에 서 있는 학생의 뒤에서 지지하는 모습

여 학생이 최대한 움직일 수 있도록 최소한의 지원을 제공한다([그림 12-8] 참조).

① 1단계: 습관 만들기(habit training)

이 단계의 목적은 학생이 규칙적인 계획표에 따라 변기에 앉는 경험을 주는 것이다. 학생이 거부할 때에는 처음에는 화장실에 가까이 가는 것을 지도하고, 다음에는 변기에 앉는 것에 익숙해지도록 칭찬과 강화를 통해 시간을 점차 늘려 나가면서 5분 정도 앉을 수 있도록 훈련한다.

훈련을 돕기 위한 환경 조절 방법은 학생의 습관 만들기에 도움이 된다. 아동용 변기를 이용하거나 느낌이 좋은 소재의 변기 커버 사용하기, 바닥에 미끄러지지 않는 논슬립 매트 깔아 주기, 화장실 문을 제거하여 고립된 느낌을 완화해 주기 등이 있다.

화장실에 가는 것을 꺼리거나 공포를 느끼는 학생들의 경우에는 강제로 실시하지 않는다. 처음부터 변기에 앉는 훈련을 시작하지 말고 손을 씻거나 세면대에서 거울 닦기, 비눗방울 놀이 등 학생이 즐길 수 있는 활동을 통해 화장실에 대한 거부감을 없앤다. 거부감이 사라지면 옷을 입은 채로 변기에 앉아 보기, 인형을 모델로 학생과 교대로 앉아 보기, 학생과 같이 물 내리기 등 학생이 수용할 수 있는 정도로 과제를 나누어 실시한다.

② 2단계: 스스로 화장실 사용 시도하기(self-initiated toileting)

화장실에 가야 할 필요를 인식하고 징후를 나타내도록 하는 단계이다. 학생이 용변을 보자마자 칭찬해 줌으로써 방광이 가득 찬 것과 배설하는 것의 관계를 인식하도록 돕는다. 이 단계에서는 학생이 젖어 있다는 느낌을 느끼지 못하게 하는 기저귀를 제거하고 입고 벗기 편한 속옷을 입도록 지도한다. 그러나 처음에는 바지를 정기적으로 점검하여 마른 채로 있을 때에는 강화하며, 실수 시에는 관심이나 강화를 하지 않고 옷을 갈아입히는 등의 단계를 통해 훈련을 시작한다.

이 단계에서는 다리를 꼬거나, 얼굴을 찡그리거나, 구석으로 가는 등의 화장실에 가고자 하는 학생의 행동 표현에 대한 민감한 관찰이 요구된다. 학생의 표현 방법이 관찰되면 교사는 좀 더 긍정적이고 일반적으로 수용 가능한 표현을 할 수 있도록 물건, 사진, 단어들을 이용해서 화장실에 가고 싶다는 표현을 지도한다.

③ 3단계: 독립적으로 화장실 사용하기(toileting independence)

이 단계에서 지도해야 할 내용은 화장실을 가야 한다는 것을 깨닫는 것과 화장실을 이용하는 모든 과정을 스스로 해내는 것이다. 변기에 앉아 있는 시간이 많으면 많을수록 배변할 확률이 높으나 학교에서는 자주 화장실에 갈 수 있는 여건이 안 되므로 시간당 10~15분 정도 화장실에 머물면서 훈련하는 것이 효과적이다. 배변훈련의 성과는 교사와 학생이 얼마나 많은 시간을 투자하느냐와 관계가 있다(Westling, Fox, & Carter, 2015).

이 단계는 용변 기술을 일반화하고 좀 더 숙달되게 하는 것이 중요하며, 낮 시간 동안에 이루어지는 기술들이 점차 밤 시간 동안에도 이루어질 수 있도록 가정에서도 같이 시작한다.

(3) 관련 기술의 지도

스스로 화장실에 가서 배변 처리를 하기 위해서는 여러 가지 기능과 기술이 필요하다. 화장실로 이동하기, 필요한 경우 변기 커버 올리기와 내리기, 바지를 내리거나 치마 올리기, 물 내리기, 손 씻기, 화장실에서 돌아오기 등은 배변훈련을 가르칠 때 필요한 기술이다. 균형을 잡고 서기가 어려운 학생의 경우에는 먼저 변기에 앉은 후에 바지를 내리게 하는 등 일반적인 순서를 바꾸어 지도하는 것도 한 방법이다. 이러한 기술들은 따로 분리하여 가르칠 수 있는 것이 아니라 배변훈련과 동시에 자연스러운 기회를 통해 지도한다.

배변 기술은 신체적인 기능 외에 배변에 대한 의사를 표현하고 적절한 도움을 요청하는 것을 포함하여 지도한다. 화장실에 가고 싶을 때는 얼굴 표정이나 손으로 지적하거나 일정한 제스처, '화장실에 가고 싶어요.'가 녹음된 스위치 등을 사용하여 다른 사람이 알아들을 수 있는 방법으로 표현하도록 지도한다.

(4) 일반화와 유지를 위한 훈련

기본적인 배변훈련은 교실 안이나 교실 가까이에 있는 화장실에서 이루어진다. 다양한 장소의 화장실을 실수 없이 이용하기 위해서는 배변훈련 기술에 대한 일반화와 유지에 대해 여러 사람의 협조가 필요하다. 학교 내의 여러 가지 수업활동은 교실 내에서만 이루어지는 것이 아니므로 각 교과 교사들이 담임교사와 함께 각기 다른 장소에서도 일관성 있게 지도할 수 있도록 배변훈련에 대한 계획을 공유한다. 이러한 배변훈련은 학교와 가정이 연계하여 공통의 방법으로 지도할 때 더 빠르게 습득할 수 있다.

4. 착탈의 기술

1) 착탈의 기술의 발달

착탈의 기술은 독립심을 기르고 타인에게 의존하는 것을 줄이기 위해 필요하다. 이에는 단순히 기능적으로 옷을 입고 벗는 것 외에 기후나 상황, 장소에 따라 바르게 선택하고 어울리게 입을 수 있는 기술이 포함된다.

일반 아동의 경우 보통 옷 입는 기술은 셔츠를 입을 때 팔을 잡아 주거나 양말이나 신발을 신을 때 잡아 주는 것과 같은 도움이 있을 때는 약 12개월 때 발달하기 시작한다. 이때부터 4세경까지 옷 입는 기술이 발달해서 조금만 도와주면 혼자서 옷을 입고 벗을 수 있게 된다. 대개 옷을 벗는 기술은 옷을 입는 기술보다 먼저 발달하며 소근육운동이 필요한 기술보다 대근육운동이 필요한 기술을 먼저 습득한다. 그러나 모든 아동이 이러한 일반적인 기술 습득 과정을 따르는 것은 아니다.

지체장애 학생의 경우 적당한 시기에 신체적 기능의 제한으로 독립적인 착탈의 기술을 배우지 못할 수도 있다. 그러나 기능 손상으로 스스로 착탈의 기술을 수행하지 못한다 하더라도 옷을 입고 벗는 과정을 많이 경험하도록 기회를 제공하는 것이 중요하다. 옷을 입고 벗는 기술은 전문가의 소근육 기능 평가를 통해 적절한 방법에 대한 정보를 얻을 수 있다.

2) 착탈의 기술의 평가

착탈의 기술의 평가는 주 양육자와의 면담을 통해 필요한 기능에 대한 정보를 얻을 수 있다. 옷 입기와 관련해서 학생이 어떤 기술을 가지고 있는지를 알아보기 위해서는 학생의 행동을 직접 관찰하여 평가한다. 학생이 주로 이용하는 의복을 입고 벗는 데 필요한 기술을 과제 분석하여 각 단계에서의 수행 정도를 표시한 뒤, 다음 단계에서의 필요한 기술을 결정할 수 있도록 평가한다. 이러한 과정을 통해 학생이 할 수 없는 것이 무엇인지 정확히 파악할 수 있다. 교사는 이러한 기초 자료를 수집하고 난 다음 중재를 계획한다.

3) 중재 방법

(1) 자세의 교정
일반적으로 생후 12~18개월이 되면 바닥에 앉아서 스스로 옷을 입거나 벗기를 할 수 있게 된다. 착탈의에 필요한 팔 동작을 배우기 위해 누운 자세보다는 덜 수동적인 자세인 앉기 자세에서 지도하는 것이 바람직하다. 바른 자세로 앉기 위해서는 보조기기나 양육자의 도움을 받아 앉기 자세를 유지할 수 있도록 지원한다(Snell & Brown, 2008).

자세 유지 보조기기들은 앉은 상태에서의 자세의 균형과 팔, 다리의 움직임을 돕는다. 앉기 자세에서 균형 유지 능력이 부족하거나 팔과 다리를 움직이는 데 보조가 필요한 학생은 성인이 직접 잡아 주거나 바닥이나 침대에 앉아서 자세를 유지하게 한다. 스스로 착탈의를 하지 못하는 학생의 경우에는 옷 입기를 하는 동안 근육의 긴장이 증가하는 것을 막는 것이 중요하다. 그러기 위해서는 성인의 무릎 위에 학생을 앉히고 학생이 정상적인 근육 상태를 가질 수 있도록 자세를 지지해 준다. 착탈의에 사용되는 대안적인 자세는 물리치료사나 작업치료사에게 유용한 정보를 얻을 수 있다.

중도의 지체장애 학생 중 기저귀를 사용하는 경우 앉기 자세에서는 옷 입기가 어려우며, 때에 따라서는 옷 입기 기술도 누운 자세에서 더 손쉽게 도와줄 수 있는 경우도 있다. 그러나 경직성이 있는 학생은 뉘었을 때 경직성이 더 심해지기도 하므로 작은 베개를 머리 밑에 놓거나 가슴 위에 손을 놓고 잡아 주어 경직성을 줄이는 방법을 사용해야 한다(Snell & Brown, 2008). 기저귀를 착용하는 학생은 스스로 움직이기가 어려운 학생이 많으나 학생이 신체적으로 준비하고 조금이라도 근육을 움직여 볼 수 있도록 엉덩이를 들어 올리는 움직임을 해 보게 하거나 좌/우 방향으로 몸통을 돌리는 움직임을 해 보게 하는 등의 기회를 제공한다.

(2) 착탈의 지도

착탈의 기술은 과제 분석을 바탕으로 촉진 전략을 사용하여 각 단계의 기술을 수행하도록 지도하는 방법이 가장 많이 사용된다. 그러나 각 단계의 과제 분석보다 우선 고려해야 할 것은 착탈의 기술을 지도하기 위해 사용될 자료의 선정과 학생의 선호도에 대해 고려하는 일이다. 예를 들어, 양말 신기보다 신발 신기가, 윗옷보다 바지가, 단추가 있는 것보다 없는 옷을 이용한 착탈의 지도가 더 수월하다. 또한 학생이 선호하는 의복에 대해 부모를 통해 미리 조사하여 지도할 때 흥미와 동기유발을 증진시킬 수 있다.

이러한 기술은 하루의 일과 속에서 자연스럽게 일어나는 행동이지만 좀 더 잦은 기회를 제공하여 빠르게 습득하도록 해야 효과적이며, 특히 어려운 기술은 단기간 내의 집중시도(massed practice) 방법이 적절하다. 새로운 기술의 습득은 강화의 방법을 통해 주의를 집중시킬 수 있으며, 점차 강화의 양을 줄여 나가 스스로 할 수 있도록 지도한다. 편마비 학생에게 앞이 트인 셔츠 입기를 지도하는 경우, 마비된 팔을 먼저 소매에 넣은 후 마비되지 않은 팔을 넣는 순서로 지도한다. 착탈의 기술은 단정하게 잘 입은 자신의 모습을 보는 것만으로도 강화될 수 있고 다른 사람의 반응을 이용하여 강화할 수 있다. 이러한 기술은 항상 가정과 연계하여 일관성 있는 옷 입기 기술의 절차가 동일하게 지도되도록 한다(Orelove, Sobsey, & Silberman, 2004).

(3) 관련 기술의 지도

착탈의 기술은 다른 기술과 관련하여 지도한다. 등하교 시에 옷을 입는 것 외에 배변훈련을 할 때에도 옷 입는 기술의 지도는 중요하다. 그러므로 등교한 후 교실에 와서 겉옷을 벗어 정리하거나, 체육 수업을 위해 체육복으로 갈아입거나, 미술시간에 작업복을 입을 때, 방과 후 집에 갈 때 등 다른 활동들과 연관시켜 생활 중에서 반복하여 지도한다.

착탈의 기술은 다양한 부수적인 기술을 같이 지도하여 교수의 효과를 증진시킬 수 있다. 좌/우, 앞/뒤, 위/아래, 안/밖과 같이 옷을 입거나 벗을 때 사용되는 다양한 어휘 학습과 색, 크기, 무게 등 옷의 선택에 필요한 어휘 개념을 지도하는 것이 필요하다. 또한 옷 입기 기술을 습득한 학생에게는 날씨, 행사, 계절에 맞는 의복의 선택 등 적당한 옷 고르기 같은 기술을 통해 좀 더 독립적인 착탈의 기술을 지도하는 것이 필요하다.

(4) 의복의 수정과 선택

다른 사람의 도움을 받지 않고 스스로 옷을 입거나 벗는 기술을 습득할 수 없는 학생의 경우에는 부분참여를 통해 자신의 움직임을 조절할 수 있도록 지도한다. 교사는 착탈의 각 단계에서 학생이 할 수 있는 부분을 확장시킬 수 있게 계획한다. 지체장애 학생을 위한 과제 분석은 일반 학생에게 나타나는 행동에 근거할 필요는 없으며, 과제의 일반적인 형태(form)를 고수하는 대신 과제의 기능(function)에 초점을 둔다. 예를 들어, 옷의 단추를 채우는 것을 스스로 하지 못하는 학생에게 단추 채우기 기술을 지도하기 위해 인형의 옷이나 교재 · 교구 등 상업화된 자료의 사용은 자연적이지 않기 때문에 좋은 방법이 아니다. 학생의 평상복을 이용하여 지도하되, 다만 어려움이 많을 때에는 교수 초기 단계에서 한두 치수 더 큰 옷을 사용하거나 큰 단추를 사용하는 등의 약간의 수정을 통해 지도한다. 운동화 끈 매기와 같이 학생이 배우기에 너무 많은 시간이 걸리거나 신체장애로 인해 부적절하다고 판단될 경우에는 벨크로 등 다른 것으로 대체해 주는 방법도 유용하다.

좀 더 쉽게 착탈의 기술을 적용할 수 있는 의복은 목 부분이 넓고 신축성이 있는 옷, 지퍼 손잡이가 큰 옷, 쉽게 풀어지는 큰 단추, 벨크로로 된 장식, 잠금장치가 큰 옷 등이며, 목발이나 워커 등 이동용 보조기기를 사용하는 학생은 겨드랑이 쪽 솔기를 두껍게 박음질한 옷을 이용하거나, 휠체어를 타는 학생은 추운 날에도 몸을 따뜻하게 해 주는 망토나 담요를 사용할 수 있다(Orelove, Sobsey, & Silberman, 2004). [그림 12-9]는 수정된 의복과 신발, 착탈의에 사용되는 도구의 예이다.

솔기의 여밈 방법이 수정된 옷

여밈 방법이 수정된 신발

단추 끼우기 보조기기와 손잡이가 큰 지퍼

스타킹과 양말 신기 보조기기와 열쇠고리

그림 12-9 일상생활 보조기기

출처: 카디날헬스 홈페이지(http://www.cardinalhealth.com); 퍼포먼스헬스 홈페이지(http://www.performancehealth.com).

5. 몸단장 및 개인위생

지체장애 학생에게 지도해야 할 위생 기술 영역은 몸을 청결히 하기, 개인 관리 및 치장하기, 목욕이나 샤워하기, 세수하기, 손 씻기, 이 닦기, 치실 사용하기, 양치액 사용하기, 면도하기, 방취제 사용하기, 손톱 깎기, 머리 감기와 말리기, 화장품 사용하기, 머리 빗기와 가꾸기, 생리위생 관리하기 등이다.

위생 기술의 목적은 개인위생에 대한 기초 기술을 익히고, 이를 통해 자기를 표현하며, 외모를 가꾸어 향상시키는 데 있다. 몸단장과 개인위생 지도는 개인적인 요구와 잔존 기술의 정도에 따라 결정하고 계획한다. 예를 들어, 편마비 학생에게 손으로 얼굴 씻기를 지도할 때에는 양손 협응을 위해 마비되지 않은 손으로 마비된 손의 아랫부분을 받쳐서 양손으로 씻을 수 있도록 지도한다. 개인위생을 지도할 때에는 다양한 도구를 사용하여 위생 관리를 하도록 지도한다. 예를 들어, 휠체어를 타고 있어 세면대의 물이 나오는 위치까지 손을 뻗기가 어려운 학생을 위해 물이 나오는 부분에 연장 탭을 대어 손을 씻을 수 있도록 지도하고([그림 12-10] 참조), 확대경이 달린 손톱깎이, 한 손 손톱깎이 등 다양한 도구를 사용하여 손톱을 깎도록 지도한다 ([그림 12-11] 참조).

개인위생 기술을 지도할 때에는 학생의 잔존 능력을 파악하고 학생 스스로 최대한 활동에 참여할 수 있도록 최소한의 지원을 제공한다. [그림 12-12]와 같이 학생이 손을 씻을 때 팔 부분을 잡아 주어 손을 씻도록 지도하고, [그림 12-13]과 같이

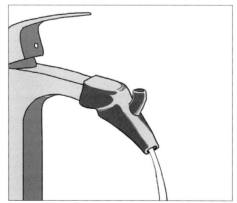

그림 12-10 수도꼭지 탭

확대경 달린 손톱깎이

한 손 손톱깎이

손톱깎이

확대거울

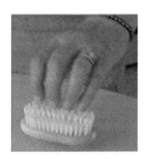
손 씻기 도구

그림 12-11 개인 위생용 보조기기

출처: 카디날헬스 홈페이지(http://www.cardinalhealth.com); 퍼포먼스헬스 홈페이지(http://www.performancehealth.com).

상체를 지지해 주어 학생이 세수할 수 있도록 지도한다. 손바닥이 잘 펴지지 않는 학생의 경우에는 학생의 손등을 쓸어내려 주면 학생이 손바닥을 펴는 데 도움이 된다(Orelove, Sobsey, & Silberman, 2004).

　개인위생 기술은 지도가 필요한 모든 기술에 대해 자연적인 상황에서 개인적인 요구가 존중되도록 개별적으로 지도해야 한다. 이러한 지도는 가정과의 상호 협조적인 관계를 맺은 후 지도하는 것이 효과적이다. 특히, 위생관리 기술은 사회적으로 수용 가능한 일반 학생이 가지고 있는 것과 유사한 기술을 지도해야 하며, 모든 기술은 안전하게 지도되어야 한다(Orelove, Sobsey, & Silberman, 2004).

| 그림 12-12 | 팔을 지지하여 손 씻기 지도 | 그림 12-13 | 상체를 지지하여 세수하기 지도 |

6. 치아 관리

지체장애 학생들이 가지고 있는 장애는 간접적으로 구강 문제에 영향을 주기 때문에 일반 학생보다 구강 문제의 출현율이 높다(Westling, Fox, & Carter, 2015). 입으로 호흡하기, 이 갈기, 손가락 빨기, 혀를 내미는 것과 같은 혀의 부적절한 움직임 등은 장애 학생의 치주질환과 부정교합의 원인이 될 수 있다. 그 밖에도 치석이 쌓여 잇몸질환, 치아부식과 충치가 나타날 수 있고, 의사소통이 어려운 학생은 치과치료에 대한 두려움으로 인해 치료하는 데 어려움이 있다. 운동 능력에 문제가 있는 학생은 양치질을 하는 것에 어려움을 느끼며, 비정상적인 반사작용과 운동에 있어 제한된 범위를 가진 학생은 치과 치료를 더 어렵게 만들기도 한다. 경련장애를 가진 학생은 넘어지면서 이가 손상될 수 있고, 칼슘과 비타민 D 신진대사장애로 치아 발달이 부실할 수 있다. 또한 발작을 조절하는 약을 복용할 때의 부작용으로 과도한 잇몸의 성장과 구강염, 잇몸출혈 등이 생길 수 있어 구강에 나쁜 영향을 미칠 수 있다.

가능한 한 일찍 고형 음식을 통한 이유를 시작하고 너무 부드러운 음식만 먹는 습관을 피하는 것이 충치를 줄이고 정상적인 구강구조 발달을 돕는다. 단 음식을 피하는 것도 충치를 줄일 수 있다.

치아관리의 가장 좋은 방법은 이와 잇몸을 보호하고 예방하는 것이므로 바른 양치질 방법을 배우거나 양치질할 때 타인의 도움을 받는 등 규칙적인 양치질로 충치와 치주염을 예방한다. 치아관리 기술은 다른 자기 관리 기술과 유사하게 과제 분석을 먼저 한 후 모델링, 점진적 촉진 방법 등을 이용하여 지도한다. 그러나 스스로 독립적 수행이 어려운 학생은 이를 닦는 동안 입을 벌리고 있기, 입 안 헹구기, 고개 뒤로 젖히기, 수건으로 입 닦기 등 부분적 참여가 가능하도록 지도한다. 다른 사람의 전적인 보조를 받아 양치질을 할 때 치약이나 양치액을 삼키는 경우는 물로만 사용하며, 치아나 잇몸이 예민한 경우에는 따뜻한 물에 적신 수건을 이용한다. 신체적으로 가능하다면 치실을 사용하는 방법을 지도한다. 세척기, 전동칫솔은 청결하게 하는 것을 도와줄 수 있다. 그 밖에 구강위생을 위해 올바른 양치 방법을 반복적으로 지도하고 보건교사나 작업치료사로부터 적절한 보조 방법을 익힌다.

치아를 건강하게 하기 위해서는 양치질 외에 건강한 식사습관, 신선한 채소와 견과류 섭취, 불소처리된 양치액이나 치약의 사용, 정기검진 등 다양한 관리 방법이 요구된다. 이러한 일반적인 치아관리로 이와 잇몸의 질병을 예방하며 줄일 수 있다. 건강한 치아를 위해서는 정기적인 치아 검진이 필수적이므로 1년에 3~4회 정도의 치아 검진이 필요하다. 정기검진으로 인한 충치의 조기 치료는 치통을 줄여 긍정적인 상호작용을 할 수 있는 기회를 제공한다.

7. 영양 관리

식사 중재의 가장 중요한 목표는 성장과 발달을 위한 충분한 영양을 공급하기 위한 것이다. 지체장애 학생은 또래에 비해 영양 결핍이 나타나기 쉬우며, 스스로 식사할 수 없는 학생은 일반 학생에 비해 영양 결핍의 위험이 크다.

장애 학생의 경우 음식을 입에 넣어 줄 때 음식을 밀어내거나 과도한 구역질 등 구강운동 기술의 어려움으로 인해 음식 섭취의 양이 감소할 수 있으며, 음식 거부, 편식 등으로 음식 섭취와 소화에 어려움이 생겨 영양 문제가 발생할 수 있다.

움직임에 제한이 있는 지체장애 학생은 보통 또래보다 열량을 적게 필요로 한다. 그러나 단백질과 비타민의 요구량이 비례적으로 줄지는 않기 때문에 일반적으로 지체장애 학생들도 일반 학생과 같은 영양 섭취량이 요구된다. 몇몇 학생의 경우에는 약물치료로 인해 식욕이 줄고 소화 흡수를 방해하거나 영양분의 배설이 증가하는 등의 부작용을 나타내기도 하므로 연령에 맞는 적정량의 영양분 섭취가 유지되도록 해야 한다.

영양에 있어서 또 하나 문제가 되는 것은 적절한 수분 유지이다. 의사표현 능력이 부족한 학생의 경우 수분 섭취에 대한 요구를 적절하게 하지 못하므로 수분 섭취 상태를 주의 깊게 관찰해야 한다(Best, Heller, & Bigge, 2010).

다른 영양 문제는 부작용이 있는 약의 장기복용에 대한 것이다. 경련으로 인해 처방받는 항경련제(anticonvulsant)는 비타민 D와 칼슘의 대사를 방해하며 체중에 영향을 미치기도 한다. 가능하면 약을 사용하지 않거나 줄이는 것이 영양 관련 부작용을 없애는 가장 간단한 방법이지만, 꼭 필요할 때는 면밀히 평가하여 약의 부작용을 최소화해야 한다(Orelove, Sobsey, & Silberman, 2004).

독립적인 보행 능력이 없는 학생은 필요로 하는 열량이 적기 때문에 이로 인한 변비와 운동 부족에서 오는 뼈 칼슘 감소와 근육 발육의 부진 등이 나타난다. 영양학적 문제는 심각한 위험을 초래할 수 있으므로 정기적인 검사와 지도가 필요하다. 예를 들어, 무기력과 면역력 감퇴 등은 빈혈의 신호일 수 있으며, 성장이 지체되거나 척추 측만증이 나타나는 것은 칼슘이나 비타민 D 부족 현상일 수 있고, 유전적인 문제나 근육 긴장도 문제에서 비롯될 수도 있다. 또한 갑자기 식사량이 줄거나 체중이 감소하는 것, 피부나 머리카락, 잇몸의 색 변화 등 영양적 위험요인을 주의 깊게 관찰해야 한다. 좋은 영양 상태는 건강, 학습, 학생의 삶의 질에 긍정적인 영향을 미칠 수 있다.

📌 정리

일상생활 기술 영역은 식사, 용변, 착탈의, 몸단장 및 개인위생, 치아와 영양 관리 등의 기본 과제들을 포함한다. 자기 자신을 관리하는 일에 독립적이거나 능동적인 참여는 개인적이고 감정적인 행복 및 자기결정을 돕는다. 일생생활 기술의 진단, 프로그램 개발 및 실행, 평가는 전문가 팀의 협력을 필요로 한다.

일상생활 기술에서의 효과적인 전략은 학생에 대한 준비도 평가와 다양한 촉진과 강화 전략, 도구의 수정을 포함한다. 그러나 각 개인에게 필요한 기술은 학생마다 다르게 평가될 것이며, 각 학생에게 필요한 기술은 다르게 나타날 수 있다. 그러므로 일상생활 기술의 지도는 개인적 선호와 환경 조건, 활동에서의 준비도에 따라 필요한 핵심 기술을 중심으로 개별적으로 접근해야 한다. 학생과 가족의 선호도와 의견을 존중하고, 생활 속에서의 우선순위가 무엇인지 파악하여 가르치고자 하는 목표 기술을 결정하는 것이 중요하다. 가장 효율적인 지도는 자연스러운 기회를 이용하는 것이지만, 필요하다면 집중 지도와 반복훈련을 통해 사회적으로 수용 가능한 가장 효율적인 기술을 습득하도록 계획한다.

제 **13** 장

보조공학

1. 보조공학의 개념

보조공학이란 장애 학생들이 일반 환경 내에서 생활과 교육에 '접근'할 수 있도록 보조해 주는 것으로, 지체장애를 가진 학생들에게 장애로 인한 부정적인 영향을 감소시키고 가정과 학교 및 지역사회에서의 적응을 돕기 위해 지원할 수 있는 다양한 형태의 공학 기술을 말한다. 이러한 보조공학 기술은 장애 학생에게 일반 또래와의 의사소통의 기회를 제공하고 상호작용과 활동 참여를 촉진하며, 다양한 환경 조절 장치를 조절하고 사용함으로써 일상생활에서의 독립성이 증가하고, 정보 수집 및 접근을 가능하게 해 주어 일상생활, 여가 및 레크리에이션, 학습, 직업 활동의 참여에 도움을 준다(Bowe, 2000; Johnston, Beard, & Carpenter, 2007).

미국 「장애인교육법(IDEA)」에서는 보조공학기기와 보조공학 서비스에 대하여 다음과 같이 설명하고 있다. 보조공학기기뿐 아니라 보조공학 서비스의 개념과 필요성을 법적으로 규정함으로써 장애 학생을 위한 보조공학의 효과적 활용을 촉진하고자 한 것으로 평가된다.

1) 보조공학기기

보조공학기기(assistive technology devices)는 장애를 가진 개인의 기능적 능력을 유지하고 향상시키기 위해 사용되는 장치나 제작된 도구를 말하며, 이에는 시중에서 구할 수 있는 기성품이나 개조, 또는 주문 제작된 물품 등이 모두 포함된다. 예를 들어, 보조공학 도구에는 소근육운동이 잘 발달되지 않은 사람을 위해 고안된 컴퓨터 자판이나 음성인식 소프트웨어, 스크린 확대기, 화면 읽기 프로그램과 같은 것이 포함된다(Best, Heller, & Bigge, 2010).

2) 보조공학 서비스

장애 학생의 특성과 요구에 적절한 보조공학 도구를 제공하기 위해서는 적절한 서비스 제공이 필요하다. 보조공학 서비스(assistive technology services)란 보조기기의 선정, 구입, 사용에 있어서 직접적으로 보조하는 모든 서비스를 뜻한다. 즉, 보조공학기기를 효과적으로 활용할 수 있도록 하기 위해서는 다음과 같은 일련의 서비스 과정이 필요하다(Best, Heller, & Bigge, 2010).

- 일상적 환경에서 적절한 보조기기와 서비스 제공 효과에 대한 기능적 평가를 포함하는 장애인, 고령자의 장애인 보조기기 요구 평가
- 장애인의 보조기기 확보를 위해 제공되는 구입, 임대 등의 서비스
- 보조기기의 선택, 설계, 조정(fitting), 맞춤, 변형, 적용, 보존, 수리, 교환, 기증 서비스
- 교육재활 계획 및 프로그램 관련 치료, 중재, 서비스와 같이 보조기기와 함께 필요한 치료, 중재, 서비스의 조정 또는 활용
- 장애인을 비롯하여 필요한 경우 가족 구성원, 보호자, 권익옹호자, 대리인에 대한 훈련 또는 기술적 지원
- 전문가(교육재활 서비스 제공자와 보조기기 제작자, 판매자를 포함), 고용주, 고용·훈련 서비스 제공자, 장애인에게 이 외의 서비스를 제공하거나 장애인을 고용하거나 장애인의 주 생활 기능에 실질적으로 관계가 있는 사람들에 대한 훈련 또는 기술적 지원
- 장애인에게 전자·정보 기술(electronic and information technology)을 포함한 공학적 접근성을 확대하는 서비스

보조공학 기술은 기술의 사용 정도에 따라서 로우테크(low-technology)와 하이테크(high-technology)로 나뉜다. 로우테크의 공학 기기는 움직이는 부분이 한 개이거나 없고, 전기적 구성요소가 드물고, 대개 비용도 저렴하다. 예를 들어, 문을 쉽게 열거나 옷을 빨리 입게 해 주는 보조기기, 쉽고 빨리 먹을 수 있도록 도와주는 기기 등이 포함된다. 일반적으로 사용자 훈련이 간단하고 단순하다. 단순히 소근육 기능을 보완하여 물체를 쉽게 잡을 수 있는 기기, 손의 기능이 부족해서 사용할 수 있는 숟가락이나 포크, 주방용 기기 등 지체장애 학생의 의식주 생활 전반에 있어서 기능을 향상시켜 줄 수 있는 다양한 도구가 있다. 의복을 편하게 입도록 해 줄 수 있는 버튼 훅이나 지퍼, 버튼을 누르면 치약이 나오는 버튼식 형태의 치약 등 비용이 저렴한 기기들이 포함된다.

로우테크의 범주에는 수많은 종류의 스위치도 포함된다. 마우스 스틱(mouth

stick), 헤드 스틱(head stick) 혹은 신체의 어느 한 부분을 이용하여 누르거나 밀거나 당기는 등의 단순한 조작을 통해 컴퓨터 등을 제어할 수 있는 스위치도 포함된다. 그러나 스위치 자체는 간단하고 로우테크이나, 스위치를 컴퓨터와 연결하여 통제할 수 있는 프로그램을 필요로 한다.

하이테크 첨단공학기기들은 복합적인 전자공학 형태로 많은 기능을 수행할 수 있는 고비용의 기기들이다. 따라서 사용자 훈련 역시 광범위하며 최근 전자공학의 발달과 더불어 기대가 높아지고 있다(Bowe, 2000).

로우테크와 하이테크를 사용한 보조공학기기는 다양한 영역에서 장애 학생의 기능을 신장시킨다. 특수교육 현장에서 주로 사용되고 있는 보조공학기기는 학업 및 교과활동을 지원하는 소프트웨어 프로그램이나 정보 접근을 쉽게 해 주는 컴퓨터 기기 및 입출력 장치, 일상생활 활동을 지원하는 보조기기, 환경에서의 적응을 도와 주는 보편적 설계(universal design)에 근거한 환경 설비, 의사소통 기능을 강화해 주는 보조기기 등이 있다. 그 밖에 지체장애 학생에게 필수적인 자세 유지 관련 보조기기, 보장구와 보철, 이동 관련 보조기기, 시각 · 청각 감각 기능을 지원하는 보조기기 등이 있다.

2. 보조공학의 법과 제도

1) 우리나라의 보조공학 관련 법규

우리나라에서 장애인 보조기기 개발과 보급 지원의 근거가 되고 실제 집행되고 있는 법 · 제도는 「장애인 등에 대한 특수교육법」 「장애인복지법」 「국민건강보험법」 「노인장기요양법」 「장애인고용촉진 및 직업재활법」 「장애인 · 노인 · 임산부 등의 편의증진에 관한 법률」 「장애인차별금지 및 권리구제 등에 관한 법률」 등이 있다.

우리나라 교육 분야에서의 보조기기 지원은 장애인 보조기기의 사각지대라고 할 만큼 지원이 미미했으나, 최근에 와서는 '교육정보화촉진시행계획'과 '특수교육발전종합계획'에서 특수교육정보화정책이 수립되면서 지원에 대한 언급이 시작되었다(김혜숙, 육주혜, 김현진, 2006). 2006~2007년도에는 교육인적자원부에서 '장애 학생 교육성과 제고를 위한 특수교육 교수−학습 여건 개선 지원' 사업으로 장애인 보조기기를 보급하기 시작하면서 공식적으로 정보통신 장애인 보조기기의 지원이 시행되었다.

「장애인 등에 대한 특수교육법」[시행 2023. 4. 19] [법률 제18992호, 2022. 10. 18., 일부개정] 제2조 제2항에서는 '특수교육 관련 서비스'에 대해 "특수교육 대상자의 교육을 효율적으로 실시하기 위하여 필요한 인적·물적 자원을 제공하는 서비스로서 상담 지원, 가족 지원, 치료지원, 지원인력 배치, 보조공학기기 지원, 학습 보조기기 지원, 통학 지원 및 정보접근 지원 등을 말한다."라고 정의하면서 특수교육 관련 서비스 안에 보조공학기기와 정보 접근에 대한 지원을 규정하여 특수교육에서의 장애인 보조기기 지원에 대한 법적 근거가 마련되었다.

「장애인복지법」에서는 총 12개 조항, 1개 시행령, 11개 시행규칙에서 정보접근권과 편의시설, 의료재활 서비스, 장애인의 보조기, 또는 보조기구 구입 관련 자금융자 및 수리비용 청구, 보조기기 제조업체 관리와 업체 육성에 관련한 조항을 제시하고 있다. 이 법은 국내법 중 보조공학 관련 내용을 가장 많이 포함하고 있는 법률이다. 제6장 '장애인보조기구' 조항에서는 장애인보조기구를 장애인이 장애의 예방과 보완 및 기능의 향상을 위하여 사용하는 의지, 보조기 및 그밖에 보건복지가족부장관이 정하는 보장구와 일상생활의 편의 증진을 위하여 사용하는 생활용품으로 정의하고 있다. 즉, 개인치료용구, 훈련용구, 의지·보조기, 개인위생·보호용구, 이동 기기, 가사용구, 가구 및 건축물용 부대시설, 정보통신 신호 기기, 환경개선 기기, 레크리에이션 용구 등 국제표준화기구(ISO)의 분류체계를 준용하여 제공하고 있다.

「국민건강보험법」의 장애인보장구 급여제도는 「장애인복지법」에 의하여 등록된 장애인인 가입자 및 피부양자가 보장구를 구입할 경우, 구입금액 일부를 국민건강보험공단에서 보험급여비로 지급하는 제도이다. 해당되는 보조기기는 팔의지, 다리의지, 척추보조기, 골반보조기, 다리보조기, 기타 보장구이다. 보장구 유형별 기준액, 고시금액 및 실구입금액 중 최저금액의 약 80%에 해당하는 비용은 정부가 지원하며, 20% 및 상한액 초과금액은 장애인 본인이 부담하도록 하고 있다(법제처 홈페이지).

「노인장기요양법」의 복지용구 급여제도는 심신 기능이 저하되어 일상생활을 영위하는 데 지장이 있는 노인장기요양보험 대상자에게 일상생활 또는 신체활동 지원에 필요한 용구로서 보건복지부장관이 정하여 고시하는 것을 구입하거나 대여해 주는 제도이다.

「장애인고용촉진 및 직업재활법」은 장애인 고용에 필요한 시설 장비의 구입, 설치, 수리 등에 소요되는 비용과 장애인 직업생활에 필요한 직업보조공학기기 또는 장비 등에 대한 비용을 융자 또는 지원할 수 있는 조항이다(법제처 홈페이지).

「장애인·노인·임산부 등의 편의증진에 관한 법률」은 장애인 등이 인간으로서의 존엄과 가치 및 행복을 추구할 권리를 보장받기 위하여 장애인 등이 아닌 사람들이 이용하는 시설과 설비를 동등하게 이용하고, 정보에 자유롭게 접근할 수 있는 권리를 보장하는 법이다(법제처 홈페이지).

「장애인차별금지 및 권리구제 등에 관한 법률」은 모든 생활 영역에서 장애를 이유로 한 차별을 금지하고 장애를 이유로 차별받은 사람의 권익을 효과적으로 구제함으로써 장애인의 완전한 사회참여와 평등권 실현을 통하여 인간으로서의 존엄과 가치를 구현함을 목적으로 하는 법이다. 이 법에서 장애인보조기구란 「장애인복지법」 제65조에 따른 장애인보조기구, 그 밖에 장애인의 활동을 돕기 위한 자동차 기타 기구를 말하며, 「장애인고용촉진 및 직업재활법」 제21조 제1항 제2호에 따른 작업보조공학기기 및 「정보격차해소에 관한 법률」 제9조에 따른 정보통신기기, 그 밖에 관계 법령에서 정하는 내용과의 관계 및 이 법에서 정하는 관련 조항과의 관계 등을 고려하여 정한다(법제처 홈페이지).

「장애인·노인 등을 위한 보조기기 지원 및 활용촉진에 관한 법률」(약칭「장애인보조기기법」)은 2015년에 제정된 법으로, 이 법의 목적은 장애인·노인 등을 위한 보조기기의 지원과 활용촉진에 관한 사항을 규정함으로써 보조기기 서비스를 효율적으로 제공하여 장애인·노인 등의 활동의 제약을 최소화하고, 삶의 질을 향상하기 위한 법이다. 이 법은 장애인·노인 등의 필요와 요구에 따라 보조기기를 편리하고 자유롭게 활용할 수 있도록 보장함으로써 이들이 자아를 실현하고, 완전한 사회 참여와 삶의 질 향상을 통하여 사회통합을 이루는 것을 기본 이념으로 한다. 보조기기 지원 및 보조기기센터의 운영, 보조기기 관련 전문 인력, 보조기기 연구 개발 및 활성화에 관한 사항을 언급하고 있다(법제처 홈페이지).

2) 외국의 보조공학 관련 법규

우리나라에 비해서 장애인을 위해 각종 서비스를 법적으로 더 많이 보장하고 있는 미국에서도 보조공학(assistive technology)의 역사는 그리 길지 않다. 1988년 이전까지는 각종 장애인 관련 법에서 장애인에게 필요한 보조공학의 잠재된 역할이 언급되었으나, 보조공학 사용을 의무화하는 조항은 없었다.

1988년「장애인을 위한 보조공학법(Technology-Related Assistance for Individuals with Disabilities Act: Tech Act)」에서 처음으로 장애인의 보조기기와 서비스 사용을 의무화하였다. Tech Act는「보조공학법(Assistive Technology Act)」으로 대체되어 현재까지 사용되고 있다.「보조공학법」은 장애인을 위한 보조공학 장치와 서비스에 대한 평가, 규정, 자금 제공에 대한 사항을 다루고 있다. 이 법에서는 정의와 관련 서비스에 대한 규정을 제시하고 있으며, 이 기준에 따르면 보조공학기기란 장애인의 기능적으로 가능한 소질을 증가시키고 유지시키며 개선하는 데 사용되는 모든 기기로서 컴퓨터를 기반으로 하는 하이테크(high-technology)뿐만 아니라 단일스위치로 작동되는 장난감, 돋보기, 특성에 맞게 제작된 의자와 같은 로우테크(low-technology)도 포함된다(Best, Heller, & Bigge, 2010).

미국 특수교육에서의 보장구 정책의 토대를 마련한 IDEA는 1990년 명칭이 변경된 이후, 1997년과 2004년에 두 번의 개정 과정을 거쳐서 오늘날의 법안 형태를 갖추게 되었다. 1997년 IDEA에서는 공립학교에서의 영유아 및 학령기 장애 학생들을 위한 보조공학 지원 서비스 제공과 보조기기 서비스 의무화를 명시하였다. 특히, "개별화교육 지원팀(IEP팀)은 모든 장애 학생을 대상으로 보조공학을 고려해야 한다."고 명시하고 있다. 만약 IEP팀 미팅을 통해 어떤 장애 학생을 대상으로 보조기기 사용이 고려되는 경우, 보조기기에 대한 평가(evaluation)를 통해 각 학생에 적합한 보조기기를 제공해야 한다.

보조기기 구입비는 부모나 개인이 아니라 학교가 책임을 진다. IEP팀에서 보조기기가 필요하다는 것이 결정되면 학교나 지역구는 학생에게 보조기기를 구입해 주어야 한다. 적합한 보조기기를 찾게 되면 보조기기를 구입하기 전에 임대해서 2~4주 정도 사용해 보게 하고, 이 보조기기가 과연 학교생활에 도움이 되는지 적합성을 고려한 후 제공한다. 기금은 학교 예산(연방정부나 주로부터 지급된 것)이나 저소득층을 위한 국민의료보장제도인 메디케이드(Medicaid)나 노인과 장애인 의료보험인 메디케어(Medicare), 혹은 다른 기금 조성을 통해서 이루어진다. IEP에 교육과정 접근을 지원하는 보조공학에 대한 언급이 있는데도 요청된 보조공학이 거절되었을 경우는 항소의 대상이 된다고 언급하고 있다(Best, Heller, & Bigge, 2010).

3. 보조공학 서비스 과정

1) 보조공학의 필요성 결정

　물리적 · 공학적 환경은 활동 참여와 학업 성취에 중요한 영향을 미치는 요인이다. 보조공학기기의 준비는 활동 참여와 학습에 영향을 미칠 수 있다. IEP 지원팀과 함께 교사들은 팀 회의를 통해 보조기기 도입의 필요성과 유용성을 결정한다. 보조공학 서비스의 지원이 학생들의 연간 목표 성취에 도움이 되는지에 초점을 두어 결정하며, IEP 목표에 도달하는 데 보조공학의 지원이 필요하다고 결정할 경우 적절한 사용을 위한 보조공학기기의 준비와 지원 서비스를 제공한다. 또한 보조공학을 사용하기에 적합한 환경이 될 수 있도록 교실과 학교를 접근 가능하도록 만들어야 한다(Best, Heller, & Bigge, 2010).

　학습활동 중 책장을 넘기거나 책의 그림을 지적하는 것 등에 제한이 있으므로 시각 자료에 접근하기가 어렵다. 휠체어를 타고 있는 경우에는 좀 더 가까이에서 해야 하는 활동에 참여가 힘들며, 다른 학생들과의 상호작용도 제한된다. 학습활동 중에 시각 자료를 잘 보지 못하거나 듣지 못하는 경험이 반복된다면 결국 학습에 대한 이해도와 즐거움은 감소할 가능성이 높다(박은혜 외 역, 2012).

　그러므로 IEP 지원팀은 학생의 활동 참여 형태와 정도 등을 관찰하여 보조공학의 필요성을 판단한다. IEP 지원팀은 학교에서 학생들의 활동 참여 상황을 관찰하여 읽기, 말하기, 쓰기의 참여 정도와 속도 및 효율성, 과제의 독립적 수행 여부, 필요한 지원의 정도, 성과 등을 종합적으로 고려하여 보조공학의 필요성을 판단한다. 종합적으로는 현재 사용하는 방법만으로는 효과가 없거나 거의 진보하지 못한다고 판단될 때, 보조공학의 도입을 고려한다. 필요한 보조공학의 유형과 종류 등 구체적인 지원을 위해서는 학생의 개별적 요구에 따른 보조공학 진단이 필요하다.

2) 개별적 요구에 따른 보조공학 진단

　보조공학을 평가하기 위한 대표적인 도구는 위스콘신대학교의 보조공학센터에서 개발한 WATI(Wisconsin Assistive Technology Initiative) 평가도구를 활용할 수 있

표 13-1	WATI 보조공학 의사결정 가이드
단계	세부 단계
1단계 정보수집	1. 팀 구성하기
	2. 정보 수집하기
	3. 팀 미팅 계획하기
2단계 의사결정	4. 문제 확인하기: 학생의 능력, 어려움, 환경 간의 관계 파악
	5. 브레인스토밍을 통한 해결 방안 찾기
	6. 우선순위의 해결책 선택하기
	7. 행동 계획하기
	8. 실행계획 수립하기
3단계 실행	9. 실행하기
	10. 추후지도와 모니터링하기

다. 이 평가도구는 학생의 전반적인 환경을 근거로 보조공학 요구에 대해 체계적으로 접근하여 평가할 수 있는 기능적 평가도구이다. WATI 평가도구는 학생의 IEP 지원팀이 학생에게 적절한 보조공학 장치와 서비스를 제공할 수 있도록 보조공학에 관한 의사결정과 평가 체크리스트, 시행 가이드 등을 제공하고 있다. WATI 평가도구에 포함된 평가 절차는 〈표 13-1〉과 같다(Best, Heller, & Bigge, 2010).

　보조공학에 대한 의사결정을 하기 위해 팀을 구성할 때에는 학생과 부모의 요구를 반영해야 하며, IEP와 연계하여 지원되도록 하기 위해서 모든 팀원은 학교교육과정에 대해 잘 알고 있어야 한다. 또한 의사소통을 위한 보조공학이 필요한 경우에는 언어재활사, 자세나 신체 기능을 위한 보조공학이 필요할 때에는 물리치료사나 작업치료사 등의 전문가가 포함되어야 한다.

3) 보조공학의 결정과 선택

　보조공학기기는 상담과 평가를 통해 확인된 학생의 욕구를 해결하기 위해 어떤 특성을 가진 보조기기가 학생에게 적합한지 찾아낸다. 평가 결과를 바탕으로 시중의 제품을 탐색하고 몇 개의 특정 제품 후보군을 선택하여 각 기기를 시험적으로 사용하여 의견 교환 및 적합성 여부를 확인한다. 학생의 요구에 따라 적용한 보조기기의 효과성, 안정성, 안전성, 발전 가능성을 평가한 후에 최적의 제품을 선택한다. 보조기기의 효과성이란 신체적 · 기능적 · 심리적 · 사회적 효과 등 일차적인 측면에서 판단한다. 안전성은 기기의 작동 상태, 결함 유무, 제품의 품질 보장 여부 등을 판단한다. 안정성은 장애의 악화 등 사용자의 신체적 위해 가능성을 판단한다. 발전 가능성은 일상생활, 업무 및 사회 참여 등에 기여하는 이차적인 측면을 고려하여 결정한다(국립재활원, 2012). 국내에서 이러한 일련의 보조공학 서비스 지원과정은 다양한 차원의 보조공학 서비스 센터에서 이루어지고 있다.

4) 국내 보조공학 서비스 센터

국내 보조공학 서비스 센터는 공식적인 전달체계가 구축되지 않은 상태에서

표 13-2   **국내 보조공학 서비스 센터**

운영 구분	센터명	홈페이지
보건 복지부 운영	국립재활원 중앙보조기기센터	http://www.knat.go.kr
	대전광역시 보조기기센터	http://www.yeswecan.or.kr
	대구광역시 보조기기센터	http://datc.daegu.ac.kr
	부산광역시 보조기기센터	http://www.bratc.or.kr
	광주광역시 보조기기센터	http://www.gjat.or.kr
	울산광역시 보조기기센터	http://www.usat.or.kr
	경기도 보조기기센터	http://atrac.or.kr
	충청북도 보조기기센터	http://www.cbat.or.kr
	충청남도 보조기기센터	http://www.cnat.or.kr
	경상북도 보조기기센터	https://www.gbatc.daegu.ac.kr
	경상남도 보조기기센터	http://www.gnatc.or.kr
	강원도 보조기기센터	http://www.gatc.or.kr
	인천광역시 보조기기센터	http://www.icatc.or.kr
	전라북도 보조기기센터	http://www.jbat.or.kr
	전라남도 보조기기센터	http://www.jnat.or.kr
	제주특별자치도 보조기기센터	http://www.jejuat.or.kr
	세종특별자치시 보조기기센터	http://www.sjat.or.kr

지방자치단체 운영	경기도재활공학서비스연구지원센터	http://atrac.or.kr
	인천노틀담복지관 테크니컬에이드센터	http://www.ntd.or.kr
	서울시보조공학센터	http://www.seoulats.or.kr
기타	한국보조공학 서비스기관협회-전국 장애인복지관, 자립생활센터 등에서 보조공학 서비스 실시	

2009년 보건복지부에서 시범 사업을 국립재활원에 위탁 실시함으로써 보조기구센터를 설립 운영하기 시작하였다. 「장애인 보조기기법」의 시행으로 법적 명칭인 '보조기기'라는 용어를 사용하여 2023년 현재 중앙보조기기센터 1개소, 광역보조기기센터 6개소를 운영 중이다(〈표 13-2〉, [그림 13-1] 참조). 국립재활원의 중앙보조기기센터는 보조기기를 통해 삶의 질을 높이고, 직업 및 교육 등 일상생활을 행복하게 영위하는 데 기여할 수 있도록 전국보조기기센터를 운영 및 관리 지원하고 있다(중

그림 13-1 국내의 보조기기센터 운영 현황

출처: 중앙보조기기센터 홈페이지(http://knat.go.kr/knw/home/knat/knat_map.html)

앙보조기기센터 홈페이지).

　그 밖에 지방자치단체 및 민간에서 자체적으로 운영하는 센터에서는 보조기기 기초 및 전문상담 서비스를 제공한다. 상담을 통해 대상자의 욕구, 신체 기능, 운동 기능, 보조기기 사용 환경 등을 다각적으로 평가한 후, 전문상담평가를 기반으로 최적의 보조기기를 선택하여 대여하는 보조기기 대여 서비스와 지속적인 서비스사례 관리를 실시한다.

　전국 보조기기센터에서 제공하고 있는 보조기기의 유형과 종류는 일상생활, 전자정보 접근, 이동 등 장애인의 생활 및 환경에서 요구되는 다양한 활동과 욕구에 맞는 보조기기 정보를 제공하고 있다. 장애인 보조기기 데이터베이스를 통해 제공하고 있는 장애인 보조기기는 다음과 같다(보건복지부 고시 제2016-15호).

그림 13-2 분류코드별 장애인 보조기기

출처: 중앙보조기기센터 홈페이지(http://knat.go.kr/knw/home/knat_DB/all.html).

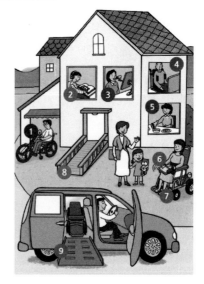

ⓘ 우측 그림을 보고 내 상황에 맞는 번호를 선택해 주세요.

❶ 레저 보조기기
❷ 감각(시/청각) 보조기기
❸ 컴퓨터 접근 보조기기
❹ 앉기 및 자세 보조기기
❺ 일상생활 보조기기
❻ 의사소통 보조기기
❼ 휠체어 및 이동기기
❽ 환경 및 주택개조 관련
❾ 자동차 보조기기

그림 13-3 분류코드별 장애인 보조기기

출처: 중앙보조기기센터 홈페이지(http://knat.go.kr/knw/home/knat_DB/all.html).

4. 보조공학의 활용

1) 이동성을 위한 보조공학

혼자서 이동하기가 어려운 지체장애 학생에게 활동성이란 한 장소에서 다른 장소로의 단순한 이동의 의미 외에 교육 활동에 참여하고 다른 중요한 삶의 활동을 영위하기 위해 필요한 것이다. 움직임은 인지, 지각, 의사소통, 사회화 발달을 강화한다. 이동성을 촉진하는 보조공학기기의 놀라운 기술적인 발전은 지체장애를 가진 사람들이 혼자서도 밖으로 나갈 수 있게 하였다.

Kermoian(1998)는 "스스로 직접 움직이는 것은 아이들에게 사회적 · 물리적 세계와 교류할 수 있는 기회를 주는 것이며, 이는 좀 더 이른 시기에 사회적 통합을 가능하게 한다."(p. 251)고 하였다. 학생들은 환경 내에서 독립적으로 움직일 수 있을 때비로소 호기심을 가지고 주변 환경의 새로운 것을 탐색하게 되며, 스스로 이동하면서 경험을 통해서 환경의 새롭고 흥미로운 면에 주의를 기울이게 된다. 예를 들면,독립보행이 가능한 학생은 변하지 않는 방의 벽이나 바닥을 무시해 버리고 그 대신에 방 안의 장난감 같은 새롭고 흥미로운 것에 관심을 가진다(Kermoian, 1998).

　학생들이 이동을 포함한 활동성을 얻게 되면 주변의 세계를 새롭고 다른 방법으로 대면하게 된다. 만약 활동성이 손상된다면 주변 세계와의 상호작용의 경험과 기회는 줄어든다. 그러나 활동성이 강화된다면 높은 독립성과 자신감(Theirs, 1994) 및 자기 동기화(Butler, 1986)가 긍정적 결과물로 나타난다. 그러므로 활동성은 가능한 한 조기에 보조공학기기를 통해 강화되어야 한다.

　학생의 활동성을 지원해 주는 보조공학기기를 선정할 때는 사용할 기간, 움직임, 기기의 물리적 내구성, 가정과 학교, 지역사회의 환경 상태, 기기 구입 비용, 학교배치, 치료와 교육적 목표 등 많은 요소를 고려해야 한다. 이러한 결정과 적용에 있어 가장 중요한 사람은 치료 전문가와 의사, 부모, 교사, 학교 관리자 등이다.

　일반적으로 활동하기 위해서 사용하는 이동용 보조공학기기는 다양하다. 스쿠터 보드와 세발자전거, 워커(보행보조기구), 스트롤러, 휠체어를 이용하고, 혹은 기기나, 구르기, 걷기를 통해 움직인다. Franks, Palisano와 Darbee(1991)는 워커나 목발을 이용하여 보행하는 학생은 활발한 운동을 하는 사람과 유사한 수준의 에너지를 소비한다고 하였다. 초등학교 고학년 학생들은 빠른 이동을 위해 휠체어를 주로 이용하게 된다. 그러나 필요하다면 다른 이동기기를 고려해 보는 것도 필요하다. 예를 들어, 수동 휠체어를 이용하는 경우, 휠체어의 방향을 바꾸어 조정할 때 몸을 한쪽으로 기대고 앞으로 숙이며 등을 돌리는 등 많은 에너지와 시간이 소비된다. 이러한 행동 양식은 척추와 엉덩이에 기형을 초래할 수 있는 나쁜 자세이다. 그러므로 수동 휠체어를 사용하여 가장 좋은 자세를 유지하지 못한다면 다른 대안이나 효과적인 이동 방법을 고려해야 한다. 이 경우에는 전동 휠체어를 사용한다면 몸통을 곧게 세우고 앉을 수 있게 하며 보다 적은 에너지를 이용하여 이동할 수 있을 것이다.

　전동 휠체어는 수동 휠체어에 비해 더 무겁고, 바퀴는 더 작으나 표면에 닿는 면은 넓다. 전동 휠체어는 다양한 조이스틱에 의해 작동된다. 중도의 지체장애를 가진 학생도 턱이나 입 또는 발 등으로 조이스틱을 조절하거나 음성 등 대안적 작동방법을 배울 수 있다. 다만, 전동 휠체어를 이용하거나 기능을 지도할 때에는 다음과 같은 주의사항을 숙지해야 한다.

- 안전벨트를 꼭 사용한다.
- 전동 휠체어의 속도는 사용하는 학생의 기능 수준에 적절하게 조절되어야 한다.

- 작고 밀집된 장소에서 사용하기 전에 넓고 안전한 공간에서 충분한 조정 기술을 연습한다.
- 적당한 시야 확보, 방향을 이해하는 능력, 환경에 대한 주의 등 사전 교육을 제공한다.
- 안전을 위해 필요한 경우 실전훈련에 앞서 가상훈련을 제공하는 소프트웨어를 활용한다.
- 충전, 보관 등 스스로 전동 휠체어를 관리하는 습관을 지도한다.

어떤 기기를 사용하든 이동성 보조공학기기의 목적은 가장 효과적인 방법으로 가장 좋은 움직임을 제공하면서 최대한 독립성을 가지고 움직이게 하는 것이다. 적절한 이동성 보조기기와 최적의 보조공학기기의 선택은 많은 평가와 고려를 통해 이루어질 수 있다. 이동성을 위한 보조공학기기의 구체적인 예는 '제11장 자세 및 앉기, 보행 및 이동'을 참고하도록 한다.

2) 자세 유지를 위한 보조공학

바른 자세를 유지하지 않고서는 보조공학기기 사용의 이익을 기대할 수 없다. 지체장애나 중복장애를 가진 학생을 위한 교과과정에 적절한 접근을 제공하기 위해 교사들은 바른 자세와 바르게 앉는 방법과 원리들을 이해하고 바른 자세를 위해 필요한 보조기기에 대한 지식을 갖추어야 한다.

자세 유지를 위한 보조공학기기를 적용하기 위해서는 물리치료사와 작업치료사, 그 밖에 바른 자세에 대한 조언을 해 줄 수 있는 전문가, 교사와의 협력 안에서 보조기기를 평가한 후 선택하고 적응시켜서 사용할 수 있도록 한다. 교사는 수업 시간을 통해 학생의 자세를 매일 관찰할 수 있으므로 정보를 제공하는 중요한 역할을 하게 된다. 예를 들면, 교사가 한 학생이 평상시에는 휠체어에 바르게 앉는데, 학교가 끝날 때쯤이면 피곤에 지쳐서 휠체어의 한쪽 측면에 몸통을 구부린 채 기대어 앉는 것을 관찰할 수 있다. 이 경우 교사의 관찰에 의해 학생의 척추측만을 예방하고 바른 자세를 유지할 수 있는 자세 유지용 보조기기의 필요성을 파악하게 된다. 대표적인 자세 유지용 보조기기는 전방 지지형 기립 보조기구인 프론 스탠더이다.

프론 스탠더는 독립 보행이 어려운 성장기 아동에게 효과적인 스탠더이다. 스탠더는 뇌성마비 등으로 인해 서 있는 자세를 유지하기 힘든 사람들의 기립 훈련을 위해 사용된다. 기본적인 서기 기능, 기립 기능을 통해서 혈액순환을 돕고, 근력을 강화하고, 또 관절의 수축을 예방해 주기 때문에 전반적인 신체의 건강 상태를 더 좋게 유지시켜 줄 수 있는 보조기기이다. 이 뿐만 아니라 올바른 자세에 대한 치료 목적 외에 수업 시간이나 다른 작업 활동에 참여할 때, 신체에 안정감을 주기 때문에 상지 기능을 전적으로 활용할 수 있게 해 줄 수 있다. 자세 유지를 위한 보조공학기기의 구체적인 예는 '제11장 자세 및 앉기, 보행 및 이동'을 참고하도록 한다.

3) 의사소통을 위한 보조공학

1980년대 초 테크놀로지의 급속한 발달과 함께 의사소통을 위한 보조공학이 새로운 중재 방법으로 강조되기 시작하였다. 의사소통 장애인의 사회적·교육적 참여를 증진시킬 수 있는 방안의 하나로 이들의 의사소통 욕구 표현에 관심을 가지고 이를 지원하기 위한 많은 소프트웨어와 하드웨어의 개발로 이어졌으며, 최근에는 우리나라에서도 이러한 의사소통에 대한 관심이 높아지고 수입에 의존하던 기존의 한계를 벗어나 자체 개발하는 움직임이 시작되었다. 의사소통을 위한 보조공학기기는 매우 다양하다.

(1) 원버튼 음성출력기기
음성이 나오는 전자 의사소통기기로는 현재 녹음하여 사용할 수 있는 간단한 기기들이 수입되어 사용되고 있다. 녹음 시간이 길고 많은 메시지를 녹음할 수 있는 기기일수록 고가이다. 아동이 사용할 수 있는 상징을 버튼에 부착하고 해당하는 내용을 녹음하여 사용하며 빅맥 스위치 등이 많이 사용되고 있다(국립특수교육원, 2021). 각각의 버튼에 1개의 메시지를 저장·재생할 수 있으며, 저장 시간은 15초부터 길게는 300초까지 다양하다. 여러 장의 음성출력 카드를 이용하여 앨범식으로 저장하여 사용할 수도 있다.

(2) 다양한 버튼식 음성출력기기
다양한 버튼으로 구성되어 있는 음성출력기기는 자연 음성을 녹음하여 저장하였다가 재생하는 디지털 음성녹음 방식을 사용한다. 기기의 크기나 저장용량, 조작방

원버튼 음성출력기기

싱글 스위치

그림 13-4 원버튼 음성출력기기

출처: 에이블넷아이앤씨 홈페이지(http://www.ablenetinc.com); 인에이블링디바이스 홈페이지(http://www.enablingdevices.com).

법이 다양하며, 필요에 따라 저장한 단어나 구절, 문장을 재생할 수 있으므로 '폐쇄적(closed)' 기기라고 불린다. 버튼을 눌러서 녹음된 전체 구절이나 문장이 소리로 출력되도록 하는 '전체 메시지' 형식을 사용한다. 이와 같이 전체 내용이 음성으로 출력되도록 하는 것은 사용자가 직접 단어와 단어를 연결하거나 타이핑하는 것과 달리 메시지를 독립적으로 산출하는 데 필요한 인지적 · 신체적 요구가 적으므로 인지 및 언어 능력에 장애가 있는 경우나 심한 실어증 환자 등에게 적절하다(김정연, 2005). 이 기기는 사용할 아동과 동일한 성별과 연령의 사람이 녹음해 주는 것이 바람직하다.

저장은 단순히 버튼을 누름으로써 메시지를 녹음할 수 있고, 전체 녹음할 수 있는 시간은 1분에서 1시간 이상까지 매우 다양하며, 이러한 용량의 차이는 가격에도 그대로 반영된다. 각각의 버튼에 메시지를 녹음한 후 버튼을 누르거나 스위치를 누르면 미리 녹음된 음성이 재생되고, 버튼을 누르기 힘든 장애인의 경우 외부에 스위치

4칸 칩톡(Cheap Talk 4)

8칸 칩톡(Cheap Talk 8)

고우톡(Go Talk)

커뮤니케이션 빌더
(Communication Builder)

채트박스(Chatbox)

테크톡(Tech Talk)

그림 13-5 디지털 음성녹음 방식을 사용하는 의사소통기기의 예

출처: 인에이블링디바이스 홈페이지(http://www.enablingdevices.com); 메이어존슨 홈페이지(http://www.mayer-johnson.com); 프렌크로미히컴퍼니 홈페이지(http://www.prentrom.com).

를 연결하여 사용 가능하다.

　기자재에 따라 몇 가지 간단한 기기의 예를 들어 보면 [그림 13-5]와 같다. 각각의 기기는 사용자의 언어 능력 발달에 따라 1, 2, 4, 16, 32개의 다섯 종류의 프레임으로 바꾸어 여러 단계의 수준(level)으로 구성할 수 있고, 하나의 수준은 한 화면에 표시할 수 있는 내용 이외의 내용을 다른 화면으로 바꾸어서 저장하고 재생할 수 있는 것을 말한다. 수준의 수가 많을수록 내용 저장용량이 늘어난다. 디지털 음성녹음 방식을 사용하는 기기는 제한된 시간만큼 녹음이 가능하기 때문에 녹음할 내용의 우선순위를 잘 정하여 가장 중요하다고 생각되는 것부터 녹음해야 한다. 쉽게 지우고 다시 녹음할 수 있다는 것이 이 기기의 장점이다.

(3) 음성합성 방식을 사용하는 의사소통기기

음성합성(speech synthesis) 기술은 말을 할 수 없는 장애인의 의사소통 기능을 대신해 주는 중요한 역할을 한다. 스티븐 호킹 박사가 20여 년 전에 4, 500달러에 구입하여 사용하던 음성공학기기는 최근에는 더욱 발전하여 음질도 좋아지고 가격 면에서도 많이 저렴해졌다(Bowe, 2000). 음성합성 방식의 음성출력기기는 말을 사용하여 다른 사람들과 쉽게 의사소통할 수 없는 사람들을 위해 단어, 구 혹은 문장의 산출이 가능한 의사소통기기이다. 활동과 상황에 맞게 단어를 구성할 수 있어 가정이나 학교, 직장 등에 적합한 단어를 제공해 줄 수 있다.

음성합성 방식을 사용하는 기자재는 사용자가 입력한 내용을 기계에서 발음 규칙 및 예외적인 발음, 목소리, 억양 등과 같은 특정한 언어 규칙에 맞도록 바꾸어 준다. 따라서 사용자는 다른 사람이 미리 녹음하여 놓은 내용에 한정되지 않고 글자, 단어 또는 다른 상징을 이용하여 내용을 스스로 구성할 수 있다. 외국의 경우 대부분의 기자재에서 사용되고 있는 음성합성 프로그램은 구어의 95% 수준에 달하는

아이맥스(Eyemax)

에코투(Eco2)

밴티지 라이트(Vantage Lite)

채트박스(Chatbox)

샘 커뮤니케이터
(SAM Communicator)

다이나박스(Dynavox)

그림 13-6 음성합성 방식을 사용하는 의사소통기기의 예

출처: 인에이블링디바이스 홈페이지(http://www.enablingdevices.com); 메이어존슨 홈페이지(http://www.mayer-johnson.com); 프렌크로미히컴퍼니 홈페이지(http://www.prentrom.com).

단어와 문장 수준의 이해도를 가지고 있어 친숙하지 않은 대화상대자와 의사소통을 하는 데도 불편이 없다. 또한 사용자의 특성에 따라 성별, 목소리의 질 등을 선택할 수 있도록 여러 가지 목소리를 제공한다.

디지털 음성녹음과 비교하여 볼 때 음성합성은 사용자가 직접 글자를 입력하여 의사를 표현할 수 있기 때문에 인지와 언어 능력을 갖춘 사용자에게 적합하다. 뇌성마비나 루게릭병(Lou Geerig's disease)이라 불리는 근위축성측삭경화증, 다발성신경연화증, 파킨슨씨병 또는 외상성 뇌손상으로 인해 의사표현이 어려운 사람이 사용할 수 있다.

최근의 음성합성 방식을 사용하는 스마트기기 기반의 AAC 도구들은 내장된 프로그램에 어휘 목록이 탑재되어 있어 인지 수준, 장애 정도와 관계없이 사용할 수

음성합성 방식의 AAC 기기: '마이토키(My Talkie)'
'마이토키'는 조음 및 발성에 어려움이 있는 사람의 원활한 의사소통을 위하여 한국형 심벌과 음성출력 기능이 내장된 보완대체의사소통(AAC) 기기이다. 마이토키윈도우, 마이토키노트, 마이토키라이트, 마이토키스마트로 개발되었다.

마이토키윈도우
상징클릭으로 음성 출력
대한민국 문화와 생활에 맞는 10,000개의 상징
다양한 환경 및 상황별 범주
수준별 화면 구성 및 편집 가능
40가지 한국어 음색(남녀노소) 제공
글자판 기능, 스캐닝 기능

마이토키스마트
사용자 수준별 의사소통판을 제공
존대/하대, 긍정/부정, 시제, 의문/평서, 자동 문장 생성 기능 탑재
글자판 기능, 스캐닝 기능
수준별 화면 구성 및 편집 가능
총 40가지의 음색 제공

그림 13-7 마이토키

출처: 마이토키 홈페이지(http://www.mytalkie.co.kr).

있다. AAC 도구의 기능과 어휘 목록, 화면 구성 등을 사용자에 맞추어 조정할 수 있으며, 학생에게 필요한 어휘 목록을 선택하거나 추가하여 구성할 수 있다. 또한 스마트기기 기반의 AAC 도구는 간단한 터치로 화면을 전환하는 역동적 제시(dynamic display) 방법을 사용하기 때문에 상황별·범주별로 구성된 다면적 의사소통판으로도 사용할 수 있다.

(4) AAC 앱

최근에는 스마트폰, 태블릿 PC 등 스마트기기를 활용한 교육이 보편화되고 있고, 별도의 기기 사용으로 인한 부정적 영향을 최소화시킬 수 있는 장점을 가진 스마트폰 애플리케이션 활용교육에 대한 관심이 높아지고 있다. '앱(app)'이란 애플리케이션을 줄여서 부르는 말로 스마트기기 활용의 핵심이며, 컴퓨터의 소프트웨어와 동일한 개념으로 특정 기능을 수행할 목적으로 설치하는 일종의 프로그램이다. 쉬운 작동과 사용의 편리함, 다양한 시청각 요소, 빠른 실행 속도와 오프라인상에서도 이용 가능하다는 점이 장점으로 제시되고 있다(윤지현, 2012). 각종 교육용 앱을 활용한 방법은 여러 영역의 선행연구에서 교육적 효과가 입증되고 있다. 교육용 앱은 일반교육 및 특수교육의 언어활동, 수학활동, 음악활동, 체육활동 등 다양한 영역에서 개발되고 있다. 특히 최근에는 의사소통에 어려움이 있는 학생을 위한 앱이 개발되어 이를 AAC 중재에 활용하여 언어 발달지체를 보이는 학생의 어려움을 해결할 수 있는 방법으로 소개되고 있다(이희연, 홍기형, 2015; 표윤희, 김정연, 김시원, 2017; Beukelman & Mirenda, 2012). 앱을 활용한 AAC 중재는 시청각 자극과 멀티미디어 요소의 지원으로 장애 학생들의 집중력과 기억에 도움이 되므로 의사소통 지도에 효과적이다(김정연, 김시원, 2016). 또한 별도 기기를 사용하지 않고 일반적인 스마트기기에 AAC 소프트웨어를 설치하여 사용하므로 의사소통장애인의 사회적 낙인을 최소화할 수 있다(임장현, 박은혜, 2012).

최근에는 매우 다양한 앱이 개발되고 있으며, [그림 13-8]은 AAC 앱의 예이다. 최근 특수교육 현장에서는 AAC 앱을 활용한 다양한 효과가 발표되고 있으며, 특히 의사소통 지원 외에 또래와의 상호작용과 수업 참여 증가, 문제행동 중재 등 다양한 성과가 보고되고 있다. 〈표 13-3〉은 수업에 AAC 앱을 활용한 후 교사들이 인식한 효과성에 대한 내용이다.

AAC 앱 소개: '나의 AAC'

나의 AAC는 NC문화재단에서 개발한 의사소통보조 소프트웨어이다. '나의 AAC 기초' '나의 AAC 아동' '나의 AAC 일반' '나의 AAC PC'의 4개 버전으로 구성되어 있다.

'나의 AAC 기초'는 AAC를 처음 접하거나 장애의 정도가 매우 심한 중도중복장애인을 대상으로 하며, 예/아니요, 좋아요/싫어요 등 최소한의 선택(양자택일)으로 기본적 의사소통이 가능하도록 지원한다. '나의 AAC 아동'은 복합적 의사소통 요구를 가진 저학년 장애 학생이 자주 겪는 상황을 300여 개의 상징으로 구성하고 상징을 선택하여 낱말형과 문장형으로 의사표현이 가능하도록 지원한다. '나의 AAC 일반'은 복합적 의사소통 요구를 가진 성인이나 AAC를 통해 의사소통을 하는 일반인을 대상으로 하며, 사용자의 일상생활의 장소와 위계범주로 분류하여 1,000여 개의 상징으로 구성되어 있는 앱이다.

그림 13-8　AAC 앱 '나의 AAC'

그림 출처: 나의 AAC 홈페이지(http://www.myaac.co.kr).

표 13-3 │ **AAC 앱의 수업 활용 효과에 대한 교사들의 보고**

• 또래관계 개선 및 또래 간 상호작용 증가

학급에 말을 할 수 있는 학생이 1명뿐이라 의사소통할 사람이 부족하였으며, 그 학생도 발화횟수가 점차 감소하고 있었음. 그런데 AAC 앱을 사용해서 말하지 못하는 친구들도 발표를 하게 되니 학생 간의 상호작용이 많아지는 것을 관찰할 수 있었으며, 전체적인 학급 분위기도 향상됨

• 의사소통 기회 증가

교과 시간에 교사가 질문하고 학생이 답할 때 앱을 사용하기 시작했음. 그림이나 사진만 제공했을 뿐인데, 스스로 발표하겠다는 표현이 증가됨. 과학 시간에는 학교 주변을 돌며 식물 사진을 찍어서 어휘 목록에 저장해 주니까 바로 이용해서 발표함. 추가로 어휘 목록을 추가하거나 수정하는 것이 쉬워 앱 사용이 효율적임

• 수업 참여 증가 및 언어 발달

교과서가 개정되면서 내용이 어려워져서 수업 참여에 흥미가 낮았던 학생인데 AAC 앱을 사용하여 대답할 기회를 만들어 주니 수업에 참여하는 태도가 적극적으로 변화함. 처음에는 날씨가 맑을 때는 '해' '쨍쨍' 이러다가 또 다른 말로 표현해 보라 하면, "맑아요." "비가 와요." 식의 문장까지 표현하여 어휘 학습 및 언어 확장에 도움이 됨

• 새로운 기회의 부여

AAC 앱 사용으로 가장 인상적인 경험은 새로운 기회를 제공한 점이라고 생각함. 왜냐하면 학급에 말을 할 수 있는 학생이 기존에는 1명뿐이었으나, AAC 앱을 이용하다 보니, 의사소통 상호작용에 참여할 수 있는 학생들이 늘어나고, 의사표현을 할 경우 교사의 강화와 칭찬을 받으면서 매우 만족해하는 것을 관찰할 수 있었음

출처: 김정연, 김시원(2016). 스마트기기 기반 AAC앱의 사용성 평가. 특수교육교과교육연구, 9(2), 59-80.

4) 정보 접근을 위한 보조공학

(1) 컴퓨터 접근성 기능

다른 사람과 의사소통하는 것과 정보에의 접근은 현대사회에서의 독립성에 영향을 미치는 중요한 요소이다. 다른 사람과 이메일을 주고받고 인터넷과 월드와이드 웹을 통한 서비스와 프로그램에 관한 정보를 찾고 교육적 기회에 접근하는 것은 지체장애 학생에게도 중요한 일이다(Lindsey, 2000).

그러나 지체장애 학생은 일반적인 컴퓨터와 접근 장치만으로는 정보를 수집하는 데 어려움을 가진다. 그러므로 입력을 지원하는 장애인 보조기기가 필요하다. 이에 지체장애 학생의 신체 중 움직임이 가장 원활한 부위를 사용하여 전자 및 정보에 접근할 수 있도록 지원하기 위한 다양한 기술이 발전되고 있다. 최근 컴퓨터의 운영체계들은 장애를 가진 사람을 위한 접근성 기능을 기본 옵션으로 제공한다(예: 윈도우의 '접근성' 메뉴). 따라서 교사는 자신의 교실 컴퓨터에는 어떤 기능이 있는지 숙지하여야 한다(박은혜 외 역, 2012). 제공하고 있는 접근성 기능은 다음과 같다.

- 컴퓨터 화면의 변경: 바탕 화면 색 변경
- 마우스 변경: 마우스 속도 및 커서 모양의 변경
- 고정 키: 다른 키를 누르는 동안 컨트롤 키를 항상 켜 놓기. 〈Ctrl + Alt + Del〉 같은 바로 가기 키를 한 번에 하나씩 입력할 수 있도록 해 주는 기능
- 필터 키: 손의 경직으로 인해 하나의 키가 여러 번 눌러졌을 때 오류로 인식하지 않도록 키보드의 반복 속도를 조정하는 기능(예: 'b' 키를 계속 누르고 있어도 'bbbbbb'라고 인식되지 않음)
- 토글 키: 〈한/영〉 〈Caps Lock〉 〈Insert〉 〈Num Lock〉 〈Scroll Lock〉 등 키보드에서 두 가지 상태만을 가지고 있는 키를 말하며, 키를 한 번 누르면 한 값이 되고 다시 한 번 누르면 다른 값으로 변하는 것으로 키를 누를 때 소리를 내어 상태를 알려 주는 기능

(2) 키보드 수정

키보드 자체도 수정될 수 있다. 터치스크린(touch screen), 확대키보드, 한 손 사용자 키보드, 미니키보드, 화상키보드(screen keyboard) 등은 컴퓨터 사용 시 입력을

지원하는 보조기기이다. 각각의 특성은 다음과 같다.

- 터치스크린: 마우스와 달리 컴퓨터 화면에 직접 원하는 지점을 손가락으로 짚어 입력하기 때문에 자신의 행동으로 인한 사물의 반응을 바로 볼 수 있도록 하여 입력 기능을 이해하는 데 도움을 받을 수 있다.
- 확대키보드: 일반 키보드보다 크기가 크고 각각의 키 크기도 크고 키의 수도 필요한 수만큼 단순화하여 사용할 수 있다. 밝은 색의 큰 자판과 알아보기 쉬운 라벨을 사용하여 자판 위치의 혼돈을 줄여 한결 쉽게 정보를 입력할 수 있다. 키보드의 키를 잘 찾지 못하는 학생에게 매우 유용한 입력 장치이며, 방향 키 활성을 제어하여 글자 자판만 집중하여 사용할 수 있도록 하는 기능도 있다. 키보드의 키가 의도하지 않은 동작에 눌러지지 않도록 투명 아크릴판으로 되어 있는 키 가드(key guard)를 장착하여 사용할 수 있다.
- 한 손 사용자 키보드: 왼손용과 오른손용 키보드가 있다. 주로 성인 지체장애인이 사용하나, 한 손을 사용하는 지체장애인은 환경에서의 일반화를 위해서 대체 키보드보다는 일반 키보드에 적응하는 편이 실제적으로 유리하다고 말하기도 한다.
- 미니키보드: 일반 키보드보다 크기가 작으며, 주로 손을 이용하거나 마우스 스틱을 이용하여 키를 눌러 사용한다.
- 화상키보드: '스크린키보드'라고도 불리며, 소근육운동 동작이 어려워서 일반 키보드와 마우스 사용이 어려운 학생에게 적용할 수 있다. 미세한 동작이 가능한 근이영양증 학생의 경우 사용이 용이하다.
- 일반키보드의 수정: 키보드 자판들이 더 잘 보이게 하기 위해서 자판 위에 큰 글자나 색 대비가 강한 글자가 있는 스티커를 붙일 수 있고, 손가락을 사용하여

그림 13-9 확대키보드와 키 가드/일반키보드와 키 가드

하나의 자판을 정확하게 누르기 힘든 경우에는, 키 가드를 사용할 수 있다. 키
가드란 구멍이 뚫려 있는 플라스틱으로서 일반 자판 위에 놓고 학생이 구멍 사
이로 한 손가락으로 자판을 누르는 동안 다른 손가락은 키 가드 위에 지탱할 수
있는 장치이다. 학생은 또한 키를 누르기 위해 마우스 스틱을 사용하는 것처럼
다른 방법으로 접근할 수도 있다([그림 13-9] 참조).

(3) 대체입력기기

대체입력기기로는 헤드 포인터(head pointer)나 헤드 스틱(head stick), 마우스 포
인터(mouse pointer)나 마우스 스틱(mouse stick), 손가락용 스틱 등 손가락을 대신하
여 키보드를 누를 수 있는 도구가 사용된다.

- 헤드 포인터나 헤드 스틱: 손을 사용하여 키보드를 사용하기 어려운 지체장애
  학생을 위한 키보드용 보조기기이다. 스틱으로 키보드를 누르거나 끝부분에
  연필을 끼워서 쓰기를 할 수도 있다.

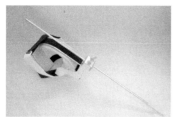  

헤드 포인터, 헤드 스틱　　　　　　　　　마우스 포인터, 마우스 스틱

손가락용 스틱

그림 13-10 대체입력기기 및 입력보조기기

출처: 정보통신보조기기 홈페이지(http://www.at4u.or.kr/index.asp).

- 마우스 포인터나 마우스 스틱: 손을 사용하여 키보드를 사용하기 어려운 지체장애 학생을 위한 키보드용 보조기기이다. V자형으로 된 부분을 입으로 물고 키보드를 누를 때 사용한다.
- 손가락용 스틱: 손가락용 스틱은 손의 마비나 경직으로 자유로운 키보드 사용이 어려운 경우 손가락의 힘을 지지하여 손쉬운 타자가 가능하도록 지원하는 보조기기로, 한 손의 손가락을 사용할 수 있는 학생을 위한 입력 보조기기이다.

각각의 입력기기는 [그림 13-10]과 같다.

또한 손을 사용하여 마우스의 미세한 조작을 하지 못하는 지체장애 학생의 경우 발 마우스(foot mouse), 조이스틱(joy stick), 트랙볼(track ball) 등을 사용한다.

- 발 마우스: 손의 경직이나 마비 등으로 일반 마우스 사용이 어려운 경우 발을 이용하여 사용할 수 있는 마우스이다.
- 조이스틱: 손의 경직이나 마비 등으로 일반 마우스 사용이 어려운 경우 사용할 수 있는 보조기기이다.
- 트랙볼: 정밀한 마우스 조작이 힘든 뇌성마비 학생이 마우스 대신 사용할 수 있는 컴퓨터 입력 장치의 하나이다.

그 밖에 머리나 얼굴 등 신체의 한 부분으로 이용할 수 있는 전자 지시기(electronic pointing devices)가 있고, 구어 발성이 가능한 학생의 경우에는 음성인식기(voice recognition devices) 등을 사용할 수 있다.

- 전자 지시기: 초음파기기, 적외선 빔, 눈동자 움직임, 신경 신호, 뇌파 등을 이용하여 화면상의 커서를 움직일 수 있도록 해 준다. 사지마비로 컴퓨터 조작이 어려울 경우 머리나 목의 움직임, 눈의 움직임 등 원활한 신체부위를 이용하여 컴퓨터를 조작할 수 있다.
- 음성인식기: 컴퓨터에 정보를 입력하거나 각종 기능을 제어하거나 실행시키기 위해 키보드나 마우스 대신 음성으로 입력 기능을 수행하는 것을 말한다. 그러나 뇌성마비 학생의 경우 음성 산출의 어려움이 있어서 활용 사례는 많지 않다.

그러나 지체장애 학생의 경우 대부분 운동 조절력이 제한되어 대체입력기기를 사용하더라도 직접 선택하는 데 어려움이 많다. 이를 해결하기 위한 방안으로 시간이 설정된 활성화(timed activation), 해제 활성화(release activation), 여과(평균화)된 활성화[filtered(averaged) activation]와 같은 전략을 사용할 수 있다(Beukelman & Mirenda, 2012).

- 시간이 설정된 활성화 전략: 컴퓨터의 해당 부분을 손이나 헤드 스틱으로 지적하거나 전자 지시기로 선택할 경우 일정 시간을 선택해야만 활성화되도록 조정하는 것을 말한다. 컴퓨터 화면에 머무는 시간을 미리 설정하여 불수의운동이나 의도되지 않은 움직임으로 인한 선택의 오류를 줄여 주기 위한 것이다.
- 해제 활성화: 컴퓨터 화면을 손으로 지적하고 원하는 항목을 지적해도 활성화되지 않다가, 원하는 항목에 도달해서 접촉을 유지하다가 손을 떼었을 때 해당 항목이 활성화되도록 하는 기능을 말한다. 손으로 지적한 것에서 접촉이 해제되었을 때 활성화되며, 접촉 시간은 학생의 능력과 요구에 따라 조정해 준다. 학생이 너무 느리거나 비효율적으로 움직여서 시간이 설정된 활성화 전략만으로는 컴퓨터 사용이 어려울 경우 사용된다.
- 여과(평균화)된 활성화: 컴퓨터 화면에서 특정한 항목을 선택하기 위해서는 접촉 시간을 안정적으로 유지해야 하는데, 지체장애 학생은 움직임의 제한으로 어려움이 많다. 예를 들어, 머리에 부착된 전자 지시기를 사용하더라도 일정 시간 동안 빛을 컴퓨터 화면에 비추지 않으면 해당 항목이 선택되지 않는다. 여과(평균화)된 활성화는 학생의 움직임을 통해 컴퓨터 화면의 해당 항목에 머무는 시간을 감지하여 무시해도 되는 허용 시간을 찾아낸 뒤, 각 항목마다 멈춘 학생의 시간을 감지하여 그중 가장 오랜 시간 머문 항목을 찾아내서 활성화한다.

또 다른 접근 방법으로는 스위치를 사용한다. 스위치는 손의 경직이나 마비 등으로 일반 키보드와 일반 마우스를 사용하기 어려운 경우 사용하는 대체입력장치이다. 신체 일부분을 이용하여 직접 선택하는 방법으로 컴퓨터를 조작할 수 있다. PC 사용 시 스위치 사용의 장점은 다음과 같다. 첫째, PC에 연결하면 컴퓨터 조작이 가능하다. 둘째, 손, 주먹, 손바닥, 머리, 입, 이마, 얼굴의 어느 근육의 한 부위, 발, 팔꿈치 등 신체의 어느 한 부위만으로도 사용이 가능하다. 셋째, 누르거나, 밀거나, 당기거나, 터치하거나, 손으로 꽉 쥐거나, 입으로 불거나 하는 기능으로 사용할 수 있도록 다양화되어 있다. 넷째, 스위치를 눌렀을 때 불이 들어오거나 소리가 나오는 등 시각, 청각 기능이 있어 시청각적 피드백이 제공된다. 다섯째, 휠체어나 워커, 책상, 휠체어 이동용 책상 등에 부착하여 사용할 수 있다.

컴퓨터에 직접 스위치를 꽂아서 사용하지는 못하며 '스위치 인터페이스'라는 컴퓨터와 스위치를 연결해 주는 중간 장치를 통해 컴퓨터를 사용하게 된다. 마우스형태와 같은 형태도 있고 납작한 직육면체 형태도 있다. 최소한 한 가지 이상의 자발적인 움직임이 가능한 신체부위가 있다면 적용 가능하다. 스위치는 누르기, 당기기, 기울이기, 호흡을 들이마시기/불기, 눈으로 깜박거리기, 손으로 쥐기 등의 기능으로 작동한다. 때로는 손, 발, 팔꿈치, 무릎, 이마, 눈썹부위 등 여러 위치에 고정할수 있다. 다만 스위치는 각각의 기능이 다르기 때문에 성공적인 기능을 습득하기 위해서는 오랜 기간의 연습이 필요하다. 최중도 뇌성마비나 척수손상으로 장애 정도가 심각한 학생의 경우에는 불기 빨기 스위치(sip/puff switch)를 이용하여 호흡만으로도 컴퓨터를 조정할 수 있다. 불기 빨기 스위치는 컴퓨터에 연결한 후 마우스를 머리에 쓰고 머리를 움직이며 포인터를 이동하고 불기와 빨기를 통해 클릭과 더블클릭을 실행할 수 있도록 하는 도구이다. 미세한 움직임에 반응하므로 원숙하게 사용하기까지는 일정 기간의 훈련이 필요하다. 지체장애 학생의 수업 참여를 촉진하기 위해 사용된 스위치의 예는 〈표 13-4〉와 같다(서현주, 2018).

어떤 스위치를 사용할 것인지 결정하기 위해서는 다양한 시도를 통해 가장 적은노력을 들여 효율적으로 표현할 수 있는지 고려하고 피로감이나 고통이 적은 것을선택한다. 스위치의 위치나 참여 활동, 훈련 등에 대한 결정은 물리치료사와 작업치료사와의 협의를 통해 결정한다.

학생에 따라서는 스위치를 책상이나 테이블 위에 놓고 사용하는 경우도 있으나, 가장 효율적인 기능을 나타낼 수 있는 위치를 찾아내는 일은 교사의 중요한 역할이다. 예를 들어, 책상 위에 놓인 스위치를 누르기 위해 주먹 쥔 손으로 스위치를 두드리거나 경직성으로 인해 자주 스위치를 떨어뜨리거나 의도적으로 물건을 던지는 학생의 경우 책상 위에 고정해 주는 것은 잘못된 방법이다. 손을 이용하여 스위치를 작동하는 것이 어렵다면, 투명한 아크릴로 된 휠체어 트레이의 아랫부분에 스위치를 설치하고 무릎을 들어 스위치를 누르도록 고정해 줄 수 있다. 또는 마운팅(mounting) 도구를 이용하여 머리를 움직여 스위치를 누를 수 있도록 머리 부분에

표 13-4 지체장애 고등학생의 수업 참여를 위해 사용된 스위치

스위치	특징 및 사용 방법
 빅레드 트위스트 스위치 출처: http://www.ablelife.co.kr	• 머리, 팔, 손, 다리 등의 신체부위로 눌러 작동시키는 스위치 • 0.85kg 이하로 누르는 힘에도 반응하고 표면 중 어느 곳을 눌러도 작동하기 때문에 어린 아동과 손의 힘이 매우 약한 사람도 사용 가능
  스무디 스위치 출처: https://www.ablenetinic.com; http://www.carelifemall.co.kr	• 머리, 팔, 손 등의 신체부위로 눌러 작동시키는 스위치 • 스무디 스위치를 휠체어, 책상, 침대 등의 프레임에 고정시켜 주는 도구인 마운팅 시스템(mounting system)에 부착시킨 다음, 움직임이 가능한 신체부위에 가까이 위치시켜 사용
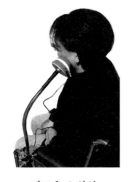 필로우 스위치 출처: http://www.ablelife.co.kr	• 이마나 뺨으로 쿠션을 눌러 작동시키는 스위치 • 거위 목 모양의 구스넥은 유연성이 있어 쉽게 조종할 수 있으며, 조임쇠를 이용하여 테이블과 휠체어에 스위치를 쉽게 고정할 수 있음

출처: 서현주(2018). 스위치를 활용한 AAC 중재가 지체·중복장애 고등학생의 수업참여행동에 미치는 영향. 이화여자대학교 교육대학원 석사학위논문, pp. 31-32.

AMDI(Advanced Multimedia Devices Inc)
출처: http://www.amdi.net/mounting-systems

자이테크(Zyteq)
출처: http://www.zyteq.com.au/products/ipad_
itouch_accessories/modhose_mount_for_
ipad_1_or_2

그림 13-11   마운팅 도구 사용의 예

고정시키거나 팔꿈치 뒷부분에 고정시켜 주는 등 개별 학생의 신체적 잔존 기능에 따라 고정해 준다([그림 13-11] 참조).

5) 학업성과를 위한 보조공학

지체장애 학생은 다양한 장애 특성으로 인해 보조공학이 필요한 상황이 발생한다. 교육환경 내에서 다음과 같은 학생의 행동이 자주 관찰된다면 보조공학의 도입을 고려해 볼 필요가 있다(Best, Heller, & Bigge, 2010).

- 일반적으로 제시되는 학습 자료의 인쇄된 글자가 학생이 읽기에 너무 작다.
- 학생이 말하거나 듣는 데 어려움이 자주 발생한다.
- 학생은 효과적으로 또는 효율적으로 의사소통할 수 없다.
- 학습활동에 사용하는 조작 자료는 이용하기에 너무 어렵다.
- 주어진 시간에 스스로 읽는 것에 어려움이 있어서 누군가의 대독이 필요하다.
- 학생의 글씨는 알아보기 힘들며 의미를 이해하기가 어렵다.
- 쓰는 속도가 매우 느려서 주어진 학습 과제를 완료하지 못한다.
- 학생의 능력을 보완하기 위해 현재 사용하고 있는 수정 방법이 충분하지 않다.

쓰기, 읽기, 수학교과와 같은 학업 및 교과활동에서의 공학 기술은 소프트웨어프로그램과 같이 각 교과의 교수 목표에 따라 교육과정상의 기술을 효과적으로 가르치도록 도와준다(Belson, 2003). 지체장애 학생을 위한 교육 프로그램의 주요 목표는 인지 기술과 지식을 개발하도록 격려하는 것이다. 컴퓨터 중심의 교수는 주의집중, 인식, 분별, 기억과 같은 기본 인지과정을 개발하도록 돕는 데 효과적이며, 정보습득을 돕는다.

　학습에서의 공학 기술을 활용하는 것은 과제와 관련한 주의집중을 높이며, 중요한 자극의 변별을 돕는다. 또한 음성, 동영상, 이미지, 문자, 조직화된 내용 구성 등의 통합적인 기능을 가진 소프트웨어의 활용은 기억과 인식에 영향을 미치며, 언어와 학업 기술 지도의 효율성을 높여 준다. 학습용 보조기기에 대한 내용은 '제14장 교과 지도 I'과 '제15장 교과 지도 II'를 참고하도록 한다.

　최근 교육현장에서는 디지털 테크놀로지가 빠른 속도로 발전하면서 지체장애 교육현장에서의 변화를 가속화할 것이다. 무엇보다 물리적 세계와 디지털 세계를 접목시킨 증강현실(Augmented Reality: AR)과 가상현실(Virtual Reality: VR)의 활용은 교실 수업을 변화시킬 것이다. 이러한 실감형 교육은 신체적인 제약으로 인해 참여할 수 없었던 학습경험을 제공할 것이며, 장애학생의 상호작용, 의사소통 기술을 향상하는 데 기여할 것이다. 실감형 교육은 인지적인 약점, 상호작용 기회의 부족, 학습된 무기력 등을 가진 장애학생을 개별 지원하는 데 매우 유용한 기술이 될 수 있다.

　또한 메타버스(Metaverse)를 활용한 시도도 이루어지고 있다. 이동의 어려움이 있는 뇌병변장애인을 대상으로 메타버스 플랫폼을 활용한 온라인 직업교육 프로그램을 운영하는 것은 장애인의 교육격차를 해소하고 고용 기회를 확대하는 기회가 될 수 있다(이설희, 이영선, 박은혜, 2022). 그러나 PC 기반의 메타버스를 활용하더라도 아바타를 이동하기 위해서는 마우스나 대체 키보드 등의 별도의 입력 장치를 필요로 하므로 이에 대한 지원이 고려되어야 한다.

6) 일상생활을 위한 보조공학

　지체장애 학생은 이동하고, 다른 사람과 의사소통하고, 정보에 접근하기 위해 환경을 조절하는 능력이 제한되기 때문에 생활에서의 자유로운 활동이 어렵다. 또한 생활 속에서 사용하는 기구를 조작하는 신체 능력이 부족하다. 이로 인해 의사소통

기기, 컴퓨터, 가정안전 시스템, 실내등과 조명기구, 전동 휠체어와 TV, 오디오, 믹서 등의 가전제품, 충전식 라디오나 테이프 레코더를 사용하여 생활하는 데 어려움이 있다. 그러므로 이들이 좀 더 독립적으로 생활할 수 있도록 일상생활에서 환경을 조절하고 제어하기 위해 보조공학을 이용한 전자 보조장치들이 필요하다. 보조공학 기술을 활용한 환경조절 장치와 일상생활 활동(Activities of Daily Living: ADL) 보조기기는 장애 학생의 삶에 이익을 줄 수 있다(Lindsey, 2000).

환경조절 장치는 지체장애를 가진 사람이 생활이나 작업환경에서 다양한 기능을 조절하고 관리할 수 있도록 강화하며, 사용자의 요구와 능력에 맞게 효과적이고 정교화된 기기를 제공한다면 독립성과 생산성을 증가시킬 수 있다. 또한 환경조절 장치는 다양한 일상생활 과제를 독립적으로 수행하도록 도와 일반적인 삶의 질을 향상하고 개인의 안정과 생산성을 높이는 데 기여한다. 예를 들어, 기온조절 장치를 사용하고, 원격제어 장치를 활용하여 문을 열고 서랍을 열고 TV를 켜고, 전화와 컴퓨터를 사용하여 온라인 은행 업무를 제공하고 쇼핑, 교육 프로그램에 접근할 수 있도록 할 수 있다.

지체장애 학생의 일상생활을 지원해 주는 ADL 보조기기로는 한 손 사용자를 위한 도마와 칼, 형태가 다양하게 수정되어 제작되는 식사 기기, 단추 끼우기 보조기기, 전화기 홀더, 필기 보조기기, 책장 넘기기 도구, 전동가위, 물건 집게, 높낮이 조절 침대와 세면대, 변기, 싱크대 등 생활의 편의를 지원하는 도구들이 포함된다. 책장 넘기기 도구는 전동장치 없이 스틱형으로 손의 기능이 부족한 지체장애 학생이 독서를 할 때 책장을 쉽게 넘길 수 있도록 지원하는 기기이다. 페이지 터너 혹은 페이지 터너 플립은 손 기능이 부족한 지체장애 학생이 독서를 할 때 자동으로 책을 넘길 수 있도록 하는 장치이다. 그 밖에 컴퓨터를 사용하거나 책을 볼 때 사용할 수 있는 높낮이가 조절되는 책상도 보조공학기기이다. 휠체어는 일반 휠체어, 전동 휠체어 등 종류에 따라 자율 조절이 가능하며 형태와 종류가 다양하다. 자세한 일상생활 보조기기에 대한 내용은 '제12장 일상생활 기술'을 참고하도록 한다.

7) 지역사회 및 여가문화생활을 위한 보조공학

보조공학기기는 지체장애인이 지역사회에서의 도로, 교통수단, 공공기관, 음식점 등을 이용할 때 도움을 줄 수 있으며, 여가문화활동에 직접 참여하거나 공연을 관람하는 활동 등을 보다 원활하게 할 수 있도록 도와준다. 예를 들어, 특수하게 제작된 스포츠용 휠체어는 테니스, 농구, 하키, 럭비 등 운동에 사용되며, 초경량이며 안정성과 속도를 강화한 합금 소재의 경주용 휠체어도 사용된다. 손으로 페달을 돌려 움직이는 자전거와 같은 운동기구 등이 여가문화생활에 대한 편의 제공 사례가 될 수 있다.

📌 정리

　　이 장에서는 특수교육 현장에서 활용되고 있는 보조공학의 법적인 근거와 정의 및 영역별 내용을 살펴보았다. 각각의 영역은 이동성 및 자세, 의사소통, 정보 접근, 학업성과, 일상생활 및 지역사회 측면에서 기능 신장과 참여를 지원할 수 있는 보조공학기기에 대해 살펴보았다.

　　보조공학은 개개인이 장애로 인해 갖게 되는 여러 가지 어려움을 경감시켜 일상적인 생활이 가능하도록 도와주고, 그들의 잠재 능력을 계발하여 보다 질 높은 삶을 살아갈 수 있도록 하는 데 그 역할이 있다. 지체장애 교육은 최근 교육공학의 접목으로 더욱더 희망적이고 적극적인 관점으로 바뀌고 있다. 다양한 정보와 신기술이 도입되면서 보조공학에서 기술적 측면이 강조되고 있으나 효율적인 보조공학기기의 개념은 하이테크(high-technology)를 이용한 고가의 기기가 아니라 조금은 조잡하고 보잘것없더라도 장애 학생의 필요와 요구에 적합한 작은 것을 제공하는 것에서부터 시작되어야 할 것이다.

　　보조공학 서비스는 지체장애 학생의 특성을 고려하여 환경을 구조화하고, 시설과 설비를 수정하며, 보조기기를 제공하는 중요한 관련 서비스의 하나이다. 그러나 최근에는 노인과 장애인구 비율의 증가에 따라 장애인구만을 위한 보조공학 개념보다는 근본적으로 모든 사람에게 편리하고 적응하기 쉬운 환경이라는 보편적 설계(universal design) 개념이 일반화되고 있다.

　　보편적 설계는 보조공학의 기본 개념과도 동일하다. 장애인뿐 아니라 모든 사람이 편리하게 이용할 수 있게 하며, 장애인용이라는 특별한 표찰이나 다른 사람의 도움이 없어도 참여할 수 있는 경제적이고 융통성 있는 설계가 보편적 설계의 기본개념이다. 이러한 보편적 설계는 최근 적용 범위가 넓어져 건축, 상품 개발 외에 교육 분야에도 널리 적용되고 있다. 신체의 적은 노력으로 사용과 접근이 쉬우며, 실수할 가능성을 줄여 주고, 누구나 공평하게 사용할 수 있도록 하는 기본 원리가 지체장애 학생들의 교육과 생활에도 크게 기여하고 있다. 공공시설의 자동문과 경사로, 화장실 손잡이, 미끄럼 방지 및 안전사고 예방을 위한 건축 마감재의 사용, 높낮이 조절이 용이한 책상과 의자 등이 그 예이다.

보조공학 관련 사이트

• 한국지능정보사회진흥원 홈페이지(http://www.nia.or.kr, http://www.at4u.or.kr)
 - 정보통신 관련 보조공학기기의 보급사업: 지체/뇌병변, 시각, 청각/언어 등
  장애 유형별 정보통신 기기 및 특수 S/W
 - 본인부담금 20%, 정부보조금 80%의 저렴한 가격으로 컴퓨터 관련 기기와 의
  사소통 보조기기의 구입비를 지원해 주는 방식, 기초생활수급자, 차상위계층
  (장애인수당 급여자) 등 경제적 여건으로 기기 구입이 어려운 저소득 장애인
  의 경우 본인부담금의 50% 추가 지원
• 노틀담복지관 테크니컬에이드센터 홈페이지(http://www.ntd.or.kr)
 - 이용 대상: 인천광역시에 거주하는 장애 학생(만 3~12세, 지체 뇌병변 중복장
  애인)
 - 지원 기기: 맞춤 앉기 자세 유지 및 이동 기기
 - 비용:「국민기초생활보장법」에 의한 수급권자인 경우(부모 포함)에는 이용료
  면제, 저소득 장애 학생의 경우에는 경제적 부담을 고려하여 이용료 감면
 - 기타 장애 학생의 경우는 실비부담을 원칙으로 이용료 징수
 - 서비스 과정: 접수 및 상담, 등록 및 대기, 평가 및 회의, 제작, 납품 및 사용
  훈련, 사후 관리
• 경기도재활공학서비스연구지원센터 홈페이지(http://atrac.or.kr)
 - 이용 대상: 경기도 거주 등록 장애인 개인
 - 서비스 내용: 일상생활과 의사소통, 정보통신 관련 보조공학기기에 관한 정보
  제공 및 장애인을 위한 상담, 평가 등 서비스 제공, 기기 대여, 보급 등의 사업
 - 지원 품목: 별도의 지원 품목을 제한하고 있지 않으며 상담 및 평가를 통해
  장애인의 역량을 강화하여 독립적인 생활을 보장할 수 있는 것으로 판명된
  확보 가능한 모든 보조기기
 - 서비스 과정: 전화문의 후 방문, 상담/평가, 재활 보조기기의 선정 및 시험 적
  용, 교부/대여, 사용자 훈련, 사후관리
• 서울시보조기기센터 홈페이지(http://www.seoulats.or.kr)
 - 이용 대상: 서울시 거주 등록 장애인(무료보급사업 중 맞춤 PC 사업은 거주 지역
  제한 없으며 전 연령, 전 유형 포함)

－서비스 내용: 상용 보조기기 개조 및 맞춤 부품 제작/장착 서비스, 장애인 보
　　　조기기 임대 사업, 장애인 보조기기 구입비 지원, 카시트, 컴퓨터 접근 보조
　　　기기의 무료 보급, 기타 일상생활 보조기기 보급(일부 자부담)

• 위스콘신 대학교 보조공학센터 홈페이지(The Wisconsin Assistive Technology
　Initiative; http://www.wati.org)

• 아이오와 보조공학센터 홈페이지(Iowa Assistive Technology Center; http://icdri.org/
　legal/iowa.htm)

• 캔자스주 보조공학센터 홈페이지(Assistive Technology for Kansans; http://www.
　atk.ku.edu)

• 던존스톤사 홈페이지(Don Johnston Inc; http://www.donjohnston.com)

• 메이어존슨사 홈페이지(Mayer Johnson Inc; http://www.mayer-johnson.com)

교과 지도 I

1. 교수-학습 방해요인

1) 의사소통장애로 인한 학습수단의 부족

중추신경계의 기질적 손상인 뇌성마비는 지적장애, 감각장애, 지각장애 등의 장애를 수반하여 언어와 의사소통장애를 일으키는 직간접적 원인이 된다. 뇌성마비 학생은 인지 능력의 결함이 없어도 구강 주변의 근육 조절과 협응의 문제로 인해 표현언어 능력의 결함을 나타낸다. 이러한 표현언어의 어려움은 단순한 음성 산출 외에 학생의 음소 처리 과정과 음소 인식에 대한 습득을 방해한다(Smith, 2005).

이들은 말을 하더라도 단어의 조합이나 짧은 구를 사용하게 되어 문장구조를 익힐 기회가 제한되고 불완전한 문장, 덜 복잡한 문장, 문법적으로 부정확한 문장구조를 습득하게 된다(Beukelman & Mirenda, 2005). 즉, 교사나 친구의 말을 듣고 이해하거나 책을 읽고 이해하는 능력에는 문제가 없으나, 자신의 의견을 말로 표현하거나 글로 써서 나타내지 못하기 때문에 다른 사람과 의사소통하는 데 문제를 가질 수 있으며, 표현언어 능력의 결함으로 사회적 상호작용에 방해를 받으며 통합된 환경에서의 적응에 어려움을 나타낼 수 있다(이소현, 박은혜, 2011). 또한 지체장애 학생은 언어 경험이 제한되고, 문해 활동의 참여가 어려워 문해력 발달에도 제한이 있다. 표현언어에 어려움이 있는 학생은 다른 사람과 활동이나 사건에 대하여 이야기하기 어렵고, 효과적으로 생각을 전달하거나 정확한 문법을 연습하거나 새로운 정보와 어휘를 습득할 기회를 놓치기 때문이다.

발달 초기에 신체 움직임의 어려움은 탐색활동 및 놀이의 경험을 제한하여 언어 습득 이전의 비언어적인 몸짓, 제스처 등의 언어 전 행동을 발전시키지 못하므로 의사소통 기술을 습득하는 데 방해 요소가 된다. 이러한 부적절한 학습 경험과 의사소통의 문제로 인해 과제를 적절한 방법으로 해결하지 못하게 되어 학습 능력이 지체되는 결과를 초래할 수 있다.

언어와 의사소통의 문제는 바람직하지 않은 행동을 일으킬 수 있으며, 좌절하거나 쉽게 포기하는 등 바람직하지 못한 학습 태도를 형성할 수 있다. 그러므로 교사는 좀 더 수용적인 분위기에서의 의사표현을 장려하고 편안하게 의사소통을 할 수 있도록 활동을 구조화하는 노력을 해야 한다. 또한 교과학습 상황에서 선택형 질문

(예: '겨울' 하면 생각나는 것은? 눈사람, 스키장, 얼음 등)을 제공하여 학생이 가장 정확하게 반응할 수 있고 쉽게 할 수 있는 방법(예: 고개 끄덕이기/고개 가로젓기)으로 대답하게 하고, 의사소통판이나 몸짓과 같은 신체적 언어를 사용하는 등 학업 목표에 도달할 수 있는 수단을 제공해야 한다.

2) 운동장애로 인한 신체적 어려움

지체장애 학생은 학습도구를 다루거나 읽기, 쓰기와 관련된 운동 기능의 손상을 가지고 있다. 대부분 근육 및 관절의 구축, 제한된 운동 범위로 인해 자료 접근이 어렵고 학습활동에서의 상호작용을 제한하게 된다. 또한 소근육운동 조절과 적절한 자세 유지 및 이동에도 어려움이 있으므로, 이로 인해 같은 학습활동을 하더라도 더 많은 시간을 소요하게 되고 피로감을 유발한다.

(1) 자료 접근과 상호작용의 제한

지체장애 학생들은 장애로 인해 접근이 불가능한 학습활동이 많고, 직접 조작하거나 실험하는 등의 적극적인 수업활동 대신에 눈으로 보고 다른 사람의 활동을 관찰하는 것으로 대신해야 하는 수동적인 학습활동을 하는 경우도 많다. 학습활동 중 책장을 넘기거나 책의 그림을 지적하는 것 등에 제한이 있으므로 시각적 자료에 접근하기가 어렵다. 휠체어를 타고 있는 경우에는 좀 더 가까이에서 해야 하는 활동에 참여하기 힘들며, 다른 학생들과의 상호작용도 제한된다. 학습활동 중에 시각적 자료를 잘 보지 못하거나 듣지 못하는 경험이 반복된다면 결국 학습에 대한 이해도와 즐거움은 감소할 가능성이 높다. 지체장애 학생이 책을 읽거나 글을 쓸 때 팔과 손을 잘 사용할 수 있도록 책상의 높이와 경사도를 적절히 조절해 준다. 책상 위에 있는 물건을 잡을 수 있도록 의자의 높이를 조절하고, 책을 볼 수 있도록 책상의 각도를 학생에게 맞춰 적절하게 기울여 주고, 자료가 미끄러지지 않도록 고정해 준다.

(2) 소근육운동 조절의 문제

학습활동 중에는 근력을 이용한 활동이 많다. 예를 들어, 책을 읽기 위해서는 책을 손으로 잡거나 소근육 조절을 통해 책장을 넘기는 안정된 자세를 유지하고 손의 기능 등 신체 여러 부위의 협응 운동이 필요하다. 지체장애 학생의 신체 기능장애는 안정된 자세를 가지고 학습활동에 참여하는 것을 방해하여 학습을 어렵게 하며, 이러한 문제점들은 지체장애 학생으로 하여금 학습에서 능동적인 학습 태도를 형성하는 데 어려움으로 작용한다. 지체장애 학생이 보이는 제한된 소근육 움직임을 보완하기 위해 책장을 넘기는 도구를 활용하거나 책을 스캔하여 파일로 저장한 후 스위치를 눌러 책장을 넘기며 책을 보도록 한다. 지체장애 학생은 구축으로 인해 운동 범위가 제한될 수 있으므로 팔과 손의 가동 범위를 고려하여 학생이 지적 가능한 크기로 그림카드를 만들어 사용한다.

(3) 자세의 문제

학습을 위한 적절한 자세를 만들어 준다는 것은 학생들이 자신의 팔과 손을 최대한 통제할 수 있도록 안정적인 자세를 만들어 주는 것이다. 좋지 않은 자세는 학생의 교재·교구 조작 및 학습 기자재 사용을 방해한다.

학생의 자세가 적절한지 평가하기 위해서는 ① 발이 땅에 닿아 있는가, 어떤 방식으로 지지되고 있으며, 본인이 그런 자세를 원하는가, ② 추락이나 신전을 방지하기 위해 의자에 등을 대고 앉아 있는가, ③ 의자의 중앙에 맞추어 앉아 있는가, ④ 적절한 자세를 유지하기 위해 추가 지원이 필요한가, ⑤ 발목, 무릎, 엉덩이의 각도가 90도로 유지되는가 등을 확인해 본다. 그 외에도 의자나 책상의 높이나 책상 표면의 경사도 등의 적절성을 확인하여 읽기와 쓰기 자료에 접근하기 쉽도록 조정해 주는 것이 필요한지 알아보아야 한다(박은혜, 김정연, 표윤희, 김은숙, 2007).

(4) 이동 문제

신체장애가 있는 학생은 주변의 환경을 둘러보고 걸어 다니면서 물리적인 탐색활동을 할 기회가 부족하다(Blischak, Lombardino, & Dyson, 2003). 이동의 어려움이나 피로 때문에 주변 세계에 대한 폭넓은 경험 및 흥미로운 사물과 활동을 탐구할 시간이 부족하며, 이러한 어려움은 읽고 쓰기의 기초가 되는 경험의 제한으로 이어진다. 또한 주변에서 일어나는 일에 관심을 나타내고 질문하고 상호작용할 기회가 제한된다. 결과적으로 지체장애 학생은 이동의 제한으로 학습 참여의 기회가 줄게 되고, 통합된 상황에서 일반 학생에 비해 발표할 기회와 질문할 기회, 대답할 기회 등이 비교적 적게 주어진다(Katims, 2001).

(5) 소요 시간과 피로

지체장애 학생은 같은 활동에 참여하더라도 일반 학생에 비해 익숙해지기까지 많은 시간이 필요하며, 직접 활동에 참여하더라도 시행착오를 통해 익숙해지고 습득하기까지 걸리는 시간이 부족해 주어진 과제를 완성하기가 어렵다. 또한 일반 학생에 비해 읽고 쓰는 속도가 느리고, 이를 보완하기 위해 보조공학을 이용하는 경우에도 준비와 연습 시간이 필요하며, 사용 속도도 매우 느리기 때문에 상대적으로 학습활동에 참여하는 시간이 줄어들게 된다. 따라서 학생들의 학업 능력을 신장시키기 위해서는 충분한 시간을 제공하고, 이들이 느끼는 피로감을 이해하는 것이 중요하다. 피로감을 지속적으로 호소하는 학생의 경우에는 교수의 순서나 양을 조절하는 것도 방법이다.

3) 인지적 어려움

모든 지체장애 학생이 인지의 문제를 가지는 것은 아니다. 그러나 지체장애 학생은 일반 또래에 비해 낮은 지적 수준을 나타내어 언어 발달의 지체뿐 아니라 이로 인한 학습 능력의 지체와 새로운 학습욕구의 결여, 지각·운동장애로 인한 정보 수용 능력의 부족, 습득한 지식을 일반화하고 통합·조직하는 능력의 결함을 나타내는 경우가 많다. 인지적인 문제를 가질 경우 짧은 주의집중력과 높은 의존성을 나타내며 자신감과 자기통제력 부족, 표현력 결여, 미성숙한 행동 등 바람직하지 않은 정서적 특성을 나타내기도 한다(이소현, 박은혜, 2011). 이러한 특성은 새로운 기술의 습득을 방해하며, 새로운 학습을 경험하고 활동에 참여하는 데 부정적 영향을 미친다.

4) 시각·청각 장애로 인한 어려움

학생의 초기 학습은 시각 기능에 큰 영향을 받는다. 사시나 심한 안구진탕, 좁은 시야 등의 시력의 문제는 학습에 영향을 줄 수 있으며, 글자나 수, 계산 기능 등 다른 기술을 학습할 때도 영향을 줄 수 있다. 시각 기능이 손상된 뇌성마비 학생은 공책에 바르게 글을 쓰거나 자릿수에 맞추어 수를 쓰고 계산하는 것이 어려울 수 있다. 또한 일부 학생은 말로 한 이야기의 순서를 기억할 수 없는 등 청각으로 수용하는 정보처리에 어려움이 있으므로 각각의 학생에게 개별 접근이 필요하다(박은혜 외, 2007).

지체장애 학생이 시각이나 청각 등 다른 장애를 중복하여 수반한 경우에는 학습과 관련한 정보처리 과정의 어려움을 나타내게 되므로 교수 방법의 변화가 필요하나, 중복장애가 있는 경우 교육기관의 적절한 배치를 위한 기준과 범위가 모호하며, 이를 위한 신뢰할 수 있는 진단 평가가 이루어지는 것 역시 어렵기 때문에 더욱 유의해야 한다.

5) 지각장애로 인한 어려움

지체장애 학생의 많은 수가 지각장애로 인한 정보 수용 능력이 부족하고, 습득한 지식을 일반화하고 통합·조직하는 능력에 결함이 있다. 학습의 많은 부분에서 글자나 그림을 시각적으로 응시하거나 추적하기 등 시각 조절 능력이 요구되는데, 시각적 결함은 읽기 등의 학습활동 참여를 어렵게 한다. 예를 들어, 전경과 배경의 혼란 등의 지각 특성은 주의집중 혼란과 부주의를 유발하여 선택적 주의집중을 방해한다. 특히 뇌의 시각 부분이 손상된 뇌성/피질시각장애(CVI) 학생은 주변 환경이 복잡한 상황에서는 사물 인식이 어렵고, 시각 자극에 대한 반응이 느리다. 익숙하지 않은 자극에는 반응하지 못하며, 특정 시야의 자극에만 반응하기도 한다. 그러나 움직이는 물체나 특정 색상에 대해서는 뚜렷한 선호도를 보이므로, 시각적 특성을 평가하여 시각 발달을 촉진하는 교육이 필요하다.

6) 감정과 기질적 요인

발달 초기의 중요한 시기에 장애로 인한 진단과 치료에 대부분의 시간을 보내게 되어 발달 과정에 필요한 긍정적인 경험을 충분히 접하지 못한 학생의 경우에는 정서적인 안정감에 심각한 영향을 줄 수 있다. 또한 학령기 동안의 지속적인 진료와 치료 경험은 지체장애 학생의 성격에 많은 영향을 미친다.

발달 초기에 일반 학생과는 다른 경험을 한 지체장애 학생의 경우에는 때로는 특정한 숫자나 색, 물건 등에 집착하거나 고집을 부리는 등 이상행동을 반복하여 학습을 방해하기도 하며, 산만한 특성을 보이기도 한다. 결과적으로, 지체장애 학생의 외현적으로 드러나는 신체의 장애는 사회정서적 발달에 매우 큰 영향요인이 되며,

학령기 동안 겪었던 입원과 치료, 수술 등의 경험은 지체장애 학생의 성격에 많은 영향을 미친다.

7) 건강요인

지체장애 학생은 신체적·의료적 문제로 학습활동 및 학업성취에 영향을 받게 된다. 다양한 치료로 인한 입원과 퇴원의 반복은 수업결손을 초래하며, 경험의 부족은 잘못된 개념을 형성하게 하며 장기적으로 학업성취를 방해한다. 집중 치료와 수술, 입원 등으로 인해 학교 입학 시기가 되어서도 적기에 입학하지 못하고 유예하거나 서류상 진급하는 형태를 취하지만, 양질의 교육을 제공받지 못하는 경우가 많다. 또한 의료적 치료를 위해 시간을 허비하기 때문에 체계적인 조기교육이 이루어지지 못하거나 교육 프로그램의 중단이나 결손도 많다.

건강 문제로 인한 결석의 증가와 고통, 불편과 피로로 인한 읽고 쓰는 활동 참여의 부족, 학습을 방해할 수 있는 약물이나 치료, 학습에 영향을 미칠 수 있는 시각·청각 및 지각의 문제, 언어 결함(김현주, 2002) 등은 학습의 어려움을 가중시킨다. 이러한 의료적 치료로 인한 학습결손은 학습과제의 실패를 경험하게 하여 학습의욕을 잃거나 학습에 대한 부정적인 태도를 갖게 하기도 한다. 그러므로 학생의 건강상의 특성을 고려하여 적절한 시간과 다양한 경험을 가질 수 있도록 고려하는 것이 필요하다.

8) 부정적 태도와 낮은 기대

장애 학생의 학업성과에 있어 가장 큰 장벽은 학생의 장애가 심해서 교수를 해도 향상하지 않을 것이라는 부정적 예측과 시도조차 하지 않는 기대의 부족이다. 일반적으로 지체장애 학생도 일반 학생과 마찬가지로 교과학습을 체계적으로 제공받지만, 교과학습에 대한 낮은 기대감과 제한된 기회 제공으로 교수 전략의 개발이 미비하며 교수의 실행도 적극적이지 못한 경우가 많고, 학생도 수동적인 학습 패턴을 갖게 된다. 이를 개선하기 위해서는 읽기, 쓰기 등의 학습에 대한 긍정적 시각과 함께 양적인 시간 투입과 질적인 교수 전략의 개발이 필요하다.

지체장애 학생은 때때로 부정적인 태도를 갖거나 기대가 낮은 성인에 의해 보호

받거나 서비스를 받게 되는데, 이런 경우 학생이 다양한 대안적이고 적절한 방법으로 교육받을 것이라고 기대하기가 어렵다. 왜냐하면 장애 학생을 돌보는 성인에게는 학생의 건강 관리, 식사, 청결과 안전, 자세 지도 등 강조되어야 할 것이 많기 때문에 학습에 대한 기대를 적게 하게 되고, 이로 인해 장애 학생은 가정과 학교에서의 교과활동에 대한 학습 환경에 덜 노출되어 학습에 도움이 되는 자료를 덜 제공받게 되는 경향이 있기 때문이다(김정연, 2007a).

　가정과 학교에서의 학습에 대한 낮은 기대는 학생에게 부정적인 영향을 미칠 수 있으므로 학업에 대한 구체적인 목표를 세워서 체계적인 지도를 하는 것이 중요하다. 예를 들어, 기능적 읽기를 통해 생활과 관계된 기초 단어 학습(survival words)을 제공하고, 가정이나 지역사회에서의 일상생활에서 자주 접하고 알아야 하는 필수 어휘들의 지도 계획 수립이 필요하다(Dowing, 2005). 교사들이 잘 가르치면 장애가 심한 학생이라도 읽을 수 있다는 기대감을 교사 스스로 갖는 것도 중요하다.

2. 교과 지도 시 일반적 지침

1) 교과 내용 선정 및 지도 시 고려사항

　지체장애 학생들은 그들이 가진 장애 특성상 교과활동 참여에 어려움이 있으므로 교과내용을 선정할 때 다음의 사항을 고려할 필요가 있다. 첫째, 현재 학생의 수행 수준에 기초하여 교과 목표와 내용을 선정한다. 지체장애 학생의 상징 사용 수준이 전 상징기, 구체적 상징기, 추상적 상징기인지에 기초하여 목표와 내용을 개발한다. 학생의 상징 사용이 전 상징기 수준이라면 사물이나 몸짓을 활용하고, 구체적 상징기 수준이라면 그림이나 사진을 활용하고, 추상적 상징기 수준이라면 문자와 숫자를 활용하여 지도한다. 둘째, 학생이 교과시간에 배운 내용을 일상생활과 졸업 이후 삶에서도 활용할 수 있도록 생태학적 목록을 작성하여 일상생활에서 필요한 학업 기술과 지역사회에서 생활하는 데 도움이 되는 기술을 선정하여 가르친다. 셋째, 지체장애 학생의 생활연령을 고려하여 가르칠 교과내용을 선택한다. 교사는 학생의 생활연령에 적절한 학년 수준의 교과 내용을 선정하여 일상생활 수행에 도움이 되도록 지도한다.

교사가 지체장애 학생에게 가르칠 교과내용을 선정한 후에는 다음의 방법을 활용하여 교과를 지도한다. 첫째, 지체장애 학생의 특성과 수준을 고려하고 부분참여, 협동학습, 또래교수, 삽입교수 등을 활용하여 지체장애 학생이 적극적으로 참여할 수 있도록 지도한다. 둘째, 지체장애 학생이 일반교육과정과 동일한 교과활동에 참여할 때에는 학생 개인의 수준을 고려한 교육목표에 기초하여 지도한다. 국어 시간에 또래들의 목표가 '자신의 꿈'이란 주제로 글쓰기라면 지체장애 학생은 그림카드를 조합하여 '자신의 꿈'을 표현하는 것을 목표로 하는 중다수준 교육과정을 적용할 수 있다. 또래들이 수학 시간에 볼링을 하며 넘어뜨린 볼링 핀의 수를 세어 보는 것을 목표로 한다면, 지체장애 학생은 볼링공 잡기와 같은 소근육 움직임을 키우는 것을 목표로 하는 중복 교육과정을 적용할 수 있다. 셋째, 지역사회 중심교수를 활용하여 교과내용을 지도한다.

2) 교과 지도 시 장애 특성 보완 방법

지체장애 학생의 교과 지도 시 이들의 장애 특성을 보완할 수 있는 다양한 내용과 방법을 적용한다. 구체적으로 학업수행 방법과 의사소통 접근 방법을 수정하거나 보조공학을 적용하는 방법이 있다(Best, Heller, & Bigge, 2010).

(1) 학업수행 방법의 수정

교육과정상의 교과활동은 다양한 신체활동을 통해 참여하고 수행하게 된다. 수업활동은 몸짓, 말하기, 그리기, 필기하기, 손으로 조작하기, 바른 자세 취하기, 이동하기 등 다양한 신체적 기능을 필요로 한다. 그러나 지체장애 학생은 신체적 장애로 인해 이와 같은 신체활동을 자유롭게 하지 못하므로 이들의 신체적 기능을 보완할 수 있는 수정 방안이 필요하다.

보조공학은 신체적 움직임을 보완하고, AAC 방법을 지원하며, 학습 상황 및 다양한 생활활동에 참여할 수 있는 수단을 제공한다. 보조공학을 활용한 참여를 높이기 위해서는 학생에게 보조공학기기에 잘 접근하고 조작하며 기능적 활용이 가능하도록 지식과 기술을 지도해야 하며, 가족, 교사 및 또래가 모두 보조공학에 대해 잘 알고 있어야 한다. 보조공학과 관련한 내용이 교육과정에 포함된 정도와 질은 학생의 숙달 정도에 영향을 미치며 학생의 숙달 정도는 모든 교육환경에서의 참여에 영향을 준다(Best, Heller, & Bigge, 2010).

(2) 의사소통 접근 방법의 수정

학습의 대부분은 말하기(발음, 목소리, 유창성)와 언어(음운론, 형태론, 통사론, 의미론, 화용론)에 기초를 둔다. 그러나 이렇게 중요한 말하기 및 언어 능력에 어려움을 갖는 경우 구어 외에 대체적인 언어 기능을 통한 학습 지도가 필요하다. 이런 경우 학생에게 가장 알맞은 의사소통체계가 무엇인지 파악하고 가장 일반적이면서도 효율적으로 표현하고 타인과 상호작용할 수 있는 보완적이거나 대체적인 방안을 제공하여 언어 발달을 지원한다.

AAC는 의사소통판, 그림상징책, 의사소통기기, 점자, 수화, 지화 등이 포함된다. 의사소통 능력은 학교교육과정에의 접근과 참여에 영향을 미치며, 일상생활 활동에서의 독립성과도 연관이 높다.

(3) 보조공학의 적용

읽기, 말하기, 듣기, 접촉하기, 몸 움직이기, 관찰하기와 같은 일반적인 정보 획득 및 관리 방법이 불충분한 학생에게는 좀 더 효율적인 정보 획득, 정보 저장, 정보 전달 방법이 필요하다.

지체장애 학생 중 신체적 제한이 있는 경우에는 다른 사람에게 도움을 요청하여 정보를 획득할 수 있으며, 시청각적 결함이 있는 경우에는 시력이나 청력을 보완할 수 있는 보조공학기기 등을 이용할 수 있다. 인지적 손상으로 인해 읽기가 곤란한 경우에는 정보 습득을 위해 특별히 고안된 절차(신체적 안내, 접근성이 용이한 위치)나 교재(확대한 인쇄물), 보조기기(컴퓨터, 음성 변환기, 확대기, 통역기, 읽기 보조 프로그램 등)를 이용할 수 있다. 소근육운동 능력, 시지각 문제, 신체의 협응 문제 등으로 인해 일반적인 메모 기술을 이용하여 정보를 저장하거나 전달하지 못하는 경우에는 보조공학기기가 큰 역할을 할 수 있다. 휴대용 워드프로세서, 수정된 컴퓨터, 대안적 키보드, 녹음기 등의 AAC 기기와 보조공학기기가 효과적이다(Best, Heller, &Bigge, 2010).

3. 국어 교과 지도

국어 교과는 언어 사용 기능을 신장시켜 의사소통을 원활히 하고 그 과정에서 올바른 태도와 습관을 형성하여 생활 속에서 언어를 바르게 활용하도록 하는 교과이다. 일반적으로 국어과 교육은 학생의 언어 발달 자체를 촉진하는 한편, 다른 모든 영역의 교육을 위해서도 중요한 역할을 하는 도구적 성격을 띠므로 듣기, 말하기, 읽기, 쓰기의 언어 사용 기능이 유기적인 관련 속에서 통합적으로 신장될 수 있도록 지도해야 한다. 국어교육의 목표가 '언어 사용 능력의 신장'에 있다고 할 때, 그것은 말과 글로 자신의 생각과 느낌을 표현하고 남의 생각과 느낌을 이해할 수 있는 능력을 길러 주는 것을 의미한다. 국어교육은 이러한 언어 사용 기능을 신장시켜 의사소통을 원활히 하도록 하고, 그 과정에서 올바른 태도와 습관을 형성하여 생활 속에서 언어를 바르게 활용하도록 하는 교과이다.

지체장애 특수학교에 재학 중인 대다수의 학생은 음성언어로 자신의 의사표현을 하지 못하므로 말하기 능력이 부족하고, 신체적인 어려움으로 쓰기 활동이 어려우며, 대부분 쓰기 보조도구가 필요하다. 지체장애 학생이 보이는 이러한 많은 제한점은 모든 교과의 기본이 되는 국어교육이 중요하다는 것을 인식하면서도 장애 학생의 학습 능력을 과소평가하고(Erickson, Koppenhaver, & Yoder, 2002), 장애 학생의 교육과정 중 국어교육에 할애하는 시간을 줄이는 결과를 가져온다. 따라서 여러 가지 치료와 일상생활 훈련에 치중하여 수업이 이루어져 교과교육을 소홀히 하게 될 가능성이 많으며, 지체장애 학생의 장애 특성과 장애 정도가 매우 다양하여 개별적으로 적절한 국어교육을 실시하는 데 많은 어려움을 겪게 된다. 이러한 문제점을 안고 있는 현실에서 지체장애 학생의 효과적인 국어교육을 위해서는 이들의 신체 및 인지 능력을 고려하여 개별 학생에게 적절한 교수–학습 자료를 제작하고, 이를 활용한 구체적인 국어과 교수–학습 전략을 마련하여 말하기, 듣기, 읽기, 쓰기를 통합적으로 지도하도록 노력해야 한다.

1) 말하기

지체장애 학생은 여러 이유로 말하기에 어려움을 겪는다. 뇌성마비 학생이 나타내는 신경학적인 문제와 구강 구조의 이상은 씹기, 삼키기 등의 기능적인 문제 외에 말하기 기능에도 큰 영향을 미친다. 구강 구조의 기질적인 문제로 정확하게 조음하는 데 어려움이 있는 지체장애 학생의 원활한 의사소통을 위해서는 조음 분석을 통해 그 특징과 원인, 필요한 치료적 지원에 대해서 언어치료 관련 전문가의 자문을 구해야 한다. 그러나 이러한 학생들에게 정확한 발음만을 지나치게 강조하여 지도한다면 말하기를 거부할 수도 있으므로 주의한다. 특히, 장애 학생은 자신을 표현하는 일에 자신감이 없는 경우가 많으므로 교사의 세심한 배려와 많은 칭찬, 격려가 필요하다(이소현, 박은혜, 2011).

　인지 능력 역시 언어 습득과 밀접한 관계가 있다. 인지 능력이 낮은 학생은 '할 말이 없어서 말을 못하는' 현상이 나타난다. 따라서 교실 내에서 다양한 언어 경험을 할 수 있도록 말하기에 대한 주제를 만들어 주고 말하는 기회를 많이 제공해 주도록 유의해야 한다. 여러 가지 자료를 갖춘 언어 코너를 만드는 것도 한 가지 방법이며, 매일 아침 새 소식 시간 등을 이용하여 학생들이 자신의 일상생활에 대해 말할 수 있도록 기회를 주는 것도 좋다.

　Fossett, Smith와 Mirenda(2003)는 중도의 지체장애 학생도 분리된 환경보다는 통합된 학급 상황에 있을 때 구어 발달을 위한 풍부한 환경을 제공받는다고 주장하며, 언어 학습을 돕는 편안하고 안전한 학습 분위기를 조성하도록 권고하였다. 또한 학급 규칙이나 시간표를 보다 잘 이해할 수 있도록 하기 위해서, 또는 언어 설명을 보다 잘 이해할 수 있도록 하기 위해서 실물, 그림, 사진, 낱말 등과 같은 상징을 보완 자극으로 이용할 수 있다고 제안하였다.

　그 외에도 교사 주도의 수업활동에 참여할 수 있도록 돕기 위한 학생의 질문용 의사소통판이나 수업 내용과 관련된 다양한 수준의 그림 의사소통판을 활용할 수 있으며, 발표를 할 수 있도록 하기 위해서 녹음이 가능한 의사소통 도구를 사용할 수 있고, 이야기 다시 말하기, 스스로 창작한 글을 말하기, 시 외우기, 연극하기 등의 활동도 활용할 수 있다(Fossett, Smith, & Mirenda, 2003).

　말하기 지도를 위한 구체적인 교수 전략은 다음과 같다(박은혜 외, 2007).

(1) 감정 표현하기

　말하기 지도의 기초 단계는 자신의 감정을 다른 사람에게 전달하기 위해 자발적인 의사표현을 지도하는 것이다. 자발적인 의사표현이 안 될 경우 이러한 의사소통의 단절은 때로는 학생의 요구사항이 제대로 받아들여지지 않아 주어진 상황을 거부하는 문제행동으로 나타나기도 한다(Beukelman & Mirenda, 2005). 그러므로 주어진 상황에서 문제행동을 표출하기 이전에 "싫어요!" "아니요!" 등 자신의 의도나 의견을 나타내거나 감정을 표현하는 말, 요구하기 기술을 먼저 사용할 수 있도록 지도해야 한다. 구어를 사용한 말하기 능력이 부족하고 얼굴 표정이나 음성 등 기타 여러 가지 방법으로 표현하기는 하나 정확하지 않을 경우 [그림 14-1]과 같이 그림의

그림 14-1 감정 표현하기 지도

출처: 국립특수교육원(2014). 기능적 읽기와 쓰기. 중도 · 중복장애학생 의사소통 교수학습자료, pp. 145, 274.

단계	지도 내용
1단계	• 발화, 미소 짓기, 혹은 놀이활동 등 학생이 좋아하는 활동을 선택한다. • 예: 신체 위치, 감각 수용(흔들기, 뛰어오르기), 촉각(진동 장난감 느끼기, 흥미 있는 소재), 시각(흥미 있는 장난감), 청각(음악), 미각(좋아하는 음식), 후각(좋은 향기)과 관련된 활동
2단계	• 학생이 좋아하는 활동 중 한 가지에 참여하게 하고 간헐적으로 중지한다. • 활동을 중지했을 때의 학생의 행동(발성이나 움직임)을 관찰한다. 만약 학생이 아무런 행동을 하지 않을 경우에는 어떤 움직임(예: 손을 움직이기)을 나타내도록 촉진한다.
3단계	• 학생이 다시 활동에 참여하게 될 때, '한 번 더'를 의미하는 비상징적 의사소통 표현을 어떻게 하는지 목표 행동을 보여 준다. • 학생이 좋아하는 활동에 참여한 후 정지했을 때 교사는 학생의 표현(발성이나 움직임)을 강화하고 '한 번 더'를 표현하는 목표 행동을 알려 주고 즉각적으로 활동을 다시 시작한다.
4단계	• 교사는 계속하여 활동을 하는 도중에 중지하며 '한 번 더'라는 말로 표현한 단어와 목표 행동을 같이 보여 준다. • 학생은 목표 행동에 대해 교사가 제시한 의사소통 방법과 동일한 비상징적 의사소통 행동을 할 때 활동을 더 할 수 있다는 것을 알게 된다. • 학생은 말을 하지는 못해도 '한 번 더' 하고 싶을 때 표현해야 하는 행동이 무엇인지 이해하게 된다. • '한 번 더'를 뜻하는 목표 행동을 습득하게 된다.

표 14-1　중도지체장애 학생의 말하기 지도 기초 단계

사소통 방법을 활용하거나, 〈표 14-1〉과 같은 단계를 이용하여 말하기의 의도를 명확하게 표현하도록 지도한다(박은혜 외, 2007).

(2) 기회와 연습

말하는 것을 가르치는 가장 좋은 방법은 다양한 사람과 다양한 상황에서 말할 수 있는 기회를 많이 제공해 주고, 이에 대한 모델을 제시하고 설명해 주며, 따라 말해 보도록 하는 것이다.

간단한 메시지를 녹음할 수 있는 스위치와 같은 전자 의사소통 도구는 학생의 구어를 대신하여 '말하기' 기회를 제공할 수 있는 대안적인 방법이다. 음성출력 도구는 녹음된 소리를 나타내는 그림과 함께 제시하기 때문에 다양한 활동에 참여할 수

있는 기회를 제공하는 데 효과적이다. 음성출력 도구에 녹음할 메시지는 학생과 동일한 연령, 성별의 목소리로 녹음해 주는 것이 효과적이다.

〈표 14-2〉는 음성이 출력되는 보조공학 도구를 이용하여 실제 대화 상황에서 적절하게 말하기 지도를 할 수 있는 사례이다.

표 14-2 **음성이 출력되는 보조공학 도구를 이용한 말하기 지도 사례**

- 매일 아침 수업 시작 전 인사 나누기(예: 학생이 인사 노래에서 자신이 해당하는 부분에서 녹음된 스위치를 눌러서 표현하기. "얘들아, 안녕?")
- 하루의 예정된 일과 알려 주기(예: 학생이 녹음된 스위치를 눌러서 다음 시간이 무슨 시간 인지 친구들에게 알려 주기. "다음은 청소할 시간이야." "다음은 체육 시간이야." 또는 식 사 시간을 알리는 노래를 녹음해 준 뒤 녹음된 스위치를 눌러서 표현하기 "즐거운 점심 시 간이야!")
- 하루의 일과 중 매일 반복적으로 표현하는 행동이나 말 표현하기(예: 아침에 "책을 꺼내 주 세요."라는 말이 녹음된 스위치를 눌러서 도움 청하기)
- 활동 중에 적절한 감탄사 표현하기(예: "멋있어요." "우~." 등 느낌을 표현할 때 녹음된 스 위치를 눌러서 표현하기)
- 인사하기(예: "안녕?") 또는 작별인사하기(예: "안녕." "내일 만나.")
- 예측 가능한 상황에서 단순한 요구하기(예: "치즈버거세트 주세요.")
- 대화를 시작하기 또는 주제 소개하기(예: "어제는 무엇을 하고 지냈니?")
- 소개하기(예: "안녕, 나는 희영이야. 너는 이름이 뭐니?")
- 생일 축하 잔치에 참여하기(예: 생일 축하 노래가 녹음된 버튼을 눌러 축하해 주기)

그림 14-2 음성출력 도구의 예

(3) 놀이를 통한 지도

일상생활과 관련된 질문에 적절하게 답하기 위해서는 관련 어휘를 알고 있어야 한다. 따라서 지속적으로 새로운 어휘에 관심을 가지게 하기 위해서 학생에게 직간접적으로 새로운 경험을 많이 하도록 기회를 주어야 한다. 놀이를 통한 읽기 지도는 학생이 흥미 있게 참여할 수 있다는 점에서 효과적이다. 놀이를 수정하여 말하기 · 듣기 활동을 지도하면 의사소통 기회를 양적 · 질적으로 확대할 수 있으며, 이러한 놀이 활동은 강제적이 아닌 선택적이고 자발적인 것이기 때문에 흥미를 가지고 지속적으로 참여하게 할 수 있다는 장점이 있다(Musslewhite & King-DeBaun, 1997). 특히 그림판을 이용하여 동작 활동이나 음률 활동을 선택하게 하는 접근은 말하기 능력 신장을 위한 기본적인 선택하기 기술을 지도하는 데 효과적인 전략이다.

(4) 대안적 방법의 말하기

대부분의 사람은 말과 제스처를 사용하여 생각이나 감정을 표현한다. 그러나 구

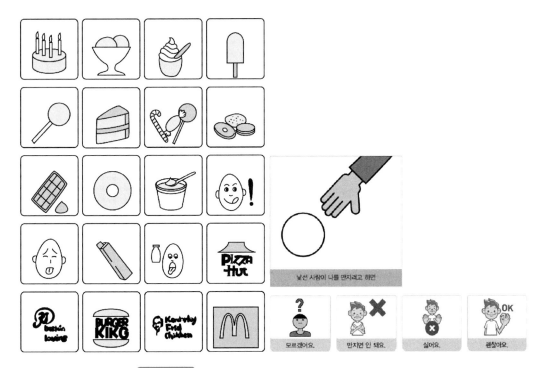

그림 14-3 일상생활에서의 말하기 지도를 위한 그림판의 예

출처: 국립특수교육원(2014). 기능적 읽기와 쓰기. 중도 · 중복장애학생 의사소통 교수학습자료, p. 94.

어 표현이 어려운 지체장애 학생의 경우 말을 보완할 수 있는 다른 방법, 즉 눈 응시하기, 제스처나 손짓기호로 표현하기, 그림이나 상징을 지적하여 표현하기 등의 방법을 사용할 수 있다.

(5) 실생활 중심의 교수

학생에게 말하기 활동의 참여를 촉진하기 위한 첫 번째 단계는 자연스러운 맥락에서 의미 있는 참여를 증가시키는 것이다. 학생들에게 반복되어 일상적으로 일어날 수 있는 날씨 이야기, 간식 선택, 옷 선택, 수업 시간표, 식사 시간 등 가정이나 학교생활에서의 일과는 일어날 일에 대한 예견이 가능하므로 규칙화하여 지도할 수 있는 좋은 자료가 된다.

말하기 지도는 듣기 활동과 함께 상호적 활동으로 이루어져야 한다. 다른 사람에게 자기의 감정과 생각을 전달하는 것과 동시에 다른 사람의 감정과 생각을 아는 것도 중요하다. 그러므로 일상생활에서 대화의 상대가 되는 사람들과 상호작용이 되도록 지도하는 것이 중요하다. 그러나 교육과정상에서는 기능적인 것을 강조하고 직접적인 활동을 통한 언어 기능의 신장을 목표로 하는 반면에, 학습 상황에서는 지식체계 중심의 말하기 학습을 하는 경우가 많다. 국어과에서의 체계적인 지식요소의 전달도 중요하나, 무엇보다 강조되어야 할 것은 기능성이다. 말하기는 이론보다는 실제 활동이 중심이 되어야 하므로, 사용되는 상황이나 예문 역시 학생에게 실제적인 내용, 주제를 중심으로 계획한다.

2) 듣기

장애 학생의 경우 듣고자 하는 의도 및 동기와 능력이 있는지 먼저 살펴보고 그에 따라 적절한 듣기 기술 교수를 계획해야 한다. 장애 학생의 듣기 능력 증진을 위하여 교사가 사용할 수 있는 방법은 다양하다.

말하기와 듣기의 지도는 원인에 따라 접근하여 지도한다. 말하기의 어려움이 청각의 문제인지 구강 구조의 이상인지 파악하고, 인지 능력의 문제라면 교실 내의 다양한 언어 경험을 제공하여 자신감을 향상시킬 수 있도록 지도한다. 구어를 사용한 의사소통에 어려움이 있는 학생이라면 수용언어, 표현언어를 위한 AAC를 활용하는 것이 효과적이다. 그림, 사진 등의 학습자료를 이용하거나 간단한 그림카드, 음성이 나오는 의사소통도구 등을 활용하여 지도한다.

또한 학생이 어휘론적 · 통사론적 지식을 높이도록 교수하는 것도 중요하다. 들은 내용을 잘 기억할 수 있도록 하기 위해서는 들으면서 시연(rehearsal)하도록 하거나 정보를 묶어서 기억하기(clustering, chunking), 시각화하기 등의 방법을 교수할 수 있다(이소현, 박은혜, 2011).

교사의 지시를 잘 듣고 따라 하도록 하기 위해서는 복잡하거나 추상적인 지시보다는 시각적 일과표나 보완적 자극을 사용한다. 교사가 학급 전체를 대상으로 말할 때에도 학생들은 자신에게도 해당되는 지시라는 것을 잘 모를 수 있으므로 적절한 그림이나 자료를 활용하여 장애 학생의 듣기 이해력을 높이도록 노력한다(Fossett, Smith, & Mirenda, 2003).

듣기 지도를 위한 구체적인 교수 전략은 다음과 같다(박은혜, 김정연, 표윤희, 김은숙, 2007).

(1) 듣기 준비 기술

듣기 교수는 학생의 관심을 끌 수 있는 흥미 있는 자료를 사용하여 청각적 자극에 대해 주의 깊게 듣는 태도를 형성하고, 주변의 환경음을 통해 사물과 상호작용하고, 말소리를 통해 사람과의 관계를 형성하며, 언어를 통한 상호작용의 기초를 형성하게 한다. 그러므로 소리에 대한 긍정적인 경험을 제공하는 것은 듣기 지도의 시작이 된다. 소리 나는 장난감은 학생들의 관심을 이끌어 내는 좋은 자료가 된다. 이야기나 노래, 음악 등의 녹음 자료는 학생들의 듣기 태도를 신장시켜 줄 수 있고, 문해력 습득 이전의 학생들에게 책 읽기에 대한 좋은 경험을 제공할 수 있다.

청각적 자극을 제공하는 것 외에 학생의 주의집중력을 향상시키고 이해를 도울 수 있는 시각적 보조물을 사용하는 것이 효과적이다. 말소리의 단서가 되는 실제 사물이나 그림, 사진 혹은 제스처 등을 사용하여 듣고 이해하는 능력을 보완할 수 있다.

학생의 연령에 따라서는 바른 듣기 자세의 지도나 주변의 소리나 말에 귀 기울이는 행동 등 바람직한 듣기 행동을 직접 교수하는 것이 필요하다. 어린 학생일 경우에는 만화에 등장하는 캐릭터의 표정이나 목소리를 사용하거나 리듬감 있는 어조를 사용하여 듣기 행동을 강화해 줄 수 있다.

그림 14-4 시각적 보조물을 이용한 듣기 지도

(2) 듣기 활동을 위한 환경 구성

듣기 · 말하기 활동을 하는 동안에는 소음이 적은 환경을 조성하는 것이 효과적이다. 소음이 큰 식당이나 음악실에서 먼 곳에서 지도하거나, 카펫이나 커튼으로 소음을 줄여 주는 것이 바람직하다. 또한 말하는 사람을 정면으로 바라볼 수 있는 배치가 필요하며, 말하는 사람의 입과 얼굴, 표정을 볼 수 있도록 지도하여 시각적 자극에 주의집중하도록 지도한다.

지체장애 학생들은 신체 특성상의 이유로 보행이나 이동, 자세 교정을 위한 다양한 보조도구를 사용하게 되는데, 그로 인해 학습 상황에서 다른 사람과의 상호작용에 방해를 받을 수 있다. 휠체어나 목발, 워커 등은 교수 자료의 접근을 방해할 수 있으며, 다른 사람과의 대화 참여에도 제한점이 된다. 이러한 이유로 학습활동 중 교실 내에서의 학생의 위치나 이야기 활동 중의 교사와의 거리가 학생의 참여에 영향을 미칠 수 있다. 듣기 활동에 좀 더 잘 참여하도록 하기 위해서는 이러한 환경적 장벽을 평가한 후에 수정해 주어야 한다. 휠체어를 타고 있는 장애 학생이 언어적인 정보 외에 시각적인 정보를 이해할 수 있도록 교사와 가까운 거리 혹은 적당한 거리에 있을 수 있도록 한다. 이러한 환경적 수정은 중도지체장애 학생의 듣기 능력을 도와줄 수 있는 비교적 간단한 해결 방법이다.

(3) 이해 수준을 고려한 듣기 자료

듣기 능력의 지도는 학생이 이해할 수 있는 어휘를 사용하며 수준에 맞는 문장구조로 제시하도록 유의한다. 소리가 나는 곳을 바라보고 들리는 소리에 주의집중하며, 간단한 지시나 요구에 반응할 수 있도록 명확하고 짧은 언어적 정보를 제공하는 것이 좋다. 또한 간단하고 짧은 문장이라도 완전한 문장으로 천천히 말해 주는 것이 도움이 된다. 듣기를 위한 어휘 지도는 가능한 한 학생의 생활 주변에서 자주 경험할 수 있는 어휘를 선정하여 지도한다. 단순한 명사뿐만 아니라 사물의 모양이나 기능과 관련 있는 어휘, 감정 표현과 관련된 어휘를 선정하되, 구체적 사물부터 추상적인 어휘 순으로 지도한다. 교사가 수업 중에 학생에게 지시를 할 때에는 학생의 언어 이해 수준을 고려하여 지시하며, 지나치게 설명을 많이 하기보다는 꼭 필요한 말을 정확하고 명확하게 제시하도록 한다. 의사소통에 어려움이 있는 지체장애 학생은 들은 내용을 이해는 하지만 음성언어로 표현하는 것이 힘들기 때문에 행동으로 표현하거나 그림이나 문자 카드 등과 같은 AAC 도구를 사용하여 응답하도록 지도한다.

(4) 실생활 중심의 교수

학생의 능력에 맞는 듣기 과제를 제공하기 위해서는 기본적인 어휘에 대한 지도가 선행되어야 한다. 어휘의 지도는 실제적이고 구체적인 경험을 바탕으로 다감각적인 자료를 제시하여 실생활에서 지도하는 것이 효과적이며, 학습활동과 연계하여 정확한 의미를 파악하며 들을 수 있도록 지도한다.

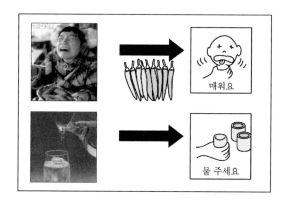

그림 14-5 실생활 속에서의 어휘 지도

3) 읽기

학생의 읽기 능력을 신장시키기 위한 교수-학습 방법의 핵심은 새로운 낱말을 학습할 때 낱말을 표현하는 그림이나 상징물 등의 이중 자극을 함께 제시하는 것이다. 이때 새로 배울 낱말, 글 내용을 상징하는 그림이나 서체는 일상생활과 유사한 일반적이고 기능적인 것을 제시하여 지도한다.

학생에게 읽기를 지도할 때는 학생이 말하고자 하는 내용을 다른 사람이 알아들을 수 있는 언어로 표현해 내는 방법도 반드시 함께 지도하며, 이러한 의사소통 능력을 점차로 계발해 가면서 읽기 능력과 연결하여 학습하도록 계획한다. 읽기 지도 시 읽기 자료는 학생의 생활연령을 고려하여 선택하고, 학생의 삶의 질이 향상될 수 있도록 읽기를 지도해야 한다(Westiing, Fox, & Carter, 2015).

또한 다양한 크기의 의사소통판에 나열된 낱말을 지적하고, 낱말과 낱말을 연결하여 문장을 만들고, 문장과 문맥의 내용을 실제로 이해할 수 있도록 읽기 경험을 제공해 주어 언어장애를 가진 지체장애 학생도 비구어적인 읽기 연습을 통해 읽기 학습을 할 수 있도록 지도한다. 낱말이나 문장을 지적하는 방법 외에도 낱말의 발음을 머릿속으로 따라해 보도록 하여 비구어 지체장애 학생의 음운론적 발달을 촉진하고자 하는 내적 언어(inner language) 방법을 활용할 수도 있다(Best, Heller, & Bigge, 2010).

읽기 지도를 위한 구체적인 전략을 초기 문해력의 지도, 낱말 수준의 글 읽기 지도, 문장 수준의 글 읽기 지도로 나누어 각 시기에 유용한 전략을 살펴보면 다음과 같다.

(1) 초기 문해력의 지도

책이나 인쇄물에 관심을 가지고 그림과 이야기를 연결해서 이해하거나, 책을 넘기는 행동과 같은 초기 문해력은 지체장애 학생의 읽기 지도에서 매우 중요한 부분이다. 〈표 14-3〉에는 초기 문해력 발달에 관한 체크리스트가 제시되어 있다. 이러한 초기 문해력 발달을 위해 제공할 수 있는 교수 전략을 간략히 고찰해 보면 다음과 같다(Heller, 2005).

표 14-3　초기 문해력 기술의 발달 체크리스트

1단계: 그림을 읽고 말로 설명하는 것의 초기 단계

_____ 책에 있는 그림에 집중하고 말로 설명하기

_____ 이야기에 관한 협의의 개념 가지기

_____ 활동에 대한 구어적 지시 따르기

_____ 연령/학년 수준에 적절한 구두어휘 사용하기

_____ 연령/학년 수준에 적절한 주의지속 시간 보이기

_____ 적절한 방법으로 질문에 대답하기

_____ 그림이 연결된 것을 인식하기

2단계: 그림과 이야기 표현 형식(form story)을 연결하기

_____ 그림에 주의집중하고 책장을 넘기며 이야기하기

_____ 책에 있는 언어보다는 아동다운 묘사적(이야기하는 사람) 언어를 사용하여

이야기하기(예: "옛날에…… 어린 소년이 있었는데…….")

3단계: 전이적 그림 읽기

_____ 연결된 이야기의 그림에 주의집중하기

_____ 이야기하는 사람의 어휘와 책에 있는 어휘를 함께 사용하기

4단계: 진보된 그림 읽기

_____ 그림에 주의집중하고 책장을 넘기며 자연스럽게 구어로 이야기하기

_____ 책을 읽는 것처럼 말하기(책에 있는 어휘 사용)

5단계: 초기 인쇄본 읽기

_____ 그림을 사용하여 이야기를 말하기

_____ 인쇄본을 왼쪽에서 오른쪽, 위에서 아래로 읽는다는 것을 알기

_____ 책에 있는 언어를 사용하여 이야기의 내용을 만들어 읽기, 몇 개의 일견 단어 알기

6단계: 초기 전략적 읽기

_____ 모르는 단어의 의미를 추측하기

_____ 단어의 초성을 듣고 모르는 단어를 예측하기

_____ 인쇄된 단어를 확인하기 위해서 통사론을 사용하기

_____ 핵심 단어와 접속사 같은 음운 부분을 인식하기

7단계: 중간 단계의 전략적 읽기

_____ 단어를 해독하기 위해 문맥과 단어 부분을 사용하기

_____ 구어로 읽을 때 잘못 읽으면 자기가 수정하기

_____ 구절을 쉽게 고쳐서 말하고 이야기 줄거리를 꾸미기

_____ 모음에 대해 인식하기

출처: Best, S. J., Heller, K. W., & Bigge, J. L. (2010). *Teaching individuals with physical or multiple disabilities* (6th ed.).

① 읽기에 대한 경험과 놀이

학생들은 생활과 놀이를 통해 주변 사물의 이름을 알고 다른 사람과의 상호작용 속에서 음성언어를 시작하여 문자언어에 관심을 가지게 되고, 자연스럽게 읽기를 경험하면서 문해력이 발달한다. 이러한 초기의 읽기 과정은 음성언어를 기초로하여 이루어지기 때문에 말하기나 듣기를 통한 어휘나 개념의 지도가 선행되어야한다.

초기 문해력 시기의 책 읽기에 대한 긍정적 경험은 이후의 문해력 발달의 밑거름이 된다. 그러므로 초기 문해력을 향상시키기 위해서는 학교뿐만 아니라 가정에서도 일상생활에서 노래를 불러 주거나, 여러 가지 그림 동화나 책을 읽어 주고, 다양한 이야기를 들려주어 말과 글을 통한 문해력 활동의 즐거움을 경험하게 한다. 이시기 책 읽기의 목표는 문자에 대한 이해보다는 읽기에 대한 태도와 습관을 형성하고, 읽기에 대한 동기를 유발하고, 흥미를 자극하는 데 있다.

② 감각자극을 활용한 읽기 자료

지체장애 학생의 읽기 지도를 위해서는 다양한 감각을 활용하는 읽기 자료를 사용하는 것도 좋은 방법이다. 이러한 감각자극을 활용한 읽기 자료를 통해 지각장애가 있는 지체장애 학생은 시지각, 청지각, 촉지각 등의 다양한 감각지각 능력을 신장시킬 수 있으며, 같은 그림이나 모양 찾기, 같은 글자 찾기 등의 과제를 통해 초기 문해력의 기초 능력을 지도한다. 시지각훈련 프로그램이나 촉각책 등을 이용할 수도 있으며, 이러한 자료는 학습동기를 유발하는 데도 유용하다.

그림 14-6 촉각 자료를 활용한 읽기 지도

출처: 대학생 교재 개발 작품(2015).

(2) 낱말 수준의 글 읽기

지체장애 학생 중 독립적으로 읽기 지도가 가능한 수준의 학생에게는 음운 인식을 교수하여 낱말을 해독하게 하고, 그렇지 않은 수준의 학생에게는 다양한 맥락에서 일견 단어를 읽도록 지도한다. 교사는 수정된 책으로 학생에게 읽기와 음운기술을 가르칠 때 일견 단어를 함께 가르칠 수 있다. 학생이 성장하여 청소년 시기가 되면, 학생의 기능적인 요구 충족을 위해 일견 단어 교수에 할애하는 시간은 늘리고 음운 기술 교수에 할애하는 시간은 줄이도록 한다(Browder, Gibbs, Ahlgrim-Delzell, Courtade, Mraz, & Flowers, 2009).

① 음운 인식

글을 읽기 위해서는 우선 음운 인식을 할 수 있어야 한다. 음운 인식이란 말 속에 들어 있는 여러 가지 소리의 단위와 유형을 지각하고 아는 것, 즉 낱말을 이루는 낱글자의 소리들을 식별할 수 있고, 또 그런 소리들이 결합되어 낱말이 된다는 사실을 알며, 말소리의 최소단위인 음소(phonemes)를 합치고, 분절하고, 빼고, 삽입하고, 대체할 줄 아는 것을 말한다. 음운 인식 능력이 형성되도록 하기 위해서는 여러 가지 다양한 글을 읽어 주는 것을 듣고 그것에 적절하게 반응하는 기회를 많이 주어야 한다.

음운 인식 능력은 성인이 읽어 주는 것을 듣고 소리 내어 따라 읽는 경험을 통해 배우는데, 같은 낱말을 읽는 경험이 반복되면서 낱말의 모양과 소리를 기억하게 된다.

② 일견 단어 교수

낱말 읽기의 초기에는 자음과 모음의 대응 규칙에 의하여 소리를 분석하여 읽는 것이 아니라 시각적 단서에 의해 그냥 보고 즉각적으로 읽는다. 그러므로 낱말 수준의 읽기 지도 과정에서 낱말의 수를 확대하고 문장 수준의 읽기 능력으로 신장시키기 위하여 많은 일견 단어를 습득하는 것이 매우 중요하다. 일견 단어(sight word)는 자모음의 대응 규칙을 적용시키지 않으며 단어들의 의미를 추측하지 않고 그 단어의 의미를 아는 것을 말한다. 낱말 수준의 읽기 단계에서 일견 단어를 활용하여 단어의 수를 늘리는 것은 읽기를 촉진하는 한 가지 방법이다(김정연, 박은혜, 표윤희, 2008). 일견 단어 교수 후 일반화를 촉진하기 위해서는 다양한 글꼴, 크기, 색상의 낱말 카드를 활용하여 지도한다.

③ 흥미 있고 의미 있는 읽기 자료

지도 초기에는 흥미를 유발할 수 있는 동요나 의태어, 의성어가 있는 글을 읽어 주고, 반복해서 읽을 수 있는 기회를 제공하는 것이 중요하다. 새로운 어휘의 지도 는 학생들이 의미 있게 따라 읽을 수 있도록 목표 어휘를 단순화하여 제시하되, 더 짧고 단순하고 반복적인 것이 학습에 용이하다. 읽기 능력 향상을 위해 동작과 소 리를 함께 제시하는 노래와 율동, 시각 교재나 구체적인 교수 자료를 사용하는 것이 효과적이다.

읽기 참여를 촉진할 수 있는 초기 읽기 자료의 특징은 〈표 14-4〉와 같다.

주변에서 흔히 볼 수 있는 TV 프로그램, 상품의 포장지, 음식점의 메뉴판 등의 내 용을 읽을거리로 제공하는 것도 읽기 기술의 일반화를 높일 수 있는 방법이다. 자주

표 14-4 읽기 참여를 촉진할 수 있는 초기 읽기 자료의 특징

- 긴 낱말보다는 쉽게 기억할 수 있는 짧은 낱말
- 가사와 멜로디가 반복적인 글이나 동요
- 소리나 모양을 흉내 내는 말이 많이 들어간 글이나 노래
- 추상적인 명사보다는 구체적인 명사나 동사가 포함된 글
- 움직임이나 모양을 나타낸 그림이나 사진 등을 같이 제시한 글
- 모양과 소리에 있어서 변별력이 큰 낱말을 제시한 글
- 흥미를 가지고 스스로 읽거나 자주 반복하여 읽을 수 있는 글

그림 14-7 소리와 모양을 나타낸 글 읽기 지도의 예

볼 수 있는 광고나 상품 포장지의 활자, 제품명, 간판 등의 글자를 이용하여 지도한 다면 더 큰 흥미를 유발할 수 있다.

④ 읽기 수준의 분석

읽기 지도를 위해서는 읽기 수준에 대한 정확한 분석이 필요하다. 읽기 능력의 분석은 학생의 읽기 수준뿐만 아니라 국어 교과 시간에 학생에게 주어지는 읽기 기회의 정도와 요구되는 수준과 목표가 무엇인지 파악하는 것을 포함한다. 읽기 능력의 평가는 학생의 능력을 평가하는 것과 동시에 환경 분석의 과정이 포함되어야 하며 이를 바탕으로 〈표 14-5〉와 같은 읽기 수정 전략을 적용할 수 있다.

표 14-5 **읽기 수정 전략의 예**

교과	주제	학습목표	학생의 현재 수행 수준	수정된 학습목표
국어	그림과 낱말을 관계 지어 읽기	학습지의 제목을 읽을 수 있다.	학습지의 제목을 쳐다본다.	학습지의 제목을 읽어 줄 때 색연필로 제목에 줄 긋기를 할 수 있다.
		소리 내어 낱말을 따라 읽을 수 있다.	교사가 읽어 주는 낱말을 듣는다.	교사가 읽어 주는 낱말을 듣고 해당하는 그림을 지적할 수 있다.
		말하는 것을 듣고 해당하는 그림과 낱말을 짝지을 수 있다.	다른 사람의 도움을 받아 줄을 긋는다.	교사가 말하는 낱말을 듣고 해당하는 그림과 같은 그림을 찾아 짝지을 수 있다.
		학습지에 이름을 쓸 수 있다.	다른 사람의 도움을 받아 이름을 쓴다.	미리 이름이 쓰여 있는 스티커에서 자기 이름을 찾아 학습지에 붙일 수 있다.

(3) 문장 수준의 글 읽기

① 언어 경험 접근법

언어 경험 접근법은 문장 수준의 글을 읽고 이해하는 능력을 증진시킬 수 있는 좋은 방법이다. 학생이 일상생활에서 경험한 내용이나 읽은 글을 바탕으로 이야기를 하고 글로 쓰는 과정은 학생의 읽기 이해력 증진에 도움이 된다. 음성기관의 마비나 부적절한 근 긴장도로 인해 말로 표현하지 못할 경우에는 교사의 도움을 받아 그림 낱말을 연결하여 문장 형태의 읽기 자료를 만들어 보는 활동도 효과적이다.

언어 경험 접근법을 통한 읽기 지도는 구조적인 학습 시간 외에 생활 속에서 통합되어 지도될 때 학생의 참여를 높일 수 있다. 하루의 일과 속에서 청소 점검표 등 경험한 것을 읽을 수 있는 기회를 제공하며, 가정이나 학교에서의 하루 일과에 대한 글쓰기를 통해 스스로 읽고 쓸 수 있도록 지도하는 것이 필요하다. 경험한 것에 대한 읽기와 쓰기는 학생의 자발적인 참여를 높이며 읽기에 대한 흥미를 유발하는 데 효과적이다(Downing, 2005).

② 기능적 읽기

기능적 읽기를 촉진하는 것은 읽기의 최종 목표를 달성하게 하는 기본 전략이다. 기능적 읽기란 글을 읽고 실제 생활에서 필요한 정보를 찾는 것이다. 학생들은 생활 속에서 필요한 정보를 책이나 신문, 잡지 등 주변의 읽을거리에서 찾고, 대중매체에서도 찾아 활용하는 것을 학습하게 된다([그림 14-8] 참조). 도움이 되는 정보를 읽는 경험을 통해 학생들은 스스로 정보를 찾고자 읽으려 하며 스스로 학습하고자 한다.

지체장애 학생의 읽기 지도는 구조적인 국어과 수업 시간 외에 생활 속에서 통합하여 지도할 때 기능적 읽기를 촉진할 수 있다. 매일 반복되는 일과와 자신이 경험한 것에 대하여 읽는 것은 학생의 자발적인 참여를 높이며 읽기에 대한 흥미를 유발

그림 14-8 기능적 읽기 자료의 예

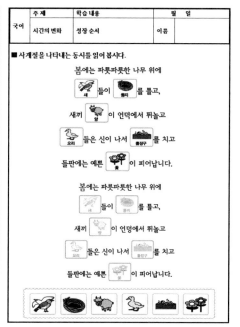

그림 14-9 일과에 대한 읽기 자료의 예

출처: 국립특수교육원(2014). 기능적 읽기와 쓰기. 중도 · 중복장애학생 의사소통 교수학습자료, pp. 209, 214, 274, 325 수정 발췌.

하는 데 효과적이다. 하루의 일과 혹은 날씨의 변화, 사계절, 변화와 성장 등 매일의 반복되는 일과와 변화에 대한 기록, 활동에 참여할 수 있도록 세분화된 안내나 순서에 대한 기록, 가족과 친구 등 지역사회 내에서의 가까운 사람들과 대화할 수 있는 주제에 대한 것 등 생활 속에서 접할 수 있는 소재를 읽기 자료로 선택할 경우 학생은 더 쉽게 읽기를 수행할 수 있다(그림 14-9) 참조).

매일 반복되는 하루 일과는 의사소통을 지도하기에 매우 좋은 주제가 된다. 일과표는 학생의 능력별·연령별로 그 내용을 선정하는데, 지도의 초기 단계에서 사용하기 쉬운 전략이며, 가정, 학교, 지역사회 등 학생의 생활 주변에 대한 이야기가 소재가 되므로 학생의 기억을 자극하고 흥미를 유발할 수 있다는 점에서 효과적이다. 이렇게 생활 속에서 자주 접할 수 있는 내용으로 읽기를 지도하면 학생에게 인지적 부담을 줄일 수 있기 때문에 성공적인 참여를 촉진하게 된다.

중도의 지체장애 학생의 경우 인지적 제한으로 문자 해독이 어렵다면 문자 외에 다른 그림이나 상징을 활용할 수 있다. 예를 들어, 학급에서 규칙과 시간표를 이해할 수 있도록 실물이나 그림, 사진 등의 상징과 같은 시각자극을 이용하여 언어 이해를 도울 수 있고 규칙과 일정을 이해하도록 할 수 있다. 또한 생활 주변의 공공시

공중전화	위로	아래로
휴지통	식당	금연
응급실	비상구	장애인용
남자	여자	승강기
휴게실	식수	주차장

그림 14-10 중도·중복장애 학생을 위한 기능적 읽기 자료의 예(표지판, 안내판 읽기)

설에서 자주 접하는 표지판이나 안내판, 위험에 대한 안내문 등을 읽는 것은 지역사회에서의 참여를 위해서도 필요하다([그림 14-10] 참조). 이러한 기능적 읽기활동은 제한된 환경 내에서의 문해력 발달뿐 아니라 중등교육 이후의 가정과 학교, 사회생활에서의 자립심과 독립성을 향상하는 데 도움이 되며, 궁극적으로는 사회적 통합을 촉진할 수 있다.

③ 읽기 환경의 수정

읽기 참여를 높이기 위해서는 학생의 읽기 능력을 방해하는 환경요인을 먼저 검토해야 한다. 읽기를 지도하기 전에 학생의 시력과 시야, 빛과 색의 인지, 시각적 안정성 등을 점검하여 더 잘 볼 수 있도록 환경을 수정해 주는 것이 도움이 된다. 시력 및 시지각 장애를 가진 학생의 경우에는 좀 더 잘 읽을 수 있도록 쉬운 읽기 자료를 제공하거나 읽기 자료를 확대해 주는 등 잘 보이도록 읽기 환경을 수정한다. 제시된 글자의 크기뿐만 아니라 글자를 읽기 위해 시각을 고정하거나 추적하기 등 시지각 능력의 문제가 없는지 점검한다. 예를 들어, 망막의 문제가 있는 학생은 빛에 대해 비정상적인 민감도를 보일 수 있으므로 읽기 자료를 제시할 때에는 최대한 자극이 되지 않는 자료를 준비해야 하며, 크기와 전경-배경(figure-ground)을 수정하여 좀 더 잘 볼 수 있게 해 주고, 주변의 조도를 조절해 주는 배려가 요구된다.

④ 보조공학의 활용

지체장애 학생의 읽기 지도를 위해서는 자세 잡기를 지원해 주는 것이 필수적이다. 보조공학의 활용은 지체장애 학생의 신체장애를 고려하여 편안하게 책을 볼 수 있도록 여러 가지 대안적인 자세와 읽기 자료에 대한 접근을 용이하게 해 준다. 자세 유지를 위한 보조공학기기들은 바른 자세로 앉아서 책을 읽기 힘든 지체장애 학생들을 위해 엎드린 자세, 옆으로 누운 자세, 선 자세에서 좀 더 편안하게 책을 읽을 수 있도록 도움을 준다.

보조공학기기를 이용한 읽기 자료에 대한 접근은 약간의 수정만으로도 읽기 활동의 참여를 높여 준다. 보조공학을 이용한 접근 전략에는 학생의 독립적인 읽기를 위해 소근육운동 능력, 감각 능력 등을 고려하여 책이나 활자의 크기, 책장의 두께, 책의 무게 등을 고려하는 내용이 포함된다. 책을 스스로 넘기지 못하는 학생의 경우 손가락을 넣고 책장을 넘길 수 있는 공간 확보를 위해 작은 양면 폼 테이프를 책장

그림 14-11 읽기를 위한 보조기기

출처: 퍼포먼스헬스 홈페이지(http://www.performancehealth.com).

사이에 부착하거나, 책장 넘기기 보조기기를 제공한다([그림 14-11] 참조). 활자를 확대하거나 사용할 수 있는 상징을 추가해 주는 방법도 사용된다(박은혜, 김정연, 표윤희, 김은숙, 2007). 사용하는 보조공학기기는 학생이 사용하고자 할 때는 언제나 쉽게 접근할 수 있도록 준비되어야 하고, 적은 힘을 들여서 활용할 수 있도록 효율성 측면에서 점검이 필요하다(Best, Heller, & Bigge, 2010).

4) 쓰기

(1) 쓰기 준비 기술

쓰기는 대근육운동과 소근육운동, 눈과 손의 협응, 지각 운동 등 다양한 신체 기능의 결합으로 이루어진다. 뇌성마비 학생은 쓰기에 흥미를 갖더라도 일반적인 쓰기 도구를 잡는 데 어려움이 있고 소근육 조절 능력이 부족하다(Beukelman & Mirenda, 2005). 그 밖에 시지각과 근육의 불수의운동, 운동실조, 근육 약화 등으로 인해 발달단계에서 나타나는 자연스러운 끄적거리기와 그리기, 쓰기에 대한 경험이 부족하다. 그러므로 어릴 때부터 쓰기와 쓰기 활동에 접근성을 제공하기 위해 적절한 보조공학을 사용하고 쓰기 도구를 사용하는 경험을 제공하는 것이 중요하다(김정연, 2006b).

그러나 보조공학을 활용하더라도 신체장애로 인해 일반 컴퓨터 역시 수정이나 조정 없이는 접근하기 어려울 뿐만 아니라 치료와 건강, 의료 등의 기타 측면에 대해 훨씬 많이 강조하고 있으므로 쓰기를 포함한 다른 교과교육은 상대적으로 최소화되고, 그 결과 쓰기를 연습할 기회가 부족하다. 비록 학생들은 적절하게 수정된 쓰기 도구를 사용하게 되더라도 운동 능력의 제한으로 인해 쓰기가 훨씬 더 느리고 이로 인해 쓰기의 양이 상대적으로 적어지는 것이 현실이다(Beukelman & Mirenda, 2005). 그러므로 쓰기 기술을 지도하기 전에 놀이를 통해 자유롭게 선 긋기, 색칠하기, 그림 그리기, 가위질하기, 풀칠하기, 종이 접기, 구슬 꿰기, 퍼즐 맞추기, 포장 풀기, 나사 죄기, 간단한 물체 조립 등 일상생활에서 충분한 손 운동을 먼저 한 후에 필기도구를 사용하는 방법을 지도한다.

(2) 체계적 글쓰기

쓰기는 일반적으로 문자의 복잡한 형상을 구성하는 기본적인 획에 대한 교수를 통해 배운다. 쓰기 지도를 위해서는 학생 스스로 직접 손으로 쓰는 기술을 지도해야 하며, 중요한 것은 일정한 공간 안에 크기와 줄에 맞추어 쓰기를 우선 학습하도록 하는 것이다. 손으로 쓰기를 지도할 때에는 직접교수를 사용하여 학생들의 개별화된 요구에 맞게 지도한다. 쓰기는 의미 있는 내용에 대해 직접 쓰는 충분한 연습을 통해 신장된다. 또한 소근육운동 능력은 시간이 지남에 따라 변화할 수 있으므로 쓴 내용과 형태, 속도에 대해 정기적으로 평가한다.

지체장애 학생들은 작문 기술에서 어려움이 있는데, 이는 초기에 쓰기 도구에 대한 접근 부족에서 기인할 수도 있다. 다른 문제로는 단어 나열식의 전보체를 사용하는 습관, 이해하지 못하고 있는 것에 대한 두려움 때문에 적절한 언어 구조의 사용을 꺼리거나 글쓰기 속도가 느린 것 등이 있다. 구어의 사용 능력이 저조한 지체장애 학생은 전보체 쓰기에 익숙하여 완전한 문장 구조에 대한 추가적인 교수가 필요하다. 또한 적당한 길이, 명료성, 내용을 가진 문장을 사용하는지 평가하고 사용된 문장의 다양성(서술문, 의문문)에 관하여 평가하여야 한다. 쓰기를 할 때에는 의사소통적인 면과 논리적인 순서에 대해서 평가해야 하며, 학생의 연령과 기능 수준에 맞는 적절한 양인지에 대해서도 평가해야 한다.

지체장애 학생은 장애가 없는 학생과 동일한 방식으로 쓰기를 배운다. 주제가 먼저 선택되고, 주제에 따른 생각을 브레인스토밍하거나 조사하고, 편집하고, 다시 다듬는 하나의 과정으로 학습된다. 지체장애 학생이 당면하게 되는 또 다른 어려움은 대체입력 방식의 사용으로 인해 속도가 매우 느리다는 점이다. 그러므로 많은 연습이나 다른 형태의 보조공학 사용으로 쓰기 속도가 향상될 수 있는지를 평가할 필요가 있다. 만약 보조공학이 적합하다고 판단되면 요구된 과제의 수를 줄이거나 대체하는 등의 과제 수정이 이루어져야 한다. 최근에는 스마트기기를 활용한 쓰기지도가 이루어지고 있다. 우규연과 박은혜(2015)는 스마트기기를 활용한 일기 쓰기 중재를 통해 지체장애 중·고등학생이 작성한 글의 길이가 증가하고, 글의 내용 점수도 향상되었음을 보고하였다. 여기에서는 지체장애 학생의 소근육 기능을 보완하고자 스마트기기를 활용(일기를 읽고 어색한 부분에는 터치펜을 사용하여 밑줄 긋기 등)하였고, 과정중심의 쓰기 지도를 통해 내용 측면을 교수하였다.

또한 숙제, 편지 쓰기, 일기 쓰기, 메모하기, 그 외의 재미있고 개인적인 내용을 기록하는 기회를 이용하여 쓰고자 하는 생각이 들도록 동기를 유발해야 한다.

(3) 기능적 쓰기

쓰기 지도는 자신의 의도를 다른 사람에게 전달하는 수단이라는 것을 인식하도록 지도하여야 하며, 기능적인 쓰기 지도를 하여야 한다. 기능적인 쓰기는 일반적인 쓰기에 어려움이 있는 학생을 위해 생태학적 평가를 통해 학생에게 필요한 기술을 조사한 후 필요한 항목의 쓰기 내용을 선정하여 지도한다. 국립특수교육원(2014)에서 개발한 중도·중복장애 학생 의사소통 교수-학습 자료 중 기능적 읽기·쓰기 자료의 각 단원 및 활동은 대상 학생의 연령과 장애 특성에 따른 생태학적 접근을 고려하여 가정과 학교, 지역사회의 일상생활, 직업 환경 등 다양한 환경을 경험할 수 있도록 주제를 선정하여 구성하였으므로 중도지체장애 학생 지도에 활용 가능하다.

기능적 쓰기는 단어 대신, 추가로 그림이나 상징을 보완하거나 대체하여 쓰는 것

▶ 나의 장래 희망은 ［　　　　　　　］입니다.

가수

요리사

운동선수

프로게이머

의사

경찰관

소방관

우체부

그림 14-12 중도·중복장애 학생을 위한 기능적 쓰기 자료의 예

출처: 박은혜, 김정연, 표윤희(2023). 지체장애 학생 교육(2판, p. 487). 학지사.

을 포함한다. 기능적인 쓰기는 쇼핑 목록이나 전화 메모 남기기와 같은 간단한 쓰기부터 지원서 작성하기와 같은 보다 복잡한 기술까지 다양하게 지도할 수 있다. 지원서나 양식을 포함한 기능적인 쓰기는 실제 양식이나 컴퓨터를 사용하는 기술을 포함하는 체계적인 교수가 포함된다. 기능적인 쓰기는 글을 써야 할 분명한 대상과 이유, 상황이 있어야 한다. 단순한 보고 쓰기, 낱글자 쓰기는 쓰기에 대한 지루함을 가중시키므로 지양해야 한다.

(4) 쓰기 도구의 수정

일반적인 쓰기 전략과 마찬가지로 제일 먼저 고려해야 할 사항은 쓰기 도구에 대한 접근이다. 지체장애 학생은 언어장애와 손 기능의 제한으로 읽고 쓸 기회가 적고, 쓰더라도 시간과 노력이 많이 들어 비경제적이다. 그러므로 교사들은 학생이 종이와 연필이 아닌 다른 도구와 방법으로 쓰기를 대체하거나 일반적인 쓰기 방법과 쓰기 도구를 변형하여 적용해야 한다.

연필은 점토나 연필 끼우개, 연필 고정 장치 등의 도구를 이용하여 잡는 표면을

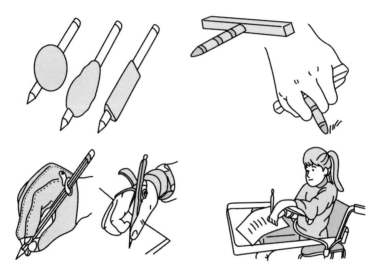

출처: Best, S. J., Heller, K. W., & Bigge, J. (2005), *Teaching individuals with physical, or multiple disabilities* (5th ed.), p. 445.

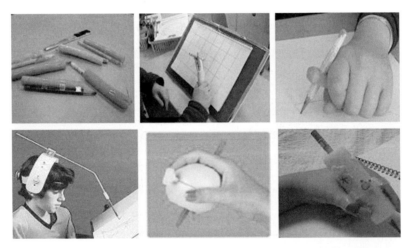

출처: 김정연(2010); 퍼포먼스헬스 홈페이지(http://www.performancehealth.com).

그림 14-13   쓰기 도구의 수정

출처: 에이블데이터 홈페이지(http://abledata.acl.gov).

그림 14-14 종이의 고정 및 책상의 각도 조절

더 넓고 안전하게 수정하여 제공할 수 있다. 어떤 경우에는 적당한 각도로 쓰기 도구를 잡도록 부착시켜 주거나 부목(splint) 같은 것을 대 주는 것만으로도 쓰기 자세를 좀 더 안정시킬 수 있다. 장애가 없는 학생은 글쓰기를 할 때 사용하지 않는 손으로 종이를 고정할 수 있으나, 팔 사용에 영향을 받는 지체장애 학생은 종이를 잡고 고정할 수 없다. 그러므로 테이프로 고정하거나 클립보드를 사용하여 종이를 고정해 준다. 종이의 위치는 쓰기 기술을 촉진하기 위한 중요한 고려사항이므로 종이가 정확한 위치에 일관성 있게 위치하도록 하는 것이 중요하다.

쓰기 활동을 촉진하기 위한 또 다른 전략은 공책 자체를 수정하는 것이다. 조절되지 않는 큰 글씨를 위해 칸이 넓은 공책을 선택하거나 줄 사이의 공간을 더 넓혀 주고, 어떤 학생들은 더 잘 보이게 하거나 촉각적인 피드백을 위해 선이 위치한 곳에 어두운 색으로 줄이 쳐진 종이나 줄이 도드라진 종이 등을 사용함으로써 효과를 볼 수 있다. 때로 스케치북 등을 사용하여 전체 크기를 확대해 준다.

학생별 적절한 책상의 각도를 유지하는 것이 쓰기에 도움이 되므로 적절한 각도로 조절이 가능한 책상을 제공하여 쓰기 기술을 촉진할 수 있다(박은혜, 김정연, 표윤희, 김은숙, 2007). 쓰기 습관을 위해 책상의 각도 조절과 함께 연필이 책상에서 굴러 떨어지지 않도록 책상 면의 경계를 고려하는 것도 중요하다.

(5) 대안적 방법의 쓰기

지체장애 학생의 쓰기 지도는 직접 손으로 쓰기를 못한다 할지라도 대안적인 방법을 이용하여 낱글자 쓰기를 통해 정확한 글자 지도가 이루어져야 한다. 손으로 글씨를 쓰지 못하는 지체장애 학생은 정확한 글자 쓰기의 일반적인 방법인 받아쓰기를 하지 못하기 때문에 낱글자를 손으로 지적하여 낱말을 구성하거나, 몇 개의 낱말을 제시하고 그중에서 오류 찾아내기, 이름 쓰기 대신 도장으로 찍기 등 학생의 수준에 맞는 적절한 자료를 제작하여 활용한다([그림 14-15] 참조).

　필기도구를 사용하여 쓰기를 할 수 없는 학생 중 의수(prosthesis)를 사용하는 사지 결손 학생은 쓰기를 위해 의수를 사용하는 방법을 배울 수도 있으며, 때로는 발을 사용하여 쓰는 것을 배울 수도 있다. 신체적 손상의 심각성으로 쓰기를 위해 손이나 팔을 사용할 수 없는 경우 마우스 스틱(mouth stick)이나 헤드 스틱(head stick)의 끝에 부착된 연필이나 쓰기도구를 사용할 수도 있다(Bryant & Bryant, 2003). 또한 수정된 컴퓨터 키보드, 대체입력 장치(예: 스위치), 또는 컴퓨터를 위해 특수화된 소프트웨어(예: 단어 예측 프로그램) 등의 전자도구를 사용할 수 있다.

1	2
자우개	나비
(지우개)	아비
지오게	디이
3	4
거일	한글
가울	힌글
가을	한굴

아	(자)		
(전)	동	기	유
문	저	석	무
(거)	차	버	씨
빠	지	갈	두

기본 교육 과정 2	단원	학습 내용	월일
			이름

(자)	오	다	리
(동)	화	책	러
(차)	아	가	지
우	부	방	팡
산	조	연	필
발	구	나	다
발	구	나	다

간단한 글쓰기

그림 14-15 대안적 쓰기 자료

그림 14-16 확대키보드, 글자판을 이용한 쓰기

지체장애 학생의 컴퓨터 접근성을 높이기 위해서는 키보드를 잘 조작할 수 있도록 지원해 주는 것이 필요하다. 컴퓨터나 테이블 위에 팔을 안정되게 고정할 수 있는 팔목지지대는 타이핑을 하는 동안 손목을 편안하게 해 주고 안정성을 향상시켜 준다.

키보드나 대체 키보드가 학생들에게 효과적이지 않을 때는 대체입력 장치를 사용할 수 있다. 대체입력 장치는 표준 컴퓨터 입력 장치를 대체하여 사용되는 수정된 장치로서 스위치, 포인팅 장치, 음성인식 장치 등을 말한다. 스위치는 컴퓨터에 연결될 수 있고 키보드 위치에서 사용할 수 있는 장치로 모양과 크기가 다양하고, 여러 신체 부위로 접근할 수 있도록 만들어진 것이다. 스위치는 대개 그림, 문자, 단어, 구, 이야기, 문서를 스캐닝할 수 있는 소프트웨어 프로그램과 결합하여 사용된다. 포인팅 장치는 스위치와 달리 학생이 지적하는 직접 선택에 의해 작동하는 것으로, 머리를 움직여서 광학 센서 등으로 화상 키보드(screen keyboard)의 문자를 가리키거나 손가락, 마우스 스틱, 헤드 스틱 등으로 스크린을 터치하도록 한다 (Beukelman & Mirenda, 2005).

📌 정리

지체장애 학생의 교과교육은 일반 학생의 교과교육의 성격 및 목표와 크게 다르지 않다. 다만, 장애 특성에 따라 다양한 교육적 지원 요소가 필요하다. 인지적 손상이 적은 지체장애 학생의 경우에는 신체적인 어려움을 보완할 수 있는 방법을 활용하고, 인지적 손상이 큰 지체장애 학생의 경우 개별 학생의 인지 수준과 신체적 어려움을 함께 고려한 접근이 필요하다. 이 장에서는 지체장애 학생의 학습 발달에 있어서의 교과별 전략을 소개하기 위해 지체장애 학생의 학습활동을 방해하는 요인을 살펴보았다. 지체장애 학생의 학습 능력을 신장시키기 위해서는 학생의 신체적 · 언어적 · 인지적 · 정서적 어려움을 극복할 수 있도록 장벽이 되는 요인을 파악하여 제거하는 노력이 필요하다. 또한 지체장애 학생을 위한 교과 내용을 선정하고 지도할 때 고려할 사항, 교과를 지도할 때 지체장애 학생의 장애 특성을 보완할 수 있는 방법, 지체장애 학생에게 말하기, 듣기, 읽기, 쓰기를 지도하는 구체적인 방법, AAC 방법을 활용하여 국어 교과를 지도하는 방법을 제시하였다.

다양한 교과가 모두 중요하지만 국어 교과는 지체장애 학생이 사회의 구성원으로 기능하기 위해 가장 기본이 되는 교과이므로 읽고 쓰기가 어려운 지체장애 학생의 특성을 고려하여 적절한 교수 전략과 방법을 적용하여 지도해야 한다. 다양한 전략과 방법의 활용은 지체장애 학생의 학습 경험을 확장시키고 자발적인 학습동기를 높여 교과활동 참여를 신장시킨다.

제 **15** 장

교과 지도 II

1. 수학 교과 지도

수학 교과는 국어 교과와 함께 학업 영역 중 가장 중요한 기본 교과라고 할 수 있다. 수학적 지식은 아침에 일어나서 하루를 보내고 저녁에 잠자리에 들기까지 지체장애 학생의 일상생활 전반에서 활용된다. "아침에 몇 시에 일어나야 학교에 지각하지 않을까? 친구와 케이크를 똑같이 나누어 먹으려면 어떻게 나누어야 할까? 친구와의 약속 시간까지 시간은 얼마나 남았을까? 라면을 사기 위해 오천 원을 냈을 때 얼마를 거슬러 받아야 할까? 크림빵을 만드는 데 설탕을 몇 숟가락 넣을까? 작업장까지 가려면 몇 번 버스를 타야 덜 걸을 수 있을까? 포장지를 어느 정도 잘라야 선물 상자를 포장할 수 있을까?" 이처럼 수학적 지식은 우리의 일상생활 속에서 빈번하게 활용되고 있다.

1) 교과 성격과 목표

수학 교과는 장애 학생들이 일상생활에서 다양한 모습으로 존재하는 수학의 기초적인 개념, 원리, 법칙을 이해하고, 일상생활의 여러 가지 사물과 현상을 수학적으로 관찰하고 사고하는 능력을 기르며, 일상생활의 여러 가지 문제를 합리적으로 해결하는 능력과 태도를 기르는 교과이다. 장애 학생들이 가정이나 학교, 지역사회에서의 독립적인 생활을 영위하기 위해서는 수학적 지식이나 기능이 필요하다. 글을 읽지 못하거나 수학적 개념이나 원리를 익히지 못하면 자립적인 생활을 영위하는 데 많은 어려움을 겪게 될 것이다.

수학교육의 목표는 학생이 수학의 기본 개념을 이해하고 기초 기능을 익히도록 하는 데 있으며, 최종적으로는 이러한 수학의 기본 개념과 기초 기능을 실생활의 문제해결에 활용하는 능력과 태도를 기르도록 하는 데 있다.

2) 기본적인 교수 전략

지체장애 학생은 신체적 · 신경학적 · 인지적 능력의 결함으로 숫자 구별 · 자릿수 읽기 · 계산 기호 구별 등의 시각적 어려움, 크기 · 공간 관계에 대한 이해 부족에서 오는 순서·양·위치 관련 개념 정립에 어려움을 보인다. 또 방향과 시간 개념의 빈약함 등으로 인하여 수학의 기본 개념과 기초 지식을 형성하고, 적절한 문제해결 전략을 알아내거나 사용하는 데 있어서도 제한을 보인다.

수학 교과 지도는 개념 형성과 수 개념의 획득에 역점을 두어 수준별 개별 지도를 하고 실제 생활의 장이나 그와 유사한 장면을 만들어 비슷한 관계 이해력, 논리성을 교환하는 능력을 함께 지도한다. 교수–학습 면에서의 효율성을 높이기 위해서는 각 개인의 능력에 적합한 교육목표를 설정하고 그에 따른 과제 분석을 통해 개별화

표 15-1 **수학 교과에서의 10까지의 수 익히기**

엘리베이터 이용하기	• 해당 층의 숫자 누르고 읽기 • 불이 켜진 층의 숫자 읽기
사물 분류 후 개수 말하기	• 주머니, 가방에 있는 소지품, 학용품 등 같은 종류끼리 분류하기 • 분류한 물건의 개수 큰 소리로 말하기 • 교실 내 사물 이름을 말하고 몇 개인지 세어 보기
사진 활용하기	• 가족 사진 보며 소개하기, 가족 수 말하기 • 학교행사 사진을 보며 인물과 한 일 말하고 사람 수 세어 보기 • 스포츠 경기 사진을 보며 각 팀의 소속 선수 수 세어 보기
광고전단지 이용하기	• 전단지에서 교사가 말하는 숫자 찾기 • 전단지 속 사물의 이름을 말하고 개수 세어 보기 • 전단지 속 인물 수 세기, 인물이 가지고 있는 소지품 세어 보기
그림 그리기	• 무지개 그림 색칠하고 색깔 수 말하기 • 그림에 대하여 이야기 나누며 그림 속 사물, 사람의 수 세어 보기
동화책 활용하기	• 동화책 읽으며 등장인물이나 동물의 수 세어 보기 (예:『백설공주』읽으며 난쟁이 세어 보기)
악기 연주 활용하기	• 악기(트라이앵글, 캐스터네츠, 북 등)를 이용해 교사가 말한 수만큼 소리 내기 • 교사의 악기 소리를 잘 듣고 몇 번 쳤는지 맞추기, 똑같은 수만큼 소리 내기
텔레비전 활용하기	• TV 채널과 그 번호 읽기(예: SBS-6, KBS 1-9) • 리모컨의 숫자를 이용해 자신이 보고 싶은 채널을 선택하여 보기
전화번호 누르기	• 자기 집, 부모님, 선생님, 친구들 집 등 전화번호 보고 읽기 • 번호를 보며 그 번호를 눌러 상대방과 통화해 보기
시계 활용하기	• 아날로그 시계의 숫자 읽기 • 시간을 주제로 한 동화책 읽으며 시간 만들어 보고 읽기

출처: 대전광역시교육청(2007). 대전광역시 특수교육 장학자료. 수정 발췌.

교육계획(IEP)을 세워 적절한 양의 학습 과제와 교수 방법을 선정한다. 교수활동의 수정은 교수할 주요 과제를 구체적인 활동으로 구조화하여 작은 단계로 제시하거나, 양을 줄이거나, 과제를 활동 중심으로 수정하는 것을 포함한다. 지체장애 학생의 지속적 동기유발과 주의집중을 위해 크게 확대된 학습지, 색이나 하이라이트와 같은 색 단서를 통하여 항목을 강조한 자료를 활용할 수 있다. 수에 대한 실제적 지식과 경험을 제공하고 필요에 따라서는 계산기 사용 등 기능적 학습과 대안적 방법을 도입한다. 기능적 학습과 대안적 방법의 예시는 〈표 15-1〉과 같다.

　지체장애 학생의 수준과 능력은 매우 다양하므로 수학 교과 지도 시 적절한 활동에 참여하고 경험할 수 있도록 구체적인 교수 방법 및 전략을 활용하여 지도하고, 주의집중과 동기유발을 위해 실제적인 지도 내용과 통합하여 다양한 상황에서 교수하는 것이 중요하다. 지체장애 학생의 수학교육을 위한 기본적인 교수 전략을 살펴보면 다음과 같다(표윤희, 2010b).

그림 15-1　수학과 학습을 위한 교재교구

출처: 어테인먼트컴퍼니 홈페이지(http://www.attainmentcompany.com).

(1) 시각적 학습을 강조한 교육

　지체장애 학생에게 수학적 개념을 교수하기 위해 시각적 자료를 활용한다. 수학적 개념에 대하여 말로만 설명하는 것보다 실제 사물과 그림으로 개념의 이해를 돕는 것이 필요하다. 개념 파악에 어려움을 보인다면 패턴블록이나 퀴즈네르 막대를 이용하여 모양과 덧셈에 대한 이해를 돕고, 새로운 개념 지도 시 교사는 단어, 도표, 그림, 그래프 등 다양한 표상을 활용하여 학생이 문제를 해결하도록 한다.

(2) 구체적–반구체적–추상적(CSA) 과정 활용

지체장애 학생의 수학 개념 이해를 위해 구체물, 반구체물, 추상물을 활용하여 교수하면 도움이 된다. 구체적(Concrete) 수준에서는 동전, 사탕 등 구체물을 활용하여 일의 자리와 십의 자리를 구분하도록 하고, 반구체적(Semiconcrete) 수준에서는 종이와 연필로 도형을 반으로 나누는 그림을 그려 도형 문제를 해결하고, 추상적(Abstract) 수준에서는 문제에 대한 구체적 표상이나 그림 없이 문제해결을 시도한다. 한 자릿수의 덧셈 문제가 있을 때, ① 구체적 수준에서는 첫 번째 수와 두 번째 수를 사물로 세어 모두를 더하고, ② 반구체적 수준에서는 첫 번째 수와 두 번째 수에 해당하는 개수만큼 시각적 표상인 동그라미를 그려 모두를 더하고, ③ 학생이 구체적 · 반구체적 표상을 이해하게 되면 추상적 수준에서 사물이나 그림 없이 연산법을 이용하여 문제를 계산한다.

(3) 실생활의 사례 활용

과제가 실생활의 문제해결 상황과 함께 제시될 때 지체장애 학생의 개념적 지식이 활성화되고, 동기와 참여를 유발하고 일반화를 돕는다(Polloway, Patton, & Serma, 2001). 새로운 수학적 개념을 제시할 때 일상적인 상황을 통해서 소개하고 실생활의 사례를 들어 설명하면 지체장애 학생이 더욱 쉽게 개념을 이해할 수 있다. 돈의 개념에 대하여 인식하고 물건을 구매한 후 거스름돈 받는 것을 연습하려면 문구점에서 공책을 사는 활동과 학교 매점에서 우유를 사는 활동을 통해 실생활의 수학 경험을 제공한다.

(4) 조작활동과 신체활동 활용

지체장애 학생은 사물을 조작하면서 구체적인 개념을 학습하고 이러한 조작활동을 통하여 해결책을 생각해 낸다. 그러므로 구체물인 사탕을 세며 수를 학습하고, 소근육 및 대근육을 움직이는 활동, 예를 들어, "숫자 2 위에 올라가세요." "동그라미 모양 안에 손을 넣으세요." "네모 밖으로 몸을 움직이세요."와 같은 활동을 통해 지체장애 학생의 수학 학습을 촉진할 수 있다.

(5) 보조공학 활용

수학 교과 지도 시 전자계산기와 컴퓨터를 활용하면 수학의 규칙성과 계산 기술을 연습할 기회를 제공한다. 지체장애 학생의 경우 문제를 해결하는 방법을 알고 있어도 계산하는 과정에서 오류를 범하는 경우가 많으므로 계산기를 사용하면 긍정적 효과를 얻을 수 있다(김동일, 이대식, 신종호, 2010). 그러나 계산기는 기본 계산원리를 이해한 후에 사용해야 하며, 그 전에는 가급적이면 계산기 사용을 자제시키는 것이 필요하다. 최근 많이 개발되고 있는 게임 형식의 소프트웨어 중 지체장애 학생에게 적절한 소프트웨어를 신중하게 선택하여 컴퓨터를 활용한 반복연습의 기회를 제공한다.

3) 영역별 구체적 교수 전략

수학 교과에서 학습해야 할 내용 영역에는 수의 기초, 수, 연산, 화폐, 측정 등이 있고(교육부, 2015a; National Council of Teachers of Mathematics, 2000), 지체장애 학생에게 이러한 내용을 지도하기 위해서 다양한 방법과 자료를 활용한다. 여기에서는 주요 영역을 지도할 때 교사가 유용하게 활용할 수 있는 전략을 제시하고자 한다.

(1) 수의 기초

수를 배우기 전에 익혀야 할 여러 가지 수 이전 개념으로는 일대일 대응, 분류하기, 비교하기 등이 있다. 수 세기의 기초인 일대일 대응은 한 집합에 있는 한 대상을 다른 집합에 있는 한 대상과 짝지을 수 있는 능력(강현석, 박영무, 조영남, 허영식, 이종원, 2003)으로 가족 구성원 각각의 식탁 매트에 숟가락과 젓가락을 올려놓기, 학생별로 색연필을 하나씩 나누어 주는 활동 등을 통해 일대일 대응을 지도할 수 있다. 실생활에서 양말의 짝 찾기, 신발의 짝 찾아 정리하기 활동으로 짝짓기를 지도할 수 있다.

분류하기는 특정하게 정의된 특성, 즉 유사점과 차이점에 따라 사물들의 관계를 이해하고 묶는 과정(이병혁, 김영표, 홍성두, 박경옥, 2015)으로, 교사는 지체장애 학생에게 색깔, 모양, 크기별로 단순 분류하는 활동과 동전을 색, 크기, 무게, 모양으로 분류하는 활동을 통해 분류하기를 지도할 수 있으며, 점차 분류의 준거나 범주를 다양화(예: 빨간색의 동그라미 분류하기)하여 지도한다.

지체장애 학생은 사물에 대해 관찰한 후 공통점과 차이점을 가지고 비교하기 시작하며 크기(발이 크다/작다), 길이(머리가 길다/짧다), 무게(책이 무겁다/가볍다) 등이 비교의 조건이 될 수 있다.

(2) 수 세기

수 세기는 다양한 방법을 활용하여 지도하는 것이 효과적인데, 1부터 10까지의 수를 기계적으로 세어 보는 활동, 숫자 노래 부르기, 필통 안에 연필이 몇 자루 있는지 사물을 세어 보는 활동, 플래시 카드에 있는 숫자 읽기, 교사가 부르는 숫자 도장을 찾아 찍기, 학생의 전화번호를 찾아 누르기, 자기가 좋아하는 운동선수의 등 번호를 말하기, 손가락과 발가락의 개수를 세어 보기 등의 방법을 활용하여 지도한다. 또한 학생이 속한 학급의 학생이 몇 명인지 세어 보고, 자신의 나이만큼 생일 초를 꽂고, 교사가 제시한 숫자만큼 손뼉을 치고, 달력에서 가족의 생일을 찾아보는 활동도 수 세기 지도에 도움이 된다. [그림 15-2]는 다양한 수 세기 지도 방법이다.

수 세기 지도 시 반응촉진, 용암절차, 행동 연쇄, 차별강화 등의 전략 활용이 효과적임이 입증되었다. 1~10의 수 세기를 지도할 때 1~9의 수를 교사가 말하고 10은 학생에게 말할 기회를 제공하여 학생이 정확하게 답하면 강화를 제공하고, 학생이 오류를 보이면 수정해 주는 과정을 거친다. 그리고 학생이 독립적으로 10을 말하게

그림 15-2　수 세기 지도 방법

출처: 이성진(2021). 특수교사가 디자인하는 좋은 수학 수업. pp. 51, 131.

되면 1~8의 수를 교사가 말하고 9, 10은 학생이 말하게 하여 학생이 1~10의 수를 세도록 지도한다(Brown, McDonnell, & Snell, 2016).

(3) 연산

지체장애 학생이 연산 과제를 해결하도록 돕기 위해 교사는 구체물을 사용하여 지도하거나 수직선, 터치 포인트를 사용하여 지도한다. 초기에는 사탕, 바둑알, 산가지 등의 구체물을 사용하여 연산과제를 해결하도록 지도한다. 수직선을 사용하여 덧셈·뺄셈을 지도하는 방법도 도움이 되는데, 수직선상에서 학생이 '4'를 먼저 찾게 하고 오른쪽으로 '2'칸을 움직여 '6'을 찾게 한 후 "4 더하기 2는 6과 같다."로 대답하도록 지도한다. 수직선을 사용하여 뺄셈을 지도할 때에는 수직선상에서 '4'를 먼저 찾은 후 왼쪽으로 '2'칸을 움직여 '2'를 찾게 한 후 "4 빼기 2는 2와 같다."로 대답하도록 지도한다.

"(+5)+(+9)"를 풀기
+5 자리에 아이를 놓고, 그다음 +9만큼 더하기 위해 +9만큼 아이를 이동시킨다. +5에 있던 아이를 +9만큼 더 이동시키면 아이는 +14에 있게 된다

그림 15-3 수직선을 이용하여 계산 개념 익히기의 예

출처: 김애화, 백지은 (2020). 직접교수 및 전략의 활용이 수학학습장애 중학생의 정수 CSA 및 유리수 계산 능력에 미치는 효과. 교육연구, 78, p. 77 수정 발췌.

이 외에도 터치 포인트(touch points)를 활용하여 덧셈과 뺄셈을 지도한다(Cihak & Foust, 2008). 사칙연산을 지도하기 위해 터치 포인트 전략을 활용한 'Touch Math'라는 상업용 교육과정도 개발되어 있다(Bullick, Pierce, & McClellan, 1989). 터치 포인트는 1~9의 숫자가 나타내는 값이 각 숫자에 표시되어 있고([그림 15-4] 참조), 각 숫자에 표시된 점을 터치하며 모든 점을 세어 덧셈 문제를 해결하도록 한다. 예를 들어, '1+3=□'의 문제에서 숫자 1에 그려진 점을 세고, 이어서 숫자 3에 그려진 점을 세어 '1+3=4'라고 답하도록 지도한다.

연산하기를 지도할 때에는 학습지 중심의 과제보다는 학생이 지루하지 않도록

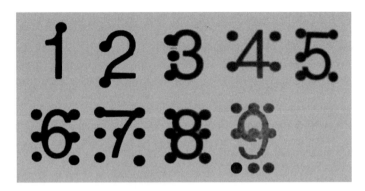

그림 15-4 터치 포인트의 예

출처: Brown, F., McDonnell, J., & Snell, M. E. (2016). *Instruction of students with severe disabilities* (8th ed.), p. 464.

다양한 활동과 자료를 활용하여 지도한다. 사칙연산 문제가 적힌 카드를 활용한 게임을 통하여 연산 문제에 대한 학생의 흥미를 유도할 수 있다. 정답을 맞힌 학생이 카드를 가져가는 규칙을 적용하여 카드를 많이 가져가는 학생이 게임에서 이기는 규칙을 적용하여 사칙연산 문제를 해결하도록 지도한다.

사칙연산 문제를 해결하기 어려워하거나 문제를 해결하는 방법을 알고 있어도 계산하는 과정에서 오류를 범하는 경우가 많은 지체장애 학생에게는 계산기 앱이나 스마트폰에 탑재되어 있는 기본 기능인 계산기를 활용하여 사칙연산을 지도한다. 또한 가상조작물(virtual manipulatives)을 활용하여 연산을 지도할 수 있는데, 가상조작물은 3차원의 물체처럼 컴퓨터 화면에서 시각적으로 보이는 물체를 마음대로 움직일 수 있다. [그림 15-5]는 네덜란드 프로이덴탈 연구소에서 개발한 레켄렉

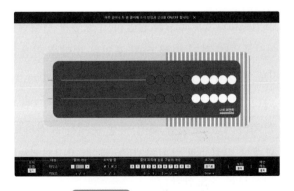

그림 15-5 연산문제 해결의 예

출처: 나의 레켄렉(https://soohak.net).

을 우리나라 교실 환경에 맞추어 만든 '나의 레켄렉'으로 마우스나 키보드로 구슬을
직접 조작하여 연산문제를 해결할 수 있으며, 스마트폰으로도 이용 가능하다.

(4) 화폐 사용 및 관리

지체장애 학생이 성인이 되어 일상생활에 잘 적응하고 생활해 나가기 위해서는
돈의 개념을 이해하고 돈을 사용하고 관리하는 기술을 배우는 것이 매우 중요하
다. 돈을 관리하기 위해서는 〈표 15-2〉에 제시한 다섯 가지 기술이 가장 중요하다
(Browder & Grasso, 1999).

표 15-2 돈 관리하기 기술

- 얼마나 많은 돈을 가지고 있는지 알기
- 은행 관련 업무 알기
- 예산을 관리하는 방법 알기
- 가격을 비교하고 구매하는 방법 알기
- 돈을 저축하고 투자하는 방법 알기

이러한 기술 모두가 중요하지만, 일상생활에서 가장 자주 사용하는 기술은 돈으로
물건을 구매하는 것이다. 지체장애 학생이 물건을 구매하기 위해서는 자신이 원하는
물건을 선택하고, 물건에 해당하는 금액을 지불하고, 거스름돈을 받는 일련의 과정
을 배워야 한다. 그러나 돈을 세고 계산하기가 어려운 학생은 물건을 고른 후, 물건
값에 해당하는 금액을 미리 넣어 둔 봉투를 계산원에게 주는 방법으로 물건을 구매
하도록 지도한다. 그리고 물건 구매 후 정확한 금액을 계산하기 어려운 경우 구매한
물건의 총 금액보다 더 많은 금액을 계산원에게 지불하는 방법(학교 매점에서 2,000원
짜리 빵과 1,000원짜리 우유를 구매한 후 5,000원을 계산원에게 지불)을 활용하여 지도한
다. 돈을 사용하고 관리하는 능력을 습득하지 못한 고학년의 중도지체장애 학생은
물건 구매 시 직불카드를 사용하여 결제하는 방법을 지도하는 것도 한 방법이다.

중도지체장애 학생의 경우에는 필통과 1,000원짜리 지폐를 보여 주며 매점에서
사이다를 살 때 필요한 것이 무엇인지 물어보면서 돈과 돈이 아닌 것을 구별하도록
지도하는 것도 필요하다. 돈을 세는 것을 지도할 때에는 일반적으로 동전에서 지폐
세기 순서로 가르치지만 학년이 올라갈수록 동전으로 지도하기보다는 다양한 지폐

를 세는 것으로 지도를 시작하는 것이 더 효율적이다(Snell & Brown, 2008). 지체장애 학생이 학교에서 습득한 화폐 사용 기술을 일반화하기 위해 지역사회 중심교수를 활용하고, 물건 구매 기술을 익히는 소프트웨어를 활용한 컴퓨터기반 교수를 실시하여 일반화를 촉진할 수 있다.

(5) 시간 이해

시간을 이해하면 시계를 보고 몇 시인지 알 수 있고, 하루 중 언제 어떤 일이 발생했는지 말할 수 있고, 숙제를 언제 시작하고 언제 끝내야 하는지를 알 수 있다. 이는 자신의 생활을 스스로 관리할 수 있음을 의미한다. 화폐 사용과 함께 시간 이해는 일상생활에 도움이 되는 기능적 수학 기술로, 일반 학생은 우연한 기회에 자연스럽게 시간 개념을 배우지만 지체장애 학생을 지도하는 교사는 다양한 전략을 활용하여 시간에 대하여 지도해야 한다.

'잠자기 전' '저녁 식사 후' 등과 같은 시간 관계적 용어와 "이제 점심시간이야." "점심시간은 50분이야." 등 시간의 경과에 대하여 학생에게 알려 주고, "점심은 얼마 동안 먹었니?" "언제 일어났니?" "몇 시에 자니?" 등 시간에 대하여 자주 언급해 주어 시간 개념을 이해하도록 돕는다. 시간 개념에 대하여 어느 정도 이해하고 있는 학생이 분침이 있는 아날로그 시계를 읽도록 지도하려면 정각 읽기, 몇 시 30분 읽기, 몇 시 15분 읽기, 몇 시 5분 단위의 시각 읽기 순으로 지도한다. 아날로그 시계읽기 지도가 어려운 학생은 전자시계 읽기를 교수하는 것도 방법이다.

지체장애 학생이 지금이 몇 시인지 알고, 몇 시에 무엇을 해야 하는지 파악하여 자신의 일정을 관리하도록 지도하는 것도 필요하다. 교사는 지체장애 학생이 학교의 시정표를 기초로 수업 시간, 쉬는 시간, 통학 버스 하교 시간을 파악하고, 자기가 좋아하는 TV 프로그램 방영 시간을 파악하고, 달력을 보며 현장학습 가는 날을 찾아보고, 탁상 달력을 사용하여 자신의 일간, 주간, 월간 일정을 계획하도록 지도한다.

자신의 수학 능력에 대하여 부정적인 태도를 가지고 있는 지체장애 학생의 경우, 교사는 수용적이고 참여를 격려할 수 있는 즐거운 환경을 제공하여 수학에 대한 긍정적인 태도를 형성하도록 돕는다. 긍정적인 태도를 증진시키기 위해서 학생에게 도전적이며 성취할 수 있는 수준의 교수목표를 수립하고, 실생활과 연계하여 과제를 해결하도록 지도하고, 학생의 진전 상황을 수시로 점검하여 학생의 수준과 특성에 적절한 전략과 자료를 활용하여 지도한다.

2. 사회 교과 지도

1) 교과 성격과 목표

사회 교과는 장애 학생이 일상생활에서 올바른 생활습관을 갖추고, 사회의 구성원으로 살아가기 위해 필요한 공동생활의 규범과 규칙을 익히며, 개인의 즐거운 삶을 위해 경제활동과 여가활동을 할 수 있도록 돕는 교과라고 할 수 있다. 이러한 점에서 볼 때 지체장애 학생에게 사회 교과는 기능적 기술을 익히고 사회적 경험의 폭을 넓히는 데 중요한 역할을 하는 교과이다.

사회 교과에서는 지역사회 중심의 교수활동을 통해 실제 현장을 경험하는 기회를 확대하고, 일상생활과 사회생활 영역의 기술을 경험하고 표현하며, 사회에서의 수용 가능한 목표 기술을 습득할 수 있도록 지도한다. 이를 통해 인사하기, 양보하기, 기다리기 등의 사회예절과 교통기관 이용하기, 지역사회 시설 이용하기 등 사회성 관련 기술과 도덕관을 자연스럽게 경험하게 한다.

2) 교수 전략

사회 교과에서는 먼저 가족과 자기 인식에 대해 가르치고, 더 나아가 이웃, 지역사회, 도시, 지역, 국가, 세계 등 수평으로 확장된 내용을 가르친다. 그리고 사회 교과는 지식과 사고를 강조하고 이전에 학습한 내용에서 새로운 기술과 개념을 발달시키는 나선형 교육과정에 기초하므로 초등학교 때 배운 이웃과 지역사회 관련 내용을 중·고등학교 때는 더 정교하고 복잡한 내용으로 다시 학습한다.

지체장애 학생의 경우에는 경험적 배경의 부족으로 출발점이 다르므로 사회 교과지도를 위해 문해력과 이해력, 자료를 다루는 능력이 어느 정도인지 먼저 파악하는 것이 중요하다. 사회 교과에서 지체장애 학생이 이전에 학습한 지식이 무엇인지 확인하고, 학생이 학습하지 못하고 잊어버린 정보를 가르치는 것이 필요하다. 건강상의 이유로 지체장애 학생이 장기결석을 하면 기초가 부족하여 좀 더 정교한 수준의 학업 수준으로 끌어올리기가 어렵고 이전에 배운 내용을 학생이 잊어버렸을 수도 있고, 학생이 알고 있는지 확인하기 어려우므로 사회 교과의 기초가 되는 내용이거나 중요한 개념이라면 다시 가르쳐 주는 것이 필요하다(Best, Heller, & Bigge, 2010).

교사는 지체장애 학생의 적극적인 참여를 이끌어 내기 위해 보편적 학습설계와 부분 참여의 원리를 적용하고, AAC 도구 등 보조공학을 활용하며 적절한 수업 모형을 적용하는 것이 필요하다. 사회과 수업에서 활용 가능한 수업 모형에는 문제해결 학습 모형, 역할놀이 모형, 의사결정 학습 모형 등이 있다. 문제해결 학습 모형은 사회적 사실이나 현상 중에서 학습 문제를 포착하여 심사숙고하는 사고과정을 통해 문제를 해결해 나가는 방법으로, 일상생활의 문제를 다루는 데 효과적인 수업모형이고, 역할놀이 모형은 학습극의 한 형태인 역할놀이를 교수-학습에 활용하여 학생들이 다양한 역할을 경험하고 점검하는 활동을 통해 가치, 정서, 문제해결 능력, 의사소통 능력을 기르게 한다(교육과학기술부, 2013). 사회과 수업 모형을 학생에게 적용하기 위해서는 특정 수업 기법을 활용하여 지도하는 것이 효과적이므로 강의법, 토의학습, 조사학습, 현장학습 등 다양한 수업 기법을 적용하여 지체장애 학생을 지도한다(교육부, 2014).

3. 과학 교과 지도

1) 교과 성격과 목표

과학 교과는 학생 주변의 자연현상과 여러 사물과 현상에 대한 특성과 기본적인 지식을 알고 이를 이해하며, 나아가 일상생활에서 일어나는 여러 가지 문제를 창의적이고 합리적인 방법으로 해결하기 위해 필요한 과학적 소양을 기르는 교과이다(교육부, 2015a). 탐구를 위한 학생의 관심과 흥미를 유발하기 위해서는 학생의 경험과 밀접한 관련이 있는 상황에서 흔히 접할 수 있는 자연현상을 중심으로 탐구가 이루어지게 한다. 교육과정에서는 실생활에서 흔히 접할 수 있는 자연현상 중에서 에너지, 물질, 생명, 지구 관련 영역에 관심과 흥미를 가지고 기초적 탐구 과정을 적용하는 데 주안점을 두는 교과라 할 수 있다.

2) 교수 전략

　　지체장애 학생은 낮은 인지 발달 수준과 한정된 수업 시간으로 인해 과학의 개념 체계를 충분히 이해하는 데 어려움이 있다. 그러므로 지체장애 학생의 과학교육은 과학적 소양에 필요한 과학의 핵심적인 기본 개념의 이해에 중점을 두어 지도한다(교육부, 2015).

　　과학 교과는 생활과 밀접히 관련된 부분이어서 제한된 경험을 확대한다는 의미만으로도 크게 강조되어야 할 교과이다. 과학적 활동은 지적 활동을 자극하고 만족감을 갖게 하므로 실제 자연환경에서 직접 경험할 수 있는 기회를 주어야 한다. 또한 과학 활동의 과정에 학생들이 참여하고 상호작용하도록 지원하는 교수-학습 방법을 적용하여야 한다.

　　과학 교과 교수-학습 방법은 구체적인 생활 경험과 활동을 중심으로 직접 만져 보고 조작해 볼 수 있는 수업이 되도록 한다. 특히, 학생들의 동기를 강화하기 위하여 놀이, 게임, 조작 등 활동 중심의 교수로 지도한다. 교사 중심의 직접교수법을 지양하고 과학적 사실이나 현상을 직접 감각으로 체험하여 더욱 많은 것을 학습할 수 있도록 학생들의 자연적인 호기심을 촉진하며, 경험 및 체험을 통하여 몸으로 습득하게 한다.

　　과학 교과는 다른 교과와의 통합교과 형식의 교수-학습 방법을 적용할 경우 경험을 확대하여 과학 교과 목표 달성에 도움이 된다(〈표 15-3〉 참조). 생활 중심의 통합교과는 교육 내용과 교사, 활동, 학습자원 등에서 다양한 방식으로 융통성 있게 운영할 수 있다. 수업 시간을 교과별로 한 시간 단위로 나누지 않고, 주제의 성격과 활동에 따라 필요한 시간을 중심으로 운영하며, 과제나 활동을 밀접한 관련이 있는 것끼리 통합하여 운영한다. 주제를 중심으로 한 생활 중심의 통합교과 운영은 여러 교과에 걸쳐 공통된 주제의 기능적 기술을 가르치는 데 유용하다(김정연, 2006a).

표 15-3 **과학 교과에서의 통합교과 활동의 예**

교육과정 요소	• 식물의 이름과 생김새 −과일의 이름과 생김새 알아보기
관련 교과	• 과학, 실과, 미술
활동 목표	• 생활 주변에서 흔히 볼 수 있는 과일의 이름과 생김새를 알 수 있다.
활동 자료	• 과일, 믹서기, 그림의사소통판
활동 예시	• 가정이나 학교에서 볼 수 있는 다양한 과일 관찰하기 • 과일의 이름과 생김새를 실물, 모형, 그림카드 등을 통해 구별하기 • 여러 가지 과일의 색깔, 모양, 크기, 촉감, 맛 관찰하기 • 과일 씻기 활동하기 • 여러 가지 과일 음료로 다과상 차리기
응용 및 주의점	• 수업 참여를 위한 보조공학기기를 제공한다. • 의사표현을 할 수 있도록 AAC를 제공한다(예: 다음 그림 참조). 우유　얼음　딸기　바나나　믹서기 1. 손　씻는다 2. 딸기　씻는다　바나나　자른다 3. 우유　넣는다　간다

4. 음악 교과 지도

1) 교과 성격과 목표

음악은 정서적·정신적 발달에 필요한 교과이며, 사회적 관계에서 감정과 의사 표현을 보다 쉽게 할 수 있는 비언어적 도구로서의 특별한 기능을 가지고 있다. 뇌 성마비 학생은 언어를 통한 의사표현이 어려운데, 음악을 매개로 한 표현활동은 근 육의 발달과 긴장을 풀어 주고 심리적인 이완 기능의 효과를 제공한다. 또한 음악활 동을 통해 여러 가지 감각을 경험할 수 있으며 흥미를 느낄 수 있다. 음악 교과는 국 어나 수학 및 다른 과목에 비해 심리적 부담 없이 대할 수 있어서 뇌성마비 학생은 음악교육 프로그램에 매우 긍정적인 반응을 보이는 경우가 많다.

2) 교수 전략

대근육운동, 소근육운동 및 여러 신체운동 기능 외에도 인지와 언어, 시각 및 청 각 등의 감각적 장애를 수반하는 지체장애 학생의 음악교육에서는 심리적 환경과 물리적 환경을 조성하는 것이 필요하다. 지체장애 학생들은 일반적인 악기 사용에

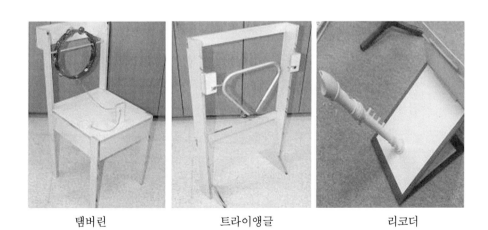

| 탬버린 | 트라이앵글 | 리코더 |

그림 15-6 악기의 수정

출처: 탬버린, 트라이앵글-한국우진학교(2006). 뇌성마비아 음악교육을 위한 리듬악기의 제작; 리코더-대학 생 교재 개발 작품(2008).

어려움이 있으므로 이들의 신체적 제한을 고려한 악기의 수정은 필수적이다. 예를 들어, 양손의 기능이 제한적이고 협응력이 떨어지는 뇌성마비 학생은 한 손만으로도 연주할 수 있도록 고정된 틀에 탬버린을 매달아 끈을 연결하여, 끈을 당기면 앞판에 부딪쳐 소리가 나도록 수정해 준다. 손으로 잡는 끈의 끝에 손잡이를 달아 쉽게 잡을 수 있게 해 주고, 쥐지 못하는 학생은 끈이나 벨크로 등으로 손목 부위에 연결해 준다. 트라이앵글은 한 손으로 악기를 잡고 다른 한 손으로 채를 쥐어야 하며, 정확한 타점을 가격하지 못하면 움직임이 커져서 뇌성마비 학생에게는 연주하기 어려운 악기이다. 그러므로 한 손으로도 연주할 수 있도록 트라이앵글을 틀에 고정하고 기타 줄로 연결한 뒤 조임쇠로 팽팽하게 조여 트라이앵글의 움직임을 최소화해 주고 보다 쉽게 타점을 잡을 수 있도록 역삼각형 형태로 배치해 주는 수정이 효과적이다. 손 기능이 저조한 학생을 위해서는 리코더의 소리를 경험할 수 있도록 악기를 수정해 주는 것도 도움이 된다([그림 15-5] 참조).

음악 교과의 가창 영역은 노래를 부를 수 없는 학생의 경우 허밍으로 따라 부르거나 수정된 악기, 보조기기를 활용하여 활동에 참여하는 등 부분참여를 통한 성취감을 경험할 수 있게 한다.

표 15-4 **음악 시간 참여 사례**

박 교사는 음악 시간에 전혀 발성이 되지 않는 소정이의 참여를 촉진하기 위해 싱글 스위치에 "예뻐"라는 음성을 녹음하였다. 다른 학생들은 자신의 이름을 넣어 '~는 예뻐'라는 노래를 부를 때 소정이는 "예뻐"가 녹음된 스위치를 누르며 음악 시간에 참여하였다.

지체장애 학생의 음악교육 내용은 각 학생의 현재 수준을 분석하여 각 활동에서 기능의 독립성과 참여를 증대시키는 데 초점을 맞추거나 학생의 생활연령에 적절해야 하며, 또래와의 상호작용을 개선시킬 수 있도록 한다. 활동 내용 면에서는 일반 학생과 같은 교육적 요구를 가지고 있으므로 개개인의 특수성과 개인차를 고려하여 신체적 장애를 경감시키고 잠재력을 계발할 수 있도록 계획하며 교육과 치료의 상호 유기적인 협력체제가 이루어지도록 한다.

5. 미술 교과 지도

1) 교과 성격과 목표

미술은 장애 학생의 기본적인 활동 욕구를 충족시키고 자율적이고 창의적인 활동을 통하여 정서적 안정감과 심미감을 기르는 데 적합한 교과이다(교육부, 2015a). 미술활동은 시각이나 촉각 경험을 통하여 사물을 지각하고 형태를 인식하는 과정에서 사물이나 타인을 이해하며 동시에 자기를 표현하는 활동이다. 생각과 느낌을 자유롭고 창의적으로 표현하는 활동은 정서적 만족감이나 성취감과 관련되며, 자신의 신체나 도구를 활용하여 자신의 생각을 표현하는 활동을 통하여 심리적으로 안정감을 얻을 수 있다. 또한 미술 교과는 활동을 통해 개인적으로 형성되는 느낌이나 생각을 언어로 표현하고, 다른 사람의 생각과 느낌을 이해하고 존중하게 한다. 생활 속에서 흥미를 갖고 능동적으로 참여하며, 다른 사람과의 소통을 강조한다.

2) 교수 전략

미술 교과에 사용되는 소재와 활동은 지체장애 학생에게 활동 참여를 조장하여 동기 유발이 될 수 있는 것을 선정한다. 과자, 팝콘 등 일상생활이나 자연환경과 관련된 소재를 사용하여 건강하고 안전한 생활을 영위하기 위한 생활습관이나 태도를 향상시킬 수 있는 활동, 자기표현 활동을 촉진하는 내용을 설정한다([그림 15-7] 참조). 학생의 준비도에 따라 표현 재료 및 소재를 제시하는 것도 중요하다. 예를 들

그림 15-7 일상생활, 자연환경과 관련된 소재를 사용한 미술활동

출처: 강혜경 외(2015). 장애아동을 위한 미술교육(2판), pp. 196, 220.

어, 그리기에 자신이 없는 학생에게는 아무것도 그려지지 않은 하얀 백지보다는 잘 못 그려도 괜찮다는 느낌을 주는 신문지나 작은 도화지를 제공한다면 좀 더 편안한 마음으로 그림을 그릴 수 있다. 표현 재료를 사용하는 데 있어서도 세밀한 표현에 자신이 없는 학생은 4B연필이나 크레파스, 목탄, 콩테, 사인펜, 유성매직 등을 다양하게 사용하여 재료가 주는 느낌에 색다른 흥미를 가질 수 있게 한다. 그 외에도 활동에 사용되는 재료는 골판지나 사포, 색지, 잡지를 사용해 마음껏 표현할 수 있도록 다양하게 제시한다(강혜경 외, 2015).

또한 그리기 과제가 학생의 능력에 비해 과다한 작업량을 요구한다면 그리기 시간을 줄여 주고, 만들기나 꾸미기 등의 과제로 구성하여 활동의 양을 줄이면서 창작 시간을 확대해 준다. 무엇보다도 미술활동이 정해진 시간 내에 완성해 내야 할 과제로 인식되지 않도록 유의한다.

지체장애 학생의 미술교육에서는 심리적 환경과 물리적 환경을 조성하는 것이 필요하다. 긴장 이완을 위한 호흡법이나 작업에 열중할 수 있는 음악을 들려주어 편안한 분위기를 조성한다. 활동을 시작하기 전에 감정의 표현을 촉진하기 위해 주제와 관련된 의사표현 활동을 조장하는 것이 바람직하다. 미술활동은 다른 교과와 달리 넓은 공간과 재료와 용구를 보관할 수 있는 장소가 필요하다. 휠체어 등 이동기기를 이용하여 자유롭게 활동할 수 있고 높낮이가 조절되는 작업대 등 물리적 환경이 갖추어져야 한다. 장애가 심한 학생 중에는 의자보다 바닥에 앉아서 미술활동을 하는 것이 더 쉬운 경우가 있으므로 필요한 경우 매트를 준비한다. 충분한 크기의 작업대와 물을 사용하기에 편리한 시설이 활동 공간 내에 설치되어 있다면 매우 도움이 된다. 손을 이용할 수 없는 학생은 발이나 입을 이용하거나, 헬멧을 사용하여 미술도구를 고정해 주는 등 학생 잔존 기능에 따라 수정해 준다([그림 15-8] 참조).

그림 15-8 미술 도구의 수정

출처: 대학생 개발 작품(2008).

미술활동 중에는 스스로 경험하고 조작해 볼 수 있는 충분한 시간과 기회를 제공하여 손 기능 훈련, 자료 탐색 등을 제시하는 것이 바람직하다. 교사가 학생의 시각적 표현을 언어화하여 반영해 주어 학생들 상호 간의 대화와 상호작용을 촉진한다. 그러나 너무 잦은 질문과 교사의 의견을 이야기해 주는 것은 활동의 흐름에 방해가 되므로 유의한다.

활동의 정리 단계에서는 먼저 자신의 작품을 다시 살펴볼 수 있도록 하는 과정이 필요하다. 작품을 통해 자신의 생각과 느낌을 자유롭게 구사할 수 있는 기회를 제공한다. 이를 통해 학생들은 성취감과 자기 만족감을 느끼게 된다. 즉, 미술활동을 함으로써 인지적 · 사회정서적 · 신체운동적 발달의 균형을 도모할 수 있도록 분과형태의 수업이 아닌 통합교과 형태로 접근한다.

작품이 완성되었을 때 느끼는 만족감, 성취감 등은 바로 정서교육으로 연결된다. 다른 학생들에 비해 표현 능력이 떨어져서 자주 미완성으로 수업을 끝내게 되면 학생은 표현의 즐거움으로부터 멀어지고 미술에 대한 흥미를 잃게 된다. 소재의 선택, 동기의 유발, 표현하고자 하는 것을 머뭇거리지 않고 표현할 수 있도록 적당한 질문과 칭찬으로 교사가 적극 유도하여 작품을 완성할 수 있게 한다. 완성된 작품을 교실 벽면에 게시하면 학생은 더 큰 만족감을 느끼게 된다.

6. 체육 교과 지도

1) 교과 성격과 목표

체육 교과는 장애 상태와 운동 능력에 적합한 신체활동을 통하여 체력을 증진하고, 바람직한 신체상을 확립하여 긍정적인 자아개념을 형성하고, 놀이 및 여가를 활용하여 신체활동에 즐겁게 참여하려는 자세와 태도를 기르는 교과이다(교육부, 2015a).

체육 교과는 이차 장애를 예방하고, 잔존 체력을 활용하며, 운동 능력에 적합한 활동의 필요성과 가치를 알게 해 준다. 그러므로 생활 속에서 체육활동을 습관화할 수 있는 내용을 지도한다. 준비운동을 통한 관절 가동 범위의 확대, 근육의 긴장 · 이완과 협응력 향상 등, 특히 치료와 연계하여 신체 건강을 위한 자기 관리를 할 수

있도록 지도하며, 수업 환경을 다양하게 구조화하여 안전하고 성공 가능성을 높일
수 있도록 계획한다.

2) 교수 전략

지체장애 학생은 근골격계의 결함으로 기본 운동 능력과 체력이 일반 학생에 비
해 저조하다. 그러므로 초등학교 저학년 시기에 놀이의 발달단계 및 생활연령에 적
절한 활동을 중심으로 운동 기능과 유형을 향상시킬 수 있는 체육활동이 필요하다.
특히 〈표 15-5〉와 같은 사항에 주의하며 놀이나 게임의 수준을 적절히 수정하여
체육 교과 시간에 적용한다.

표 15-5 **체육활동 시 주의사항**

- 놀이나 게임의 수정을 위해 자유롭게 놀이하는 상황에서 학생들을 관찰한다.
- 모든 개별 활동에는 단순한 규칙이나 필수 규칙만을 적용한다.
- 초기에는 단순한 게임을 강조한다.
- 모방활동은 단순하고 짧게 제시한다.
- 게임을 단순화시킬 경우 즉시 실제 게임 상황에 접근할 수 있는 기회를 제공한다.
- 일반적으로 개인 운동에서 대인·단체 운동으로, 간단한 게임에서 복잡한 게임으로, 협동
  게임에서 경쟁 게임으로 진행한다.
- 환경자극을 효과적으로 배열해야 한다. 원, 선, 호, 각, 색 등을 효과적으로 사용하면 과제
  를 성공적으로 수행하는 데 도움을 줄 수 있다.
- 학생이 모든 기구와 환경에 친숙해질 수 있도록 충분한 시간을 제공한다.
- 시범과 동시에 여러 차례 연습할 기회를 제공한다.

초등학교 고학년 시기의 학생이나 중·고등학생의 경우 안전한 체육활동을 위해
체육 수업환경을 구조화하고 관련 변인을 수정하는 것이 필요하다. 구체적인 방법
을 소개하면 〈표 15-6〉과 같다.

표 15-6 | **체육 수업 환경의 수정**

영역	수정 방법
경기장	지체장애 학생은 이동과 체력 저하 문제를 가지고 있으므로 일반 학생을 위한 활동 지역보다 줄여서 활동하는 것이 바람직하다.
시설 및 설비	기본적으로 활동에 불편하지 않도록 경사로를 실내·실외에 추가로 설치하거나 낮은 탈의실 옷장, 샤워 시설의 의자와 손잡이를 갖추는 것도 필요하다. 실제 체육활동에서 활용할 수 있는 다양한 수업환경, 기구 및 매체의 활용을 살펴보면 다음과 같다. 활동 중에 회수거리가 짧도록 공 대신에 콩 주머니 사용하기, 보치아 경기에서 홈통 사용하기, 누워서 다리운동을 할 수 있는 에르고미터 이용하기, 엎드려 활동하는 경우 스쿠터 보드 타기, 기능적으로 손을 사용하지 못하는 경우 손에 탁구나 배드민턴 라켓을 테이프로 부착시켜 활동하기, 메디신볼, 탄력 로프, 탄력 밴드 등으로 체중 부하를 제공하는 방법을 들 수 있다.
기구와 장비의 크기	학생의 신체 기능에 따라 크기와 중량, 목표물과의 거리 등을 고려하여 도구를 선정한다. 예를 들어, 공차기의 경우 일반적으로 가벼운 공을 사용하는 것이 바람직하지만 편마비 학생의 경우에는 가벼운 공을 찰 때 몸이 뒤로 기울어지고 다리 신전과 팔 굴곡 등 경직된 자세를 일으킬 수 있는 부적절한 자세를 유발할 수 있다. 그러므로 이 경우에는 무겁고 큰 공을 사용하면 공 자체가 저항을 제공하기 때문에 다리를 구부리고 공에 체중을 실을 수 있으며, 전반적인 몸의 균형과 자세를 향상시키고 운동 수행에서 성공 가능성을 높일 수 있다.
게임 속도	대다수의 뇌성마비 학생은 빠르게 움직일 때 신전반사가 나타나기 때문에 움직임의 속도를 가능한 한 느리게 하여 속도를 줄이는 수정 방안이 필요하다.
경기 규칙	• 쥐는 것이 어려운 학생의 경우는 공 대신 콩 주머니나 폼 볼(form ball) 등과 같이 부드러운 물체를 던지게 한다. • 쥘 수 있으나 놓을 수 없는 학생의 경우 입이나 손에 막대를 쥐고 공을 밀어 넣을 수 있도록 수정해 준다. • 소프트볼: 마루바닥에서 굴려 주는 공을 치는 방식으로 실시한다. • 보치아: 쥐기나 놓기 모두가 불가능한 경우 손으로 던지는 대신 발로 차거나 홈통을 사용한다.

출처: 교육과학기술부(2009d). 교육과정 해설서. 수정 발췌.

그림 15-9 체육 활동의 수정

[그림 15-9]는 단계별 농구대를 활용하는 장면, 고정된 받침에 공을 올려놓고 야구를 하는 장면, 마우스 스틱과 홈통을 이용하여 보치아 경기에 참여하는 장면으로 학생에게 적절한 방법과 기구를 활용하여 학생의 적극적인 참여를 유도한다.

체육활동에서 가장 중요한 것은 안전이다. 안전한 환경을 구성하는 데는 먼저 활동에 필요한 기구 및 시설의 점검이 필요하다. 예를 들어, 샤워장에 의자나 손으로 잡는 지지대를 마련하여 안전하게 샤워할 수 있게 하고, 모든 장비의 적절성 여부를 검토하는 것이 도움을 준다. 활동 중 부상을 예방하기 위해 헬멧 및 보조기기의 착용과 휠체어 위에서의 안정성을 확보할 수 있도록 안전벨트를 착용하도록 지도한다. 특히 활동 중에 지체장애 학생을 적당한 거리에서 세밀히 관찰하는 것이 필수적이다.

뇌성마비 학생의 60%가 발작을 하거나 발작 가능성이 있다(Laskin, 2003)고 알려져 있어, 대발작을 하는 경우 헬멧을 착용하게 하거나 벨트나 스트랩을 사용하여 추락에 의한 부상을 입지 않도록 해야 한다. 또한 항경련제, 항발작제, 근육이완제 등의 약물로 인한 부작용이 체육활동에서의 수행에 악영향을 미칠 수 있으므로 이에 대한 적절한 대책이 마련되어야 한다.

뇌성마비 학생은 유형별로 안전과 관련하여 고려해야 할 사항이 있다. 불수의운동형 학생은 앞보다는 뒤로 더 많이 넘어지는 경향이 있다. 운동실조형의 경우 공간개념이 떨어지며, 여기저기 잘 부딪치거나, 놓여 있는 것을 넘어뜨리고, 자신의 발에 걸려 넘어지기도 한다. 또한 울퉁불퉁한 길이나 내리막길을 걸을 때 균형을 유지하지 못하는 등 다른 유형의 뇌성마비 학생보다 안전사고 가능성이 크기 때문에 세밀한 관찰과 조치가 필요하다(한동기, 2004).

3) 보치아

보치아는 뇌성마비 학생의 스포츠이다. 신체의 협응성이나 유연성, 평형성 및 주의집중에 도움을 주며, 재활과 여가활동에 크게 기여하는 운동경기이다. 학생들의 체력 증진과 놀이 및 여가활용에 기여하며, 스포츠활동을 통해 긍정적 자아 개념의 형성과 단체생활 및 사회성 향상에 기여한다.

보치아는 그리스의 공 던지기 경기에서 유래했으며, 후에 론볼링이나 나인볼 등으로 발전하였다. 보치아는 1982년 덴마크 국제경기에서 국제경기 종목으로 부상하여 1984년 뉴욕장애인올림픽대회, 1986년 국제경기 그리고 1988년 서울장애인올림픽대회 등에서 정식 종목으로 채택되었다(이재원, 2009).

국내에서는 1987년 제7회 전국장애인체육대회에서 처음 보치아 경기를 시작하였다. 현재는 특수학교와 복지관을 중심으로 많은 팀이 활동하고 있으며, 동호회 팀도 다수 조직되어 생활체육으로 발전하였다. 보치아는 뇌성마비, 노인, 일반인, 지적장애인까지 즐길 수 있는 운동이다.

보치아의 개인 경기와 2인 1조 경기는 4회, 단체전은 6회로 이루어진다. 6개의 빨간색 공과 6개의 파란색 공을 가지고 각 선수가 매 회마다 표적구에 가장 가까이 던진 공에 대하여 1점을 부가하며, 6회를 한 다음 점수를 합산하여 득점을 많이 한 팀이 승리한다. 보치아는 공을 경기장 안으로 던지거나 굴리거나 발로 차서 보낸다. 장애가 심한 선수의 경우 홈통을 사용한다(이재원, 2007).

보치아는 주어진 시간 내에 표적구에 가까이 보치아 공을 던지는 경기인데, 보치아 공 사이의 거리는 심판이 판정하나 근거리 내에 있는 공들 간의 정확한 거리는 줄자를 이용하여 측정한다. 시간제한이 있는 경기이므로 계시기구로 시간을 체크한다. 청홍표시기는 공을 투구할 차례를 알려 주는 도구이며, 경기장 옆에는 사구보관통을 비치하여 경기장 밖으로 아웃된 공의 숫자를 선수가 확인할 수 있도록 한다. 사구란 투구한 다음에 공이 코트 밖으로 나간 것을 말한다.

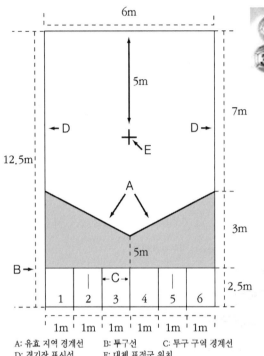

보치아 공

국제 규격의 보치아 공

청홍표시기

A: 유효 지역 경계선   B: 투구선   C: 투구 구역 경계선
D: 경기장 표시선   E: 대체 표적구 위치
▯ 보조장치의 위치를 위한 투구 구역 중앙 지점(주의: 2~5 구역 안 유효)
▨ 표적구 무효지역

홈통

계시기구

사구 보관통

그림 15-10 보치아 경기장과 보치아 장비

출처: 대한장애인보치아연맹 홈페이지(http://k-boccia.kosad.kr).

📌 정리

이 장에서는 수학, 사회, 과학, 음악, 미술, 체육의 교과별 교육의 성격과 목표, 교수-학습 전략에 대해 살펴보았다. 수학 교과에서는 기능적 학습의 예와 함께 수, 연산, 화폐 등 구체적인 영역별 교수 전략에 대하여 살펴보았고, 과학 교과에서는 통합교과 형식의 교수-학습 방법의 예를 제시하였다. 음악 교과와 미술 교과에서는 장애 특성을 고려한 접근 방법을 중심으로 설명하였으며, 체육 교과에서는 보치아 경기에 대해 자세히 설명하였다.

각 교과의 지도는 장애로 인한 교육 활동의 방해요인을 개선하여 지체장애 정도와 종류에 따라 다양하고 광범위한 교육적 요구를 실현할 수 있도록 풍부하고 다양한 학습 기회를 제공할 수 있도록 해야 한다.

지체장애 학생을 위한 교과교육의 내용은 교과지식뿐만 아니라 생활 속에서 기능적으로 활용할 수 있는 다양한 경험과의 상호작용을 강조하여야 한다. 궁극적으로 장애를 극복하고 사회 구성원으로 생활해 갈 수 있도록 스스로에게 기회를 주는 것이 중요하며, 동시에 일반 학생들과 함께 살아갈 수 있도록 통합된 경험과 기회를 제공하는 노력도 필요하다.

제 **16** 장

전환교육

1. 전환의 개념

1) 전환의 정의

특수교육의 방향이 학생의 전 생애에 걸친 지속적인 지원을 강조하면서 지체장애 교육 영역에서도 성인기 이후에 통합 환경에서 독립적으로 살아갈 수 있도록 지원하는 역할이 강조되고 있다. 전환이란 한 가지 조건이나 환경에서 다른 조건, 다른 환경으로 변화하는 과정을 의미한다. 모든 사람은 시간의 흐름에 따라 전 생애를 걸쳐 수직적·수평적으로 다양한 형태의 전환을 경험하게 되고 그 과정에서 발전해 간다. 시간에 따른 수직적 전환으로는 유아기에서 초등학교, 중학교, 고등학교와 성인기로의 전환을 들 수 있으며, 수평적 전환으로는 가정과 이웃, 유치원과 학교, 병원 등 장소의 전환과 전학, 이사, 결혼 등의 생애 사건에 대한 적응과 발전 과정을 모두 전환이라 할 수 있다.

전환이라는 용어는 관점에 따라 그 정의를 다르게 해석하기도 하나, 전환에 관한 용어 사용 과정을 통해 그 개념을 살펴보면 다음과 같다. 1970년대 미국에서의 진로교육 운동이 1980년대 중반으로 오면서 전환에 초점을 맞추기 시작했다. 중도장애 학생들의 교육 가능성에 대한 믿음과 교육에서의 움직임은 1980년대 이후 확대되었으며, 장애 학생들의 진로를 개선하기 위한 방안으로 Will(1984)에 의해 전환교육의 필요성이 제기되었다. 초기의 전환교육에서는 전환(transition), 전환 서비스(transition services), 학교에서 지역사회로의 전환(transition from school to society), 삶의 전환(transition for life) 등 졸업 후 직업으로 전환하는 의미로 사용되었으나, 점차 주거 및 지역사회 적응, 여가 및 평생교육 등을 포함하는 개념으로 확대되어 사용되었다. 우리나라에서는 「장애인 등에 대한 특수교육법」에서 진로 및 직업교육이라는 용어를 사용하면서, '진로 및 직업교육'이란 "특수교육 대상자의 학교에서 사회 등으로의 원활한 이동을 위하여 관련 기관의 협력을 통하여 직업재활훈련·자립생활훈련 등을 실시하는 것을 말한다."라고 정의하고 있다. 같은 법 제23조에서는 진로 및 직업교육의 지원을 위해 다음과 같이 제시하고 있는데, 「장애인 등에 대한 특수교육법」은 이러한 조항들로 장애 학생의 직업재활훈련을 위한 법적 장치를 마련하고 있다.

- 중학교 과정 이상의 각급 학교의 장은 특수교육 대상자의 특성 및 요구에 따른 진로 및 직업교육을 지원하기 위하여 직업평가 · 직업교육 · 고용지원 · 사후 관리 등의 직업재활훈련 및 일상생활적응훈련 · 사회적응훈련 등의 자립생활 훈련을 실시하고, 대통령령으로 정하는 자격이 있는 진로 및 직업교육을 담당 하는 전문 인력을 두어야 한다.
- 중학교 과정 이상의 각급학교의 장은 대통령령으로 정하는 기준에 따라 진로 및 직업교육의 실시에 필요한 시설 · 설비를 마련하여야 한다.
- 특수교육지원센터는 특수교육 대상자에게 효과적인 진로 및 직업교육을 지원 하기 위하여 대통령령으로 정하는 바에 따라 관련 기관과의 협의체를 구성하 여야 한다.

미국 「장애인교육법(IDEA)」에서는 전환 서비스를 다음과 같이 정의한다(이정은 역, 2015).

- 중등 이후 교육, 직업교육, 통합된 고용(지원고용 포함), 평생교육, 성인 서비스, 독립생활, 지역사회 참여 등을 포함하여 장애 아동의 학교에서 졸업 후 활동으 로의 전환을 촉진하기 위한 성과 지향적인 과정으로서 학업 및 기능적 성취를 향상시키는 데 초점을 두어 개발한다.
- 개별 학생이 갖는 강점, 선호도와 흥미를 고려하여 그 학생의 요구에 기반을 둔다.
- 교육, 관련 서비스, 지역사회 경험, 직무 개발, 그 밖의 학령기 이후 성인생활의 목표들을 포함하고, 적절하다면 일상생활 기술과 기능적 직업평가를 포함한다 (Sec. 602[34]).

미국 IDEA의 취지는 학교를 졸업하는 모든 학생이 지역사회로 성공적으로 전환 하여 생산적 활동을 할 수 있어야 하며, 이를 위해 몇 가지 수행되어야 할 사항을 제 시하였다. 첫째, 전환 서비스는 모든 장애 학생에게 제공한다. 둘째, 전환 서비스로 제공해야 할 활동은 학령기 이후의 고용이나 직업 훈련, 지역사회생활에 필요한 내 용에 초점을 두어야 한다. 셋째, 지역사회의 서비스기관과 협력하여 전환활동을 제 공한다. 넷째, 개별 학생의 요구와 강점, 선호도와 흥미를 고려한다.

그렇기 때문에 지체장애 학생의 성공적인 전환을 위해서는 학생 스스로의 특성과 요구에 기반을 두어 학생, 부모, 교사가 여러 전문 서비스 기관과 협력하여 계획하고 개발되도록 해야 한다. 이러한 계획과 실행과정에서 학교와 교사의 역할이 매우 중요하다.

특수교육 교육과정에서는 진로와 직업 교과목의 성격과 목표에서 전환교육의 관점을 강조한다. 생애주기별 진로 발달단계인 진로 인식, 진로 탐색, 진로 준비 등에 이르는 일련의 경험과정에 기초하여 학생이 학교교육을 마친 후 지역사회생활 및 직업생활로 나아갈 수 있도록 전환교육을 강조하고 있다. 진로와 직업 교과목은 자신의 흥미, 적성, 능력을 이해하고 다양한 직업 세계 및 진로에 대한 폭넓은 탐색과 경험을 바탕으로 진로 계획을 수립하며, 진학 또는 취업에 필요한 지식, 기능, 태도를 익혀 진로를 개척해 나갈 수 있는 역량을 기르는 것을 목표로 한다. 이를 위해 세부 목표를 다음과 같이 제시하고 있다. 첫째, 자신의 흥미, 적성과 능력에 대한 이해를 바탕으로 진로를 탐색하고 체험하여 자신에게 맞는 진로와 미래의 직업을 찾는다. 둘째, 신체 및 도구 사용, 정보통신 활용과 같은 직업 기초 능력을 기름과 동시에 직업인의 올바른 태도를 함양하여 스스로를 관리하고 공동체에 기여하는 직업인으로서의 삶을 준비한다. 셋째, 전환에 필요한 의사결정 능력과 진로 잠재력을 바탕으로 전환 계획을 수립하고 선택한 진로에 대한 구체적인 정보를 수집하며 전환 기관에 대한 실제 체험을 통하여 진로를 준비한다(교육부, 2015). 이러한 목표를 통해 궁극적으로 학생이 실제 환경에서 수행할 수 있는 능력을 갖추고 지역사회의 구성원으로서 보다 독립적인 생활을 할 수 있도록 한다.

이와 같은 전환교육에 대한 개념과 정의를 요약하면 다음과 같다. 전환교육이란 장애 학생을 위한 진로교육으로서 학교를 졸업한 이후 사회인으로 살아가는 방법을 안내하고 지원하는 서비스를 포함한 교육이다. 개인의 역량을 강화하여 사회 구성원으로서의 역할을 수행하고 생산적인 직업생활로 전환을 준비하는 과정으로 학생자신의 참여가 필수적이며, 가정과 지역사회의 협력이 전제되어야 한다.

2) 지체장애 학생의 전환의 목적과 필요성

지체장애 학생은 태어나면서부터 전공과까지 공교육 체계에서 약 20년간의 의무교육과 무상교육인 특수교육을 받았음에도 졸업 후 독립된 생활을 하지 못하거나 지역사회에서 생산적인 활동에 참여하지 못하고 있는 실태이다. 이러한 실태는 지체장애 교육의 낮은 성과로 볼 수 있으며, 특수교육 통계자료를 통해서도 살펴볼 수 있다.

2022년도 특수교육통계(교육부, 2022a)에서 제시한 장애 고등학교 학생의 졸업 후 진로를 살펴보면, 전공과, 전문대학, 대학교 진학률이 60.3%이며, 취업률은 6.9%로 나타났다. 이 중 취업된 59명의 고용 방식을 살펴보면, 지원(연계)고용이 52.5%이며, 일반고용(경쟁고용)이 10.2%, 보호고용이 37.3%이다. 이처럼 졸업 후 장애 학생의 취업률은 매우 미비하다. 『2021년도 4/4분기 장애인 구인, 구직 및 취업동향』에서는 장애유형별 취업현황 중 지적장애가 4,666명(30.6%)으로 가장 많고, 지체장애 4,509명(29.6%), 시각장애 1,531명(10.0%), 청각장애 1,502명(9.8%)으로 나타나 지체장애를 가진 특수교육대상자의 취업에 대한 벽이 여전히 높음을 유추할 수 있다. 이러한 결과는 지체장애 학생을 위한 전환교육의 중요도와 필요성을 나타낸 것으로 볼 수 있다.

한국장애인고용공단의 고용개발원(Electronic Data Interchange: EDI)에서 제시한 EDI 2022 통계에 따르면, 2022년 우리나라의 15세 이상 경제활동참가율과 고용률은 각각 38.1%, 36.4%로 전체 인구에 비해 전반적으로 낮은 상태를 보였다. 장애인구의 실업률은 4.5%로 전체인구 3.0%에 비해 높게 나타났다. 장애로 인한 차별이 취업경쟁에 미치는 것을 방지하기 위해 「장애인차별금지법」에서는 장애인 고용 시 모집과 채용, 임금, 승진, 인사 등에서 불이익을 받지 않도록 법으로 차별을 금하고 있다. 또한 장애인 고용을 촉진하기 위해 「장애인고용촉진 및 직업재활법」에서는 장애인 의무고용 비율(민간 3.1%, 공공 3.6%)보다 장애인을 더 많이 채용한 사업주에게 장애인고용 장려금을 지급하고 있다. 법령을 통한 국가적 보호나 교육의 변화, 사회 문화의 인식 개선 등 여러 분야의 노력에도 비장애인에 비해 장애인의 취업률은 지속적으로 낮았고, 직업을 유지하는 기간 또한 짧았다. 장애유형별로 살펴볼 때, 지체장애인의 경제활동 비중이 다른 장애에 비해 높게 나타나지만, 이들은 「장애인복지법」상의 뇌병변장애가 아닌 지체장애인이 대부분 포함된다. 상대적으로 뇌병변장애인의 취업은 매우 열악함을 알 수 있다.

그동안 국내에서의 지체장애 교육은 주로 일반 학생의 교육과정에 준하여 교수적으로 접근할 수 있는 교수 전략과 학습 전략 차원에서의 지원이 대부분이었다. 그러나 초 · 중등학교 교육과정에 준한 교수적 접근 지원에도 많은 학생이 통합된 지역사회에서의 성공적인 독립생활을 준비하지 못한 채 졸업 후 가정에만 머물러 있

는 사태가 많았으며, 체계적인 취업 준비 역시 미흡했다. 장애가 중도·중복화되어
감에 따라 학령기 이후의 성과 있는 삶의 준비에 대한 연구에 관심이 모아지면서 특
수교육의 성과 및 전환에 관한 요구가 높아졌다. 지체장애 학생도 학령기 이후 지역
사회에서의 생활과 고용을 가능하게 하여 가치 있는 삶을 준비할 수 있도록 전환을
준비해야 할 필요가 있다. 이러한 지체장애 학생의 전환교육의 방향은 직무에 필요
한 역량을 증진시키거나 기존의 직무에 배치하기보다는 중도·중복 장애라 할지라
도 참여할 수 있는 새로운 일자리를 만들어 유급고용이 되도록 추진되어야 한다.

2. 지체장애 학생의 전환 계획

1) 지체장애 학생의 참여

　모든 교육과 지원은 가능한 한 자연스러운 환경에서 장애인의 자발적 참여를 촉
진할 수 있는 방법으로 접근하는 것이 바람직하다. 학업이든 기술이든 직업이든
중·고등학교 졸업 이후 생활을 대비하도록 지원하기 위해서는 지체장애 학생 스
스로 회의에 참석하여 자신의 교육적 요구에 관한 지식을 쌓을 수 있게 해야 한다.
　지체장애 학생의 전환 계획에 학생을 참여시키는 것은 자신의 장애에 대해 설명
하고 적절한 서비스를 요구하는 책임을 가질 수 있게 하는 기회가 될 수 있다. 일상
생활훈련, 의사소통 지원, 전환교육 목표 설정 등 자신의 문제에 대해 다른 사람들
과 상호작용하는 과정에서 스스로 자기를 더 잘 이해하며, 필요한 것을 주장하는 것
을 학습할 수 있다.
　이 과정에서 의사소통을 통해 장애 학생 스스로가 준비하고 참여할 수 있도록 하
는 절차가 포함되어야 한다. 장애 학생에게 참여해야 할 활동과 과제를 구체적으로
알려 주고, 일방적인 지원이 아니라 같이 협조하여 참여하는 것임을 인식시킨다. 선
택과 계획 단계에서는 장애인의 자발적인 참여를 높이고 성공적인 수행을 촉진할
수 있다. 이러한 경험은 학생들이 회의를 통해 스스로 모니터링하고 노력하는 것을
배우고 자신의 능력이나 요구, 목표를 향한 발전 과정에 함께 함으로써 삶의 주체적
인 경험을 하게 된다.
　청소년기는 보호와 의존의 딜레마에 놓여 있는 기간이다. 전환 계획에 참여하는

것은 역할 모델을 통해 자신의 느낌, 판단, 생각에 대해 의사소통할 수 있는 기회를 가질 수 있으며, 정확한 정보를 얻을 수 있는 통로가 될 수 있다. 또한 적절한 수준의 독립을 해 보는 경험과 기회는 자립적 생활의 기초가 될 수 있다. 학생을 위한 모든 전환 계획에 학생을 참여시키는 것은 본인에 대한 강점, 선호도, 학습 방식을 생각해 보도록 유도하기 때문에 구체적인 미래 계획을 세우도록 독려해 준다. 이러한 경험은 스스로의 개별성을 존중받을 수 있는 기회가 된다.

2) 가족의 참여

최근 특수교육은 통합교육의 확대, 긍정적 행동 지원 적용, 가족 지원 강화, 전환 교육 및 평생교육 등 생애 전반에 걸친 교육 서비스로서의 교육의 책무성을 강조하면서 가족의 참여를 더욱 강조하고 있다. 교육에서의 가족의 역할은 학생의 자기결정과 학생의 참여 강조, 지역사회 통합과 함께 확대되어 왔다. 「장애인 등에 대한 특수교육법」에서도 장애 학생의 교육 계획을 수립하고 개발하는 데 부모의 참여를 권장한다. 가족은 학생의 학령기에서 성인기로의 전환 지원에 중요한 역할을 담당한다. 그러나 대다수의 가족은 자녀의 전환에 관심은 있으나 활용할 수 있는 지역사회 자원이 부족하고, 이에 대한 정보도 부족하며, 구체적인 준비가 되어 있지 않다.

학생의 전환을 계획하기 위해서 교사는 가족의 어려움에 대해 공감하고 필요한 대처 방안에 관한 정보를 제공해야 한다. Powell 등(1997)은 장애 학생의 교육에서 가족중심 접근의 기본 원칙은 상호 간 신뢰를 쌓고, 개방적인 의사소통을 유지하며, 학생과 가족의 역량을 강화하고, 협력적 문제해결 접근을 위해 노력하는 것으로 언급하였다. 부모와의 상담에서는 학령기 이후의 삶을 준비하는 데 초점을 맞추어야 하며, 가족을 포함한 전환 계획은 가능한 초기에 제공해야 한다. 교사는 교육과정 내에서 학령기 동안 지역사회생활에 필요한 기술에 대한 훈련을 제공하되, 학교와 지역사회, 가정에서의 전환 계획이 연계되도록 공동의 목표를 수립해야 한다. 부모를 포함한 가족들이 장애 학생의 전환을 위해 필요한 결정을 하고 프로그램을 이용할 수 있도록 자료 및 정보를 제공한다. 또한 지역사회에서 활용 가능한 자원 목록과 진학이나 취업 등 자녀의 연령에 따른 전환 사례, 전환을 위한 교육 내용, 직접적으로 부모교육을 받을 수 있는 훈련 프로그램이나 실시 기관, 가족 지원집단 등 자녀를 지원하고 옹호할 수 있는 역량을 키울 수 있도록 지원한다. 이 과정에서 가족의 권리를 옹호하고 가족으로 하여금 지역사회 서비스와 자원에 접근할 수 있도록 격려한다.

　장애를 가진 자녀의 성인기 생활에 대한 가족의 가장 시급한 어려움 중 하나는 '거주'이다. 성인기에 접어들면 부모는 더 이상 법적 서비스를 받지 못하며, 지역사회의 서비스 체계에 대한 정보를 구하기 어렵다. 일시보호(out-of-home respite care), 사회여가 서비스, 가정 내 탁아(in-home respite care), 후견인(guardianship) 제도에 대한 정보, 경제적 재정 계획, 가족 구성원을 위한 상담에 대한 정보를 제공하여 미리 준비할 수 있도록 지원한다.

　William과 Fox(1996)는 청소년기 장애 학생이 있는 가족을 위해 교육지원팀이 해야 하는 일에 대해 다음과 같이 제시하였다.

- 학업, 사회적인 수용, 우정, 건강, 안전, 자아개념, 자존감 등의 관심 분야
- 새로운 환경에서 학생들이 성공적으로 생활하기 위해 필요한 기술에 대한 인식
- 학생들의 요구가 일반적인 교육 활동을 통해 충족될 수 있는지에 대한 결정
- 가정에서의 요구 사항 파악
- 학생의 일과 및 일정 계획
- 학생이 계획을 달성할 수 있도록 하기 위해 지원해야 할 과제 인식
- 학생의 프로그램 요약 및 모니터링
- 상급학년 진급이나 진학을 위한 교육 기회 확대

　부모를 포함한 가족은 학생이 지역사회로 전환하도록 지원하는 데 매우 중요하다. 전문가들은 부모가 자녀에게 지역사회의 여러 기관을 경험하고 이용할 기회를 제공하도록 격려하고, 자녀가 하고 싶은 일에 대해 탐색하고 자유의지로 일과 직업을 선택할 수 있도록 자녀의 전환을 지원하는 역할을 지지해야 한다. 가족을 지원하는 효과적인 전략으로는 가족이 이러한 문제와 관련하여 스스로 점검할 수 있는 가족 워크숍에 참여하거나 유사한 요구를 가진 가족들이 서로의 문제에 대한 이야기를 주고받을 수 있는 모임을 안내하는 방안이 있다.

3) 교사의 역할

「장애인 등에 대한 특수교육법」에서 장애 학생의 교육을 지원하는 목적은 통합된 교육환경을 제공하고 생애주기에 따라 장애 유형 및 장애 정도의 특성을 고려한 교육을 실시하여 이들이 자아실현과 사회통합을 실현하기 위한 것으로 언급하고 있다. 특수교육의 가장 중요한 목적 중 하나는 통합된 사회에서 한 개인으로서 독립적으로 생활을 영위하고 자기 계발을 통해 성취해 나가도록 지원하는 것이다.

장애 학생의 성공적인 전환을 위해 교사는 교육과정 운영 시 진로 및 직업교육을 활용한 전환교육 계획을 수립하고, 필요한 영역에 대한 교수 기술은 실제 맥락을 강조하여 실제 수행 상황에서 지도해야 한다. 학령기 동안 제공해야 할 교육과정은 미래의 삶을 준비할 수 있도록 필요한 역량을 키우는 것이며, 이러한 교육 활동은 실제 생활이 이루어지는 생활 맥락을 기반으로 이루어져야 한다. 지체장애 학생의 전환교육 프로그램은 별도의 교육 프로그램이 아니라 학생들이 지역사회에서 살아가기 위해 필요한 지식과 기술을 교육과정 내에 포함하여 개발해야 한다. 교사는 전환을 위한 학교 교육과정 개발과 운영 시 학생에게 필요한 학업적 기술과 사회적 기술, 여가 및 생활 기술, 직업 준비 및 기능을 습득하는 데 중점을 두어야 한다.

지역사회에서의 삶을 준비시키기 위해 교사는 학생의 연령에 적절한 전환을 준비할 수 있도록 교육과정을 운영해야 한다. 교육과정의 내용은 교과 내용을 배울 수 있기 때문에 가르치는 것이 아니라 학령기 이후의 성인 생활에서 경쟁력을 높일 수 있다는 확신이 드는 내용을 가르쳐야 한다. 다행히 교과교육을 통해서도 더 많은 기회를 얻을 수 있다. 예를 들어, 읽기 능력은 직업 선택의 폭을 넓히고, 학문적 내용을 다루는 것은 교육의 평등한 기회를 제공한다. 장애가 있기 때문에 교과 대신에 반드시 모든 생활 기술을 배워야 하며, 기능적 기술을 가르쳐야 한다는 중압감에 시달릴 필요는 없다. 오히려 교과교육을 통해 더 많은 정보를 얻을 수 있으며, 자기결정의 기회를 높일 수도 있다.

이를 위해 중·고등학교의 교육과정은 학생의 발달적 요구에 적합한 교육과정과 교수법으로 편성·운영해야 한다. 중학교에서는 거주지가 가장 가까운 학교에서 동일 연령의 또래와 같이 교육할 수 있는 통합된 환경에서 또래관계를 형성하면서 학교활동에 참여할 기회를 제공하는 것이 가장 이상적이다. 장애가 없는 또래들과 동일한 경험을 갖게 하는 것이 학령기 이후의 통합된 사회의 적응을 높일 수 있기 때문이다. 장애가 없는 또래 학생들과의 상호작용은 일상적으로 배워야 하는 사회적 기술을 습득하는 데 가장 효율적인 방법이며, 별도의 일반화를 요구하지 않기 때문에 효과적인 전환을 가능하게 한다. 고등학교에서는 학교 내에서의 수업활동 외에 실제 맥락에서의 경험과 학습이 이루어지도록 현장 중심의 교수법을 활용해야 한다. 지역사회 중심교수와 일반 사례 교수는 지역사회에 기반을 두고 하는 교수법으로, 실제 상황에서 학습이 이루어지도록 활용할 수 있다. 구체적인 일반 사례 교수는 '제7장 교육과정 및 교수 전략'을 참고하라.

4) 지역사회 전문가

적응이란 지역사회 환경에 학생을 맞추거나 학생을 고려하여 환경을 바꾸는 등 어느 한 방향만의 맞춤을 의미하는 것이 아니다. 적응은 주어진 환경에 맞춰 나가는 것으로 환경의 요구를 알고 그 요구에 부응하기 위해 개인의 능력을 개발하거나 맞추어 나가는 것을 의미한다. 지체장애 학생의 전환교육은 학생의 능력과 선호도를 고려하여 환경에 잘 적응할 수 있도록 가족과 기업, 지역사회가 서로의 역할과 기능에 대해 협력하여 적응하도록 계획하는 가운데 성공적으로 실행할 수 있다.

지체장애 학생의 성공적인 전환을 위해서는 학생 본인 외에 부모, 교사, 서비스 전문가 등 학생의 미래를 계획하고 정책을 수립하는 데 참여하는 모든 사람의 협력이 요구된다. 한 사회에서 독립된 성인으로 지속적으로 살아가기 위해서는 장애인 개인의 선호와 요구뿐만 아니라 가족, 지역사회, 고용기관의 요구 및 환경을 고려한 전제가 필요하기 때문이다.

5) 협력적 전환 계획

성공적인 전환 계획을 위해서는 전문가 간 협력팀 활동이 필요하다. 지체장애 학생의 전환을 준비하는 과정은 한 개인, 그 개인의 가족, 교사 그리고 성인기 서비스 전문가들이 함께 학생의 능력과 요구, 선호와 그 학생이 성인으로서 생활할 환경의 요구를 조정하여 맞추어 나가기 위해 협력하는 과정이다. 이 과정은 의존적인 학생 신분에서 가족과 함께 혹은 가족과 분리되어 좀 더 독립적인 성인 역할을 할 수 있는 신분으로 변화하도록 돕는 것을 포함한다. 부모와 교사 및 전문가 상호 간의 긍정적인 관계를 지원하고 장려하는 것은 장애 학생이 학교 졸업 이후의 생활을 준비하는 데 중요하며, 부모에게서 얻은 정보는 학생의 성공적인 전환을 위한 긍정적인 요소로 작용한다.

일반적으로 성인의 역할은 고용, 고등교육 참여, 주거생활, 인간관계의 개발을 포함한다. 전환 서비스란 장애 학생이 학교를 졸업한 이후 지역사회에서의 활동, 고용, 고등교육, 좀 더 독립적인 생활을 할 수 있도록 하기 위한 서비스이다. 전환계획은 학생의 성인기 요구를 고려하여 진로 인식과 고용 준비, 미래의 고용을 위한 사회적 능력 개발 등을 포함하여 개별 요구에 적합한 체계적인 전환 계획을 수립해야 한다. 전환교육 안에는 지역사회 적응을 위해 필요한 기술은 무엇이며, 개발해야 할 기술은 무엇인지 확인하고, 학령기 동안 체계적으로 지도한다. 지체장애 학생의 전환교육은 IEP와 마찬가지로 학생의 선호도와 요구를 바탕으로 부모와 교사, 전문가로 구성된 협력팀이 활용 가능한 자원을 찾고 졸업 후 성과를 위해 지속적으로 노력해야 한다.

Ryndak(1996)은 협력팀을 "팀 전체의 효율성에 초점을 두며 문제해결의 상호 보상과 의지, 성과 달성과 상호 협력 하에서의 자신의 지식과 기술을 기부하며, 공통의 의사결정 참여에 대한 정신을 바탕으로 일하는 평등한 개인들의 집합"이라고 정의했다. 팀 협력을 위해서는 팀 구성원들의 브레인스토밍 시간이 필요하며, 팀 구성원들이 각자의 역할과 책임감을 공유할 시간을 확보해야 한다. 협력 팀은 학생을 '전체적(whole)'으로 다루고 '자연스러운(natural)' 교육 서비스를 계획하는 데 효과적이다(Browder & Spooner, 2011).

성인기 준비를 위한 교육 내용은 협력팀의 협의를 통해 결정하되, 개인의 여건과 필요, 주변 상황에 따라 다르므로 개별화된 계획을 통해 지원한다. 성인기 준비를 위한 교육 내용은 장애 학생 당사자와 주위의 모든 사람의 삶의 질 향상에 기여할 수 있으며, 생애 전반과 삶의 전 영역에 걸쳐 가능한 독립적으로 생활할 수 있도록 계획한다. 예를 들어, 테크놀로지의 지원 수준을 결정하기 위해서는 팀 협력에 의한 결정도 중요하지만 개인적이고 사적인 특성 때문에 개인의 선택과 보호가 우선되어야 한다. 팀 구성원들은 학생과 가족의 의견에 충분히 귀 기울이고 가족의 선택을 중시하여 결정해야 한다.

3. 지체장애 학생의 성공적인 전환의 구성요소

지체장애 학생이 학령기에서 지역사회로 성공적으로 전환하기 위해서는 교육 프로그램에서 강조되어야 할 사항들이 있다. 다음은 지체장애 학생의 전환교육을 위한 최선의 실제에 포함될 요소들이다.

1) 자기결정력

자기결정(self-determination)이란 자신이 자기의 삶을 움직이는 주체로서, 부당한 외적인 영향력과 침해로부터 자유로이 자신의 삶의 질을 위한 선택과 결정을 하는 행위이자 능력이며, 일상생활의 문제를 해결하는 능력이다. 장애학생에게 자기결정력이란 삶의 질을 향상시키거나 유지하기 위해 우선순위에 따라 행동하게 하는 의지적 행동이다(Wehmeyer, 2005). 자기결정이란 여러 선택 사항을 고려하여 적절한 결정을 내리며, 자유의지, 독립성 및 책임을 실천하는 개인 능력을 말한다. 자기결정력이란 한 개인이 목적 지향적이고, 자기 규제적이며, 자율적인 행동을 할 수 있는 기술, 지식, 신념의 복합체로 정의된다(Wehmeyer, 2005). 자기결정력은 자신의 삶의 주요한 결정 사항에 대해 스스로 참여하여 결정하고자 하는 의지를 말하며, 자신의 강점과 약점을 이해하는 것을 바탕으로 한다. 구체적으로는 주거와 여가, 직업과 생활 등 삶의 여러 영역에서 어떻게, 누구와, 무엇을 할 것인지에 대한 자기 선택을 말한다. 그렇기 때문에 자기결정력이 높은 학생은 고용과 지역사회 생활에서의 독립성을 포함하여 여러 성인기 삶의 영역에서 성공할 가능성이 더 높다(Wehmeyer & Palmer, 2003).

장애 학생도 가능한 자신이 선택한 것, 좋아하는 것을 인식하고 이에 대한 효과적인 의사소통을 통해 성취할 수 있어야 한다. 자기결정 행동의 정도와 질은 학생이 속한 환경 내에서 자기결정을 할 수 있는 기회의 제공 여부에 따라 달라진다. 그러므로 지체장애 학생을 단순한 훈련이나 교육의 대상으로 보는 시각이 아니라 의사소통을 통한 피드백, 기회, 선택 등의 기회를 제공하여 자기결정을 확장해 나가도록 교육이 지원되어야 한다.

지체장애 학생의 자기결정력을 키우기 위한 교육 계획에는 학령기 이후의 삶에 대한 충분한 이해를 바탕으로 스스로 하고 싶은 일이 무엇인지 판단하고 선택할 수 있도록 경험과 정보를 제공하고, 스스로 결정할 수 있도록 지원해 주는 서비스가 포함되어야 한다. 이를 위해 학생 자신을 중요한 결정권자로 인정하고, 모든 계획에 학생의 참여를 권장하며, 학생의 선택권이 실행될 수 있도록 지원해야 한다. 조아라 (2016)는 활동보조 서비스를 받아 자립생활을 하고 있는 뇌성마비 성인의 자기결정력을 신장하여 자기주도적인 삶을 살 수 있도록 하기 위해 활동 보조인을 대상으로 AAC를 활용한 의사소통 방법에 익숙해지도록 훈련하였다. 활동 보조인에게 사용한 의사소통 전략은 다음과 같다.

- 요구하기: 의사소통 상황에서 참여자의 자발적인 의사소통을 촉진하기 위하여 초기에는 참여자의 의사소통 반응을 적극적으로 유도하고, AAC 도구를 통한 의사소통 기회를 제공한다.
- 참여자가 메시지를 전달하는 동안 기다리기: 의사소통 상황에서 참여자가 메시지를 전달하는 데 소요되는 일정 시간을 기나림으로써 자발적인 의사소통을 촉진한다.
- 지적한 항목을 말해 주는 청각적 피드백 방법: 의사소통 상황에서 참여자가 지적한 항목을 구어로 다시 들려주는 메시지 확인하기 방법으로 참여자의 의사소통 의도를 파악하고, 실패와 좌절을 예방한다. 훈련에 사용한 의사소통판은 [그림 16-1]과 같다.

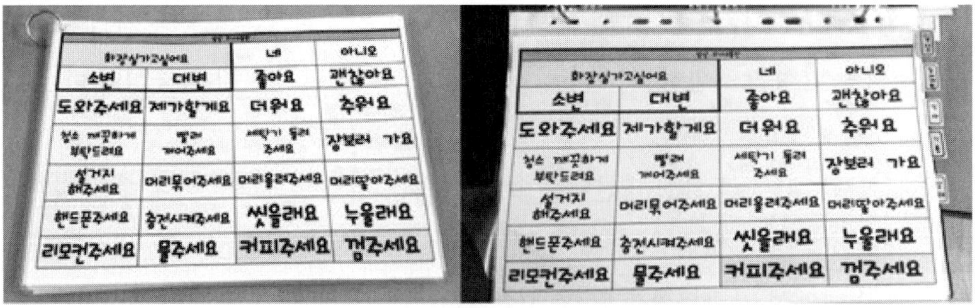

그림 16-1 자기결정력을 신장시키기 위한 의사소통판

출처: 조아라(2016). 활동보조인과 뇌성마비 성인을 위한 AAC중재가 뇌성마비 성인의 자기결정행동에 미치는 영향. 이화여자대학교 교육대학원 석사학위논문, p. 29.

Wehmeyer(2007)는 자기결정의 구성 요소를 네 가지로 제시하였다. 첫째, 자율성(autonomously)이다. 자율성이란 부당한 외부 영향이나 간섭 없이 개인이 선호하는 것을 흥미와 능력에 따라 독립적인 방식으로 하는 행동을 말한다. 개인에게 필요한 계획을 수립할 때 필요한 경험을 활용하여 목표 달성에 필요한 과정을 스스로 시작하는 행동 등 의지적 행동을 의미한다. 자율성에는 선택 결정 기술, 의사결정 기술, 문제해결 기술, 독립, 위험 무릅쓰기 및 안전 기술 등이 포함된다.

둘째, 자기조정(self-regulated)이다. 자기조정은 목표 수립 및 달성에 필요한 자기주도적 행동으로 자기가 원하는 것이나 필요한 것을 얻기 위해 요구되는 개인 목표를 설정하고 문제를 해결하는 능력을 말한다. 행동 결과가 바람직한지 여부를 평가하고, 필요할 때는 자신의 계획을 수정하고, 어떻게 행동해야 하는가에 관한 결정을 하는 행동을 말한다. 자기조정에는 목표 설정 및 성취 기술, 자기관찰, 자기평가, 자기강화 기술, 자기교수 기술 등이 포함된다.

셋째, 심리적 역량(psychologically empowered)이다. 심리적 역량은 목표를 이루기 위해 본인의 기술과 지원을 사용할 수 있다고 믿는 역량으로 목표를 이룰 수 있다고 자기 능력을 믿는 것을 말한다. 심리적 역량에는 내적 통제 기술, 효능감, 성과 기대에 대한 긍정적 귀인, 자기 옹호와 리더십 기술 등이 포함된다.

넷째, 자아실현(self-realising)이다. 자아실현은 본인에게 가장 최선의 방식으로 행동하기 위해서 종합적이고 정확한 자기 이해를 바탕으로 본인의 강점과 약점을 파악하는 것이다. 자아실현에는 자아 인식과 자기 지식이 포함된다. 지체장애 학생의 자기결정을 위해 지도해야 하는 구체적인 하위 기술은 다음과 같다.

표 16-1 자기결정의 핵심 요소

핵심 요소	내용
선택하기 기술 (choice making)	• 학생은 자신의 요구와 선호도를 확인하고 이에 대해 의사소통하기 위해서 선택할 기회를 가져야 함 • 자신이 하고 싶은 활동, 활동할 장소, 학습 과제, 과제를 수행할 순서 등에 대해 선택할 수 있게 함으로써 성취될 수 있음
문제해결 기술 (problem solving)	• 문제해결 기술은 스스로 문제를 확인하고 분석하여 잠정적인 해결책을 찾은 후에 가장 적절한 방안으로 문제를 해결하는 것을 말함 • 일상생활에서 문제를 해결할 능력을 향상시키기 위해 지원과 편의를 제공해야 함

의사결정 기술 (decision making)	• 하나의 상황에서 여러 가지 해결책 중 어느 것이 가장 좋을지 결정하는 기술이며, 서로 다른 해결책의 결과에 대해 이해하는 것을 포함함 • 의사결정 기술을 가르치기 위해서는 선택하기 기술이 선행되어야 함
목표 설정 및 성취 기술	• 자신의 목표가 무엇인지 확인하기, 목표와 관련한 자신의 현 위치 파악하기, 행동을 위한 계획 세우기, 목표를 향한 자신의 진전도 평가하기 기술을 포함함 • 자신의 학습에 좀 더 책임감을 갖도록 하는 데 매우 효과적인 기술임
자기 관리 기술	• 자기 점검, 자기 평가 및 자기 강화를 포함함 • 자신의 행동에 대해 측정하고 관찰하여 기록하는 자기 점검, 자신의 행동에 대한 진전을 살피고 평가하는 자기 평가, 자신의 행동에 따라 결과가 달라질 수 있음을 가르치기 위한 자기 강화 등을 포함하여 지도함
자기 옹호(self- advocasy)와 리더십 기술	• 자기 옹호 기술이란 자신의 믿음을 옹호하는 능력을 의미함 • 자신의 권리와 책임에 대해 가르치고, 스스로 지켜 나가기 위한 방법과 다른 사람들과 의사소통하며 협상하는 것을 지도함
자기 효능 (self-efficacy)	• 자신이 특정한 목표를 수행하거나 성취할 수 있다고 믿는 것을 의미함 • 자기 효능은 자기결정 기술을 성공적으로 실행하는 경험을 통해 향상될 수 있음
자기 지식(self- knowledge)이나 자기 인식(self- awareness)	• 자신의 강점이나 능력, 자신의 약점이나 제한점 등을 이해하는 능력을 말함 • 자신이 자신의 삶의 질에 영향을 주는 원인 제공자이며, 자신의 행동이 자신의 주변에 어떠한 영향을 미칠 수 있는지에 대해 이해하도록 가르치는 것을 포함함

출처: 이정은 역(2015). 지적장애학생을 위한 전환교육의 실제, pp. 50-51 수정 발췌.

2) 독립성과 자율성

독립성이란 남에게 의존하지 않고 제힘으로 생존하거나 일을 해 나가려고 하는 성질이나 성향을 의미하며, 자율성이란 외부의 구속이나 제약을 받지 않고 자기의 행동을 스스로 제어하는 특성을 의미한다. 지체장애 학생의 독립은 신체적인 독립과 정신적인 독립의 의미를 포함한다. 지체장애 학생은 유아기부터 신체 움직임의 어려움으로 인해 타인의 도움을 받는 것에 매우 자연스럽게 노출된다. 일상생활에서 반복적인 타인 의존 경험은 스스로 독립된 개체로 인식하기 어렵게 한다. 이렇게 유아기부터 누적된 타인 의존성은 다른 장애보다도 생활에서의 독립과 자율적 선택권을 제한한다.

지체장애 학생의 독립성과 자율성을 확대하기 위해서는 학령기 교육과정 전체에서 이러한 역량을 키울 수 있도록 중점을 두어야 한다. 생활 속에서 자신의 선호에 따른 선택과 본인의 일을 스스로 결정해 보는 경험, 타인에게 자신의 의견 말하기와 주장하기는 독립심을 키우고 자기결정 기술을 지도하는 데 도움이 된다. 또한 연령에 적합한 활동의 참여를 높이고 활동 관리에 대한 책임감을 높이는 것은 자율성을 높이는 데 기여한다. 중·고등학교 시기의 다양한 선택 기회와 자신의 진로결정에 대한 참여 경험은 학령기 이후의 주거나 고용 등 자신의 중대한 일을 스스로 결정할 수 있는 힘을 키우는 데 도움이 된다.

　다른 사람에게 도움을 받지 않고서는 생활할 수 없는 중도의 지체장애 학생이라도 음성 촉진체계를 사용하여 스스로의 행동을 통제하고 주도적으로 할 수 있도록 지도할 수 있다. 예를 들어, 세탁기를 사용하거나, 방 청소, 식사 준비 등의 가사일을 할 때, 해야 할 일의 목록(과제 분석된 일의 순서)과 녹음된 촉진(예: "잘했어! 이번엔 뚜껑을 닫아!"), 자기 확인, 필요한 도움 요청하기, 강화 등의 스크립트를 만들어 음성 출력기기를 활용하여 지도할 수 있다.

3) 사회적 기술

　사회적 기술은 모든 생활 영역에서 다른 사람과 사회적 관계를 맺기 위해 필요한 기술이다. 이러한 사회적 기술은 일상생활에서 끊임없이 이루어지며, 가족과 사회 환경 내에서 새롭게 노출되는 과정에서 향상된다. 장애 학생에게 우정이란 사회적 관계를 처음 맺고 그 안에서 친구관계를 유지하면서 사회에서 필요한 기초적인 대인관계 기술을 연습하고 습득할 수 있는 기회가 된다.

　그러나 지체장애 학생은 발달 시기 동안 신체장애로 인해 적절한 사회 환경 자극이 제한되어 자연스러운 학습의 기회를 놓치기 쉽다. 또한 신체적 장애로 인해 여가활동 등 또래들과의 접근 기회가 제한되고, 의사소통의 문제가 있는 경우에는 대화를 통한 관계 맺기의 어려움이 발생한다. 지체장애 학생이 독립적인 생활 및 자립 능력을 갖추기 위해서는 사회적 기술을 습득해야 하며, 연령에 맞는 사회적 환경, 또래와의 관계를 통해 발달의 시기에 적합한 사회화가 이루어지도록 해야 한다. 청소년기에서 성인기로 전환하는 시기의 친구관계는 상호 간의 지지와 정서적 안정에 매우 중요한 요소이므로 성인기 이후의 지속적인 인적 네트워크를 형성하도록 지원해야 한다. 따라서 효과적인 전환교육 계획 안에 친구관계를 맺고 유지할 수 있도록 상호작용할 기회를 제공하고 친구 맺기와 관련한 사회적 기술을 구체화하여 지도하는 것이 필요하다.

4) 완전 통합

통합교육은 장애유형과 정도와 상관없이 특수교육의 철학이자 최선의 실제를 위해 가장 강조되는 사항이다. 학교와 지역사회에서 통합을 지원하는 것은 학업성과뿐만 아니라 사회적 기술, 의사소통 기술 등 삶의 질을 높이는 데 필요한 기술을 자연스럽게 학습할 수 있는 더 많은 기회를 제공한다. 학령기의 통합교육은 더 많은 사회적 관계를 맺고 정서적 지지를 받을 수 있는 우정관계를 발전시킬 수 있기 때문에 성인기 지역사회에서의 통합과 적응을 촉진하는 데 기여한다. 장애 학생들의 전환 성과는 통합 상황에서 더 많은 향상을 기대할 수 있으므로 통합 환경에서의 실행이 전제되어야 한다. 그러나 일반 학생에게 제공되는 지도 방법과 빠른 속도로는 적응하기 어렵기 때문에, 지체장애 학생의 통합은 얼마나 많은 시간을 일반교육체제에 포함시킬지도 중요하지만, 장애 학생의 교육적 우선사항이 무엇인지에 더 초점을 모아야 한다.

지체장애 학생의 전환교육은 성인기 생활로 전환되는 과정을 준비하는 것이기 때문에 학생의 잔존 기능을 신장하는 데 초점을 두기보다는 현재 기능으로 할 수 있는 것에 초점을 두어야 하며, 더 잘 참여할 수 있도록 지원하는 것을 강조한다. 완전 통합을 위해 지도해야 할 기능적 기술은 가정, 지역사회, 직장 등 일상생활에서 사용되는 기술이다. 독립적 생활을 할 수 있도록 가정과 지역사회 기술, 직업 및 여가 기술 등의 기능적 기술의 교육이 일상생활을 통해 이루어져야 하며, 기능적 목표는 학생들의 IEP에 포함되어야 한다(Westling & Fox, 2004).

5) 자연적 지원

지체장애 학생의 전환 계획과 준비를 위한 지원은 가능한 자연스러운 환경에서 자발적 참여를 촉진할 수 있는 방법으로 접근하는 것이 바람직하다. 모든 교육의 궁극적인 목적은 최소한의 감독과 지도로 독립적인 수행을 촉진하는 것이다. 생활 및 직업 기술의 지도는 구조화된 공간보다는 풍부한 자극이 제공되는 자연스러운 일상에서 필요할 때 지도해야 자발적 참여가 높고 효과가 크다. 일과 기반 중재 (routine-based intervention)는 장애인의 일상생활 기술을 촉진하기 위해 효과적이다 (이소현 역, 1995). 실제 상황이 아닌 인위적인 상황에서의 훈련이나 교재를 이용한 지도는 전이의 과정을 또 학습해야 하는 어려움이 있기 때문이다.

지체장애 학생은 다른 장애 학생보다 일상생활, 교육, 경제활동 등 삶의 대부분의 영역에서 신체의 장애로 인해 어려움을 겪을 수 있다. 성인기 이후에도 지속적인 도움과 지원을 필요로 하며, 각종 인권침해 피해에 노출되기 쉬운 취약계층이다. 그러므로 지원하는 과정에서 인권침해 사례가 발생하지 않도록 계획을 수립하는 것이 중요하다. 일상생활 기술을 지도할 때에는 효과적인 교수 방법으로 알려진 전략이라도 사회적 맥락에서의 수용 가능성이 고려되어야 한다. 예를 들어, 테크놀로지의 유형과 활용 정도 혹은 지원 방법을 결정할 때에 사회문화적 수용 정도를 고려하여 자아존중감을 훼손시키지 않는 범위 내에서 효과적이며 긍정적인 전략을 사용해야 한다(박은혜, 한경근, 2008). 테크놀로지의 활용은 개인의 안전이나 존엄을 지키면서 동시에 분리하지 않고 통합된 사회에서 동일한 활동에 참여할 수 있도록 지원하는 가장 효과적인 방법이다.

6) 개인중심 계획

개인중심 계획(person-centered plan)은 전환 계획 과정을 촉진하는 한 방법으로, 한 개인이 희망하는 삶에 대해 팀 중심으로 탐색하고 그 삶을 살기 위해 필요한 지원을 찾아가는 일련의 과정이다. 일반적으로 개인중심 계획은 학생이 희망하는 삶에 대해서 알아보는 과정과 학생을 위한 계획을 수립하기 위해 자원하는 주변인들의 팀으로 이루어진다. 팀은 학생 본인, 가족, 친구, 지역사회 구성원, 관련 기관 사람들로 구성된다. 개인중심 계획은 장애 학생이 희망하는 삶을 살기 위해 필요한 지원들을 탐색하고 판별하기 위해 학생에 대해 같이 생각해 보고, 학생과 함께 의사소통하고, 학생의 가치를 검토하고, 학생을 위한 계획을 수립하여 지원하는 가치중심적 접근이다. 성인기에 제공해야 할 교육의 내용은 개인의 여건과 필요, 주변 상황에 따라 다르므로, 생활에 필요한 기술은 개인중심 계획을 통해 지원한다.

개인중심 계획은 ① 학생과 가족을 중심으로, ② 미래를 위한 공유된 비전을 창출

표16-2 개인중심 계획의 단계와 핵심 요소

단계	핵심 요소
1단계: 문제 판별	• 요소 1: 학생과 가족 중심 • 요소 2: 미래를 위한 공유된 비전 창출
2단계: 문제 분석	• 요소 3: 대상 학생의 강점과 지원 욕구 판별 • 요소 4: 관계와 지역사회 인맥 수립
3단계: 협력적 문제해결	• 요소 5: 행동 계획 개발
4단계: 행동 계획 설계와 후속조치 개발	• 요소 6: 책임자와 후속조치 수립

출처: 김은하(2012). 개인중심계획을 활용한 진로교육 프로그램이 지적장애 중학생의 진로태도, 성취동기 및 가족역량에 미치는 영향, p. 25.

하고, ③ 대상 학생의 강점과 지원욕구를 판별하고, ④ 관계와 지역사회 인맥을 수립하며, ⑤ 행동 계획을 개발하고, ⑥ 책임자와 후속조치를 수립하는 핵심 요소들로 구성되어 있다(Holburn, 2002). 개인중심 계획의 핵심 요소와 단계는 〈표 16-2〉와 같다.

개인중심 계획은 4단계 과정을 통해 계획을 수립한다. 문제 판별의 단계에서는 학생의 미래에 대한 계획에 초점을 두어 시작한다. 학생의 선호, 흥미, 욕구에 기초를 두어 판별된 학생의 사회, 여가, 교육, 직업 및 독립생활 목표들을 포괄하여 하나의 큰 그림으로 산출한다. 학생과 가족의 요구를 중심으로 미래에 대한 비전을 공유하는 것을 목표로 한다. 문제 분석 단계에서는 팀 구성원들의 브레인스토밍을 통해 학생과 관련한 정보들을 명료화하고, 예측되거나 잠재적인 문제점을 다루고 필요한 전략과 자원을 개발한다. 협력적 문제해결 단계는 중재 계획을 실행하는 단계이다. 개인중심 계획의 핵심 요소로서 중재충실도와 직결된다. 행동계획 설계와 후속조치의 개발 단계에서는 중재과정의 충실도를 유지하기 위한 것으로 중재 전략을 평가하고 그 결과에 근거하여 이를 지속할 것인지, 재설계 혹은 중단할 것인지를 결정한다(김은하, 2012).

개인중심 계획의 철학과 개념을 공유하는 대표적인 개인중심 계획 모델로는 개인미래계획(Personal Future Planning), PATH(Planning Alternative Tomorrows with Hope), MAPS(Making Action Plans/McGill Action Planning System), COACH(Choosing Options and Accommodations for Children) 등이 있다(Snell & Brown, 2011). 이러한 다양한 개인중심 계획 모델이 갖는 공통적인 특성들은 다음과 같다. 첫째, 모든 계획

과정은 학생을 중심으로 논의된다. 학생의 강점, 흥미와 꿈에 대한 고려가 계획 과정에서 중심이 된다. 학생에 대한 이해가 그의 교육적 요구를 결정하는 토대가 된다. 둘째, 계획 과정에서 학생과 가족의 적극적인 참여를 전제로 한다. 셋째, 모든 구성원은 학생이 가진 장애보다는 강점과 능력에 초점을 두고 학생에 대해 긍정적이고 적극적인 견해를 갖는다. 이러한 특성으로 인해 개인중심 계획은 학교를 졸업하고 성인기로의 전환을 앞둔 장애 학생에게 자기결정과 삶의 질의 성과를 촉진하는 전환의 최선의 실제로서 광범위하게 지지를 받고 있으며, 장애 정도가 심한 학생과 가족에게도 도움이 될 수 있다(Meadan, Halle, & Ebata, 2010).

4. 지체장애 학생의 전환교육 영역

1) 주거 및 자립생활

자립생활(independent living)이란 자신의 의지에 의한 선택권과 결정권의 보장, 그 선택한 결정에 대한 자신의 책임을 수행하는 과정으로 정의할 수 있다. 일상생활에서의 자립만이 아니라 장애인 당사자가 스스로 자신의 삶의 방식을 결정하고 그 생활 전반에 걸쳐 스스로의 삶을 주체적으로 이끌 뿐만 아니라 사회활동에 적극적으로 참여함을 의미한다(조영길, 김정미, 노경수, 2016).

중도의 지체장애 학생은 일상생활에서 타인의 전적인 지원을 필요로 하는 경우가 많기 때문에 학교 졸업 이후에도 일생 동안 지속적인 보호자(부모 등)의 도움이 필요한 것으로 인식되어 왔다. 그렇기 때문에 생활 전반에서 자신의 능력을 살릴 기회가 많지 않았고, 스스로 선택하고 결정할 수 있는 기회도 제한적이었다. 우리나라 문화의 특성상 장애 학생이 고등학교 졸업 이후 어디에서 누구와 살 것인지에 대한 결정은 학생의 선택보다는 부모의 선택권이 크다. 졸업 이후 장애 학생의 주거와 일상생활에서의 수많은 선택 사항에 대해 누가 결정할 것이며, 어떻게 결정할 것인지 등에 대해 학령기 동안 다루어져야 한다.

지체 및 뇌병변 학생의 자립생활을 위한 대표적인 모델은 자립생활센터이다. 자립생활센터는 장애인의 자립생활을 위해 자기결정과 기회의 평등, 개인의 존엄을 바탕으로 장애인이 주축이 되어 사회참여 활동을 돕기 위한 목적으로 설립되었다.

자립생활센터는 중증장애인도 수용시설이 아닌 지역에서 자립생활을 영위하며 살아갈 수 있도록 하기 위한 서비스로 장애인 스스로가 지역사회에서 자립하여 살아갈 수 있도록 주거생활, 사회생활에 관한 서비스를 지원하는 곳이다.

자립생활 서비스의 주요 목적은 장애인의 '자기선택권'과 '자기결정권'이 기본적으로 전제되는 자립생활을 지원하며, 또한 복지 차원에서의 접근뿐만 아니라 인간으로서의 존엄성을 유지하기 위한 인권 차원의 접근을 목적으로 한다. 자립생활 서비스는 모든 장애인이 자신의 삶을 스스로 선택하고 조정하며 자신의 삶의 전부를 주체적으로 결정할 수 있도록 지원한다. 구체적으로는 중증장애인을 대상으로 지역사회 자원에 대한 정보와 자립생활을 경험한 동료 장애인에 의한 상담, 활동지원 서비스, 교통편의 제공, 자립생활 기술훈련, 정보 제공, 권익 옹호, 탈시설 자립 지원, 복지혜택에 대한 상담 등의 서비스가 포함된다.

이 중 동료 상담은 자립생활을 경험한 역할 모델을 통해 법률적인 문제, 재정 관리, 지역사회 자원 활용, 곤란한 문제의 대처 방법 등에 대해 도움을 주거나 정보를 제공할 수 있다. 동료 상남가는 장애인으로서 자신의 체험을 살려서 식사 준비 방법, 집안의 가구를 사용하기 쉽게 배치 전환하는 일, 여가 시간의 사용 방법 등 실제적인 일에 대하여 조언을 하고, 자립적인 생활을 할 수 있도록 심리적 · 정서적 지원을 제공한다. 자립생활 기술훈련은 자립생활의 목표 설정, 자아인식, 건강 관리와 응급상황 대처, 영양 관리와 요리, 돈 관리, 성(性), 가족관계, 활동보조 서비스의 관리 등 스스로가 지역사회 내 자립생활을 위한 일련의 모든 활동을 선택하고 결정하는 데 필요한 내용을 익히고 경험해 보도록 지원한다. 자립생활센터는 이러한 지원 서비스를 통해 장애인의 기본적인 권리인 이동권, 교육권, 노동권, 주거권 등에 대한 다양한 권리옹호 및 구제활동을 통해 자립생활을 위한 역량 강화에 목적을 둔다.

국내에서는 장애인의 권리옹호와 관련하여 2017년 2월 4일부터 개정 「민사소송법」에 따라, 장애인, 고령자 등에 대한 소송수행 지원제도인 진술보조 제도가 도입, 시행되었다. 진술보조 제도란 소송에 필요한 진술이 어려운 장애인을 위해 의사소통을 도와줄 진술 보조인과 함께 출석하여 진술할 수 있도록 하는 제도로(법제처 홈페이지), 자립을 위한 지원이 확대되고 있다. 〈표 16-3〉은 자립생활 서비스를 이용한 중증장애인의 사례이다.

성인에게 요구되는 사회적 역할은 지역사회 활동의 참여를 통해 익힐 수 있다. 지체장애 학생이 지역사회에서 가능한 독립적으로 살아갈 수 있도록 하기 위해서는

표 16-3 **자립생활 서비스 이용 사례**

- A 사례: 장기간 시설에서 생활했던 A씨는 자립생활을 시작할 때까지 4~5년의 세월이 걸렸다. 혼자 살아 본 경험이 없는 관계로 어떠한 것이 문제가 되는지 예측이 되지 않았다. 부모의 반대가 완강했던 만큼 불안감도 커지고, 그러한 시간이 지속되었다. 자립생활을 하겠다고 결심하고 여러 프로그램을 수강했다. 특히 활동보조를 받는 시간이 길어질수록 커뮤니케이션을 충분히 취할 필요가 있었다. 정확한 지시의 방법이 매일의 생활을 크게 좌우하는 것도 생활 속에서 배우게 되었다. 언제 어떤 시간대에 활동지원사가 필요한지 결정하고, 자신의 필요를 자신이 계획하고 구성하는 것이 자립생활의 기초가 되었다.

  실제 자립생활을 시작할 때 여러 문제가 있었다. 예를 들면, 아파트에 욕실은 한정된 공간뿐이었고 활동지원사를 채용할 수 없었다. 본인과 자립생활센터의 담당자와 보장구 업자가 상호 이야기하여 제일 좋은 방법을 선정한다. 또한 쉽게 활동보조 서비스를 받을 수 있도록 주택 개조를 했다. 또한 A씨가 자립생활센터 사무실을 찾아오고 전기가 끊어졌다고 상담해 왔다. 그 이유는 글을 읽을 수 없기 때문에 청구서를 알지 못했던 것이다.

- B 사례: 24시간 활동보조가 필요한 B씨는 수년 전부터의 꿈을 실현하여 2년 전에 자립생활을 시작했다. 어떤 제도를 이용할 수 있을 것인가, 어디에 살 것인가, 어느 정도의 방을 얻을 것인가, 임대료는 얼마인가, 주택 개조는 어떻게 할 것인가를 고민하게 되었다. 활동보조 서비스는 하루에 어느 정도 필요할 것인가, 낮에는 어떤 활동을 할 것인가를 고민하게 되었다. 지금까지는 시설에서 살아왔기에 식사나 목욕 시간이 정해져 있었던 규율 안에서 생활해 왔지만 지금부터는 스스로가 생활을 만들어 나가야 한다.

  지금부터는 스스로가 생활을 만들어 가는 것이기 때문에 활동보조 서비스에서도 많은 활동지원사가 교대로 들어오기 때문에 그때마다 활동보조의 방법을 설명하지 않으면 안 되었다. 기억력의 좋고 나쁨에 따라 예정 시간보다 활동보조를 하는 시간이 길어지는 경우도 있다. 그러나 안전하게 활동보조 서비스를 받을 수 있는 것은 매우 중요한 요소이다. 숙달된 사람이 활동지원사로 매일 교대로 들어오게 되기에 시설에서의 생활과는 전혀 다른 차원의 생활에 직면하게 되는 것이다. 시설생활이 장기화되었던 터라 상황 곤란 현상도 많았다. 다시 말하면, 자신의 생각에 대하여 자신감을 갖지 못하는 상황이었다. 이 과정에서 동료 상담의 필요성이 대두되었다.

출처: 꿀맛무지개교실 홈페이지(https://health.kkulmat.com/).

지역사회의 다양한 기관을 알고 이용할 수 있어야 한다. 장애를 가진 사람이라도 다른 사람과 더불어 지역사회 자원을 활용할 수 있도록 접근 기회를 높이고 적응할 수 있는 기회를 제공하는 것은 사회적 역할 수행에 도움이 된다.

2) 여가 오락 및 건강생활

레크리에이션 활동에 참여하며 여가와 관련된 활동 계획을 세우고 스스로 여가 활동의 종류를 선택하는 것은 모든 학생의 성장과 발달에 있어 핵심이 된다. 청소년 시기의 여가와 오락은 신체 건강 및 정신 건강에 매우 중요한 요소이다. 신체와 정신이 건강한 사람은 다양한 생활 영역에서 다른 사람들과 더 잘 어울리며, 더 우호적인 관계를 맺을 수 있고 주위 환경에서 적응력이 높다. 이러한 사회적 기술은 중등교육 이후의 교육과 고용, 주거와 지역사회 참여, 진학과 직업 등 다양한 전환 영역과 밀접한 관계가 있다.

그러나 장애 청소년들은 여가 오락 및 사회적 기술을 연습할 기회가 거의 없다. 일반적으로 학교에서는 장애 학생이 여가활동을 스스로 결정하도록 격려하거나 지원해 주지 않는다. 지체장애 학생의 여가와 오락에 관한 관심을 높이기 위해서는 스스로의 선호에 따라 선택할 수 있도록 여가활동에 참여할 기회를 제공해야 한다. 스스로 관심을 가지고 있는 영역은 무엇이며, 요구사항은 무엇인지, 필요한 기술과 개인적인 어려움, 고려사항 등을 파악할 수 있도록 여가에 대한 관심 및 흥미도를 평가한다. 여가는 가정과 연계하여 정보를 수집하고 계획해야 생활 속에서 실천하고 일반화할 수 있다. 교사는 학생과 가족 대상의 관찰과 질문법, 면담을 통해 필요한 정보를 얻어 파악하고 결정한다. 다양한 여가활동 중 스스로 선호하는 것이 결정되면, 교사는 지역사회와 접촉하여 지역사회 내에서 통합되어 진행될 수 있도록 적극적 역할을 한다. 지역사회 내에서 이용할 수 있는 기관과 프로그램에 대한 정보를 파악하고, 프로그램 담당자, 프로그램 내용, 프로그램 참여 절차, 자격 등 상세한 정보를 파악한 후 부모와 학생에게 제공한다.

학교에서는 졸업 이후 지역사회 프로그램에 자연스럽게 적응할 수 있도록 유사한 경험을 학교에서 제공하여 필요한 기술과 경험을 미리 준비할 수 있도록 지도한다. 집중 지도가 필요한 경우에는 학교 내에서 전환을 위한 여가와 오락, 건강한 생활습관을 형성할 수 있도록 개인의 선호도에 기반을 두어 계획을 수립하여 지도해야 한다. 학교에서의 준비는 일반 학생들이 즐기는 여가 오락과 유사하고, 통합된 사회에서의 일반적인 경험을 더 많이 할 수 있는 것으로 선택하여 지도한다. 지원은 개별적이어야 하며, 통합된 상황에서 참여할 수 있도록 융통성 있게 지원해야 한다. 통합된 사회에서의 여가 오락을 위한 접근 방법으로는 자연적 지원의 하나로 또래

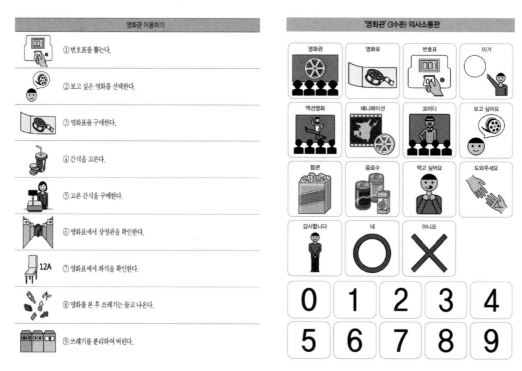

그림 16-2 지역사회 영화관 이용 기술을 지도하기 위한 과제 분석 내용과 의사소통판

출처: 김예리, 김경양, 박소민, 석민, 임지욱(2016). AAC를 활용한 지역사회 적응활동, pp. 100, 104.

를 이용하는 방법과 보조기기를 활용하여 접근성을 높이는 방안, 활동의 절차와 도구나 장비를 수정하여 참여를 높이는 방법이 있다.

[그림 16-2]는 지역사회의 영화관 이용 기술을 지도하기 위한 과제 분석 내용과 지도 시 사용할 수 있는 의사소통판이다.

3) 대학 진학

지체장애 학생을 위한 중등과정 이후의 교육 프로그램은 다른 장애 유형에 비해 이용 비율이 높다. 특수교육 대상자 중 대학에 진학한 학생의 비율은 약 8.8%(652명)로 대학 진학은 장애 학생의 주요한 진로 중 하나이다(교육부, 2016).

대학 진학은 장애인 특별전형제도를 이용하여 입학하는 경로와 일반 학생과 동일한 전형제도를 통해 입학한다. 우리나라에서는 1995년부터 장애인 등에 대한 특별전형(특수교육대상자 특별전형 포함)을 통해 비장애 학생에 비해 사회적 또는 경쟁적 측면에서 상대적으로 불리한 위치에 있는 학생을 대상으로 차등적인 보상기준을 적용하는 특별전형제도를 시행하였다.

　장애인에 대한 대학의 특별전형제도 시행으로 대학에 장애 학생 수가 늘어나면서 장애 대학생 교육 지원이 본격적으로 이루어지기 시작한 것은 「장애인 등에 대한 특수교육법」과 「장애인 차별금지 및 권리구제 등에 관한 법률」(약칭 「장애인차별금지법」)이 제정되면서부터이다. 법에서는 대학의 장으로 하여금 장애를 이유로 입학의 지원을 거부하거나 입학전형 합격자의 입학을 거부하는 등의 교육 기회 차별을 금지하였다. 그리고 입학 전형 과정에서 별도의 면접을 시행하거나 신체검사를 부당하게 요구하는 등의 다른 전형자에게는 요구하지 않는 추가 요구를 하는 차별을 금지하였다. 또한 대학의 장애 학생 지원 계획 수립과 심사청구 업무를 맡는 특별지원위원회와 장애 학생교육 및 생활에 관한 지원을 총괄·담당하는 장애 학생지원센터 설치·운영에 관한 규정을 마련하였다.

　「장애인차별금지법」에서는 학교에서의 차별금지 및 정당한 편의 제공을 의무화하였을 뿐 아니라 학교의 장으로 하여금 장애 학생 지원부서 또는 담당자를 배치하도록 하였다. 제6차 특수교육 발전 5개년 계획(2023~2027)에서는 장애인고등교육지원센터 운영으로 장애인 고등교육 기회 확대를 위한 기반 조성, 장애학생 고등교육 기회 확대 및 학습권 보장, 장애인 평생학습도시 확대를 통한 지역단위 활성화 기반 조성, 평생교육이용권을 통한 장애인의 학습 자율성·선택권 강화, 다양한 평생교육 프로그램 모델 개발·확산, 장애인 평생교육 통계 기반 강화를 세부 계획으로 수립하여 추진하고 있다.

　대학의 장애학생지원센터는 장애 대학생의 교육 복지를 지원하기 위한 기구이다. 장애 학생의 대학 교육을 위해서는 교수-학습 영역에서의 특별한 지원이 필요

표 16-4 **장애 대학생의 교육 복지를 위한 교수-학습 영역의 지원사항**

교수-학습 영역의 지원 유형	내용
교수-학습 지원 체제 및 운영	• 오리엔테이션 실시 • 특성화된 지원프로그램 개발·운영 • 지원 서비스의 내용 안내 및 지원 • 교육지원 제공 대학생 대상 장학금 지급, 봉사활동 학점 인정 과목 개설 • 장애인 인식 개선 교육 제공

학습보조기기 및 보조공학기기 구비와 활용	• 학습보조기기 및 보조공학기기 지원 계획 수립 • 학습보조기기 및 보조공학기기 구비 및 확보 • 학습보조기기 및 보조공학기기 지원
학습지원	• 강의계획서에 조정 안내 제공 • 수강신청지원제도 운영 • 장애학생의 특성, 교수 · 학습지원 방법, 교수 · 학습자료 제작 　지원 • 교육지원인력 및 국가근로장학생을 통한 학습지원 제공 • 학습격차 해소 위한 학습지원 프로그램 운영 • 탄력적 학사제도 운영
평가지원	• 장애학생의 요구에 따른 평가 지원 제공
장학지원	• 장학금 지급
상담 · 진로 및 취업지원	• 상담 및 진로지원 • 장애학생 재적 유지 노력 • 맞춤형 학사 관련 지도 • 취업 및 진학지원프로그램 운영

출처: 국립특수교육원(2020). 2020 장애대학생 교육복지 지원 실태 평가보고서.

하다. 이를 위해 2003년부터 장애 대학생 교육복지 지원에 관한 질 관리를 위해 국가차원에서 평가를 실행하고 있다. 평가 항목에서는 장애를 가진 대학생의 대학 교육을 위해 〈표 16-4〉와 같은 사항들이 지원되어야 한다고 제시하고 있다.

4) 고용 준비 및 훈련

　학령기에 해야 할 가장 중요한 전환 준비는 진로 인식에 관한 것이다. 진로 인식이란 자신에게 맞는 진로가 무엇인지 탐색하고 이해하는 것이다. 학생 스스로 자신의 요구와 강점을 평가하고, 실천 가능한 목표를 개발하여 자신의 원하는 진로를 발견할 수 있도록 지도한다. 이를 위해 직업의 종류에는 무엇이 있으며, 어떤 역할을 하는지 이해할 수 있도록 설명하고 자신의 흥미와 능력을 탐색한 후 학생이 자신에게 맞는 진로를 찾아 발전시킬 수 있는 기회를 제공한다. 진로 인식 교육은 진로에 대한 인식에 그치지 않고 직업에 따라 직업생활을 유지하기 위해서 필요한 기술은 무엇이며, 이를 위한 태도와 습관을 형성할 수 있는 계획을 포함하여 지도한다.

고용은 삶의 질을 정의하는 데 중요한 요인 중 하나이다. 이정은(2015)은 지역사회에서의 고용의 의미를 다음과 같이 설명하였다. 첫째, 고용은 수입을 통해 자신의 삶의 기준을 향상시킬 수 있는 재화와 서비스에 접근할 수 있게 한다. 둘째, 사회적 관계를 발달시키는 데 주요한 자원을 제공한다. 셋째, 고용은 개인의 독립성을 증진시키고 타인에 대한 의존성을 줄일 수 있는 자원을 제공한다. 넷째, 지역사회에서 성인으로서의 정체성을 정립하는 데 기여한다.

성공적인 고용 여부는 학령기 이후 성인 장애인의 삶의 질에 영향을 미치는 가장 큰 요인으로 설명된다. 아울러 성인 지체장애인은 본인의 행복한 삶의 척도를 안정적인 고용 여부로 인지하고 있다(최효진, 2018). 따라서 지체장애 학생의 전환교육은 성공적인 고용과 함께 고용 이후 안정적으로 유지될 수 있도록 지속적인 지원이 요구된다.

김형일(2013)은 장애인을 위한 고용 유형을 비고용 상태에서부터 경쟁고용 상태

표 16-5 장애인을 위한 고용 유형

고용 유형	설명	수입 여부	훈련 여부	통합 여부
비고용	• 개인의 지원 요구가 높아 고용이 어려움 • 일에 대한 개인의 선택 없음 • 개인이 일을 찾을 수 없음	없음	없음	없음
무보수	• 무보수 작업	없음	다양함	가능함
보호작업	• 성인 주간 프로그램 • 작업시설 • 보조작업장	낮음	지속됨	없음
지원고용	• 개인배치모델 • 소집단모델 • 이동작업대모델 • 소기업모델	최소 혹은 낮음	지속/소거	가능함
소비자중심고용	• 경쟁고용시장에서 근무 • 취업자와 고용주 모두의 요구 맞춤	합리적 임금 높음	개별적 다양함	가능함
경쟁고용	• 경쟁노동시장에서 전일제 혹은 시간제 근무	최소 혹은 높음	다양함	가능함

출처: 김형일(2013). 전환교육의 이해와 실행, p. 184.

까지 구분하여 제시하였다. 고용 유형은 수입 여부, 훈련 여부, 지역사회 통합 여부
에 따라 다양하게 구분할 수 있다. 구체적인 장애인을 위한 고용 유형은 〈표 16-5〉
와 같다.

비고용(nonemployment)이란 장애 학생의 지원 요구가 높아 제한된 기술로 인해
고용이 되지 않는 상태이며, 무보수(unpaid)는 재정적인 보상이 주어지지 않은 상황
에서 일을 하는 경우이다. 통합된 상황에서 일을 하더라도 경험과 봉사 차원에서 일
을 하면서 참여 자체에 가치를 두는 것을 말하나, 엄격한 의미에서 고용이라 보기
어렵다.

보호작업장(sheltered workshops)은 통합된 사회에서의 직장이 아니라 장애인들
로 구성되어 있는 별도의 작업 시설이다. 보호작업장은 주로 성인 주간보호시설 프
로그램과 함께 운영된다. 주간보호시설에서는 직업을 갖기 위해 요구되는 일상생활
훈련, 사회적 기술 및 여가 기술 등 취업 전 준비 기술을 지도하며, 작업훈련 활동도
실시한다. 대부분의 보호작업장은 자체 운영이 어렵기 때문에 정부의 지원과 보조
로 운영되고 있다. 지체장애 학생의 많은 수가 중도 중복화되어 뇌성마비를 가진 중
도장애 학생의 경우 보호작업장에서의 직업훈련 기회를 갖기도 하나, 최근에는 중
도장애 학생이라도 통합된 사회에서의 고용 형태로 변화되어야 함이 주장된다.

지원고용(supported employment)은 주간보호센터의 작업훈련이나 보호작업장과
같이 분리된 형태의 고용에 대한 대안으로 나타난 고용 유형이다. 고용에 대한 요구
는 지적장애 분야에서 먼저 강조되기 시작하였으나, 그중 지원고용은 뇌손상 및 지
체장애인의 직업훈련에 효과적인 것으로 밝혀졌다. 지원고용은 경쟁적 고용이 불
가능한 상태에 있거나 심한 장애로 인해 전환 고용이 때때로 중단되거나 방해받는
중증장애인을 대상으로, 통합된 작업장에서 계속적인 지원 서비스를 제공하여 통
합 장면에서의 경쟁적 고용이 가능하도록 지원하는 것을 의미한다(김형일, 2013).

소비자중심고용(customized employment)이란 고용주와 고용인 간의 관계에서 서
로의 요구를 충족시키는 방법의 고용관계이다. 장애인의 개별화된 강점, 요구, 관심
과 고용주의 사업적인 요구를 맞추는 데 기초하여 개별적으로 협상하고 소비자 중
심의 취업이 이루어지도록 하는 유형이다.

경쟁고용(competitive employment)이란 자율 노동 시장에서 일반인과 같은 경쟁
을 통해 임금을 받고 부과되는 책임을 지며, 전일제 혹은 시간제로 일하는 유형이
다. 경쟁고용은 비장애인들과 함께 일하면서 더 이상의 지원 서비스를 받지 않는

다. 그러나 필요한 경우 전환직업 훈련과 배치 프로그램에 참여할 수도 있다. 다만 지원 기간이 일시적으로 제한되고, 개인이 취업을 한 이후에는 서비스가 중지되며, 스스로 직업을 유지해야 한다는 점에서 지원고용과 차이가 있다(김형일, 2013). 그러나 지체장애인을 대상으로 한 고용 모델은 상세히 연구된 바 없다.

지체장애인의 직업생활에 적응력을 높이기 위해서는 직업 선택 시 다음과 같은 사항을 고려해야 한다.

첫째, 직종이나 직업을 선택할 때, 장애인 개인의 적성과 취미, 개인의 동기와 의욕에 적합한지 가족과 충분히 숙고한다. 하나의 직업과 직종을 선택하여 능숙하게 적응하기까지는 여러 사람의 협력과 계획을 바탕으로 많은 시간이 소요된다. 충분한 검토 후에 결정해야 한다.

둘째, 지체장애로 인한 어려움을 파악하고 조정하는 것이 필요하다. 직업 선택 시 가정에서의 거리와 교통기관을 이용한 직장의 접근성을 고려해야 한다. 출퇴근 교통수단과 작업대의 물리적 접근성만이 아니라 건물 출입구, 화장실, 식당 등 전반적인 환경을 점검한다. 필요한 경우에는 보조기기를 활용한 업무 지원 방안을 탐색하고, 이러한 보조기기를 활용한 직업 기능은 직업 환경에 배치되기 이전에 이루어져야 한다. 고등학교 과정에서 직업 준비를 위해 보조기기를 도입하여 취업 후에는 장애인고용공단의 지원을 받아 사용할 수 있도록 지원되어야 한다. 이러한 사항은 지적장애인의 고용을 위한 준비와 차별화되는 사항이다. 장애 학생의 기술과 기능을 훈련하고 향상시키는 것도 중요하지만, 지체장애로 인한 작업의 어려움을 지원할 수 있는 보편적 설계 환경과 보조공학기기의 적극적 활용이 요구된다.

셋째, 장애로 인해 필요한 사항에 대해 사전에 충분히 고용주와 협의하여 조정이 가능한 부분에 대해 논의한다. 직업 수행에서 요구되는 신체적 능력을 파악하여 작업대, 건물의 수직 및 수평 이동 접근성, 화장실 등 물리적 작업 환경을 고려해야 한다. 지체장애로 인한 생산성 저하와 그로 인한 비용 손실 문제, 점심시간 및 휴식시간 등 특수한 요구에 대한 해결 방안을 검토한다. 그 밖에 동료 작업자와의 접촉 정도, 직무 스트레스, 직무의 강도, 작업 감독의 유형과 범위 등의 심리적 환경과 작업장의 사회적 분위기도 고려한다.

지체장애인의 성공적인 지원고용을 위해서는 몇 가지 고려해야 할 사항이 있다. 첫째, 지체장애인의 직업생활을 지원할 수 있는 충분한 역량을 갖춘 전문가가 필요하다. 지체장애인 개인의 독립성과 직업생활에 필요한 직무 능력을 증진시킬 수 있으며, 직장의 구성원들과 원활한 상호작용을 통해 직업을 유지해 나갈 수 있도록 체계적인 지원을 제공할 수 있어야 한다. 둘째, 직장 내에서의 자연적 지원으로 이어질 수 있도록 지원되어야 한다. 장기적으로 직무 능력을 신장하고 직장생활의 적응도를 높이기 위해서는 작업코치 등의 별도 지원이 아니라 직장 내의 인적 자원인 고용주나 감독자, 동료들의 협력을 통한 지원이 이루어지도록 하는 것이다. 이를 위해 직장의 고용주나 감독자, 동료들이 작업코치의 역할을 수행할 수 있도록 안내한다. 셋째, 지원고용의 진행 절차에 가족이 중요한 참여자로 역할을 할 수 있도록 포함하는 것이다. 가족은 직업과 관련하여 장애 학생에 관한 가장 많은 정보를 가지고 있는 사람들이므로 가족 자원을 활용하여 지원 서비스가 효율적으로 이루어지게 할 수 있다.

지체장애인의 직업을 통한 경제활동은 독립생활을 가능하게 하고, 자신이 꿈꾸는 미래의 가정과 노후를 준비하는 데 필요한 필수 요소이다. 지체장애인에게도 직업생활은 경제활동을 통해 가족과 이웃에게 도움을 줄 수 있고 자신의 노력으로 성취한 임금을 통해 삶의 보람을 느끼는 계기가 된다. 〈표 16-6〉은 지체장애인의 사회적 기업의 고용 사례이며, 〈표 16-7〉은 지체장애인이 직접 겪은 사회적 기업에서의 직업생활에 관한 이야기이다.

표 16-6 지체장애인의 고용 사례

사회적 기업은 1977년 IMF 체제 수용 이후, 저출산·고령화 사회, 사회적 서비스에 대한 수요 증가, 근로 빈곤층 문제와 같은 복합적인 사회 문제와 전 계층의 실업 문제에 대한 해결 방안으로 도입되었다. 1999년에 「국민기초생활보장법」이 제정되면서 '자활지원사업' '사회적 일자리사업' 등의 사업이 제시되었으나, 정부 지원에 관한 효과성과 관련한 논란이 지속되자, '사회적 기업' 제도 도입을 본격적으로 논의하기 시작하였다. 국내에서 사회적 기업은 2007년에 시작되었으며, 노동시장의 격차와 고용불안을 해소하기 위해 2008년 11월 향후 5년간의 육성 방안인 '사회적기업 육성 기본 계획'을 수립하고 관계부처 협의체 및 육성 TF 등이 추진되었다(노동부, 2008).

우리나라에서 정의하는 사회적 기업은 영리기업과 비영리기업의 중간 형태로, 사회적 목적을 우선적으로 추구하며 재화서비스의 생산과 판매 등의 영업활동을 수행하는 기업을 말한다. 이러한 취지를 안정되게 시행하기 위해 「사회적 기업 육성법」에서는 이와 같은 정의를 실현하기 위해 고용노동부 장관의 인증을 받은 기관을 사회적 기업이라고 정하고 있다. 사회적 기업은 전통적인 영리기업이 주주나 소유자를 위해 이윤을 추구하는 것과는 달리 사회서비스를 제공하고 취약계층에게 일자리를 창출하는 등 사회적 목적을 기업의 주된 목적으로 추구한다.

그러나 사회적 기업은 국가 지원이 있다 해도 장애 정도가 중도일 경우에는 생산성과 효율성이 낮기 때문에 일반기업에서 고용을 기피하고 있으며, 고용된다 하더라도 직업재활시설을 통한 보호 고용 상태가 대부분이다. 2016년 사회적 기업은 1,713개소 중 장애인이 일할 수 있는 장애인작업장이 132개소(7.7%)인 것으로 나타났다(최효진, 2018).

최효진(2018)의 연구에서는 지체장애인이 인식하는 사회적 기업에서의 직업생활의 의미를 다음과 같이 제시하였다.

긍정적 요소	세상을 향한 출구	• 정체되고 고립된 삶의 돌파구 • 생산적인 활동으로 얻은 존재의 의미
	삶을 지탱해 주는 기둥	• 경제적 자립과 독립생활의 준비 • 공동체 구성원으로서의 자부심과 책임감
	꿈이 있는 삶과 꿈을 향한 노력	• 학창시절의 꿈 키워 가기 • 미래에 대한 꿈 이뤄 가기 • 좌절하기보다 도전하며 세상 경험하기 • 직업전문학교와 학원을 통해 전문 기술 익히기
	함께하는 사람들의 도움	• 도전과 변화의 기회를 만들어 주는 사람들 • 비장애인과 함께하며 한계의 벽 뛰어넘기
부정적 요소	나를 주저앉히는 어려움	• 노력만으로는 실현할 수 없는 꿈 • 능률로 평가되는 사회에서의 거부와 불신
	다름에서 오는 충돌	• 외형적 장애로 인한 위축과 자신감 저하 • 장애 유형 및 업무 능력 차이로 인한 어려움
	끝없는 역경이 주는 좌절	• 끝없이 노력해야 유지되는 생활 • 장애로 인해 포기하고 현실에 안주하게 됨

출처: 최효진(2018). 사회적기업 지체장애근로인의 직업생활에 관한 현상학적 연구. 조선대학교 교육대학원 석사학위논문.

| 표 16-7 | 지체장애인이 겪은 사회적 기업 직업생활 경험 이야기 |

"직장 있으면요, 집 밖으로 나갈 수 있잖아요. 여기 그만두면 또 집에서 놀고 친구들 만나서 담배 피고 술 먹고 그러니까, 이곳은 저에게 삶이에요. 삶. 고맙죠. 만일 그때 베이커리 안 생겼으면 아마도 지금까지 계속 집에만 있었을 거예요. 일단 나갈 수 있는 곳이 있어서 다행이지요. 나가야 돈도 벌고. 여기는 진짜 제 삶이에요.

직업은 그냥 경제활동이죠. 새로운 사람과의 관계이기도 하고요. 이곳에서는 저는 돈 버는 사람들 중 하나지요. 노후에는 빵 만드는 기술밖에 없으니까 어디 작은 데 들어가서 일을 좀 더 하고 싶어요. 다람쥐 쳇바퀴 도는 일상이지만 끝까지 일하고 싶어요.

사람이 활동을 해야 몸도 건강해지고, 돈을 벌어야 사고 싶은 물건이나 음식, 그리고 여러 가지 다 하죠. 그리고 중요한 건 여자친구. 제가 만일 직장도 없고 돈도 없고 하면 여자 친구는 전혀 생각 못했겠죠? 꿈 깨야 돼요.

앞으로 계획은 제가 어느 정도 되면 멀리 나가서 살고 싶어요. 여행, 국내여행이 아닌 해외여행을 혼자 가 보는 게 꿈이에요. 10년 뒤에는 혼자가 아닌 둘, 애도 있을 것 같고 가정을 이루고 있겠죠.

직업교육이요? 학교 다닐 때에는 생각도 못했죠. 어떤 직업을 갖게 될지. 그때는 주로 학교 쪽에서 목공예만 했어요. 요즘처럼 기업하고 협력을 맺어서 상세하게 가르치지 않고 장애인이라 그냥 목공만. 그랬던 시기예요. 그때가. 그때는 전국에 있는 특수학교는 다 그랬을 거예요. 지금의 시스템이 그때도 갖춰졌었다면 달라졌겠지요. 100%. 고3 때부터 중소기업에서 일을 배우면서 취업 준비를 했었더라면. 그랬더라면 남들과 같이 평범하게 가정을 꾸리고 어렵지 않게 가정생활을 하고 있을 텐데."

출처: 최효진(2018). 사회적기업 지체장애근로인의 직업생활에 관한 현상학적 연구. 조선대학교 교육대학원 석사학위논문.

정리

이 장에서는 특수교육 분야에서 인식되고 있는 전환의 개념과 필요성을 살펴보았다. 특히 지체장애 학생의 학령기 이후 독립적 생활과 고용을 통한 가치 있는 삶을 준비하기 위한 전환의 목적과 필요성에 대해 다루었다.

지체장애 학생의 전환을 계획하기 위해서는 학생의 자발적인 참여를 이끌어 내고 가족, 교사, 지역사회 전문가, 서비스기관과 협력하여 협력적인 전환 계획을 수립해야 한다. 이러한 계획과 실행 과정에서 학교와 교사의 역할이 매우 중요하다. 교사는 학생의 성공적인 전환을 위해 생애주기별 진로 발달단계인 진로 인식, 진로탐색, 진로 준비 등에 이르는 과정에 기초한 학교 교육과정 개발과 운영 역량을 갖추어야 한다. 또한 개별 학생의 흥미, 적성, 능력을 고려하여 진학 또는 취업 등 다양한 진로를 찾아갈 수 있도록 학업적 기술과 사회적 기술, 여가 및 생활 기술, 직업준비 및 기능을 습득하는 데 중점을 두어야 한다.

지체장애 학생의 경우 성공적인 전환을 위해서는 장애 특성을 고려한 교육 프로그램의 개발이 필요하다. 지체장애 학생은 다른 장애 유형보다 일상생활, 교육, 사회 및 경제 활동 등 삶의 대부분의 영역에서 신체의 장애로 인한 어려움이 많다. 그렇기 때문에 자기결정력, 독립성과 자율성, 사회적 기술, 완전 통합, 자연적 지원, 개인중심 계획 등이 강조되어야 한다.

지체장애 학생의 전환을 지원하기 위해서는 여러 영역에서의 준비가 필요하다. 주거 및 자립생활, 여가 오락 및 건강생활은 모든 학생들에게 필요한 영역이다. 자립생활센터와 자립생활 서비스는 주거 및 자립생활을 위한 대표적인 모델이다. 또한 졸업 이후 지역사회 프로그램에 자연스럽게 적응할 수 있도록 여가 오락 및 건강생활에 대해서도 다루었다. 그 밖에 대학 진학과 관련한 법과 제도, 실태에 대해 다루었다. 고용 준비 및 훈련에 대해서는 지체장애 학생의 고용의 어려움과 직업선택을 위한 구체적인 준비 및 점검 사항에 대해 설명하였다. 마지막으로, 지체장애인의 사회적 기업 고용 사례를 통해 이들의 직업생활에 대해 좀 더 깊이 있게 이해할 수 있도록 하였다.

전환의 각 영역에서의 계획과 실행, 교수는 학생들의 발달적 요구에 적합한 교육과정과 교수법으로 실제 맥락을 강조한 실제 수행 상황에서 지도해야 하며, 개인의 선택과 보호, 가족의 선택을 중시하여 최선의 실제가 되도록 해야 할 것이다.

부록

〈부록 1〉 지체장애 학생 교육 관련 전문성 인식 체크리스트

※ 다음은 지체장애 학생의 교육과 관련한 교사들의 전문성 인식을 알아보기 위한 설문 문항입니다. 각 문항을 읽어 보시고 선생님의 현재 생각을 가장 잘 나타내 준다고 생각되는 번호에 표시(○)하여 주시기 바랍니다.

총 5영역, 37문항으로 이루어져 있습니다.

채점 기준		
1: 매우 그렇지 않다.	2: 약간 그렇지 않다.	3: 보통이다.
4: 약간 그렇다.	5: 매우 그렇다.	

I. 지체 장애 교육 기초	1. 나는 지체장애 학생 교육의 필요성과 최근 동향에 대해 알고 있다.	1 2 3 4 5
	2. 나는 지체장애 학생의 교육과 관련한 법규 및 정책에 대해 알고 있다.	1 2 3 4 5
	3. 나는 지체장애 학생과 동일 연령 비장애학생의 발달 및 학습 특성에 대해 알고 있다.	1 2 3 4 5
	4. 나는 지체장애 학생의 장애 발생 원인, 진단명, 예후에 대해 알고 있다.	1 2 3 4 5
	5. 나는 지체장애 학생의 건강과 관련한 의학적 용어를 이해하고 교육에 적용할 수 있다.	1 2 3 4 5
	6. 나는 지체장애 학생의 일반적인 인지적 · 정서적 · 신체적 특성에 대해 알고 있다.	1 2 3 4 5
	7. 나는 지체장애 학생의 의사소통 능력과 인지적 · 정서적 · 신체적 능력을 고려하여 학생의 현재 학습 수행 수준을 평가할 수 있다.	1 2 3 4 5
II. 교과 지도	8. 나는 지체장애 학생의 개별적인 특성과 능력에 적합하도록 교육과정을 선택/재구성하여 활용할 수 있다.	1 2 3 4 5
	9. 나는 지체장애 학생의 수업 참여(통합학급, 특수학급 포함)를 촉진하기 위해 활동을 수정할 수 있다.	1 2 3 4 5
	10. 나는 지체장애 학생의 교육을 위해 필요한 물리적 환경을 조성할 수 있다.	1 2 3 4 5
	11. 나는 학생에게 적합한 평가의 방법과 필요한 경우 활용 가능한 평가 조정 방법에 대해 알고 있다.	1 2 3 4 5
	12. 나는 지체장애 학생의 현행 수준을 정확히 파악하여 개별 학생에게 적합한 장단기 목표를 설정할 수 있다.	1 2 3 4 5
	13. 나는 지체장애 학생의 학습 지도를 위해 적합한 교재 · 교구와 학습 자료를 수정 또는 개발하여 활용할 수 있다.	1 2 3 4 5

	14. 나는 지체장애 학생을 위한 특수교육 보조공학기기의 종류와 이름, 활용 방법에 대해 알고 있다.	1 2 3 4 5
	15. 나는 적절한 평가를 통해 지체장애 학생에게 적합한 보조공학기기를 선정할 수 있다.	1 2 3 4 5
	16. 나는 지체장애 학생의 심리적 특성에 대한 이해에 기반하여 학습 동기를 부여할 수 있다.	1 2 3 4 5
	17. 나는 지체장애 학생에게 효과적인 교수-학습 방법과 교수 전략을 활용할 수 있다.	1 2 3 4 5
III. 생활 지도	18. 나는 지체장애 학생의 자립을 위해 필요한 일상생활기술을 지도할 수 있다.	1 2 3 4 5
	19. 나는 지체장애 학생이 스스로 안전하게 자신의 건강을 관리하고 자기 자신을 옹호하는 방법에 대해 지도할 수 있다.	1 2 3 4 5
	20. 나는 지체장애 학생이 정보통신기기를 활용할 수 있도록 지원을 제공할 수 있다(예: 컴퓨터 및 전자기기 활용, 인터넷 활용 등).	1 2 3 4 5
	21. 나는 지체장애 학생의 의사소통 특성과 형태(상징 이전/상징 활용)에 대한 기본적인 지식을 가지고 있다.	1 2 3 4 5
	22. 나는 지체장애 학생의 교육을 위해 보완대체의사소통을 활용할 수 있다.	1 2 3 4 5
	23. 나는 자료에 근거하여 지체장애 학생의 의사소통 능력을 진단하고 목표를 설정할 수 있다.	1 2 3 4 5
	24. 나는 풍부한 의사소통 기회를 제공하도록 환경을 조성할 수 있다.	1 2 3 4 5
	25. 나는 지체장애 학생의 바른 자세의 중요성을 알고 수업 및 일상생활 속에서 자세를 점검할 수 있다.	1 2 3 4 5
	26. 나는 지체장애 학생의 올바른 자세 유지 및 안전한 이동을 위해 필요한 지원을 제공할 수 있다.	1 2 3 4 5
	27. 나는 학생의 장애 수용, 또래 관계와 같은 정서적·심리적 문제를 파악하고 지원할 수 있다.	1 2 3 4 5
IV. 학급 운영	28. 나는 지체장애 학생이 능력에 맞는 취미와 여가활동을 발달시킬 수 있도록 지원을 제공할 수 있다.	1 2 3 4 5
	29. 나는 성인기 요구와 독립적 생활을 위한 기술을 포함하여 지체장애 학생을 위한 장기적인 관점의 교육계획을 세울 수 있다.	1 2 3 4 5
	30. 나는 지체장애 학생의 독립성을 최대한 존중할 수 있도록 지원 인력(실무사, 사회복무요원 등)을 교육할 수 있다.	1 2 3 4 5

V. 통합 지원	31. 나는 지체장애 학생의 응급 및 재난 상황에 대한 피난 및 대응 계획을 수립할 수 있다.	1 2 3 4 5
	32. 나는 지체장애 학생이 외부 활동에 참여하기 위해 필요한 지원을 파악하고 구체적인 계획을 세울 수 있다.	1 2 3 4 5
	33. 나는 동료 교사에게 지체장애 학생이 통합학급에서 학습 및 생활하는 데 필요한 정보를 제공할 수 있다.	1 2 3 4 5
	34. 나는 학생이 어떤 치료를 받고 있는지 영역과 내용을 파악하고 학교 교육과 연계할 수 있다.	1 2 3 4 5
	35. 나는 부모 상담을 통해 가정과 연계한 지도를 하고 학부모에게 지체장애와 관련된 정책, 지원 프로그램 등과 같은 유용한 정보를 전달할 수 있다.	1 2 3 4 5
	36. 나는 지체장애 학생의 통합교육에 대해 다양한 학교 구성원들과 협의하고 행정적 · 재정적 지원을 요청할 수 있다.	1 2 3 4 5
	37. 나는 교직원과 학생들을 대상으로 지체장애와 관련된 내용의 장애이해 교육을 실시할 수 있다.	1 2 3 4 5

출처: 주수영, 박은혜, 이영선(2022). 통합된 지체장애학생 교육을 위한 온라인 교사학습공동체 활동 개발 및 실행. 지체중복건강장애연구, 65(2), 71-93.

〈부록 2〉 체크리스트 교사용(QR코드) 및 예시

I. 기초 정보

1	이름:
2	학년/반:
3	배치 형태(해당 영역에 ☑해 주세요.) □ 완전통합(일반학급 배치) □ 시간제 특수학급(통합 과목:　　　　, 주 ＿＿＿＿ 시간 특수학급 배치) □ 전일제 특수학급
4	장애 유형(해당 영역에 ☑하고, 장애유형에 따른 특성을 간단히 적어 주세요.) □ 뇌성마비: □ 근이영양증: □ 이분척추: □ 기타(　　　　　):
5	운동 능력 －손상 부위: －이동 방법(독립이동 가능 여부, 필요한 지원 등): －잘 사용할 수 있는 신체 부위: □ 손가락 □ 손바닥 전체 □ 팔 □ 발가락 □ 다리 　　　□ 머리 □ 기타:
6	건강상의 문제(해당 영역에 ☑하고, 필요한 정보를 적어 주세요.) □ 있음 　－병명: 　－받고 있는 의료 지원(정기검진 영역 및 주기 등): 　－복용하고 있는 약물 정보(종류, 복용 시기, 나타날 수 있는 부작용 등): 　－알레르기 질환 여부: 　－위급 상황 발생 위험 여부: 　－위급 상황을 파악할 수 있는 이상 징후: □ 해당 없음
7	통학 방법(해당 영역에 ☑해 주세요.) □ 독립 이동 □ 통학버스 이용 □ 보호자와 동행

8	보조공학이 필요한 영역(해당 영역에 모두 ☑ 하고, 사용 중인 보조공학기기가 있다면 적어 주세요.) □ 학습: □ 시청각: □ 의사소통: □ 자세 유지 및 앉기: □ 이동:
9	의사소통 능력 -수용언어 수준: -표현언어 수준: 　(학생의 의사소통 방법: □ 몸짓 □ 발성 □ 그림 상징 □ 문자 상징 □ 구어 □ 기타)
10	통합교육 참여를 위한 지원요구 정도(해당 영역에 모두 ☑ 해 주세요.) -식사 기술: □ 독립적 수행 가능 □ 부분적 지원(필요한 지원:　　) □ 전반적 지원 -용변 기술: □ 독립적 수행 가능 □ 부분적 지원(필요한 지원:　　) □ 전반적 지원 -착 탈의 기술: □ 독립적 수행 가능 □ 부분적 지원(필요한 지원:　　) □ 전반적 지원 -몸단장 및 개인위생: □ 독립적 수행 가능 □ 부분적 지원(필요한 지원:　　) 　□ 전반적 지원
11	치료지원 서비스 □ 물리치료: 주 ____ 회, ____ 요일, _____ 시간 □ 작업치료: 주 ____ 회, ____ 요일, _____ 시간 □ 언어치료: 주 ____ 회, ____ 요일, _____ 시간 □ 인지치료: 주 ____ 회, ____ 요일, _____ 시간 □ 기타(　　　　): 주 ____ 회, ____ 요일, _____ 시간
12	그 외 통합학급 교사가 학생을 이해하기 위해 추가적으로 필요한 정보가 있다면 적어 주세요(장애 특성, 학생의 행동 특성, 장단점, 활동, 음식, 알레르기 등).

II-1. 통합학급 적응 기간 체크리스트(특수교사용)

전달 사항	1. 장애 학생의 장애 특성, 현행 학습 수준, 행동 특성, 건강상의 유의사항(예: 약물복용, 식이요법 등)에 대한 정보를 제공하였나요?
	2. 교실 내 자리배치를 위한 고려사항을 전달하였나요?
	3. 통합학급의 물리적 환경 및 학습환경에 대한 수정 사항을 제안하였나요?
	4. 개별화교육계획 팀 회의 일정 전달 및 참석 안내를 하였나요?
	5. 장애 학생의 의료상의 위급 상황 발생 가능성 여부 및 위급 상황 발생 시 대처 방안을 전달하였나요?
	6. 통합학급 교사에게 장애 학생과 또래가 함께 어울릴 수 있는 활동 정보 및 자료를 제공하였나요? (예: 놀이 수정 및 놀잇감 제공 등)
	7. 장애 학생의 학부모와 상담 시 필요한 정보를 제공하였나요?
협의 사항	1. 장애 학생의 통합학급 적응 상황 및 필요한 지원 등을 협의하였나요?
	2. 장애 학생의 이동 동선을 고려하여 시간표가 구성될 수 있도록 협의하였나요?
	3. 통합교사와 또래 지원 운영 방안을 협의하였나요?
	4. 통합교사와 수업, 이동, 일상생활 영역에서의 지원인력 활용 방안을 협의하였나요?
지원 사항	1. 장애 학생이 통합학급 규칙을 잘 이해하고 따를 수 있도록 지원하였나요?
	2. 통합학급에서 맡고 있는 역할(예: 1인 1역)이 있다면, 이를 잘 수행하고 있는지 여부를 확인하였나요?
	3. 장애 학생의 통합학급에서의 적응 여부를 관찰하고 있나요? □아침 자습 시간　□수업 시간　□쉬는 시간　□점심시간　□등하교 시간
	4. 통합학급 학생을 대상으로 다양성 이해 및 장애인식개선 교육을 실시하였나요?
	5. 지원인력이 통합학급에서 적절한 지원을 할 수 있도록 지원인력 교육(통합 상황에서의 장애 학생 지원 방법, 위급 상황 시 대처 방안 등)을 실시하였나요?

II-2. 통합학급 적응 기간 체크리스트(통합학급 교사용)

협의 사항	특수 교사	1. 특수교사로부터 개별화교육계획 팀 회의에 대한 안내를 받았나요?
		2. 특수교사에게 장애 학생의 특성에 관한 정보를 제공받았나요?
		3. 특수교사에게 장애 학생의 통합학급 생활에 대해 알리고 특수학급의 지원이 필요한 영역에 대해 협력을 요청하였나요?
		4. 또래 지원 운영 방안을 특수교사와 협의하였나요?
	학부모	5. 자리 배치 시 장애 학생의 신체적 특성과 학생 및 학부모의 의견을 고려하였나요?
		6. 학부모 상담 시 통합학급 생활 적응에 대한 정보를 교환하였나요?
지원 사항		1. 장애 학생의 이동 동선을 고려하여 시간표가 구성되었는지 확인하였나요?
		2. 장애 학생의 통합학급 적응 여부를 파악하고 있나요? □ 아침 자습시간 □ 수업 시간 □ 쉬는 시간 □ 점심시간 □ 등하교 시간
		3. 장애 학생의 의료상의 위급 상황 발생 시 대처 방안에 대해 숙지하고 있나요?
		4. 지원인력이 있는 경우, 학생들에게 지원인력의 역할에 대해 안내하였나요?
		5. 장애 학생 특성에 맞는 물리적 환경 및 학습환경을 구성하였나요? (→ 2. 물리적 환경 및 학습환경 영역 참조)
		6. 통합학급 규칙을 모든 학급 구성원이 이해할 수 있는 수준으로 설명하였나요?
		7. 장애 학생에게도 1인 1역이나 모둠 당번 등에서 적절한 역할을 제공하였나요?
		8. 장애 학생이 또래와 함께 어울릴 수 있는 기회를 마련하였나요?
		9. 모든 학급 구성원이 서로의 다양성을 이해할 수 있는 기회를 마련하였나요?

III. 영역별 체크리스트

1. 의료 및 건강 지원

1   장애 학생이 가지고 있는 건강상의 문제를 파악하고 있나요?(예: 뇌전증, 천식, 욕창, 션트 등)
    ☐ 확인함(특수교사가 제공한 기초정보 자료 참고)
    ☐ 해당 없음

2   일과 중, 장애 학생의 고통이나 불편함을 점검하고 있나요? (예: 학생이 전형적으로 통증을 느끼는 부분, 약 부작용으로 인한 불편함 등)
    ☐ 확인함
    ☐ 해당 없음

3   장애 학생에게 발생할 수 있는 건강상의 위급 상황이 무엇인지 알고 있나요?
    ☐ 확인함
    ☐ 해당 없음

4   장애 학생이 복용하고 있는 약물에 대해 알고 있나요? (구체적으로 기록해 주세요.)
    ☐ 약물의 종류: _____
    ☐ 학교에 있는 동안 복용해야 하는 약물의 양 및 시기: _____
    ☐ 나타날 수 있는 부작용: _____
    ☐ 해당 없음

5   발작, 인슐린 쇼크 혹은 그 외의 응급 상태 발생 시 취해야 하는 절차를 알고 있나요?(예: 교무실 및 보건실 연락담당 정하기)
    ☐ 확인함
    ☐ 해당 없음

6   장애 학생이 받는 의료적 지원에 대해 알고 있나요?
    ☐ 정기검진 영역
    ☐ 정기검진 주기

2. 물리적 환경

1   장애 학생이 학교 내 여러 시설의 접근에 어려움이 없는지 확인하였나요?
    ☐ 확인함
    ☐ 해당 없음

2   장애 학생이 교내 시설의 접근성에 어려움이 있는 경우 학교 구성원에게 이를 적극 알리고 필요한 물리적 수정을 요청하였나요?
    ☐ 이상 없음
    ☐ 이상 있음(→ 협력 요청)

3		장애 학생을 위해 특별히 제작된 책상, 의자 및 자세 유지를 위한 보조공학기기가 있을 경우 교실에는 충분한 공간이 확보되어 있나요? □ 확인함 □ 해당 없음
4		장애 학생의 이동 수단을 고려하였을 때 통합학급은 장애 학생이 편하게 이동할 수 있는 통로가 확보되어 있나요? □ 확인함 □ 해당 없음
3. 교수적 수정		
1	시 간 표	이동수업 준비를 위해 필요한 지원을 파악하고 있나요? □ 이동 시간 확보를 위해 교실에서 일찍 나갈 수 있게 함 □ 지원인력의 지원 □ 또래의 지원 □ 해당없음
2		학교의 일정 변경 시 학생 및 관련 지원인력에게 안내하였나요? □ 확인함 □ 해당 없음
3	보 조 공 학	교실의 책상과 의자가 학생에게 적합한 상태로 제공되고 있는지 확인하였나요? □ 이상 없음 □ 이상 있음(→ 특수교사에게 협력 요청)
4		학생이 사용하고 있는 보조공학기기와 관련하여 특수교사에게 안내를 받았나요? □ 확인함 □ 해당 없음
5	교 육 과 정 수 정	학생의 학업적 특성 및 현행 수준을 파악하고 있나요? □ 학생의 현행 수준 □ 강점 및 약점 □ 학생의 IEP 목표
6		학생에게 기대하는 학습 목표를 갖고 있나요? □ 예 □ 아니요(→ 적절한 기대 수준을 파악하기 어려울 경우, 특수교사에게 도움 요청)
7		수업 상황에서 학생의 참여를 촉진하기 위한 다양한 노력을 하고 있나요?(예: 수업 시간에 호명하기, 핵심 단어에 밑줄 긋도록 안내하기, 표현 가능한 방법으로 발표 기회 제공하기) □ 예 □ 아니요(→ 참여 촉진을 위해 필요한 지원이 무엇인지 알기 어려울 경우, 특수교사에게 도움 요청)

8		학생의 참여를 높이기 위한 다양한 방안에 대해 특수교사와 논의할 수 있는 시간을 갖나요?(예: 그림, 사진 등의 매체를 활용한 설명, 학습지 수정, 모둠 활동 시 역할 부여, 특수학급에서의 예습) □ 예 □ 아니요(→ 의견교환 시간 확보를 위해 활용할 수 있는 시간이 있는지 확인)
9	평 가 의 조 정	학생에게 기존의 평가 방법을 그대로 적용할 수 있는지 점검하였나요? (예: 학년, 반, 이름 정확히 적기, 객관식 문항 답 고르기, 서술형 답안 적기 등이 가능한지 점검) □ 평가방법 조정 필요 없음(→ 다른 지원 영역으로 가세요.) □ 평가방법 조정 필요(→ 2번으로 가세요.)
10		학생에게 적합한 평가 조정 방법에 대해 파악하고 있나요? □ 시간 조정: 시험 시간 조정, 중간 휴식 제공 □ 환경 조정: 시험 장소 조정(예: 특수학급, 보건실 등) □ 제시 방법 조정: 시험 자료 및 지시문 제시 방법 조정(예: 지시문 읽어 주기, 확대 시험지 제공) □ 반응 방법의 조정: 학생이 시험 문제에 답하는 방법 조정(예: 컴퓨터, 대필, 녹취)
11		학생이 시험에 필요한 기술을 연습할 수 있도록 통합학급의 평가 유형과 시기에 대해 특수교사에게 안내하였나요? □ 안내함 □ 해당 없음

4. 일상생활 지원

1	의복 및 보조기기 착의 · 탈의에 필요한 지원의 정도를 알고 있나요? −외투: □스스로 □또래지원 □지원인력의 지원 □교사의 지원 −신발: □스스로 □또래지원 □지원인력의 지원 □교사의 지원 −보조기기: □스스로 □또래지원 □지원인력의 지원 □교사의 지원
2	개인위생에 필요한 지원의 유형과 정도를 알고 있나요? −손 씻기: □스스로 □또래지원 □지원인력의 지원 □교사의 지원 −양치하기: □스스로 □지원인력의 지원 □교사의 지원 −용모 관리: □스스로 □또래지원 □지원인력의 지원 □교사의 지원
3	화장실 이용 시 필요한 지원의 유형과 정도를 알고 있나요? −화장실까지 이동 시 필요한 지원: □스스로 □또래지원 □지원인력의 지원 □교사의 지원 −착의 · 탈의 지원: □스스로 □지원인력의 지원 □교사의 지원 −용변 처리 지원: □스스로 □지원인력의 지원 □교사의 지원

4	식사 시 필요한 지원의 유형을 알고 있나요? ☐ 지원 필요 없음 ☐ 배식 지원 ☐ 식사 시간 조정 ☐ 작게 잘라 줘야 함 ☐ 식사 도구 지원 ☐ 운동 범위를 고려한 음식물의 배치 ☐ 지원인력 지원
	5. 의사소통 지원
1	학생의 의사소통 양식에 대해 파악하고 있나요? ☐ 몸짓 ☐ 발성(예: 으... 아.... 어....) ☐ 그림 상징 ☐ 문자 상징 ☐ 구어 ☐ 기타:
2	학생이 특별한 의사소통 양식을 사용할 경우, 이에 대해 또래에게 설명하였나요? ☐ 실시함 ☐ 해당 없음
3	또래에게 장애 학생과의 의사소통을 위한 교육을 실시하였나요?(중복 체크 가능) ☐ 장애 학생이 이해하기 쉽게 말하기 ☐ 시범 보이기 ☐ 다시 말해 달라고 말하기 ☐ 메시지 확인하기(예: "네가 말한 것이 ~ 이런 뜻이야?") ☐ 장애 학생이 응답할 시간 기다려 주기
4	일과 중 학생에게 최대한의 의사소통 기회를 제공하고 있나요? ☐ 예 ☐ 아니요 (→ 의사소통 기회를 늘려 주기 위해 사용할 수 있는 방법이 궁금할 경우 특수 교사에게 요청)
	6. 자세 및 운동 지원
1	학생에게 가장 안정적인 자세가 무엇인지 알고 있나요? ☐ 확인함 ☐ 해당 없음

2	안정적인 자세 유지를 위해 필요한 지원이 무엇인지 알고 있나요? □ 바르게 앉도록 말해 주기 □ 자세 보조공학기기 지원 □ 지원인력의 지원
3	수업 중 학생의 자세 상태를 점검하고 있나요?(예: 휠체어의 한쪽으로 몸이 기울어짐, 머리 받침에서 머리 이탈 등의 여부) □ 확인함 □ 해당 없음
4	학생의 운동 범위 및 형태를 고려한 수업 자료 제시 방법에 대해 알고 있나요? • 대상 물체 고정시키기: □ 확인함 □ 해당 없음 　－책상 위의 물건을 자주 떨어뜨리는 경우: 물건에 벨크로/테이프를 붙여 책상 표면에 고정, 물건 밑에 미끄러지지 않은 재질 붙여 주기, 논슬립 매트 사용하기 　－글씨를 쓰지 않은 손으로 공책을 잡고 글씨를 쓰기 힘든 경우: 책상에 클립보드 붙이기 • 경계 만들기: □ 확인함 □ 해당 없음 • 물체가 벗어나면 다시 가져오기 힘든 경우: 끈을 매어 놓아 다시 당겨올 수 있게 하기, 낮은 테두리가 있는 상자 안에 놀잇감이나 교재 넣어 주기, 책상이나 휠체어 트레이 가장자리에 경계선 만들어 주기 　－잡기 보조도구 사용하기(예: 연필에 고무 등을 덧끼우기, 보조대 이용): 　　□ 확인함 □ 해당 없음 　－조작을 도와주는 도구 사용하기(예: 쉽게 잡을 수 있도록 잡는 부분 크게 하기, 물체를 들어 올리거나 잡을 수 있도록 벨크로 활용): □ 확인함 □ 해당 없음
5	학생에게 최대한의 운동 기회를 제공하고 있나요? (예: 직접 할 수 있는 것은 과도하게 도와주지 않기, 가능한 범위 내의 최대한 운동 기회 제공하기, 수업 시간 중 체위 변경 허용하기, 편한 부위만 사용하지 않도록 다양한 신체 사용 기회 제공하기) □ 예 □ 아니요(→ 개별 학생에게 적합한 더 구체적인 방법이 궁금할 경우 특수교사에게 요청)

7. 또래 지원

1	학급 구성원들을 대상으로 장애이해 교육을 실시하였나요? □ 실시함 □ 실시 예정(→ 특수교사와 협력)
2	또래 지원을 활용하고 있다면, 이를 관찰하고 적절한 피드백을 주나요? □ 예 □ 아니요

3	놀이 활동에 장애 학생의 참여를 장려하고 있나요? □ 예 □ 아니요
4	장애 학생과 또래와의 관계를 파악하고 있나요?(직접 관찰, 장애 학생과 상담 등을 통해) □ 예 □ 아니요
5	또래와의 관계 증진을 위한 시도를 하고 있나요? □ 예 □ 아니요
6	학생과 또래와의 갈등 상황을 적절히 지도할 수 있는 전략을 가지고 있나요? □ 예 □ 아니요

8. 외부활동 지원	
1	학생이 외부활동에 참여하기 위해 필요한 지원이 무엇인지 알고, 이를 위한 구체적인 지원 계획을 점검하였나요? □ 지원인력 지원 □ 차량 지원 □ 이동 보조기기 지원
2	외부활동 장소의 학생의 접근성 및 편의시설 여부를 점검하였나요? (예: 엘리베이터, 경사로, 손잡이, 난간, 장애인 화장실 설치 여부 등) □ 확인함 □ 해당 없음
3	외부 활동 프로그램이 학생이 참여 가능한 활동으로 구성되었는지 점검하였나요? □ 예 □ 아니요(→ 학생이 참여하기 어려운 활동들은 특수교사와 활동 수정 방법에 대해 협의)
4	학생이 외부 활동 프로그램 참여에 제한이 있다면 최대한의 참여 보장을 위한 방안이 마련되었나요? □ 예 □ 아니요(→ 학생의 외부활동 참여를 보장하기 위한 다양한 방법들을 특수교사와 협의)

9. 위급 상황 대처	
1	학내에서 발생할 수 있는 안전사고 예방을 위해 주의사항을 안내하고 있나요?(예: 엘리베이터, 계단 이용 혹은 교실 내 이동 시 주의사항 안내, 휠체어 및 보조기기로 장난치지 않기) □ 예 □ 아니요

2	재난 및 비상탈출 상황에서 장애 학생을 위한 대처 방안을 알고 있나요?(예: 휠체어 이용 학생 대피요령 등) □ 예 □ 아니요(→ 학생 안전 및 학교별 재난 매뉴얼 참고)
3	재난 및 비상탈출 상황에서의 행동요령을 전체 학생들에게 안내하였나요?(예: 화재 및 지진 발생 시 엘리베이터 사용 금지 안내) □ 예 □ 아니요(→ 학생 안전 및 학교별 재난 매뉴얼 참고)
4	지체장애 학생이 재난 및 비상탈출 상황에서의 행동요령을 이해하고 있는지 점검하였나요? □ 예 □ 아니요
5	학생의 의료상의 위급 상황 시 대처방안을 알고 있나요?(예: 발작 시 대처방안 등) □ 예 □ 아니요(→ 특수교사와 상의 후 위급 상황 매뉴얼 수립)
6	학생의 의료상의 위급 상황에 대해 또래를 위한 사전·사후 지도와 정서적 지원을 제공하였나요? □ 예 □ 아니요

10. 관련인들과의 협력

1	장애 학생의 통합학급 생활 및 교육 상황에 대해 학부모와 주기적으로 소통하고 있나요? □ 예 □ 아니요
2	지원인력의 지원을 받는 경우, 학교생활 및 교육 활동에 적절한 지원이 이루어지고 있는지 점검하고 이를 특수교사와 협의하고 있나요? □ 예 □ 아니요
3	장애 학생의 통합 교육에 대해 기타 학교 구성원(예: 동학년 교사, 교과교사, 부장교사, 보건교사, 행정실, 관리자 등)과 협의하고, 필요한 지원이 있다면 요청하나요? □ 예 □ 아니요

출처: 조아라, 김지영, 홍경, 박은혜(2021). 지체장애 학생의 통합 지원을 위한 협력적 체크리스트 개발 연구. 지체중복건강장애연구, 64(2), 271-300.

〈부록 3〉 지체장애 유아 통합교육을 위한 협력적 지원 체크리스트

번호	문항
I. 협력적 지원을 위한 사전 계획	
개별화교육계획	
1	개별화교육계획에 지체장애 유아를 위한 건강관리 계획 및 보조공학기기 사용 방법을 점검하였나요?
2	지체장애 유아의 개별화교육계획 교수 목표를 놀이 및 일과 중에 포함하여 지도하고자 유아교사와 특수교사가 함께 협의하였나요?
교사, 치료사, 부모의 협력	
3	지체장애 유아의 놀이 참여 및 발달지원을 위해 다음의 방법으로 교사, 치료사, 부모 간 협의 체계를 마련하였나요? • 협의 시간 정하기(예: 실천 가능한 정기적인 협의 시간 정하기 등) • 공동의 가치관 공유(예: 유아에 대한 정보를 공유할 수 있는 워크숍 진행 등) • 다양한 정보 공유 수단 활용(예: 공동 기록 수단, 온라인 매체 등) • 가정 연계(예: 학부모 연수, 비대면 부모 모임, SNS 활용 등)
4	지체장애 유아의 놀이 참여 및 발달 지원을 위해 교사, 치료사, 부모 간 다음 내용에 대해 주기적으로 또는 수시로 협의하고 있나요? • 건강관리 지원 및 위기관리 계획(예: 뇌전증, 천식, 욕창, 션트, 약물 등) • 일상생활 지원(예: 의복 및 보조기기 착·탈의, 개인위생, 화장실 이용, 식사, 이동, 학습과 놀이도구 사용 등) • 자세 및 운동 지원(예: 자세 지원 및 점검 방안, 보조기기 사용 및 보관 방법, 운동 기회 제공 등)
5	교사, 치료사, 부모 간 협의한 내용을 지원인력과 공유하고 있나요?
II. 놀이·일과 참여 지원	
놀이 참여 특성 파악	
6	지체장애 유아의 흥미 또는 관심사를 다음과 같은 방법으로 파악하고 있나요? • 관찰　　　　• 보호자 면담　　　　• 선호도 평가 → 유아의 흥미 또는 관심사(놀잇감, 놀이 대상, 놀이 장소 등):
환경적 요소 파악 및 교육과정 수정	
7	지체장애 유아는 충분히 넓은 공간에서 놀이하고 있나요?

8	지체장애 유아는 여러 놀이 영역 및 놀잇감에 독립적으로 자유롭게 접근할 수 있나요? • 유아가 이동하기에 충분한 공간 확보 • 유아가 앉아서 사용할 수 있는 책상 마련 • 유아의 신체적 특성에 따른 놀잇감 위치 조정(예: 선호하는 놀잇감을 쉽게 손이 닿는 교구장 영역에 배치 등) • 안전을 위해 교실 내 모서리에 보호대 부착 • 놀잇감 및 자료가 유아가 조작할 수 있는 형태로 갖추어져 있음
9	지체장애 유아가 여러 놀이 영역 및 놀잇감 접근을 요청할 수 있도록 의사소통수단을 마련하고 지도 방안을 계획하였나요?
10	지체장애 유아가 놀이에 참여할 수 있는 학급 분위기를 조성하기 위해 유아들과 다음 내용에 대해 함께 이야기 나누고자 협의하였나요? • 지체장애 유아의 특성을 고려한 놀이 규칙 및 방법 수정 • 지체장애 유아의 특성을 고려한 안전 규칙
11	모든 놀이 · 일과에 지체장애 유아가 가능한 한 독립적으로 참여할 수 있도록 점검하였나요? 1) 미술놀이(예: 쏟아지지 않는 물감통, 그립을 끼운 크레용이나 붓, 그리기 대신 스티커 붙이기, 자동열림가위 등) 2) 쌓기 및 수조작놀이(예: 손잡이를 부착한 퍼즐, 책상 끝에 우드락 붙이기, 조작이 쉬운 자석 블록으로 교체하기 등) 3) 악기 및 음률놀이(예: 손목 끈을 부착한 리듬악기, 스위치를 연결해 연주하는 악기 등) 4) 역할놀이(예: 잡기 쉬운 역할놀이 소품, 놀이 주제에 알맞은 어휘를 입력한 AAC, 아동이 접근할 수 있는 역할놀이 책상 배치, 또래 눈높이를 고려한 환경 조성 등) 5) 게임 및 신체활동(예: 지체장애 유아의 신체적 어려움을 고려한 게임 규칙 수정 등) 6) 바깥놀이(예: 아동이 접근할 수 있는 물모래놀이 책상 배치, 조작 가능한 바깥놀이 도구 등) 7) 점심식사(예: 마시기 좋도록 잘려진 컵(cut-away 컵), 실리콘 수저, 책상 부착용 식판 등) 8) 화장실 이용(예: 안전바 또는 지지대 설치, 충분한 전이시간 제공, 이동 보조기기가 접근 가능한 환경 조성, 기저귀를 교체할 수 있는 별도의 공간 확보 등) 9) 이야기 나누기(예: 또래 곁에 앉을 수 있도록 수정된 의자 및 앉기 보조기기 활용, 눈높이를 고려한 보조기기 높이 조절, AAC 활동 주제와 관련된 문장 입력 등) 10) 그 외 놀이 및 일과:
12	전반적인 놀이 및 일과 시간은 지체장애 유아의 이동 및 전이 시간을 고려하여 계획되었나요?(예: 이동시간을 길게 제공하기, 전이 시 순서 조정하기 등)

III. 또래 간 상호작용 지원	
학급 문화 조성	
13	다양성 및 장애 수용도를 증진하는 환경을 구성하고 있나요? • 다양한 성별, 인종, 장애, 연령 등을 나타내는 인형 비치(예: 피부색이 다양한 인형, 휠체어를 탄 인형 등) • 모두가 쉽게 활용할 수 있는 보조도구 비치(예: 스프링가위, 손가락붓 등) • 이해가 편리한 그림 안내 부착(예: 서로 양보하기, 서로 기다려 주기, 서로 도와주기 등에 대한 방법을 안내하는 시각적 자료 등)
14	학급 구성원 대상 장애이해교육을 계획할 때, 지체장애 유아가 사용하는 보조공학기기 관련 내용을 포함하고 있는지 점검하였나요? • 보조공학기기 정보 • 보조공학기기 관련 안전 규칙 • 또래 및 지체장애 유아에게 AAC를 활용한 대화방법 지도
15	지체장애 유아의 의사소통을 이해하기 어렵거나 신체적 특성으로 인한 비의도적 행동이 있을 때, 또래에게 해당 행동을 긍정적이고 적절한 방법으로 설명해 줄 수 있는 교사 및 지원인력이 있나요?
또래 상호작용을 촉진하는 환경 구성	
16	또래와의 눈높이를 고려하여 지체장애 유아의 보조기기(휠체어, 피더시트, 스탠더 등)를 조절하였나요?
17	지체장애 유아와 또래의 사회적 상호작용을 증진하기 위해 대소집단 활동 및 우정활동(신체적 특성을 고려한 활동 포함)을 계획 및 실행하고 있나요?(예: 친구와 마주 보고 손뼉치기, 앉아서 하는 풍선 라켓놀이 등)

출처: 남해인, 김가비, 전예은, 유인영, 남보람, 박은혜(2022). 지체장애 유아 통합교육을 위한 협력적 지원 체크리스트 내용 타당도 분석. 유아특수교육연구, 22(4), 49-75.

참고문헌

강소진(1998). 컴퓨터 보완대체 의사소통(AAC) 사용이 중증 뇌성마비아의 의사소통 빈도와 아동에 대한 교사의 수용적 의사소통 빈도에 미치는 효과 연구. 이화여자대학교 교육대학원 석사학위청구논문.

강필(2007). 단하지 보조기의 제작. 한국의지 · 보조기학회지, 1(1), 25-29.

강현석, 박영무, 조영남, 허영식, 이종원(2003). 통합교육과정의 이론과 실제. 서울: 양서원.

강혜경, 김미선, 김수진, 김은숙, 김정연, 박은혜, 이명희, 임장현(2015). 장애아동을 위한 미술교육(2판). 서울: 학지사.

경기도교육청(2006). 순회교육 대상학생의 교수-학습전략. 순회학급 교육과정 운영 지원을 위한 순회교사 워크 연수자료집.

곽금주, 장승민(2019). 한국 웩슬러 아동 지능검사 V판(KEDI-WISC-V). 서울: 학지사.

교육과학기술부(2013). 특수교육 기본교육과정 초등학교 1~2학년 사회과 교사용 지도서.

교육과학기술부(2009a). 장애인 등에 대한 특수교육법.

교육과학기술부(2009b). 2009년도 특수교육운영계획. 교육과학기술부 특수교육지원과.

교육과학기술부(2009c). 2009년 특수교육통계.

교육과학기술부(2009d). 교육과정 해설서.

교육과학기술부(2009e). 특수학교 교육과정 해설(II) 기본교육과정.

교육과학기술부(2009f). 2009년 특수교육 연차보고서.

교육과학기술부(2010a). 2010년 특수교육 연차보고서.

교육과학기술부(2010b). 병원학교 현황과 발전방향. 2010 전국 병원학교 운영 워크숍.

교육과학기술부(2011a). 2011년 특수교육통계.

교육과학기술부(2011b). 2011년 특수교육 연차보고서.

교육부(2014). 초등학교 3~4학년군 사회과 교사용 지도서.

교육부(2015a). 기본 교육과정, 교육부 고시 제2015-81호 [별책 3].

교육부(2016). 2016 특수교육 연차보고서.

교육부(2021). 중고등학교 장애학생 교과학습발달상황 평가 도움 자료.

교육부(2022a). 특수교육통계.

교육부(2022b). 2022 특수교육 연차보고서.

교육부(2022c). 2022 특수교육 운영계획.

교육인적자원부(2006). 건강장애 학생의 교육지원 방안 및 병원학교 설치 운영 현황. 병원학교 운영관련 워크숍.

교육인적자원부(2007). 장애인 등에 대한 특수교육법(2005. 3. 24. 공포). 법률 제7395호.

교육인적자원부(2008a). 2008년도 특수교육운영계획.

교육인적자원부(2008b). 특수학교 교육과정(교육인적자원부 고시 제2008-3호).

교육인적자원부(2008c). 초등학교 교육과정 해설(총론).

교육인적자원부(2008d). 중학교 교육과정 해설(총론).

교육자치지원국(2003). 제2차 장애인복지발전 5개년계획(안). 특수교육발전종합계획('03-'07).

구본권(2007). **지체장애아동교육**. 서울: 시그마프레스.

국립재활원(2012). 장애인보조기구 사례관리사업 운영지침 및 사업수행 가이드북.

국립특수교육원(2002). 재택 장애아동의 교육지원체제 구축방안.

국립특수교육원(2007). 특수학교 교육과정 개정시안 수정 · 보완 연구.

국립특수교육원(2009). 특수교육학용어사전.

국립특수교육원(2016). 장애유형 및 교과별 평가조정 방안.

국립특수교육원(2017). 국립특수교육원 기초학습능력검사(NISE−B · ACT). 충남: 국립특수교육원.

국립특수교육원(2018). 국립특수교육원 적응행동검사(NISE−K · ABS) 개발. 충남: 국립특수교육원.

국립특수교육원(2020). 2020 장애대학생 교육복지 지원 실태 평가보고서.

국립특수교육원(2021). 발달장애인 의사소통지원 연구.

김경양(2016). Eye tracking 기법을 적용한 AAC 중재가 지체중복 장애학생에게 미치는 효과. 지체 · 중복 · 건강장애연구, 59(4), 181-211.

김경양, 박은혜(2001). 스크립트를 이용한 AAC 중재가 중도장애 아동의 의사소통 기능 습득에 미치는 효과. 언어청각장애연구, 6(2), 331-354.

김나경, 고희선, 정혜림, 박은혜(2021). 지체장애 학생 대상 또래 기반 중재 연구 고찰. 지체중복건강장애연구, 64(2), 187-214.

김남진, 김용욱(2010). **특수교육공학**(2판). 서울: 학지사.

김덕희(2007). **소아비만과 소아당뇨**. 서울: 좋은날.

김동일, 이대식, 신종호(2010). **학습장애아동의 이해와 교육**. 서울: 학지사.

김삼섭, 구인순, 김형완, 박은영, 박희찬, 서종열, 이효성, 임경원, 전보성, 정민호, 황윤의(2013). **장애인 직업교육의 이론과 실제**. 서울: 학지사.

김선경(1998). 지역사회 환경 실습과 연계한 비디오 교수가 자폐아동의 학용품 사기 기술에 미치는 효과. 이화여자대학교 대학원 특수교육학과 석사학위논문.

김세주, 성인영, 박승희, 정한영(2005). 뇌성마비 아동의 이해. 서울: 시그마프레스.

김수희(2013). 뇌성마비아동의 양손 활동 훈련 프로그램 중재 효과. 경북대학교 보건대학교 석사학위논문.

김승국(1998). 사회성숙도검사. 서울: 중앙적성출판사.

김영욱, 김원경, 박화문, 석동일, 이해균, 윤점룡, 정재권, 정정진, 조인수(2009). 특수교육학(4판). 서울: 교육과학사.

김영태(2003). 아동언어장애의 진단 및 치료. 서울: 학지사.

김영태, 박은혜, 한선경, 구정아(2016). 언어치료사 및 특수교사를 위한 한국 보완대체의사소통 평가 및 중재프로그램. 서울: 학지사.

김예리, 김경양, 박소민, 석민, 임지욱(2016). AAC를 활용한 지역사회 적응활동. 서울: 학지사.

김은주(2008). 건강장애 학생을 위한 병원학교 운영 지원체계의 타당화 연구. 이화여자대학교 대학원 박사학위논문.

김은하(2012). 개인중심계획을 활용한 진로교육 프로그램이 지적장애 중학생의 진로 태도, 성취동기 및 가족역량에 미치는 영향. 이화여자대학교 대학원 박사학위청구논문.

김정연(2004). 중도장애 아동을 위한 의사소통 지도. 사용자에 맞는 의사소통 체계 선택 및 사용방법. 이화여자대학교 특수교육연구소 하계연수자료집, 31-50.

김정연(2005). 중도장애 아동을 위한 의사소통 지도 II. 의사소통 장애학생을 위한 AAC 교육의 개관. 이화여자대학교 특수교육연구소 하계연수자료집, 3-24.

김정연(2006a). 지체장애 학생을 위한 교육과정. 강원도 중등교육연수원 자격연수자료집.

김정연(2006b). 의사소통장애가 있는 지체부자유 학생의 국어교과지도: 쓰기를 중심으로. 현장특수교육, 77-81.

김정연(2009a). 지체부자유 학생의 통합교육전략. 조선대학교 사범대학 부설 중등교육연수원 연수자료집, 33-46.

김정연(2017). 지체장애학생 학업성취도 평가조정의 실제. 2017 장애학생의 학업성취도 평가조정 지원역량강화 연수자료집. 국립특수교육원.

김정연, 김시원(2016). 스마트기기 기반 AAC 앱의 사용성 평가. 특수교육교과교육연구, 9(2), 59-80.

김정연, 김시원, 임장현(2016). 2016 건강장애학생 이해자료 개발 연구보고서. 인천광역시교육청.

김정연, 류신희(2009). 건강장애 학생의 학교복귀 지원에 대한 요구조사. 특수교육, 8(2), 113-133.

김정연, 박은혜(2003). 중도 뇌성마비 아동의 의사소통 기술 증진을 위한 AAC 대화상대자 훈련. 특수교육연구, 2(1), 37-58.

김정연, 박은혜(2007). 다중양식 체계를 이용한 의사소통 중재가 뇌성마비 고등학생의 수업 중 의사소통 행동에 미치는 영향. 이화여자대학교 교육대학원 석사학위논문.

김정연, 박은혜, 김유리(2015). 건강장애학생 교육지원 실태 및 개선방안에 관한 질적연구. 특수교육학연구, 50(1), 53-77.

김정연, 박은혜, 표윤희(2008). 보완대체 의사소통 체계(AAC) 사용자의 문해력 중재에 대한 연구문헌 분석. 언어청각장애연구, 13(2), 308-327.

김정연, 이금진, 김은숙, 김주혜, 박지연(2005). 의사소통 장애아동을 둔 가족의 어려움과 지원요구에 관한 질적 연구. 언어청각장애연구, 10(1), 58-81.

김정연, 표윤희, 김경양, 김시원(2017). 2017 병원학교 운영 매뉴얼 개발 연구보고서. 인천광역시교육청.

김정연, 황지현(2014). 특수교육현장에서 중도중복장애 중학생의 의사소통행동 촉진을 위한 AAC 양식 비교. 특수교육, 13(3), 227-247.

김종만, 이충휘(1997). 신경계 물리치료학. 서울: 정담출판사.

김종현, 윤치연, 이성현, 이은림(2010). 특수아동의 이해와 지도(2판). 고양: 공동체.

김주홍, 박재국, 이미경(2013). 지체장애 학생의 지역사회 참여를 위한 교육 방향성 탐색 기초연구. 지체·중복·건강장애연구, 56(3), 201-230.

김현주(2002). AAC를 통한 상호작용적 이야기책 읽기 활동이 복합장애 아동의 초기문해력과 의사소통행동에 미치는 효과. 이화여자대학교 대학원 석사학위논문.

김형일(2013). 전환교육의 이해와 실행. 경기: 교육과학사.

김혜숙, 육주혜, 김현진(2006). 특수교육정보화 지수를 활용한 현황 분석 연구. 서울: 한국교육학술정보원.

나까하라 에미코(2000). 한·일 장애인 자립생활 세미나 자료집. 한국: 정립회관, 일본: 휴먼케어협회.

나지회, 김주성, 이종민, 이영선, 박은혜 (2022). 학령기 지체장애 학생을 위한 가상현실 활용 중재 연구동향. 지체·중복·건강장애연구, 65(4), 95-121.

남보람, 장영선, 송경신, 박은혜(2020). 지체장애 유아 통합교육을 위한 물리적 환경 준비도 체크리스트 개발 및 내용 타당화 연구. 유아특수교육연구, 20(3), 33-56.

남해인, 김가비, 전예은, 유인영, 남보람, 박은혜(2022). 지체장애 유아 통합교육을 위한 협력적 지원 체크리스트 내용 타당도 분석. 유아특수교육연구, 22(4), 49-75.

대전광역시교육청(2007). 대전광역시 특수교육 장학자료.

대한 소아알레르기 호흡기학회 편(2008). 어린이 청소년 천식 바로 알고 바로 치료하자. 서울: 군자출판사.

대한신경과학회(2012). 신경학(2판). 서울: 범문에듀케이션.

대한척수손상학회(2017). 척수손상 질병안내. http://www.koscos.kr/sub/sub0401.php

류신희(2008). 건강장애 학생의 교육실태 및 학교복귀 지원에 대한 요구 조사. 조선대학교 교
　　육대학원 석사학위논문.

류신희, 김정연(2008). 건강장애 학생의 학교생활 적응 및 교육 실태. 중도 · 지체부자유아연구,
　　51(4), 157-176.

문수백, 여광응, 조용태(2003). 한국판 시지각 발달검사(K-DTVP-2). 서울: 학지사.

박순희(2005). 시각장애아동의 이해와 교육. 서울: 학지사.

박승규, 허재원, 양대중, 강정일, 이준희(2012). ICF를 이용한 재가 장애인의 방문 물리치료 효
　　과 및 환경 요인 분석. The Journal of Korean Society of Physical Therapy, 24(4),282-289.

박승희(1997). 중도장애 학생을 위한 교육과정의 최선의 실제. 특수교육논총, 14(2), 1-28.

박은혜(1996). 지체부자유 학생을 위한 자세잡기와 다루기 전략에 관한 고찰. 인간발달연구,
　　24, 145-162.

박은혜(1997a). 통합된 장애아동을 위한 효과적인 교수전략. 인간발달연구, 25, 93-113.

박은혜(1998a). 중도장애아를 위한 지역사회 중심의 교수전략. 재활복지, 2(1), 20-47.

박은혜(1998b). 지체부자유 아동을 위한 학습보조도구: 특수교육공학적 접근. 재활소식, 243,
　　13-16.

박은혜(2002). 지체부자유아 교육연구의 최근 동향. 특수교육연구, 9(1), 137-155.

박은혜 역(1997b). 지체부자유 및 중복장애 학생의 직업교육과 고용. 서울: 이화여자대학교
　　출판부.

박은혜, Snell, M., & Allaire, J. (2004). 언어장애인을 위한 보완 · 대체의사소통용 어휘 · 상징
　　체계 수립에 관한 문헌연구. 언어청각장애연구, 9(3), 118-138.

박은혜, 강혜경, 이명희, 김정연, 표윤희, 임장현, 김경양 역(2012). 지체, 건강 및 중복 장애 학생
　　에 대한 이해. 서울: 학지사.

박은혜, 김미선, 김수진, 강혜경, 김은숙, 김정연, 이명희(2004). 장애아동을 위한 미술교육. 서
　　울: 학지사.

박은혜, 김미선, 김정연(2005). 건강장애 학생이 겪는 어려움과 지원방안에 대한 질적 연구.
　　특수교육연구, 12(1), 223-243.

박은혜, 김영태, 김정연(2008). 파라다이스 보완대체 의사소통 기초능력평가. 서울: 파라다이스.

박은혜, 김정연(2004). 보완대체 의사소통 상징체계 수립을 위한 기초 문헌 연구. 언어청각장
　　애연구, 9(1), 100-129.

박은혜, 김정연(2010). 지체장애 학생 교육. 서울: 학지사.

박은혜, 김정연, 김주혜(2005). 보완대체 의사소통 교육 현황 및 의사소통 보조공학 도구 개
　　발에 관한 요구 조사. 언어청각장애연구, 10(1), 76-95.

박은혜, 김정연, 주혜선, 이현주, 황정현, 구정아(2018). 중도 · 중복 장애학생 의사소통 몸짓 언어

개발 기초 연구 보고서. 충남: 국립특수교육원.

박은혜, 김정연, 표윤희, 김은숙(2007). **중도 지체장애 학생을 위한 국어과 교수-학습전략 개발연구**. 경기: 국립특수교육원.

박은혜, 박지연, 노충래(2005). 건강장애 학생을 위한 교육지원 모형 개발. 특수교육학연구, 40(3), 269-298.

박은혜, 이정은(2004). 건강장애학생의 학교적응 지원을 위한 기초연구. 특수교육학연구, 39(1), 143-168.

박은혜, 이희란, 김주혜(2005). 건강장애 학생의 교육에 대한 부모 요구 조사. 특수교육학연구, 39(4), 175-193.

박은혜, 한경근 역(2008). **중도장애학생의 교육(6판)**. 서울: 시그마프레스.

박은혜, 한경근 역(2017). **중도장애학생의 교육(8판)**. 서울: 시그마프레스.

박혜원, 이경옥, 안동현(2016). 한국 웩슬러 유아지능검사-4판(K-WPPSI-4) 실시지침서. 서울: 학지사.

범은경, 황태주, 국훈(1992). 소아암에 대한 환아의 인식도와 보호자의 태도에 관한 고찰. 대한소아과, 35(2), 182-190.

보건복지가족부(2008). 장애인 · 노인 · 임산부 등의 편의증진보장에 관한 법률.

보건복지부(2010). 장애인복지법.

서봉연, 정보인(한국판 표준화, 1997). 한국판 PTI(유아, 아동용 그림지능검사). 서울: 중앙적성출판사.

서선진, 안재정, 이금자 역(2010). 학습문제가 있는 학생들을 위한 특수교육 교수방법. 서울: 학지사.

서울대학교 어린이병원(2008). 선생님을 위한 당뇨병 이야기.

서울특별시교육연구정보원(2006). 건강장애 인식개선 프로그램.

서현주(2018). 스위치를 활용한 AAC 중재가 지체 · 중복장애 고등학생의 수업참여행동에 미치는 영향. 이화여자대학교 교육대학원 석사학위논문.

소아물리치료편찬위원회(2018). 소아물리치료 진단과 중재. 서울: 현문사.

손정태, 장은희, 하나선, 이현주, 양진향, 류은경, 이경희, 김수현 외 역(2010). 기본간호학. 경기: 현문사.

신경계 물리치료중재학 편찬위원회(2013). 신경계 물리치료 중재학. 경기: 현문사.

안수경, 김영표, 김현진, 정민호(2006) 특수교육 현장의 교사들이 추천하는 교육용 콘텐츠 50선. 경기: 국립특수교육원.

안효섭, 김순기(2005). 소아암: 환자와 가족을 위한 정보. 서울: 대한교과서.

연석정, 김영태, 박은혜(2016). 이화-AAC 상징체계의 상징투명도와 명명일치도 특성 비교연구. **보완대체의사소통연구**, 4(1), 45-63.

우규연, 박은혜(2015). 스마트기기를 활용한 일기쓰기 중재가 지체장애 중 · 고등학생의 쓰기

능력에 미치는 영향. 지체 · 중복 · 건강장애연구, 58(3), 83-110.

이계존, 조상현(1998). 뇌성마비 장애인의 직업영역 확대를 위한 조사연구. 서울: 한국장애인 고용 촉진공단.

이명희(2005). 보완대체의사소통을 이용한 또래중재가 중도 지체장애 유아의 또래와의 상호 작용에 미치는 영향. 이화여자대학교 대학원 박사학위청구논문.

이병혁, 김영표, 홍성두, 박경옥(2015). 장애 아동 · 청소년을 위한 수학교육. 서울: 학지사.

이설희, 이영선, 박은혜 (2022).성인 초기 장애인을 위한 메타버스 기반 고용가능성 증진 프로그램 개발. 한국디지털콘텐츠학회 논문지, 23(8), 1527-1537.

이성진(2021). 특수교사가 디자인하는 좋은 수학 수업. 서울: 교육과학사.

이소현(1997). 중도장애아의 교육가능성에 관한 전반적 고찰. 제4회 이화특수교육 학술대회 논문집, 3-27.

이소현, 박은혜(2011). 특수아동교육(3판). 서울: 학지사.

이소현 역(1995). 장애영유아를 위한 교육. 서울: 이화여자대학교출판부.

이승희(2010). 특수교육평가(2판). 서울: 학지사.

이재원(2007). 다이나믹 보치아. 서울: 무지개사.

이재원(2009). 보치아. 2009 경남 장애인스포츠지도자 연수자료, 441-462.

이정은, 박은혜(2000). 보완 · 대체의사소통체계 적용을 위한 상황 중심 핵심어휘 개발 연구. 재활복지, 4(1), 96-122.

이정은 역(2015). 지적장애학생을 위한 전환교육의 실제. McDonnell, J., & Hardman, M. L. 저. *Successful transition programs: Pathways for students with intellectual and developmental disabilities* (2nd ed.). 서울: 학지사.

이주영(2004). 가정에서의 자연적 일과를 이용한 스크립트 중심의 보완대체 의사소통(AAC) 훈련이 레트증후군 아동의 요구하기 기술 수행에 미치는 효과. 이화여자대학교 대학원 석사학위청구논문.

이효신 역(2014). 교사를 위한 응용행동분석. 서울: 학지사.

이희연, 홍기형(2015). 보완대체의사소통(AAC) 글자판의 단어예측기능에 대한 뇌병변장애인 대상의 사용성 평가. 재활복지공학회논문지, 9(3), 209-214.

임미화, 박은혜, 김정연(2006). 음성출력 의사소통 도구(VOCA)를 이용한 이야기책 읽기 중재가 중복장애 아동의 초기 문해력에 미치는 영향. 언어청각장애연구, 11(3), 219-233.

임신자(1997). 개별화된 수정을 통한 최중도 장애인의 여가활동 교수효과에 관한 일 연구: 간이 볼링 기술을 중심으로. 이화여자대학교 대학원 특수교육학과 석사학위논문.

임장현(2011). Tablet PC기반의 AAC중재가 통합된 중도장애 학생의 의사소통행동과 비장애 학생의 인식에 미치는 영향. 이화여자대학교 대학원 박사학위청구논문.

임장현, 박은혜(2012). ASD인을 위한 스마트 교육 미디어로서의 앱 개발 및 연구현황 분석.

자폐성장애연구, 12(1), 93-117.

임희정(2000). 사진교환 의사소통 체계(PECS)를 이용한 환경중심 의사소통 중재가 자폐아동의 사물 요구하기 수행에 미치는 효과. 이화여자대학교 대학원 석사학위청구논문.

정진엽, 왕규창, 방문석, 이제희, 박문석(2013). 뇌성마비. 서울: 군자출판사.

정한영, 박병규, 김명옥, 편성범, 남정현 역(2009). 신경질환 아틀라스. Davis, L. E., King, M. K., & Schultz, J. L. 저(2005). *Fundamentals of Neurologic Disease*. 서울: 군자출판사.

정해동, 김주영, 박은혜, 박숙자(1999). 장애학생을 위한 보완대체 의사소통지도. 경기: 국립특수교육원.

조아라(2016). 활동보조인과 뇌성마비 성인을 위한 AAC중재가 뇌성마비 성인의 자기결정행동에 미치는 영향. 이화여자대학교 교육대학원 석사학위논문.

조아라, 김지영, 홍경, 박은혜(2021). 지체장애 학생의 통합지원을 위한 협력적 체크리스트 개발 연구. 지체 · 중복 · 건강장애연구, 64(2), 271-300.

조영길, 김정미, 노경수(2016). 장애인자립생활개론. 서울: 학지사.

조용태(2011). 한국판 시지각 발달검사-청소년용(K-DTVP-A). 서울: 학지사.

조효인, 김영태(2003). 비디오 자기모델링을 활용한 보완대체 의사소통 중재가 중도 정신지체 아동의 의사소통 능력에 미치는 효과. 특수교육연구, 10(1), 193-218.

주수영, 박은혜, 이영선(2022). 통합된 지체장애학생 교육을 위한 온라인 교사학습공동체 활동 개발 및 실행. 지체중복건강장애연구, 65(2), 71-93.

진주혜(2000). 소아암 초기 생존 아동의 학교생활 경험. 연세대학교 대학원 석사학위논문.

채수정, 박은혜(1999). 기능적 보완대체 의사소통(AAC) 도구 사용 훈련이 중도장애아의 물건사기를 위한 의사소통 행동에 미치는 효과. 언어청각장애연구, 4, 119-138.

최진희(1999). 환경중심 의사소통 중재가 중도 장애아동의 칩톡(Cheap Talk)을 이용한 요구하기 수행에 미치는 효과. 이화여자대학교 대학원 석사학위청구논문.

최현화(2001). 음성출력 의사소통 기구를 이용한 의사소통 중재가 또래를 향한 자폐아동의 자발적 의사소통에 미치는 효과. 이화여자대학교 교육대학원 석사학위청구논문.

최효진(2018). 사회적기업 지체장애근로인의 직업생활에 관한 현상학적 연구. 조선대학교 교육대학원 석사학위청구논문.

표윤희(2010a). 운동능력 향상을 위한 협력적 팀워크 중재가 뇌성마비 학생의 대근육운동 및 교육팀 구성원들의 인식에 미치는 영향. 이화여자대학교 대학원 박사학위청구논문.

표윤희(2010b). 수학과 지도 방법 및 평가의 실제. 국립특수교육원 자격연수자료집.

표윤희(2015). 교사-물리치료사간 협력적 팀 접근 중재 모델의 적용이 지체장애 학생의 운동 · 일상생활능력 및 개별화교육목표 성취에 미치는 영향. 특수교육저널: 이론과 실천, 16(3), 131-158.

표윤희(2017). 교사와 작업치료사 간 협력적 팀 접근 중재모델의 적용이 뇌성마비 학생의 시

지각, 상지기능 및 일상생활능력과 개별화교육목표 성취에 미치는 영향. 특수교육학연구, 52(1), 121-144.

표윤희, 강혜경, 이창렬(2014). 활동매트릭스를 활용한 협력적 팀 접근 중재가 지체장애 학생의 운동능력 및 개별화교육목표 성취에 미치는 영향. 특수아동교육연구, 16(4), 37-59.

표윤희, 김정연, 김시원(2017). AAC앱을 활용한 중재가 언어발달지체유아의 의사소통 능력에 미치는 효과. 특수교육, 16(2), 57-80.

표윤희, 박은혜(2002). 중도뇌성마비 학생의 학교수업에서의 문자의사소통판 활용: 읽기 수업을 중심으로. 언어청각장애연구, 7(1), 30-48.

표윤희, 박은혜(2010). 운동능력 향상을 위한 협력적 팀워크 중재가 뇌성마비 학생의 대근육운동 능력 및 운동능력 관련 개별화교육목표 성취에 미치는 영향. 특수교육학연구, 45(1), 313-336.

하가영(2000). 기능적 읽기 활동을 통한 AAC 훈련이 비구어 뇌성마비 아동의 의사소통능력에 미치는 습득 및 일반화 효과. 이화여자대학교 대학원 석사학위청구논문.

한경임(1998). 중증 뇌성마비 아동의 보완대체 의사소통 중재의 효과. 대구대학교 대학원 박사학위청구논문.

한국우진학교(2006). 뇌성마비아 음악교육을 위한 리듬악기의 제작.

한국우진학교(2007). 뇌성마비 특징과 자세지도. 교육실습생 연수자료집.

한국장애인개발원(2009). 장애인 보조기구 서비스 과정 안내서.

한국장애인고용공단(2022). 2021 장애인 구인, 구직 및 취업동향.

한국장애인고용공단(2022). 2022 장애인 통계.

한국장애인고용공단 고용개발원(2016). 2016 장애인 통계.

한국천식알레르기협회(2007). 학교에서의 천식관리.

한동기(2004). 특수체육의 이론과 실제. 서울: 무지개사.

홍혜경(2009). 유아 수학능력 발달과 교육. 경기: 양서원.

황순택, 김지혜, 박광배, 최진영, 홍상황(2012). 한국 웩슬러 성인용 지능검사 4판(K-WAIS-4). 대구: 한국심리주식회사.

American Association on Intellectual & Developmental Disabilities (AAIDD). (2010). *Intellectual disability: Definition, classification, and system of supports.* Washington, DC: Authors.

American Speech-Language-Hearing Association (ASHA). (2005). Roles and responsibilities of speech-language pathologists with respect to augmentative and alternative communication: Position statement.

Barnes, S. B., & Whinnery, K. W. (2002). Effects of functional mobility skills training for young students with physical disabilities. *Exceptional Children, 68*(3), 313-324.

Batshaw, M. L., Roizen, N. J., & Lotrecchiano, G. R. (2013). *Children with disabilities* (7th ed.). Baltimore: Paul H. Brookes Publishing Co.

Baumgart D., Brown, L., Pumpian, I., Nisbet, J., Ford, A., Sweet, M., Messina, R., & Schroeder, J. (1982). The principle of partial participation and individualized adaptations in educational progroms for students with severe handicaps. *Journal of The Association for Persons with Sever Handicaps, 7*(2), 17-27.

Belson, S. I. (2003). *Technology for exceptional learners.* Boston, MA: Houghton Mifflin Company.

Best, S. J., Heller, K. W., & Bigge, J. (2005). *Teaching individuals with physical, or multiple disabilities* (5th ed.). Upper Saddle River, NJ: Merrill.

Best, S. J., Heller, K. W., & Bigge, J. L. (2010). *Teaching individuals with physical or multiple disabilities* (6th ed.). Upper Saddle River, NJ: Pearson Education, Inc.

Beukelman, D. R., Jones, R., & Rowan, M. (1989). Frequency of word usage by nondisabled peers in integrated preschool classrooms. *Augmentative and Alternative Communication, 5*, 243-248.

Beukelman, D., & Mirenda, P. (2012). *Augmentative and alternative communication: Management of severe communication disorders in children and adults.* Baltimore: Paul H. Brooks Publishing Co.

Bidabe, D. L., Barnes, S, B., & Whinnery, K. W. (2001). M.O.V.E: Raising expectations for individuals with severe disabilities. *Physical Disabilities: Education & Related Services, 19*(2), 31-38.

Bigge, J. L. (1991). *Teaching individuals with physical and multiple disabilities* (3rd ed.). New York: Merrill.

Bilingsley, F. F., & Romer, L. T. (1983). Response prompting and the transfer of stimulus control. *The Journal of the Association for the Severely Handicapped, 8*(2), 3-12.

Blischak, D, M., Lombardino, L. J., & Dyson, A. T. (2003). Use of speech-generating devices: In support of natural speech. *Augmentative and Alternative Communication, 19*, 29-35.

Blockberger, S. (1995). AAC intervention and early conceptual and lexical development. *Journal of Speech-Language Pathology & Audiology, 19*, 221-232.

Bowe, F. (2000). *Physical, sensory, and health disabilities: An introduction.* Columbus, OH: Merrill.

Browder, D. M., Gibbs, S., Ahlgrim-Delzell, L., Courtade, G. R., Mraz, M., & Flowers, C.

(2009). Literacy for students with severe developmental disabilities: What should we teach and what should we hope to achieve? *Remedial and Special Education, 30*, 269-282.

Browder, D. M., & Grasso, E. (1999). Teaching money skills to individuals with mental retardation: A research review with practical applications. *Remedial and Special Education, 20*, 297-309.

Browder, D. M., & Spooner, F. (2011). *Teaching students with moderate and severe disabilities.* New York: Guilford Publications, Inc.

Brown, F., Belz, P., Corsi, L., & Wening, B. (1993). Choice diversity for people with severe disabilities. *Education and Training in Mental Retardation, 28*, 318-326.

Brown, F., McDonnell, J., & Snell, M. E. (2016). *Instruction of students with severe disabilities* (8th ed.). Boston, MA: Pearson Education, Inc.

Brown, L., Nietupski, J., & Hamre-Nietupski, S. (1976). Criterion of ultimate functioning and public school services for severely handicapped students. In M. A. Thomas(Ed.), *Hey! Don't forget about me! Education's investment in the severely, profoundly and multiply handicapped* (pp. 2-15). Reston, VA: The Council for Exceptional Children.

Brown, R. T., & Madan-Swain, A. (1993). Cognitive, neuropsychological, and academic sequelate in children with leukemia. *Journal of Learning Disabilities, 26*(2), 74-90.

Bruno, J., & Goehl. H. (1991). Comparison of picture and word association performance in adults and preliterate children. *Augmentative and Alternative Communication, 7*, 70-79.

Bryant, D. P., & Bryant, B. R. (2003). *Assistive technology for people with disabilities.* New York: Allyn and Bacon Publishers.

Bullick, J., Pierce, S., & McClellan, L. (1989). *TouchMath.* Colorado Springs, CO: Innovative Learning Concepts.

Burkhart, L. (1994, October). Organizing vocabulary on dynamic display devices: Practical ideas and strategies. Paper presented at sixth biennial conference of International Society for Augmentative and Alternative Communication, Maastricht, the Netherlands.

Butler, C. (1986). Effect of powered mobility on self-initiated behaviors of very young children with locomotor disability. *Developmental Medicine and Child Neurology, 28*, 472-474.

Campell, P. (1987). Physical management and handling procedures with students with movement dysfunction. In M. E. Snell (Ed.), *Systematic instruction of persons with severe handicaps* (3rd ed., pp. 174-181). Columbus, OH: Merrill Publishing Co.

Carr, E. G., & Durand, V. M. (1985). Reducing behavior problems through functional communication training. *Journal of Applied Behavior Analysis, 18,* 111-126.

Carter, E., & Hughes, C. (2005). Increasing social interaction among adolescents with intellectual disabilities and their general education peers: Effective interventions. *Research and Practice for Persons with Severe Disabilities, 30,* 179-193.

Chadsey-Rusch, J., Drasgow, E., Reinoehl, B., Halle, J., & Collet-Klingenberg, L. (1993). Using general-case instruction to teach spontaneous and generalized requests for assistance to learners with severe disabilities. *Journal of the Association for Persons with Severe Handicaps, 18,* 177-187.

Chandler, L. K., Lubeck, R. C., & Fowler, S. A. (1992). Generalization and maintenance of preschool children's social skills: A critical review and analysis. *Journal of Applied Behavior Analysis, 25,* 415-428.

Cihak, D. F., & Foust, J. L. (2008). Comparing number lines and touch points to teach addition facts to students with autism. *Focus on Autism and Other Developmental Disabilities, 23,* 131-137.

Cipani, E. C., & Spooner, F. (Eds.). (1994). *Curriculuar and instructional approaches for persons with severe disabilities.* Needham Heights, MA: Allyn & Bacon.

Cloninger, C. J. (2004). Designing collaborative educational services. In F. P. Orelove, D. Sobsey, & R. K. Silberman (Eds.), *Educating children with multiple disabilities: A collaborative approach* (4th ed., pp. 1-29). Baltimore: Paul H. Brookes.

Day, H. M., & Horner, R. H. (1986). Response variation and the generalization of a dressing skill: Comparison of single instance and general-case instruction. *Applied Research in Mental Retardation, 7,* 189-202.

Deasy-Spinetta, P. (1993). School issues and the child with cancer. *Cancer, 71*(10 Suppl), 3261-3264.

DeMatteo, C., Law, M., Russell, D., Pollock, N., Rosenbaum, P., & Walter, S. (1992). *QUEST: Quality of Upper Extremity Skills Test.* Hamilton, ON: McMaster University, CanChild Centre for Childhood Disability Research.

Demchack, M. (1990). Response prompting and fading methods: A review. *American Journal on Mental Retardation, 94,* 604-615.

Do, T. (2002). Orthopedic management of the muscular dystrophies. *Current Opinions in Pediatrics, 14,* 50-53.

Donnellan, A. M. (1984). The criterion of the least dangerous assumption. *Behavior Disorders, 9,* 141-150.

Downing, J. E. (2005). *Teaching literacy to students with significant disabilities*. Thousand Oaks: Corwin Press.

Downing, J. E., & Chen, D. (2003). Using tactile strategies with students who are blind and have severe disabilities. *Teaching Exceptional Children, 36*(2), 56-60.

Dunlap, G., & Koegel, R. L. (1980). Motivating autistic children through stimulus variation. *Journal of Applied Behavior Analysis, 13,* 619-629.

Edelman, C., & Mandle, C. (2006). *Health promotion throughout the lifespan* (6th ed.). Philadelphia: Mosby/Elsevier.

Effgen, S. K. (2005). *Meeting the physical therapy needs of children*. Philadelphia: F. A. Davis.

Erickon, K., Koppenhaver, D., & Yoder, D. E. (2002). *Waves of words: Augmented communicators read and write* (p. iii). Toronto, ONT, Canada: ISAAC Press.

Falvey, M. A., & Grenot-Scheyer, M. (1995). Instructional strategies. In M. A. Falvey (Ed.), *Inclusive and heterogeneous schooling: Assessment, curriculum, and instruction* (pp. 131-158). Baltimore: Brookes.

Farlow & Snell (2000). In Best, S. J., & Heller, K. W. & Bigge J. L. (2005). *Teaching individuals with physical, health, or multiple disabilities* (5th ed.). Upper Saddle River, NJ: Merrill.

Ferguson, D. L., & Baumgart, D. (1991). Patial participation revisited. *Journal of the Association for Persons with Severe Handicaps, 16,* 218-227.

Ferguson, L. L., & Baumgart, D. (1991). Partial participation revisited. *Journal of the Association for Persons with Severe Handicaps, 16*(4), 218-227.

Finnie, N. R. (1975). *Handling the young cerebral palsied child at home* (2nd ed.). New York: Penguin Books.

Fossett, B., Smith, V., & Mirenda, P. (2003). Facilitating oral language and literacy development during general education activities In D. L. Ryndak & S. Alper (Eds.), *Curriculum and instruction for students with significant disabilities in inclusive settings* (2nd ed., pp. 173-202). Boston: Allyn and Bacon.

Franks, C., Palisano, R., & Darbee, J. (1991). The effects of walking with an assistive device and using a wheelchair on school performance in students with myelomeningocele. *Physical Therapy, 71,* 570-577.

Fraser, B. A., Hensinger, R. N., & Phelps, J. A. (1990). *Physical management of multiple handicaps: A professional's guide* (2nd ed.). Baltimore: Paul H. Brookes.

Giangreco, M. F., Cloninger, C. J., & Iverson, V. S. (1998). *Choosing outcomes and* accommodations for children (COACH): A guide to educational planning for students with disabilities (2nd ed.). Baltimore: Paul H. Brookes Publishing Co.

Giangreco, M. E., & Putnam, J. (1991). Supporting the education of students with disabilities in regular education environments. In L. H. Meyer, C. A. Peck, & L. Brown (Eds.), Critical issues in the lives of people with severe disabilities (pp. 245-270). Baltimore: Brookes.

Goodgold-Edwards, S. A. (1993). Principles for guiding action during motor learning: A critical evaluation of neurodevelopmental treatment. Physical Therapy Practice, 2(4), 30-39.

Goossens, C., & Crain, S. (1986). Augmentative communication: Assessment resource. Wauconda, IL: Don Johnston.

Guyton, A. C. & Hall, J. E. (2006). Textbook of medical physiology (11th ed.). Philadelphia: Elsevier/Saunders.

Haley, S. M., Coster, W. J., Ludlow, L. H., Haltiwanger, J. T., & Andrellos, P. J. (1992). Pediatric Evaluation of Disability Inventory: Development, standardization, and administration manual. Version 1.0. Boston: New England Medical Center.

Hamilton, B. L., & Snell, M. E. (1993). Using the milieu approach to increase spontaneous communication book use across environments by an adolescent with autism. Augmentative and Alternative Communication, 9(4), 259-272.

Haring, T., Kennedy, C., Adams, M., & Pitts-Conway, V. (1987). Teaching generalized skills across community settings to autistic youth using videotape modeling. Journal of Applied Behavior Analysis, 20, 89-96.

Harris, D. (1982). Communicative interaction process involving nonvocal physically handicapped children. Topics in Language Disorders, 2(2), 21-37.

Heller, K., Allgood, M., Davis., Arnold, S., Castelle, M., & Taber, T. (1996). Promoting nontask-related communication at vocational sites. Augmentative and Alternative Communication, 12, 169-178.

Heller, K. W. (2005). Adaptation and instruction in literacy and language arts. In S. J. Best, K. W. Heller, & J. L. Bigge (Eds.), Teaching individuals with physical or multiple disabilities (5th ed., pp. 227-274). Upper Saddle River, NJ: Merrill.

Heller, K. W., & Swinehart-Jones, D. (2003). Supporting the educational needs of students with orthopedic impairments. Physical Disabilities: Education and Related Services, 22(1), 3-25.

Heller, K. W., Forney, P. E., Alberto, P. A., Best, S. J., & Schwartzman, M. N. (2009).

Understanding physical, helath, and multiple disabilities (2nd ed.). Upper Saddle River, NJ: Pearson Education, Inc.

Hill, J. L. (1999). *Meeting the needs of students with special physical and health care needs.* Upper Saddle River, NJ: Merrill/Prentice Hall.

Holburn, S. (2002). How science can evaluate and enhance person-centered planning. *Research and Practice for Person with Severe Disabilities, 27,* 250-260.

Horner, R. H., Day, H. M., Sprague, J., O'Brien, M., & Heathfield, L. (1991). Interspersed requests: A nonaversive procedure for reducing aggression and self-injury during instruction. *Journal of Applied Behavior Analysis, 24,* 265-278.

Horner, R. H., Dunlap, G., & Koegel, R. L. (Eds.). (1988). *Generalization and maintenance: Life-style changes in applied settings.* Baltimore: Paul H. Brookes.

Hunt, P., Alwell, M., & Goetz, L. (1990). Generalized effects of conversation skill training. *Journal of The Association for Persons with Severe Handicaps, 15*(4), 250-260.

Hunt, P., Alwell, M., & Goetz, L. (1991). Interacting with peers through conversation turntaking with a communication book adaptation. *Augmentative and Alternative Communication, 7,* 117-126.

Janney, R. E. & Snell, M. E. (2006). *Teachers' guides to inclusive practices: Social relationships and peer support* (2nd ed.). Baltimore, MD: Paul H. Brookes.

Johnston, L., Beard, L. A., & Carpenter, L. B. (2007). *Assistive technology: Access for all students.* Upper Saddle River, NJ: Pearson Education Inc.

Karnish, K., Bruder, B., & Rainforth, B. (1995). A comparison of physical therapy in two school based treatment contexts. *Physical and Occupational Therapy in Pediatrics, 14*(4), 1-25.

Katims, D. S. (2001). Literacy assessment of students with mental retardation: Historical highlights and contemporary analysis. *Education and Training in Mental Retardation and Developmental Disabilities, 36,* 363-372.

Kermoian, R. (1998). Locomotor experience facilitates psychological functioning. In D. B. Gray, L. A. Quantrano, & M. L. Leiberman (Eds.), *Designing and using assistive technology: The human perspective* (pp. 251-268). Baltimore: Brookes.

Kun, L. (1997). Brain tumors. Challenges and directions. *Pediatric Clinics of North America, 44*(4), 907-917.

Kyzar, K. B., Turnbull, A. P., Summers, J. A., & Gomez, V. A. (2012). The relationship of family support to family outcomes: A synthesis of key findings from research on severe disability. *Research and Practice for Persons with Severe Disabilities, 37,* 31-

44.

Laskin, J. (2003). Cerebral palsy. In J. L. Durstine & G. E, Moore (Eds.), *ACSM's Exercise management for persons with chronic diseases and disabilities* (2nd ed., pp. 288-294). Champaign, IL: Human Kinetics.

Lee, K., & Thomas, D. (1990). *Control of computer-based technology for people with physical disabilities: An assessment manual.* Toronto, Ontario, Canada: University of Toronto Press.

Leukemia Research Fund (1997). *Coping with childhood leukemia.* www.leukemia.demon.co.uk/coping.htm.

Light, J., & Binger, C. (1998). Teaching the use of an introduction strategy to enhance the communicative competence of individuals who use AAC. Manuscript in presentation, The Pennsylvania State University.

Light, J., & McNaughton, D. (1993). Literacy and Augmentative and Alternative Communication (AAC): The expectations and priorities of parents and teachers. *Topics in Language Disorders, 13*(2), 33-46.

Light, J., Collier, B., & Parnes, P. (1985). Communicative interaction between young nonspeaking physically disabled children and their primary caregivers: Part I-discourse patterns. *Augmentative and Alternative Communication, 1*(3), 74-83.

Lindsey, J. (Ed.). (2000). *Technology and exceptional individuals.* Austin, TX: PRO-ED.

Lloyd, L. L., Fuller, D. R., & Arvidson, H. H. (1997). *Augmentative and Alternative Communication: A handbook of principles and practices.* Needham Height, MA: Allyn and Bacon.

Lowman, D. K. (2004). Mealtime skills. In F. Orelove, D. Sobsey, & R. Silverman (Eds.), *Educating children with multiple disabilities: A Collaborative approach* (4th ed., pp. 563-607). Baltimore: Paul H. Brookes.

Majaranta, P., & Bulling, A. (2014). Eye tracking and eye-based human-Computer interaction. In S. H. Fairclough & K. Gilleade (Eds.), *Advances in physiological computing* (pp. 39-65). Springer-Verlag London.

Mathes, M. Y., & Bender, W. N. (1997). The effects of self-monitoring on children with attention-deficit/hyperactivity disorder. *Remekial and Special Education, 18*, 121-128.

McDonnell, J., Johnson, J. W., & McQuivey, C. (2008). *Embedded instruction for students with developmental disabilities in general education classes.* Alexandria, VA: Division of Developmental Disabilities, Council for Exceptional Children.

McDonnell, J. J., & Ferguson, B. (1988). A comparison of general case in vivo and general case simulation plus in vivo training. *Journal of the Association for Persons with Severe Handicaps, 13*, 116-124.

Meadan, H., Halle, J. W., & Ebata, A. T. (2010). Families with children who have autism spectrum disorders: Stress and support. *Exceptional Children, 77*(1), 7-36.

Miller, F. (2005). *Cerebral palsy*. New York: Springer.

Miller, U. C., & Test, D. W. (1989). A comparison of constant time delay and most-to least prompting in teaching laundry skills to students with moderate retardation. *Education and Training in Mental Retardation, 242*, 363-370.

Miltenberger, R. G. (2016). *Behavior modification: principles and procedures* (6th ed.). Cengage learning, Inc.

Mirenda, P., Malette, P., & McGregor, T. (1994, October). Multicomponent, integrated communication systems for persons with severe intellectual disabilities. Paper presented at sixth biennial conference of International Society for Augmentative and Alternative Communication, Maastricht, the Netherlands.

Musslewhite, C., & King-DeBaun, P. (1997). *Emergent literacy success: Merging technology and whole language for students with disabilities*. Park City, UT: Creative communication.

National Council of Teachers of Mathematics (2000). *Principles and standards for school mathematics*. Reston, VA: NCTM.

Nehring, W. M. (2004). Cerebral palsy. In P. J. Allen & J. A. Vessey (Eds.), *Primary care of the child with a chronic condition* (4th ed., pp. 327-346). Philadelphia: Mosby.

Nelson, N. (1992). Performance is the prize: Language competence and performance among AAC users. *Augmentative an Alternative Communication, 8*, 3-18.

Orelove, F. P., & Sobsey, D. (1996). *Educating children with multiple disabilities: A transdisciplinary approach* (3rd ed.). Baltimore: Paul H. Brookes.

Orelove, F. P., Sobsey, D., & Silberman, R. K. (2004). *Educating children with multiple disabilites: A trasdisciplinary approach* (4th ed.). Baltimore: Paul H. Brookes.

Ott, D. D., & Effgen, S. K. (2000). Occurrence of gross motor behaviors in integrated and segregated preschool programs. *Pediatric Physical Therapy, 12*(4), 164-172.

Palisano, R., Rosenbaum, P., Walter S, et al. (1997). Gross Motor Function Classification System for cerebral palsy. *Dev Med Child Neurol, 39*, 214-223.

Palisano, R., Rosenbaum, p., Barlett D. et al. (2007). *Gross Motor Function Classification System expanded and revised*(GMFCS-E&R). Ontario(Canada): CanChild Centre for Childhood Disability Research.

Palisano, R., Rosenbaum, P., Bartlett, D., & Livingston, M. (2008). Content validity of the expanded and revised Gross Motor Function Classification System. *Developmental Medicine and Child Neurology, 50*(10), 744-750.

Parsons, M. B., & Reid, D. H. (1990). Assessing food preferences among persons with profound mental retardation: Providing opportunities to make choices. *Journal of Applied Behavior Analysis, 23*, 183-195.

Polloway, E. A., Patton, J. R., & Serna, L. (2001). *Strategies for teaching learners with special needs* (7th ed.). Upper Saddle River, NJ: Merrill/Prentice Hall.

Powell, D. S., Batsche, C. J., Ferro, J., Fox, L., & Dunlap, G. (1997). A strength-basedapproach in support of multi-risk families: Principles and issues. *Topics in Early Childhood Special Education, 17*(1), 1-26.

Quesnel, S., & Malkin, D. (1997). Genetic predisposition to cancer and familial cancer syndromes. *Pediatric Clinics oh North America, 44*(4), 791-808.

Rainforth, B, & York-Barr, J. (1997). Collaborative teams for students with severe disabilities. *Integrating therapy and educational services* (2nd ed.). Baltimore: Paul H. Brookes Publishing Co.

Reichle, J., Beukelman, D., & Light, J. (Eds.). (2002). *Implementing an augmentative communication system: Exemplary strategies for beginning communicators.* Baltimore, MD: Paul H. Brookes.

Romski, M. A., & Sevick, R. A. (2005). Augmentative communication and early intervention: Myths and realities. *Infants and Young Children, 18*(3), 174-185.

Rose, D. H., & Meyer, A. (2000). Universal design for learning. *Journal of Special Education Technology, 15*(1), 67-70.

Rosenbaum, P., Paneth, N., Leviton, A., Goldstein, M., Bax, M., Damiano, D., Dan, B., & Jacobsson, B. (2007). A report: The definition and classification of cerebral palsy. *Developmental Medicine and Child Neurology, 49*, 8-14.

Rowland, C. (2004). *Communication matrix.* Portland: Oregon Health Sciences University, Portland Projects.

Russell, D., Rosenbaum, P., Avery, L. M., & Lane, M. (2002). The Gross Motor Functional Measure. GMFM-66 & GMFM-88 (User's Manual). *Clinics in Developmental Medicine No. 159.* London: Mackeith Press.

Ryndak, D. (1996). Education teams and collaborative teamwork in inclusive settings. In D. L. Ryndak & S. Alper (Eds.), *Curriculum content for students with moderate and severe disabilities in inclusive settings* (pp. 77-96). Boston: Allyn & Bacon.

Ryndak, D. L., & Alper, S. (2003). *Curriculum and instruction for students with significant disabilities in inclusive settings* (2nd ed.). Boston: Allyn and Bacon.

Sailor, W., Halvorsen, A., Anderson, J., Goetz, L., Gee, K., Doering, K., & Hunt, P. (1986). Community-intensive instruction. In R. H. Horner, L. H. Meyer, & B. Fredericks (Eds.), *Education of learners with severe handicaps: Exemplary service strategies* (pp. 251-288). Baltimore: Paul H. Brookes.

Schulze-Bonhage, A., Kurth, K., Carius, A., Steinhoff, B. J., & Mayer, T. (2006). Seizure anticipation by patients sith focal and generalized epilepsy: A multicentre assessment of premonitory symptoms. *Epilepsy Research, 70*, 83-88.

Seigel, E. B., & Cress, C. J. (2002). Overview of emergence of early AAC behavior: Progressive from communication symbolic skills. In J. Reichle, D. R., Beukelman, & J.C. Light (Eds.), *Exemplary practices for beginning communicators: Implications for AAC* (pp. 25-57). Baltimore: Paul H. Brookes.

Sitlington, P. L., Clark, G. M., & Kolstoe, O. P. (2000). *Transition education and services for adolescents with disabilities.* Boston: Allyn and Bacon.

Smith, M. (2005). *Literacy and augmentative and alternative communication.* Burlington, MA: Elsevier Academic Press.

Smith, M. M. (1994). Speech by any other name: The role of communication aids in interaction. *European Journal of Disorders of Communication, 29*, 225-240.

Snell, M. E. (1993). *Instruction of students with severe disabilities* (4th ed.). New York: MacMillan.

Snell, M. E. (2003). 중도장애 학생을 위한 상징적, 비상징적 보완대체 의사소통 중재연구의 개관. 제10회 국제 세미나 장애 학생을 위한 보완대체의사소통의 실제와 전망, 1-93. 경기: 국립특수교육원.

Snell, M. E., & Browder, D. M. (1986). Community-referenced instruction: Research and issues. *Journal of the Association for Persons with Severe Handicaps, 11*(1), 1-11.

Snell, M. E., & Brown, F. (2006). *Instruction of students with severe disabilities* (6th ed.). Upper Saddle River, NJ: Pearson Merrill/Prentice Hall.

Snell, M. E,. & Brown, F. (2011). *Instruction of students with severe disabilities* (7th ed.). Upper Saddle River, NJ: Pearson Education, Inc.

Snell, M. E., & Janney, R. (2000). *Teachers' guides to inclusive practices: Collaborative teaming.* Baltimore: Paul H. Brookes Publishing Co.

Sturm, J. M., & Clendon, S. A. (2004). Augmentative and alternative communication, language, and literacy. *Topics in Language Disorders, 24*, 76-91.

The American Speech-Language-Hearing Association (ASHA) (2005). Roles and responsibilities of speech-language pathologists with respect to alternative communication: Position statement.

Theirs, N. (1994). Hope for rehab's forgotten child. *OT Week, May,* 16-18.

Thies, M. K. (1999). Identifying the educational implications of chronic illness in school children. *Journal of School Health, 69*(1), 392-397.

Thousand, J. S., & Villa, R. A. (2000). Collaborative teams: A powerful tool in school restructuring. In R. A. Villa & J. S. Thousand (Eds.), *Restructuring for caring and effective education: Piecing the puzzle together* (2nd ed., pp. 254-291). Baltimore: Paul H. Brookes Publishing Co.

Turnbull, A. P., Turnbull, H. R., Erwin, E. J., Soodak, L. C., & Shogren, K. A. (2015). *Families, professionals, and exceptionality: Positive outcomes through partnerships and trust* (6th ed.). Upper Saddle River, NJ: Merrill/Pearson Education.

United Nations Covention on the Rights of Persons with Disabilities (2006). http://hrlibrary. umn.edu/instree/K-disability-convention.html

Valentini, J. L. (2012). G-tube feeding by a busy mom: The tale of how I fed my child to victory. CreateSpace Independent Publishing Platform.

Van Dongen-Melman, J., De Groot, A., Van Dongen, J., Verhulst, F., & Hahlen, K. (1997). Cranial irradiation is the major cause of learning problems in children treated for leukemia and lymphoma: A comparative study. *Leulemia, 11*(8), 1197-1200.

Wehmeyer, M., & Palmer, S. (2003). Adult outcomes for students with cognitive disabilities three years after high school: The impact of self-determination. *Education and Training in Developmental Disabilities, 38,* 131-144.

Wehmeyer, M. L. (2007). *Promoting self-determination in students with developmental disabilities.* New York, NY: The Guilford Press.

Westling, D. L., & Fox, L. (2004). *Teaching students with severe disabilities* (3rd ed.). Upper Saddle River, NJ: Prentice Hall.

Westling, D. L., Fox, L., & Carter, E. W. (2015). *Teaching students with severe disabilities* (5th ed.). Upper Saddle River, NJ: Prentice Hall.

Wetherby, A. Prizants, B., & Schuler, A. (2000). *Understanding the nature of communication and language impairment.* Baltimore: Paul H. Brookes.

Wilcox, B., & Bellamy, G. T. (1987). *A comprehensive guide to the activities catalog: An alternative curriculum for youth and adults with severe disabilities.* Baltimore: Paul H. Brookes.

Williams, W., & Fox, T. J. (1996). Planning for inclusion: A practical process. *Teaching Exceptional Children, 28*(3), 6-13.

Wisconsin Assistive Technology Initiative (2004). WATI Assistive Technology Assessment Retrieved from http://www.wati.org.

Wolery, M., & McWiliam, R. A. (1998). Classroom-based practices for preschoolers with disabilities. *Intervention in School and Clinic, 34*(2), 95-102.

Wolery, M., & Schuster, J. W. (1997). Instructional methods with students who have significant disabilities. *The Journal of Special Education, 31*(1), 61-79.

Wolery, M., Kirk, K., & Gast, D. L. (1985). Stereotypic behavior as a reinforcer: Effects and side-effects. *Journal of Autism and Developmental Disorders, 15,* 149-161.

World Health Organization (2001). International Classification of Functioning. Disabilityand Health: ICF. Geneva, Switzerland: World Health Organization. National Joint Committee on the Communication needs of persons with severe disabilities(NJC) http://www.asha.org/njc

경기도재활공학서비스연구지원센터 http://atrac.or.kr

꿀맛무지개학교 http://health.kkulmat.com

꿀박사 http://www.kkulbaksa.com/standard/main/mian.do

나의 AAC http://www.myaac.co.kr

노틀담복지관 http://www.ntd.or.kr

다이나박스테크 http://www.dynavoxtech.com/interaact

대한장애인보치아연맹 http://k-boccia.kosad.kr

마이토키 http://www.mytalkie.co.kr/product/product02.php

메이어존슨 http://www.mayer-johnson.com

법제처 http://www.law.go.kr

서울아산병원 http://www.amc.seoul.kr/asan/healthinfo/disease/diseaseDetail.do?contentId=30519

세브란스어린이병원 http://sev.iseverance.com

스페셜니즈 http://www.specialneeds.com

아이소리몰 http://www.isorimall.com

앞썬아이앤씨 http://www.apsuninc.com

어빌러티허브 http://www.abilityhub.com

어테인먼트컴퍼니 http://www.attainmentcompany.com

에이블넷아이앤씨 http://www.ablenetinc.com

에이블데이터 http://www.abledata.acl.gov

에이블라이프 http://www.ablelife.co.kr

인에이블링디바이스 http://www.enablingdevices.com

인하모니페디애트릭테라피 http://www.inharmonypediatrictherapy.com

전국 병원학교 http://hoschool.ice.go.kr

정보통신보조기기 http://www.at4u.or.kr/index.asp

중앙보조기기센터 http://www.knat.go.kr

카디날헬스 http://www.cardinalhealth.com/en.html

캘거리알러지 http://www.calgaryallergy.ca

토비 http://www.tobii.com/group/about/this-is-eye-tracking

토비 다이나박스 http://www.tobiidynabox.com

퍼포먼스헬스 http://www.performancehealth.com

프렌크로미히컴퍼니 http://www.prentrom.com

한국백혈병어린이재단 http://www.kclf.org

한국신장장애인협회 http://www.koreakidney.or.kr

한국장애인고용공단 직업기능탐색검사 https://www.kead.or.kr

한성메디텍 http://hansungapex.co.kr

찾아보기

저자 소개

박은혜(Park Eunhye)
미국 오리건대학교 대학원 졸업(특수교육학 박사)
미국 버지니아대학교 방문교수 역임
현 이화여자대학교 특수교육과 교수

〈주요 저서 및 역서〉
특수아동교육(3판, 공저, 학지사, 2011)
언어치료사 및 특수교사를 위한 한국 보완대체의사소통 평가 및 중재 프로그램(공저, 학
  지사, 2016)
중도장애학생의 교육(공역, 시그마프레스, 2017)

김정연(Kim Jeongyoun)
이화여자대학교 대학원 졸업(특수교육학 박사)
연세대학교재활학교 교사, 한국우진학교 교사 역임
현 조선대학교 특수교육과 교수

〈주요 저서 및 역서〉
장애아동을 위한 미술교육(2판, 공저, 학지사, 2015)
발달장애인의 인권: 발달장애인의 권리보호와 복지지원을 위하여(공저, 오월숲, 2016)
지체, 건강 및 중복 장애 학생에 대한 이해(공역, 학지사, 2012)

표윤희(Pyo Yunhui)
이화여자대학교 대학원 졸업(특수교육학 박사)
삼육재활학교(현 새롬학교) 교사, 위덕대학교 특수교육학부 교수 역임
현 인제대학교 특수교육과 교수

〈주요 역서 및 논문〉
지체, 건강 및 중복 장애 학생에 대한 이해(공역, 학지사, 2012)
중도·중복장애 교육지원 모델 개발 연구(2016)
중도·중복장애 아동과 부모의 역량강화를 위한 가정에서의 반응적 상호작용 및 행복감
  증진 프로그램 개발연구(2023)

함께 생각하는
지체장애 학생 교육(2판)
Education of Students with Physical Disabilities

2018년 4월 30일 1판 1쇄 발행
2022년 1월 20일 1판 5쇄 발행
2023년 9월 10일 2판 1쇄 발행
2024년 8월 20일 2판 2쇄 발행

지은이 • 박은혜 · 김정연 · 표윤희
펴낸이 • 김진환
펴낸곳 • ㈜ 학지사

04031 서울특별시 마포구 양화로 15길 20 마인드월드빌딩
대표전화 • 02-330-5114   팩스 • 02-324-2345
등록번호 • 제313-2006-000265호

홈페이지 • http://www.hakjisa.co.kr
인스타그램 • https://www.instagram.com/hakjisabook

ISBN 978-89-997-2948-5 93370

정가 29,000원

출판미디어기업 학지사

간호보건의학출판 **학지사메디컬** www.hakjisamd.co.kr
심리검사연구소 **인싸이트** www.inpsyt.co.kr
학술논문서비스 **뉴논문** www.newnonmun.com
교육연수원 **카운피아** www.counpia.com
대학교재전자책플랫폼 **캠퍼스북** www.campusbook.co.kr